韓國憲法學

국가조직론

文 光 三 著

三 英 社

머 리 말

헌법은 정치생활의 가치규범으로서 정치와 사회질서의 지침을 제공하는 기본법이다. 헌법은 국민적 합의에 의해 제정된 최고의 도덕규범으로 기본권 보장과 국가의 통치기구의 기본틀 및 그 운영에 관하여 규정한다. 이 책은 그 가운데 통치기구의 구성과 그 작용을 중심으로 논하게 된다.

개인에게 있어 국가란 어떤 것일까. 국가는 다만 리바이어던(Leviathan)이고 우리는 그 공포성(恐怖性)을 수용할 수밖에 없는가. 오늘날 국가의 목적은 국민의 자유를 제한하는 데 있지 않고 오히려 그 반대로 자유행사에 필요불가결한 안전을 보장함으로써 국민의 자유를 보호하는데 있다. 국민은 더 많은 자유를 원하고 국가는 질서를 유지할 책임을 진다. 오늘날 개인과 국가, 자유와 질서를 대립관계로서가 아니라 공화관계로 설정하여 질서에 적합한 한 국민의 자유를 최대한 보장함으로써 양자의 조화를 이루고 있다.

리바이어던의 야성(野性)을 제어하여 자유의 최대치를 보장하는 통치조직은 무엇일까. 2008년 7월 17일 60회 제헌절을 맞아 김형오 국회의장은 "국민을 위한 개헌"을 제안하였다. 헌법개정이 그 당시 국민의 헌법에 대한 의지를 반영하였다고 하더라도 세월과 더불어 새로운 문제점은 드러나게 마련이다. 우리는 1948년 헌법을 제정한 이래 9차의 개헌을 하였고 그 가운데 현행헌법은 최장수의 영예를 누리고 있다. 그간 논란이 많았지만, 이제는 개헌의 필요성에 대해서는 국민적 공감대가 형성되어 있다고 볼 수 있다. 그러나 개혁의 유혹에는 늘 위험이 도사리고 있다는 점을 간과해서는 안 된다. 보뎅(Jean Bodin)은 "많은 사람들이 자신들의 국가와는 전혀 다른 국가를 만들려는 유혹에 빠져 아름답고 위대한 국가를 파괴하였다."고 하면서 선행하는 제도를 파괴하기 위한 개혁, 개혁을 위한 개혁에 대한 우려어린 경고를 하고 있다. 무릇 개혁이 그러하지만 헌법개정은 역사의 흐름을 읽고 국민의 의지에 바탕을 두어야 한다.

무릇 헌법을 비롯한 규범이나 그 이론이 역사의 산물이듯이 우리 헌법의 해석과 이론도 시간적·공간적 제약하에 새롭게 구성된 우리 것이 되지 않으면 안 된다. 그간 헌법이론의 성장과 더불어 대법원과 헌법재판소의 판례도 괄목할 만한 발전을 거듭하였다. 특히 헌법재판소는 1988년부터 본격적으로 그 임무를 시작하였는데, 그 짧은 연륜에도 불구하고 헌법수호와 국민의 기본권보장에 지대한 기여를 하였다. 이 책은 그간 축적된 헌법재판소의 결정례와 선배학자들의 학문적 성과에 전적으로 의존하여 집필되었다. 그러나 이 책은 법학도라면 누구든지 이해하기 쉽도록 기술하였다는 점, 헌법재판소의 최근까지의 중요판례의 요지를 본문에 반영하였다는 점 그리고 로스쿨의 출범을 앞두고 그 커리큘럼에도 염두에 두어 저술하였다는 점 등을 이 책의 특징으로 들고 싶다. 또 정부형태분류, 국회의 자율권, 대통령의 책임, 국무총리제의 문제점, 법원의 명령규칙심사권, 재판의 공정성과 민주성, 국민참여재판, 헌법재판의 기능, 헌법재판에 있어서 소수의견제, 정형결정과 변형결정, 변형결정의 유형, 주민소환권의 위헌성 등에 있어서 필자의 주관과 소신을 피력하였으며, 특히 대통령의 책임성과 임기제, 국무총리제, 사법부와 헌법재판소의 관계에 있어서의 문제제기는 앞으로 헌법개정의 방향에도 참고가 될 것으로 자부한다.

이 작은 책을 내면서 감사드려야 할 분들이 있다. 건강을 주시고 사랑과 근면을 가르치신 부모님의 은혜를 기억하고 싶다. 방황하던 어려운 시절 인생의 새로운 지평을 열어주신 김윤태 선생님, 대학 이후 여러 면에서 후원을 해주시고 삶을 인도해 주신 정종택 충청대학 학장님, 그리고 학문적 어버이로서 스승이신 김철수 교수님의 사랑과 가르치심을 잊을 수 없다. 이 책은 대부분 안식년 기간 중 만들어졌다. 안식년을 허락하여 주신 부산대학교 김인세 총장님께 감사드린다. 이 기간 중 연구실을 제공하고 여러 가지 편의를 제공하여 연구에 전념할 수 있도록 배려해 주신 Emory Law School의 Frank S. Alexander 학장님, Center of Studies for Law and Religion의 John Witte, Jr. 교수님에게도 깊은 감사를 드린다. 늘 따뜻하게 용기를 주신 문광진, 이길웅, 임종찬, 이충광 형님들께도 고마움을 전하고 싶다. 오랜 동안 약속을 지체했음에도 인내로 기다려 준 삼영사 조양회 사장님, 이신정 편집주간님과 김광식 부장에게도 감사드린다. 평소에 따뜻한 조언을 해주신 동료 김명길 교수, 김배원 교수, 김승대 교수, 조소영 교수 김남철교수, 윤용석 학장께도 감사드린다. 또한 한상수 교수, 안병해 전청장, 이달휴 교수, 김웅규 교수, 정승윤 교수, 차강진 박사, 최호근 변호사, 박영식 변호사, 조휘열 변호사에게도 깊이 고마움을 전하고자 한다. 무더위에도 불구하고 끝가지 원고를 읽고 조언을 해준 동국대학교 법과대학의 김경제 교수, 주석환 변호사, 김종보 강사와 대학원생 양정윤 군, 그리고 표지 디자인을 해준 동서대학교 양성용 교수와 원고 작성 중의 하찮은 일에서부터 표지장정에 이르기까지 세심하게 신경을 써준 세정 전무 차승민 박사, 이들의 도움으로 이 책이 탄생되었다. 이들에게 각별히 감사의 마음을 전하며 학문적 대성을 기대한다.

이 책이 법학도들에게 좋은 길잡이가 되고 우리나라 헌법학계 발전에 하나의 밀알이 되길 기원한다. 곧 논의가 진행될 헌법개정에 조금이라도 보탬이 되었으면 그리하여 국민이 원하는 국민을 위한 개헌이 되길 고대하는 마음 간절하다.

2008년 8월 文惠書筵에서 저자 **文 光三**

차 례

제 1 장 統治構造의 基本原理

제2장 國 會

제3장 政 府

제4장 法 院

제5장 憲法裁判所

제 6 장 地方自治

제 1 장 統治構造의 基本原理

제 1 장

統治構造의 基本原理

제 1 절 民主主義와 그 實現方法

I. 民主主義 方法論

1. 直接民主主義와 間接民主主義

민주주의란 보편적으로 통용되는 개념으로 '인민의 인민을 위한 지배' 또는 '인민의 지배' 한마디로 '치자와 피치자의 자동성(l'identification des gouvernés aux gouvernants)'이란 말로 표현된다.[1] 그런데 민주주의는 정치 시스템의 문제이지만 그 전에 인간의 신념으로서 하나의 정치철학을 의미한다. 그리고 민주주의는 주권의 소재와 그 행사방법이 직결된 개념이다. 보뎅(J. Bodin)에 의하면 주권이란 국가의 절대적·항구적 권력을 의미하는데, 주권행사에 따른 민주주의의 정당화 이론으로서 두 가지의 대립적 시각이 있다. 주권을 행사하는 방법에 따라 정치시스템은 직접민주제와 간접민주제로 구분할 수 있는데, 루소는 직접민주주의 이론을 주장하였고 시에예스(Emmanuel J. Sièyes)는 대표민주주의 이론을 전개하였다. 오늘날 정치시스템은 대체로 대표민주제를 기본으로 하고 직접민주제로 이를 보완하는 방식을 취하고 있다.

[직접민주주의와 직접민주제] '직접민주주의'라는 정치철학을 바탕으로 이를 도입시킨 정치체제를 '직접민주제' 또는 '직접민주제 정부'라 한다. 마찬가지로 '간접민주제'란 '간접민주주의'를 적용시킨 정치체제를 말한다. 그

1) Pierre Pactet, *Institutions politiques Droit constitutionnel*, 12e éd. 1993, p. 91.

러나 경우에 따라 직접민주주의와 직접민주제는 혼용되기도 한다.

2. 人民主權論과 直接民主主義

직접민주주의(démocratie direct)는 인민이 직접 권력을 행사하는 정치형태로 현실적으로는 소규모 정치체제에서만 운용가능하다.[2)] 「社會契約論(*Du Contrat social*, 1762)」에서 루소(Jean-Jacques Rousseau)는 주권을 '국가를 특징지우는 최고의 권력'이라고 정의한다. 절대군주국가에서의 주권은 군주라는 한 개인에 귀속되는데, 군주의 주권은 신으로부터 부여받은 것으로 본다. 이에 대하여 국민주권이론은 주권이 국민에 있다는 주장으로 인민주권론과 국민주권론으로 대별된다. 루소에 의하면 각 개인은 주권의 '한 꾸러미(une parcelle)'를 보유하는데 모든 개인에 의하여 체결된 사회계약에 의하여 각 개인이 나누어 가진 주권의 모든 꾸러미를 모아 주권(la souveraință)이 창조된다고 하였다. 이를 인민주권이론이라 하는데, 이러한 루소의 人民主權論(souveraineté populaire)에 의하면 주권은 일반의사에 있고 이는 대표될 수 없는 것이다. 이러한 주권개념에 따라 주권적 결단을 내리기 위하여서는, 즉 법률을 제정하기 위하여서는, 모든 인민을 소집해서 주권의 모든 꾸러미를 결합하여 전체로서 주권을 재구성하여야 한다. 따라서 모든 시민은 투표권에 의하여 모든 법률을 투표함으로써 개인적으로 주권행사에 참여하게 된다. 바꾸어 말하면 모든 법률은 國民投票(référendum)에 의하여 채택되어야 한다는 것이다. 이것이 바로 인민주권론의 내용인데 인민주권은 필연적으로 국민투표라는 직접민주제 방법과 결부되게 된다. 그러나 그가 법안을 준비하고 통과시키는 의회의 존재 자체를 부정한 것은 아니다. 루소는 의회가 존재하기 위한 두 가지 전제조건을 제시하였다. 첫째로, 국회의원은 유권자에게 복종하여야 하고 또 직접적으로 책임을 져서 유권자의 소환에 응하여야 한다는 것이다. 따라서 국민의 의원에 대한 위임은 필연적으로 强制委任(mandat impératif)이 되고, 국회의원은 피위임자로서 代理人(agent)에 불과하게 된다. 국회의원은 그들의 위임자인 유권자의 의사에 복종하여야 한다. 둘째로, 어떠한 형태로든지 국회의원이 통과시킨 법률은 국민투표

2) Pierre Pactet, *op. cit.*, p. 91.

에 의하여 인준되어야 한다고 한다. 그는 "인민이 인준하지 않은 어떠한 법률도 무효"라고 주장한다. 이러한 루소의 견해에 의하면 인민만이 유일한 입법자이고, 의회는 종속기관에 불과하게 된다. 이처럼, 인민주권론에 입각한 직접민주제는 치자와 피치자의 自同性의 原理를 기본으로 한다.

3. 國民主權論과 代表民主主義

대표민주주의(démocratie représentative)는 국민의 보통선거에 의해 선출된 대표가 '국민의 이름으로(au nom de la Nation)' 권력을 행사하는 정치체제이다.[3] 시에예스(Emmanuel J. Sièyes)는 그의 저서 「제3계급이란 무엇인가(*Qu'est-ce-que le Tiers-état?*, 1789)」에서 주권을 나눌 수 없는것(indivisible)으로 보았다. 즉 그는 개별 시민이 한 꾸러미의 주권을 가지는 것이 아니고 시민 전체가 집단적으로 하나의 전체 주권을 보유한다고 생각했다.[4] 이 시민집단을 國民(la nation)이라 하고 이 집단을 하나의 법인체로 생각했다. 즉 법인체를 구성하는 개인과는 구별되는 하나의 실체로 본 것이다. 이를 國民主權論(la souveraineté nationale)이라 한다. 따라서 각 개인은 이 주권의 행사에 그 자신이 참여할 어떠한 권리 곧, 법률에 대한 인준으로서의 국민투표는 생각할 수 없다고 한다. 시에예스의 주권개념은 루소적인 국민투표를 배격한다. 개인은 단지 국민의 이름으로 주권을 행사하는 의회를 구성하는 선거에 참여할 뿐이다. 이것이 바로 代表民主主義(démocratie représentative) 또는 間接民主主義(démocratie indirect)라 하는 것이다.

시에예스의 국민주권론은 선거의 법적 성질, 선거의 보편성 여부, 위임의 성질의 면에서 루소의 인민주권론과 전면적으로 대비된다. ⅰ) 인민주권론에 있어서 선거는 하나의 권리이지만 국민주권론에 있어서 개인은 국민의 이름으로 행사할 어떠한 권리도 가지지 아니한다. 따라서 선거란 하나의 기능을 의미할 뿐이다. ⅱ) 인민주권론에서 선거는 보통선거를 의

---

3) Pierre Pactet, *op. cit.*, p. 91.

4) 프랑스 주권의 보유자는 (전체로서 하나의 집단인)프랑스 국민이지 (개별 국민을 나열한)복수의 프랑스인이 아니다(C'est la France et non les français)(J. C. Acquaviva, *Droit constitutionnel et institutions politiques*, Dunod, Paris, 1994, p. 28).

미한다. 왜냐하면 선거는 권리이기 때문이다. 그러나 국민주권론에 있어서 선거는 하나의 기능에 불과하고 국민은 국민의 이름으로 말하는 의회라는 매개체를 통하여 단지 그들의 대표자인 국회의원에 의해 주권을 행사하는 것을 추정할 수 있을 뿐이다. iii) 인민주권론에 있어서 각각의 국회의원은 유권자의 명령에 복종하여야 한다(强制委任). 그러나 국민주권론에 의하면 국회의원은 유권자의 총체인 국민을 대표하기 때문에 유권자의 구속을 받지 아니한다(代表委任).

직접민주주의와 대표민주주의

	직접민주주의	간접(대표)민주주의
이론적 근거	인민(peuple)주권론	국민(nation)주권론
주장자	J. J. Rousseau	E. J. Sièyes
주권의 성질	주권의 可分性	주권의 不可分性
선거의 법적 성질	권리(주권의 행사)	기능, 의무
투표의 보편성	인정	제한적
위임의 성격 (의원과의 관계)	강제위임(기속위임)→ 국민소환	무기속위임, 자유위임, 대표위임→면책특권, 임기보장
의원의 지위	선거구민의 대리인(agent)	국민대표기관
치자와 피치자	자동성의 원리	대표의 원리

4. 直接民主制와 代表民主制의 融合 - 半直接民主制

(1) 대표민주제의 제도적 우월성

직접민주제가 물리적 제약으로 실시불가능하기 때문에 직접민주제를 대체하여 대표민주제를 택한 것인가 아니면 대표민주제 자체가 직접민주제보다 '질적으로 우수한' 통치형태이기 때문에 대표민주제를 선호하는 것인가. 직접민주제가 오늘날 공간적 제약성을 가지기는 하지만, 근본적으로 대표민주제는 직접민주제를 대체하는 제도로서가 아니고 대표민주제 자체의 질적 우수성으로 인해 직접민주제보다 선호되는 통치제도로 고안된 것이다. 그것은 첫째로, 권력의 행사를 때때로 정열로 몰아붙이기

쉬운 다수[5]에 맡기기보다 정열로부터 거리를 두어 특히 선거구나 지지자의 '특수한 이익'으로부터 독립하여 '전체국민의 대표'로서 행동하는 선발된 사람들에 맡기는 것이 바람직하다고 하는 사고가 그것이다(정열로부터의 탈피와 전체국민의 대표). 둘째로, 대표민주제는 이성적 토론을 기본으로 한다는 장점이 있다. 대표민주제의 본질적 요소는 토론의 중요성에 있다. 대표민주주의는 자유로운 토론공간을 확보하여 민주적 · 이성적 토론을 바탕으로 의사결정을 하기 때문에 그 의사결정과정의 민주적 정당성과 결정에 있어서 최적의 효율성을 확보할 수 있는 것이다(민주적 · 이성적 토론과 결정의 민주적 정당성 · 효율성 확보). 셋째로, 직접민주제는 사법권에 대해서는 실시하기 곤란하고 입법권에 대해서도 규모가 큰 국가의 경우에는 현실적으로 실시될 수 없기 때문에 대표민주제를 택할 수밖에 없다(공간적 제약의 극복).

(2) 민주주의이념과 정치현실

직접민주제는 고대 그리스에서 시민의 수가 적었기 때문에 실용화될 수 있었다. 인구가 많은 현대 국가에서는 시행하기가 곤란하다. 따라서 인구가 많은 나라에서는 민주제란 대표민주제를 의미할 뿐이고, 직접민주제는 보완적으로만 활용된다. 그런데 레벤슈타인은 "대의제민주정치가 국민의 유일한 참정제도라고 생각했던 시대는 지나갔다."고 하여 대표민주정치와 직접민주정치가 융합된 형태를 오늘날의 보편적인 정치형태로 본다. 이러한 형태를 半直接民主制(démocratie semi-directe) 또는 半代表民主制라 한다. 그런데 이념적으로는 두 이론은 상호 조화될 수 없다. 왜냐하면 국민주권론은 국민을 이념적인 불가분의 통일체로 파악하여 국민주권의 불가분성(l'indivisibilté de la Nation)을 전제로 하지만, 인민주권론은 각 국민은 주권의 한 꾸러미를 가진다고 봄으로써 주권 일부의 개인소유를 인정하는 국민주권의 가분성을 전제로 하기 때문이다. 그러나 정

---

5) '다수의 권력'은 경우에 따라서는 민주주의 그 자체도 위험에 빠뜨릴 수 있다. 인민의 갈채가 독재자를 권력의 자리에 앉힌 예는 현실적으로 수없이 존재한다. 위험한 민주주의에의 공포는 예컨대 계급불신과 직결되어 있지만, 그것은 동시에 무시할 수 없는 근본문제를 안고 있는 것이다. 즉 단순한 다수에 의한 권력의 제한, 그것은 또한 정열과 이성의 관계의 문제이다(P. Rosanvallon, *La démocratie inachevée*, Gallimard, 2000, p. 28).

치 현실에서는 직접민주제와 대표민주제를 완벽하게 융합시켜 상호보완하여 기능하게 하고 있다. 이것은 국민주권이론과 인민주권이론의 융합으로 정당화될 수 있다.

5. 한국헌법과 민주주의의 실현형태

우리 헌법은 대표민주제를 원칙으로 하고 직접민주제로 이를 보완하는 방법을 취하고 있다. 즉, 헌법은 국민에 의하여 직접 선출된 대통령과 국회의원이 국민을 대신하여 국가의사를 결정하는 대의제를 원칙으로 하면서(제67조 제1항 및 제41조 제1항), '국가안위에 관한 중요정책'과 '헌법개정안'에 관하여 국민투표의 가능성을 규정함(제72조 및 제130조 제2항)으로써 예외적으로 직접민주주의적 요소를 가미하고 있다.

[프랑스에서의 대표민주주의와 직접민주주의의 융합] 프랑스 제5공화국 헌법 제3조는 "국민주권은 인민에 있고 그 행사는 인민의 대표를 통해서 또는 국민투표의 방법으로 행사한다."고 규정하여 두 개의 개념을 융화하고 있다.

제 2 절 權力分立의 原理

I. 權力分立의 의의와 목적

1. 권력분립원리의 의의

권력분립(separation of powers)의 원리라 함은 국가기능을 입법, 행정 및 사법이라는 기능으로 구별하여 이들 기능을 특별한 권력에 분배하여 다른 권력에 분배된 기능을 수행하지 못하도록 하고('권력의 분리' Gewaltentrennung), 권력을 상호 통제하고 억제하게 함으로써('권력의 균형' Gewaltenbalancierung) 국민의 자유와 권리를 보장하게 하는 통치구조의 구성원리를 의미한다.[6] 집중된 권력은 부패하고 남용될 수밖에 없다는 것은 역사적 경험으로부터 얻은 귀중한 경험이었다. 이러한 통치권행사의 악용 내지는 남용을 방지하기 위하여 국가작용(통치작용)을 여러 독립된 별개의 기관에 분산시켜 수행하도록 하고 기관 상호간의 견제와 균형에 의하여 권력의 남용을 억제하는 방안을 창안하게 된 것이었다.

2. 권력분립의 목적

권력분립은 이렇게 국가권력을 분할하고 이를 통하여 국가권력을 통제함으로서 결과적으로는 개인의 자유를 보호하는 수단이 된다. 권력의 집중은 바로 독재를 의미하기 때문이다. 브랜다이스(Brandeis)의 지적처럼 "권력분립의 목적은 권력의 효율성을 향상시키려는 것이 아니고 자의적 권력행사를 차단하려는 것이며, 권력분립은 권력 간의 마찰을 피하려는 것이 아니고, 정부권력을 3개 부서에 분배함에 따른 권력간의 불가피한 마찰에 의해 국민을 독재로부터 보호하려는 것"[7]이다. 이처럼 권력분립은 권력의 능률성향상과는 무관하게 자의적 권력행사로부터 국민을 보호하는 것을 그 목적으로 한다.

[권력분립의 필요성] 액튼경(Sir William Acton)도 "권력은 부패하게 마련이고, 절대적인 권력은 절대적으로 부패한다(Power tends to corrupt, absolute power corrupts absolutely)."는 유명한 경귀를 남기고 있다. 매디슨(James Madison)은 *The Federalist* 47에서 "입법권, 집행권, 사법권을 소수의 사람에게 집중시키는 것은 바로 독재의 정의를 의미하는 것"이라고 경고하면서 견제와 균형이야 말로 권력분립원리를 완성하는 것이라 한다. 해밀튼(Hamilton)은 권력분립의 결과로서 나타나는 "권력의 바이브레이션(vibration of power)"을 자유정부의 "진수"라 하고, 윌슨(Woodrow Wilson)도 권력분립을 "체제의 균형축(balance-wheel)"이라고 지적하고 있다.

---

6) K. Hesse, *Grundzüge des Verfassungsrechts der Bundesrepublik Deutschland*, 18, Aufl., 1991, Rdnr. 476.

7) Alpheus T. Mason/D. Grier Stephenson, Jr., *American Constitutional Law*, 12th ed., Prentice-Hall, 2002, p. 80.

Ⅱ. 權力分立理論과 그 변용

1. 權力分立理論의 사상적 기반

(1) 專制權力으로부터 權力分立으로

권력분립이론에 큰 영향을 미친 대표적인 사상가로서 로크(John Locke)와 몽테스키외(Montesquieu)를 드는데, 이들의 이론은 전제군주로부터 입법권을 분리하여 이를 의회에 부여하는 것을 그 주된 내용으로 하는 정치철학이다. 로크의 권력분립이론은 입법권과 집행권을 분리하고[8] 의회에 입법권을 부여하여 군주의 집행권을 제약하려는 데에 있다. 반면에 몽테스키외의 권력분립이론은 입법·집행·사법의 3개의 국가작용으로 나누어 보다 엄격하게 권력을 분립시켜 권력의 억제와 균형을 이루는 것에 중점을 두고 있다.[9]

[로크의 권력분립이론] 1690년 간행된「市民政府論(*Essay on the Civil Government*)」에서 로크(John Locke)는 국가권력을 입법권, 집행권, 동맹권(외교권) 및 대권 4가지로 구분하면서, 4가지 권한을 국왕과 의회의 2기관에게 행사하게 해야 한다고 주장하였다.[10] 입법권은 정치행위의 목적을 확정짓는 숭고한 임무이므로 국민의 대표기관인 의회에 속한다고 보았고, 집행권은 법률의 집행을 말하며 동맹권(외교권)은 외교, 국방 등 국제관계의 임무를 수행한다고 하였다. 그는 집행권과 동맹권(외교권), 대권은 모두 공적 강제력이 있기 때문에 결합되어야 한다고 주장하였고, 입법권과 집행권은 분리되어야 한다고 하였다. 왜냐하면 두 권력을 동시에 장악하게 되면 자기가 만든 법률에 대한 복종을 기대할 수 없기 때문이라고 한다. 로크는

---

8) 로크는 국가권력을 입법권, 집행권, 동맹권(외교권), 대권 4가지로 나누고, 이 4가지 권한을 국왕과 의회의 2기관에게 행사하게 해야 한다고 주장하였다. 즉 기능적으로 볼 때에는 4가지 분리로 보이나 전통적 권력분립의 측면에서 볼 때에는 2권분립이라고 할 것이다.

9) 몽테스키외는 억제와 균형이 특히 문제되는 것은 입법부와 집행부간이고, 사법부에 대해서는 소극적 독립성을 강조하였다. 즉 사법작용은 입법, 집행작용과는 달리 소극성을 본질적 속성으로 하므로 입법부나 집행부로부터 일체의 간섭을 받지 않고 소극적으로 독립하여 재판하면 된다고 보았다.

10) 이에 대해 김철수 교수, 권영성 교수는 입법권·집행권의 2권분립으로 보고 있고(金哲洙, 憲法學槪論, 博英社, 2008, 1207면 ; 權寧星, 憲法學原論, 法文社, 2008, 730면), 반면에 허영 교수는 4권분립으로 보고 있다(許營, 韓國憲法論, 法文社, 2008, 670면).

사법권에 관하여는 언급하지 않았다.

[몽테스키외의 권력분립이론] 몽테스키외는 1748년「法의 精神(*De l'Esprit de lois*)」을 출간하였다. 그는 권력의 속성에 대하여 "권력을 장악한 자는 남용할 우려가 있고, 권력을 극단적으로 끌고 가려고 하는 경향이 있다."고 지적하며 이를 경계하였다. 그는 당시 영국의 정치현실을 모델로 하여 새로운 권력분립이론을 정립하였다. 그는 국가 권력을, 법률을 제정하는 권력(입법권), 법률을 집행하는 권력(집행권), 법률을 위반한 경우 이를 처벌하고 법규에 따라 재판하는 권력(재판권)으로 구분하였다. 몽테스키외가 세 번째 권력을 추가한 것은 바로 그가 법관이었기 때문이라고 하지만, 그러나 그는 집행과 사법의 차이를 간파하는 인식이 있었다. 즉, 법관은 정부의 일부이어서는 안 된다는 것을 인식하고 있었던 것이다. 몽테스키외는 권력의 남용을 방지할 해결책은 "권력에 의한 권력의 제어(le pouvoir arrête le pouvoir) 밖에 없다."고 보았다.

(2) 역사적 원리에서 현실의 권력분립원리로

로크나 몽테스키외의 이론도 특정의 역사적 상황에서, 정치적 자유를 보장하기 위한 질서 속에 현실의 정치세력과 그들의 활동을 끌어들이려고 하였다는 점에서 하나의 역사적 이론이라고 할 수 있다. 이러한 권력분립이론의 영향으로 프랑스인권선언은 "권력분립이 규정되지 아니한 사회는 헌법을 가진 것이 아니다."(제16조)라고 규정하기에 이르렀다. 권력분립은 근대헌법의 본질적 요소가 되고 그 후 많은 국가에서 이 원리를 채택하게 되었다. 로크의 권력분립이론은 영국의 의원내각제의 이론적 기초가 되었고 몽테스키외의 권력분립이론은 미국의 대통령제의 이론적 기초가 되었다.

2. 現代的 憲法原理로서의 權力分立

(1) 탄력적 원리

권력분립원리는 인간본성에 대한 회의에서 출발한 이론이지만, 자연법적·초시간적 효력을 가지는 원리는 아니다. 오늘날 권력분립은 그 나라의 역사적·구체적 국가질서와 그 전제조건으로부터 분리될 수 없다. 이러한 점에서 권력분립이론도 결국은 그 나라의 역사적·지정학적 상황이 반영된 시간적·공간적 개념으로서,[11] 탄력적 원리(flexible principle)[12]이다.

[권력분립모델의 정리] 스트라우스는 권력분립모델에 관한 새로운 이론을 전개하고 있는데, 그는 권력의 분할(separation of powers), 견제와 균형(checks and balances) 및 기능의 분리(separation of functions)라는 세 개의 모델을 제시하고 있다. '권력분할모델'은 각각의 권력작용의 담당부문·기관에의 배타적 귀속을 요청하는 모델이다. '견제와 균형모델'은 세 부문을 전체로서 일종의 계속적 투쟁상태(continuous struggle)에 두어 전제를 방지한다고 하는 사고로 '분립'보다는 '관계'에 중점을 둔다. '기능분리모델'은 권력분립을 유연하게 파악하여 권력혼합기관을 인정하고, 권력과정을 안전한 것으로 유지하기 위하여 절차적인 Due Process원칙을 중시한다. 스트라우스는 기능분리모델로 기존의 입법·행정·사법과 다른 "第4府(the fourth branch)"를 인정한다. 준사법적 기능을 포함하여 이들의 구성은 기본적으로 입법재량에 위임되어 있다고 한다(Peter L. Strauss, "The Place of Agencies in Government: Separation of Powers and the Fourth Branch", 84 *Colum. Law Review*, 1984, 573-78).

(2) 水平的 權力分立과 垂直的 權力分立

권력분립원리는 중앙정부차원에서의 권력의 배분과 상호관계의 문제이지, 지방자치에는 그러한 권력분립원리가 그대로 적용될 수 없다. 연방국가에서는 권력분립원리를 수평적 권력분립과 수직적 권력분립으로 나누기도 하는데, 전자는 입법·행정·사법에로의 권력의 분할을 의미하고 후자는 중앙정부와 지방정부 사이의 권력의 배분을 의미한다. 연방국가의 경우 중앙정부와 지방정부의 권력배분의 문제는 권력분립의 새로운 측면으로서 중요한 의미를 가진다. 단일 국가의 경우에는 연방국가에 있어서와 같은 수직적 권력분립은 문제되지 아니하고, 지방자치의 문제로서 일종의 기능적 분리로 이해하여야 한다. 그런데 헌법재판소는 중앙정부와 지방자치단체의 관계를 수직적 권력분립으로 보고 있다.

[수평적 권력분립·수직적 권력분립] 헌법재판소는 국민의 기본권을 지키고 권력의 수평적(입법·행정·사법), 수직적(중앙정부와 지방자치단체)

11) 권력분립이론은 오히려 오늘날 정당 국가적 시대상황에는 부합하지 않는 경향이 있다. 김철수 교수도 현대국가에 있어서의 권력분립제도의 이념이 그대로 유지될 수 있을 것인가에 대해 문제점을 지적하고 있다(1211).

12) Mason, *op. cit.*, p. 76.

분립의 유지를 감시하는 기관이다(헌법재판소 2001.1.18. 00헌마149).

(3) 권력분립이론의 현대적 모색

권력분립의 현대적 모색으로는 레벤슈타인(K. Loewenstein)의 동태적 권력분립론(동태적 기능3분설)이나 케기(W. Kägi)의 포괄적 권력분립론(다원적 권력분립론)을 들 수 있다.

1) 레벤슈타인의 동태적 권력분립론

레벤슈타인은 국가기능을 정책결정, 정책집행, 정책통제로 구분하여 정책중심의 기능적 권력분립을 제시하였다. i) 정책결정권은 정치형태, 정부형태, 경제질서, 중요한 외교문제 등의 결정권을 의미한다. 경우에 따라서는 대중의 참여도 필요하다고 한다. ii) 정책집행권은 고전적 입법권, 행정권, 사법권을 모두 포함하고 있다. iii) 정책통제권은 정치적 책임을 관철시키기 위해 집행부를 포함한 모든 공권력 담당자의 공권을 억제하고 한정하는 것을 의미한다. 레벤슈타인은 정책통제권을 핵심적 기능으로 보아 정책통제는 분산된 권력(권력이 여러 주체에 분산된 것: 상하양원에 의한 법률제정, 대통령의 공무원 임명에 대한 의회의 동의, 국무위원의 부서, 헌법개정안에 대한 국민투표 등)과 통제된 권력(권력이 하나의 권력주체의 자주적인 재량에 의해 행사되는 것: 의회의 내각불신임권, 내각의 의회해산권, 대통령의 법률안 거부권 등)의 두 가지 요소가 함께 작용해야 효과적이라고 하면서, 정책통제의 이념적 기초이자 가장 효과적인 기술로서 정치적 책임의 중요성을 강조하고 있다.

2) 케기의 다원적 권력분립론

케기(W. Kägi)의 포괄적, 다원적 권력분립이론은 권력분립원리에 사회영역까지 포괄시키고 있다. 즉, 권력분립과 통합을 포괄적인 질서개념으로 이해하고 이를 현대사회의 자유질서를 실현시키는 원리로 보고 있다. 포괄적 권력분립의 예로 입법부의 양원제, 집행부 내부의 권력분립, 복수정당제에 의한 여야간 견제 등을 들고 있다. 권력통제의 예로는 여야간의 권력통제, 언론에 의한 권력통제, 시민단체들에 의한 권력통제 등을 들고 있다.

(4) 권력분립의 새로운 변용

권력분립은 두 가지 방향에서 모습을 달리하고 있다. 첫째는, 통치기구의 외형적 변화 없이 기능이 혼합되고 있다는 점이다. 오늘날 대통령제의 경우 고전적인 미국식 대통령제를 그대로 시행하는 나라는 미국 외에는 없다고 하여도 과언이 아니다. 또한 의원내각제도 옛날과는 다른 양상을 드러내고 있다. 기관 사이의 엄격한 권력분립이 완화되고 있는데, 이를 두고 메이슨(A. T. Mason)은 권력분립의 혼합(amalgam of separation of powers), 견제와 균형의 혼합(amalgam of checks and balances)이라 한다. 둘째로는 통치형태 자체의 혼합현상이 나타나고 있다. 이른바 대통령제와 의원내각제의 혼합모델이 다양한 형태로 나타나고 있는 것이다. 권력의 엄격한 분립과 연성적 분립이 적절히 혼합되고 견제와 균형 모델도 완화되고 있다. 그 중에서 대통령제와 의원내각제에 이어 제3의 권력분립형태로서 주목받는 것이 프랑스의 정부형태인데, 뒤베르제는 이를 반은 대통령제이고 반은 의원내각제라는 특징을 고려하여 반대통령제(半大統領制, régime semi-présidentiel) 또는 반의원내각제(半議院內閣制)라 한다.

3. 韓國憲法과 權力分立原理

우리 헌법은 권력분립에 관한 명문의 규정을 두고 있지는 않지만, 입법권은 국회에(제40조), 행정권은 대통령을 수반으로 하는 정부에(제66조 제4항), 사법권은 법원에(제101조 제1항) 귀속시켜 권력분립원리에 입각한 통치구조를 채택하고 있다. 헌법은 권력을 국회, 정부, 법원 상호간에 분산시키고, 억제와 균형의 역학관계를 설정하여 국가권력의 집중에 의한 권력의 남용을 방지하려 하고 있다. 그러나 현실적인 정치과정에서 권력분립의 진정한 의의는 헌법규정에서만 도출할 수는 없다. 오히려 헌법규정을 비롯한 관련규정과 정치현실에서 권력분립의 의미를 찾지 않으면 안 된다. 즉, 권력분립원리를 파악하는 시각은 전체로서의 헌법(Ganze der Verfassung)이어야 한다.

[법치주의의 기본원리와 권력분립주의] 우리 헌법은 권력분립주의에 입각하여 국민의 권리와 의무에 관한 중요한 사항은 주권자인 국민에 의하여 선출된 대표자들로 구성되는 국회에 의하여 법률의 형식으로 결정되도록

하고 있다. 이러한 의회주의 내지 법치주의의 기본원리는 입법부가 그 입법의 권한을 행정부 내지 사법부에 위임하는 것을 금지함을 내포하고 있다(헌법재판소 2007.4.26. 2005헌바51).

[공무원의 입후보제한 및 겸직금지와 권력분립의 원리] 권력분립의 원리는 인적 측면에서도 입법과 행정의 분리를 요청하고, 만일 행정공무원이 지방입법기관에서라도 입법에 참여하면 권력분립의 원칙에 배치되게 되는 것으로, 공무원의 경우는 지방의회의원의 입후보제한이나 겸직금지가 필요하다(헌법재판소 1991.3.11. 90헌마28).

[권한쟁의심판과 권력분립의 원칙] 권한쟁의제도의 목적에 비추어 볼 때 헌법 제111조 제1항 제4호 소정의 "국가기관 상호간의 권한쟁의"는 우리 헌법이 국민주권주의와 권력분립의 원칙에 따라 주권자인 국민으로부터 나온 국가권력을 나누어 상호 견제와 균형을 유지하도록 권한을 분배한 대등한 권력행사기관 사이의 권한에 관한 다툼을 의미한다고 할 것이다(헌법재판소 1995.2.23. 90헌라1).

제 3 절 權力分立과 政府形態

권력분립이론이 정치현실에서 어떻게 구현되는가 하는 것이 정부형태인데, 이는 그 사회의 성격에 의해 형성되고 또 그 사회의 관행에 영향을 미치게 된다. 따라서 정부형태를 규정짓는 권력분립의 유형은 오늘날 현실적으로는 나라에 따라 각양각색의 형태로 나타날 수밖에 없지만 대체로 의회와 정부의 권력분립의 태양에 따라 의원내각제, 대통령제, 절충형 정부형태(이원정부제), 회의제의 네 가지 통치유형으로 분류할 수 있다.[13] 즉, 의원내각제는 의회와 정부의 권력분립이 연성적 분립이고, 대통령제는 양자의 분립정도가 경성적이다. 이원정부제는 대통령제와 의원내각제를 절충한 정부형태이고, 회의제의 경우에는 의회가 전권을 장악하

13) 김철수 교수(1222)는 대통령제, 의원내각제, 이원정부제로 분류하고 있고, 권영성 교수(750)는 의원내각제, 대통령제, 제3유형의 정부형태(이원정부제, 회의정부제)로, 허영 교수(692)는 대통령제, 의원내각제, 절충형 정부형태로 구분하고 있다.

고, 다만 의회와 정부 사이에 형식적인 권력분립이 있을 뿐이다.

I. 議院內閣制: 權力의 軟性的 分立

1. 自由의 象徵

의원내각제는 절대군주제에 대한 반항 속에서 발전된 제도로서 레벤슈타인에 의하면 강력한 정부에 대한 프로이드적 컴플렉스(Freudscher Komplex)의 소산이라고 한다.[14] 의원내각제는 입법권과 집행권 사이의 권력분립이 연성적인 정부형태, 즉 입법권과 집행권의 '權力의 共和(collaboration of powers)'에 의한 정부형태이다. 의원내각제는 영국에서 발전하여 유럽형 정부형태가 되었는데 대부분의 경우 대통령제가 독재체제로 변형·왜곡된 것에 비하면 의원내각제는 민주적 정치제도로 발전·정착되었다는 점에서 차이가 크다. 제닝스(Ivor Jennings)에 의하면 의원내각제는 선거의 자유, 의회의 조직과 그 과정의 자유에 의한 상호 의존적인 견제와 균형의 정부형태로서, 이 체제야말로 '자유의 상징(the symbol of freedom)'이라고 자부한다. 역사적 경험으로 볼 때에도 확실히 의원내각제는 민주주의와 국민의 자유를 실현하는데 가장 적절한 정부형태이었다. 이러한 의미에서 레벤슈타인은 의원내각제를 '개인의 자유를 위한 정치체제(system for individual freedom)'라고 한다. 또 그는 국민의 자유와 국가권력의 하모니를 바탕으로 한 가장 성공적인 체제로서 특히 영국의 의원내각제는 세계 정치사상 3백년이 넘게 '세계 정치의 사부(political *praeceptor mundi*)'자리를 지키고 있다고 치켜세우고 있다. 의원내각제는 영국형과 유럽대륙형으로 구분된다. 전자는 양당제를 바탕으로 다수당이 집권함으로서 정국이 안정적인데 비해, 후자는 다수당이 난립하여 연립정권이 불가피하게 되고 따라서 정국은 항상 불안정하게 된다. 영국의 의원내각제는 다른 나라와는 달리 안정적으로 발전하였고 정권교체로 인한 혼란의 경험도 거의 없었다. 유럽대륙과 달리 이러한 영국에서의

---

14) K. Loewenstein, *Verfassungslehre*, 4.Aufl. Mohr Siebeck, 2000, S. 155.

의원내각제의 성공을 두고 정치적인 의미에서도 "영국은 하나의 섬이다." 라고 평가한다.

[영국의 의원내각제의 성공요인] 프랑스를 비롯한 대륙과 달리 영국의 의원내각제가 성공할 수 있었던 요인을 레벤슈타인(Karl Loewenstein)은 '체제의 일체성을 상실하지 아니하고 사회변혁에 대처할 수 있는 헌법의 탁월한 유연성'에서 찾고 있다. 규범의 유연성이 결여된 프랑스의 경우, 영국과 달리, '법의 세계와 사실의 세계가 분열'되는 고통을 겪어야 했다. 구체적으로는 여유 있는 '헌법관행(constitutional convention)'을 바탕으로 한 영국의 정치질서의 특별한 테크닉, 전국적 규모의 양대 정당에 의한 의회의 지배 그리고 서구 문화에 기여한 그리스 정신, 즉 개인의 자유에 대한 정치적 민감성을 정치의 핵심으로 보는 입헌민주주의의 전통을 그 성공 요인으로 들고 있다. 그에 의하면 영국의 의원내각제는 "인간의 존엄성에 값하는 사회질서"의 토대를 마련하고 있다고 지적한다(Karl Loewenstein, *British Cabinet Government*, 1967).

[의원내각제의 발전] 의원내각제의 역사적 발전 방향은 왕권의 약화와 국회의 대표기관인 의회의 권한강화의 길을 의미한다. 즉 의원내각제는 왕권이라는 전통적 정당성이 약화되고 의회의 역할이 증대되어 본질적으로 민주적 정당성이 강화되는 방향으로 발전되었다. 구체적으로 의원내각제는 제한군주제에서 이원적 의원내각제를 거쳐 일원적 의원내각제의 세 단계를 거쳐 발전하였다. 제한군주제 하에서 의회는 절대군주로부터 입법권을 쟁취하기는 하였으나 군주는 여전히 각료를 선임하고 해임할 수 있었다. 즉 이 단계에서 왕권행사에 있어 의회의 견제가 어느 정도 가능하다는 의미에서 '제한'군주제이었으나, 집행권은 여전히 군주가 장악하고 있었다. 다음 단계는 이원적 의원내각제(régime parlementaire dualiste)인데 이 단계에서 내각은 한편으로는 국왕에 대하여, 다른 한편으로는 의회에 대하여 책임을 졌다. 국왕과 의회가 각각 내각에 대하여 해산권을 가진 형태이다. 내각의 책임이 국왕과 의회로 이원화되어 이원적 의원내각제라 하는데 오를레앙式 의원내각제(Orléanisme)[15]라고 하기도 한다. 오늘날 의원내각제에서는 국왕은 군림하되 통치하지 아니한다. 국왕은 상징적 존재일 뿐이고 집행권은 내각이 담당한다. 따라서 국왕은 국정에 관여하지 않기 때문에 내각의 구성과 책임은 의회가 이를 담당하게 된다. 이러한 형태의 의원내각제를

15) 이원적 의원내각제를 오를레앙형 의원내각제(régime parlementaire orléanisme)라 하는 것은 프랑스의 7월왕정 당시 오를레앙家에 의한 의원내각제정부가 국왕과 의회에 대하여 이원적으로 책임을 진 것에서 유래한다.

일원적 의원내각제(一元的 議院內閣制)라 하는데, 내각은 실질적으로 의회에 대하여서만 책임을 지며, 국왕은 내각에 대한 해산권을 상실한 형태이다.

2. 의원내각제의 특색

의원내각제는 정부구성에 있어 안정적 요소로서 국가원수의 존재와 불안정적 요소로 의회에 대해 책임을 지는 내각의 존재를 특색으로 한다(이원적 정부구성). 그리고 의회는 정부에 대하여 정치적 책임을 물을 수 있고(정부불신임), 정부는 의회를 해산할 수 있다(의회해산권).[16]

(1) 二元的 政府構成: 安定的 要素와 不安定的 要素

정부는 국가원수와 내각의 이원적 요소로 구성된다. 즉, 의원내각제의 정부는 국가원수라는 안정적 요소와 내각이라는 불안정적 요소의 두 가지 요소로 구성되는 것을 특징으로 한다. 의원내각제에 있어서 첫번째 요소는 안정적 요소로서 국가원수의 존재이다. 국가원수의 안정성은 정치적 무책임성에 있다. 국가원수는 의회에 책임을 지지 아니하고, 의회는 다만 내각을 해산하는데 그친다. 또한 국가원수의 안정성은 임기의 보장에 있다. 그것이 영국과 같이 국왕이든, 의회에 의하여 선출되어 비교적 장기의 임기가 보장되는 대통령의 경우이든지 간에, 그 임기 동안 안정적으로 국정을 수행할 수 있다. 국가원수의 권한은 내각의 책임이 일원적인가 이원적인가라는 의원내각제의 태양에 따라 달라진다. 이원적 의원내각제에 있어서 국가원수는 정치적 결단에 있어서 실질적 역할을 하고 각료를 해임함에 있어서도 의회와 동일한 권한을 갖는다. 그러나 일원적 의원내각제에 있어서 국가원수는 다만 상징적 역할을 할 뿐 각료해임권을 가지지 않는다. 의원내각제의 두번째 구성요소로서 불안정적 요소는 정부(내각)이다. 정부는 국무총리에 의해서 움직인다. 총리는 형식적으로는 국가원수가 임명하지만 실질적으로는 의회의 신임에 의하여 존속한다. 정부각료

16) 김철수 교수(1225)는 의원내각제의 특색을 입법부와 행정부와의 평등과 균형, 입법부와 행정부간의 협동관계, 행정권의 이원적 구조로 보고 있다. 권영성 교수(750)는 집행부의 이원적 구조, 내각성립과 존속의 의회에의 의존, 내각불신임권과 의회해산권에 의한 권력적 균형, 입법부와 집행부간의 공화와 협조를, 허영 교수(700)는 의존성의 원리에 의한 조직과 활동, 집행기관의 조직모체로서의 의회, 통합 및 견제의 요소, 상징적인 국가원수, 의회내 안정세력의 필요성을 의원내각제의 특색으로 보고 있다.

도 의원 중에서 국가원수가 임명하는데 총리는 그들 동료 가운데 제1인자(First among equals)이다.

[尊嚴部分과 有效部分] 바조트(Walter Bagehot)에 의하면, 의원내각제의 정부구성은 존엄부분과 유효부분으로 구성되는데 이를 의원내각제의 이원적 구성이라고 한다. 존엄부분(dignified part)이란 군주나 대통령이 가지는 "자문받는 권리, 격려하는 권리, 경고하는 권리"를 말하는데, 곧 군주나 대통령이 의례적 권력의 담당자라는 것이다. 유효부분(efficient part)이란 정부의 실질적 권력을 말하는데 내각이 담당한다.

(2) 政府不信任

정부는 의회에 대하여 정치적 책임을 지는데, 이것이 의원내각제의 본질적 요소이다. 의회는 정부의 행동을 통제함으로써 집행권에 관여한다. 그리고 의회는 정부불신임을 통해 정부를 해산할 수 있다. 의회 구성이 양원제인 경우 내각은 원칙적으로 보통·직접 선거에 의해 구성된 하원에 책임을 진다. 집권당이 의회에 안정적이고 확실한 다수를 확보하지 못하는 한 의회의 정부에 대한 신임의 철회는 정부를 위협하는 다모스의 검(Damoklesschwert)과도 같다.[17]

(3) 議會解散權

정부는 법률안을 제출함으로써 입법기능에 참여한다. 그리고 정부는 의회를 해산할 수 있다. 이것은 의회의 집행기능 참여에 대응하는 정부의 대의회 권한으로서, 정부가 가지는 의회해산권은 의회의 정부불신임권에 대응하는 권한이다. 양원제 의회의 경우 정부 의회해산권의 대상이 되는 의회는 국민의 보통·직접 선거에 의해 구성되는 하원이다. 정부가 의회를 해산시킨 경우 새로운 선거를 하게 되는데 이것은 국민에게 의회와 정부의 마찰에 대한 조정 가능성을 부여한다. 요컨대 의원내각제는 의회와 정부 상호의 기능에 관여하고 상호 해산권을 가진다는 의미에서 권력의 연성적 분립에 의한 정부형태이다. 이러한 고전적 의미의 의원내각제는 어느 정당도 의회의 절대 다수를 차지하지 못하여 다수당이 난립한 다수정당국가(多數政黨國家)에서 타당하다. 의회에 강력한 2당이 존재하

---

17) K. Loewenstein, *a.a.O.*, S. 200.

는 양대정당국가(兩大政黨國家)의 경우는 변형된 형태로 나타난다. 영국이 대표적인 예인데, 이러한 국가에서는 의회의 절대 다수 의석을 차지한 정당과 내각을 구성하는 정당은 동일한 정당이고, 총리는 다수당의 당수이다. 따라서 의원을 선거할 때 유권자는 간접적으로는 그들의 총리를 선택하는 것이 된다. 이 경우 내각은 불신임의 위험을 감수하지 않으며 의회도 해산의 위협을 받을 이유가 없다. 의회 제1당의 당수인 총리에게 권력의 최대치가 집중되고 야당은 균형축을 이루게 된다.

Ⅱ. 大統領制: 權力의 硬性的 分立

1. 미국형 대통령제의 성립

(1) 대통령제의 기원

대통령제는 1787년 미국 헌법에서 몽테스키외의 권력분립사상을 수용하여 창출된 통치형태이다. 영국 식민지 아메리카가 독립을 쟁취하여 미합중국으로 출범하였을 때, 그들이 모범으로 생각한 정부형태는 영국식의 제한군주제였다. 미국 헌법은 이론적으로는 몽테스키외의 권력분립이론을, 제도적으로는 영국의 제한군주제를 모델로 하고 있다. 대통령제는 당시 미국에 고유한 정치형태로, 유럽대륙의 입장에서는 영국의 의원내각제가 그러했듯이 '미국 역시 하나의 섬'이었다. 또 대통령제 국가 가운데 미국만이 유일하게 성공적인 대통령제를 이끌고 있다는 점에서도 '미국은 역시 하나의 섬'이다.

(2) 君主制의 모방

대통령은 국가원수(head of state; chef d'État)이다. 대통령은 이른바 '선거된 군주(monarchie élu)'로서 제한군주의 후신을 의미한다. 켈젠(Hans Kelsen)에 의하면 대통령제는 입헌군주제에의 의식적인 모방이다. 그러나 공화국의 대통령이 군주와 다른 점은 그것이 국민주권·권력분립·대의제에 기초하고 있다는 것이다(Berchtold). 공화제 헌법에 있어서 국가원수는 의회와 함께 국민의 주권적 권력을 국민에 대신하여 행사하는 하나의 기관, 즉 뒤기(Duguit)의 이른바 대표기관을 의미한다.[18] 따라서 공화국에 있어서 국가원수는 군주와 달리 헌법에 규정된, 다시 말해 헌법에서 위임된 제한된 권한만을 가지게 된다. 국가원수는 권력분립원리에 의해 헌법에서 위임한 권한만을 가지기 때문에 권력의 추정은 허용되지 아니한다. 대통령은 대외적으로 국가를 대표하고 대내적으로는 국민의 통일성·전체성과 국가의 계속성을 대표한다.

(3) 강력한 정부

해밀튼(Hamilton)에 의하면 행정부의 힘은 좋은 정부를 판가름하는 시금석이라 하면서 약한 정부는 나쁜 정부에 다름이 아니라고 보았다. 그는 행정부에 활력을 주는 요소로서 단결력, 지속성, 행정부의 권한을 지지해 주는 적절한 법규, 그리고 정당한 권한의 행사를 들고 있다. 미국의 대통령제는 행정권의 확대과정을 거치면서 오늘날 미국의 행정부는 '위임에 의한 정부(government by commission)' 또는 '행정명령에 의한 정부(government by executive order)'[19]라 할 만큼 강력한 정부로 성장하였다.[20] 미국 대통령제의 역사는 그 권한확대의 역사라 할 것인데, 이는 그 이론의 추이에서도 살펴볼 수 있다.

[해밀턴과 강력한 정부] 집행부의 힘은 좋은 정부를 정의하는 데 있어 가장 중요한 지표이다. 허약한 집행권은 정부의 허약한 집행력을 의미한다. 허약한 집행권이라 함은 나쁜 정부의 다른 표현에 지나지 않는다. 이론상으로 어찌 되었든 집행력이 허약한 정부는 현실에 있어 나쁜 정부일 뿐이다(Hamilton, *Federalist Papers* No. 70).

[대통령의 권한에 관한 이론의 추이] 역사적으로 볼 때 미국의 대통령의 권한은 확대일로를 걸어왔다. 그 과정은 헌법이론, 관리이론을 거쳐 대권이론으로 발전되었다. 1) 憲法理論(the constitutional theory): 태프트(Taft)의 주장으로 연방 헌법 제2조는 집행부의 기능을 망라하고 있는데, 대통령은 헌법에 규정된 명시적·암묵적 권력에 의해서 그의 행동을 정당화할 수

18) Léon Duguit, *Traité de droit constitutionnel*, II, 1928, pp. 560-62.
19) Mason, *op. cit.*, p. 80.
20) 이에 대하여 브라이스(James Bryce)는 미국의 대통령제를 "둔중하고 서투른 정부기구로서 진취성보다 안정성에 목적을 둔" 제도로 평가절하하고 있다(Loewenstein, *a.a.O.*, p. 135).

있어야 한다고 하는 이론이다. 2) 管理理論(the stewardship theory): 데오드르 루즈벨트(Theodore Roosevelt)의 이론으로 그는 대통령은 '인민의 관리인(steward of the people)'으로서 "헌법과 법률에 의해 금지되지 않는한 국가를 위해 필요한 어떠한 일도 해야 할" 의무가 있다고 주장하였다. 이에 대하여 태프트는 루즈벨트의 이론은 대통령을 '전지전능한 神(universal Providence)'으로 만들고 있다고 비난하였다. 3) 大權理論(the Prerogative theory): 로크(John Locke)의 '대권'개념을 원용하여 프랭클린 루즈벨트(Franklin D. Roosevelt)는 "대통령은 법률의 규정에도 불구하고 경우에 따라서는 법률의 규정에 반해서라도 공공의 이익을 위한 배려에 따라 행동할 권한이 있다."고 주장하였다. 실제로 대통령으로서 루즈벨트는 '위기'와 '긴급한 공공의 이익'을 빌미로 헌법적・법적 제한을 자주 무시하였다.[21)]

2. 미국식 대통령제의 특색

미국의 대통령제는 의원내각제와 세 가지 점에서 대조를 이룬다. 즉 집행권의 일원적 구성, 정부의 의회에 대한 무책임과 의회해산권의 부재를 그 특색으로 한다.

(1) 執行權의 一元的 構成

대통령제에 있어서 정부는 의원내각제와 대조적으로 일원적으로 구성된다. 정부구성에 있어서 의원내각제나 이원정부제가 양두체제(bicéphale)[22)]인데 비하여, 대통령제는 단두체제(monocéphale)로 구성된다.[23)] 즉, 대통령은 국가의 원수인 동시에 정부의 수반이다. 따라서 대통령은 스스로 장관을 비롯한 내각을 지휘하고, 자유롭게 장관에 대한 임명권을 행사한다.

내각책임제에 있어서 내각은 집단적 기구로서 정부를 구성하지만 대통령제에서 내각은 헌법외적 기구(extra-constitutional organ)이다. 의원내각제에 있어서 내각은 의결기관으로서 그 결정은 구속력을 가지는데 비해 대통령제에서의 내각은 대통령의 행위에 대한 자문기관이고 그 결정

---

21) 이러한 루즈벨트의 독재에 가까운 권한행사는 국민들의 지지에 의하여 가능하였다. 뉴딜 정책에 대한 국민의 심판이라 할 1936년의 대통령선거에서 그는 대통령 선거인단 531명 가운데 523명의 지지(523 : 8)라는 압승을 거두었다. 1820년 이후 116년 만의 기록적인 대승이었다.

22) 라틴어로 bis는 2(deux fois)를, 그리스어로 céphalè는 머리(tête)를 의미한다.

23) P. H. Chalvidan, *Droit constitutionnel Institutions et Regimes politiques*, 1986, p. 202.

은 대통령의 행위에 대한 조언적 성격(a character of advice)을 가질 뿐이다. 장관은 대통령의 협력자이자 국가업무담당자이다. 대통령은 국민이 직접 선출한다. 따라서 대통령은 국회의원과 마찬가지로 법적으로 국민을 대표한다. 이렇게 집행권을 일원적으로 구성함으로써 미국의 헌법의 아버지들이 염원한 '강력하고 독립된 집행권(strong and independent executive)'을 구현할 수 있었다.

(2) 政府不信任의 不在: 의회에 대한 政治的 無責任

대통령은 의원 중에서 장관을 임명할 의무가 없다. 대통령이 의회의 다수당과 소속정당을 달리 할지라도 의회가 정부를 불신임할 수 없다는 사실은 행정권의 안정성에 크게 기여한다. 대통령은 임기중 의회에 대하여 정치적 책임을 지지 않는다. 대통령은 다만 주기적으로 선거를 통해 유권자인 국민에게 책임질 뿐이다. 대통령을 국민이 직접 선거한다는 것은 대통령의 신임과 권력의 정당성이 국민으로부터 유래하기 때문에 의회로부터 정치적으로 독립할 수 있다는 것을 의미한다. 또한 대통령의 임기를 정한 것은 국가원수로서 군주제적 요소를 제거하여, 대통령의 국민에 대한 책임성을 강화한 것이다.

(3) 議會解散權의 不在

미국의 대통령제는 몽테스키외의 이론에 철저한 정부형태로서 '권력에 의한 권력의 제어(le pouvoir arrête le pouvoir)'에 의해 입법권과 집행권은 권력의 조화를 이루게 된다. 대통령제에 있어서는 대통령은 법률안을 제출하는 방법으로 입법기능에 관여할 수 없다. 왜냐하면 대통령제는 입법권과 행정권이 기능상 엄격하게 분리되어 있고 상호간의 기능상의 간섭이 철저하게 배격되는 엄격한 분립(硬性的 分立)에 입각한 정치체제이기 때문이다. 따라서 정부불신임권도 없고 이에 상응한 의회해산권도 없다. 그런데 원리대로라면 대통령제는 입법권과 집행권의 엄격한 분리로 기능 장애를 일으킬 위험을 내포한 정치체제이다. 그러나 현실적으로는 행정부와 의회 간에는 정당이 매개체 역할을 하고 있고 상호의 입장을 이해시키기 위한 공식적인 대화의 통로를 마련해 놓고 있어 엄격한 권력의 분립에도 불구하고 유기적으로 기능하고 있는데, 그러한 점에서 이를

'로비 의회주의(parlementarisme de couloire)'라 한다.

3. 대통령제의 문제점

미국의 대통령제를 고전적 의미의 대통령제 또는 순수 대통령제라고 하는데, 순수한 대통령제는 미국에서만 찾아 볼 수 있다. 미국의 대통령제는 강력한 정부를 소망하는 미국 건국의 아버지들의 의지를 반영한 것이지만, 미국과 같은 정치토양에서도 초창기에는 나약한 정부가 문제되었고, 현재에는 지나치게 막강한 대통령의 권한 행사가 문제점으로 지적되고 있다. 대통령제는 정당정치, 권력분립의 엄격성 그리고 한 사람에 대한 권력의 집중화 등에 따른 문제점을 드러낼 수 있다.

첫째, 라이프홀츠의 지적처럼 오늘날 국가는 정당국가이고 민주주의도 정당국가적 민주주의로 변질되었다. 정당 없는 국가나 정당 없는 정치는 생각할 수 없게 된 것이다. 대통령의 소속정당이 원내 제1당인 경우 대통령은 정당을 통하여 사실상 입법권과 집행권을 장악하게 되고 대통령의 권한은 거의 통제 불가능하게 되어 절대적 권력을 행사할 수 있게 된다.

둘째, 대통령제는 입법권과 집행권 사이의 권력의 엄격한 분립(경성적 분립)을 전제로 한다. 그런데 입법권과 집행권의 철저한 분리·독립은 자칫하면 교착과 정체의 분리된 정부(devided government)를 초래할 수 있다. 특히 여당이 원내 소수당인 경우에는 그러할 가능성이 높다. 대통령의 소속정당이 원내 소수당인 경우에는 입법권과 집행권은 불가피하게 갈등관계를 형성할 수밖에 없다. 이 경우에는 필연적으로 정치적 분쟁과 이에 따른 정치적 불안정을 수반하게 된다.

셋째, 대통령에게 권력이 집중되는 권력의 인격화(la personalisation du pouvoir)를 초래할 수 있고 이는 필연적으로 대통령의 독재로 이어지게 된다. 이때 권력의 인격화에 따른 대통령의 독재에 대한 효과적인 제어방법이 미흡하여 집행권 특히 대통령의 권력의 비대화로 이어질 수 밖에 없다. 이 경우 레벤슈타인은 '신대통령제에로의 타락'을 우려한다. 특히 권력의 제어기능이 제대로 작동하지 않고 정치풍토가 권위주의적인 경우에는 더욱 그러하다. 이 경우 대통령제는 제도로서 기능하기 보다는 대통령 개인의 권위에 의존하게 된다.

[미국 대통령제의 성공요인] 미국의 대통령제는 i) 연방제에 의한 중앙정부와 지방정부의 권력 분산, ii) 대통령을 견제할 수 있는 강력한 의회, iii) 사법권의 독립과 우월적 지위의 확립에 의한 정치적 통제, iv) 언론의 견제, v) 성숙된 시민의식 등에 의해 성공적으로 운용되고 있으나, 제3국이 미국식 대통령제를 도입하는 경우 별로 성공을 거두지 못하고 있다.

[우리나라의 정부형태와 대통령의 정치적 책임] 대통령제 국가의 대통령은 국가의 원수이며 행정부의 수반일 뿐만 아니라 임기 동안 의회에 대하여 정치적 책임을 지지 아니하고 선거시에 국민에 대해서만 직접 책임을 진다. 그러므로 대통령제를 채택하고 있는 우리나라의 경우 대통령직이 갖는 비중에 비추어 대통령선거의 공정한 실시가 갖는 중요성은 대단히 크다고 할 것이나, 선거와 관련하여 언론·출판의 자유를 보장하는 문제 또한 그 나라의 민주화의 수준을 가늠할 수 있는 중요한 문제이기 때문에 선거에 관한 여론조사결과의 공표를 어느 수준에서 허용할 것인가는 우리나라의 여론조사의 수준과 실태, 국민의식수준 및 선거풍토 등을 종합적으로 고려하면서 선거의 공정과 언론·출판의 자유의 보장이 조화를 이룰 수 있도록 결정되어야 할 것이다(헌법재판소 1995.7.21. 92헌마177).

Ⅲ. 二元政府制 : 執行權의 兩頭體制

1. 이원정부제의 탄생

이원정부제는 대통령제와 의원내각제가 절반씩 절충된 형태의 정부이다.[24] 듀베르제(M. Duverger)는 "의원내각제가 유럽의 보편적인 정치체제라 한다면, 대통령제는 미국에만 국한되는 폐쇄체제"라고 지적하였고, 레벤슈타인 역시 "대통령제가 미국 이외의 지역에 수출되는 경우에는 예외 없이 '민주주의에 대한 죽음의 키스'로 변했다."고 할 정도로 대통령제는 제3

24) 김철수 교수(1227)는 원칙적으로 위기에는 대통령이 행정권을 전적으로 행사하나, 평상시에는 내각수상이 행정권을 행사하여, 하원에 대하여 책임을 지는 의원내각제 형식으로 운영되는 정부형태로 보고 있다. 권영성 교수(767)는 '이원집행부제'라는 용어가 정확한 표현이라고 하며, 의원내각제와 대통령제가 모두 실패한 경우에 채택되는 정부형태로 보고 있다. 허영 교수(713)는 대통령제와 의원내각제를 변형시켰거나 두 제도의 요소를 적절히 혼합시킨 모든 정부형태로서 '절충형 정부형태'라는 용어를 사용하고 있다.

국에서 변질되었다.[25] 그런데 대통령제와 의원내각제를 절충한 정부형태가 프랑스 제5공화국 헌법에 의하여 탄생하였다. 이렇게 대통령제와 의원내각제를 혼합한 정부형태를 半議院內閣制 政府 또는 半大統領制 政府(régime semi-présidentiel)라 한다.[26]

2. 프랑스의 성공

프랑스의 경우, 평상시 국내정치는 국무총리의 책임아래 수행된다. 대통령은 국가의 정상적 기능, 국가의 계속성 확보, 국가의 독립과 영토의 보전, 조약의 준수 등과 관련하여 상징적 지위를 가진다. 그러나 위기시에 대통령은 합법적 독재자로서 난국을 극복할 위치에 선다. 레벤슈타인은 바이마르공화국의 경험으로부터 대통령제와 의원내각제라는 상호 배타적인 두 개의 정부유형을 결합시킬 수 있다는 신념을 '惡의 源泉(Fons ac origo malorum)'으로 보았다.[27] 그는 프랑스의 대통령제를 군주정치에의 기대(attente monarchique)를 제도화한 것이라 하여 프랑스의 정부형태에 대하여 비판적 입장을 견지하였다.[28] 그러나 듀베르제 자신은 프랑스의 새로운 정부형태야말로 구체제(ancien régime)를 극복하여 프랑스의 영광을 구현할 신체제(nouveau régime)로 믿고 있다. 사실 프랑스의 이원정부제는 레벤슈타인의 우려에도 불구하고 프랑스 제3·제4공화국의 혼란을 극복하고 프랑스의 안정적 성장을 가져와 과거의 영광을 회복할 새로운 형태의 정부로 주목을 받고 있다.

---

25) 그는 대통령제가 극단적인 독재정부로 타락한 형태를 '신대통령제(Neopräsidentalismus)'라 명명하면서 대통령제와 신대통령제 사이에는 명칭의 유사성 외에는 공통점이 없다고 한다. 라틴 아메리카의 군부독재에 의한 신대통령제를 특히 caudillismo라 한다. 신대통령제는 사이비 입헌주의(似而非 立憲主義), 가장 입헌주의(假裝 立憲主義)를 의미한다(Loewenstein, *a.a.O.*, S. 136-37).

26) 프랑스의 정부형태를 그 구성의 이원성에 착안하여 의원내각제로 보기도 하는데, 이 경우 독일의 의원내각제를 고전적 의원내각제라 하면, 프랑스의 의원내각제는 '부진정 의원내각제(不眞正 議院內閣制)' 또는 '변형된 의원내각제'라 할 수 있을 것이다.

27) Loewenstein, *a.a.O.*, S. 211.

28) Loewenstein, *a.a.O.*, S. 158.

Ⅳ. 會議制: 權力의 形式的 分立

1. 會議制政府

회의제정부(régime d'assemblée, Versammlungsregierung)에서 집행부는 이름만 있을 따름이고 의회에 예속된다. 회의제의 고전적 형태인 프랑스의 국민공회(la Convention)는 집단적 정부(gouvernement collectif)의 이념을 실현하려는 것으로 인민에 의한 인민의 정부라는 직접민주제 정부의 방법으로 출발하였다. 권력분립의 성격과 그 정도에 관하여 대통령제가 권력의 엄격한 분립, 의원내각제가 권력의 연성적 분립으로 특징지을 수 있다면, 회의제 정부의 권력분립은 권력의 형식적 분립에 불과하고 권력은 의회에 집중된다. 회의제는 '의회제정부'라고도 하며, 또 '공회제 정부(régime conventionnel)'라고도 하는데 그것은 역사적으로 볼 때, 프랑스 혁명직후의 국민공회가 그 최초의 형태이기 때문이다.[29] 우리 헌정사상 출현한 군사정권하의 국가재건최고회의도 전형적인 회의제의 성격을 지닌다.

2. 회의제정부의 특색

집행권의 입법권에 대한 예속을 속성으로 하는 회의제 정부는 다음과 같은 특징을 나타낸다.

(1) 집행권은 集團指導體制

회의제는 한 사람에게 권력이 집중되는 것을 막기 위하여 복수의 사람에게 동등한 권한을 부여한 집단지도체제이다. 연혁적으로는 프랑스 국민공회가 '권력의 인격화'를 피하고자 이 제도를 채택한 것으로부터 유래한다. 그러나 회의제를 취함으로써 권력의 집중화현상은 한층 악화되었다. 역사상 대부분 회의제는 집단지도체제를 표방하지만 1인의 독재로 타락하였고 이를 막지도 못하였다.[30]

---

29) 회의제는 프랑스 혁명 직후 국민공회가 1793년 6월 24일 헌법에서 채택한 통치형태이다(K. Loewenstein, *Verfassungslehre*, 김기범 역, 現代憲法論, 90면).

30) 레벤슈타인은 그러나 "국민공회의 통치는 프랑스를 외부의 간섭으로부터 구출하는데

[국민공회와 로베스피에르의 독재] 프랑스 혁명 직후의 혁명정부는 왕정을 타도하고 1인에 의한 통치를 혐오하여 국민공회를 설치하고 그 하부에 공안위원회를 두게 된다. 그러나 혁명정부는 자코뱅파와 로베스피에르의 恐怖政治로 변질되고 말았다. 결국 회의제도 1인독재로 변하고 만 것이다. 로베스피에르의 처형과 더불어 공안위원회는 여러 위원회에 분산되어 지배력은 타파되고 무질서와 더불어 회의제는 종지부를 찍게 된다(M. Duverger, *Les constitutions de la France*, 문광삼 역, 프랑스헌법과 정치사상, 2003, 87~91면).

(2) 議會의 權力獨占

회의제는 입법부와 집행부의 '권력의 혼합'에 의한 정치체제로 전권을 장악한 입법부(all-powerful legislature), 즉 주권적 의회(souveräne Versammlung)[31]가 국가의 전권을 행사한다. 대통령이나 국가원수는 없는 것이 원칙이고 스위스처럼 연방대통령이 존재하는 경우에도 의례적・명목적인 국가원수를 의미할 뿐이다.[32] 의회는 사법부에까지도 직접 영향을 미친다. 따라서 집행부와 입법부 사이의 권력분립은 존재하지 않고 설사 분립의 형태를 취한다 하더라도 형식적으로 분립되는데 불과하고 의회가 권력을 독점한다. 양원제는 원칙적으로 회의제와 양립할 수 없다.[33] 이 체제에 있어서 의회의 주권적 권한을 소수의 위원회에 위임하기도 한다.[34]

(3) 權力의 不均衡

주권적 의회는 정부불신임권을 가지고 정부를 컨트롤하지만 정부는 의회에 대하여 이에 상응한 의회해산권을 가질 여지가 없다.[35] 정부는 다만

충분한 기여를 하였고, 프랑스혁명을 실패로부터 구출하였다"고 지적하면서 회의제에 대한 악평의 역사적 불공정성을 지적한다(Loewenstein 김기범 앞의책 90).

31) Loewenstein, *a.a.O.*, S. 172.

32) 연방평의회(Bundesrat)는 임기 3년의 7인의 위원으로 구성되며 연방대통령(Bundespräsident)은 연방평의회의 의장으로서 순서대로 1년씩 회의를 주재하는데, 이러한 의례적인 행위는 헌법에 근거한 것도 아니다(Loewenstein, *a.a.O.*, S. 178).

33) Loewenstein 김기범(91).

34) 구소련에 있어서 국가권력의 최고기관은 소련최고회의이다(소비에트헌법 제30조). 그러나 최고회의의 산하 상임위원회인 간부회가 최고회의를 능가하는 권력을 장악하고 있었다. 헌법관례상 최고회의의 헌법적 권능을 간부회에 위임하고 있는데 이는 회의제의 성격에 반하는 것이 아니다(Loewenstein 김기범 94).

35) K. Loewenstein, *a.a.O.*, S. 77.

의회의 의사에 맞추어 정책을 집행할 뿐이다. 의회의 정부불신임권에 대해 정부가 의회해산권을 가지지 않았다는 것은 정부가 의회에 예속되어 있다는 것을 의미한다. 스위스의 경우 국회의원은 4년 임기로 선거되며 집행부의 구성원도 자동적으로 재구성된다. 결국 집행부는 의회의 신임에 따라서 업무를 수행하게 되고 또 의회를 납득시킬 수 있어야 존속할 수 있게 된다.

3. 야누스의 머리

회의제는 전제주의 정부가 안주할 수도 있고 민주주의적 정부의 이론적 바탕이 될 수도 있다. 이러한 점에서 공산주의자들은 회의제를 선호한다. 회의제가 자동적으로 전제주의적 통치형태로 변천한다는 것은 역사적 경험에 비추어 생물학적 법칙이라 할 수 있을 정도로 확인되고 있다.[36] 현재는 스위스가 이 정부형태를 취하고 있으면서도 민주주의의 본질을 유지하는 유일한 예외이다. 회의제는 프랑스의 국민공회나 구 소련의 경우처럼 독재체제의 정치기술이 되기도 하고 스위스와 같이 민주정부의 정치원리로도 활용되기 때문에 레벤슈타인은 회의제를 '쌍두의 머리를 가진' "야누스의 머리(Januskopf)"에 비유한다.[37]

V. 한국헌법과 정부형태

1. 대통령제의 요소

현행헌법에 규정된 대통령제의 요소로는 1) 대통령은 국가원수인 동시에 행정부의 수반의 지위를 가지고(제66조 제1항, 제4항) 집행에 관한 최고의 권한과 최종적인 책임은 대통령에게 귀속되어 있으며, 2) 대통령은 국민에 의하여 직접 선출되고(제67조 제1항), 3) 대통령은 5년의 임기동안 탄핵결정의 경우를 제외하고는 국회에 대하여 정치적 책임을 지지 아니하며, 국회도 대통령에 대하여 불신임결의를 할 수 없고, 4) 대통령은 법률

---

36) K. Loewenstein, *a.a.O.*, S. 79.
37) K. Loewenstein, *a.a.O.*, S. 89.

안거부권을 행사함으로써(제53조 제2항) 국회의 경솔과 전제를 방지할 수 있으며, 5) 대통령은 대법원장과 대법관의 임명권을 가진다(제104조).

2. 의원내각제의 요소

의원내각제의 요소로는 1) 외형상 의원내각제의 내각에 유사한 국무회의를 두어 대통령이 의장이 되어 집행부의 권한에 속하는 중요정책을 심의하게 하고 있고(제88조 제1항), 2) 국무총리를 임명함에 있어 국회의 동의를 얻도록 하고 있으며(제86조 제1항), 3) 국무총리는 대통령의 명을 받아 행정각부를 통할하고(제86조 제2항), 국무위원의 임명을 대통령에게 제청하며, 국무위원에 대한 해임을 대통령에게 건의할 수 있고(제63조 제1항), 4) 대통령의 국법상 행위는 국무총리와 관계국무위원의 부서가 있어야 하며(제82조), 5) 정부도 법률안을 제출할 수 있고(제52조), 6) 국무총리·국무위원·정부위원은 국회나 그 위원회에 출석하여 발언할 수 있으며, 국회와 그 위원회도 이들을 출석시켜 답변을 요구할 수 있고(제62조 제1항, 제2항), 7) 국회의원과 국무위원의 겸직이 허용된다는 점을 들 수 있다.

[우리나라의 정부형태] 헌법재판소는 "우리 나라의 정부형태, 국무총리의 헌법상의 지위 특히 대통령과의 관계 등에 관련된 문제로서, 우리 나라의 정부형태는 약간의 의원내각제적 요소도 있기는 하나 기본적으로는 대통령제(또는 대통령중심제)로서 행정권 행사에 관한 최고·최후의 결정권자는 대통령이라고 해석되는 점"이라고 설시하여 우리나라는 의원내각제요소를 가미한 대통령제 정부형태로 보고 있다(헌법재판소 1994.4.28. 89헌마86).

제4절 國民主權의 實踐原理로서의 選擧制度

Ⅰ. 國民主權과 選擧의 機能

1. 選擧와 國民主權原理

민주주의 국가에서 국민주권원리는 선거를 통해서 구체화된다. 모든 국가권력은 국민으로부터 유래한다는 국민주권원리는 선거를 통하여 '국민에 의한 국민의 지배'를 실현되게 되는 것이다. 이러한 국민주권의 원리는 국민에 의해 직접적으로 구현되기도 하고 간접적으로 구현되기도 하는데, 전자가 국민의 정치적 결단을 의미하는 국민투표이고 후자가 대의기관의 선출·구성을 의미하는 선거이다.

2. 선거의 기능

민주주의 국가에서 선거는 국민의 자기지배의 원리를 실현하는 수단(국민주권실현수단)이 된다. 또한 선거는 국민적 통합을 형성하는 수단을 의미할 뿐만 아니라(국민통합기능) 국가권력의 정당성의 근거가 된다(국가권력의 정당성근거). 국민의 자기지배 원리는 선거권의 확대에 의해 그 외연을 넓혀왔는바, 이로서 보통선거와 평등선거는 민주주의의 보편적 요청이 되었다.

Ⅱ. 直接民主主義

국민이 국민투표 등의 방법으로 중요한 정치적 의사형성에 직접적으로 참가하는 방법이 있다. 이를 직접민주주의라 하는데, 구체적으로는 레퍼렌덤(국민투표), 이니셔티브(국민발안·인민발안), 리콜(국민소환·국민해임·해직청구) 등 여러 가지 제도가 있다. 그런데 우리 헌법은 국민투표만을 채택하고 있어 이를 중심으로 설명한다.

1. 레퍼렌덤(國民投票)

우리 헌법은 중요한 정책에 관하여 국민이 최종적으로 결정하는 직접민주주의 방식을 채택하고 있다. 즉, 헌법개정안은 반드시 국민투표에 붙여야 하고(제130조 제2항), 대통령은 외교·국방·통일 기타 국가안위에 관한 중요정책을 국민투표에 붙일 수 있도록 하고 있다(제72조).

2. 레퍼렌덤과 플레비시트

우리가 일반적으로 국민투표라 할 때는 레퍼렌덤(referendum)과 플레비시트(plebiscite)라는 상호 이질적인 개념을 포괄한다. 그러나 국민투표라 하더라도 양자는 판이하게 다른 개념이다. 전자가 진정한 의미에서 국민에 의한 직접입법을 의미하는데 비해 후자는 국민의 정치적 결단을 의미한다. 전자는 입법사항(헌법·법률)에 대한 국민투표인데 비해 후자는 통치자에 대한 신임, 정치적 결단에 대한 동의를 그 대상으로 한다. 따라서 전자는 입법행위이지만 후자는 개별행위에 대한 신임이다. 전자는 평화적·평상적 개념이지만 후자는 혁명적·비상적 개념이다. 전자는 민주국가에서 통상적으로 행하여지는데 반하여 후자는 주로 독재자가 실정을 은폐하거나 민주주의 절차로 위장하기 위하여 행한다. 특히 이 제도는 신대통령제하에서 독재자가 실정을 은폐하거나 민주주의 절차로 위장하기 위하여 빈번하게 활용된다. 전자는 언론·토론·투표의 자유가 보장되어 일반 선거와 다를 바 없지만, 후자의 경우에는 대부분 정치적 자유, 특히 비판과 선택의 자유가 봉쇄된 가운데 행하여지고 투표율과 찬성율이 비정상적으로 높다.

[플레비시트] 플레비시트(plebiscite)는 라틴어 *plebiscitum*에서 유래하는데 이는 "인민의 결정(decree of the people)"을 의미한다. 인민투표, 신임투표로 불린다. 역사적으로 볼 때 다수의 국가에서 집권자가 플레비시트를 통하여 자신에 대한 국민의 신임을 물음으로써, 자신의 정치적 입지를 강화하는데 이용한 사례가 허다하였다. 프랑스 제2공화국 대통령인 루이 나폴레옹은 제정(帝政)의 재건을 천명하였고, 1852년 11월 20일의 인민투표-이른바 신임투표를 의미하는 플레비시트-에서 압도적인 다수로 통과되었다. 그는 나폴레옹 3세 황제의 자리에 올라 제2제정이 시작되었다(상세한 것은, Maurice Duverger, *Les constitutions de la France*, 문광삼 역, 프랑스 헌법과 정치사상, 2003, 130-34면 및 Daniel Livère, *Histoire de la France*, 최갑수 역, 프랑스의 역사, 1998, 318~320면 참조).

레퍼렌덤과 플레비시트

	레퍼렌덤	플레비시트
입법인가 정치적 결단인가	국민에 의한 직접입법	국민의 정치적 결단
대상	입법사항(헌법, 법률)에 대한 국민투표	통치자에 대한 신임, 정치적 결단에 대한 동의
행위의 성격	입법행위	개별행위에 대한 신임
평화적 개념인가 혁명적 개념인가	평화적·평상적 개념	혁명적·비상적 개념
민주성 여부	민주국가에서 통상적으로 행하여짐	독재국가, 특히 신대통령제 국가에서 독재자가 민주주의절차로 위장하기 위하여 행하여짐.
정치적 자유의 보장 여부	언론·토론·투표의 자유가 보장되어 일반 선거와 다를 바 없음.	대부분 정치적 자유, 특히 비판과 선택의 자유가 봉쇄
투표율 및 찬성율	투표율과 찬성율 모두 정상적	투표율과 찬성율이 비정상적으로 높음.

3. 대통령에 대한 신임투표

우리 헌법상 국민투표는 레퍼렌덤을 의미한다. 플레비시트(신임투표) 형태의 국민투표는 우리 헌법이 예정하고 있지 않다.[38] 즉 국민투표는 직접민주주의를 실현하기 위한 수단으로서 '사안에 대한 결정', 즉 특정한 국가정책이나 법안을 그 대상으로 한다. 따라서 국민투표의 본질상 '대표자에 대한 신임'은 국민투표의 대상이 될 수 없다.[39] 플레비시트로서의 국민투표는 위헌이다. 대표자의 선출과 그에 대한 신임은 단지 선거의 형태로써 이루어져야 하기 때문이다.

---

38) 대통령의 중요정책결정에 있어서 국민의 투표는 임의적인 것이기 때문에 대통령이 국민의 신임을 묻기 위한 신임투표로 운용된다면, 부결될 경우의 정치적 혼란이 우려된다. 대통령에 대한 신임투표가 허용된다면 신임투표가 부결된 사례는 거의 없어 대통령으로서는 이것을 정치적으로 이용할 유혹을 물리치기 어렵게 된다.

39) 헌법재판소 2004.5.14. 2004헌나1.

[대통령은 국민투표에 의해 자신의 신임여부를 물을 수 있는가] 국민투표는 직접민주주의를 실현하기 위한 수단으로서 '사안에 대한 결정', 즉 특정한 국가정책이나 법안을 그 대상으로 한다. 따라서 국민투표의 본질상 '대표자에 대한 신임'은 국민투표의 대상이 될 수 없으며, 우리 헌법에서 대표자의 선출과 그에 대한 신임은 단지 선거의 형태로써 이루어져야 한다. 대통령이 자신에 대한 재신임을 국민투표의 형태로 묻고자 하는 것은 헌법 제72조에 의하여 부여받은 국민투표부의권을 위헌적으로 행사하는 경우에 해당하는 것으로, 국민투표제도를 자신의 정치적 입지를 강화하기 위한 정치적 도구로 남용해서는 안 된다는 헌법적 의무를 위반한 것이다. 물론, 대통령이 위헌적인 재신임 국민투표를 단지 제안만 하였을 뿐 강행하지는 않았으나, 헌법상 허용되지 않는 재신임 국민투표를 국민들에게 제안한 것은 그 자체로서 헌법 제72조에 반하는 것으로 헌법을 실현하고 수호해야 할 대통령의 의무를 위반한 것이다(헌법재판소 2004.5. 14, 2004헌나1). 이전의 대통령신임투표사건에서 헌법재판소는 부적법각하결정을 낸 바 있다.[40)]

[노무현대통령신임투표 위헌확인사건[41)](각하)] 이 사건은 첫째, 본안의

---

40) "대통령으로서 국회 본회의의 시정연설에서 자신에 대한 신임국민투표를 실시하고자 한다고 밝혔다 하더라도, 그것이 공고와 같이 법적인 효력이 있는 행위가 아니라 단순한 정치적 제안의 피력에 불과하다고 인정되는 이상 이를 두고 헌법소원의 대상이 되는 '공권력의 행사'라고 할 수는 없으므로, 이에 대한 취소 또는 위헌확인을 구하는 청구인들의 심판청구는 모두 부적법하다"고 하여 각하를 선고하면서도 다음과 같이 헌법재판소는 설시하고 있다. "역사적으로 볼 때 다수의 국가에서 집권자가 국민투표를 통하여 자신에 대한 국민의 신임을 물음으로써, 자신의 정치적 입지를 강화하는 데 이용한 사례가 허다하였다. 이러한 점에서 우리 헌법은 제72조의 국민투표의 대상을 명시적으로 '정책'에 한정하고 이로써 국민투표가 역사상 민주주의의 발전에 해악을 끼친 신임투표가 되어서는 아니될 것임을 선언하고 있는 것이다. 그렇다면, 피청구인이 이미 지난 선거를 통하여 획득한 자신에 대한 신임을 국민투표의 형식으로 재차 확인하고자 하는 것은 헌법 제72조의 국민투표제를 헌법이 허용하지 않는 방법으로 위헌적으로 사용하는 것이며, 이로 말미암아 국민이 국민투표를 통하여 특정한 국정사안에 대하여 자유로운 의사결정에 따라 국가권력의 행사과정에 정당하게 참여하는 것이 침해되고, 이로써 국민의 한 사람들인 청구인들의 참정권 내지 국민투표권과 정치적 의사표명을 강요받지 아니할 자유가 침해된다."(헌법재판소 2003.11.27. 2003헌마694 · 700(병합) · 742(병합))

41) 노무현대통령은 기자회견(2003.10.10.)을 통하여 "국민들에게 재신임을 묻겠다"라고 밝혔고, 사흘 후 국회 본회의(2003.10.13.)에서 시정연설을 하면서 "… 제가 결정할 수 있는 일은 아닙니다만 국민투표가 옳다고 생각합니다. 정치적 합의가 이뤄지면 현행법으로도 국가안위에 관한 상황을 좀더 폭넓게 해석함으로써 가능할 것으로 생각합니다. … 정치권이나 또는 국민들 사이에서 아울러서 정책에 관한 국민투표의 요구가 있다고 한다면 그것은 그냥 별개로 묶어서 진행하는 한이 있더라도 재신임 그 자체를 묻는 것이 필요하다고 생각합니다. 시기는 12월 15일 전후가 좋겠습니다. …"라고 발언하였다. 이에 청구인들은 중요정책과 결부하지 않은 채 단순히

판단에 앞서 헌법재판소법 제68조 제1항의 헌법소원의 적법요건 중에서 공권력행사 및 현재성을 충족하는지가 문제되었으며 둘째, 공권력행사 등 적법요건에 해당한다면, 헌법 제72조의 "기타 국가안위에 관한 중요정책"에 국민신임투표가 포함되는지 그리고 어떠한 기본권침해가 있는지 문제된 사안이다.

헌법재판소의 다수의견(5인)은 피청구인의 행위는 의견제시 또는 사전준비행위에 불과하여 공권력행사에 해당하지 않아서 적법요건을 결하였다고 보아 각하하였다. 그러나 소수의견(4인)은 피청구인의 행위는 대통령의 독자적 권한으로 국민투표에 붙일 수 있다는 점, 국회본회의 시정연설에서 시행시기까지 언급했다는 점 등에서 사전준비행위가 아니라 국민투표의 공표로서 공권력행사에 해당한다고 보았다. 더 나아가 이러한 행위는 만약 헌법소원이 없었다면 언급한 시기에 시행할 것이 예상된다는 점에서 현재성요건도 갖추었다고 보아 헌법소원의 적법요건을 갖추었다고 보았다. 그러므로 본안의 판단에서 기본권침해여부를 밝혀야 한다고 하면서, 이러한 신임투표행위는 헌법 제72조의 중요정책에 포함되지도 않고, 우리 헌법의 규범이나 헌법정신, 역사적인 의미에 있어서도 위헌적인 행위에 해당한다고 보았다. 또한 국민의 국민투표권의 침해, 정치적 의사표명을 강제당하지 아니할 국민의 자유를 침해, 참정권을 침해한다고 보았다(헌법재판소 2003.11.27. 2003헌마694·700(병합)·742(병합)).

[헌법 제72조의 '중요정책'의 해석] 우리 헌법이 국민주권의 실현에 있어서 대의제를 원칙으로 삼고 예외적으로 단 두 가지의 경우에 한하여 그것도 국민발안을 배제하는 매우 제약적인 직접민주주의적 요소를 수용하고 있다는 점에 비추어 헌법 제72조는 예외조항에 해당하며 이와 같은 원칙과 예외의 관계에서 볼 때, 예외에 속하는 규정은 확장적으로 해석되어서는 아니되고 축소적이고 엄격하게 해석되어야 한다. 헌법 제72조의 '국가안위'의 개념에 관하여 볼 때, '국가안위'는 일반적으로 비상사태를 전제로 한 개념이라는 점, 우리 헌법은 '국가안위'의 개념을 제76조 제2항의 대통령의 긴급명령권과 관련하여 볼 때에도 '국가안위'의 개념을 어떻게 해석하든 간에 헌법 제72조에 의한 국민투표의 대상은 '중요정책'에 국한될 수밖에 없다. 국민투표는 직접민주주의를 실현하고자 하는 수단의 하나로서 그 본질상 특정한 국정사안에 관하여 국민이 직접 그 결정에 참여하는 제도를 의미한

신임만을 묻는 국민투표를 실시하는 것은 헌법 제72조에 위배되는 것으로서 이로 인하여 자신들의 행복추구권, 양심의 자유, 국민표결권, 재산권 등이 침해된다고 주장하면서 2003.10.15. 2003헌마694.(청구인 갑), 10.17. 2003헌마700.(청구인 을), 및 10.28. 2003헌마742.(청구인 병) 각각 노무현대통령(이하 피청구인)의 위 행위의 위헌확인을 구하는 헌법소원을 청구하였다.

다는 점에서 헌법 제72조의 '중요정책'은 '구체적이고 특정한 정책'을 뜻한다고 보아야 한다(헌법재판소 2003.11.27. 2003헌마694·700(병합)·742(병합) : 헌법재판소의 소수의견(4인)).

[중요정책에 국민의 신임여부가 포함되는가의 여부] 국민의 신임여부가 '중요정책'에 포함되는 것으로 해석한다면 신임여부를 묻는 국민투표는 그 효과로서 법적 구속력을 가진다. 헌법 제72조가 규정하는 국민투표는 단순히 국민의 의견을 참조하기 위하여 묻는 '국민질의'가 아니라 찬반의 결과에 따라 확정적 효력을 가지는 '국민투표'이기 때문이다. 그러므로 피청구인(대통령)이 자신에 대한 국민의 신임여부를 국민투표의 대상으로 하여 국민투표를 실시한 결과, 국민이 불신임을 표시하는 경우에는 국민투표의 효력상 피청구인은 사임하여야 한다.

그런데 피청구인은 헌법상 국가원수이며 국정의 최고책임자이자 행정부수반으로서 막중한 책임을 지고 있기 때문에 우리 헌법은 피청구인의 헌법상 지위의 중요성에 비추어 피청구인의 임기, 궐위 또는 사고시의 권한대행 및 그 신분에 따른 특권과 의무 등을 스스로 규정하여 피청구인의 신분관계를 명확하게 확정하고 있다. 구체적으로, 헌법은 제68조 제2항에서 피청구인이 궐위된 경우를 정하고 있는데 피청구인이 자의에 의하여 스스로 물러나거나 사망하는 경우 외에 타의에 의하여 사임하는 경우를 "판결 기타의 사유로 그 자격을 상실한 때"라고 하여 확정적으로 정하고 있다. 게다가 피청구인(대통령)의 임기는 5년으로 절대적으로 보장되고(헌법 제70조), 피청구인은 재직 중 원칙적으로 형사상의 소추를 받지 않으며(제84조), 피청구인은 그 임기 중 오로지 탄핵결정에 의해서만 물러나게 함으로써(제65조) 임기 중 국민의 신임여부의 영향을 받지 않는 책임정치를 강조하고 있다.

이러한 관점에서 볼 때, 피청구인의 임기를 절대적으로 보장하는 헌법 제70조나 궐위사유를 한정적으로 규정하는 헌법 제68조 제2항 등 헌법규범인 원칙적 관점에서 특수한 경우 예외로서의 성격을 갖는 헌법 제72조의 '중요정책'에 대통령에 대한 국민의 신임여부는 포함되지 않는다고 보아야 하는 것이 헌법정신에 부합된다(헌법재판소 2003.11.27. 2003헌마694·700(병합)·742(병합) : 헌법재판소의 소수의견(4인)).

Ⅲ. 代表民主主義

1. 대표민주주의와 선거

(1) 대의제민주주의의 실현매체로서의 선거

'대표민주주의(démocratie représentative)' 또는 '대의제민주주의'는 국민을 대표하여 그들의 권력을 행사하는 대표를 국민이 선출하는 선거에 기초한다. 따라서 선거는 대의제민주주의의 실현매체이다. 선거는 또한 민의반영의 통로로서, 구체적인 선거제도는 단지 기술적인 문제만이 아니고 국민주권의 흐름, 의회제민주주의의 방향, 그리고 정당의 역할 등 통치의 기본적 원리가 종합적으로 반영되는 제도이다. 그런데 민주주의 과정으로서의 선거는 경쟁선거이어야 한다. 그리고 선거는 효율성과 공정성이라는 이상을 동시에 추구하지 않으면 안 된다.

(2) 競爭選擧

민주주의 선거의 특색은 복수 후보 가운데에서의 선택을 진정으로 허용한다는 것이다. 오-류(A. Hauriou)는 이를 경쟁선거(élections disputées)라 한다. 선거라는 명칭을 사용하기는 하되 단일 후보라서 선택의 여지가 없는 체제 아래서의 선거라면, 단순히 선거라는 제도가 있다는 이유만으로 이를 민주적이라 할 수는 없다. 서구 민주주의의 전통으로서 경쟁선거는 다원사회의 수용을 의미한다. 오늘날 다행히 거의 자취를 감추어 버린 공산주의나 파시스트 국가에서 행하여졌던 비경쟁선거는 획일사회에의 향수에 불과하다.

(3) 선거에 있어서 效率性과 公正性

선거는 효율성과 공정성이라는 이상을 동시에 추구하여야 한다. 그러나 현실적으로 이 두 가지 이상은 대부분 충돌한다는 데에 어려움이 있다. 선거의 효율성이라 함은 선거에 승리한 정당의 당선자 수를 확장하여 절대 다수당의 성립을 허용하는 것이고, 선거에 있어서 공정성이라 함은 정당의 의석배분 비율이 정당의 득표율에 비례한다는 것을 의미한다. 다수대표제(多數投票制)는 효율성은 있으나 공정성이 떨어진다. 이에 비하여 비례대표제(比例代表制)는 공정성 실현에 있어 우수하나 효율성이 약하다. 다수대표제와 비례대표제를 병행하는 혼합선거제도(混合選擧制度)는 가능한 범위 안에서 효율성과 공정성을 확보하려는 것이다.

[비례대표제] 비례대표제란 정당의 명부에 투표하여 득표수에 따라 당선자를 결정하는 방법이다. 국민의 의사를 가장 정확하게 국회에 반영할 수 있는 반면 소수정당의 분립으로 정국이 불안정해 질 우려가 있다.

2. 선거의 기본원칙

(1) 普通選擧의 原則

1) 보통선거원칙과 그 범위

보통선거원칙이란 협의로는 납세액·재산을 선거권의 요건으로 하지 않고 모든 국민에게 선거권을 부여하는 제도이지만, 광의로는 사회적 지위, 재산, 납세액, 교육, 신앙, 인종, 성별 등을 선거권의 요건으로 하지 않는 제도이다. 보통선거 원칙은 특정 집단에게 정치적·경제적·사회적 이유로 선거권의 행사를 배제해서는 아니된다[42]는 '선거평등의 원칙'을 의미한다. 선거권은 실제의 선거에 있어서 투표행위와 결부되지 않으면 선거인에 있어서 현실적인 의미를 갖지 않기 때문에 선거권의 보장은 필연적으로 투표행위의 보장까지를 포함하지 않으면 안 된다. 따라서 보통선거의 원칙은 관념적인 선거자격의 획득에만 그치지 아니하고 현실의 선거에 있어서 투표행위까지의 전 과정에 걸쳐 요청되는 원칙이다. 결국 선거권이 법률상 규정되어있다 하더라도 그것을 행사하는 것이 사실상 불가능한 경우 내지는 사실상 현저하게 곤란한 경우에는 보통선거원칙위반의 문제가 발생한다.

2) 在外國民의 選擧權

재외동포를 국내법에 의하여 그 법적 지위를 보호하는 것은 그들의 민족적 동질성(assimilation)의 회복과 정체성(identity)의 유지에 그 목적이 있다.[43] 국민의 선거권 행사는 국민주권의 원리의 현실적 행사수단으로서

42) BVerfGE 36, 199.
43) 박상순, 재외동포의 법적 지위 보장에 관한 연구 -재외동포법을 중심으로-, 法務研

국민의 의사를 국정에 반영할 수 있는 중요한 통로로서 기능하며, 주기적 선거를 통하여 국가권력을 통제하는 수단으로서의 기능도 수행한다. 국정 선거권을 비롯한 국민의 참정권이 국민주권의 원칙을 실현하기 위한 가장 기본적이고 필수적인 권리로서 다른 기본권에 대하여 우월한 지위를 갖는 것으로 평가되는 것도 바로 그러한 이유 때문이다.[44] 참정권은 주민의 권리가 아니고 국민의 권리이다. 따라서 재외국민도 참정권을 행사할 수 있도록 하여야 한다.[45] 전기·통신기술의 발달에 따라 해외에서 선거를 실시하는데 따르는 물리적·기술적 문제점은 거의 극복되고 있다. 또한 기업활동의 국제화·광역화와 국민의 라이프스타일이 다양해져(해외여행의 일상화, 해외장기휴가, 해외유학기회의 확대 등 국민의 장기해외체류의 보편화) 한국인의 해외에서의 활동은 증가하고 있다. 따라서 이러한 국민들의 의견도 정치과정에 반영하는 것이 필요하다고 하는 인식이 보편화되고 있다.

(2) 平等選擧의 原則

1) 1인1표주의

평등선거란 선거인 개인의 선거권이 평등한 선거이다. 바꾸어 말하면 불평등선거(不平等選擧)란 선거권을 부여하되 개인의 투표의 가치를 달리하는 제도이다. 평등선거는 먼저 선거자격의 평등을 요청한다. 선거인의 재산·교육·신분에 따른 복수의 투표권을 인정하는 복수선거제(複數選擧制), 선거인의 재산·교육·신분에 의하여 계급별로 선거를 하는 등급선거제(等級選擧制)를 배제하고 1인1표주의(one man one vote)가 보장되는 선거를 평등선거라 한다. 특히 평등선거의 원칙은 투표가치의 평등까지도 보장하여야 한다. 선거인이 던진 한 표가 선거결과에 미치는 영향력도 평등하지 않으면 안 된다고 하는 것이다. 선거의 평등은 이른바 성과가치(成果價値)의 평등까지도 요구한다. 선거구 유권자의 수와 의원정수를 비교하여 선거구 사이에 큰 격차가 있는 경우에는 이러한 의미에

究 제27호(2000), 523면.

44) 헌법재판소 2007.6.28. 2004헌마644·2005헌마360(병합).

45) 일본의 경우 2007년도 참의원선거에서 재외국민에 대해서도 비례대표는 물론 지역구에 대한 국외 부재자 투표권을 부여하였다(중앙일보 2007.7.11.).

서 평등선거원칙에 반하게 된다.

[평등선거의 원칙] 대의제 민주주의에 바탕을 둔 우리 헌법의 통치구조에서 선거제도는 국민의 주권행사 내지 참정권행사의 과정으로서 국가권력의 창출과 국가 내에서 행사되는 모든 권력의 정당성을 국민의 정치적인 합의에 근거하게 되는 통치기구의 조직원리이다. 따라서 선거에 있어서, 모든 국민이 평등하게 참여할 수 있는 기회를 보장하는 것이 필수불가결 요소이며, 이에 따라 헌법은 평등선거의 원칙과 선거운동의 균등한 기회보장을 규정하고 있다(헌법재판소 1996.8.29. 선고 96헌마99).

[1인1표제하에서의 비례대표의석배분방식] 현행 1인1표제하에서의 비례대표의석배분방식에서, 지역구후보자에 대한 투표는 지역구의원의 선출에 기여함과 아울러 그가 속한 정당의 비례대표의원의 선출에도 기여하는 2중의 가치를 지니게 되는데 반하여, 무소속후보자에 대한 투표는 그 무소속후보자의 선출에만 기여할 뿐 비례대표의원의 선출에는 전혀 기여하지 못하므로 투표가치의 불평등이 발생하는바, 자신이 지지하는 정당이 자신의 지역구에 후보자를 추천하지 않아 어쩔 수 없이 무소속후보자에게 투표하는 유권자들로서는 자신의 의사에 반하여 투표가치의 불평등을 강요당하게 되는바, 이는 합리적 이유없이 무소속후보자에게 투표하는 유권자를 차별하는 것이라 할 것이므로 평등선거의 원칙에 위배된다(헌법재판소 2001.7.19. 2000헌마91).

2) 새로운 不平等選擧 문제

형식적으로는 1인1표의 원칙을 준수하지만 실질적으로는 교묘하게 평등원칙을 허구화하는 불평등선거가 문제되고 있다. 구체적으로 평등원칙과 관련하여 문제가 될 수 있는 것으로는 간접선거, 선거구의 크기와 형태 등이 거론된다.

가. 間接選擧

간접선거는 유권자가 그들의 대표자를 직접선거하지 아니하고 또 다른 유권자(선거인단)를 선거하고 그 선거인단에 의하여 대표자를 선거하는 방법이다. 미국의 대통령 선거나 프랑스의 상원(Sénat)의 선거방식이 이에 해당한다. 간접선거는 선거인단에 의하여 유권자의 진정한 의사가 왜곡될 수 있으며, 선거구 유권자의 득표율에 따른 평등한 의사를 반영할

수 없다는 문제점이 있다.[46)]

[**유니트 룰 시스템**(Unit Rule System)] 선거인단 선거에서 득표수에 비례하여 선거인수를 결정하지 아니하고 선거에서 승리한 정당, 즉 단 1표라도 많이 득표한 정당이 그 주의 선거인수를 독식하는 제도를 말한다.

나. 선거구의 크기

선거구의 인구불평등은 바로 선거의 불평등을 의미하게 된다. A선거구의 유권자수가 B선거구 유권자수의 두 배라면 A선거구 유권자의 투표가치는 B선거구 유권자의 투표가치의 1/2에 불과하게 될 수밖에 없다. 투표에 있어서 수적가치와 성과가치는 상이한 것으로, 평등선거는 단순한 수적평등으로는 달성될 수 없다. 오늘날 평등선거는 성과가치의 평등까지도 요구하는 것이다. 모든 유권자는 선거결과에 평등하게 영향을 미치지 않으면 안 된다는 점에서 단순한 수적평등 이상의 성과가치의 평등을 누릴 수 있어야 한다.[47)]

다. 선거구의 형태

선거구 구획에 의해 보다 직접적이고 미묘한 정치술수를 발휘할 수 있다. 선거구를 구획하면서 특정후보자를 위해 선거결과를 왜곡할 수 있게 인위적으로 선거구를 변형하는 방법이 그것이다. 20세기 초 미국의 주지사 게리(Gerry)가 선거구를 획정하면서 선거구의 형태가 살라만더(salamander)를 닮았다하여 게리맨더(gerrymander)라 하였고 이후 이러한 선거구 조정을 게리맨더링(gerrymandering)이라 하였다. 선거구의 인위적 왜곡은 특정 후보자와 그 지지자 뿐 아니라 후보자와 유권자 모두에게 불평등문제를 야기하게 된다.

---

46) 2000년 미국대통령선거에서 공화당의 부시후보는 50,456,141표를, 민주당의 엘 고어후보는 50,996,039표를 얻어 고어가 539,898표를 앞섰지만, 선거인단 수에서는 부시가 271명, 고어가 266명으로 부시가 5명을 앞서 대통령에 당선되었다. 이처럼 득표수에 뒤진 후보가 대통령선거에서 승리한 예는 미국역사상 4번이나 있다. 이것은 유니트 룰 시스템(Unit Rule System)의 결과인데, 이러한 미국의 대통령선거에 있어서의 모순은 미국 민주주의의 고민으로 남아있다.

47) 오늘날 평등선거의 원칙은 1인1표(one man on vote)를 요구할 뿐만 아니라 1표1가치(one vote one value)를 요구한다(김철수 242).

라. 封鎖條項의 문제

평등선거에 의하면 소수정당을 난립시켜 정국을 불안하게 할 수 있다. 이러한 점에서 비례대표제 의석배분에 있어서 독일은 정국안정을 위한 파편정당(破片政黨)과의 투쟁을 인정하여 법원은 선거에서 유효득표의 5% 미만을 획득한 정당에 대하여 의석배분을 제한하는 이른바 '5%조항'이라고 불리는 봉쇄조항(Sperrklausel)의 합헌성을 인정한다.[48] 그러나 정국안정을 볼모로 소수정당에 대한 불평등대우라는 비판을 받는다.

우리나라 공직선거법은 군소정당의 난립을 막고(파편정당의 방지), 원내안정세력의 확보가 가능하도록 봉쇄조항을 두고 있다. 즉, 이 법은 비례대표국회의원선거에서 유효투표총수의 100분의 3 이상을 득표하였거나 지역구국회의원총선거에서 5석 이상의 의석을 차지한 각 정당에 대하여 당해 정당이 비례대표국회의원선거에서 얻은 득표비율에 따라[49] 비례대표국회의원의석을 배분하도록 하고 있다(공직선거법 제189조).

(3) 秘密選擧의 原則

공개선거·기명투표·구두투표는 비밀선거원칙에 반한다. 선거의 비밀을 유지하기 위해서는 무기명투표, 투표의 비밀보호와 그 침해에 대한 처벌, 지정투표용지사용, 투표에 대한 증언의 거부 등이 인정되어야 한다.

48) BVerfGE 1, 208.

49) 구 공직선거법은 지역구국회의원선거에서 5석 이상의 의석을 차지한 정당에 한하여 지역구선거에서 얻은 득표비율에 따라 비례대표의석을 배분하도록 하고 있었는데(제189조 제1항), 이 조항은 지역구의원선거의 유효투표총수를 기준으로 한다는 점에서 의석배분방식에 문제점이 있었다. 즉 헌법재판소는 "일정한 저지선을 두고 이를 하회하는 정당에게 의회참여의 기회를 제한하겠다는 제도는 본질적으로 정당에 대한 국민의 지지도를 정확하게 반영할 것을 전제로 한다. 그런데 현행 1인 1표제 하에서의 비례대표제 의석배분방식은 위에서 본 바와 같이 국민의 정당에 대한 지지도를 정확하게 반영하지 못하며 오히려 적극적으로 이를 왜곡하고 있다. 지역구후보자에 대한 지지는 정당에 대한 지지로 의제할 수 없는데도 이를 의제하는 것이기 때문이다. 지역구선거의 유효투표총수의 100분의 5 이상을 득표한 정당이 그 만큼의 국민의 지지를 받는 정당이라는 등식은 도저히 성립하지 않는다. 그리하여 실제로는 5% 이상의 지지를 받는 정당이 비례대표의석을 배분받지 못하는 수도 있고, 그 역의 현상도 얼마든지 가능한 것이다. 이와 같이 국민의 정당지지의 정도를 계산함에 있어 불합리한 잣대를 사용하는 한 현행의 저지조항은 그 저지선을 어느 선에서 설정하건 간에 평등원칙에 위반될 수밖에 없다."(헌법재판소 2001.7.19. 00헌마91·112·134 병합)고 하여 이 조항이 평등원칙에 위반된다고 선언하였다. 이에 따라 "정당이 비례대표국회의원선거에서 얻은 득표비율에 따라 비례대표국회의원의석을 배분하도록" 공직선거법의 규정을 개정하였다.

육체적 압박이나 사회적·정치적 압력을 수반하는 선거는 비밀선거원칙에 반하는 것이 된다.

공개선거와 달리 투표의 유무 및 투표내용은 비밀이고 그것에 대해 본인의 의사에 반하여 공적·사적으로 밝혀져서는 안 된다(제41조 제1항, 제67조 제1항). 선거가 자유의사에 따라 투표할 수 있기 위한 제도로서 구체적으로는 공직선거법(公職選擧法)이 무기명투표, 투표용지 공급주의, 투표기재장소 시설의 규제, 투표함의 비밀 등을 정하고 있다.

[투표용지압류와 비밀선거원칙] 공직선거법위반피의사건의 수사를 위하여 투표용지를 압류하는 경우에 투표의 비밀에 관계되는 법적 이익을 침해하지 않는다(日本 最高裁 平成 9. 3. 28.).

(4) 自由選擧의 原則

1) 자유선거와 정당성

자유선거 또는 선거의 자유는 선거의 참여여부와 후보자 선택에 있어서의 결정의 자유를 그 내용으로 한다. 선거는 그것이 자유로울 때에만 민주적 정당성을 가진다. 이는 투표행위가 압력이나 불법적 영향력으로부터 자유로와야 할 뿐 아니라 유권자가 그 의사형성에 있어서 자유롭고 공개적인 절차에 따라 그의 의사결정이 이루어 질 수 있어야 함을 의미한다.[50)]

2) 투표의 의무성 문제

선거에 있어 후보자 선택이 자유롭다하더라도 투표자체를 강제하는 것은 자유선거원칙에 반한다. 선거의 자유는 소극적 자유도 포함하기 때문이다. 따라서 정당한 이유 없이 기권하는 경우 투옥을 하거나 벌금을 부과하는 것, 또는 공민권을 박탈·정지하거나 기권자의 명단을 공표하는 등의 강제선거 내지 의무투표는 선거의 자유를 침해하는 것이 된다. 선거가 공적 의무의 성격을 가진다하더라도 그것은 어디까지나 사회적·정치적·도의적 의무로서 법적 강제는 허용되지 아니한다. 구체적으로 그 이유는 i) 투표는 선거인의 자각을 기다려야 하는 것이고, 강제에 친하지

50) BVerfGE 44, 125, 139.

않은 행위라는 점, ii) 선거권은 공무(의무)이면서 권리라는 점, iii) 처벌이 번거롭고 절차를 요하여 실시하는 것이 곤란하다는 점, iv) 설사 강제투표를 한다하더라도 백지투표를 하게 되면 투표를 강제하는 의미가 없다는 점 등을 들 수 있다. 투표율을 법적 강제에 의하여 인위적으로 제고하여서는 아니 된다. 입후보자의 적절한 선택, 정강·정책의 개발 및 정치교육 등에 의하여 유권자의 자발적 참여를 유도하여야 한다.

(5) 直接選擧의 原則

대표자를 선출하기 위하여 선거인을 선출하는 간접선거가 아니고 선거인이 직접 공무원을 선거하는 제도를 직접선거라 한다. 국회의원과 대통령은 국민의 직접선거에 의하여 선출한다. 직접선거원칙은 대리인에 의한 선거를 금한다. 선거권자가 최후의 발언권을 가지는 것은 오직 선거권자가 직접 선거한 때이다. 비례대표제를 채택하는 경우에도 직접선거의 원칙상 유권자가 정당명부에 대하여 직접 투표를 하지 않으면 안된다.

[간접선거의 불필요성] 간접선거에 있어서는 중간선거인과 유권자의 의사가 일치되어야 하는것이 원칙인데, 이 경우라면 간접선거는 필요 없게 된다. 왜냐하면 유권자가 직접선거하면 되기 때문이다. 중간선거인과 유권자의 의사가 일치하지 않는다면 이것은 주권자의 의사를 왜곡하는 것이 되어 중간선거인은 유해한 존재가 된다. 따라서 간접선거는 필요하지 않다.

[비례대표제와 직접선거의 원칙] 비례대표제를 채택하는 경우 직접선거의 원칙은 의원의 선출 뿐만 아니라 정당의 비례적인 의석확보도 선거권자의 투표에 의하여 직접 결정될 것을 요구하는바, 비례대표의원의 선거는 지역구의원의 선거와는 별도의 선거이므로 이에 관한 유권자의 별도의 의사표시, 즉 정당명부에 대한 별도의 투표가 있어야 함에도 현행제도는 정당명부에 대한 투표가 따로 없으므로 결국 비례대표의원의 선출에 있어서는 정당의 명부작성행위가 최종적·결정적인 의의를 지니게 되고, 선거권자들의 투표행위로써 비례대표의원의 선출을 직접·결정적으로 좌우할 수 없으므로 직접선거의 원칙에 위배된다(헌법재판소 2001.7.19. 2000헌마91).

제 2 장 國　會

제 1 절　憲法價値를 실현하는 國民의 機關
제 2 절　國會의 地位
제 3 절　國會의 權限
제 4 절　國會運營과 議事節次
제 5 절　國會議員의 地位와 權限

제 2 장
國 會

제 1 절 憲法價値를 실현하는 國民의 機關

I. 國民의 機關

국회는 입법권을 행사하는 국민의 대표기관이다. 국회는 권력분립에 있어 가장 중요한 의미를 가지는 '국가의 제1의 기관(the first branch)'이다.[1] 국회는 국회의원으로 구성하는데, 국회의원은 전체국민의 대표자이다. 대표자라는 것은 유권자의 현실적·구체적 의사를 대표한다는 의미는 아니고 국가 또는 국민전체의 이익을 추상적·이념적으로 대표한다는 의미이다. 국회의원이 선거구민의 의사에 구속되지 않는 것은 국민대표이론으로 설명할 수 있다. 즉 국민대표의 법적 구조는 대표위임의 원리, 자유위임의 원리와 강제위임금지의 원리를 근간으로 하기 때문이다.

[국회의원의 선거와 위임관계] 대의제 민주주의 하에서 국민의 국회의원 선거권이란 국회의원을 보통·평등·직접·비밀선거에 의하여 국민의 대표자로 선출하는 권리에 그치며, 국민과 국회의원은 명령적 위임관계에 있는 것이 아니라 자유위임관계에 있다(헌법재판소 1998.10.29. 96헌마186).

Ⅱ. 憲法價値의 實現機關

헌법가치로서의 기본적 인권은 그 자체가 추상적인 것이고 그 내용을

---

1) Alpheus T. Mason/ D. Grier Stephenson, Jr., *American Constitutional Law*, 12th ed., Prentice-Hall, 2002, p. 82.

구체화하기 위해서는 인권의 성격에 의해서 차이는 있지만, 법률에 의한 내용충전이 필요하다. 예컨대 생존권을 위시하여 사회권은 그것이 구체적으로 보장되기 위해서는 법률에 의하여 구체화되지 않으면 안 된다. 또한 자유권에 대해서도 재산권이나 결혼의 자유와 같이 그 보장에 구체적인 법제도를 필요로 하는 권리의 경우 법률의 매개가 불가결하고 기타의 자유권에 대해서도 국민이 실질적으로 그 자유를 행사하기 위해서 법률에 의한 환경정비가 필요하다. 또 인권을 보장하는 시스템으로서 헌법이 규정하는 통치구조 자체도 그 구체적인 제도 설계는 법률을 통하여 행하여진다. 국민의 대표기관으로서 국회가 유일한 입법기관이라는 것은 국회가 헌법가치를 실현하는 통치의 중심이 되는 국권의 최고기관이라는 것을 의미한다. 또 국회가 국민의 대의기관으로서 헌법가치를 실현한다는 것은 주권자인 국민의 의사를 가름하여 국회가 이를 실현하는 것을 보여주는 것이다.

제2절 國會의 地位

국민주권과 권력분립을 통치의 기본원리로 하는 우리 헌법상 국회는 국민의 대표기관, 국정의 최고기관, 유일한 입법기관 및 국정통제기관으로서의 지위를 가진다.

I. 國民의 代表機關

1. 국민대표의 법적 의미

국회는 대표민주제(의회민주주의) 체제아래 국민을 직접 대표하는 지위를 가진다. 그러한 점에서 국회는 "국민의 기관(the people's branch)"이다.[2] 국회가 국민을 '대표한다'고 하는 것은 국회를 구성하는 의원(국회

---

2) Mason, *op. cit.*, p. 82.

의원)이 국민의 선거에 의하여 선출된다는 것, 그래서 국회가 국민의 의사를 직접 반영하는 기관이라는 것을 의미한다. 또한 국회가 '국민'을 대표한다고 하는 것은 국회의원이 특정한 계층, 당파, 지역주민이라는 국민의 일부를 대표하는 것이 아니고 국민전체의 이익을 대표한다고 하는 것을 의미한다. 따라서 국회의원은 개개의 선거구로부터 독립하여 개개의 선거구민의 지시에 따르지 않고(기속위임의 금지 또는 강제위임의 금지) 국민전체의 봉사자로서 국민전체의 이익실현을 위하여 활동하여야 한다 (제46조 제2항).

2. 국민대표의 현실적 의미

그러나 국회의원이 선거구나 유권자로부터 독립하여 전체국민의 봉사자로서 국가를 위하여 일해야 한다는 것은 국회의원이 실제 국민의 의사로부터 완전히 독립하여 정치를 행하여야 한다는 것을 의미하는 것은 아니다. 국회가 국민을 대표한다는 것은 국회의원이 개별적인 국민의 지시·명령에 구속되지 않는다고 해도 사실상으로는 항상 국민의 의사를 경청하고 이에 합치하도록 정책결정을 하지 않으면 안 된다는 것을 요청한다(사회학적 대표). 바꾸어 말하면 주권자인 국민은 선거 때에만 주권자가 되는 것(루소)은 아니고, 항상 국회가 사실로서 국민의 의사를 직접 국정에 반영하도록 하여야 하고, 주권자인 국민은 늘 국회에 대한 감시와 통제를 하는 것이 필요하다. 이를 위하여 헌법이 보장하는 정치적 표현의 자유나 청원권이 중요한 수단이 된다.

[전체국민의 대표자로서 국회의원의 정당구속] 그런데 국회의원이 전체국민의 대표자라고 하는 것은 국회의원이 동시에 정당의 구성원으로 당의 결정에 구속된다고 하는 것과 모순되지 않는가하는 점이 의문이다. 확실히 정당의 존재가 의회민주주의와 모순된다고 생각하여 정당을 소극적으로 평가하기도 한다. 그러나 현대에는 정당이 국민의 의사를 조직화하고 통합하여 국민의 정치적 의사형성에 중요한 역할을 담당하고 있고, 단순한 압력단체(pressure group)와는 달리 정당은 실제상 전체국민을 위하여 행동하는 단체이기 때문에 국회의원은 정당이라는 매개체를 통하여 전체국민의 대표자인 자격을 가지는 것이다.

Ⅱ. 國政의 最高機關

국회의 최고기관성은 1) 국회가 국민의 대표기관이라는 것, 즉 선거를 통하여 주권자인 국민과 직결되는 기관으로, 국가기관 가운데 가장 중요한 기관이라는 것, 2) 국회가 제정하는 법률이 행정과 사법의 기준이 된다는 것(법의 지배・법률에 의한 행정・법률에 의한 재판), 3) 국회는 대법원, 헌법재판소 및 감사원의 구성에 관여하여 국정 최고기관으로서 국가기관 구성에 일정지분을 행사한다는 것, 4) 국회는 국정감사・탄핵소추 등 입법 이외의 기능에 의해서도 국정전반을 통제하는 지위에 있다는 것 등을 통하여 확인할 수 있다. 그러나 오늘날 행정국가화 현상이 보편화되고 있는 상황 하에서 국회의 지위는 상대적으로 저하되고 있다. 헌법이 예정하고 있는 국회중심의 정치를 확보하기 위해서는 입법능력을 회복하고 특히 행정에 대한 통제를 강화하여 국회의 최고기관성을 보다 적극적으로 확보・유지하지 않으면 안 된다.

[헌법상 최고기관] 헌법은 국가의 최고헌법기관의 구성에 관하여 입법기관인 국회는 국민의 선거에 의하여 선출된 국회의원으로 구성하고(헌법 제41조 제1항), 행정부의 수반인 대통령 또한 국민의 선거에 의하여 선출하도록(헌법 제67조 제1항) 하고 있는 반면, 사법부는 국민의 선거에 의하여 구성하기에 적절치 아니하므로 사법부의 최고기관인 대법원의 구성에 관하여 대법원장과 대법관 모두 국회의 동의를 얻어 대통령이 임명하도록(헌법 제104조 제1항) 하고 있다. 한편, 헌법재판소 재판관과 중앙선거관리위원회 위원들은 각기 국회에서 3인을 선출하고, 대법원장이 3인을 지명하며, 대통령이 직접 3인을 선임하도록 하여 위와 같이 구성된 세 헌법기관에서 각 3분의 1씩 공동으로 관여하게 하고 있다(헌법재판소 1998.7.14. 98헌라2).

Ⅲ. 唯一한 立法機關

국회가 유일한 입법기관이라는 것은 국회만이 입법권을 가진다는 것을 의미한다. '형식적 의미에서의 입법권'은 국회가 독점하여 법률을 제정한다. 이를 국회중심입법의 원칙(國會中心立法의 原則)이라고 한다. 그러나 실질적 의미에서의 입법권은 행정부의 행정입법권, 대법원의 대법원규칙 제정권 등 헌법상의 예외를 인정한다.

Ⅳ. 입법사항의 확대와 행정입법에 대한 통제

현대에는 행정입법이 증대하고 있는데, 이에 대하여 국회의 최고 입법기관성을 확보하기 위해서는 입법사항을 보다 확대하여야 한다. 예컨대 행정내부의 조직이나 권한에 관한 기본적인 사항도 직접·간접으로 국민의 권리·의무에 관한 것이면 입법사항에 속하는 것으로 보아야 할 것이다. 또한 직접 입법이 어려운 경우나 위임입법을 하여야 할 경우에도 국회는 사후 통제에 철저를 기하여야 한다. 국회법이 "중앙행정기관의 장은 법률에서 위임한 사항이나 법률을 집행하기 위하여 필요한 사항을 규정한 대통령령·총리령·부령·훈령·예규·고시 등이 제정·개정 또는 폐지된 때에는 10일 이내에 이를 국회 소관상임위원회에 제출"(제98조의2 제1항)하도록 하고 "상임위원회는 위원회 또는 상설소위원회를 정기적으로 개회하여 그 소관중앙행정기관이 제출한 대통령령·총리령 및 부령에 대하여 법률에의 위반여부 등을 검토하여 당해 대통령령 등이 법률의 취지 또는 내용에 합치되지 아니하다고 판단되는 경우에는 소관중앙행정기관의 장에게 그 내용을 통보"(제2항)할 수 있도록 규정한 것은 국회중심입법의 원칙상 당연한 입법이다.

Ⅴ. 國會單獨立法의 原則

1. 국회의 단독입법

국회가 유일한 입법기관이라고 하는 것은 국회의 의결을 통해서만 법률로 성립되고 입법절차에는 국회 이외의 기관이 참여하지 않는다는 것(국회단독입법의 원칙)을 의미한다. 국회가 유일한 입법기관으로 단독으로 입법권을 행사하는 것이 원칙이지만 헌법은 정부의 법률안 제출권과 대통령의 법률공포권을 규정하여 국회입법에 관여할 수 있도록 하고 있다.

2. 정부의 법률안 제출권

정부의 법률안제안권에 대해서는 대통령제의 본질에 맞지 않는다는 논란이 있으나 1) 법률안제안권이 국회의 의결을 구속하는 것은 아니고 국회는 자유로이 그 법률안을 수정하고 부결시킬 수 있다는 점, 2) 정부제안 법률안 가운데 행정에 관한 법률안이 포함되어 있다고 해석할 수도 있고, 복지국가에 있어서 복잡·다양한 사회적 요구를 법안화하는 것은 행정기관에서 담당하는 것이 적합하다는 점을 고려하여 정부에 법률안제안권을 부여한 것이다.

3. 대통령의 법률공포권

법률은 대통령이 공포한다. 그런데 일반적인 법률의 공포는 성립된 법률을 국민에게 알리는 법률시행을 위한 중요한 요건이기는 하지만 성립된 법률자체에 대하여는 어떠한 영향을 미치는 것도 아니다. 그러한 점에서 법률안거부권의 행사가 아닌 한 대통령의 법률공포권이 국회단독입법의 원칙에 반한다거나 영향을 미치는 것이라고 할 수 없다.

제 3 절 國會의 權限

Ⅰ. 立法에 관한 權限

1. 權力分立과 立法權

(1) 현대적 개념으로서의 입법권

입법권(legislative power)은 현대적인 개념이다. 왜냐하면 그것은 현대적인 "법률"개념을 전제로 하기 때문이다. 중세유럽에서 법률을 만드는 권위는 신, 자연 및 관습에 있기 때문에 인간이 법률을 창조할 수는 없고 단지 법을 '발견(find)'하고, 무엇이 법인가를 '선언(declare)'하며 법을 '집행(enforce)'할 따름이었다. 따라서 중세 법학에서는 "입법"과 "사법"을 구분하지 않았다. 현대적 개념으로서의 입법권은 집행권이나 사법권과는 다른 법률형성권(法律形成權)을 의미한다.

(2) 立法權과 合憲性審査

입법권이란 입법자의 의지를 말한다. 입법권은 법률을 제정할 것인가 말 것인가, 그리고 법률을 제정할 경우 그 내용을 어떻게 할 것인가에 대한 의지라는 점에서 법을 적용하는 기관인 행정권이나 사법권과 구분된다. 따라서 입법권이야말로 국회의 본질적인 권한이다. 그러나 입법도 헌법의 수권범위 내에서 이루어져야 하기 때문에 사법기관이 그 합헌성여부를 심사하는 것은 권력분립원칙에 반하는 것이 아니다. '무엇이 법인가를 말하는 것은 사법의 권리이며 의무'(John Marshall)이기[3] 때문이지, 법률에 대한 위헌성여부에 대한 사법심사 자체가 사법의 우월성(judicial supremacy)을 의미하는 것은 아니기 때문이다. 오히려 위헌법률심사는 1) 법률에 대한 헌법의 우위, 2) 입법권에 대한 헌법제정권력 내지 헌법개정권력의 우위성, 그리고 3) 입법권의 헌법적합의무를 확인한다는 의미를 가진다.

2. 입법권의 개념

(1) 헌법규정과 입법권

우리 헌법은 근대 민주주의헌법의 원리에 따라 국가의 기능을 입법·사법·행정으로 분립하여 상호간의 견제와 균형을 이루게 하는 권력분립제도를 채택하고 헌법 제40조에서 "입법권은 국회에 속한다."고 규정하여, 입법권을 주권자인 국민의 대의기관인 국회에 귀속시키고 있다. 법치국가의 요청상 국가의 모든 행위가 법적 근거에 의하여 행하여 져야만 한다. 이러한 점에서 헌법이 입법권을 국회에 부여한 것은 국민주권원리를 구현하는 것이다.

---

3) Marbury v. Madison 1803.

(2) 실질설과 형식설

법률이 무엇인가를 이해하는 데는 두 가지 견해가 있다. 그 관점을 입법의 내용이냐, 입법의 주체냐에 따라 실질설과 형식설이 있다. 다시 말해, 법률의 내용, 즉 입법사항을 규정하는 것을 법률로 보는 "실질설"과 법률제정기관인 국회에서 법률의 형식으로 제정된 것을 법률로 보는 "형식설"로 구분된다.

실질설(實質說)은 국민의 자유·권리 및 의무에 관한 사항을 입법사항으로 보아 이에 관한 법규정립을 입법이라 한다. 이에 비하여 형식설(形式說)에 의하면 입법권이란 형식적 의미의 법률을 제정하는 권한을 의미한다고 하고 따라서 법률은 입법기관인 국회가 "법률"의 형식으로 제정한 것이라 한다.[4)]

실질설에 의하면 두 가지 문제점이 있다. 첫째로, 국민의 자유·권리 및 의무에 관한 사항이라도 법률의 하위규범으로 규정하는 것을 합리적으로 설명할 수 없다. 실질설에 따르면 법률의 수권범위 안에서 대통령령이나 부령 등으로 국민의 자유·권리 및 의무에 관하여 구체적으로 규정하는 정부의 명령·규칙제정권(行政立法權)을 입법권으로 보는 모순이 있다. 또한 국회는 국민의 자유·권리 및 의무와 무관한 사항도 법률로 제정할 수 있음을 간과하고 있다. 입법자는 광범위한 입법형성권을 가지기 때문에 그 실질적 내용과 상관없이 국회에서 법률이란 형식으로 통과된 것을 법률이라 하는 형식설이 타당하다.

---

4) 김철수 교수는 헌법 제40조의 입법권은 '법률제정권'을 의미한다고 하며, "형식설"의 견해를 취하고 있다. 그 근거로는 실질설을 취하게 되면 1) 국회가 모든 실질적인 입법권을 독점하게 되는 결과, 정부의 명령제정권을 설명할 수 없게 되며 2) 법규에 관한 것만을 규정하는 것이 입법권이라고 한다면, 오늘날 국민의 권리, 의무에 직접 관계가 없는 법률에 관한 법률제정권은 입법권이 아니라는 모순이 나타난다는 점을 들고 있다(金哲洙, 憲法學概論, 博英社, 2008, 1314면). 권영성 교수는 입법작용은 실질적 의미의 입법인 일반적이고 추상적인 법규범을 정립하는 국가작용을 의미하지만, 법률의 제정권이라 할 경우의 법률은 국회가 헌법이 규정하는 입법절차에 따라 심의, 의결하고 대통령이 서명, 공포함으로서 효력을 발생하는 헌법의 하위규범인 형식적인 의미의 법률을 의미한다고 하면서 구별하고 있다(權寧星, 憲法學原論, 法文社, 2008, 784면). 허영 교수는 입법개념 그 자체를 둘러싼 실질설과 형식설의 논쟁은 무의미하다고 하며, 그러한 논쟁의 원인은 입법의 개념과 국회가 갖는 입법권을 동일시 하는 데 있다고 하면서, 다만 일반적인 입법개념 그 자체가 실질적인 입법 또는 형식적인 입법의 어느 하나만을 뜻한다고는 할 수 없다고 한다(許營, 韓國憲法論, 法文社, 2008, 885면).

[通法府化 傾向] 헌법은 국회의원과 정부가 법률안을 제출할 수 있도록 하고 있는데(제52조), 오늘날 국가기능이 고도로 전문화·세분화되면서 의원입법은 형식화되고 정부제안 법률안이 주종을 이루고 있다. 대부분의 경우 국회는 단지 이를 통과시켜주는 '통법부'화되고 있다. 다만, 최근 들어 의원입법이 증가하고 있는 추세이다.

Ⅱ. 法律制定에 관한 權限

1. 立法形成權

입법권은 입법권자의 재량에 속하는 사항이다. 그러나 재량이라 하더라도 결코 무제약의 재량을 의미하는 것은 아니다. 입법권은 헌법의 수권 내에서 법치국가적 요청을 충족하지 않으면 안된다. 즉 입법은 헌법의 규범성을 침해하지 않는 범위 안에서 입법권자의 의지를 구현하는 것이다. 즉, 입법은 입법정책의 문제로서 입법권자의 입법형성의 자유는 최대한 보장되어야 한다.[5]

[법정형의 종류와 범위의 선택] 형벌법규의 제정은 원칙적으로 국회의 고유권한에 속하는 것으로서 법정형의 종류와 범위의 선택은 국회의 입법정책적인 고려에 따라 결정되며 국가의 모든 기관과 국민은 이를 존중하여야 함은 당연하다 할 것이다(헌법재판소 1992.4.28. 90헌바24).

[간통죄의 형사적 제재 여부] 간통…에 대하여 형사적 제재를 할 것인지의 여부는 입법권자의 의지, 즉 입법정책의 문제로서 입법권자의 입법형성의 자유에 속한다고 할 것이다(헌법재판소 1990.9.10. 89헌마82 중 재판관 조규광, 재판관 김문희의 다수의견에 대한 보충의견).

2. 법치국가적 법률의 요건

법률은 법치국가적 요청을 수용하지 않으면 안 된다. 법치국가적 법률

5) 헌법의 명문규정이 법률로 정하도록 요구한 경우에는 법률을 제정할 것인가 여부에 대한 재량권은 없다. 그러나 생존권이나 경제적 자유권의 경우에는 재량권의 폭이 넓다(김철수 1325).

은 헌법의 수권범위내에서 법치국가적·사회국가적 목적을 달성하게 되는데, 법치국가적 법률은 형식적으로나 실질적으로 그 요건을 갖추어야 하며 체계정당성을 유지하여야 한다. 형식적 요건은 제정주체와 제정절차의 문제이고, 실질적 요건은 법률 내용의 실질적 정당성에 관한 것이다.

(1) 형식적 요건

1) 제정주체와 절차의 합법성

법치국가적 법률이 되기 위해서는 그 주체와 절차의 합법성이라는 형식적 요건을 갖추어야 한다. 그것은 첫째, "헌법의 명백한 수권"에 의해 권한 있는 기관에 의하여 제정되어야 한다. 이것은 법률제정기관의 민주적 정당성의 문제인데, 헌법은 입법권을 국회에 부여하고 있기 때문에 국회 이외의 기관에서는 법률을 제정할 수 없다. 둘째, 절차상 하자가 없어야 한다. 법률은 헌법과 법률이 정한 절차에 의하여 제정되지 않으면 안된다. 이것은 제정절차의 합법성문제로 절차상 하자있는 경우 법률로서 성립되지 않는다.

2) 國家保衛立法會議에서 제정한 法律의 合憲性 여부

가. 법률의 성립상 하자문제

법치국가적 법률이 되기 위해서는 제정주체가 헌법의 수권기관인 국회이어야 하고 제정절차가 헌법과 법률에 정한 절차를 준수하지 않으면 안된다. 국가재건최고회의나 국가보위입법회의에서 제정한 법률은 이러한 점에서 법률의 제정주체와 절차의 적법성이 문제가 될 수 있다. 다시 말해 이들 법률은 성립에 있어 중대한 형식적 하자가 있는 입법이라는 다툼이 있을 수 있다.

나. 성립상 하자는 다툴 수 없다

국가재건최고회의나 국가보위입법회의에서 제정한 법률의 내용상의 합헌성여부의 다툼은 별문제로 하고 제정주체나 제정절차의 위헌적 하자를 이유로 법률을 무효로 선언할 수는 없다고 본다. 그것은 형식상의 이유와 현실적인 이유에서 그러하다. 첫째로는 국회를 강제해산시키고 행해진 혁명세력에 의한 입법행위는 정당화될 수 없는 것이지만, 그를 혁명세력에 의해 제정된 법률에 대한 성립의 문제와 법률 내용의 합헌성 판단은 별개의 문제이다. 헌법은 이들 법률의 성립상의 하자여부에 대하여는 그 합헌성 여부를 다툴 수 없도록 했기 때문이다. 헌법재판소의 결정례에서 분명하게 밝힌 바와 같이 헌법이 입법적으로 위헌의 소지를 없앤 것이다. 둘째로는 국가보위입법회의에서 제정한 법률을 일시에 일률적으로 위헌선언할 경우 생길 법적 공백과 혼란을 막아야 한다는 현실적인 이유에서이다. 만일 그러할 경우에는 수십 년간 형성된 법질서가 붕괴되어 법적 공백과 공황이 도래할 것이다. 국가보위입법회의에서 제정된 법률이 그 내용에 있어 위헌의 문제가 있다면 개별법률 또는 개별 법률조항에 대하여 그 위헌성여부를 구체적으로 가릴 수 밖에 없다.

[국가보위입법회의제정 법률의 위헌성여부] 1980.10.27. 공포된 구 헌법 부칙 제6조 제1항은 "국가보위입법회의는 구 헌법 시행일로부터 구 헌법에 의한 국회의 최초의 집회일 전일까지 국회의 권한을 대행한다."고 규정함으로써 국가보위입법회의에 입법권을 부여하는 합헌적 근거규정을 마련하였고, 동조 제3항은 국가보위입법회의가 제정한 법률에 대하여 지속효를 가지며 제소나 이의할 수 없도록 하여 구 헌법 하에서 그 제정절차를 다툴 수 없는 유효한 법률임을 명백히 하였으며, 한편 1987.10.29. 공포된 현행 헌법 부칙 제5조는 현행 헌법 시행당시의 법령은 현행 헌법에 위반되지 아니하는 한 효력을 지속한다고 하여 법령의 지속효에 관한 규정을 두고 있는바, 그렇다면 국가보위입법회의에서 제정된 법률의 내용이 현행 헌법에 저촉된다고 하여 다투는 것은 별론으로 하되 현행 헌법하에서도 제정절차에 위헌적 하자가 있음을 다툴 수는 없다고 보아야 할 것이므로 청구인의 위 주장은 그 이유 없다(헌법재판소 1994.4.28. 91헌바15,19; 1992.4.14. 90헌바23).

(2) 立法體系上의 限界: 體系正當性

1) 體系正當性의 原理

국회의 입법형성기능은 헌법의 기본원리를 준수하여 행사되어야 함은 물론 법치주의로부터 도출되는 체계정당성의 원칙을 충족하지 않으면 안된다. 체계정당성(Systemgerechtigkeit)의 원리란 규범 상호간의 구조와 내용 등이 모순됨이 없이 체계와 균형을 유지하도록 입법자를 기속하는 헌법적 원리이다.[6] 체계정당성의 원리는 동일 규범 내에서 또는 상이한

6) 헌법재판소 2005.6.30. 2004헌바40,2005헌바24(병합). 허영(890-91).

규범간에 그 규범의 구조나 내용 또는 규범의 근거가 되는 원칙면에서 상호 배치되거나 모순되어서는 안된다는 하나의 헌법적 요청이다.

> **[체계정당성]** '체계정당성'(Systemgerechtigkeit)의 원리는 규범 상호간의 구조와 내용 등이 모순됨이 없이 체계와 균형을 유지하도록 입법자를 기속하는 헌법적 원리라고 볼 수 있다[헌법재판소 2005.6.30. 2004헌바40, 2005헌바24(병합)].

2) 입법에 체계정당성원리가 요구되는 이유

체계정당성은 입법자를 포함한 국가공권력에 대한 통제와 이를 통한 국민의 자유와 권리의 보장을 이념으로 하는 법치주의원리로부터 도출되는 것인데,[7] 규범 상호간의 체계정당성을 요구하는 이유는 입법자의 자의를 금지하여 규범의 명확성, 예측가능성 및 규범에 대한 신뢰와 법적 안정성을 확보하기 위한 것이다.[8]

> **[입법에 있어서 체계정당성의 요구]** 이처럼 규범 상호간의 체계정당성을 요구하는 이유는 입법자의 자의를 금지하여 규범의 명확성, 예측가능성 및 규범에 대한 신뢰와 법적 안정성을 확보하기 위한 것이고 이는 국가공권력에 대한 통제와 이를 통한 국민의 자유와 권리의 보장을 이념으로 하는 법치주의원리로부터 도출되는 것이라고 할 수 있다[헌법재판소 2005.6.30. 2004헌바40, 2005헌바24(병합)].

3) 體系正當性과 立法裁量

체계정당성 위반(Systemwirdigkeit)에 대하여는 비례의 원칙이나 평등의 원칙 등 일정한 헌법의 규정이나 원칙을 위반하여야만 비로소 위헌이 되며, 체계정당성의 위반을 정당화할 합리적인 사유의 존재에 대하여는 입법 재량이 인정된다.[9] 체계적 정합성을 갖춘 것이라면 비록 차별입법이라 하더라도 법리적으로 모순이라고 할 수도 없고, 과잉금지원칙에 반하여 기본권을 제한하는 것도 아니어서,[10] 이 경우 체계부정합의 이유로 한 위헌의 문제는 발생하지 아니한다. 입법의 체계정당성 위반과 관련하

7) 헌법재판소 2004.11.25. 2002헌바66.
8) 헌법재판소 2004.11.25. 2002헌바66.
9) 헌법재판소 2004.11.25. 2002헌바66.
10) 헌법재판소 2004.4.29. 2002헌마756.

여 그러한 위반을 허용할 공익적인 사유가 존재한다면 그것은 정당화될 수 있고 따라서 입법상 자의금지원칙을 위반한 것이라 볼 수 없다. 나아가 체계정당성 위반을 정당화할 합리적인 사유가 존재하는가에 대하여는 입법의 재량이 인정된다. 다양한 입법의 수단 가운데 어느 것을 선택할 것인가 하는 것은 원래 입법의 재량에 속하기 때문이다. 그러므로 이러한 점에서 고의로 입법 재량이 현저히 한계를 일탈한 것이 아닌 한 체계부정합으로 인한 위헌의 문제는 생기지 않는다.

[**체계정당성원리와 입법재량**] 체계정당성의 원리는 동일 규범 내에서 또는 상이한 규범간에 그 규범의 구조나 내용 또는 규범의 근거가 되는 원칙면에서 상호 배치되거나 모순되어서는 안된다는 하나의 헌법적 요청이며, 국가공권력에 대한 통제와 이를 통한 국민의 자유와 권리의 보장을 이념으로 하는 법치주의원리로부터 도출되는데, 이러한 체계정당성 위반은 비례의 원칙이나 평등의 원칙 등 일정한 헌법의 규정이나 원칙을 위반하여야만 비로소 위헌이 되며, 체계정당성의 위반을 정당화할 합리적인 사유의 존재에 대하여는 입법 재량이 인정된다(헌법재판소 2004.11.25. 2002헌바66).

[**입법자의 헌법적 명령으로서 체계정당성**] 입법자가 입법을 할 때 입법자는 헌법상의 평등원칙에서 나오는 체계정당성(Systemgerechtigkeit)을 준수해야 할 헌법적 명령을 받고 있다. 법질서의 체계적인 구조를 벗어나는 특별입법을 할 때, 사물논리적 구조에 비추어 동일하게 다루어야 할 사항을 특단의 합리적 이유없이 달리 취급하는 입법을 하는 것은 곧 입법자의 자의를 징표하게 된다. 즉 동일한 법률요건에 동일한 법률효과를 부여하지 않음으로써 규범충돌을 야기시키고 입법자가 자기기속에 반하는 가치모순을 드러낸다면 그것은 헌법상 자의금지원칙에 반하는 것이다(헌법재판소 2002.11.28. 2002헌바38).

[**차별규율과 체계정당성**] 가치모순적인 규범들 중에 어느 것에 우선적인 효력을 부여하느냐의 문제에 있어서 적어도 절차법을 규율하는 경우에 일반법과 달리 규율하려고 할 때에는 그것에 대한 필요충분한 차별규율근거가 제시되어야 할 것이다. 우리 헌법재판소는 이미 체계위배의 특례에 대해서 위헌결정을 한 바가 있다(헌법재판소 2002.11.28. 2002헌바38; 1990.6.25. 89헌가98 등).

[**공정거래법 제67조 제2호, 제71조의 입법재량일탈성**] 이 법률규정은 사업자 등에 대한 처벌을 공정거래위원회의 고발이 있어야만 가능하도록 규

정함으로써 사용자 등에 대한 벌칙의 실효성을 저해하고, 결국 이 법률의 입법목적과 취지에 정면으로 위반하고 있다. 이는 규범 상호간의 내용과 체계상의 조화를 요구하는 헌법상의 체계정당성의 요청에 반하는 것이다(헌법재판소 1995.7.21. 94헌마136).

[체계적합성과 차별입법] 체계적 정합성을 갖춘 것이라면… 비록 차별입법이라 하더라도… 법리적으로 모순이라고 할 수도 없고, 과잉금지원칙에 반하여 보석을 받을 권리를 제한하는 것도 아니다(헌법재판소 2004.4.29. 2002헌마756).

[명의신탁이 증여세 이외의 다른 조세 회피를 목적으로 이용되는 경우에도 증여세를 부과하도록 규정한 규정이 체계정당성에 위반되어 위헌이 되는지 여부(소극)] 심판대상조항들이 조세범위확장조항을 통하여 증여세가 아닌 다른 조세를 회피하려는 목적이 인정되는 경우에, 회피하려는 조세와는 세목과 세율이 전혀 다른, 증여세를 부과하도록 증여추정을 하게 되는데, 이 경우의 증여세가 비록 과징금의 성격을 갖는다고 하더라도, 이는 체계정당성의 원칙에 위배되는 외관을 가질 수 있으나, 증여세가 아닌 다른 조세를 회피하려는 목적이 명의신탁에 인정되는 경우에도 명의신탁을 증여로 추정하여 증여세를 부과하도록 한 입법의 선택에는 합리적인 이유가 존재하고 여기에 입법재량의 한계를 현저히 일탈한 잘못이 있다고 볼 수 없으므로 체계부정합으로 인한 위헌의 문제는 발생하지 않는다(헌법재판소 2004.11.25. 2002헌바66).

(3) 실질적 요건

국가가 입법활동을 함에 있어서 법내용에 있어 실질적으로 준수하여야 할 기본원칙으로서, i) 우선 법률은 국민주권원리·권력분립원리·기본권존중원칙 등 구체적으로 헌법원칙에 적합하여야 한다(헌법 적합성). 그리고, ii) 입법목적의 정당성이 인정되어야 하고(목적의 정당성), iii) 그 목적의 달성을 위하여 가장 효과적인 방법을 취하여야 하며(방법의 적절성), iv) 기본권이나 이익의 침해를 수반하는 경우에는 그 조치가 입법목적달성을 위하여 보다 완화된 형태·방법을 취하여 기본권 등의 제한은 필요·최소한도에 그치도록 하여야 하며(피해의 최소성), v) 당해 입법으로 보호되는 공익과 침해되는 기본권 등 사익을 비교형량할 때 보호되는 공익이 더 커야 한다(법익의 균형성). 이것은 법률의 형식적 합헌성과 더불어 그 내용적·실질적 정당성에 관련된 문제이다. 법률로써 형식적 요건을 결하면 법률로써 성립되지 아니하고, 실질적 요건을 갖추지 않으면 법률로써 정당성을 갖지 못하는 위헌의 법률이 된다.

[기본권제한의 입법의 원칙] 국가가 국민의 기본권을 제한하는 내용의 입법활동을 함에 있어서 준수하여야 할 기본원칙으로서, 입법의 목적이 헌법 및 법률의 체제상 그 정당성이 인정되어야 하고(목적의 정당성), 그 목적의 달성을 위하여 그 방법이 효과적이고 적절하여야 하며(방법의 적절성), 입법권자가 선택한 기본권 제한의 조치가 입법목적달성을 위하여 설사 적절하다 할지라도 가능한 한 보다 완화된 형태나 방법을 모색함으로써 기본권 제한은 필요한 최소한도에 그치도록 하여야 하며(피해의 최소성), 그 입법에 의하여 보호하려는 공익과 침해되는 사익을 비교형량할 때 보호되는 공익이 더 커야 한다(법익의 균형성)(헌법재판소 1992.12.24. 92헌가8 등 참조).

3. 법률의 형태

(1) 一般的 法律이 원칙

법률의 원칙적 형태는 일반적 법률이다. 일반적 법률(一般的 法律)이란 법률의 적용대상, 공간적 및 시간적 적용범위에 있어서 보편성·일반성을 가지는 법률을 말한다. 그러나 경우에 따라서는 법률의 일반성을 배제시킨 법률이 있을 수 있다. 법률의 효력범위를 사람이나 사건에 따라 제한하거나 법률의 시간적 효력범위를 제한하기도 하는데 이를 처분적 법률(處分的 法律, Maßnahmegesetz)이라 한다. 처분적 법률에는 법률의 대인적 적용범위를 제한한 '개인대상법률(個人對象法律)', 개별사건에만 적용범위를 한정시킨 '개별사건법률(個別事件法律)' 및 법률적용의 시기와 종기를 제한한 '한시법(限時法)'이 있다. 처분적 법률은 형식적으로 볼 때, 평등원칙상 문제가 있을 수 있으나, 실질적 평등을 구현하기 위하여 그 합리성이 인정되는 범위 안에서 예외적으로 허용된다.[11)]

---

11) 김철수 교수(1016)는 구체화·개별화함으로써 평등원칙에 위배되지 않느냐의 문제가 있으나, 그 평등이라는 것은 형식적 평등이 아닌 '평등한 것은 평등하게, 불평등한 것은 불평등하게' 라고 하는 이른바, 실질적 평등을 의미한다면, 처분적 법률에 의하여 가장 먼저 국가적 배려를 필요로 하는 일부의 국민에게 우선적으로 혜택을 받게 하는 것은 오히려 평등원칙에 충실한 적용을 의미한다고도 할 수 있다고 한다.

(2) 個別事件法律과 平等

1) 個別事件法律禁止의 原則

개별사건법률금지의 원칙은 "법률은 일반적으로 적용되어야지 어떤 개별사건에만 적용되어서는 안 된다."는 법원칙으로서 헌법상의 평등원칙에 근거한다. 개별사건법률금지의 원칙은 입법자에 대하여 기본권을 침해하는 법률은 일반적·보편적으로 적용되는 성격을 가져야 하는 일반적 법률이어야 한다는 법형식을 요구하는 것이다. 이는 평등원칙이 법의 적용뿐만 아니라 그 입법과정에서도 준수되어야 한다는 것, 다시말해 입법자에게 평등한 입법을 하여야 할 헌법상의 의무를 부과하여 입법과정에서부터 불평등을 미리 제거하려는 것이다.

2) 個別事件法律의 例外的 許容

개별사건법률은 실질적 평등을 실현하기 위하여 예외적으로 허용된다. 그러나 개별사건법률은 평등원칙에 위배되는 불평등한 자의적인 입법이라는 의심을 받는다. 그런데 개별사건법률금지의 원칙에 따라 개별사건법률이라는 이유로 바로 위헌의 법률이라는 뜻은 아니다. 개별사건법률이 개별적 규율을 정당화하는 합리적인 공익상의 이익이 있는 경우에는 그 차별은 합리적 차별로서 평등원칙에 어긋나지 아니한다. 따라서 개별사건법률의 위헌 여부는 형식에 의해서가 아니라, 그 법률이 추구하는 내용이 실질적 평등의 실현을 위하여 정당화 될 수 있는지의 여부에 달려 있다.

> **[5·18민주화운동등에관한특별법과 평등원칙]** 이른바 12·12 및 5·18 사건의 경우 그 이전에 있었던 다른 헌정질서파괴범과 비교해보면, 공소시효의 완성 여부에 관한 논의가 아직 진행 중이고, 집권과정에서의 불법적 요소나 올바른 헌정사의 정립을 위한 과거청산의 요청에 미루어 볼 때 비록 특별법이 개별적 사건법률이라고 하더라도 입법을 정당화할 수 있는 공익이 인정될 수 있다고 판단된다. 따라서 이 법률조항은 개별사건법률에 내재된 불평등요소를 정당화할 수 있는 합리적인 이유가 있으므로 헌법에 위반되지 아니한다"(헌법재판소 1996.2.16. 96헌가2,96헌바7,96헌바13).

헌법재판소도 "5.18민주화운동에관한특별법" 합헌 결정에서 실질적 평등을 이유로 개별사건 법률의 합헌성을 인정한 바 있다(헌법재판소 1996.2.16. 96헌가2 등 병합).

4. 法律의 價値中立性

(1) 價値中立的 法律의 原則

민주주의가 본래 이념적으로 가치중립적이어야 하기 때문에 법률도 그 내용에 있어 가치중립적이야 한다. 이를 '가치중립적 법률의 원칙' 또는 '법률의 가치중립성 원칙'이라 할 수 있다. 그러나 민주주의도 스스로 생존을 위하여 그 적으로부터 스스로를 지킬 권리가 있다는 라드부르흐(G. Radbruch) 이래 가치구속적 민주주의를 표방하는 방어적 민주주의에 있어서는 민주주의의 적에 대한 관용을 유보하기도 한다. 방어적 민주주의는 부득이 가치중립성의 예외를 인정한다. 국가의 생존을 위한 자기방어는 자연법상의 권리라고까지 주장하는 이러한 입장에 서면 특정 법률의 경우 법률의 가치중립성 원칙을 포기하고 민주주의의 가치와 결부된 규정을 하는 경우가 있는데, 우리의 국가보안법이 대표적인 예이다.

(2) 國家保安法의 合憲性 여부

1) 國家保安法廢止論(위헌론)

국가보안법폐지론에 의하면 국가보안법은 자유민주주의의 수호를 위한다는 명분 아래 '법률의 가치중립성 원칙'을 포기한 위헌의 법률이다. 불가피하게 가치구속적 민주주의를 인정할 경우 국가보안법을 폐지하더라도 형법 등의 합리적인 운용으로 문제점을 해결할 수 있다. 국가보안법이 과거 "독재자의 무기고에 숨겨진 흉기"로 악용된 사례가 허다하다. 규정내용이 지나치게 포괄적이고 추상적이어서 '명확성의 원칙'에 반하고 지나치게 '광범위하기 때문에 무효의 원칙'에 해당하는 법률로써 폐지되어야 한다는 등의 논리가 가능하다. 또 폐지론자들은 국가보안법은 냉전시대의 유물이고 이 법에 의하여 반국가행위 등을 처벌하는 것은 헌법전문과 제4조의 정신에 위배된다고 하여 국가보안법은 위헌이고 따라서 폐지되어야 한다고 주장한다. 이들은 대법원의 국가보안법 합헌판결[12]에서 국가보안법 폐지론을 비판한 것에 대하여 "사법적 판단이라기보다는 전형적인 정치판결이자 냉전적이고 시대착오적인 판결"이라고 비판하고 있

---

12) 대법원 2004.8.30. 선고 2004도3212.

다.[13]

2) 國家保安法不可避論(합헌론)

그러나 자유민주주의가 가치중립성의 한계를 설정하여, 민주주의의 본질상 문제가 있음에도 불구하고, 민주주의의 적에 대하여 스스로를 무장한 것은 나치스와 두 차례의 세계대전, 그리고 그 후의 공산정권을 경험한 독일에서의 경험의 소산이다. 전후 독일연방헌법재판소는 공산당판결에서 공산당은 헌법에 합치되지 아니한다는 판결을 한 바 있다. 자유민주주의를 수호하려는 이러한 점에 대하여 레벤슈타인은 민주주의와 민주주의 국가가 '살아남으려는 정신(the spirit to survive)'의 표현으로 본다. 국가보안법 폐지를 반대하는 입장에서는 개인과 마찬가지로 국가도 스스로 생존을 위한 자구책의 강구는 자연법상의 원리라는 등의 이유로 국가보안법은 불가피하고 헌법에 위반되지 않는다고 주장한다. 대법원과 헌법재판소도 국가보안법의 합헌성을 지지한다.

헌법재판소는 "국가의 존립·안전과 국민의 생존 및 자유를 수호하기 위하여 신·구 국가보안법의 해석·적용상 북한을 반국가단체로 보고 이에 동조하는 반국가활동을 규제하는 것 자체가 헌법이 규정하는 국제평화주의나 평화통일의 원칙에 위반된다고 할 수 없다"[14]고 한다 대법원도 특히 최근의 판결에서 국가보안법폐지론에 대하여 "스스로 일방적인 무장해제를 가져오는 조치는 신중을 기하지 않으면 안 된다"고 하면서 "나라의 체제는 한번 무너지면 회복할 수 없는 것이므로 국가안보에는 한치의 허술함이나 안이한 판단을 허용할 수 없다."고 하고 있다.[15]

[국가보안법과 명확성의 원칙] 구법과 달리 현행 국가보안법 제7조 제1항에는 "국가의 존립·안전이나 자유민주적 기본질서를 위태롭게 한다는 정을 알면서"라는 주관적 구성요건이 추가되었는바, 그 중 "자유민주적 기본질서" 및 "위태롭게 한다는 정을 알면서"라는 부분은 헌법재판소의 기존 결정의 판시취지에 따라 이를 합법적, 합리적으로 해석한다면 개념의 불명확성은 제거될 수 있다. 또한, 위와 같은 주관적 구성요건이 추가됨으로써 이 법의 입법목적을 일탈하는 확대해석의 위험은 거의 제거되었다(헌법재

13) 그 내용과 비판에 관하여는 법률저널 2004.9.6. 사설 참조.
14) 헌법재판소 1997.1.16. 92헌바6.
15) 대법원 2004.8.30. 2004도3212.

판소 2004.8.26. 2003헌바85,102(병합)).

[자유민주적 기본질서와 국가보안법] 북한이 여전히 우리나라와 대치하면서 우리나라의 자유민주주의 체제를 전복하고자 하는 적화통일노선을 완전히 포기하였다는 명백한 징후를 보이지 않고 있고, 그들 내부에 뚜렷한 민주적 변화도 보이지 않고 있는 이상, 북한은 조국의 평화적 통일을 위한 대화와 협력의 동반자임과 동시에 적화통일노선을 고수하면서 우리의 자유민주주의 체제를 전복하고자 획책하는 반국가단체라는 성격도 아울러 가지고 있다고 보아야 하고, 남북 사이에 정상회담이 개최되고 남·북한 사이의 교류와 협력이 이루어지고 있다고 하여 바로 북한의 반국가단체성이 소멸하였다거나 대한민국의 안전을 위태롭게 하는 반국가활동을 규제함으로써 국가의 안전과 국민의 생존 및 자유를 확보함을 목적으로 하는 국가보안법의 규범력이 상실되었다고 볼 수는 없다(대법원 2004.8.30. 2004도3212; 대법원 2003.4.8. 2002도7281, 2003.9.23. 2001도4328 등 참조).

(3) 남북교류협력에관한법률

1) 평화통일원칙과 남북교류에관한법률

우리 헌법에서 지향하는 통일은 대한민국의 존립과 안전을 긍정하고 자유민주적 기본질서를 근간으로 하는 통일이다. 평화통일의 길은 남북의 대화·지원을 통한 교류협력과 이를 통한 동포애에 바탕을 두어야 한다. 따라서 남북교류에관한법률은 "헌법 전문의 평화적 통일의 사명에 입각하여 민족의 단결을 공고히 하는 방편으로서 헌법정신에 합치되는 것"으로 본다.

[남북교류협력에관한법률과 평화통일의 사명] 평화적 통일을 위하여서는 북한과 적대관계를 지속하면서 접촉·대화를 무조건 피하는 것으로 일관할 수는 없고, 자유민주적 기본질서에 입각하여 상호 접촉하고 대화하면서 협력과 교류의 길로 나아가는 것이 평화적 통일을 위한 초석이 되는 것이며, 순수한 동포애의 발휘로서 서로 도와주고 일정한 범위 내에서 경제적, 기술적 지원과 협조를 도모하여 단일민족으로서의 공감대를 형성하는 것이야말로 헌법 전문의 평화적 통일의 사명에 입각하여 민족의 단결을 공고히 하는 방편으로서 헌법정신에 합치되는 것이다(헌법재판소 2000.7.20. 98헌바63 : 헌법재판소 1990.4.2. 89헌가113).

2) 국가보안법과의 관계

이 법은 "남한과 북한과의 왕래 · 교역 · 협력사업 및 통신역무의 제공 등 남북교류와 협력을 목적으로 하는 행위에 관하여는 정당하다고 인정되는 범위 안에서 다른 법률에 우선하여 이 법을 적용한다."(제3조)고 규정하고 있는데 이에 대해 국가보안법의 적용이 배제되는가에 대하여 문제가 있을 수 있다.

가. 국가보안법의 적용이 배제된다는 견해

남북교류협력에관한법률에 규정된 각종의 남북교류와 협력행위는 국가보안법상 처벌대상이 되지 않는 것으로 이 법 제3조가 "…다른 법률에 우선하여 이 법을 적용한다."고 할 때의 다른 법률에는 당연히 국가보안법도 포함되는 것은 그 입법취지나 법의 내용으로 보아 의문의 여지가 없다고 한다. 후법우선의 원칙에 의할 때에도 국가보안법은 당연히 배제된다고 한다.

나. 국가보안법이 적용된다는 견해

국가보안법과 남북교류협력에관한법률은 그 입법취지와 규제대상을 달리하고 있기 때문에 국가보안법의 적용이 배제되지 않는다고 하는 견해이다. 국가보안법은 자유민주주의체제를 수호하기 위하여 제정된 법이고 남북교류협력에관한법률은 조국의 평화적 통일과 이를 위한 남북의 대화와 협력을 위한 법이기 때문에 그 입법목적과 적용대상과 범위가 다르고, 따라서 남북교류협력사업이라 하더라도 국가보안법의 적용이 배제되지 않는다고 하는 것이다.

다. 국가보안법의 원칙적 적용배제

남북교류협력에관한법률은 국가보안법의 적용을 원칙적으로 배제하는 것이라고 보아야 한다. 그 이유는 첫째로, 이 법률은 그 규율대상을 '남한과 북한과의 왕래 · 교역 · 협력사업 및 통신역무의 제공 등 남북교류와 협력을 목적으로 하는 행위'에 한하고 있기 때문이다. 둘째로 남북교류협력행위로서 '정당하다고 인정되는 범위 안'에서의 행위이기 때문이다. 셋째로 '다른 법률에 우선하여 이 법을 적용'한다고 하는 것은 국가보안법을 염두에 둔 규정이라고 보기 때문이다. 다만, 남북교류협력행위의 외형을 가진 행위라 하더라고 '정당하다고 인정될 수 없는 행위'로서 국가보안법의 적용대상이 되는 행위까지 그 적용대상에서 배제하는 취지라고는 볼 수 없다고 본다.

[남북교류협력에관한법률과 국가보안법] 북한은 조국의 평화적 통일을 위한 대화와 협력의 동반자임과 동시에 대남적화노선을 고수하면서 우리 자유민주체제의 전복을 획책하고 있는 반국가단체라는 성격도 함께 갖고 있음이 엄연한 현실인 점에 비추어 헌법이 천명하는 자유민주적 기본질서에 입각한 평화적 통일정책을 수립하고 이를 추진하는 한편 국가의 안전을 위태롭게 하는 반국가활동을 규제하기 위한 법적 장치가 모두 필요하고 따라서 남북교류협력에관한법률은 전자에, 국가보안법은 후자에 대처하기 위한 것이다(헌법재판소 1993.7.29. 92헌바48).

[평화통일의 기본법] 이 법이 없다면 남북한간의 교류, 협력행위는 국가보안법에 의하여 처벌될 수 있으나, 이 법에서 남북관계에 관한 기본적 용어정리, 통신·왕래·교역·협력사업 등에 관한 포괄적 규정(제9조 내지 제23조)과 타법률에 대한 우선적용(제3조) 등을 규정하고 있는 관계로 그 적용범위 내에서 국가보안법의 적용이 배제된다는 점에서, 이 법은 평화적 통일을 지향하기 위한 기본법으로서의 성격을 갖고 있다고 할 수 있다(헌법재판소 2000.7.20. 98헌바63).

5. 法律의 制定과 公布

(1) 法律案의 提案

국회의원과 정부는 법률안을 제안할 수 있다(제52조). 국회의원이 법률안을 제출하려면 의원 10인 이상의 찬성으로 발의하여야 하며, 예산상의 조치를 수반하는 법률안의 경우에는 예산명세서를 첨부하여야 한다(국회법 제79조). 정부가 법률안을 제출하려면 국무회의의 심의를 거쳐야 한다(제89조 제3호). 우리나라는 대통령제국가이면서 정부에 법률안제출권을 부여하고 있다. 이례적이기는 하지만 고도로 전문화·세분화된 사회에서 행정부의 전문성을 활용하자는 것이다.

(2) 法律案의 審議

오늘날 국회기능의 중심이 본회의에서 위원회로 옮겨져 위원회를 중심으로 운영되고 있고(위원회중심주의), 법률안심의와 예산안심의 등의 의

안에 대한 실질적인 심의가 위원회에서 이루어지고 있다. 이는 전문성과 신속성을 바탕으로 의회운영의 효율성을 높이기 위한 것이다. 이렇게 위원회의 비중이 크기 때문에 위원회를 '작은 입법부(little legislature)'라고까지 한다. 법률안이 제출되면 국회의장은 의원에게 배부한다. 법률안은 본회의에 보고한 후 소관 상임위원회에서 심사한다. 위원회의 심사가 끝나면 법률안은 본회의에 부의된다. 소관 상임위원회 심사결과 본회의에 부의할 필요가 없다고 판단하는 경우에는 본회의에 부의되지 않고, 당해 법률안은 폐기되게 되는데(국회법 제87조), 이를 '피전 호울(pigeonhole)'이라 한다. 이것은 위원회를 중심으로 국회를 효율적으로 운영하기 위한 것으로 위원회중심주의의 표현이다. 다만, 위원회에서 폐기된 법안이라도 폐기결정을 본회의에 보고한 뒤 7일 이내에 의원 30인 이상이 요구하는 경우에는 본회의에 부의할 수 있는데 이를 '위원회의 해임(discharge of committee)'이라 한다. 법률안이 본회의의 의제가 된 때에는 그 법률안을 심사한 위원장의 심사보고를 듣고 질의·토론을 거쳐 표결한다(국회법 제93조). 표결할 때에는 전자투표에 의한 기록표결로 가부를 결정한다(제112조 제1항).

[위원회중심주의] 위원회는 의원 가운데서 소수의 위원을 선임하여 구성되는 국회의 내부기관인 동시에 본회의의 심의 전에 회부된 안건을 심사하거나 그 소관에 속하는 의안을 입안하는 국회의 합의제기관이다. 위원회의 역할은 국회의 예비적 심사기관으로서 회부된 안건을 심사하고 그 결과를 본회의에 보고하여 본회의의 판단자료를 제공하는 데 있다. 우리나라 국회의 법률안 심의는 본회의 중심주의가 아닌 소관 상임위원회 중심으로 이루어진다. 소관 상임위원회에서 심사·의결된 내용을 본회의에서는 거의 그대로 통과시키는 이른바 "위원회 중심주의"를 채택하고 있는 것이다. …상임위원회의 구성과 활동은 의회의 업적과 성패를 실질적으로 결정짓는 변수가 되고 있다고 평가되고 있다(헌법재판소 2003.10.30. 2002헌라1).

[위원회중심주의의 문제점] 국회운영의 효율성제고를 위한 위원회제도는 그러나 과거 정치비리의 온상이었고, 국회 본회의의 운영을 형식화할 우려가 있다. 따라서 위원회중심의 국회운영은 자칫 전체국민의 다양한 의사수렴을 저해할 수 있을 뿐만 아니라 압력단체나 로비스트들의 활동무대로 제공될 우려가 있다.[16)]

16) 권영설, "國會議事節次의 原則과 爭點", 고시연구, 2004. 10, 16면.

(3) 정부이송

법률안이 국회에서 의결되면 의장이 이를 정부에 이송한다(국회법 제98조 제1항). 정부에 이송된 법률안은 국무회의의 심의를 거쳐야 한다(제89조 제3호).

(4) 大統領의 法律案拒否權行使와 國會의 再議

정부에 이송된 법률안에 이의가 있을 때에는 대통령은 15일 이내에 이의서(異議書)를 붙여 국회로 환부하고, 그 재의를 요구할 수 있다. 국회의 폐회 중에도 또한 같다(제53조 제2항). 대통령은 법률안의 일부에 대하여 또는 법률안을 수정하여 재의를 요구할 수 없다(제53조 제3항). 재의의 요구가 있을 때에는 국회는 재의에 붙이고, 재적의원과반수의 출석과 출석의원 3분의 2 이상의 찬성으로 전과 같은 의결을 하면 그 법률안은 법률로서 확정된다(제53조 제4항).

(5) 法律의 公布

국회에서 의결된 법률안은 정부에 이송되어 15일 이내에 대통령이 공포한다(제53조 제1항). 대통령이 15일 이내에 공포나 재의의 요구를 하지 아니한 때에는 그 법률안은 법률로서 확정된다(제53조 제5항). 대통령은 확정된 법률을 지체없이 공포하여야 한다(제53조 제6항). 정부는 대통령이 법률안을 공포한 경우에는 이를 지체없이 국회에 통지하여야 한다(국회법 제98조 제2항). 법률이 확정된 후 또는 국회재의결에 의한 확정법률이 정부에 이송된 후 5일 이내에 대통령이 공포하지 아니할 때에는 국회의장이 이를 공포한다(제53조 제6항). 법률의 공포는 관보에 게재하여 이를 행한다(법령등공포에관한법률 제11조 제1항). 법률은 특별한 규정이 없는 한 공포한 날로부터 20일을 경과함으로써 효력을 발생한다(제53조 제7항).

[법률공포일은 관보발행일자] 법령등공포에관한법률 제11조, 제12조의 규정에 의하면 법률의 공포는 이를 관보에 게재하도록 되어 있고, 법률의 공포일은 동 법률을 게재한 관보가 발행된 날이라고 규정되어 있으므로 법률을 관보에 게재하여 공포하는 경우, 실지 관보에 게재한 날짜, 즉 인쇄된 날짜가 관보발행일자보다 늦을 때에는 관보인쇄일자를 관보발행일자로 보아 그 날을 법률의 공포일자로 보아야 할 것이다(대법원 1968.12.6. 68다1753).

[법령의 공포시점] 법령의 공포란 그 내용을 일반국민에게 알리기 위한 표시행위로서 국민이 그 내용을 알 수 있는 상태에 놓여 질 때 그 효력이 발생한다 할 것이므로 그 법령이 관보에 인쇄완료되었다거나 그 관보가 인쇄국에서 발송된 것만으로는 아직 부족하고 적어도 일반 국민이 열독할 수 있는 상태에 놓여 질 것이 필요하다(대구고법 1974.10.10. 72노244 형사부판결).

Ⅲ. 條約의 締結批准에 대한 同意權

1. 條約批准同意權

(1) 條約批准同意權의 제도적 의의

조약(treaty)이란 주권국가 사이의 정식의 합의서로서 상호간의 권리·의무에 관한 사항을 규정한 것을 말한다. 조약의 체결권은 대통령이 가지는데(제73조), 그 체결·비준에 앞서 국무회의의 심의를 거쳐야 한다(제89조 제3호). 대통령은 대외적 권력을 담당하는데, 조약체결권은 '집행권에 유보된 권력'으로서 '집행권의 본질적 구성부분'이다. 이러한 대통령의 '대외적 대표'는 그러나 국회의 관여에 의한 '하나의 결합된 권력(eine kombinierte Gewalt)'을 의미한다. 즉, 국가안전보장이나 주권의 제약 등과 같은 중요한 조약은 국회의 동의를 얻어 체결하여야 한다(제60조 제1항). 이러한 중요한 조약에 국회의 동의를 얻게 한 것은 1) 대통령의 대외적 대표권한행사에 대한 국민의 대표기관에 의한 민주적 통제를 통하여 국민적 정당성을 보장하려는 이유 외에, 2) 조약 내용과 효력이 법률과 동일하므로 입법에 준하여 입법권을 가진 국회의 개입을 허용한 것이라는 의미를 가진다.

[행정협정] 조약과 구분하여야 할 것으로 정부간 협정인 "행정협정(executive agreement)"이 있다. 행정협정은 조약의 위임사항이나 조약의 실행을 위하여 필요한 사항 등을 정하는 것으로 "집행협정(執行協定)" 또는 "정부간협정(政府間協定)"이라 한다.

(2) 국회의 동의를 요하는 조약

헌법은 국회의 동의를 얻어 체결·비준하여야 할 조약으로 '상호원조 또는 안전보장에 관한 조약, 중요한 국제조직에 관한 조약, 우호통상항해 조약, 주권의 제약에 관한 조약, 강화조약, 국가나 국민에게 중요한 재정적 부담을 지우는 조약, 입법사항에 관한 조약'(제60조 제1항)을 규정하고 있다. 국회의 동의를 요하는 조약을 규정하고 있는 헌법 제60조 제1항의 규정이 예시규정이냐 열거규정이냐의 논의가 있을 수 있으나 이는 다툼의 실익이 없다고 본다.[17] 왜냐하면 외형상으로는 열거조항처럼 보이나 "입법사항에 관한 조약"이라는 포괄적 표현이 있기 때문에 사실상 예시규정이라고 보아야 하기 때문이다.

(3) 조약의 효력

조약은 법률과 같은 효력을 가지고, 행정협정은 명령·규칙과 같은 효력을 가진다. 따라서 조약과 법률이 충돌하는 경우에는 특별법우선의 원칙에 의하여 조약이 우선 적용되는 경우가 대부분일 것이고, 또한 후법우선의 원칙에 따라 법률이든 조약이든 마지막의 것이 "최후의 주권적 의사"로서 기능하게 된다.[18] 조약은 지방자치단체도 구속한다. 위헌인 조약은 국내법적으로 효력을 가질 수 없다. 법률의 효력을 가지는 조약의 합헌성여부는 헌법재판소가, 명령·규칙의 효력을 가지는 행정협정의 합헌성여부는 대법원이 판단한다. 그런데 한미행정협정에 대하여 헌법재판소는 실질적으로 조약에 해당한다고 판단하고 따라서 국회의 동의가 필요하다고 하고 있다.[19]

조약과 행정협정

	효력	합헌성여부 판단기관
조약	법률	헌법재판소
행정협정	명령·규칙	대법원

17) 헌법 제60조 제1항의 법적 성격에 대하여 예시조항설과 열거조항설의 대립이 있다. 김철수 교수(1334), 권영성 교수(897), 허영 교수(889) 모두 열거조항설을 취하고 있다.

18) 최후의 주권적 의사표현이 구속력을 가진다는 것은 원칙이다(the rule that "the last expression of the sovereign will must control")(Laurence H. Tribe, *American Constitutional Law*, The Foundation Press, New York, p. 168).

19) 헌법재판소 1999.4.29. 97헌가14.

2. 관련문제

(1) 南北基本合意書

1) 남북관계의 발전

할슈타인 원칙(Halstein-Doktrin)의 포기 이후 독일은 동·서독을 2개의 국가로 보아왔으며, 이는 「동·서독기본조약」으로 확인·선언되었다. 이와는 달리 우리의 경우는 분단 초기부터 상대방의 존재를 인정하지 아니하는 냉전적 사고를 견지하여 극단적인 부정론에 입각해 왔다. 그러나 1960년대 후반부터 남한만의 유일합법정부론은 완화되고, 대한민국의 정통성을 내세우면서도 북한정권에 대한 절대적 부정론을 수정하였다. 「남북공동성명」, 「6·23평화통일선언」, 「1.18남북불가침협정체결제의」 등으로 유일 합법성론은 후퇴하고 북한 정권의 존재를 상대적으로 인정하기 시작하였다. 드디어 1991년에는 「남북사이의화해와불가침및교류·협력에관한합의서」(남북기본합의서)를 체결하기에 이르렀다.

[할슈타인원칙] 1955년 서독의 외무장관 할슈타인(Walter Halstein)이 내건 외교정책으로, 독일을 대표하는 권한은 독일연방공화국(서독)에 있기 때문에 외국이 독일민주공화국(동독)과 외교관계를 체결하는 것은 비우호적인 행위로 보아 해당국가와 외교관계를 계속할 것인가를 고려하지 않으면 안 된다는 원칙이다. 이 원칙에 따라 동독과 외교관계를 수립한 유고슬라비아와 1957년 외교관계를 단절하였다. 그 후 1967년 루마니아와 1968년에는 유고슬라비아와 외교관계를 회복한 후에도 이 원칙을 명백히 포기하지는 않았는데, 1969년 5월 30일 이 원칙은 폐지되었다.

2) 남북관계의 법적 성질

남북기본합의서의 법적 성격을 파악하기 위해서는 남북관계의 법적 성질이 어떠한 것인가를 먼저 살펴보지 않으면 안 된다. 남북관계에 관하여는 이를 국내관계로 보는 견해와 국제관계로 보는 견해가 있다.

가. 국내관계로 보는 견해

영토조항(제3조)의 해석상 대한민국만이 한반도의 유일한 합법정부이고 따라서 남북관계문제는 한반도라는 영토 안에서의 문제, 즉 국내문제라는 견해이다. 따라서 남북관계는 국내관계이고 독립된 주권국가 사이의 국제문제와는 다르다고 한다. 대법원의 기본입장이다. 헌법재판소도 "북한이 대화협력의 동반자이자 반국가단체의 성격을 함께 갖고 있으므로 설사 정부가 북한당국자의 명칭을 사용하고 남북대화를 제기하고 나아가 UN에 동시가입하고 남북합의서에 서명하는 등의 사유가 있더라도 북한이 자유민주적 기본질서에 위협이 되고 있음이 분명한 이상 국가보안법상 반국가단체가 아니라고 할 수 없다."[20]고 하여 남북관계를 일응 국내관계로 보고 있다.

나. 국제관계로 보는 견해

우리와 북한은 국제사회에서 독립국가로 활동하고 있으며 외교관계수립을 보더라도 독립국가로 인정받고 있다는 점, 가입자격이 독립국가인 UN을 비롯한 국제기구에 가입하고 있다는 점, 남북기본합의서 등에 의하여 국제법적으로 주체성을 인정받고 있다는 점을 들어 남북관계를 국제관계라 한다. 또한 우리 헌법이 추구하고 있는 평화적 통일(제4조)을 실현하기 위하여 북한의 실체를 인정하고 대등한 대화협력의 동반자로 인정하여야 한다고 한다.

다. 국내관계도 국제관계도 아닌 특수한 관계라는 견해

영토조항과 통일조항은 남북한 관계의 대내적 측면과 대외적 측면을 각기 다른 차원에서 규정한 것으로 남북관계는 국내관계도 아니고 국제관계도 아닌 우리만의 특수한 관계라는 견해가 있다. 대외적으로는 국제관계이지만 대내적으로는 국내관계라는 특수한 관계라고 설명하기도 한다.

3) 남북기본합의서의 법적 성격

남북기본합의서의 법적 성격에 대하여는 몇 가지 논란이 있다. 남북기본합의서의 법적 성격은 대체로 남북관계를 어떻게 보느냐에 달려 있다. 남북관계를 국내관계로 보는 입장에서는 이를 신사협정으로 보고, 남북관계를 국제관계로 보는 입장에서는 이를 조약으로 보며, 남북관계를 남북간의 특수한 관계로 보는 입장에서는 이를 특수조약으로 본다.

---

20) 헌법재판소 1993.7.29. 92헌바48.

가. 紳士協定說

남북기본합의서의 법적 성격은 조약이 아니고 단순한 신사협정 내지 공동성명에 불과하다고 한다. 헌법재판소는 "남북합의서가 나라와 나라사이의 관계가 아닌 통일을 지향하는 특수한 관계를 전제로 하여 이루어진 합의문서이며 이는 한민족공동체 내부의 특수관계를 바탕으로 한 당국간의 합의로서 남북당국의 성의 있는 이행을 상호 약속하는 일종의 공동성명 또는 신사협정에 준하는 것"[21]이라 한다. 따라서 조약이 아니기 때문에 국회의 비준동의는 필요하지 않다고 한다.[22] 헌법재판소는 남북관계를 국내문제로 보면서도 한 걸음 나아가 한민족내부의 특수한 관계로 보아 남북기본합의서의 성격을 신사협정으로 보고 있다.

나. 條約說

남북한이 유엔에 동시가입하여 국가성이 인정되고, 이 합의서에 남북의 총리가 서명하였다는 것은 사실상의 국가승인에 해당한다고 본다. 그리고 합의서의 내용이 국민의 기본권과 관련된 중요 사항과 국민에게 중요한 재정적 부담을 주는 것으로 조약의 내용에 해당한다는 것이다.

다. 特殊條約說

이 설에 의하면, 남북기본합의서는 "그 당사자인 남과 북이라는 국가와 국가 간에 체결된 조약이 아니며, 또 사인으로서의 남과 북 사이에 체결된 계약도 아니다. 이는 남과 북이라는 민족내부의 특수관계에서 체결된 합의로서의 성격을 가진 특수형태의 조약"이라고 한다.[23]

라. 소　견

남북관계를 보는 시각에 따라 남북기본합의서의 법적 성질도 다르고, 조약으로 보는가 여부에 따라 국회의 동의가 필요한가도 달라질 수밖에 없다. 이를 정리하면 다음과 같다.

---

21) 헌법재판소 1997.1.16. 92헌바6.
22) 헌법재판소 2000.7.20. 98헌바63.
23) 김명기, 남북기본합의서요론, 국제문제연구소, 1992, p. 109.

남북관계의 성격과 남북기본합의서

남북관계의 성격	남북기본합의서의 법적성질	남북기본합의서에 대한 국회동의
국내관계	신사협정	필요 없음
국제관계	조약	필요
특수관계	특수조약	필요 없음

신사협정설은 북한의 국가성부인과 영토조항을 근거로 한다. 즉, 북한은 우리 헌법상 국가가 될 수 없다고 한다. 설사 국제사회에서 북한을 국가로 승인하였다하더라도 국제법적 인정과 국내법적 인정은 다를 수 있다고 한다.[24] 또한 영토조항에 의할 때 대한민국만이 한반도의 유일한 합법 정부라는 것이다. 조약설에 대하여는 법적 판단이라기보다는 정치적 판단이라고 비판한다.

조약설은 형식적인 측면에서 서명의 주체가 사실상 국가라는 점과 실질적인 측면에서 남북기본합의서의 내용이 조약의 규정사항이라는 점을 주목하고 있다. 남북기본합의서가 "조약"이라는 명칭을 쓰고 있지 않지만 남북이 사실상 조약의 체결당사자에 해당한다고 하는 것이다. 또한 그 내용이 국민의 기본권과 관련된 중요 사항과 국민에게 중요한 재정적 부담을 주는 것으로 바로 조약의 내용에 해당한다고 한다. 남북관계의 특수성을 인정하지 않을 수 없고 문서의 형식상 문제가 없지 않지만 남북기본합의서는 내용상으로나 주체의 면으로 볼 때 그리고 남북관계의 발전과 국제협력관계를 고려할 때 조약설이 타당하다고 본다.

영토조항의 규범적 효력을 부정하지 않는 한 남북관계는 기본적으로 국내관계일 수밖에 없다. 그러나 북한도 UN에 가입하여 국제사회에서 국가성을 인정받고 있는 이상 국제평화주의를 수용하고 있는 헌법정신에 비추어 국내법적으로든 국제법적으로든 북한을 대화협력의 동반자로 인정하지 않을 수 없다고 본다. 영토조항도 시대의 변천에 따라 조화있는 의미변화를 하지 않으면 안 될 것이다.

---

24) UN가입은 UN헌장이라는 다변조약에의 가입을 의미하는 것으로 UN으로부터 국가로 승인받는 효과가 있을 뿐이지 가맹국간 국가승인의 효력은 인정할 수 없다는 것이 국제법상의 통설적 입장이다(헌법재판소 1997.1.16. 92헌바6).

(2) 韓美行政協定

한미행정협정의 법적 성격에 관하여 우리와 미국의 입장이 같지 아니하다. 미국 측은 한미행정협정의 형식에 입각하여 행정협정이라 하고, 우리는 그 실질을 파악하여 조약으로 본다. 즉, 미국은 그 명칭이 조약이 아닌 "행정협정"이라는 점을 들어 한미행정협정은 상원의 동의를 요하지 아니하는 행정협정(executive agreement)에 불과하다는 것이 미국 측의 입장이다. 이에 비하여 한국정부는 그 명칭여하에 불구하고 그 내용이 조약이라는 것이다. 즉 한미행정협정은 i) 외국군대의 지위에 관한 것이고, ii) 국가에 재정적 부담을 지우며, iii) 입법사항을 포함하는 것으로 대한민국의 통치권을 제약하는 문서이기 때문에 명칭이 "협정"이라도 그 내용은 국회의 동의를 요하는 조약[25]이라고 한다. 한미행정협정은 1966년 10월 14일 국회의 동의를 얻어 1967년 2월 9일부터 발효되고 있다.

[한미행정협정] 정식명칭은 「대한민국과아메리카합중국간의상호방위조약제4조에의한시설과구역및대한민국에서의합중국군대의지위에관한협정(1967.2.9. 조약 제232호)」이다. 줄여서 「주한미군의법적지위에관한한미행정협정(the ROK-U.S. Status-of-Forces Agreement; "SOFA協定"으로 약칭하기도 한다)」 또는 「한미행정협정」이라 한다.

[한미행정협정은 조약이다] 이 사건 조약은 그 명칭이 "협정"으로 되어 있어 국회의 관여없이 체결되는 행정협정처럼 보이기도 하나 우리나라의 입장에서 볼 때에는 외국군대의 지위에 관한 것이고, 국가에게 재정적 부담을 지우는 내용과 근로자의 지위, 미군에 대한 형사재판권, 민사청구권 등 입법사항을 포함하고 있으므로 국회의 동의를 요하는 조약으로 취급되어야 하는 것이다(헌법재판소 1999.4.29. 97헌가14).

---

25) 헌법재판소 1999.4.29. 97헌가14.

Ⅳ. 財政에 관한 權限

1. 財政立憲主義

(1) 財政과 國民主權

재정의 기본은 세정에 있고 세정은 국민의 세금에 의존한다. 세금의 부과(課稅)는 국민주권원리상 국민의 동의가 있어야 한다. 따라서 '承諾에 의한 課稅(taxation by consent)'야 말로 민주주의의 기본원리가 아닐 수 없다. 대의제 민주주의국가에서 국민의 동의는 국회의 동의를 의미한다. 오티스(James Otis)의 지적처럼 대표 없는 과세는 전제를 의미할 뿐이기(Taxation without representation is tyranny) 때문이다. 오늘날 국가의 조세정책의 향방에 따라 국민의 재산권에 미치는 영향은 지대하게 되었고, 조세는 국력의 본질적인 기초가 되고 있다.[26)]

(2) 財政立憲主義

국가가 그 존립을 유지하고 그 임무를 수행하는데 필요한 재력을 취득하고 이를 지출·관리하는 작용을 재정(財政)이라 한다. 재정은 국민의 이해에 직접적으로 중대한 영향을 미치기 때문에 국가의 재정에 관한 중요한 사항에 대해서는 국민의 대표기관인 국회가 관여하여 이를 통제하지 않으면 안 된다. 헌법은 예산(제54조-제57조), 국채(제58조), 조세(제59조), 국민에 부담을 주는 조약(제60조 제1항)에 국회의 의결 또는 승인을 필요로 하게 함으로써 '재정입헌주의', 즉 '재정국회중심주의'를 선언하고 있다.[27)]

---

26) Dieter Bir, *Steuerrecht I*, 2. Aufl. 1994, S. 3.

27) 이에 대하여 재정민주주의를 주장하는 이론도 나오고 있다. 대표민주제원리에 따라 국민의 의사에 구속됨이 없이 국회에서만 결정되는 데에 대한 반발이 이것인데, 유권자인 국민이 국가재정에 직접 참여해야한다는 것이다. 이들은 "납세자가 국회의 재정입법권에 참여하여 올바른 예산의 사용을 요구할 수 있는 납세자의 권리가 인정되어야 한다"고 주장하고 있다(김철수 1367; 김영천, "헌법상 현대복지국가의 재정민주주의에 관한 연구, 서울대 석사학위논문, 1985 참조).

(3) 租稅의 개념

조세고권(租稅高權, Steuerhoheit)은 주권에 내재하는 속성의 하나이다. 이 주권에 기하여 국가는 조세를 징수하게 되는데, 조세(租稅)란 일반적으로 국가가 그 경비에 충당하기 위하여 재력을 취득할 목적으로 과세권에 기하여 일반국민에 대하여 반대급부 없이 일방적·강제적으로 부과하여 징수하는 금전급부를 말한다. 오늘날 조세는 국가의 재정수요를 충당한다고 하는 본래의 기능 외에 소득의 재분배, 자원의 적정한 배분, 국가경제의 전략적 운용, 경기의 조정 등 다양한 경제적·사회적 특수기능을 담당한다.

조세와 유사부과금과의 대비

	조세	유사 부과금
과세 주체	공권력의 주체 (국가, 지방자치단체)	조합비, 회비 (공권력의 주체 아님)
목적	과세주체의 재정수요 확보	벌과금 (재정수요와 무관)
반대급부	반대급부 없음	사용료, 수도료 (반대급부)
과세 대상	일반 국민	부담금 (일부 수혜자)
강제성	과세권에 의한 강제징수	철도수입, 전매수입 (사경제적 수입)

[조세] 조세란 국가 또는 지방자치단체가 재정수요를 충족시키거나 경제적·사회적 특수정책의 실현을 위하여 국민 또는 주민에 대하여 아무런 특별한 반대급부 없이 강제적으로 부과하는 과징금이다(헌법재판소 1990.9.3. 89헌가95).

[국세와 지방세] '국세'는 국가가 부과하는 조세중 소득세, 법인세, 상속세·증여세, 부당이득세, 부가가치세, 특별소비세, 주세, 인지세, 증권거래세, 교육세, 교통세 등을 말하고(국세기본법 제2조), '지방세'란 특별시·광역시·도세 또는 시·군·구세를 말한다(지방세법 제1조 제1항).

2. 租稅의 基本原則

(1) 租稅行政에 있어서의 法治主義

1) 租稅法의 基本原則

조세법률주의(租稅法律主義)는 법률의 근거 없이는 조세를 부과·징수할 수 없다는 원칙을 말한다. 조세법률주의는 재정입헌주의(재정국회중심주의)의 관점에서 국가의 과세에 대하여 국회의 민주적 통제를 미치게 하고 이것에 의해 행정권의 자의적인 과세를 방지하는 것으로 근대헌법의 '대표 없이 과세 없다'는 사상을 반영한 것이다. 헌법 제38조, 제59조에서 천명된 조세법률주의는 과세요건법정주의와 과세요건명확주의를 핵심적 내용으로 삼고 있다.

[조세법률주의] 비록 과세요건이 법률로 명확히 정해진 것이라도, 그것만으로 충분한 것이 아니고 조세법의 목적이나 내용이 기본권 보장의 헌법이념과 이를 뒷받침하는 헌법상의 제원칙에 합치되지 아니하면 안된다(헌법재판소 1992.2.25. 90헌가69).

2) 租稅法律主義와 立法者의 裁量

오늘날 조세는 국가의 재정수요를 충족시킨다고 하는 본래의 기능 외에도 소득의 재분배, 자원의 적정배분, 경기의 조정 등 여러 가지 기능을 가지고 있으므로, 국민의 조세부담을 정함에 있어서 재정·경제·사회정책 등 국정전반에 걸친 종합적인 정책판단을 필요로 할 뿐만 아니라, 과세요건을 정함에 있어서 극히 전문기술적인 판단을 필요로 한다. 따라서 조세법규의 내용은 입법자가 국가재정·사회경제·국민소득·국민생활 등의 실태에 관하여 정확한 자료를 기초로 하여 정책적·기술적인 판단에 의하여 정해질 문제이므로 입법자의 광범위한 입법형성적 재량에 맡겨져 있다.[28]

(2) 租稅法律主義

1) 租稅法律主義의 내용

조세법률주의는 입법면과 집행면에서 요구된다. 조세법률주의의 집행에

28) 헌법재판소 2001.12.20. 2000헌바54.

있어서의 요청으로서는 세무행정의 자의적 재량을 배제하는 '합법성원칙', 부과·징수·쟁송에 적정한 절차를 요구하는 '절차적 보장원칙'이 있다. 조세법률주의의 입법에 있어서의 요청으로는 '과세요건법정주의'와 '과세요건명확주의'가 있다.

조세법률주의	집행면의 조세법률주의	합법성의 원칙
		절차적 보장의 원칙
	입법면의 조세법률주의	과세요건법정주의
		과세요건명확주의

[입법과 집행에 있어 조세법률주의] 조세법률주의 원칙은 과세요건 등은 국민의 대표기관인 국회가 제정한 법률로써 규정하여야 하고, 그 법률의 집행에 있어서도 이를 엄격하게 해석·적용하여야 하며, 행정편의적인 확장해석이나 유추적용은 허용되지 않음을 의미한다. 그러므로 법률의 위임이 없이 명령 또는 규칙 등의 행정입법으로 과세요건 등에 관한 사항을 규정하거나 법률에 규정된 내용을 함부로 유추, 확장하는 내용의 해석규정을 마련하는 것은 조세법률주의 원칙에 위배된다(대법원 2000.3.16. 98두11731; 1987.9.22. 86누694).

2) 課稅要件의 明確性과 法定

조세법률주의는 법률의 근거 없이는 조세를 부과·징수할 수 없다는 원칙으로, 과세요건의 법정주의와 명확주의를 그 핵심적 내용으로 한다. '과세요건법정주의'란 조세의 종류·과세근거·과세요건(과세단체, 납세의무자, 과세물건, 과세물건의 귀속, 과세표준, 세율 등)이나 조세의 부과·징수절차는 모두 법률에 의해 규정되어야 한다는 원칙이다. '과세요건명확주의'란 법률이나 그 위임을 받은 명령·규칙에서 과세요건이나 조세의 부과·징수절차를 정하는 경우에 그 규정이 일의적으로 명확하지 않으면 안 된다고 하는 원칙이다. 따라서 조세영역에 있어서 불확정개념이나 자유재량조항을 도입하는 것은 원칙적으로 허용되지 아니한다. 규정내용이 명확하지 않으면 과세관청의 자의적인 해석과 집행을 초래하여 공평과세원칙을 깨뜨릴 우려가 있을 뿐 아니라, 나아가 과세요건법정주의원칙까지도 무너질 수 있다. 그러나 조세부담의 공평, 즉 조세회피를 방지하기 위하여 불확정개념이나 자유재량조항은 어느 정도 불가피하다.

[과세요건법정주의] 과세요건법정주의란 조세는 국민의 재산권의 보장을 침해하는 것이 되기 때문에 납세의무를 성립시키는 납세의무자·과세물건·과세표준·과세기간·세율 등의 과세요건과 조세의 부과·징수절차를 모두 국민의 대표기관인 국회가 제정한 법률로 규정하여야 한다는 원칙이다(헌법재판소 1989.7.21. 89헌마38).

[과세요건명확주의] 과세요건명확주의란 과세요건을 법률로 규정하였다고 하더라도 그 규정내용이 지나치게 추상적이고 불명확하면 과세관청의 자의적인 해석과 집행을 초래할 우려가 있으므로 그 규정내용이 명확하고, 일의적(一義的)이어야 한다는 원칙이다(헌법재판소 1989.7.21. 89헌마38).

3) 永久稅主義

조세법률주의의 예로서는 일년세주의와 영구세주의가 있을 수 있는데, 논의의 실익은 없다.[29] 왜냐하면 조세도 법률에 의하여 징수되는데, 우리의 경우 법률은 별도의 규정이 없는 한 영구적으로 효력을 가지기 때문이다. 헌법 제59조의 조세법률주의는 따라서 영구세주의를 포함하는 것이라 할 것이다. 조세도 법률에 의하여 부과되고 징수되기 때문에 법률일반원칙으로 해석하면 되고, 효력시기나 기간에 관하여 특별한 규정이 있다하더라도 그것을 일년세주의로 설명할 실익은 없다고 본다.

4) 규제대상

조세법률주의에 의하여 과세요건뿐만 아니라 그 절차도 법률로 정하여야 한다. 다시 말해, 조세는 국민의 재산권의 보장을 침해하는 것이 되기 때문에 납세의무를 성립시키는 납세의무자·과세물건·과세표준·과세기간·세율 등의 과세요건과 조세의 부과·징수절차를 모두 국민의 대표기관인 국회가 제정한 법률로 규정하여야 한다. 나아가 조세와 관련하여 환급·불복·벌칙에 관한 사항까지도 법률로 정하여야 한다.

---

29) 김철수 교수는 우리나라에서는 법률의 효력은 별도의 규정이 없는 한 영구적인 것이며, 또 일년세주의를 명기하지 않는 본조의 해석으로는 우리나라가 영구세주의를 채택하고 있다고 보는 것이 통설이라고 한다(1374).

5) 包括委任立法禁止의 原則

조세법률주의 원칙상 포괄위임은 금지된다. 그러나 조세의 부과와 면제에 관한 중요사항은 법률에 의하여서만 규정되어야 하지만, 그 법률을 시행하기 위한 세부적 절차와 시기에 관하여는 명령과 규칙에 위임하여 규정하는 것이 입법상 허용되므로 그것은 조세법률주의에 위반하지 않는다.[30)]

6) 租稅法律主義의 적용범위

기존의 학설은 대체로 조례에 의한 지방세, 대통령의 긴급재정경제명령에 의한 조세, 조약에 의한 조세조정 등을 조세법률주의의 예외로 보고 있다.[31)] 지방세에 관하여 예를 들면, 조세법률주의는 직접적으로는 국세만을 대상으로 하고 지방세는 포함하지 아니한다는 것으로, 결국 지방세의 부과는 법률이 아니고 조례(條例)에 의한 것이므로 조세법률주의의 예외라고 설명한다. 그러나 이것은 형식논리에 그친 것이라 하지 않을 수 없다. 조세법률주의는 그 형식과 실질면에서 검토하여야 한다. 조례에 의한 지방세의 부과·징수는 조세법률주의가 예정한 것이고(형식), 그 원칙도 그대로 적용된다는 점(내용)에서 조세법률주의의 예외가 아니고 조세법률주의의 연장으로 보는 것이 타당하다고 본다. 조약에 의한 조세조정의 경우는 법률로 이를 정하고 있을 뿐만 아니라 그렇지 않다 하더라도 조약이 법률과 같은 효력을 가진다는 점에서, 긴급재정경제명령에 의한 조세는 그 명령의 형식적 효력이 법률과 같다는 점에서 조세법률주의의 예외로 볼 이유가 없다. 오히려 이들 분야에도 조세법률주의의 원칙의 실질적 적용을 통해서 법치주의원칙을 확대하는 것이 바람직하다고 본다.

가. 條例에 의한 地方稅

조세법률주의는 재정국회중심주의를 구체화한 것으로 직접적으로는 국세만을 대상으로 하고 지방세는 포함하지 아니하지만, 그 취지는 지방세

---

30) 대법원 1980.4.22. 80다379

31) 김철수 교수(1374), 권영성 교수(887)는 대통령의 긴급재정·경제명령을 조세법률주의의 예외라고 보고 있다. 그러나 허영 교수(896)는 대통령의 긴급재정·경제명령은 지체없이 국회의 승인을 얻어야 하고, 승인을 얻지 못한 때에는 그때부터 효력을 상실하고 긴급재정·경제명령으로 개정, 폐지되었던 법률은 당연히 효력을 회복하기 때문에 조세입법권이 배제되는 예외의 경우라고 보기 어렵다고 보고 있다.

에도 미친다. 지방세는 조세법률주의의 예외로서가 아니고 조세법률주의가 예정한 것이다. 조세법률주의는 당연히 지방세에도 타당한 것으로 지방세조례주의는 조세법률주의의 연장으로 보아야 할 것이다. 지방세법은 지방세의 종류를 규정하면서(지방세법 제1조), 지방세의 부과와 징수에 관하여 필요한 사항은 지방자치단체가 조례로서 정하도록 위임하고 있다(지방세법 제3조).

나. 緊急財政經濟命令에 의한 租稅

헌법은 "대통령은 내우·외환·천재·지변 또는 중대한 재정·경제상의 위기에 있어서 국가의 안전보장 또는 공공의 안녕질서를 유지하기 위하여 긴급한 조치가 필요하고 국회의 집회를 기다릴 여유가 없을 때에 한하여 최소한으로 필요한 재정·경제상의 처분을 하거나 이에 관하여 법률의 효력을 가지는 명령을 발할 수 있다."(제76조 제1항)고 규정하고 있다. 이에 따라 대통령은 긴급재정경제명령에 의한 긴급과세를 부과할 수 있다. 이 긴급과세는 '처분'으로서가 아니고 법률의 효력을 가지는 '명령'의 형식으로 하여야 한다. 그 이유는 첫째로, 긴급권의 발동이라 해도 처분과 명령을 선택적으로 할 수 있고, 둘째로 긴급권의 발동이라도 될 수 있는 한 기본권침해의 법률주의와 조세법률주의 원칙은 지켜야 하기 때문이다.

다. 條約에 의한 租稅調整

조약은 국내법과 같은 효력을 가지고(제6조 제1항), 그 효력도 법률과 같으므로 조약으로 조세에 관하여 규정할 수 있다. 이 경우는 법률과의 충돌문제로 후법우선의 원칙이나 특별법우선의 원칙 등 법률 해석의 일반원칙에 의하여 해결할 수 있을 것이다. 國際租稅調整에관한法律 제28조가 "비거주자 또는 외국법인의 국내원천소급의 구분에 있어서는 소득세법… 및 법인세법…의 규정에 불구하고 조세조약의 규정이 우선하여 적용된다."고 규정한 것은 조약의 특별법적 성격을 인정한 규정이다. 이 경우 그러나 법률이 조약의 우선적용을 규정한 것이기 때문에 조약과의 충돌은 없다.

(3) 租稅平等主義

'조세평등주의' 또는 '조세평등의 원칙'이란, 평등의 원칙이 조세법영역에서 구현된 것으로 조세의 부과와 징수는 납세자의 담세능력에 상응하여 공정하고 평등하게 이루어져야 하고 합리적 이유 없이 특정의 납세의무자를 불리하게 차별하거나 우대하는 것은 허용되지 아니한다는 원칙이다. 그러나 과세에 관해서 국민경제적·재정정책적·사회정책적 목적달성을 위하여 필요한 경우에는 입법자가 합리적 차별입법을 할 수 있고, 이는 조세평등의 원칙에 반하지 아니한다. 이 때 입법목적 등에 비추어 자의적이거나 임의적이 아닌 한 그 법률의 합리성을 부정하거나 조세평등주의에 위반하는 것이라 할 것은 아니다.

[조세공평주의] 조세공평주의의 원칙에 따라 과세는 개인의 경제적 급부능력을 고려한 것이어야 하고, 동일한 담세능력자에 대하여는 원칙적으로 평등한 과세가 있어야 한다. 또 나아가 특정의 납세의무자를 불리하게 차별하는 것이 금지될 뿐만 아니라 합리적 이유 없이 특별한 이익을 주는 것도 허용되지 아니한다. 조세란 공공경비를 국민에게 강제적으로 배분하는 것으로서 납세의무자 상호간에는 조세의 전가관계가 있으므로 특정인이나 특정계층에 대하여 정당한 이유 없이 면세·감세 등의 조세우대조치를 하는 것은 다른 납세자에게 그만큼 과중과세를 하는 결과가 되기 때문이다(헌법재판소 1995.6.29. 94헌마39).

[합리적 이유있는 차별과 조세평등원칙] 담세능력에 따른 과세의 원칙이라 하여 예외 없이 절대적으로 관철되어야 하는 것은 아니고, 합리적 이유가 있는 경우라면 납세자간의 차별취급도 예외적으로 허용된다 할 것이고, 이는 세법의 내용을 어떻게 정할 것인가에 관하여 입법자에게는 광범위한 형성의 자유가 인정되며, 더욱이 오늘날 조세입법자는 조세의 부과를 통하여 재정수입의 확보라는 목적 이외에도 국민경제적, 재정정책적, 사회정책적 목적달성을 위하여 여러 가지 관점을 고려할 수 있기 때문이다(헌법재판소 2002.10.31. 2002헌바43).

[조세입법의 재량성과 조세평등주의] 조세법 분야에 있어서 소득의 성질의 차이 등을 이유로 하여 그 취급을 달리하는 것은 그 입법목적 등에 비추어 자의적이거나 임의적이 아닌 한 그 합리성을 부정할 수 없고 조세평등주의에 위반하는 것이라고 볼 수 없다(헌법재판소 2001.12.20. 2000헌바54).

(4) 租稅法律主義와 租稅平等主義의 관계

1) 납세자의 이익과 과세권자의 편의

조세법률주의는 납세자의 경제생활의 법적 안정성과 예측가능성을 보장하기 위한 것이므로 납세자의 이익에 봉사하는 측면이 보다 고려된 원칙이다. 이에 반하여, 조세평등주의는 조세제도의 존립과 유지를 위하여 불가결한 제도라는 점에서 보다 과세권자 측에 기여하는 바가 크다고 할 수 있다. 따라서 조세법 해석적용의 면에서 양자는 긴장관계를 형성할 수 있다. 또한 조세정의의 실현수단으로서 조세법률주의는 법의 외형적 존재인 형식적인 측면을, 조세평등주의의 원칙은 구체적 · 실질적 측면을 담당하고 있는 것으로 이해할 수 있다.[32]

2) 양자의 조화와 조세법률주의의 우선

조세정의를 실현하기 위해서는 조세법률주의와 조세평등주의의 조화가 필요하다. 조세법의 해석기준으로서 조세평등주의를 강조하는 것은 조세법률주의의 기능을 후퇴시킬 수 있다. 따라서 양자가 충돌하는 경우에는 조세법률주의를 우선시켜야 할 것이다. 이 점에서 조세평등주의는 그 적용상의 한계가 있다. 이러한 양자 사이의 조화의 요청은 비단 조세위임입법에 있어서 뿐만 아니라 조세입법 및 해석, 집행에 있어서도 타당한 것이다.

[조세법률주의와 조세평등주의의 조화] 조세법률주의를 지나치게 철저하게 시행한다면 복잡다양하고도 끊임없이 변천하는 경제상황에 대처하여 적확하게 과세대상을 포착하고 적정하게 과세표준을 산출하기 어려워 담세력에 응한 공평과세의 목적을 달성할 수 없게 된다. 따라서 조세법률주의를 견지하면서도 조세평등주의와의 조화를 위하여 경제현실에 응하여 공정한 과세를 할 수 있게 하고 탈법적인 조세회피행위에 대처하기 위하여는 납세의무의 중요한 사항 내지 본질적인 내용에 관련된 것이라 하더라도 그 중 경제현실의 변화나 전문적 기술의 발달 등에 즉응하여야 하는 세부적인 사항에 관하여는 국회 제정의 형식적 법률보다 더 탄력성이 있는 행정입법에 이를 위임할 필요가 있는 것이다(헌법재판소 1998.3.26. 96헌바57).

3. 豫算案審議 · 確定權

헌법은 "국회는 국가의 예산안을 심의 · 확정한다."(제54조 제1항)고 하여 국회에 예산안심의 · 확정권을 부여하고 있다.

32) 蘇淳茂, 租稅와 憲法裁判, 憲法論叢 9집(98. 12.), 379면.

(1) 豫算과 法律

'예산(豫算)'이란 한 회계연도에 있어서 세입·세출의 예정적 견적으로서, 당해 회계연도에 있어서 국가의 재정행위의 준칙, 주로 세입·세출의 예정준칙을 내용으로 국회의 의결을 거쳐 성립된 국법의 한 형식이다. 즉 예산은 재정행위의 준칙으로서 국가기관을 구속하는 일종의 법규범[33]이다. 그러나 예산은 1) 일반국민을 직접 구속하지 않는다는 점, 2) 예산의 효력은 한 회계연도에 한한다는 점, 3) 통상의 법률과는 다르다는 점 등이 법률과는 구별된다. 예산과 법률의 구체적인 차이점을 비교하면 다음과 같다.

예산과 법률

	豫 算	法 律
헌법규정	헌법 제54조	헌법 제53조
형식	"예산"의 형식, 법규범	"법률"의 형식
제출권자	정부(예산안편성권)	정부 및 국회의원
제출시기 및 의결시기의 제한	제출은 회계년도개시 90일전, 의결은 30일 전	제한 없음
심의 방법	소극적 수정(삭감)	방법상 제한 없음
대통령의 거부권	인정되지 아니함	인정
발효 요건	공고(국회의결로 절차완료)	공포
시간적 효력	1회계년도	폐지시까지 영구적
지역적 효력	국내·국외(재외공관)	국내(속지적 효력)
형식적 효력	예산으로 법률개폐 불가	법률로써 예산변경 불가
실질적 효력	국가기관만 구속	모든 국민 구속

33) 예산의 법적 성격에 관하여 예산의 법적 성질을 부인하고 정부세출에 대해 국회가 승인한 것에 불과하다는 "세출승인설(법규범부인설)"과 예산은 단순한 세입, 세출의 견적표가 아니라 정부의 재정행위를 구속하는 준칙이므로 법률과 양립하는 국가법의 한 형식으로 보아야 한다는 법규범설(법형식설)이 있는데, 후자가 통설이다〔김철수(1394), 권영성(888), 허영(897)〕.

⑵ 예산과 법률의 불일치와 그 조정

예산과 법률은 일치하는 것이 원칙이다. 예산과 법률이 불일치하는 경우는 두 가지 경우가 있다. 첫째로는 법률의 집행에 필요한 예산의 뒷받침이 없는 경우가 있을 수 있고, 둘째로는 예산에는 지출이 편성되어 있으나 지출의 근거법률이 없는 경우가 그것이다. 이러한 법률과 예산이 불일치하는 경우 어떻게 조정할 것인가가 문제이다. 불일치의 대부분의 경우는 전자에 해당한다. 전자의 경우에는 예비비나 추가경정예산으로 예산을 확보하거나 법률의 시행기일을 연기하는 방법을 생각할 수 있다. 그렇게 해서도 예산을 확보할 수 없는 경우에는 부득이 법률의 집행을 유보할 수밖에 없다. 후자의 경우는 필요한 법률을 제정하거나 미흡한 법률을 정비·보완하여 그에 따라 예산을 집행하여야 할 것이다.

⑶ 豫算案의 審議

헌법은 "정부는 회계연도마다 예산안을 편성하여 회계연도 개시 90일 전까지 국회에 제출하고, 국회는 회계연도 개시 30일 전까지 이를 의결하여야 한다(제54조 제2항)."고 하여 예산안편성권은 정부에, 예산안심의·의결권은 국회에 부여하고 있다.

1) 豫算案의 編成 및 提出

예산안편성의 주무부서는 재정기획부이다. '중장기 국가발전전략수립, 경제·재정정책의 수립·총괄·조정, 예산·기금의 편성·집행·성과관리, 화폐·외환·국고·정부회계·내국세제·관세·국제금융, 공공기관 관리, 경제협력·국유재산·민간투자 및 국가채무에 관한 사무'를 관장하기 위하여 대통령 통할하에 재정기획부를 두고 있다(정부조직법 제23조 제1항). 예산안의 편성이란 국가기관별로 그 활동에 필요한 경비를 산정하여 다음 회계연도(會計年度)의 예산으로 추계하는 행위이다. 국가활동을 차질없이 수행하도록 예산을 확보하여야 하는데, 이를 위하여 국무총리는 매년 예산편성지침을 시달하여 적정예산의 적기확보를 위해 노력하여야 한다. 예산편성과 관련하여 몇 가지 원칙이 있다. 예산은 회계연도(1월 1일부터 12월 31일까지) 단위로 편성하는데 이를 예산일년주의(豫算一年主義)라 한다. 예산은 회계연도 단위로 총수입과 총지출을 계상하여 편성하여야 하는데 이를 총계예산주의(總計豫算主義)라 한다. 또 예산은 회계연도 단위로 세입과 세출을 단일회계로 편성하여야 하는데 이를 단일예산주의(單一豫算主義)라 한다. 예산안은 회계연도 개시 90일 전까지 제출하여야 한다. 예산심의를 위해 소집된 국회를 특히 예산국회(豫算國會)라 한다.

2) 예산안의 심의 및 의결

가. 豫算案審議節次

예산안의 심의·의결은 i) 정부의 시정연설, ii) 상임위원회의 예비심사, iii) 예산결산특별위원회의 종합심사, iv) 국회본회의의 의결이라는 절차를 거쳐 예산이 확정된다. 예산안이 제출되면 소관 상임위원회별로 예산안에 대한 예비심사를 하게 된다. 소관 상임위원회는 예비심사를 하여 그 결과를 국회의장에게 보고한다. 이 경우 예산안에 대하여는 본회의에서 정부의 시정연설을 듣는다(국회법 제84조 제1항). 의장은 예산안에 상임위원회의 예비심사보고서를 첨부하여 이를 예산결산특별위원회에 회부하여 심사하게 한다. 예산결산특별위원회의 예산안심사는 제안설명과 전문위원의 검토보고를 듣고 종합정책질의, 부별심사 또는 분과위원회심사 및 찬반토론을 거쳐 표결한다(국회법 제84조 제2항·제3항). 국회의장은 예산결산특별위원회의 심사가 끝난 후 이를 본회의에 부의한다(국회법 제84조 제2항). 국회는 효율적으로 국가의 예산결산·기금 및 재정운용과 관련된 사무를 처리하여 국회예산업무를 보조하게 하기 위하여 예산정책처를 두고 있다(국회예산정책처법 제3조).

나. 예산안심의상의 제약

국회가 예산안을 심의하는 데는 몇 가지 제약이 있다. 첫째로, 예산안심사는 예산항목의 삭제나 지출예산금액의 삭감 등 소극적 심사에 의한다. 국회는 정부의 동의 없이 정부가 제출한 지출예산 각항의 금액을 증가하거나 새 비목을 설치할 수 없다(제57조). 예산심사에 있어서의 '소극심사원칙(消極審査原則)' 또는 '마이너스 심사원칙'이라 할 수 있다. 둘째로, 조약이나 법률로 확정된 비용(법률비)과 채무부담행위(의무비)로서 전년도 국회의결비용은 삭감할 수 없다. 셋째로 예산이 수반되는 법률을 국회가 통과시킨 경우에는 국회는 예산안심의에 있어 이 법률에 구속되는 것은 당연하다.

3) 豫算의 不成立과 臨時豫算

정부는 회계연도개시 90일 전까지 국회에 예산안을 제출하여야 하고, 국회는 회계연도 개시 30일 전까지 이를 의결하여야 한다(제54조 제2항). 국회가 회계연도가 개시될 때까지 예산안을 의결하지 못하면 i) 헌법이나 법률에 의하여 설치된 기관 또는 시설의 유지·운영에 필요한 경비, ii) 법률상 지출의무가 있는 경비, iii) 전년도 예산으로 승인된 사업의 계속비 등은 전년도예산에 준하여 집행할 수 있다(제54조 제3항). 이것이 "준예산제도(準豫算制度)"이다.

(4) 예산관련제도

1) 繼續費

한 회계연도를 넘어 계속하여 지출할 필요가 있을 때에는 정부는 연한을 정하여 계속비로서 국회의 의결을 얻어야 한다(제55조 제1항). 예산은 1회계연도 단위로 편성·집행되는 것이 원칙이지만(예산일년주의), 수 개 회계연도에 걸쳐 사업을 하는 경우에는 계속비로 국회의 의결을 얻어 매 회계연도마다 국회의 의결을 거쳐야 하는 번거로움을 덜고 있다. 대규모 국책사업의 계속성 확보를 위한 합리적인 제도이다.

2) 豫備費

예비비는 일반예산편성 당시 예측하지 못한 국가사업의 비용에 충당하기 위하여 편성된다. 예비비는 성격상 사업목적이나 명칭을 확정지울 수 없기 때문에 총액으로만 계상하여 국회의 의결을 얻게 된다(제55조 제2항). 그런데 예비비의 지출은 국회로서는 확정되지 않은 사업에의 예산지출이다. 따라서 예비비의 지출은 차기국회의 승인을 얻도록 하고 있다(제55조 제2항 후문).

3) 追加更正豫算

예산성립후 발생한 새로운 사유로 말미암아 예산의 변경이 필요한 때에는 국회에 추가경정예산안을 편성하여 제출하고 의결을 얻어야 한다(제

56조). 추가경정예산의 심의에 관하여는 별도의 규정이 없으나 추가경정예산도 예산이기 때문에 본예산심의에 준하여 심의하여야 할 것이다.

V. 國政統制權

1. 국정통제권의 의의

(1) 國會의 對政府統制權

권력분립에 따라 입법부·행정부·사법부는 상호간의 통제에 의하여 견제와 균형을 이루게 된다. 기관 간 통제 가운데 특히 의미를 가지는 것은 정치기관인 국회와 정부 사이의 통제이다. 우리나라는 대통령제 국가로 특히 정부의 권력이 막강하여 국회의 정부통제기능이 특히 중시된다. 국회의 대정부통제는 '국가기관 상호간의 통제(Interorgan-Kontrolle)'로서 가장 중요한 장치이다.[34] 국회가 정부를 통제하는 것은 대의정치에 있어서 가급적 국민의 현실적 의사에 접근하여 이를 반영하고자 하는 것이다. 국정통제는 i) 시간적으로는 사전적 통제와 사후적 통제, ii) 통제의 직접성여부에 따라 직접통제와 간접통제, iii) 통제의 목적에 따라 합법성 통제와 합목적성 통제, iv) 통제방법에 따라 질문과 조사 등으로 구분할 수 있다. 또한 헌법은 그 내용에 따라 다양한 형태의 국정통제방법을 규정하고 있다. 여기서 특히 의미를 가지는 것은 합법성통제와 합목적성의 통제 그리고 질문권과 조사권이다.

(2) 合法性 統制와 合目的性 統制

집행권의 행위는 국민의 이해와 직결되기 때문에 합법성과 더불어 합목적성이 확보되어야 한다. 집행권에 대하여 그 자의적 행사를 통제함으로써 법치국가원리를 구현하고자 하는 통제가 이른바 합법성통제(Gesetzmäßigkeit)이고, 집행권이 정책선택을 선택함에 있어 최적의 선택을 하였는가(최적성의 확보)에 대한 정책적 통제가 합목적성통제(Zweckmäßigkeit)이다. 합법성통제는 행정부의 행위가 단지 합법적인가에 대한 통

---

34) Loewenstein, *a.a.O.*, S. 196.

제이기 때문에 소극적 통제에 그치는데 비하여, 합목적성 통제는 정책의 최적성・합목적성에 대한 통제를 의미하기 때문에 보다 적극적 통제가 된다.

통제의 종류	통제대상	목적	방법
합법성 통제	집행권 행사의 자의성	법치국가원리 구현	소극적 통제
합목적성 통제	집행권 행사의 적정성	정책선택의 최적성 확보	적극적 통제

(3) 質問權과 調査權

질문권(Interpellationsrecht)은 국회의원이 정부의 정책에 대하여 그 적법성과 적정성을 묻는 권리로서 이는 의회의 본질적 기능이다. 질문권은 영국에서 정치적 관습의 하나로 발전하였다. 이 권리는 정부의 의회출석을 전제로 하며, 국회의원 개인의 권리라기보다 의회 자체의 권리이다. 질문권은 야당의 무기(eine Waffe der Opposition)로서 특히 소수자의 권리(Minderheitenrecht)로 기능한다. 통상 질문권은 서면질문(schriftliche Anfrage)과 구두질문(mündliche Anfrage)으로 구별된다. 조사권(Untersuchungsrecht)은 헌법규정여부와 관계없이 인정되는 국회의 본질적 권한으로 입법기능의 보조적 역할을 한다. 질문권과 조사권은 순수한 개인의 프라이버시와 사법권의 독립을 침해하는 형태로는 이를 행할 수 없다. 그러나 정부의 임무수행과 공무원 개인의 신분상의 문제가 결부된 경우에는 질문할 수 있다. 장관의 공무원으로서의 신분에 관한 것도 질문할 수 있다.

(4) 국정통제의 내용

국정통제는 그 내용에 따라 조약체결・비준동의권(제60조 제1항), 선전포고 등 국방정책에 대한 동의권(제60조 제2항), 국정감사권・국정조사권(제61조 제1항), 국무총리・국무위원에 대한 국회출석요구권・질문권(제62조 제1항), 국무총리・국무위원에 대한 해임건의권(제63조), 탄핵소추권(제65조), 긴급명령과 긴급재정경제처분・명령에 대한 승인권(제76조 제3항), 계엄해제요구권(제77조 제5항), 일반사면에 대한 동의권(제79조 제2항) 등이 있다.

2. 國政調査權

(1) 國政調査權의 意義

국정조사권(congressional investigation, enquête parlementaire, Untersuchungsrecht)은 국민의 대표기관인 국회 자체의 권한으로, 헌법규정여하를 묻지 않고 인정되는 국회의 고유한 권한[35]이다. '의회의 자연권'이라고도 할 수 있는 국정조사권은 입법권에 맞먹는 국회의 본질적 권한이다.[36] 이는 국정조사권이 의회주의 국가에 있어서 의회의 '본질적 무기(ein wesentliches Rützeug)'라는 것을 말하는 것이다. 국정조사권을 국회에 부여한 것은 국회가 심의기관(a deliberative body)이라는 지위에 근거한다.

(2) 獨立的 權能인가 補助的 權能인가

국정조사권의 법적 성질에 관하여는 이를 국회의 독립적 권능으로 보는 입장과 보조적 권능으로 보는 입장이 있다. 즉, 국회는 국정의 최고기관으로서 국권통할을 위하여 독립적으로 조사를 행할 수 있는 권한을 가진다는 독립권능으로 보는 입장과, 입법·재정 기타의 권능을 행하기 위하여 보조적으로 필요한 자료를 수집하는 국정조사의 권능을 가진다고 하는 보조권능으로 보는 입장이 그것이다. 그러나 국정조사권은 독자적 권한을 의미하지는 않는다. 조사권은 국회의 입법권과 국정통제권을 유효하게 하는 기능을 가진 보조적 권한이다. 다만, 독립권능설의 입장에서도 무제한으로 조사권의 행사를 허용하는 것은 아니고, 또한 보조적권능설도 조사권의 범위를 넓게 잡으면 양자의 차이는 별로 없다. 국정조사는 1) 사실에 관한 정보의 수집·분석(사실의 해명)과 2) 그 정치적 책임의 추궁이라고 하는 기능으로 그 관심사항이 이동되고 있다.[37]

---

35) Mason, *op. cit.*, p. 84.

36) 국정조사권에 대하여 블랙(Hugo L. Black)대법관은 "입법부의 가장 효율적이고 효과적인 기능"이라 한다. 윌슨(Woodror Wilson)은 나아가 국정조사권에 의한 이러한 "정보수집기능(informing function)"은 입법권보다 우월하다고까지 한다(Mason, p. 83.).

37) 김철수 교수(1351)는 국정감사권은 독립적 권한이지만, 국정조사권은 보조적 권한이라고 본다. 권영성 교수(906)는 국정감사권은 물론 국정조사권도 보조적 권한이라고 본다. 허영 교수(907)는 국정조사권은 하나의 기본권실현수단으로서 구체적으로는 국정상황에 대한 국민의 알권리를 충족시켜 국민의 정치적 의사형성에 활력소를 불어 넣어주는 촉매역할도 하게 된다고 한다.

(3) 구체적 내용

1) 국정조사의 주체

국정조사의 주체는 국회이다. 상임위원회는 소관사항에 관하여 조사할 수 있다. 또한 국회는 의결에 의해 국정조사를 특별위원회에 위임할 수 있다. 국정조사 대상에 대하여는 국회가 독자적으로 판단한다.

[국정조사대상의 판단] 어떠한 사항이 당해 사안의 심의상 필요하고 유익한 것인가에 대하여는 국회가 자주적으로 판단하는 것이 상당하고 의안의 심의에 책임을 지지 아니하는 사법기관으로서는 국회의 판단에 중대하고 명백한 과오가 발견되지 않는 한, 독자의 가치판단을 제시하는 것은 삼가는 것이 상당하다(日本 東京地法 昭和 55.7.24.).

2) 조사방법

국정감사나 국정조사에 있어서 방법은 "필요한 서류의 제출, 증인의 출석·증언·의견의 진술"을 요구하는 것이다(제61조 제1항). 헌법이 정하는 이외의 수단, 예컨대 압수·수색·체포 등의 수단을 법률로 제정할 수 있는가에 대해서, 헌법은 국정조사의 수단을 한정하고 있어 그 이상의 강제력을 동원하는 주거출입·압수·수색·체포 등은 허용되지 않는다고 본다.

(4) 국정조사권의 범위와 한계

조사권의 대상은 국회의 권한에 속하는 사항이어야 한다. 국정감사및조사에관한법률은 "감사 또는 조사는 개인의 사생활을 침해하거나 계속중인 재판 또는 수사중인 사건의 소추에 관여할 목적으로 행사되어서는 아니된다."(제8조)고 하여 국정감사와 조사의 한계를 정하고 있다.

[국정조사권의 범위] 국정조사권은 입법목적을 위하여서만 행사되지 않으면 안 된다(Kilbourn v. Thompson, 1881).

1) 職務上의 秘密(行政秘密)

검찰사무에 대하여도 행정통제권은 미친다. 따라서 범죄수사·기소·불기소의 타당성이나 합법성도 조사대상이 된다. 다만 검찰사무는 재판의 전단계로서 준사법적 성격을 가지는 국가작용이기 때문에 형사사법의 공정성확보를 위하여 사법권의 독립에 준하는 보장을 하여야 한다. 따라서 i) 기소·불기소에 대해서 검찰권의 행사에 정치적 압력을 가하는 것과 같은 조사, ii) 기소사실에 직접 관련이 있는 조사 및 공소수행의 내용을 대상으로 하는 조사, iii) 수사의 속행에 중대한 장애를 초래하는 방법으로 행하는 조사는 허용되지 않는다.[38]

2) 司法權의 獨立

사법제도 전반을 규율하는 법제도를 정비하기 위한 조사도 필요하다. 그러나 사회통념상 법관이 그 양심에 따라 독립하여 재판을 행하는 것에 대해 사실상 중대한 영향을 미칠 가능성이 있는 행위는 사법권의 독립을 침해하는 조사로 보아 허용되지 않는다. 국정조사가 재판에 관여하거나 법관심증형성의 자유를 침해하여서는 안 된다.

3) 개인의 프라이버시나 명예

부당하게 개인의 사생활이나 명예를 침해한다거나 양심의 자유를 위협하는 증언의 강요는 허용되지 않는다. 따라서 조사목적과 관련 없는 사생활을 파헤치는 조사는 할 수 없다. 국정과 관계없는 순수한 프라이버시는 국회의 조사대상이 될 수 없다.[39] 국정조사를 빌미로 하여 조사목적과 동떨어진 "폭로를 위한 폭로(to "expose for the sake of exposure")"는 허용되지 않는다.[40]

(5) 국정조사권 발동의 문제점

국정조사권은 국회의 의결을 요하기 때문에 다수당의 의사에 따를 수밖에 없다. 따라서 대정부통제권으로서 그 기능은 여당이 다수당일 경우 효과는 미지수이고 야당이 원내다수당일 경우에는 정당의 당략에 의해 국정조사권이 발동되어 국정이 혼란하게 될 수 있고 또한 국정조사권 발동의 공정성도 문제가 있을 수 있다. 의회민주주의가 가장 발달된 영국에서도 이 제도의 문제점을 개선하기 위하여 왕립조사위원회(Royal Commission)[41]나 조사심판소(Tribunal of Inquiry)를 설치하여 이에 대한 조사를 담당하게 하고 있다.

---

38) 日本 東京地法 昭和 5. 7. 24.
39) Mason, *op. cit.*, p. 84.
40) Mason, *op. cit.*, p. 84.
41) Loewenstein, *a.a.O.*, S. 203.

Ⅵ. 彈劾訴追權

1. 탄핵제도

탄핵은 의회의 정부에 대한 진정한 기관간의 통제[42]로 발전하여 왔는데, 오늘날 탄핵제도는 집행부와 사법부에 대한 통제수단으로서 중요한 기능을 한다. 탄핵은 보통 하원이 제기하고 상원이 심판하든가(미국, 프랑스 제3공화국), 법관과 국회의원으로 구성되는 법원이 행하든가(프랑스 제4공화국 고등법원), 법관으로 구성된 법원에서 행한다(독일).[43] 우리 헌법은 탄핵제도를 이원화하여 탄핵의 소추는 국회가(제65조 제1항), 탄핵의 심판은 헌법재판소가(제111조 제1항) 담당하도록 하고 있다.

(1) 탄핵제도의 의의

탄핵(impeachment, Staatsanklage)은 14세기 영국에서 발전한 일종의 정치적 재판으로, Edward 3세 치하에서 고위관리의 위법행위에 대한 탄핵이 그 효시이다. 헌법 제65조 제1항은 "대통령 · 국무총리 · 국무위원 · 행정각부의 장 · 헌법재판소 재판관 · 법관 · 중앙선거관리위원회 위원 · 감사원장 · 감사위원 기타 법률이 정한 공무원이 그 직무집행에 있어서 헌법이나 법률을 위배한 때에는 국회는 탄핵의 소추를 의결할 수 있다."고 하고, 제111조 제1항은 탄핵심판을 헌법재판소의 관장사항의 하나로 규정하고 있다.

(2) 탄핵제도의 목적과 기능

탄핵은 일반 형사소추에 의해 책임을 묻기 어려운 고위공직자에 대한 책임을 확보하는 수단이다. 즉 그 행사여부를 떠나 고위공직자의 행위의 적법성을 확보하여 헌법의 규범력을 확보하기 위한 수단으로 기능하여, 국민주권을 실현하는 제도이다.

[헌법의 규범력확보를 위한 탄핵심판] 헌법 제65조는 행정부와 사법부의

42) Loewenstein, *a.a.O.*, S. 198.
43) Loewenstein, *a.a.O.*, S. 203.

고위공직자에 의한 헌법위반이나 법률위반에 대하여 탄핵소추의 가능성을 규정함으로써, 그들에 의한 헌법위반을 경고하고 사전에 방지하는 기능을 하며, 국민에 의하여 국가권력을 위임받은 국가기관이 그 권한을 남용하여 헌법이나 법률에 위반하는 경우에는 다시 그 권한을 박탈하는 기능을 한다. 즉, 공직자가 직무수행에 있어서 헌법에 위반한 경우 그에 대한 법적 책임을 추궁함으로써, 헌법의 규범력을 확보하고자 하는 것이 바로 탄핵심판절차의 목적과 기능인 것이다(헌법재판소 2004.5.14. 2004헌나1).

(3) 彈劾의 實效性

탄핵의 실효성여부에 관하여는 논란이 있다.[44] 정부의 정치적 책임제가 확립된 오늘날 탄핵제도는 다만 대통령을 선출한 국민이 언제나 대통령을 해임할 수 있다는 사회적·심리적 효과 이외에는 아무런 실효성도 없는 하나의 장식적 규정이라는 주장이 있다(Loewenstein). 그러나 헌법상 어느 제도도 그러하듯이 행사의 빈도를 가지고 제도의 실효성을 논할 것은 아니다. 대통령에 대한 탄핵사건은 미국에서 몇 차례, 우리나라에서 한 번 경험한 바 있다. 탄핵심판은 가결되지 않더라도, 소추의결은 물론이고 그 논의자체만으로도 큰 영향력을 발휘한다. 따라서 헌법과 법률의 규범력확보에 미치는 영향력과 주권자에 미치는 정치적·사회적 영향력은 막중한 것이다.

[대통령탄핵의 의미] 탄핵의 대상이 대통령일 때에는, 탄핵의 소추는 사실에 있어서 국민의 광의의 저항권의 행사를 의미하기 때문에 대통령제 국가에서 대통령을 탄핵한다는 것은 그 자체가 하나의 혁명이다. 따라서 대통령이 탄핵될 때에는 중대한 정치적 위기가 발생하게 된다(한태연, 헌법학 723면).

---

44) 탄핵제도무용론과 탄핵제도유용론(다수설)의 견해가 대립하고 있다. 허영 교수(903)는 탄핵소추권은 현실적으로 그 소추절차가 지나치게 엄격하고 제약조건이 많아 그 실효성이 약하고 특히 국회의 조사적 통제기능과 정책적 통제기능이 활성화된 최근에는 더욱 탄핵소추권의 기능이 약화되는 경향이 있으나, 고위공직자의 법적책임을 헌법상의 특별절차로서 추궁하여 헌법을 보호하려는 기능을 경시할 수 없다고 하여 헌법보호기능을 강조하는 입장이다. 권영성 교수(899)도 탄핵유용론의 입장을 취하고 있다. 대통령제 국가인 경우에 정치적으로 아무런 책임을 지지 아니하는 대통령도 헌법과 법률의 지배를 받아야하고, 의원내각제 국가일지라도 일반 형사법원에 의한 통제가 곤란한 고위직공무원, 법관 등의 권력남용과 부패를 방지하기 위해서는 탄핵제도가 유용하다는 견해를 취하고 있다.

2. 彈劾訴追

(1) 탄핵대상자

헌법은 탄핵대상자를 "대통령 · 국무총리 · 국무위원 · 행정각부의 장 · 헌법재판소 재판관 · 법관[45] · 중앙선거관리위원회 위원 · 감사원장 · 감사위원 기타 법률이 정한 공무원"으로 정하고 있는데(제65조 제1항), '기타 법률이 정하는 공무원'[46]으로는 검사(검찰청법 제37조)가 있다. 이 중 국무총리 · 국무위원에 대하여는 탄핵보다는 해임건의의 방법이 국회로서는 용이하고 헌법재판소의 탄핵심판을 기다릴 필요도 없기 때문에 탄핵소추의 가능성은 희박하다. 그리고 국회가 정치기관으로서 헌법재판소 재판관 등을 상대로 탄핵소추를 할 가능성도 별로 없다고 본다. 문제가 되는 것은 대통령에 대한 탄핵소추이다. 탄핵사유는 다른 공무원의 경우도 동일하기 때문에, 여기서는 대통령을 중심으로 설명하기로 하겠다.

(2) 탄핵사유

헌법은 탄핵사유로 "대통령이 직무집행에 있어서 헌법이나 법률에 위반"한 것(제65조)을 규정하고 있다. 이를 구체적으로 살펴보면, '직무상의 행위'이어야 하고, '헌법이나 법률에 위반한 행위'이어야 한다.

1) 직무상의 행위

탄핵사유로서 '직무집행에 있어서'의 '직무'란, 대통령의 고유 업무 및 통념상 이와 관련된 업무를 통틀어 말한다. 따라서 직무상의 행위란 법령이나 관행에 의해 대통령직에 수반되는 업무를 의미한다. 헌법 제65조 제1항은 탄핵사유의 요건을 '직무 집행'으로 한정하고 있으므로 대통령의 직위를 보유하고 있는 상태에서 범한 법위반행위만이 소추사유가 될 수 있고, 취임 이전의 행위는 '대통령의 직무상의 행위'에 해당하지 아니하므로 탄핵사유에 해당하지 않는다.

---

45) 1985년 10월 18일 당시 유태흥대법원장에 대한 탄핵소추가 있었지만, 국회에서 부결된 바 있다.

46) 김철수 교수는 '기타 법률이 정한 공무원'은 입법으로 결정될 것이지만, 본 제도는 검찰이 기소하지 않거나 기소하더라도 일반법원에 의한 판결이 곤란한 고급공무원에 대한 면직을 목적으로 하고 있는 만큼 정부위원, 각군참모총장 등도 입법에 의하여 포함시켜야 할 것이라고 한다(1346).

[직무집행의 의미] 헌법 제65조에 규정된 탄핵사유를 구체적으로 살펴보면, '직무집행에 있어서'의 '직무'란, 법제상 소관 직무에 속하는 고유 업무 및 통념상 이와 관련된 업무를 말한다. 따라서 직무상의 행위란, 법령·조례 또는 행정관행·관례에 의하여 그 지위의 성질상 필요로 하거나 수반되는 모든 행위나 활동을 의미한다(헌법재판소 2004.5.14. 2004헌나1).

2) 헌법과 법률에 위반한 행위

헌법은 탄핵사유를 '헌법이나 법률에 위배한 때'로 규정하고 있는데, '헌법'에는 명문의 헌법규정뿐만 아니라 헌법재판소의 결정에 의하여 형성되어 확립된 불문헌법도 포함된다. '법률'이란 형식적 의미의 법률 및 그와 등등한 효력을 가지는 국제조약, 일반적으로 승인된 국제법규 등을 의미한다.[47] 탄핵사유는 이처럼 위헌·위법의 행위, 즉 반규범적 행위에 한정된다. 따라서 직무수행상의 성설성이나 정치적 능력이 부족하다거나 정책결정상의 과오가 있다는 것은 그 사유가 되지 않는다.

[대통령의 직책수행의무의 성실성] 헌법 제69조는 대통령의 취임선서의무를 규정하면서, 대통령으로서 '직책을 성실히 수행할 의무'를 언급하고 있다. 비록 대통령의 '성실한 직책수행의무'는 헌법적 의무에 해당하나, '헌법을 수호해야 할 의무'와는 달리, 규범적으로 그 이행이 관철될 수 있는 성격의 의무가 아니므로, 원칙적으로 사법적 판단의 대상이 될 수 없다고 할 것이다(헌법재판소 2004.5.14. 2004헌나1).

[정치적 무능력·정책결정상의 과오] 헌법 제65조 제1항은 탄핵사유를 '헌법이나 법률에 위배한 때'로 제한하고 있고, 헌법재판소의 탄핵심판절차는 법적인 관점에서 단지 탄핵사유의 존부만을 판단하는 것이므로, 이 사건에서 청구인이 주장하는 바와 같은 정치적 무능력이나 정책결정상의 잘못 등 직책수행의 성실성여부는 그 자체로서 소추사유가 될 수 없어, 탄핵심판절차의 판단대상이 되지 아니한다(헌법재판소 2004.5.14. 2004헌나1).

(3) 彈劾訴追議決의 효과

탄핵소추의 의결을 받은 자는 소추의결서가 송달된 때로부터 헌법재판소의 심판이 있을 때까지 그 권한행사가 정지된다(국회법 제134조 제2항, 헌법재판소법 제50조). 권한행사가 정지되기 때문에 권한대행자가 필요하게 된

---

47) 헌법재판소 2004.5.14. 2004헌나1.

다. 대통령이 직무를 수행할 수 없을 때에는 국무총리와 법률이 정한 국무위원의 순서로 그 권한을 대행한다(제71조). 권한행사가 정지되면 직무상의 행위를 할 수 없다. 탄핵소추의결서가 송달된 때에는 임명권자는 피소추자의 사직원을 접수하거나 해임할 수 없다(국회법 제134조 제2항). 탄핵결정의 효과는 파면인데, 임명권자가 사직원을 접수하거나 해임하는 것은 탄핵을 면하도록 하는 것이 되어 탄핵소추기관의 권위를 훼손하고 탄핵제도를 회피하는 것이 되기 때문이다. 그러나 피청구인이 결정선고 전에 당해 공직에서 파면된 때에는 헌법재판소는 심판청구를 기각하여야 한다(헌법재판소법 제53조 제2항). 탄핵결정의 효력은 '피청구인을 당해 공직에서 파면하는 결정'으로(같은 법 제53조 제1항) 파면으로 인하여 그 목적을 달성한 것이 되기 때문이다.

Ⅶ. 기타 國政統制에 관한 權限

1. 조약체결·비준동의권

헌법은 "국회는 상호원조 또는 안전보장에 관한 조약, 중요한 국제조직에 관한 조약, 우호통상항해조약, 주권의 제약에 관한 조약, 강화조약, 국가나 국민에게 중대한 재정적 부담을 지우는 조약 또는 입법사항에 관한 조약의 체결·비준에 대한 동의권을 가진다."(제60조 제1항)고 규정하고 있다. 대통령은 국가원수로서 외국에 대하여 국가를 대표하고 조약을 체결할 권한을 가진다. 그러나 이러한 대외적 행위는 국회의 협력에 의해 행사되는 대통령의 권한이다. 이들 조약은 주권에 관련되거나 국민의 부담을 요하기 때문에 국민의 대표기관의 동의를 받도록 한 것이다. 입법사항은 본래 국회의 권한에 속하기 때문에 이에 관련된 조약은 국회의 동의를 받도록 한 것이다.

2. 선전포고 등 국방정책에 대한 동의권

국회는 선전포고, 국군의 외국에의 파견 또는 외국군대의 대한민국 영역 안에서의 주류에 대한 동의권을 가진다(제60조 제2항). 이들 국방에 관한 동의권은 국가안전보장이나 주권의 제약과 직접 관련이 있기 때문에 국민의 대표기관인 국회의 동의를 받도록 한 것이다.

3. 국무총리 · 국무위원에 대한 국회출석요구권 · 질문권

우리 헌법은 대통령제를 근본으로 하면서 의원내각제적 요소를 가미하고 있는데, 국무총리 · 국무위원의 국회출석발언권과 그들에 대한 국회출석요구권이 그 대표적인 예이다. 헌법 제62조 제1항 "국무총리 · 국무위원 또는 정부위원은 국회나 그 위원회에 출석하여 국정처리상황을 보고하거나 의견을 진술하고 질문에 응답할 수 있다."고 하여 국회출석발언권을 규정하고 있다. 또한 "국회나 그 위원회의 요구가 있을 때에는 국무총리 · 국무위원 또는 정부위원은 출석 · 답변하여야 하며,"(제62조 제2항)라고 하여 국회출석요구권을 정하고 있다. 이 경우 "국무총리 또는 국무위원이 출석요구를 받은 때에는 국무위원 또는 정부위원으로 하여금 출석 · 답변하게 할 수 있도록 하고(제62조 제2항) 있다. 우리 헌법이 대통령제를 채택하면서도 국무총리 등에 국회출석발언권을 부여하고 국회에는 국무총리 등에 대한 국회출석요구권을 부여함으로써 의원내각제의 장점이라 할 수 있는 '국회와 정부의 공화관계'의 한 장치를 도입한 것이다.

4. 국무총리 · 국무위원에 대한 해임건의권

헌법은 "국회는 국무총리 또는 국무위원의 해임을 대통령에게 건의할 수 있다(제63조 제1항)."고 하여 이들에 대한 국회의 해임건의권을 규정하고 있다. 이것도 의원내각제의 요소에 속한다. 대통령은 본래 임기에 의해 정치적 무책임성이 보장된다. 그래서 정부의 정치적 책임을 묻는 방법으로 이들에 대한 해임건의권을 헌법에 규정한 것이다. 그러나 입법과 행정은 분리 · 독립되어 있는데 해임"건의"라는 것은 권력분립의 원칙에 적합하지 않다고 본다. 그렇다고 해임"결의"를 할 수 있게 하는 것은 대통령제의 본질에 어긋난다. "건의"란 단순한 의견의 개진으로 법적 구속력을 가지지 않는 것이 원칙이다. 또한 건의는 누구든, 언제든, 어떠한 사항이든 할 수 있는 것이기 때문에 굳이 법의 규정이 필요 없는 것이다. 해임건의가 정치적 효력을 가지지만 이는 헌법규정이 아니라도 당연한 것이다. 해임건의에 법적 효력을 부여하는 것도 이상하지만, 법적 효력이 없다면 해임건의권은 국회의 권위에 손상만 가고 실익이 없는 규정이라고 본다. 따라서 우리 헌법이 기본적으로 대통령제를 채택하고 있으면서 의원내각제적 요소를 가미하여 해임건의권을 규정하고 있는 이상, 국회의 해임건의가 있으면 대통령은 이를 수용하여야 한다고 본다. 국무총리나 국무위원에 대한 해임건의는 국회재적의원 3분의 1 이상의 발의에 의하여 국회재적의원 과반수의 찬성이 있어야 한다(제63조 제2항).

5. 긴급명령과 긴급재정경제처분·명령에 대한 승인권

대통령은 위기관리자로서 긴급권을 가진다. 헌법 제76조 제2항은 "대통령은 국가의 안위에 관계되는 중대한 교전상태에 있어서 국가를 보위하기 위하여 긴급한 조치가 필요하고 국회의 집회가 불가능한 때에 한하여 법률의 효력을 가지는 명령을 발할 수 있다."고 하여 긴급명령권을, 또 제76조 제1항은 "대통령은 내우·외환·천재·지변 또는 중대한 재정·경제상의 위기에 있어서 국가의 안전보장 또는 공공의 안녕질서를 유지하기 위하여 긴급한 조치가 필요하고 국회의 집회를 기다릴 여유가 없을 때에 한하여 최소한으로 필요한 재정·경제상의 처분을 하거나 이에 관하여 법률의 효력을 가지는 명령을 발할 수 있다."고 하여 긴급재정경제처분·명령권을 부여하고 있다. 이들 처분과 명령은 국회의 동의를 얻어 시행하는 것이 원칙이지만 시간을 다투는 국가긴급권이기 때문에 사후의 보고와 승인을 받도록 하고 있다. 즉 대통령이 이들 긴급권을 발한 때에는 대통령은 지체없이 국회에 보고하여 그 승인을 얻어야 한다(제76조 제3항). 국회의 제3항의 승인을 얻지 못한 때에는 그 처분 또는 명령은 그때부터 효력을 상실한다. 이 경우 그 명령에 의하여 개정 또는 폐지되었던 법률은 그 명령이 승인을 얻지 못한 때부터 당연히 효력을 회복한다(제76조 제4항).

6. 戒嚴解除要求權

헌법 제77조 제1항은 "대통령은 전시·사변 또는 이에 준하는 국가비상사태에 있어서 병력으로써 군사상의 필요에 응하거나 공공의 안녕질서를 유지할 필요가 있을 때에는 법률이 정하는 바에 의하여 계엄을 선포할 수 있다."고 하여 위기관리권으로서 대통령에게 계엄선포권을 부여하고 있다. 계엄에 의해 "영장제도, 언론·출판·집회·결사의 자유, 정부나 법원의 권한"에 관하여 특별한 조치를 할 수 있는데(제77조 제3항), 원래 이는 입법사항이므로, 계엄을 선포한 때에는 대통령은 지체없이 국회에 통고하도록 하고(제4항) 있다. 이 때 "국회가 재적의원 과반수의 찬성으로 계엄의 해제를 요구한 때에는 대통령은 이를 해제하여야 한다."(제5항)고 하여 계엄에 대한 국회의 사후통제권을 부여하고 있다.

7. 일반사면에 대한 동의권

대통령은 국가원수로서 사면권을 행사할 수 있다. 헌법 제79조 제1항은 "대통령은 법률이 정하는 바에 의하여 사면·감형 또는 복권을 명할 수 있다."고 하여 사면권의 근거규정을 두고 있다. 그런데 사면권은 사법권에 대한 중대한 제약이 되기 때문에 "일반사면을 명하려면 국회의 동의를 얻어야 한다."(제2항)고 정하고 있는데, 이는 무분별한 일반사면권의 남용을 통제하려는 것이다.

Ⅷ. 國會의 自律權

1. 國會自律權의 의의

(1) 자율권의 개념

국회의 自律權이란 국회의 조직·활동 및 내부사항에 대해서 정부 등 타 국가기관의 개입을 받음이 없이 자주적으로 이를 정할 수 있는 권능이다.[48] 연혁적으로 의회의 자율권은 초기 입헌군주제 국가에 있어서 국왕의 행정권에 대항하여 의회의 독립성을 보장하기 위한 방법으로 등장하였다.[49] 그러나 오늘날 국회의 자율권은 집행부뿐만 아니라 사법부 등의 간섭 없이 국회가 자주적으로 결정할 수 있는 권한을 확보하는 것을

48) 김철수 1171.
49) Maunz, in: Maunz/Dürig, Grundgesetz, Art. 40 Rn. 1.

의미한다. 즉, 국회자율권은 i) 국회를 자율적으로 조직할 수 있고(組織의 자율성), ii) 자주적으로 의사진행을 할 수 있으며(議事의 자율성), iii) 경찰권 및 가택권을 가지고(秩序維持의 자율성), iv) 자주적으로 국회규칙을 제정할 수 있고(國會規則制定의 자율성), v) 국회의원의 신분에 관한 자주적 결정권(身分規制의 자율성)을 가지는 것을 그 내용으로 한다.

[국회의 자율권] 헌법 제64조는 국회가 법률에 저촉되지 아니하는 범위 안에서 의사와 내부규율에 관한 규칙을 제정할 수 있고, 의원의 자격심사·징계·제명에 관하여 자율적 결정을 할 수 있음을 규정하여 국회의 자율권을 보장하고 있는바, 국회는 국민의 대표기관이자 입법기관으로서 의사(議事)와 내부규율 등 국회운영에 관하여 폭넓은 자율권을 가지므로 국회의 의사절차나 입법절차에 헌법이나 법률의 규정을 명백히 위반한 흠이 있는 경우가 아닌 한 그 자율권은 권력분립의 원칙이나 국회의 위상과 기능에 비추어 존중되어야 한다(헌재 1997.7.16. 96헌라2).

(2) 자율권의 기능

국회의 자율권은 다른 국가권력으로부터 기능적으로 독립성을 확보한다는 것(자율권의 대외적 기능)과 국회 내에서 소수당이나 소수파가 다수당이나 다수파로부터 그 자주성을 유지할 수 있도록 기능적으로 자율성을 보장하는 것(자율권의 대내적 기능)으로 구성된다. 국회가 타부(他府)에 종속된다면 주권기관으로서 국민의 기관(people's branch)이라는 그 위상을 유지할 수 없게 된다. 또한 국회가 단순히 다수결이라는 정치논리로 다수의 전횡을 합리화하게 되면 타협과 관용을 바탕으로 한 의회민주주의는 파탄을 면하지 못하게 될 것이다.

2. 헌법과 국회법의 국회자율권 규정

헌법은 국회의 회기에 관한 자율권(제47조), 국회 조직에 관한 자율권(제48조), 회의에 관한 자율권(제49조 및 제50조) 등에 관한 근거규정을 두고 있다. 이어 헌법 제64조는 국회의 자율권을 정하고 있는데, 국회규칙제정권에 대하여는 "국회는 법률에 저촉되지 아니하는 범위안에서 議事와 내부규율에 관한 규칙을 제정할 수 있다."(제1항) 그리고 국회의원의 자격심사와 징계에 관하여는 "국회는 의원의 자격을 심사하며, 의원을 징계할 수 있다."(제2항)고 하고 있다. 또한 "의원을 제명하려면 국회재적의원 3분의 2 이상의 찬성이 있어야 한다."(제3항)고 하여 제명의 의결정족수를 규정하고 있다. 이어 "제2항과 제3항의 처분에 대하여는 법원에 제소할 수 없다."(제4항)고 하여 자격심사와 제명 그리고 제명의 의결에 대한 법원에의 제소를 금지하고 있다. 국회법은 "국회는 헌법 및 법률에 저촉되지 아니하는 범위안에서 議事와 내부규율에 관한 規則을 제정할 수 있다."(법 제166조 제1항)고 하여 국회의 규칙제정권을 이어서 "위원회는 이 법 및 제1항의 규칙에 저촉되지 아니하는 범위 안에서 국회운영위원회와 협의하여 회의 및 안건심사 등에 관한 위원회의 운영규칙을 정할 수 있다."(제2항)고 하여 위원회의 운영규칙제정권을 정하고 있다.

3. 國會自律權의 내용

(1) 組織의 自律權

국회는 포괄적인 조직구성권과 조직운영권을 갖는다. 국회의 組織自律權(Organisationsautonmie)에 의해 국회는 헌법규정과 국회규칙을 통하여 국회의장단, 위원회 및 국회하부조직을 자율적으로 구성한다. 국회는 의장 1인과 부의장 2인을 선출하며(제48조), 국회운영위원회 등 17개 각종 위원회를 조직하고 그 위원과 위원장을 선출한다. 위원은 각 교섭단체대표위원의 요청으로 의장이 선임한다(제48조 제1항). 국회는 국회사무처, 국회도서관, 국회예산정책처, 국회입법조사처를 두는데 국회사무총장은 각 교섭단체대표의원과의 협의를 거쳐 본회의의 승인을 얻어 의장이 임면하고(국회법 제21조 제3항), 그 외 도서관장과 처장은 국회운영위원회의 동의를 얻어 의장이 임면한다(법 제22조, 제22조의2, 제22조의3 각 제3항).

(2) 議事의 自律權

헌법은 국회의 정기회와 임시회에 관하여 정하고 있다(제47조 제1항 내지 제3항). 국회법도 정기회와 임시회에 관하여 정하고 있는데(법 제4조 및 제5조) 국회의장은 각 교섭단체대표의원과 협의를 거쳐 국회기본일정을 정하도록 하고 있다(법 제5조의2). 議事는 국회법과 국회규칙으로 정하는데 규정이 없는 경우에는 국회가 스스로 정한다. 국회법은 본회의의 개의(제72조), 의사정족수(제73조), 산회(제75조), 의사일정의 작성과 변경(제76조 및 제77조) 등에 관하여 정하고 있다. 헌법재판소는 국회의원의 심의·표결권이 침해당했다는 이유로 제기한 국회의장등과국회의원간의권한쟁의 심판에서 심의·표결권의 행사여부, 심의·표결권의 침해로 인한 권한쟁의심판청구여부가 국회의원의 자율에 맡겨져 있는 만큼 권한쟁의심판청구의 철회도 국회의원의 자율권에 맡겨져 있다고 판단하였다. 그러나 이 사건 권한쟁의심판은 청구인 국회의원의 심의·표결권이라는 국회의원의 권리보호와 더불어 국회의 의사의 자율권이라는 헌법적 가치질서를 보호할 객관적 기능도 수행한다는 점을 간과한 판단이라 하지 않을 수 없다.

[국회의결권침해를 이유로 한 헌법소원심판과 그 취하] 비록 권한쟁의 심판이 개인의 주관적 권리구제를 목적으로 삼는 것이 아니라 헌법적 가치질서를 보호하는 객관적 기능을 수행하는 것이고, 특히 국회의원의 법률안에 대한 심의·표결권의 침해 여부가 다투어진 이 사건 권한쟁의심판의 경우에는 국회의원의 객관적 권한을 보호함으로써 헌법적 가치질서를 수호·유지하기 위한 쟁송으로서 공익적 성격이 강하다고는 할 것이다. 그러나 법률안에 대한 심의·표결권의 행사 여부가 국회의원 스스로의 판단에 맡겨져 있는 사항일 뿐만 아니라, 그러한 심의·표결권이 침해당한 경우에 권한쟁의심판을 청구할 것인지 여부도 국회의원의 판단에 맡겨져 있어서 심판청구의 자유가 인정되고 있는 만큼, 권한쟁의심판의 공익적 성격만을 이유로 이미 제기한 심판청구를 스스로의 의사에 기하여 자유롭게 철회할 수 있는 심판청구의 취하를 배제하는 것은 타당하지 않다(헌법재판소 2001.6.28. 00헌라1).

(3) 秩序維持의 自律權

국회는 내부적 질서유지를 위해 警察權(Polizeigewalt)과 家宅權(Hausrecht)을 가진다.[50] 국회의 가택권과 경찰권은 외부의 방해나 침해로부터 국회 내의 안전과 의사일정을 보호하기 위한 것이다. 가택권은 국회의사당의 공간적 이용을 보호하여 국회사무를 원활하게 하기 위하여 인정된 권한이다.[51] 경찰권은 국회의장이 행사하는데, 회기중 국회의 질서를 유지하

50) 김철수 1172. 독일의 경우 연방의회는 가택권(Hausrecht)과 내부경찰권(Polizeigewalt)을 행사할 수 있다(기본법 제40조 제2항 제1문, 의회규칙 제7조 제2항 제1문).

기 위하여 국회안에서 국회의장은 경호권을 가지며(법 제143조), 이를 위해 필요한 때 의장은 정부에 경찰공무원의 파견을 요청할 수 있다(제144조). 의장과 위원장은 회의의 질서를 유지하는데(제145조) 이를 위해 모욕 등 발언의 금지(제146조), 발언방해등의 금지(제147조), 회의진행에 방해가 되는 물건 등의 반입 금지(제148조) 등의 권한을 가진다. 의장과 위원장은 국회규칙이 정하는 바에 따라 중계방송을 허용할 수 있고(제149조), 경우에 따라서 현행범을 체포하고(제150조) 회의장 출입을 제한하며(제151조) 방청의 허가와 금지(제152조 및 제153조) 방청인에 대한 퇴장(제154조)도 명할 수 있다.

(4) 議員身分에 관한 自律權

국회는 국회의원에 대한 자격심사권과 윤리심사·징계권을 가진다. 또 국회는 국회의원의 체포·구금에 대하여 동의할 수 있고(제44조 제1항), 사직을 허가할 수 있다(법 제135조). 이렇게 국회는 국회의원의 신분에 관하여 자율적으로 결정할 수 있는 권한을 가진다.

1) 국회의원에 대한 자격심사

국회는 국회의원의 자격을 심사하며, 국회의원을 징계할 수 있다(제64조 제2항). 국회의원을 제명하려면 국회재적의원 3분의 2 이상의 찬성이 있어야 한다(제3항). 국회의원 자격이란 헌법상 국회의원의 지위를 보유하는데 필요한 자격을 말하는데, 국회의원의 자격을 취득하는데 있어서의 자격(피선거권)과 그 지위를 유지하는데 있어서의 자격(겸직 등으로 인한 결격사유가 없을 것)을 모두 갖추어야 한다. 다른 의원의 자격에 이의가 있는 의원은 30인 이상의 연서로 의장에게 자격심사를 청구할 수 있고(법 제138조) 이에 따라 자격심사를 하게 된다(법 제139조 내지 제142조).

2) 국회의원 윤리심사와 징계

국회윤리특별위원회는 의원이 국회의원윤리강령 및 국회의원윤리실천규범을 위반하는 행위를 한 때에는 그 위반사실을 통고할 수 있고(법 제155조 제1항), 청렴의무·이권운동금지·모욕 등의 발언금지 등의 헌법상 금지된 행위를 한 때와 국회법 상의 일정한 금지행위를 한 때에는 국회

51) Schmidt-Bleibtreu/Klein, in: GG, Art. 40 Rn. 10.

는 의결로써 징계할 수 있다(제2항). 징계의 종류로는 i) 공개회의에서의 경고, ii) 공개회의에서의 사과, iii) 30일 이내의 출석정지, iv) 제명이 있다. 의원을 제명하려면 재적의원 2/3이상의 찬성이 있어야 한다(제64조 제3항).

3) 자격심사와 징계에 대한 제소의 금지

국회의 의원에 대한 자격심사와 제명의 처분에 대하여는 법원에 제소할 수 없도록 하고 있다(제64조 제4항). 국회의 의원에 대한 자격심사나 징계의 결정을 최종적인 것으로 하여 법원에 제소할 수 없도록 한 것은 국회의 위상과 기능을 고려한 것으로, 다른 국가기관의 개입이 바람직하지 않기 때문이다. 이것은 국회의 자율권을 존중하여 확실하게 보장하기 위한 것이다.

[국회의 자율권과 다른 국가기관의 개입여부] 국회는 국민의 대표기관이자 입법기관으로서 의사(議事)와 내부규율 등 국회운영에 관하여 폭넓은 자율권을 가지므로 국회의 의사절차나 입법절차에 헌법이나 법률의 규정을 명백히 위반한 흠이 있는 경우가 아닌 한 그 자율권은 권력분립의 원칙이나 국회의 위상과 기능에 비추어 존중되어야 한다. 따라서 그 자율권의 범위내에 속하는 사항에 관한 국회의 판단에 대하여 다른 국가기관이 개입하여 그 정당성을 가리는 것은 바람직하지 않고, 헌법재판소도 그 예외는 아니다(헌법재판소 1998.7.14. 98헌라3).

(5) 國會規則制定權

1) 규칙자율권으로서의 국회규칙제정권

국회규칙이란 헌법과 법률에 저촉되지 아니하는 범위 안에서 국회가 議事와 내부규율에 관해서 자주적으로 정한 규칙이다(제64조 제1항). 국회규칙제정권은 국가기관으로서의 국회의 정직성·성실성·전문성에 대한 예우이자 배려로서 국회의 자주성·독립성을 보장하는 역할을 한다. 국회의 자율권의 범위와 내용은 헌법, 국회법 및 국회규칙을 통하여 대부분 확정된다. 국회규칙제정권은 국회의 規則自律權(Geschäftsordnungsautonomie)으로 보장되며 이는 국회자율권의 핵심적 내용이 된다. 국회의 규칙자율권은 다른 국가기관의 개입을 차단하여 외부로부터 영향을 받지 않고 주권자인 국민의 의사를 실현하려는 것으로, 정치적·사회적 환경에 대응하여 자주적으로 국회의 적응력을 제고하기 위한 제도이다.

2) 국회규칙의 내용

국회는 자기책임 하에 법률안 내지 기타 안건에 대하여 심의하고 결정한다. 이러한 국회의 권한은 헌법 제64조 제1항에 의하여 보장된 국회규칙제정권으로부터 나온다. 국회의 규칙제정의 자율권은 특히 국회의 입법절차에 관한 권한을 포함하고 있다. 즉 국회는 자신의 입법업무를 처리하기 위하여 절차적 자율권(Verfahrensautonomie)[52]으로서 '議事에 관한 자율권'을 갖는다. 국회규칙의 범위는 입법절차에 관한 것 외에 국회조직, 내부규율 등 전통적인 의회사무에 관한 자율권'을 포함한다.

3) 국회규칙의 성격 및 효력

가. 자치규범으로서의 국회규칙

국회규칙제정권은 국회의 권한이지만, 그 법적 성격은 법률은 아니다. 국회규칙제정에 관한 권한도 국회의 입법에 관한 권한이라고 할 수 있지만, '법률에 저촉되지 아니하는 범위내에서' 인정되는 권한으로(제64조 제1항) 국회규칙은 법률의 하위규범임을 명확히 하고 있다. 국회규칙의 효력에 대해서 볼 때 우선 구속력의 관점에서 법률보다는 상대적으로 약하다. 실정법체계에서 법률의 하위의 규범으로,[53] 국회규칙의 그 법적 성격은 국회 내부의 자치규범으로서의 성격을 가진다.

나. 법규명령으로서의 국회규칙

자치규범으로서 국회규칙은 국회의 내부사항을 규율하여 국회의원을 비롯한 국회구성원에 대하여 효력을 가진다. 그러나 국회 내부사항이라 하더라도 의사절차에 관하여 일반국민에게 구속력을 가지기도 한다. 그것은 국회에 출석한 국무위원이나 정부위원, 방청인, 증인, 감정인 등은 국회규칙을 준수하지 않으면 안되기 때문이다.

---

52) Arndt, *Parlamentarische Geschäftsordnungsautonomie und autonomes Parlamentsrecht*, 1966, S. 64ff.;

53) BVerfGE 1, 144 (148).

4. 國會自律權의 한계

국회의 자율권은 권력분립의 원칙, 국가기관으로서의 국회의 전문성·성실성 및 위신을 고려하여 존중되어야 하고 정부나 법원 등 다른 국가기관의 개입은 자제되어야 한다. 그러나 입법절차·의사절차, 국회규칙 등에 있어 헌법이나 법률의 규정을 명백히 위반하여 흠이 있는 경우[54]나 국회의 자율권이 헌법의 객관적 가치질서를 침해하는 경우에는, 헌법재판소는 국회자율권을 이유로 심사를 피해서는 안되고 적극적으로 이를 심사하여야 한다.

앞서 살펴본 바와 같이 헌법재판소는 국회의원의 심의·표결권이 침해당했다는 이유로 제기한 국회의장등과국회의원간의권한쟁의 심판에서 심의·표결권의 행사여부, 심의·표결권의 침해로 인한 권한쟁의심판청구여부가 국회의원의 자율에 맡겨져 있는 만큼 권한쟁의심판청구의 철회도 국회의원의 자율권에 맡겨져 있다고 판단하였다. 그러나 이 결정에서 반대의견은 "권한쟁의심판절차에서는 처분권주의에 바탕을 둔 민사소송법상 소의 취하에 관한 규정의 준용을 제한하는 것이 가능하다고 할 것이고, 결국 소의 취하에 관한 규정을 권한쟁의심판절차에 준용할 것인지 여부는 권한쟁의심판을 관장하는 헌법재판소가 구체적인 권한쟁의심판에 있어서 당해 심판청구 취하의 효력을 인정함으로써 분쟁의 자율적 해결을 도모할 수 있다는 측면과 심판청구의 취하에도 불구하고 당해 심판청구에 대하여 심판을 함으로써 헌법적 가치질서를 수호·유지할 수 있다는 측면을 교량하여 판단·결정하여야 할 문제라고 할 것이다. 따라서 만약 헌법질서의 수호·유지를 위하여 긴요한 사항으로서 그 해명이 헌법적으로 특히 중대한 의미를 가지고 있는 경우에 해당하는 경우라면 예외적으로 당해 권한쟁의사건에 대하여는 처분권주의를 제한하여 소의 취하에 관한 규정의 준용을 배제할 수 있다 할 것이다."[55]고 한 점에 주목하여야 할 것이다. 이 사건 권한쟁의심판에서처럼 국회의원의 심의·표결권이라는 국회의원의 권리보호와 더불어 국회의 의사의 자율권이라는 헌법적 가치질서도 수호되어야 하고 후자는 전자보다 더욱 보호되어야 할 객관적인 헌법가치라 할 것이다.

---

54) 김철수 1173.
55) 헌법재판소 2001.6.28. 00헌라1에서 재판관 권성, 재판관 주선회의 반대의견.

제 4 절 國會運營과 議事節次

Ⅰ. 國會의 運營

1. 國會運營의 自律性

국회는 국회운영기본일정을 비롯한 의사일정과 의제를 자율적으로 결정·운영한다. 국회법은 "의장은 국회의 연중 상시운영을 위하여 각 교섭단체대표의원과의 협의를 거쳐 매년 12월 31일까지 다음 연도의 국회운영기본일정을 정하여야 한다. 다만, 국회의원총선거후 처음 구성되는 국회 당해연도의 국회운영기본일정은 6월 30일까지 정하여야 한다."(국회법 제5조의2 제1항)고 규정하고 있는데, 국회운영은 의장과 교섭단체대표위원이 협의하여 국회가 자율적으로 정하여 운영한다.

> **[교섭단체]** 교섭단체(Negotiation Group)는 원칙적으로 국회에 일정수 이상의 의석을 가진 정당에 소속된 의원들로 구성되는 원내의 정당 또는 정파를 말한다. 교섭단체는 정당국가에서 의원의 정당기속을 강화하는 하나의 수단으로 기능할 뿐만 아니라 정당소속 의원들의 원내 행동통일을 기함으로써 정당의 정책을 의안심의에서 최대한으로 반영하기 위한 기능도 갖는다. 국회에 20인 이상의 소속의원을 가진 정당은 하나의 교섭단체가 되며, 국회내 상임위원회의 구성은 교섭단체 소속의원수의 비율에 의하여 각 교섭단체대표의원의 요청으로 의장이 선임 및 개선한다(국회법 제33조 제1항, 제48조 제1항).

2. 立法期와 會期

입법기(立法期)란 국회의원의 임기개시일로부터 임기만료일 또는 국회해산일까지 원칙적으로 선거에 의하여 선출된 동일 의원들로 구성되어 입법활동을 하는 기간을 말한다. 의회기(議會期)라고도 한다. 회기(會期)는 입법기 안에서 실제로 국회가 개회하여 활동하는 기간을 말하는데 집회후 즉시 이를 정하여야 한다(국회법 제7조 제2항). 회기는 주단위로 운영하되, 월요일부터 수요일까지는 위원회 활동을, 목요일은 본회의 활동을 한다. 다만, 임시회의 회기 중 1주는 정부에 대하여 질문을 행한다(국회법 제5조의2 제2항 제3호). 국회의 회기는 의결로 이를 정하되, 의결로 연장할 수 있다(국회법 제7조 제1항). 국회의 회기는 정기회(定期會)와 임시회(臨時會)로 구성된다. 정기회의 회기는 100일을, 임시회의 회기는 30일을 초과할 수 없다(제47조 제2항).[56] 국회는 의결로 기간을 정하여 휴회할 수 있으나(국회법 제8조 제1항), 휴회 중이라도 대통령의 요구가 있을 때, 의장이 긴급한 필요가 있다고 인정할 때 또는 재적의원 4분의 1 이상의 요구가 있을 때에는 회의를 재개한다(국회법 제8조 제2항).

3. 定期會와 臨時會

(1) 정기회

국회의 정기회는 법률이 정하는 바에 의하여 연 1회 집회하는데(제47조 제1항), 매년 9월 1일에 집회한다. 그러나 그 날이 공휴일인 때에는 그 다음날에 집회한다(국회법 제4조). 정기회의 회기는 100일을 초과할 수 없다(제47조 제1항, 국회법 제5조의2 제2항). 정기국회는 예산심의와 맞물려 있어 '예산국회'라고도 한다. 예산안의 심의·의결과 이에 따른 정부의 시정연설이 있다. 그 외의 통상적인 입법활동을 함은 물론이다.

(2) 임시회

국회의 임시회는 대통령 또는 국회재적의원 4분의 1 이상의 요구에 의하여 집회되는데(제47조 제1항), 대통령이 임시회의 집회를 요구할 때에는 기간과 집회요구의 이유를 명시하여야 한다(제47조 제3항). 임시회의 회기는 30일을 초과할 수 없다(제2항, 국회법 제5조의2 제2항). 임시회는 국회의원 총선거를 실시하는 월을 제외한 매 짝수월(8월·10월 및 12월을 제외한

---

56) 이 규정을 국회의 상설화를 방지하기 위한 규정으로 보는 견해가 있다. 그러나 헌법의 문언대로 정기회와 임시회의 회기만을 정한 것으로 보아야 한다. 정기국회는 100일로 고정되어 있으나 임시회는 30일을 초과하지 않는 범위에서 연3회 개회하고(국회법 제5조의2 제2항), 대통령이나 국회재적의원 1/4 이상의 요구에 의해 집회되므로(제47조 제1항), 국회상설화와는 관계가 없다. 더욱이 국회법상 국회는 상시운영되는 것이 원칙이다. 이는 "국회의 상시운영을 위하여" 국회운영일정을 정하는 것(국회법 제5조의2 제1항)을 보아도 알 수 있다.

다) 1일(그 날이 공휴일인 때에는 그 다음날)에 집회한다. 임시회의 집회요구가 있을 때에는 의장은 집회기일 3일전에 공고한다(국회법 제5조 제1항). 국회의원총선거후 최초의 임시회는 의원의 임기개시후 7일에 집회하며, 처음 선출된 의장의 임기가 만료되는 때가 폐회중인 경우에는 늦어도 임기만료일전 5일까지 집회한다(국회법 제5조 제3항).

Ⅱ. 國會의 議事節次

1. 國會議事와 관련된 원칙

(1) 議事公開의 原則

1) 헌법규정

헌법은 "국회의 회의는 공개한다."(제50조 제1항)라고 하여 의사공개의 원칙을 규정하고 있다. 國會法도 "회의의 공개"라는 표제 아래 "본회의는 공개한다."(제75조 제1항)고 규정하고 있다. 위원회의 경우에도 본회의와 마찬가지로 의사공개의 원칙은 적용된다. 나아가 국회법 제149조는 중계방송에 관한 규정도 두고 있다.

2) 의사공개원칙의 제도적 의의

의사공개원칙은 민의에 따른 국회운영, 주권자인 국민의 정치적 의사형성에의 참여, 의정활동에 대한 감시 및 비판을 통하여 국회운영의 민주적 정당성을 제고하고 의사결정과정의 투명성을 확보하여 의회민주주의를 건전하게 발전시키는 기능을 하게 된다.

[**의사공개원칙의 의의**] 의사공개의 원칙은 의사진행의 내용과 의원의 활동을 국민에게 공개함으로써 민의에 따른 국회운영을 실천한다는 민주주의적 요청에서 유래하는 것으로서 국회에서의 토론 및 정책결정의 과정이 공개되어야 주권자인 국민의 정치적 의사형성과 참여, 의정활동에 대한 감시와 비판이 가능하게 될 뿐더러, 의사의 공개는 의사결정의 공정성을 담보하고 정치적 야합과 부패에 대한 방부제 역할을 하기도 하는 것이다(헌법재판소 2000.6.29. 98헌마443,99헌마583(병합)).

3) 의사공개의 범위

의사공개원칙은 그 헌법적 의미를 고려할 때, 단순한 행정적 회의를 제외하고 국회의 헌법적 기능과 관련된 모든 회의는 원칙적으로 국민에게 공개되어야 함을 천명한 것이다. 의사공개의 원칙은 방청 및 보도의 자유와 회의록의 공표를 그 내용으로 한다. 위원회공개의 원칙에 관한 명문의 규정은 없으나, 본회의 뿐만 아니라 위원회도 공개하여야 한다.

[위원회공개의 원칙] 헌법 제50조 제1항이 천명하고 있는 의사공개의 원칙은 위원회의 회의에도 당연히 적용되는 것으로 보아야 한다. 의사공개에 관한 국회법의 규정 또한 이러한 헌법원칙을 반영하고 있다. 국회법 제75조 제1항은 "본회의는 공개한다."고 하여 본회의공개원칙을, 동법 제65조 제4항은 "청문회는 공개한다."고 하여 위원회에서 개최하는 청문회공개원칙을 분명히 밝히고 있으며, 국회법 제71조는 본회의에 관한 규정을 위원회에 대하여 준용하도록 규정하고 있다. 결국 본회의든 위원회의 회의든 국회의 회의는 원칙적으로 공개하여야 한다(헌법재판소 2000.6.29. 98헌마443, 99헌마583(병합)).

4) 議事公開原則의 例外

가. 비공개회의

의사공개의 원칙은 절대적인 것이 아니므로 비공개회의도 할 수 있다. 그러나 의사공개원칙은 국민에게 국정에 관한 정보를 제공하고 동시에 의회민주주의과정에 대한 국민의 감시와 국민에게 국정에 관한 정보를 제공하기 위하여 없어서는 안 될 원칙이다. 그런데 출석의원 과반수의 찬성이 있거나 의장이 국가의 안전보장을 위하여 필요하다고 인정할 때에는(제50조 제1항 단서) 별다른 사유 없이 비공개할 수 있도록 한 것은 주권자인 국민에 대한 정보제공의무와 국민의 감시를 외면하는 것으로 문제가 있다. 따라서 비공개회의의 경우 이를 엄격히 해석하여야 할 것이다.

나. 소위원회의 비공개

소위원회의 의사공개여부가 문제이다. 상임위원회의 심의절차는 다시 소위원회의 심사에 회부되어 사실상 법률안의 심의절차는 소위원회가 주도한다. 그러한 점에서 소위원회도 공개하는 것이 바람직하다. 헌법재판소는 예산결산특별위원회의 소위원회인 계수조정위원회의 비공개진행과 관련, 소위원회의 비공개를 국회 의사자율권으로 보아 합헌이라 판단하고 있다. 소위원회의 비공개에 대하여 헌법재판소는 매우 관대한데, 그러나 이는 소위원회가 상임위원회의 핵심적 역할을 하고 있어 이의 비공개는 사실상 위원회공개원칙을 무력화시킬 수 있다는 점을 간과한 것이라 하지 않을 수 없다.

[소위원회의 비공개] 소위원회의 회의도 가능한 한 국민에게 공개하는 것이 바람직하나, 전문성과 효율성을 위한 제도인 소위원회의 회의를 공개할 경우 우려되는 부정적 측면도 외면할 수 없고, 헌법은 국회회의의 공개여부에 관하여 회의 구성원의 자율적 판단을 허용하고 있으므로, 소위원회 회의의 공개여부 또한 소위원회 또는 소위원회가 속한 위원회에서 여러 가지 사정을 종합하여 합리적으로 결정할 수 있다 할 것인바, 예산결산특별위원회의 계수조정소위원회는 예산의 각 장·관·항의 조정과 예산액 등의 수치를 종합적으로 조정·정리하는 소위원회로서, 예산심의에 관하여 이해관계를 가질 수밖에 없는 많은 국가기관과 당사자들에게 계수조정 과정을 공개하기는 곤란하다는 점과, 계수조정소위원회를 비공개로 진행하는 것이 국회의 확립된 관행이라는 점을 들어 방청을 불허한 것이고, 한편 절차적으로도 계수조정소위원회를 비공개로 함에 관하여는 예산결산특별위원회 위원들의 실질적인 합의 내지 찬성이 있었다고 볼 수 있으므로, 이 사건 소위원회 방청불허행위를 헌법이 설정한 국회 의사자율권의 범위를 벗어난 위헌적인 공권력의 행사라고 할 수 없다(헌법재판소 2000.6.29. 98헌마443, 99헌마583(병합)).

(2) 會期繼續의 原則

헌법은 "국회에 제출된 법률안 기타의 의안은 회기중에 의결되지 못한 이유로 폐기되지 아니한다. 다만, 국회의원의 임기가 만료된 때에는 그러하지 아니하다."(제50조 제1항)고 하여 회기계속의 원칙을 규정하고 있다. 국회가 회기단위로 운영되지만, 회기에도 불구하고 국회의원 임기만료시까지는 국회는 연속성을 가지므로 회기중 의결되지 못한 의안도 다음 회기에서 계속하여 심의할 수 있도록 한 것이다. 회기불계속의 원칙을 채택할 경우의 의사진행의 비효율성을 감안하여 회기계속의 원칙을 채택한 것이다.

(3) 一事不再議의 原則

국회법 제92조는 "부결된 안건은 같은 회기중에 다시 발의 또는 제출하지 못한다."고 하여 일사부재의의 원칙을 규정하고 있다. 회기중 부결된 안건을 같은 회기중에 몇 번이고 거듭 발의하거나 제출할 수 있게 하면 원활한 의사진행을 기대할 수 없게 된다. 이 원칙은 소수파에 의한 의사방해(filibuster)를 막아 효율적인 의사운영을 기하기 위한 것이다. 일사부재의원칙은 부결된 '동일 안건'에 대하여만 적용된다. 따라서 유사 안건의 발의나 제출은 일사부재의원칙에 저촉되지 아니한다.[57]

2. 國會에 있어서 議事決定

(1) 定足數

정족수(定足數)라 함은 의사진행에 있어 그 회의의 유효한 성립과 의사결정을 위한 출석자의 수를 말한다. 정족수에는 의사정족수(議事定足數)와 의결정족수(議決定足數)가 있는데, 전자는 법적으로 회의가 성립하기 위하여 필요한 최소한의 참석자수를 말하고, 후자는 유효하게 성립된 회의에서 의안을 결정하는데 필요한 최소한도의 찬성자의 수를 말한다. 의결정족수에는 보통 일반안건의 처리에 필요한 의결정족수로서 일반정족수(一般定足數)와 특별안건의 경우 의결정족수를 가중시킨 특별정족수(特別定足數)가 있다.

(2) 議事決定

1) 多數決原理

국회는 국민의 대표기관으로서 또한 입법기관으로서 i) 의사결정의 원칙과 ii) 다수의사지배로서의 다수결원리가 타당하다. 따라서 국회의 의사에는 다수결원리가 적용된다. 헌법 제49조는 "국회는 헌법 또는 법률에 특별한 규정이 없는 한 재적의원 과반수의 출석과 출석의원 과반수의 찬성으로 의결한다. 가부동수인 때에는 부결된 것으로 본다."고 정하여 국회본회의의 의사는 일반안건의 처리에 있어 다수결원리로 결정한다고 하

57) 다음 사항은 일사부재의의 적용을 받지 않는다. i) 일단 의제로 된 안건이라도 후에 철회되어 의결에 이르지 않은 안건은 국회의 안건으로 확정되지 않았으므로 다시 심의할 수 있다. ii) 위원회결정은 국회의 결정이 아니므로 본회의에서 번복하여 의결이 가능하다. iii) 동일사건이라도 전 회기에 의결한 것은 다음 회기에서 재차 심의가 가능하다. iv) 동일대상에 대한 해임건의안이라고 하더라도 사후 발생한 새로운 이유에 기하여 심의할 수 있다(김철수, 1285).

고 있다. 이때의 다수결은 '재적의원 과반수'와 '출석의원의 과반수'를 뜻하는 절대다수(의사정족수의 절대다수, 의결정족수의 절대다수)이다. 이 원리는 위원회에 있어서도 그대로 타당하다(국회법 제54조).

[다수결원리] 다수결원리에도 과반수가 아니더라도 상대적으로 많기만 하면 되는 비교다수(比較多數) 또는 상대다수(相對多數), 과반수이어야 하는 절대다수(絶對多數), 그리고 과반수 이상의 특별정족수를 요구하는 특별다수(特別多數)가 있다.

2) 특별다수를 요하는 의사결정

가. 사안의 내용에 따른 특별정족수

헌법이나 법률에 특별한 규정이 있는 경우에는 특별다수, 즉 특별정족수(特別定足數)에 의한다. 특별다수는 의사결정내용의 중요성이나 소수자 보호의 필요성 등을 이유로 하여 절대다수(과반수)에 대한 예외로 채택되고 있다. 사안의 중요성에 따라 특별정족수를 정한 경우로는 법률안의 재의결(제53조 제4항)·헌법개정안의 의결(제130조 제1항)·대통령에 대한 탄핵소추의결(제65조) 등을 들 수 있다. 소수자보호의 필요성에 대해 특별정족수를 정한 경우로는 의원의 제명(제64조 제3항)·의원에 대한 자격심사(국회법 제138조) 등을 들 수 있다.

나. 특별다수에 따른 특별정족수

재적의원 1/3 이상 찬성	국무총리, 국무위원 해임건의 발의 대통령이외의 자에 대한 탄핵소추 발의
재적의원 1/2 이상 찬성	계엄해제요구 국회의장 선출 국무총리, 국무위원 해임건의 의결 대통령이외의 자에 대한 탄핵소추 의결 대통령에 대한 탄핵소추 발의 헌법개정안 발의
재적의원 1/2 이상 출석 출석의원 2/3 이상 찬성	법률안의 재의결
재적의원 2/3 이상 찬성	헌법개정안 의결 대통령에 대한 탄핵소추 의결 국회의원 제명

제 5 절 國會議員의 地位와 權限

Ⅰ. 國會議員의 地位

1. 근대헌법에 있어서 의원의 지위

1791년 프랑스헌법은 "의원은 총체로서 프랑스 인민의 이름으로 그 의사를 표명한다."고 규정하고 있고 1919년 바이마르헌법은 "의원은 전체국민의 대표자이다(Vertreter des ganzen Volkes)."라고 규정하고 있다. 이는 의원이 국민대표기관으로서 루소적인 인민주권이 아니고 시에예스적인 국민주권에 입각한 전체국민(la nation tout entier)을 대표하는 것이라는 의미다. 즉, 선거에 의해 선임된 의원은 지역구를 대표하는 것이 아니고 전체국민을 대표하게 된다. 따라서 의원은 선거구민에 구속되지 않고, 전체국민의 대표로 임무수행에 있어 양심에 따라 국익을 위해 일하게 된다. 대표에 친하지 않은 루소의 인민주권의 원리에 의하면 주권은 원자적인 개인이 보유하므로 의원은 국민의 대표가 아닌 대리인(agent)으로 선거인의 피위임에 불과하게 된다. 따라서 의원은 선거인의 지시에 엄격하게 구속되는 기속위임(羈束委任 mandat impératif)의 원칙이 적용되게 된다. 그러나 시에예스에 의하면 주권의 주체로서의 국민은 단일·불가분하며 위임도 기속위임이 아닌 무기속위임으로 대체되게 된다.[58] 이른바 대표위임(mandat représentatif)으로 강제위임금지의 원칙이 적용된다.

---

58) 1875년 프랑스헌법 제13조는 "모든 기속위임은 무효이고 효력을 가지지 않는다(Tout mandat impératif est nul et nul effet)."고 선언하고 있다.

인민주권과 국민주권

	인민주권주의	국민주권주의
주장자	J. J. Rousseau	Sièyes
의원	지역구 대리인	전체국민 대표
위임관계	기속위임	자유위임, 대표위임
의원의 국가이익우선의무	적용 안됨	적용
민주주의 방식	직접민주주의	대표민주주의

2. 國會議員의 憲法上 地位

(1) 國會議員의 二重的 地位

국회의원은 한편으로 선거구민이나 개별 국민의 구속으로부터 자유로운 무기속위임관계에 있지만, 다른 한편으로는 오늘날 정당국가에서는 정당조직으로부터 자유로울 수 없다. 국회의원은 전체국민의 대표로서의 지위와 정당조직의 대표로서의 이중적 지위를 가지게 되는 것이다.

(2) 國家利益 優先義務

여기서 정당 및 의원총회의 구성원으로서의 국회의원과 전체국민의 대표자로서의 국회의원의 입장이 대립하는 경우가 문제이다. 국회의원의 정당조직에의 구속은 정치적 · 사실상의 문제이지 법적 구속의 문제는 아니다. 우리 헌법도 "국회의원은 국가이익을 우선하여 양심에 따라 직무를 행한다."(제46조 제2항)라고 규정하고 있다. 국회의원의 국가이익우선의 의무는 헌법상 의무로서, 국가이익과 소속정당의 이해관계가 충돌할 때에는 국가이익을 우선시켜야 할 헌법적 · 정치적 의무가 있다.

(3) 國家機關으로서의 國會議員

국회의원은 헌법 제41조 제1항에 따라 국민의 선거에 의하여 선출된 헌법상의 국가기관으로서 헌법과 법률에 의하여 법률안제출권, 법률안 심의 · 표결권 등 여러 가지 독자적인 권한을 부여받고 있다. 헌법재판소도 국회의원과 국회의장의 권한쟁의 심판에서 국회의원과 국회의장의 헌법상의 국가기관성을 인정한 바 있다.

[국회의장의 국가기관성] 국회의장도 헌법 제48조에 따라 국회에서 선출되는 헌법상의 국가기관으로서 헌법과 법률에 의하여 국회를 대표하고 의사를 정리하며, 질서를 유지하고 사무를 감독할 지위에 있고, 이러한 지위에서 본회의 개의시의 변경, 의사일정의 작성과 변경, 의안의 상정, 의안의 가결선포 등의 권한을 행사하게 되어 있다(헌법재판소 1997.7.16. 96헌라2).

3. 國會議員資格의 발생과 소멸

(1) 國會議員資格의 발생

국회의원의 자격발생시기에 관하여는 당선시점이냐, 취임승락시점이냐 임기개시시점이냐의 논의가 있을 수 있으나 논의의 실익은 없다고 본다. 국회의원의 자격발생시점을 법률로 정하고 있기 때문이다. 즉 공직선거법은 "국회의원…의 임기는 총선거에 의한 전임의원의 임기만료일의 다음 날부터 개시된다. 다만, 의원의 임기가 개시된 후에 실시하는 선거 … 에 의한 의원의 임기는 당선이 결정된 때부터 개시되며 전임자 또는 같은 종류의 의원의 잔임기간으로 한다."(제14조 제2항)라고 하여 국회의원의 임기개시일을 '전임의원의 임기만료일 다음 날'로 정하고 있다.

(2) 國會議員資格의 소멸

국회의원의 자격은 임기만료, 선거무효·당선무효, 유죄판결의 확정, 사직, 퇴직, 제명 및 자격심사, 사망 등의 사유로 소멸된다.

1) 任期滿了

국회의원의 임기는 4년으로(제42조) 임기가 만료되면 자격을 상실한다.

2) 當選無效

공직선거법은 당선무효사유를 정하고 있다. 즉, 선거비용제한액을 초과하거나 선거비용부정지출 등 선거비용초과지출로 인한 당선무효(제263조), 당선인의 선거범죄로 인한 당선무효(제264조), 선거사무장·회계책임자·후보자의 직계존비속·배우자 등의 선거범죄로 인한 당선무효(제265조) 등이 그것이다.

3) 辭 職

국회의원은 허가를 얻어 사직할 수 있다. 즉 국회는 그 의결로 의원의 사직을 허가할 수 있다. 다만, 폐회 중에는 의장이 이를 허가할 수 있다(제135조 제1항). 의원이 사직하고자 할 때에는 본인이 서명·날인한 사직서를 의장에게 제출하여야 한다(제2항). 사직의 허가여부는 토론을 하지 아니하고 표결한다(제3항).

4) 退 職

국회의원이 i) 의원이 겸할 수 없는 직에 취임한 때, ii) 임기개시일 이후에 겸직이 금지되어 해직된 직의 권한을 행사한 때, iii) 국회의원이 지방자치단체의 장의 선거에 입후보하기 위해 사직원을 제출하여 공직선거후보자로 등록된 때, iv) 의원이 법률에 규정된 피선거권이 없게 된 때(국회법 제136조)와 v) 비례대표국회의원이 소속정당의 합당·해산 또는 제명외의 사유로 당적을 이탈·변경하거나 2 이상의 당적을 가지고 있는 때(공직선거법 제192조 제4항)에는 퇴직된다.

5) 除名 및 資格審査

국회는 재적의원 2/3 이상의 찬성으로 국회의원을 제명할 수 있다(제64조 제3항). 또 국회는 의원의 자격을 심사하여 징계할 수 있다(제64조 제2항). 의원이 다른 의원의 자격에 대하여 이의가 있을 때에는 30인 이상의 연서로 자격심사를 의장에게 청구할 수 있다(국회법 제138조). 무자격으로 결정되면 의원직을 상실하게 된다.

6) 비례대표제 국회의원의 당적변경의 경우

비례대표선거에 의하여 당선된 국회의원이 소속정당으로부터 제명되거나 탈당·당적변경의 경우에 국회의원이 그 지위를 상실하는가 여부가 문제이다. 공직선거법에 의하면 "소속정당의 합당·해산 또는 제명 외의 사유로 당적을 이탈·변경하거나 2 이상의 당적을 가지고 있는 때는, 비례대표국회의원의 당선인에 대하여는 당선을 무효로 하고(제192조 제3항) 비례대표국회의원은 퇴직된다"(제192조 제4항)고 규정한다. 정당은 국민의 정치적 의사를 국회에 반영하기 위한 중요한 매개체이고 비례대표제로 선출된 국회의원이 당적을 자유로 변경하는 것은 비례대표제라고 하는 정당 중심으로 실시된 선거제도를 변질시키는 것으로 국회의원의 당선무효나 퇴직을 규정한 이 법은 이러한 취지에서 정당한 것이다.

4. 國會議員의 兼職禁止

헌법 제43조는 "국회의원은 법률이 정하는 직을 겸할 수 없다."고 하여 국회의원인 지위와 양립하기 어려운 직을 겸할 수 없도록 하고 있다. 국회법 제29조는 금지되는 겸직의 범위를 구체적으로 정하고 있다. 즉, i) 국가공무원법 제2조에 규정된 국가공무원과 지방공무원법 제2조에 규정된 지방공무원. 다만, 국가공무원법 제3조 단서의 규정에 의하여 정치운동이 허용되는 공무원은 제외한다. ii) 대통령·헌법재판소재판관·각급선거관리위원회위원·지방의회의원, iii) 다른 법령의 규정에 의하여 공무원의 신분을 가지는 직, iv) 정부투자기관관리기본법 제2조에 규정된 정부투자기관(한국은행을 포함한다)의 임·직원, v) 농업협동조합·수산업협동조합의 임·직원, vi) 정당법 제6조 단서의 규정에 의하여 정당의 당원이 될 수 없는 교원 등이 이에 해당된다. 의원이 당선 전부터 앞의 겸직이 금지된 직을 가진 경우에는 임기개시일에 그 직에서 해직된다(국회법 제29조 제2항).

Ⅱ. 國會議員의 特權

1. 특권부여의 근거와 관련문제

(1) 국회의 자유와 독립

국회의원에게는 면책특권과 불체포특권을 부여하고 있다. 면책특권은 자유로운 발언과 표결의 자유를 통하여 의원의 원활한 의정활동을 보장하기 위하여 보장된다. 불체포특권은 의원의 자주적이고 자유로운 직무수행을 보장하기 위하여 보장되는 특권이다. 집행권을 비롯한 정치적·사회적 세력으로부터 입법권을 독립시키기 위해서는 국회의원의 자유와 독립이 보장되지 않으면 안 된다. 국회의원의 자유와 독립을 보장하기 위하여 헌법은 국회에서 발언·표결의 자유와 함께 국회의원의 특권을 보장하고 있다. 이들 특권은 국회의원이 국민의 대표기관으로서 그 기능을 다하고 헌법상의 권한을 적정하게 행사하도록 하기 위하여 헌법제도상으로 보장하는 것이다.

(2) 관련문제

그런데 이러한 국회의원의 특권이 평등원칙에 위배되고 나아가 권력분립원리에 위배되지 않는가 하는 문제가 있을 수 있다.

1) 평등원칙 문제

국회의원의 특권은 '전체국민의 대표자'인 지위에서 비롯되는 것이다.[59] 국회의원에게 특권을 인정하여 헌법이 보호하는 것은 국회와 국회의원을 집행권이나 사법권의 간섭으로부터 보호하여 의정활동을 원활하게 하려는 것일 뿐, 국회의원이라는 사회적 특수계급을 창설하는 것이 아니다. 따라서 평등원칙에 반하지 아니한다.

2) 권력분립원리 위배 여부

발언·표결의 자유와 불체포특권은 의회의 기능을 보호하기 위한 특권에 불과하기 때문에 재판권행사를 제한하는 등 사법권에 대한 제한이 따르더라도 사법기능에 대한 관여라 볼 것은 아니다. 따라서 권력분립원리에 반하지 아니한다. 설사 사법권의 제한이 불가피하게 따르더라도 이것은 헌법에 규정된 것이기 때문에 위헌의 소지는 없다.

3) 특권의 남용과 제한

국회의원에게 특권을 부여한 이유는 이를 통하여 견제와 균형이라는 권력분립의 이상을 실현하려는 것이다. 그 핵심은 국회의원의 '직무상' 발언과 표결에 대하여 '국회 밖에서' 책임을 묻지 않도록 하는 것이다. 그런데 국회의원의 특권을 빌미로 무분별한 정치적 폭로와 명예훼손 나아가 국가기밀누설 등이 문제되어, 이를 제한하자는 의견이 대두되고 있다. 그러나 국회의원의 면책특권과 불체포특권은 현행 헌법상 명문으로 규정된 특권이기 때문에 이를 법률로 제한하는 것은 헌법정신에도 어긋날 뿐만 아니라 제도보장을 침해하는 것이 되어 헌법에 반하는 것이 된다. 국회의

---

59) Stern, *Staatsrecht* Ⅰ, S. 1049.

원이 특권을 남용한 경우에 이를 법률로써 제한할 것은 아니고 국회의 징계나 정당의 내부적 통제에 맡기는 것이 바람직하다.

2. 免責特權

(1) 면책특권의 개념

'면책특권(免責特權)'이라 함은 국회의원이 국회에서 직무상 행한 발언과 표결에 관하여 국회 밖에서 법적 책임을 지지 아니하는 특권을 말한다. 우리 헌법은 "국회의원은 국회에서 직무상 행한 발언과 표결에 관하여 국회 외에서 책임을 지지 아니한다."(제45조)고 하여 국회의원의 발언과 표결에 관한 면책특권을 규정하고 있다. 면책특권은 협의에서는 법적인 의미에 있어서 국회의원의 무책임(irresponsabilité parlementaire), 즉 국회의원에 대한 법적 책임의 면제를 그 내용으로 한다.

(2) 면책특권의 의의

1) 면책특권의 제도적 의의

면책특권은 대의제 민주주의가 제대로 기능하기 위한 불가결한 전제조건이다.[60] 면책특권은 국회의원이 국민의 대표자로서 국회 내에서 자유롭게 발언하고 표결할 수 있도록 보장함으로써 국회가 입법 및 국정통제 등 헌법에 의하여 부여된 권한을 적정하게 행사하고 그 기능을 원활하게 수행할 수 있도록 보장하는 데에 그 제도적 의의가 있다. 국회의원의 면책특권은 국정의 통제·비판기관인 국회의원과 국회의 독립과 자율을 보장하기 위한 제도로서, 바로 '의회의 독립을 지탱하는 기둥(pillar of legislative independence)'을 의미한다.[61]

2) 면책특권의 역사적 의의

국회의원의 면책특권은 1689년 권리장전(Bill of Rights)이 '의회에 있어서의 언론의 자유 및 토론 또는 의사진행의 자유(freedom of speech and debate or proceedings in parliament)'를 보장한 것으로부터 비롯된

---

60) 워렌(Warren)은 "국민이 선출한 국회의원의 행동을 제한하는 것은 선거권 자체를 제한하는 것이 되어 대의제 민주주의의 근본을 침해하는 것이다."라고 지적하고 있다(Mason, *op. cit.*, p. 84).

61) Mason, *op. cit.*, p. 84.

다. 오늘날 헌법전에 최초로 면책특권을 성문화한 것은 미국 연방헌법이다. 이 제도는 집행권과 사법권으로부터 의회의 자유와 권리를 보호한다는 역사적 의미를 가지고 있지만, 오늘날에는 다수자에 대한 소수자의 권리(여당에 대한 야당의 권리)라는 점에 있어 보다 중요한 의미가 있다.

[미국헌법과 면책특권] 국회에 있어서의 언론과 토론의 자유에 관한 조항은 미합중국헌법제정회의에서 아무런 토론과 이의 없이 채택되었다. 이것은 본래 영국의 1689년의 Bill of Rights에서 유래한 것으로 의회우월의 정치사상의 표현이라고 볼 수 있는데 이 영국의 제도가 권력분립을 대원칙으로 하는 합중국헌법에도 그대로 계승된 것이다. 이것은 행정부나 사법부로부터 입법부의 독립을 보장하려는 것이다(United States v. Johnson, 383 U.S. 169(1966)).

(3) 免責特權의 範圍

1) 立法的 行爲와 政治的 行爲

트라이브(Laurence H. Tribe)교수는 의원의 행위를 입법적 행위와 정치적 행위로 구분하여 면책특권의 대상이 되는 행위를 입법적 행위에 한정한다. 즉, 면책특권이 인정되는 입법적 행위(legislative act)는 발언·토의뿐만 아니라 투표·위원회 보고서의 작성·위원회 청문의 실시 등과 같이 대의민주주의의 목적 달성에 필요한 원내활동을 포함한다. 한편 선거구민에 대한 봉사활동, 정부계약을 구하는 개인의 지원, 정부관리의 면회, 선거구민 회보·보도자료·원외연설·출판 등을 통한 일반인과의 직접적인 의사소통 등은 면책조항의 보호대상이 아닌 정치적 행위(political act)에 해당한다고 한다.

2) 면책특권의 인정범위

면책특권은 의원개인의 권리인 동시에 의회의 권리이다. 따라서 의원스스로 이 특권을 포기할 수 없다. 국회의원은 의원의 직무수행과 관련된 권리로서 임기 중 이 권리를 가진다. 의원의 직무수행과 직접적 관련이 없이 회기 중에만 인정되는 불체포특권과 구별된다. 면책특권은 의회에서 직무상 행한 발언과 표결에 대하여 의회 밖에서 책임지지 아니한다는 것을 의미하는데, 여기서 '의회'란 본회의뿐만 아니라 위원회도 포함한다.

또한 면책특권은 국회에서의 발언과 표결 자체뿐만 아니라 이에 통상적으로 부수되는 행위까지 포함한다. 따라서 국회의원이 국회 내에서 하는 질문 · 질의 및 자료제출요구도 면책특권의 대상이 되는 행위에 해당한다.

> **[면책특권의 범위]** 면책특권의 대상이 되는 행위는 국회의 직무수행에 필수적인 국회의원의 국회 내에서의 직무상 발언과 표결이라는 의사표현행위 자체에만 국한되지 않고 이에 통상적으로 부수하여 행하여지는 행위까지 포함되므로, 국회의원이 국회의 위원회나 국정감사장에서 국무위원 · 정부위원 등에 대하여 하는 질문이나 질의는 국회의 입법활동에 필요한 정보를 수집하고 국정통제기능을 수행하기 위한 것이므로 면책특권의 대상이 되는 발언에 해당함은 당연하고, 또한 국회의원이 국회 내에서 하는 정부 · 행정기관에 대한 자료제출의 요구는 국회의원이 입법 및 국정통제 활동을 수행하기 위하여 필요로 하는 것이므로 그것이 직무상 질문이나 질의를 준비하기 위한 것인 경우에는 직무상 발언에 부수하여 행하여진 것으로서 면책특권이 인정되어야 한다(대법원 1996.11.8. 96도1742).

> **[면책특권의 범위]** 면책특권의 대상이 되는 입법적 행위는 법안의 심의 · 통과 · 부결 기타 헌법이 의회의 권능으로 인정한 사항에 관한 위원회나 의회의 절차에 참가한 의원의 논의 및 의견교환의 과정에 불가결한 모든 원내행위를 포함한다(United States v. Gravel, 408 U.S. 506(1972)).

(4) 면책특권의 주체

면책특권은 국회의원에게만 인정된다. 국무총리나 국무위원은 국회에서 직무상 행한 발언이라도 면책특권의 주체가 되지 아니한다. 국회의원의 보좌관도 면책특권을 가지지 않는다. 의원직을 겸한 국무총리나 국무위원의 경우에는 국회의원으로서 행한 직무상의 발언과 표결에 대해서만 면책특권을 인정하여야 한다. 국회의원으로서의 발언이 아닌 것이 명백한 경우에는 면책특권은 인정되지 아니한다. 국무총리나 국무위원으로서의 발언인지 국회의원으로서의 발언인지가 명확하지 않은 경우에도 제도의 목적에 비추어 면책특권을 인정하여야 할 것이다. 면책특권이 국회의원이라는 지위에 부여되는 것이기도 하지만, 특히 이 특권은 소수자보호를 위한 야당의 특권인 성격이 강하기 때문이다.

(5) 면책의 대상

면책특권의 대상이 되는 발언은 직무상 행한 발언에 한한다. 발언에는 사실의 통지, 의사・의견・견해나 가치판단의 표명, 경고, 권유・요구, 선동・교사 등이 포함된다. 발언은 구두발언이든 서면발언이든 묻지 아니하고 행동으로써 묵시적으로 의사나 의견을 표명하는 것도 발언에 해당한다.[62] 사실의 진위여부는 면책사유와 무관하다. 발언은 의회의 활동과 관련하여 한 것이라야 한다. 의회의 공개회의는 언론기관이 방청하는 가운데 진행되므로 국회의원이 의회 내의 공개회의에서 구두로 발언한 내용을 그대로 언론기관에 제공하는 것도 면책특권의 대상이 된다.[63] 국회의원이 그의 발언내용을 스스로 언론에 제공한 경우에는 국회의원의 제공행위가 없었더라도 발언내용에 대한 언론의 접근이 가능하였던 경우에만 면책특권이 인정된다고 본다. 순수한 발언 또는 토의에 해당되지 않는 행위일지라도, 위원회나 의회의 절차에 참가한 국회의원의 논의 및 의견교환의 과정에 필요한 행위로서, 이를 보호하지 않는다면 원내에서의 자유로운 발언・토의라는 국회의원의 면책특권으로서의 권한과 기능이 간접적으로 위축될 가능성이 있는 경우에는 면책특권을 인정하지 않으면 안 된다. 또 국회의원의 국회질문원고 사전배포행위도 면책특권의 대상이 된다.

[유성환의원 국시논쟁사건] 국회의원이 공개리에 개최되는 정기국회 본회의에서 예정된 정치분야 대정부질문을 하기에 앞서 위 회의시작 30분 전에 국회의사당 소재 국회출입기자실에서 국회출입기자들에게만 취재와 보도의 편의를 위하여 비서를 통하여 발언원고사본을 배포하였다면, 그가 배포한 원고의 내용이 공개회의에서 행할 발언내용이고(회의의 공개성), 원고의 배포시기가 당초 발언하기로 예정된 회의시작 30분 전으로 근접되어 있으며(시간적 근접성), 원고의 배포의 장소 및 대상이 국회의사당 내에 위치한 기자실 국회출입기자들만을 상대로 한정적으로 이루어진 점(장소 및 대상의 한정성) 및 원고배포의 목적이 보도의 편의를 위한 것인 점(목적의 정당성) 등에 비추어 위와 같은 국회질문원고 사전배포행위는 면책의 대상이 되는 직무부수행위에 해당한다고 봄이 상당하다(서울고법 1991.11.14. 87노1386).

---

62) Maunz, in: Maunz/Durig/Herzog/Scholz, *Grundgesetz Kommentar*(1994), Art. 46 Rdnr. 13.
63) Roll, "Indemnität gegenüber zivilrechtlichen Ansprüchen", *NJW* 1980, 1439.

(6) 면책특권의 한계

국회의원이 국회에서 직무상 행한 발언일지라도 비방을 위한 모욕적 발언으로서 명예훼손죄나 모욕죄에 해당하는 경우에는 면책특권이 인정될 수 없다. 직무상 행위와 수반하여 발생한 범죄행위, 예컨대 폭행·상해·공무집행방해 등은 직무상 발언이나 표결에 당연히 수반되는 행위가 아닌 범죄행위이기 때문에 면책특권의 대상이 아니다. 물론 단순한 폭력행위도 면책특권으로서 보호되지 않는다. 위원회에서의 행위도 면책특권의 대상이 되지만 이를 사적으로 원외에 공표하는 행위까지 면책특권의 대상이 되지는 않는다. 그리고 이들 범죄행위가 면책특권의 범위내의 행위인가의 판단은 법원의 소관이기 때문에 국회나 국회의장의 고발이 있어야 하는 것도 아니다.

[위원회에서의 면책특권] 국회의원이 비공식적으로 수집한 비밀문서의 내용을 소위원회에서 발표한 행위나 이를 의사록에 게재한 행위 자체에는 면책특권이 미치지만, 소위원회에서의 발언 등을 사적으로 원외에 공표하는 행위는 국회의 심의에 불가결한 행위가 아니므로 면책특권의 대상이 되지 않는다(United States v. Gravel, 408 U.S. 506(1972)).

(7) 면책특권의 법적 효과

1) 법적 무책임

면책특권이 인정되는 행위에 대하여는 형사와 민사를 포함하여 모든 법적 책임을 지지 않는다. 면책특권의 법적 효과는 국회의원이 원외에서 입법적 행위에 대하여 문책이나 조사를 받지 않는다는 것이다. 문제된 의원의 행위가 면책의 대상이 되는 행위인지 여부는 그 행위의 실질적 내용이 아니라 그 외면적 특징에 의하여 판단하여야 한다. 국회의원의 면책특권이 인정되는 직무행위에 대하여, 소추기관은 공소를 제기할 수 없고, 기소된 경우에도 법원은 그 행위에 대한 면책특권 해당여부를 심리할 수 없다. 문제된 의원의 행위가 실질적으로 적법한가 여부에 대한 판단은 그 행위에 대한 조사를 필요로 할 것인데, 그러한 조사는 면책조항이 금지하는 것이기 때문이다.[64]

64) Laurence H. Tribe, *American Constitutional Law*, The Foundation

[면책특권과 공소권 · 심리권] 면책특권이 인정되는 국회의원의 직무행위에 대하여 수사기관이 그 직무행위가 범죄행위에 해당하는지 여부를 조사하여 소추하거나 법원이 이를 심리한다면, 국회의원이 국회에서 자유롭게 발언하거나 표결하는데 지장을 주게 됨은 물론 면책특권을 인정한 헌법규정의 취지와 정신에도 어긋나는 일이 되기 때문에, 소추기관은 면책특권이 인정되는 직무행위가 어떤 범죄나 그 일부를 구성하는 행위가 된다는 이유로 공소를 제기할 수 없고, 또 법원으로서도 그 직무행위가 범죄나 그 일부를 구성하는 행위가 되는지 여부를 심리하거나 이를 어떤 범죄의 일부를 구성하는 행위로 인정할 수 없다(대법원 1996.11.8. 96도1742).

2) 정치적 책임

국회의원의 의회 안에서의 발언이나 표결로서 헌법상 면책사유에 해당하더라도 그것이 국회의원의 징계사유에 해당될 경우에는 징계할 수 있다. 즉, 의회 자체의 징계는 면책특권과 관계없다. 국회의원이 의회 밖에서 책임을 지지 않는다는 것은 민사상, 형사상의 법적 책임을 지지 않는다는 의미이다. 또한 소속정당에 의한 징계 등 정치적 책임을 묻는 것은 별개의 문제이다.

3. 不逮捕特權

(1) 불체포특권의 보장

헌법 제44조 제1항은 "국회의원은 현행범인인 경우를 제외하고는 회기 중 국회의 동의 없이 체포 또는 구금되지 아니한다."고 하고 있는데, 이것이 국회의원의 불체포특권(不逮捕特權)이다.[65] 불체포특권은 면책특권과 함께 16세기 영국에서 전제군주의 대권에 대항하여 획득한 국회의원 및 의회의 특권이다. 불체포특권은 의원의 불가침(inviolabilité parlementaire)을 내용으로 한다.

(2) 제도적 목적

불체포특권은 언론 · 표결을 위한 의회에의 출석을 보장하려는 것으로,

Press, New York, pp. 372~73.

65) 김철수 교수(1299)는 불체포특권은 회기 중에 한정하지 않은 입법례(독일, 이탈리아)도 있으나 적어도 회기 중에는 불체포특권을 인정하는 것이 세계적 경향이라고 보고 있다[상세한 것은 김철수, 입법자료교재헌법(증보판) 470면 참조].

면책특권을 실질적으로 보장하기 위하여 필요한 수단적 특권이다. 즉, 불체포특권은 1) 정부가 의원을 정략적으로 체포하거나 부당하게 국회를 지배하려는 것을 방지하고, 동시에 2) 국회의 심의권을 확보하려는 것을 목적으로 한다.[66)]

(3) 불체포특권의 주체

불체포특권의 주체는 국회의원이다. 국무위원과 국회의원을 겸한 경우에도 불체포특권은 인정된다. 국회의원의 신분은 개시와 더불어 임기가 시작된다. 따라서 국회 임기 개시 전의 국회의원 당선자는 불체포특권의 주체가 아니다.

(4) 회기중에만 인정

불체포특권은 회기중에 인정된다. 회기란 집회일로부터 폐회일까지의 기간으로 휴회도 포함한다. 회기중이 아닌 위원회의 경우는 국회회기가 아니므로 이 기간 중에는 위원인 국회의원의 불체포특권은 인정되지 않는다.

(5) 체포 또는 구금의 의미

체포는 형사소송법사의 체포·구금 등의 강제조치뿐만 아니고 경찰관직무집행법상의 보호조치나 감호조치 등(제4조) 행정상의 강제조치까지 포함하여 넓게 기타 이유에 의해서도 신체를 구속하는 강제처분을 포함한다.[67)] 판결이 확정된 후 자유형의 집행은 이에 포함되지 않는다.

---

66) 의원의 불체포특권은 행정부의 불법한 억압으로부터 국회의 자유활동을 보장하기 위하여 인정된 것이므로, 불체포특권은 의원의 범죄행위에 대한 책임면제가 아니고, 행정부에 의한 부당한 체포, 구금으로부터 자유로운 국회기능을 보장하는 것이 그 목적이다. 따라서 체포사유가 있는 경우에도 국회의 의사에 지대한 장애가 발생하는 경우에는 동의를 하지 않을 수도 있다(김철수, 1300).

67) 형사절차상의 체포, 구인, 구금 이외에도 행정상의 절차에 의한 체포, 구인, 구금도 포함하는가에 대해 견해가 대립하고 있다. 1) "모든구속설"은 형사절차 이외의 경우에도 기타의 이유에 근거하여 신체의 자유구속, 보호조치 등이 포함된다는 견해이고, 2) "형사절차설"은 형사절차에 있어서의 체포구속만을 의미한다고 보는 견해이다. 통설(김철수 교수(1301), 권영성 교수(935), 허영 교수(929))은 형사절차이든 행정상절차이든 그 이유를 막론하고 자유를 구속하는 모든 처분을 의미한다고 보는 "모든구속설"을 취하고 있다.

(6) 不逮捕特權이 인정되지 않는 경우

불체포특권의 목적이 부당한 체포·구금으로부터 국회의원을 보호하고자 하는 것이므로 국회가 체포에 동의한 경우에는 이 특권은 인정되지 않는다. 이것은 체포의 사유가 정당한 경우 불체포특권이 남용되지 않도록 하기 위한 것이다. 즉, 적법하게 집행되고 또 필요한 체포라고 인정되는 한 무조건 체포를 동의하지 않을 수 없다. 또한 체포의 정당성을 인정하여 국회의원의 체포에 동의하는 한, 체포에 동의하면서 조건을 붙이는 조건부동의(條件附同意)나 기한을 붙이는 기한부동의(期限附同意)를 하는 것은 검찰권의 행사에 대한 간섭으로서 허용되지 않는다.[68]

(7) 체포·구금된 경우의 석방요구

현행범을 제외하고는 국회의원이 회기전에 체포 또는 구금된 때에는 국회의 요구가 있으면 회기중 석방하여야 한다(제44조 제2항). '회기전'이라 함은 회기시작 이전을 의미하기 때문에 전회기(前會期)도 포함한다. 전회기중에 국회의 동의를 얻어 체포한 경우라 하더라도 국회의 요구가 있는 경우에는 회기중 석방된다.

68) 의원의 체포를 허락하는 한 그것은 그 체포의 정당성을 승인하는 것으로 의원의 체포를 허락하면서 그 기간을 제한하는 것과 같은 것은 체포승락권의 본질을 무시한 불법적인 조치이다(東京地法 昭和 29.3.6.).

제 3 장 政　　府

제 3 장
政 府

정부를 구성하는 방법은 정부형태에 따라 다르다. 정부구성에 있어 일원적이냐 이원적이냐의 구별은 정부를 국가원수로서의 지위와 행정부 수반으로서의 지위를 겸하게 하여 일원적으로 구성하느냐 아니면 양자를 구분하여 이원적으로 구성하느냐의 문제이다. 다만, 오늘날 각국의 정부형태는 양제도의 요소를 절충하거나 변형시킨 것이 많다.

제 1 절 大統領制와 政府構成

I. 정부형태와 大統領

1. 大統領制에 있어서의 大統領

엄격한 권력분립에 입각한 미국식의 '순수한 대통령제', 또는 '고전적 대통령제'에 있어서 정부구성은 일원적이다. 즉 대통령은 국가원수인 동시에 집행권의 최고책임자다. 그런데 연방국가로서 미국의 권력분립은 이중적이다. 중앙정부는 수평적으로 권력이 분립되어, 권력구조상 대통령은 입법부·사법부의 장(長)과 원칙적으로 동렬인 지위에 있다. 또한 수직적으로는 중앙정부와 지방정부(State) 사이에 권력이 분립되어 있다. 미국의 대통령제는 1) 엄격한 권력분립, 2) 집행권의 일원적 구조를 바탕으로 한 강력한 정부, 3) 정부의 의회에 대한 무책임성, 4) 대통령의 국회해산권 부인, 5) 정부의 법률안제출권 부인, 6) 대통령의 법률안거부권 등을 특색으로 한다. 요컨대, 미국의 대통령은 엄격한 권력분립을 바탕으로 입법부·사법부의 장(長)과 원칙적으로 병렬적 지위에 있으며, 정부구성은 일원적으로 국가원수인 동시에 집행권의 최고책임자로서의 지위를 지닌다.

2. 議院內閣制에 있어서의 大統領

대통령제와 달리 의원내각제에 있어서 정부구성은 이원적이다. 의원내각제 국가에 있어서 대통령의 지위는 동일하지 아니하다. 독일의 대통령은 '국가 및 국민적 통일의 상징'으로서 형식적·의례적 권한만을 가진 명목적·상징적 국가원수인 지위에 있다. 이것은 국가원수를 국가적 통일성(Staatseinheit)의 상징으로 보는 것이다. 의원내각제에서 집행권은 이원적 구조이고, 대통령은 그 임기가 5-7년으로 비교적 장기이며, 의회에 대해서는 책임을 지지 않는다.

3. 二元政府制에 있어서의 大統領

이원정부제는 대통령제와 의원내각제가 절충된 형태의 정부이다.[1] 평상시 국내정치는 국무총리가 책임을 진다. 대통령은 국가의 정상적 기능, 국가의 계속성 확보, 국가의 독립과 영토의 보전, 조약의 준수 등과 관련된 상징적 지위와 더불어 이에 관한 실질적 권한을 가진다. 이원정부제하에서 정부구성은 이원적이다.[2] 그러나 이원정부제에 있어서의 대통령은 대통령제 국가의 대통령과 달리 행정을 책임지지 않고, 의원내각제의 대통령과도 달리 단순한 의례적·상징적 지위에서의 국가원수에 그치지 아니하고 외교·국방 등에 있어 실질적 권한을 가진다. 프랑스 제5공화국은 이원정부제의 정부형태로서 대통령은 실질적 권한, 헌법상의 특권을 가진 강력한 통치자로서 명실상부한 국가원수로 국정의 전면에 등장하고 있다.

---

1) 이원정부제하의 대통령은 어느 정도의 실질적 권한을 가진다. 그러나 유럽에 있어서도 1848년 France헌법과 1919년 Weimar헌법은 임기가 보장된 대통령을 직접선거하고 그 지위를 보장하였으나 정당의 난립과 의회지도자의 경험부족으로 국민으로부터 민선된 대통령이 "합헌적"인 독재자로 되고 만 경험을 가지고 있다(김철수 1407).

2) 이원적 정부구성이라는 면에서는 의원내각제와 같으나, 대통령이 상징적 존재에 그치지 아니하고 국방·외교에 있어서는 실질적 권한을 가진다. 이러한 점에서 프랑스의 이원정부제를 '부진정 의원내각제(不眞正 議院內閣制)'라 하기도 한다.

4. 會議政府制에 있어서의 大統領

회의정부제에서는 의회가 행정부나 법원에 절대적 우위를 가진다. 따라서 정부는 의회에 예속되고, 의회는 정부구성권에 독자적 결정권을 가지고 사법적 판단에도 절대적 영향력을 행사한다. 대통령이나 국가원수는 없는 것이 원칙이고 스위스처럼 연방대통령이 존재하는 경우에도 의례적·명목적인 국가원수를 의미할 뿐이다.

5. 新大統領制에 있어서의 大統領

신대통령제의 대통령도 국가원수로서의 지위와 행정부 수반으로서의 지위를 겸한다(집행부의 일원적 구성). 집행부는 입법부나 사법부에 월등히 우월하여 이들 국가기관은 집행부에 예속되어 있다. 대통령은 국가권력을 독점하고 있으며 그 권력행사에 대한 견제장치는 존재하지 아니한다.[3]

Ⅱ. 韓國憲法의 大統領制

현행 우리나라의 헌법은 제66조 제1항에서 "대통령은 국가의 원수이며, 외국에 대하여 국가를 대표한다."고 규정하고 있고, 동조 제4항에서 "행정권은 대통령을 수반으로 하는 정부에 속한다."고 규정하고 있다. 우리나라의 정부형태는 기본적으로 대통령제를 취하고 있고, 부분적으로 의원내각제요소가 가미된 정부형태[4]이다. 대통령은 국가원수로서의 지위와

---

3) 김철수 교수는 신대통령제와 전체주의국가는 권력의 집중현상이라는 점에서는 공통적이나 신대통령제에서는 국가이념이 존재하지 않는다는 점에서 서로 구별된다고 한다(1408).

4) 의원내각제의 요소로는 i) 외형상 의원내각제의 내각에 유사한 국무회의를 두고 대통령이 의장이 되어 집행부의 권한에 속하는 중요정책을 심의하게 하고 있고(제88조 제1항), ii) 국무총리를 임명함에 있어 국회의 동의를 얻도록 하고 있으며(제86조 제1항), iii) 국무총리는 대통령의 명을 받아 행정각부를 통할하고(제86조 제2항), 국무위원의 임명을 대통령에게 제청하며, 국무위원에 대한 해임을 대통령에게 건의할 수 있으며(제63조 제1항), iv) 대통령의 국법상 행위는 국무총리와 관계국무위원의 부서가 있어야 하고(제82조), v) 정부도 법률안을 제출할 수 있고(제52

행정부 수반으로서의 지위를 겸한다. 정부구성은 일원적으로 구성되는 대통령제의 정부형태이다.[5)]

[우리나라의 정부형태] 헌법재판소는 "우리나라의 정부형태는 약간의 의원내각제적 요소도 있기는 하나 기본적으로는 대통령제(또는 대통령중심제)로서 행정권 행사에 관한 최고·최후의 결정권자는 대통령이라고 해석되는 점"이라고 설시하여 우리나라 정부형태를 의원내각제요소를 가미한 대통령제 정부형태로 보고 있다(헌법재판소 1994.4.28. 89헌마86).

제2절 大統領

Ⅰ. 헌법상 대통령의 지위

우리나라 대통령은 국가원수로서의 지위와 행정부의 수반으로서의 지위를 함께 가지고 있다[6)](집행부의 일원적 구성).

1. 國家元首로서의 大統領

대통령은 국가원수(head of state; chef d'État; Staatsoberhaupt)이다

조), vi) 국무총리, 국무위원, 정부위원은 국회나 그 위원회에 출석하여 발언할 수 있고, 국회와 그 위원회도 이들을 출석시켜 답변을 요구할 수 있으며(제62조 제1항, 제2항), vii) 국회의원과 국무위원의 겸직이 허용된다는 점을 들 수 있다.

5) 권영성 교수(942)는 역대 미국의 대통령제를 취한 적이 없는 언제나 '변형된 대통령제'라고 표현하고 있고, 허영 교수(933)는 이원정부제는 아니지만 집행부가 2원화되어 집행권이 대통령을 수반으로 하는 정부에 속하게 하면서도, 국무총리가 고유한 행정기능을 통할하고, 대통령은 국무회의를 통하여 행정기능에 관여하는 '2원적 구조를 취하고 있는 정부형태'라고 하면서 이러한 통치구조에서 국무총리의 지위가 문제점으로 부각되는 것도 바로 이와 같은 정부구조의 2원성에 있다고 보고 있다. 김철수 교수(1410)는 '의원내각제요소를 약간 가미한 대통령제'로 보고 있다.

6) 권영성 교수(945)는 대통령의 헌법상 지위를 i) 국민대표기관으로서의 지위, ii) 국가원수로서의 지위, iii) 집행부수반으로서의 지위로 분류하고 있고, 김철수 교수(1411)는 i) 국가원수로서의 지위, ii) 국가의 한 주권행사로서의 지위, iii) 행정권 수반으로서의 지위, iv) 국가수호자로서의 지위로 분류하고 있으며, 허영 교수(935)는 i) 국가원수로서의 지위, ii) 국정최고책임자로서의 지위, iii) 행정부수반으로서의 지위, iv) 대의기관으로서의 지위, v) 기본권보호기관으로서의 지위로 분류한다.

(제66조 제1항). 대통령은 군주와는 달리 헌법의 수권을 받은 제한된 권한만을 가지게 된다. 따라서 대통령의 권력의 추정은 허용되지 아니한다. 우리 헌법상 대통령은 대외적으로 국가를 대표하고 대내적으로는 국민의 통일성·전체성과 국가의 계속성을 대표한다.

(1) "國家"의 代表者로서의 大統領

헌법은 '대통령은 외국에 대하여 국가를 대표한다'고 규정(제66조 제1항 후단)하여 대통령이 대외적으로 국가의 대표자임을 규정하고 있다. 이에 따라 대통령은 대외적으로 국가를 대표하고 대외적 권력을 담당한다. 국가의 권력은 대내적 권력과 대외적 권력으로 나눌 수 있는데, 대내적 권력은 입법·행정·사법 등 권력분립원리에 입각하고 있다. 그러나 국가의 대외적 권력(auswärtiger Gewalt)은 집행권에 유보된 권력 또는 집행권의 본질적 구성부분이다. 이러한 대통령의 '대외적 대표'는 의회의 관여에 의한 '하나의 결합된 권력'을 의미한다.

(2) "國民"의 代表者로서의 大統領

대통령은 국민주권을 실현하는 국민의 대표자이다. 국민의 대표기관으로서는 국회의원과 대통령을 생각할 수 있는데, 국회의원은 '전체국민의 대표자'라고 하지만 실질적으로는 지방적·부분적 이익을 대표하는 '부분적 대표'를 면하지 못하는데, 대통령은 진정한 의미에서 국민의 '총체적 대표(représentation globale)'라 할 수 있다.

(3) 國家·領土 및 憲法의 守護者로서의 大統領

대통령은 국가의 독립, 영토의 보전, 국가의 계속성 그리고 헌법을 수호할 책무를 진다(제66조 제2항). 미국이나 독일의 경우 이에 해당하는 조항이 없다. 그러나 규정여하를 묻지 않고 당연히 대통령에게 주어진 책무이다. 이와 관련된 대통령의 권한으로서 국가긴급권인 긴급재정경제명령·처분권 및 긴급명령권(제76조), 계엄선포권(제77조), 위헌정당해산제소권(제8조 제4항), 국군통수권(제74조) 등이 있다.

(4) 國政의 統合·調整者로서의 大統領

대통령은 행정부의 수반이지만, 국정지도자로서의 대통령은 전통적인 권력분립을 초월하여 국정전반을 조정·통할한다. 이와 관련된 대통령의 권한으로 헌법은 헌법개정제안권(제128조 제1항), 외교·국방·통일 기타 국가안위에 관한 중요정책의 국민투표 부의권(제72조), 사면·감형·복권에 관한 권한(제79조), 영전수여권(제80조), 법률안제출권(제52조) 등이 있다.

[대통령의 중립적 권력] 꽁스땅(Benjamin Constan)에 의하면 대통령은 中立的 權力(pouvoir neutre)을 가지고 국정을 조정·통합한다고 한다. 대통령의 중립적 권력에 대하여 입법·집행·사법의 권력은 政治的 權力(pouvoir politique)이라 한다. 대통령은 입법·행정·사법과 구분되는 제4의 권력, '군주의 권력(pouvoir royal)'의 담당자로서 '삼권의 중심(au milieu de ses trois pouvoirs)'에서 '中立的·調節的 權威(autorité neutre et intermédiaire)'를 가지고 국가의 통일성을 유지한다.

(5) 憲法機關 構成者로서의 大統領

대통령은 국무총리와 국무위원 임명권(제86조 제1항, 제87조 제1항), 감사원장과 감사위원 임명권(제98조 제2항, 제3항), 대법원의 장과 대법관 임명권(제104조 제1항, 제2항), 헌법재판소의 장 및 재판관 임명권(제111조 제2항, 제4항), 중앙선거관리위원회 위원 3인 임명권(제114조 제2항) 등 헌법기관을 구성하는 권한을 가진다. 국무총리와 감사원장은 국회의 동의를 얻어 대통령이 임명하고(제86조 제1항, 제98조 제2항), 대법원장은 대통령이 지명하여 국회의 동의를 얻어 임명하며, 대법관은 대법원장이 제청하고 국회의 동의를 얻어 대통령이 임명한다(제104조 제1항, 제2항). 그리고 헌법재판소의 장은 국회의 동의를 받아 대통령이 임명하고, 헌법재판소의 재판관은 국회에서 3인, 대법원에서 3인, 행정부에서 3인을 추천받아 대통령이 임명한다(제111조 제2항, 제4항). 또한 대통령은 중앙선거관리위원회 위원 9인 중 3인을 임명한다(제114조 제2항).

2. 執行機關으로서의 大統領

행정권은 대통령을 수반으로 하는 정부에 속한다(헌법 제66조 제4항). 대통령이 행정권의 수반이라는 것은 대통령이 정부를 조직하고 행정의 최고책임자로서 집행권을 담당하는 것을 의미한다.

(1) 行政權의 首班으로서의 大統領

대통령은 집행부의 최고지휘자·최고책임자로서의 지위를 가진다. 행정권의 수반인 지위에서 대통령은 국가행정사무를 수행한다. 대통령은 국가행정기관을 조직·지휘·통솔하며, 국군통수권(제74조)과 행정입법권(제75조) 기타 행정에 관한 권한을 행사한다. 권력분립의 원리로서 행정부·입법부·사법부는 대등한 수평적 지위에 있으므로, 행정권의 최고책임자인 대통령은 입법부·사법부와 대등한 지위에서 권한을 가진다. 입법부에 대한 권한으로서는 법률안제출권(제52조), 법률안거부권(제53조), 예산안편성권 및 제출권(제54조 제2항), 준예산 집행권(제54조 제3항), 국채모집이나 예산외 국가부담이 될 계약체결권(제58조), 임시국회소집요구권(제47조), 국회출석발언권(제81조) 등을 가진다. 사법부에 대한 권한으로서는 사면권(제79조) 등이 있다.

(2) 政府組織權者로서의 大統領

대통령은 정부의 수반으로서 정부를 조직하는 권한이 있다. 대통령은 국회의 동의를 얻어 국무총리를 임명하고(제86조 제1항), 국무총리의 제청을 받아 국무위원과 행정각부의 장관을 임명하여 국무회의와 정부를 조직하게 된다(제87조 제1항, 제94조).

(3) 國務會議 議長으로서의 大統領

국무회의는 정부의 권한에 속하는 중요한 정책을 심의하는데, 대통령은 그 의장이 된다(제88조). 국무회의 의장으로서 대통령은 국무회의를 소집하고 그 회의를 주재한다(정부조직법 제12조 제1항). 의장의 지위는 행정최고심의기관인 국무회의에서 정책을 입안하고 지도하는데 주도적 역할을 한다(제91조).

Ⅱ. 大統領의 責任

1. 大統領의 責任과 無責任

(1) 大統領의 法的 責任과 政治的 責任

대통령의 책임은 법적 책임과 정치적 책임으로 구분할 수 있다. 대통령은 임기 중 일정부분 법적 무책임성이 보장된다. 즉 대통령의 권한과 지위를 보장하기 위하여 대통령은 내란과 외환의 죄 이외에는 재직 중 형사상 소추를 받지 않고(제84조),[7] 헌법과 법률에 위배된 행위를 하지 않는 한 탄핵소추를 받지 아니한다(제65조). 또한 대통령은 임기 중 정치적으로도 무책임성이 보장된다. 그러나 헌법이 규정한 대통령에 대한 면책규정은 임기 중 법적으로 그러하다는 의미이지, 어떠한 경우에도 정치적 책임이 면제된다는 의미는 아니다. 특히 임기만료 후 정치적 책임을 묻는 것은 중요하다. 임기만료 후 정치적 책임은 국민에게 지는데, 그것은 재선여부에 의하여 결정되는 것이다.

(2) 大統領의 政治的 無責任과 責任

그런데 현행 우리나라의 헌법은 제70조에서 "대통령의 임기는 5년으로 하며, 중임할 수 없다"고 규정하여 대통령 5년 단임제로 되어 있어서, 재선이 허용되지 않으므로 국민에 의한 정치적 책임을 물을 수 있는 길을 차단하고 있다. 임기 중의 정치적 무책임성을 보장하면서 임기가 단임제이기 때문에 결과적으로 임기만료 후 정치적 책임을 묻는 장치도 두고 있지 않다.

[프랑스에서의 대통령의 정치적 무책임] 프랑스에서 정치적 책임은 이원적 구조를 이루고 있었다. 즉, 국가원수의 정치적 무책임과 내각의 정치적 책임이 그것이다. 국가원수의 정치적 무책임 규정은 입헌군주제에 있어 군주의 지위에서 비롯된 것이다. 과거 프랑스헌법은 "국왕의 인격은 신성·불가침이다."(프랑스 1791년 헌법, 1814년 헌법, 1830년 헌법)라고 규정하여 이를 확인하고 있다. 이어 공화국 헌법은 국가원수의 정치적 무책임(1875년 헌법)을 규정하고 있었다. 국가원수의 정치적무책임의 근거는 국가이유(la raison d'État)와 중재론(l'arbitrage)에 있다. 특히 꽁스탕(Benjamin Constant)에 의하면 국가원수의 권력은 중립적·소극적 권력이기 때문에 그는 정치적으로 책임을 지지 않지만, 내각의 권력은 능동적 권력이기 때문에 정치적 책임을 부담한다고 한다. 그러나 국가원수의 특권이라 하더라도 이는 국민주권원리에 대한 배반이라고 비판한다. 즉, 책임이 없는 곳에는 항상 전제의 위험이 있다는 것이다. 따라서 대통령에 대한 책임론이 등장한다(Y. Lenoir).

7) 즉 내란과 외환죄는 재직 중이라도 형사상 소추를 받으며, 그 이외의 죄는 재직 중에 형사상 소추를 받지 아니한다(공소시효가 정지됨을 의미).

⑶ 責任 없이 權力 없다

'책임이 있는 곳에 권력이 있다(Où est la responsabilité, là est la pouvoir).' 거나 '책임 없이는 권력은 없다(Il n'y a pas de pouvoir sans responsabilité).' 는 것은 보편적 진리이다. 그런데 대통령에게 보다 중요한 의미를 가지는 것은 법적 책임보다는 정치적 책임이다. 대통령제에서 대통령의 책임은 국민전체에 대한 책임을 의미한다. 그것은 권력의 정당성이 국민의 신임에 근거하기 때문이다. 권력의 정당성은 국민의 신임에 근거하는 것이고 따라서 대통령이 국민에 대한 책임을 진다는 것은 민주정부의 본질을 말한다. 따라서 대통령의 정치적 책임을 묻는 것은 대통령제의 본질이 된다. 법적 책임과는 달리 대통령은 적극적 행위뿐만 아니라 부작위나 태만 같은 소극적 행위에 대하여서도 정치적 책임을 진다. 책임이 없는 곳에는 항상 전제의 위험이 따르게 된다. 대통령에 대한 정치적·도덕적 책임론이 의미를 가지는 것이다. 그렇다고 도덕적 책임이 반드시 정치적 책임을 수반하는 것은 아니다. 대통령의 임기 중 정치적 책임은 임기 후 대통령선거에서의 재선여부에 의하여 확인된다.

2. 大統領의 政治的 責任

⑴ 國民投票附議權

1) 國民에게 呼訴할 權利

헌법은 "대통령은 필요하다고 인정할 때에는 외교·국방·통일 기타 국가안위에 관한 중요정책을 국민투표에 붙일 수 있다."(제72조)고 규정하여 대통령이 국민에게 직접 호소할 권리를 규정하고 있다. 원래 대통령의 "국민에게 호소할 권리"는 프랑스 헌법에서 비롯된 것이다.[8] 국민투표는 대통령의 국민에 대한 책임을 국민에 대한 정치적 호소를 통하여 직접 확인하는 제도이다. 그러나 국민투표는 자주 신임국민투표(plébicite)로 오용되었다. 나폴레옹 3세의 국민투표는 정치적 목적에 의한 하나의 쿠데타였음이 이를 잘 말해준다. 우리나라의 경우도 삼선개헌이나 유신헌법이 지도자의 신임을 묻는 형태로 감행되었다. 우리 헌법상 국민투표는 정책

8) 최초의 규정은 1852년의 프랑스헌법 제5조이다.

에 대하여 국민에게 호소하는 경우에 한한다. 정책에 대한 국민투표는 '국민에게 직접 호소할 권리'로서 문제가 없으나, 신임국민투표는 임기 중 대통령의 정치적 무책임성 원칙에 반하는 것이어서 문제이다.

2) 信任投票問題

신임국민투표는 정치적 위기와 같은 중대한 정치적 위험성을 초래하기 쉽다. 경우에 따라서는 쿠데타에 의한 독재의 위험성을 수반한다. 그래서 우리 헌법은 국민투표에 부의할 수 있는 사항을 "외교·국방·통일 기타 국가안위에 관한 중요정책"에 한정하고 있는 것이다. 신임투표는 역사적으로 보아도 그 의미가 퇴색되었고, 우리의 법이론상으로도 허용되지 않는 것으로 보아야 하며, 헌법해석에 의하여서도 인정되지 않기 때문에 신임국민투표는 위헌이다. 국민에게 호소할 권리의 내용은 형식상으로 볼 때 대통령의 재량사항인 듯하지만, 이는 엄격하게 해석하지 않으면 안된다. 왜냐하면 헌법에서 직접민주주의의 한 방식으로 도입한 국민투표(referendum)가 헌법상 허용되지 아니하는 신임국민투표(plebiscite)로 오용될 수 있기 때문이다.

[신임국민투표의 위헌성] 피청구인(대통령)은 자신에 대한 신임을 물을 헌법적 권한이 없는 것이고 … 자신에 대한 신임을 국민투표의 형식으로 재차 확인하고자 하는 것은 헌법 제72조의 국민투표제를 헌법이 허용하지 않는 방법으로 위헌적으로 사용하는 것이다. 또한 특정정책을 … 자신에 대한 신임과 연계시켜 '불신임의 경우 사임하겠다'고 하는 것은 국민투표의 대상이 된 특정정책에 대한 국민의 결정과정에 부당한 압력을 행사하는 것이고 이는 대통령의 헌법상 권한을 넘어선 것이다.… 따라서 대통령은 헌법상 국민에게 자신에 대한 신임을 국민투표의 형식으로 물을 수 없고 그렇게 하는 것은 위헌적인 행위로서 헌법적으로 허용되지 않는다(헌법재판소 2003.11.27. 2003헌마694·700(병합)·742(병합) 소수의견(4인)).

(2) 大統領의 重任可能性 問題

대통령의 정치적 책임의 본질은 중임가능성에 있다. 대통령에 대해서는 재임중 형사상 소추가 제한되고 탄핵소추사유를 엄격하게 한정하고 있으며, 임기가 보장되기 때문에 재임 중 정치적·법적 책임을 지지 않는다. 대신에 임기만료 후의 대통령선거에서의 재선여부는 바로 국민에 대한 정치적 책임의 표현으로 대통령제의 본질적 부분이다. 그런데 우리 헌법은 과거 대통령의 독재와 임기문제로 인한 갈등·혼란을 겪어 헌법에서 중임의 길을 봉쇄하고 있다. 대통령중임제에 관한 우려는 "대통령의 임기연장 또는 중임변경을 위한 헌법개정은 그 헌법개정 제안 당시의 대통령에게 대하여는 효력이 없다."(헌법 제128조 제2항)라고 하는 규정으로 이어지고 있다. 그러나 헌법이 역사적 소산으로 대통령 중임제의 규정이 개정당시에는 정치적으로 정당했다하더라도, 이는 대통령제의 본질에도 어긋날 뿐 아니라 이제는 우리의 헌법현실과 국민들의 의식도 충분히 성숙했다고 본다. 따라서 대통령의 중임가능성을 허용하여 그의 정치적 책임을 묻도록 하는 것이 대통령의 정치적 책임을 확인하는 길이고 대통령제의 본질에도 부합하는 것이다.

Ⅲ. 大統領의 權限

1. 대통령의 권한의 분류

대통령의 권한은 관점에 따라 여러 가지로 분류할 수 있다. 대통령의 권한은 평상시의 권한과 국가위기시의 권한으로 분류할 수도 있고, 국가원수인 지위에서 가지는 대통령의 권한과 행정부수반인 지위에서 가지는 대통령의 권한으로 분류할 수도 있다. 또한 대통령권한행사분야에 따라 입법에 관한 권한, 집행에 관한 권한, 사법에 관한 권한, 헌법기관구성에 관한 권한, 국가긴급권 등으로 분류할 수도 있다. 이들 분류는 상호 중첩되기도 하는데 편의에 따라 여기서는 대통령의 권한을 행사분야별로 검토하기로 하겠다.

2. 立法에 관한 權限

대통령의 입법에 관한 권한은 입법자체에 대한 권한과 입법기관에 대한 권한으로 나눌 수 있다. 입법자체에 대한 권한은 다시 헌법개정에 관한 권한, 법률제정에 관한 권한, 대통령령제정에 관한 권한으로 나눌 수 있다. 이 가운데 대통령령제정권은 법률의 집행을 위한 권한으로 집행에 관한 권한에서 설명한다. 그리고 입법기관에 대한 권한은 국회에 관한 권한에서 설명하기로 한다.

(1) 憲法改正에 관한 權限

대통령은 헌법개정에 관하여 여러 가지 중요한 권한을 가진다. 즉 헌법개정안제안권·헌법개정안공고권·개정헌법공포권 등이 그것이다. 대통령은 국회의원재적 과반수의원과 더불어 헌법개정안을 제안할 권한을 가진다(제128조 제1항). 대통령은 제안된 헌법개정안을 20일 이상 공고할 권한과 의무를 가진다(제129조). 헌법개정안은 국회가 의결을 거쳐 30일 이내에 국민투표에 붙이게 되는데, 국회의원선거권자 과반수의 투표와 투표자 과반수의 찬성을 얻으면 헌법개정은 확정된다. 헌법개정안이 확정되면, 대통령은 즉시 이를 공포하여야 한다(제130조). 형식은 의무규정으로 되어있지만, 개정헌법의 공포는 동시에 국가원수로서 대통령의 고유권한이다.

(2) 法律制定에 관한 權限

대통령은 입법에 관하여 법률안제출권, 법률안거부권, 법률안공포권 및 행정입법권을 가진다. 다만, 행정입법권은 법률의 집행을 위한 권한으로서 후술하는 집행에 관한 권한 중 법률집행권에서 설명하기로 한다.

1) 法律案提出權

헌법 제52조는 "국회의원과 정부는 법률안을 제출할 수 있다."고 하여 정부에게도 법률안제출권을 부여하고 있다. 행정부수반으로서 대통령도 법률안을 제출할 수 있음은 물론이다. 대통령제에서 법률안제출권은 본질적으로 국회의원만이 가지는 것이 원칙이다. 법률안제출권을 정부에게도 부여하는 것은 의원내각제의 특색이다. 우리 헌법은 이렇게 법률안제출권을 이원화하여 대통령제에 의원내각제적 요소를 가미하고 있다. 정부의 전문지식을 활용할 수 있다는 장점이 있지만, 정부주도의 입법에 의해 국회가 통법부화하고 집행권이 상대적으로 우월성을 가지게 된다는 문제점도 있다.[9)]

---

9) 정부의 법률안제출권에 대하여 권영성 교수는 국회에 대한 행정부의 우월성이 보장되는 것으로 보고 있고(986), 김철수 교수는 이에 대해서 대통령제의 본질을 무시

[**통법부(通法府)**] 현대국가의 특질의 하나로서, 국회의 입법기능이 저하되고 이와는 상대적으로 행정부에 의한 입법기능이 확대·강화되고 있다는 지적은 어제 오늘의 일이 아니고 우리나라에서만 한정된 문제가 아니라 각국의 공통된 현상이기도 하다. 과거 우리나라는 행정부 주도로 경제개발·사회발전을 이룩하는 과정에서 국회는 국민의 다양한 의견을 수렴하여 입법에 반영하는 민주·법치국가적인 의회로서의 역할수행이 상대적으로 미흡하여 행정부에서 마련해 온 법률안에 대한 신중하고 면밀한 검토과정을 소홀히 한 채 통과시키는 사례가 적지 않았다(헌법재판소 1998.5.28. 96헌가1).

2) 法律案拒否權

가. 헌법규정

헌법은 대통령에게 법률안거부권을 부여하고 있다. 즉, 국회에서 의결된 법률안은 정부에 이송되어 15일 이내에 대통령이 공포하는데(제53조 제1항), 법률안에 이의가 있을 때에는 대통령은 15일 이내에 이의서(異議書)를 붙여 국회로 환부(還付)하고, 그 재의(再議)를 요구할 수 있도록 하고 있다. 국회의 폐회 중에도 동일하다(제53조 제2항).

나. 법률안거부권의 유형 및 통제

가) 법률안거부권의 의의

'법률안거부권(veto power, right to veto)'이라 함은 국회의 의결을 거쳐 정부에 이송된 법률안에 대하여 대통령이 이의가 있을 때 일정기간 내에 이의서를 붙여 국회에 보내어 재의를 요구하는 권한이다. 법률안의 재의는 일반적으로 가중된 특별정족수에 의하여 의결하게 되는데, 재의결되면 법률로서 확정되고 부결되면 폐기된다.

나) 제도로서의 법률안거부권

원래 법률안거부권은 정부가 법률안제출권을 가지지 않고 법률의 집행을 책임지는 결과로 인해 대통령에게 부여된 권한이다. 즉, 법률의 집행을 책임진 대통령이 비현실적 입법이나 집행 불가능한 입법을 막기 위하여 이들 법률안에 대하여 거부권을 행사할 수 있도록 한 것이다. 그러나

한 것으로 본다(1429).

우리나라의 경우에는 정부에 법률안제출권이 부여되고, 정부제안법률이 압도적으로 많은데 거부권까지 부여한 것은 문제가 있다.[10] 다만 여소야대의 국회에서 정치 공세적 입법으로서 실현 곤란한 경솔한 법률안을 가결시킨 경우에는 대통령의 법률안거부권은 의미를 가진다.

다) 법률안거부권의 유형

i) 還付拒否

거부권에는 환부거부와 보류거부가 있다. 환부거부(direct veto)란 정부에 이송된 법률안에 대하여 대통령이 이의서를 첨부하여 국회에 환부하고 재의결을 요구하는 형식의 거부권으로 법률안거부권의 전형적인 형태이다. 헌법은 "법률안에 이의가 있을 때에는 대통령은 제1항의 기간(15일)내에 이의서를 붙여 국회로 환부하고, 그 재의를 요구할 수 있다. 국회의 폐회 중에도 또한 같다."(제53조 제2항)고 하여 환부거부를 규정하고 있다. 환부거부와 관련하여 선택적 거부(選擇的 拒否)·일부거부(一部拒否)나 수정거부(修正拒否)는 인정되지 아니한다. 헌법 제53조 제3항이 "대통령은 법률안의 일부에 대하여 또는 법률안을 수정하여 재의를 요구할 수 없다."고 명문으로 이를 금지한다. 대통령은 법률안에 대하여는 승인하는 경우 서명·공포하여야 하고, 거부하는 경우에는 국회에 법률안 전체를 환부하여야 하지 선택적으로 일부조항만을 거부하거나 수정을 하여 거부하는 것은 허용되지 않는다. 그 이유는 ㉠ 법률안의 거부도 공포와 마찬가지로 그 전부에 대하여 행하여야하고, ㉡ 일부거부와 수정거부도 입법에 대한 구체적 간섭이 되기 때문이다.

[선택적 일부거부] 미국 연방의회는 대통령에게 일부조항에 대한 선택적 거부권(line item veto)을 인정하는 Line Item Veto Act(1977. 1. 1.)를 통과시켰다. 실제로 Clinton 대통령은 1997년 8월 여야합의로 채택한 균형예산법(Balanced Budget Act of 1997)과 납세자구제법(Taxpayer Relief Act of 1997)의 일부조항에 대한 거부권을 행사하였다. 이 법률의 합헌성여부가

10) 미국과는 달리 우리 헌법은 대통령의 법률안제출권을 인정하면서도 이 제도를 인정한 결과 국회의 입법권에 대한 견제기능을 넘어서서 국회에 대한 상당한 위협이 되고 있어 거부권의 남용을 경계하여야 한다(김철수, 1429; 권영성, 987; 허영, 956). 반면에 미국은 대통령의 법률안제출권을 인정하지 않기 때문에 법률안거부권이 상당한 실효성을 거두고 있다. 미국의 F. Roosevelt 대통령이 재직중 무려 631회의 거부권을 행사하였다는 것은 시사하는 바가 크다.

다투어졌는데 연방대법원은 "연방헌법 제1조 제7항 제2호(법률공포조항)에 의하면 법률안이 의회를 통과한 후 법률로 성립되기 전에 대통령에게 교부되어야 하고, 대통령이 그 법률안을 승인하면 서명하고 그렇지 않으면 이를 의회에 환부하여야 한다고 규정하고 있다. 이 환부는 법률안 전체에 대하여… 하여야 한다. 그런데 선택적 일부거부는 법률의 일부에 대하여 하는 것… 이어서 연방헌법의 법률공포조항에 위반되어 위헌이다."(Clinton v. City of New York 524 U.S. 417, 1998)라고 하여, 결국 일부거부는 위헌이라 판단하였다.

ii) 保留拒否 문제

미국 헌법은 대통령이 국회로부터 법률안을 이송받고 거부권을 행사하거나 서명을 하지도 않은 상태에서 국회가 장기휴회하거나 폐회하는 등 환부거부를 할 수 없는 예외적 상황에는 보류거부(pocket veto)를 인정한다(미국헌법 제7조 제2항). 우리 헌법상으로도 보류거부를 인정할 것인가에 대하여는 다툼이 있다. 그러나 헌법이 회기계속의 원칙을 규정하고 있고(제51조), 국회폐회 중에도 환부거부를 할 수 있다고(제53조 제2항) 하고 있으며, 특히 "대통령이 15일 이내에 공포나 재의의 요구를 하지 아니한 때에도 그 법률안은 법률로서 확정된다."고 한 것은 환부거부만을 인정하고 보류거부는 인정하지 않은 취지로 해석하여야 할 것이다. 그런데, 국회의 임기가 만료되어 국회가 종국적으로 폐회되어 환부할래야 환부할 국회가 존재하지 않으며 대통령은 그 법률안에 대하여 이의를 가지고 있는 경우에는 예외적으로 보류거부를 인정할 수밖에 없다는 견해가 있다. 그렇지만 이 경우도 환부거부와 별도로 보류거부를 인정할 일은 아니라고 생각한다. 그것은 첫째로, 환부거부에 의한 법률안의 재의도 법률안의 심의인데 임기가 만료되는 경우에는 당연히 다른 안건과 마찬가지로 거부된 법률안의 재의도 종료되는 것이기 때문이다. 이를 굳이 보류거부로 설명할 것은 아니다. 둘째, 가뜩이나 대통령의 권한이 막강한데, 헌법의 규정 이상으로 해석에 의하여 새로운 권한을 부여하는 것은 바람직하지 않다. 셋째, 재의여부는 국회의 사정이고 대통령은 공포하지 않는 한 반드시 환부하여야 한다고 해석하여야 한다. 보류거부 형태로 대통령이 그야말로 '주머니에서 뭉개는 것'은 헌법의 규정과 국회의 입법심의권을 무시하는 것이다. 환부거부만을 인정하고 보류거부는 부정하는 것, 그것이 헌법의 취

지이고 국회의 법률안심의권을 존중하는 것이기 때문이다.[11]

라) 법률안거부권행사의 요건

대통령이 법률안거부권을 행사하기 위해서는 거부권행사의 실질적 요건과 형식적 요건을 모두 갖추어야 한다. 거부권행사의 실질적 요건이란 그 법률안이 i) 헌법에 위반한 것이거나 ii) 법률로서의 실질적 요건을 결한 경우 iii) 실현 불가능한 경우 등을 들 수 있다. 법률로서의 형식적 요건을 결한 경우는 거부권행사의 실질적 요건은 아니라고 본다. 법률안의 성립과정상의 하자는 국회나 헌법재판소에서 가릴 문제이지, 대통령이 관여할 일은 아니라고 보기 때문이다. 거부권행사의 형식적 요건(절차적 요건)은 i) 국무회의의 심의를 거쳐(제89조), ii) 환부문서에 국무총리와 관계국무위원이 부서한 후(제82조), iii) 이의서를 붙여, iv) 법률안이송일로부터 15일 이내에 v) 국회에 환부하여 재의를 요구하여야 한다(제53조 제2항)는 것이다.

마) 법률안거부권행사에 대한 통제

대통령의 법률안거부권은 신중하게 행사되어야 한다. 거부권이 남용된 경우 국회는 거부된 법률안을 재의결하여 법률로 확정할 수 있다. 대통령의 법률안 거부권행사에 대한 통제는 행정부의 내부적 통제와 국회에 의한 외부적 통제가 있다. 거부권은 국무회의의 심의를 거쳐 환부문서에 국무총리와 관계국무위원이 부서하고 이의서를 첨부하여 행사하여야 한다. 또한 이 경우 대통령이 거부권을 행사하지도 않으면서 법률안을 공포하지 않으면 국회의장이 이를 공포할 수 있게 하여 거부권행사를 통제한다. 즉, 대통령이 법률안거부권을 행사하여 재의를 요구한 때에는 국회는 재의에 붙이고, 재적의원과반수의 출석과 출석의원 3분의 2 이상의 찬성으

11) 보류거부의 인정여부에 대해서 '전체부정설'과 '부분긍정설'로 나뉘어 지는 바, 권영성 교수(990)는 부분긍정설의 견해로서, 원칙적으로 보류거부는 인정되지 않지만, 국회가 의결한 법률안이 정부에 이송된 후 15일 이내에 그 법률안을 의결한 의원의 임기가 만료하여 국회가 종국적으로 폐회한 경우에는 국회가 존재하지 않으므로 환부할래야 환부할 수 없고, 이때 대통령이 그 법률안에 대해서 이의를 가지고 있는 경우에는 예외적으로 보류거부가 인정되는 것으로 보아야 한다고 하고 있다. 이에 대해서 김철수 교수(1431)는 헌법을 확장 해석하여 보류거부권을 인정할 필요는 없다고 하여 전체부정설의 견해를 취하고 있다. 허영 교수(956)는 국회의 임기가 만료되어 폐회된 경우에는 임기만료에 따른 법률안폐기(제51조 단서)이지 보류거부는 아니라고 하면서 이러한 견해대립은 실익이 없는 논쟁이라고 하고 있다.

로 전과 같은 의결을 하면 그 법률안은 법률로서 확정된다(제53조 제4항). 대통령은 이렇게 확정된 법률을 지체없이 공포하여야 한다. 국회의 재의결에 의하여 법률은 확정되는데, 확정법률이 정부에 이송된 후 5일 이내에 대통령이 공포하지 아니할 때에는 국회의장이 이를 공포하도록 하고 있다(제53조 제5항).

3) 法律公布權

가. 대통령의 법률공포권

대통령은 국회에서 이송된 법률안을 15일 이내에 법률로 공포하는 권한을 가진다(제51조 제3항). 대통령이 거부권을 행사한 법률안을 국회가 재의결한 경우 정부에 이송되면 대통령은 지체없이 확정법률을 공포하여야 한다(제53조 제6항 전문). 법률을 공포할 때에는 법률공포문을 붙이게 되는데 법률공포문의 전문에는 국회의 의결을 얻은 뜻을 기재하고, 대통령이 서명한 후 대통령인을 압날하고 그 일자를 명기하여 국무총리와 관계국무위원이 부서한다(法令등公布에관한法律 제5조). 국회 재의결에 의한 확정법률이 정부에 이송된 후 5일 이내에 공포하지 않거나 기간의 도과로 인하여 확정된 법률의 경우는 국회의장이 이를 공포한다(제53조 제6항 후문). 법률은 대부분의 경우 국민의 권리·의무와 직접 관련되어 중요한 의미를 지니기 때문에 국가원수인 대통령에게 법률공포권을 부여하고 있는 것이다. 그런데 대통령이 법률안 공포를 해태할 경우에는 법률관계를 신속하게 할 필요가 있어 예외적으로 국회의장에게 법률공포권을 부여한 것이다.

나. 법률의 효력발생

법률은 특별한 규정이 없는 한 공포한 날로부터 20일을 경과함으로써 효력을 발생한다(제53조 제7항). 法令등公布에관한法律에 의하면 '국민의 권리제한 또는 의무부과와 직접 관련되는 법률'은 긴급히 시행하여야 할 특별한 사유가 있는 경우를 제외하고는 공포일로부터 적어도 30일이 경과한 날로부터 시행되도록 하여야 한다(법 제13조의 2)고 규정하고 있다.

3. 國會에 관한 權限

대통령은 국회에 대하여 국회집회요구권과 국회출석·발언권을 가진다.

(1) 國會臨時會集會要求權

대통령은 국무회의의 심의를 거쳐(제89조), 국회의 임시회의 집회를 요구할 수 있다(제47조 제1항). 이때 30일을 초과하지 않는 기간 내에서 임시회의 집회기간과 집회이유를 명시하여야 한다(제47조 제3항). 대통령의 집회요구가 있을 때에는 휴회 중이라도 회의를 재개하여야 한다(국회법 제8조). 대통령이 긴급재정경제처분·명령을 발하거나(제76조 제1항), 긴급명령을 발한 때에는(제2항) 지체없이 국회에 보고하여 그 승인을 얻어야 한다(제3항). 또한 대통령이 계엄을 선포한 때에는 대통령은 지체없이 국회에 통고하여야 한다(제77조 제4항). 이 경우 국회의 승인을 받거나 국회에 통고하기 위하여 국회임시회의 집회를 요구하여야 한다. 계엄의 경우에는 계엄의 해제여부에 대한 심사도 하여야 한다(제5항).

(2) 國會出席·發言權과 書翰에 의한 意見表示權

대통령은 국회에 출석하여 발언하거나 서한으로 의견을 표시할 수 있다(제81조). 국무총리·국무위원 또는 정부위원도 국회 출석·발언권을 가지지만, 국회 또한 이들에 대한 출석·답변요구권을 가지는 점(제62조 제1항 및 제2항)에서 대통령의 경우와 다르다. 대통령의 국회출석·발언은 대통령의 권리로서 국회는 대통령에게 이를 요구할 수 없다. 대통령은 정기국회에서 예산과 관련하여 연설을 하거나 교서를 전하고, 연초에는 연두교서를 전하여 국정전반에 걸친 대통령의 의견을 개진하고 국회의 협조를 구하는 것이 상례이다.

4. 執行에 관한 權限

(1) 國家의 保全·憲法의 守護·平和的 統一에 대한 最高議事決定權

대통령은 국가의 원수이고 동시에 행정권의 수반이다(제66조 제1항 및 제4항). 이러한 지위에서 대통령은 통치와 행정을 책임지게 되는 것이다. 대통령은 통치를 포함한 광의에서의 집행에 관한 최고결정권과 집행권을 행사한다. 대통령은 국가의 독립·영토의 보전·국가의 계속성과 헌법을 수호할 책무를 지며(제2항), 조국의 평화적 통일을 위한 성실한 의무를 진다(제3항). 이에 따른 국가원수로서의 책임과 권한은 최종적인 것으로, 대통령은 이들 책무에 따른 최고의 결정권과 집행권을 가진다.

⑵ 國家代表權과 對外的 權限

대통령은 국가의 원수이며, 외국에 대하여 국가를 대표한다(제66조 제1항). 대통령은 일상적으로 외국에 대하여 국가의 대표로서 직무를 수행한다. 대통령은 국가의 승인·정부의 승인·교전단체의 승인의 최종적 결정권자이고 국가의 대표로서 외국을 방문하거나 외빈을 영접하게 된다. 유엔 등 국제기구나 외국에서의 행위에 있어서도 대한민국을 대표하는 최고의 외교관의 지위를 가지게 된다. 헌법 제73조는 "대통령은 조약을 체결·비준하고, 외교사절을 신임·접수 또는 파견하며, 선전포고와 강화를 한다."고 하여 국가원수로서 대외적 권한을 열거하고 있다.

1) 條約締結·批准權

대통령은 조약을 체결하고 비준하는 권한을 가지는데(제73조), 이는 국무회의 심의사항이다(제89조). 그리고 대통령이 '상호원조 또는 안전보장에 관한 조약, 중요한 국제조직에 관한 조약, 우호통상항해조약, 주권의 제약에 관한 조약, 강화조약, 국가나 국민에게 중대한 재정적 부담을 지우는 조약 또는 입법사항에 관한 조약'을 체결·비준하는 데는 국회의 동의가 필요하다(제60조 제1항).

2) 外交使節의 信任·接受·派遣權

대통령은 국가의 원수로서 외국으로부터 외교사절을 신임·접수하고, 우리의 외교사절을 외국 또는 국제기구에 파견하는 권한을 가진다(제73조).

3) 宣戰布告·講和權

대통령은 국무회의의 심의를 거쳐 외국과의 전쟁개시를 선포하거나 전쟁종료를 위한 강화조약을 체결하는 권한을 가진다(제89조·제73조). 선전포고나 강화조약을 체결하기 위해서는 국회의 동의를 얻어야 한다(제60조). 대통령은 영토확장을 위한 침략적 전쟁은 수행할 수 없다(제5조 제1항). 침략전쟁은 외환죄에 해당하여 형사소추의 사유가 되고(제84조), 그 자체가 헌법위반이기 때문에 국회의 동의도 얻을 수 없을 뿐만 아니라 탄핵의 사유에 해당된다(제65조 제1항).

4) 國軍海外派遣權과 外國軍隊國內駐留承認權

대통령은 국무회의의 심의를 거쳐(제89조), 국군해외파병과 외국군대의 국내주둔을 승인할 수 있다. 이 경우 국회의 동의를 얻어야 한다(제60조 제2항). 국군의 외국에의 파견 또는 외국군대의 대한민국 영역 안에서의 주류는 '군사에 관한 중요사항'으로 반드시 국무회의의 심의를 거쳐야 하고 국무총리와 관계 국무위원의 부서가 있어야 한다.

(3) 國軍統帥權

헌법 제74조 제1항은 "대통령은 헌법과 법률이 정하는 바에 의하여 국군을 통수한다."고 규정하여 대통령이 국군통수권자임을 명시하고 있으며, 동조 제2항에서는 "국군의 조직과 편성은 법률로 정한다."고 하여 국군의 조직·편성의 법정주의를 선언하고 있다. 이에 따라 國軍組織法은 국군의 조직과 편성을 규정하고 있다. 국군조직법은 대통령의 지위와 권한에 관하여 "대통령은 헌법, 이 법 및 기타 법률이 정하는 바에 의하여 국군을 통수한다."(제6조)고 규정하고 있다.

대통령이 국가의 원수로서 국가의 독립·영토의 보전·국가의 계속성과 헌법을 수호할 책무와 조국의 평화적 통일을 위한 성실한 의무를 부담(제66조 제1항, 제2항, 제3항)하기 때문에 그 책임을 수행하기 위하여 국군통수권을 가지는 것이다. 군인이 아닌 대통령이 군통수권자로서 국군최고사령관의 지위를 가지는 것은 군국주의를 방지하는 의미를 지닌다. 따라서 통수권의 내용으로서는 국군의 조직·편성·지휘를 내용으로 하는 군정과 군령을 포함한다고 본다. 이에 따라 국군조직법은 국방부장관의 권한에 관하여 "국방부장관은 대통령의 명을 받아 군사에 관한 사항을 관장하고 합동참모의장과 각군 참모총장을 지휘·감독한다."(제8조)고 규정하고 있다. 이는 대통령을 국군의 최고통수권자로 하여 국방부장관은 대통령의 지휘하에 육·해·공군과 해병대를 지휘·감독하는 권한을 가지고 있음을 정한 것으로, 대통령이 군정(軍政)과 군령(軍令)을 포함한 통수권자임을 밝힌 것이다(兵政統合主義).[12]

---

12) 병정분리주의(군령·군정 2원주의)는 군령을 담당하는 군령기관과 군정을 담당하는 군정기관으로 분리시켜, 군정기관은 일반행정기관으로 하고 군령기관은 일반행정기관과는 별도의 국가원수소속하의 특수기관이 되게하는 제도이다. 용병작전에서 신속성을 발휘할 수 있다는 장점이 있으나, 군국주의화의 위험성을 내포하고 있다. 병정

[일반사병 이라크파병] 이 사건 파병결정은 대통령이 파병의 정당성뿐만 아니라 북한 핵 사태의 원만한 해결을 위한 동맹국과의 관계, 우리나라의 안보문제, 국·내외 정치관계 등 국익과 관련한 여러 가지 사정을 고려하여 파병부대의 성격과 규모, 파병기간을 국가안전보장회의의 자문을 거쳐 결정한 것으로, 그 후 국무회의 심의·의결을 거쳐 국회의 동의를 얻음으로써 헌법과 법률에 따른 절차적 정당성을 확보했음을 알 수 있다. 그렇다면 이 사건 파견결정은 그 성격상 국방 및 외교에 관련된 고도의 정치적 결단을 요하는 문제로서, 헌법과 법률이 정한 절차를 지켜 이루어진 것임이 명백하므로, 대통령과 국회의 판단은 존중되어야 하고 헌법재판소가 사법적 기준만으로 이를 심판하는 것은 자제되어야 한다. 이에 대하여는 설혹 사법적 심사의 회피로 자의적 결정이 방치될 수도 있다는 우려가 있을 수 있으나 그러한 대통령과 국회의 판단은 궁극적으로는 선거를 통해 국민에 의한 평가와 심판을 받게 될 것이다(헌법재판소 2004.4.29. 선고 2003헌마814 전원재판부).

(4) 政府構成權과 行政權

헌법 第66조 제4항은 "행정권은 대통령을 수반으로 하는 정부에 속한다."고 하여 대통령이 행정부의 수반임을 규정하고 있다. 대통령은 행정부의 최고책임자로서 정부를 구성하고, 공무원을 임명하며, 법률과 예산을 집행할 권한을 가지게 된다.

1) 政府構成權

정부를 구성하기 위해서는 대통령을 보좌하며, 행정에 관하여 대통령의 명을 받아 행정각부를 통할하는 국무총리와, 대통령을 보좌하며 국정을 심의하는 국무위원을 임명하여야 한다. 대통령은 국회의 동의를 얻어 국무총리를 임명하고(제86조 제1항), 국무위원은 국무총리의 제청으로 대통령이 임명한다(제87조 제1항). 문민주의원칙에 따라 군인은 현역을 면한 후가 아니면 국무총리나 국무위원으로 임명될 수 없다(제86조 제3항, 제87조 제4항). 행정각부의 장은 국무위원 중에서 국무총리의 제청으로 대통령이 임명한다(제94조).

통합주의(군령·군정 1원주의)는 군령과 군정을 모두 대통령이 관장하게 함으로써 문민정부에 의한 군의 통제를 용이하게 하는 제도이다. 오늘날 대부분의 국가들은 군국주의화를 방지하기 위하여 병정통합주의를 채택하고 있다(권영성 983, 김철수 1435, 허영 953).

2) 中央行政機關의 長의 指揮·監督權

대통령은 정부의 수반으로서 법령에 의하여 모든 중앙행정기관의 장을 지휘·감독하며(정부조직법 제11조 제1항), 대통령은 국무총리와 중앙행정기관의 장의 명령이나 처분이 위법 또는 부당하다고 인정할 때에는 이를 중지 또는 취소할 수 있다(법 제11조 제2항).

3) 公務員任免權

가. 공무원임면권의 의의

헌법 제78조는 "대통령은 헌법과 법률이 정하는 바에 의하여 공무원을 임면한다."고 규정하고 있다. 이에 따라 대통령은 헌법과 법률의 규정에 따라 공무원을 임명하고 해임한다. 임명은 보직·승진·전보·휴직·징계를 포함하는 개념이다.

나. 공무원임명권의 제한

대통령의 공무원임명권은 헌법과 법률에 의한 제한을 받는다. i) 국회의원이나 지방자치단체의 장 등 선거직 공무원의 경우에는 대통령의 임명권은 전혀 미치지 아니한다. ii) 임명에 일정한 자격을 요하는 경우가 있다. 예컨대 검사의 임명 및 보직은 법무부장관의 제청으로 대통령이 행하는데(검찰청법 제34조 제1항), 사법시험에 합격하여 사법연수원의 소정과정을 마친 자 또는 변호사의 자격이 있는 자 중에서 임명하여야 한다(앞의 법 제29조). iii) 임명절차상의 제한이 따르는 경우가 있다. 국회의 동의를 요하는 경우(국무총리, 감사원장 등), 제청권자의 제청을 요하는 경우(국무위원, 행정각부의 장 등), 그 외에 국무회의심의를 거쳐야 하는 경우(검찰총장·합동참모의장·각군참모총장·국립대학교총장·대사 등), 국회동의에 앞서 특히 국회청문회를 거쳐야 하는 경우(국가정보원장·국세청장·검찰총장·경찰청장 등)도 있다.

다. 공무원해임권의 제한

대통령의 공무원해임권 행사에 있어서도 i) 임기가 보장된 경우, ii) 특별히 신분을 보장하기 위하여 헌법 또는 법률이 그 면직사유로 탄핵·형벌·징계처분 등을 규정한 경우, iii) 국회 해임건의권의 행사 등이 있는 경우에 제한을 받는다. 국회가 국무총리나 국무위원의 해임을 건의한 경우(제63조 제1항) 대통령이 이에 법적으로 구속되는 것은 아니나, 사실상 해임권행사에 영향을 미치게 된다.

3) 法律執行權

대통령은 법률을 공포하고 집행하는 권한을 가진다. 또 필요한 경우에는 법률의 집행을 위하여 행정입법으로서 대통령령을 발할 수 있다. 대통령령안은 국무회의의 심의를 거쳐야 한다(제87조).

가. 行政立法權

가) 委任命令과 執行命令

헌법 제75조는 "대통령은 법률에서 구체적으로 범위를 정하여 위임받은 사항과 법률을 집행하기 위하여 필요한 사항에 관하여 대통령령을 발할 수 있다."고 규정하고 있는데, 이러한 대통령의 권한을 행정입법권[13]이라 한다. 대통령령은 위임명령과 집행명령으로 구분한다. 위임명령(委任命令)은 법률에서 구체적으로 범위를 정하여 위임받은 사항을, 집행명령(執行命令)은 법률을 집행하기 위하여 필요한 사항을 정한다. 행정입법의 경우에도 국민의 권리를 제한하거나 국민에게 의무를 부담하게 하는 행정입법은 반드시 법률에서 구체적인 범위를 정하여 위임받은 사항에 한하여 규정하여야 한다. 그 이유는 국민의 권리와 의무에 관한 사항, 특히 국민의 권리를 제한하거나 국민의 의무를 부여하는 사항은 국민의 민주적 정당성을 부여 받은 국회만이 입법의 권한을 가지는 사항이기 때문이다. 즉 행정입법권은 행정기관이 법률의 수권범위 안에서 법률을 보충하는 입법권이기 때문이다.[14] 우리 헌법도 제75조에서 이를 분명히 하여 국민의 권리의 제한이나 의무에 관한 사항은 위임명령으로 규정하고, 그 이외의 집행을 위해 필요한 시행세칙(세부적인 절차나 형식)은 집행명령으로 규정하여 따로 구분하여 명시하고 있다. 즉, 국민의 권리를 제한하거

13) 행정입법권은 행정기관뿐만 아니라 국민에게도 구속력을 미치는 대외적, 일반적 구속력을 가진다는 의미에서 법규명령(법규적 명령)이라고도 불리어진다. 법규명령의 종류로는 대통령령, 총리령, 부령 등이 여기에 해당한다. 법규명령과 구별하여 대내적, 일면적 구속력으로서 행정기관 내부에만 구속력이 미치는 행정명령이 있다. 행정명령의 종류에는 훈령, 예규, 일일명령, 고시 등이 있다.

14) 권영성 교수는 실질적으로 법률의 내용을 보충하는 것이므로 '보충명령'이라고 한다(994).

나 국민의 의무를 부여하는 사항은 법률에서 구체적인 범위를 정하여 위임받은 위임명령에 의하여 규정해야지, 집행명령에 의해서 이를 규정할 수는 없는 것이다.

> **[불공정거래행위에 대한 대처의 시의성]** 불공정거래행위는 각종의 경쟁적 거래에서 복잡·다양하게 이루어지며, 또한 그 형태도 부단히 변동되고 있음에 비추어 그 행위 형태와 기준에 관한 규정도 이에 맞추어 시의적절하게 효과적으로 대처할 수 있어야 한다. 그런데 국회가 모든 분야의 경쟁적 거래왜곡현상들을 그때그때 예측하거나 파악할 수 없고, 그러한 상황에 즉응하여 그때마다 법률을 개정하는 것도 용이하지 아니하다. 따라서 불공정거래행위의 유형과 기준을 미리 법률로 자세히 정하지 않고 이를 대통령령에 위임한 것은 부득이한 것으로 인정된다(헌법재판소 2002.7.18. 2001헌마605).

나) 행정입법의 필요성

원칙적으로 입법권은 의회의 권한이지만, 오늘날 행정국가화와 사회적 법치국가화의 경향으로 행정의 전문화, 세분화 현상에 따라 입법부가 일일이 세부적인 것까지 입법하는 것은 바람직하지 않을 뿐더러 기술적으로도 곤란하게 되었다. 그래서 입법사항이라 하여 모든 사항을 법률로 상세하게 규정할 수는 없고 행정입법에 의하여 보완할 필요가 있다. 그것은 i) 규제내용의 기술성·전문성과 사회현상의 다양성·급변성에 부합하는 입법기술상의 제약과 ii) 시대상황에 능동적·탄력적으로 대응하기 위하여서이다. 즉, 법률로써 입법사항의 골격을 정하고 대통령령, 총리령 및 부령 등 행정입법에 의하여 기술적·절차적 내용을 정하게 위임하는 것이 입법기술상으로 보나 시대상황에 능동적·탄력적으로 적응하기 위해서나 합리적이다.

> **[행정입법의 능동성·탄력성]** 방송의 기술성·전문성 및 다양성·급변성 등에 비추어 협찬고지의 허용범위를 미리 법률로 상세하게 정하기는 입법기술상 어려운 반면 시대상황 등에 능동적·탄력적인 대응을 하기 위하여 행정입법에 위임하는 것이 합리적이다(헌법재판소 2003.12.18. 2002헌바49).

나. 行政立法의 限界

가) 法律留保의 原則

법률유보의 원칙이란, 국가공동체와 그 구성원에게 기본적이고도 중요한 의미를 갖는 영역, 특히 국민의 기본권실현과 관련된 영역에 있어서는 민주적 정당성을 부여받은 의회가 그 본질적 사항에 대해서 스스로 법률로 정하여야 한다는 원칙이다. 법률유보의 원칙은 이처럼 의회유보의 원칙까지도 내포하고 있다. 법률유보의 원칙에는 기본권형성적 법률유보와 기본권제한적 법률유보가 있는데, 위임입법의 한계문제는 국민의 기본권과 관련된 본질적 부분을 제한하는 경우에는 의회가 그 본질적 사항에 대해서 스스로 결정해야 한다는 기본권제한적 법률유보를 의미한다. 즉 법률유보의 원칙은 기본권제한적 법률유보로서 기본권과 관련하여 그 본질적인 부분이 아닌 것에 대해서만 하위명령에 위임할 수 있다.

[**法律留保의 原則**] 오늘날 법률유보원칙은 단순히 행정작용이 법률에 근거를 두기만 하면 충분한 것이 아니라, 국가공동체와 그 구성원에게 기본적이고도 중요한 의미를 갖는 영역, 특히 국민의 기본권실현과 관련된 영역에 있어서는 국민의 대표자인 입법자가 그 본질적 사항에 대해서 스스로 결정하여야 한다는 요구(의회유보원칙)까지 내포하고 있다(헌법재판소 1999. 5.27. 98헌바70).

나) 포괄위임입법금지의 원칙

기본권의 본질적인 부분이 아닌 것은 하위명령에 위임하여 규정할 수 있지만, 법률에서 구체적인 수권범위를 정하여 위임하여야 한다. 헌법 제75조는 "대통령은 법률에서 구체적으로 범위를 정하여 위임받은 사항과 법률을 집행하기 위하여 필요한 사항에 관하여 대통령령을 발할 수 있다."고 하여 위임입법의 근거를 마련함과 동시에 입법권의 위임은 '구체적으로 범위를 정하여' 하도록 하여 입법위임의 범위의 구체성을 요구하고 있다. 즉 헌법 제75조에서는 대통령령의 '위임입법의 근거'와 '수권법률의 명확성 원칙'에 관하여 규정하고 있다. 이는 행정부에 입법을 위임하는 수권법률의 명확성원칙에 관한 것으로서, 법률의 명확성원칙이 행정입법에 대하여 구체화된 특별규정이다. 법률의 명확성원칙은 '법률의 수권은 그 내용, 목적, 범위에 있어서 충분히 확정되고 제한되어 있어서 국민이 행정의 행위를 어느 정도 예측할 수 있어야 한다.'는 것을 의미한다.[15] 즉 법규정의 명확성은 국민에게 기본권의 제한이나 의무부과에 대

15) 헌법재판소 2003.7.24. 2002헌바82.

한 법규정을 명확히 알게 함으로써 국민의 예측가능성을 보장하여, 행정권의 자의적인 행사에 의한 기본권의 침해를 방지하는 작용도 하게 된다. 그러므로 수권법률의 명확성원칙은 포괄위임입법을 금하는 것을 내용으로 한다. 그러나 수권법률의 명확성은 일률적으로 확정되는 것은 아니고 그 정도는 규율대상의 특수성 및 당사자에 미치는 규율효과에 따라 다를 수밖에 없다.

[추상적 개념과 포괄위임입법] 전기통신사업법 제53조 제2항은 "제1항의 규정에 의한 공공의 안녕질서 또는 미풍양속을 해하는 것으로 인정되는 통신의 대상 등은 대통령령으로 정한다."고 규정하고 있는바 이는 포괄위임입법금지원칙에 위배된다. 왜냐하면, 위에서 본 바와 같이 "공공의 안녕질서"나 "미풍양속"의 개념은 대단히 추상적이고 불명확하여, 수범자인 국민으로 하여금 어떤 내용들이 대통령령에 정하여질지 그 기준과 대강을 예측할 수도 없게 되어 있고, 행정입법자에게도 적정한 지침을 제공하지 못함으로써 그로 인한 행정입법을 제대로 통제하는 기능을 수행하지 못한다(헌법재판소 2002.6.27. 99헌마480).

[수권법률의 명확성의 정도] 수권법률의 명확성의 정도에 대한 요구는 일반적으로 확정될 수 있는 성질의 것이 아니라, '규율하고자 하는 생활영역이 입법자로 하여금 어느 정도로 상세하고 명확하게 규정하는 것을 가능하게 하는가' 하는 규율대상의 특수성 및 수권법률이 당사자에 미치는 규율효과에 따라 다르다(헌법재판소 2003.7.24. 2002헌바82).

다) 모법의 위임이 없는 입법사항

위임입법의 내용이 상위규범인 모법의 목적과 규율대상의 범위를 벗어나서는 안 된다. 즉 모법상 아무런 규정이 없는 입법사항, 즉 모법의 위임이 없는 사항을 하위명령이 규율하는 것은 때로는 수권법의 내용을 변경하는 것이 되고, 때로는 위임의 범위를 일탈하는 것이 되어 법률우위의 원칙에 반한다.

[체육시설의설치·이용에관한법률시행규칙 제5조에 대한 헌법소원] 체육시설의설치·이용에관한법률 및 동시행령에서 당구장영업에만 유독 18세 미만자 출입금지표시 규정을 두어 영업의 대상범위에 일정한 제한을 가하는 것은 위 법률에 명시되어 있는 국회의 입법의지에 비추어 볼 때 합리적

이라 하기가 어렵고 대국가적 기속성(羈束性)에 기인하는 입법에 있어서의 평등의 원칙에 대한 적합한 예외사유로 판단되기 어렵다. 당구장에 대한 출입규제 내지 봉쇄는 법률(또는 법률이 구체적으로 명확히 범위를 정하여 위임한 경우의 법규명령)에 의하여서만 비로소 가능하다고 할 것인바, 이 사건 심판대상규정은 모법(母法)의 위임이 없는 사항을 규정하고 있어 결국 위임의 범위를 일탈한 것이라고 하지 않을 수 없다(헌법재판소 1993.5.13. 92헌마80).

라) 재위임의 가능여부

위임받은 사항을 다시 위임하는 것은 가능한가에 대해서, 전면적 재위임은 가능하지 않지만(覆委任禁止의 原則), 위임받은 사항에 대하여 대강을 정하고, 그 중에서 특정사항을 정하여 다시 하위법령에 위임하는 재위임은 가능하다.

[재위임의 헌법적 한계에 의한 판단] 법률에서 위임받은 사항을 전혀 규정하지 않고 재위임하는 것은 이위임금지(覆委任禁止)의 법리에 반할 뿐 아니라 수권법의 내용변경을 초래하는 것이 되고, 부령의 제정·개정절차가 대통령령에 비하여 보다 용이한 점을 고려할 때 재위임에 의한 부령의 경우에도 위임에 의한 대통령령에 가해지는 헌법상의 제한이 당연히 적용되어야 할 것이므로 법률에서 위임받은 사항을 전혀 규정하지 아니하고 그대로 재위임하는 것은 허용되지 않으며 위임받은 사항에 관하여 대강(大綱)을 정하고 그 중의 특정사항을 범위를 정하여 하위법령에 다시 위임하는 경우에만 재위임이 허용된다(헌법재판소 1996.2.29. 94헌마213).

다. 委任立法의 문제점

과거 우리나라는 행정부 주도로 경제개발·사회발전을 이룩하는 과정에서 국회는 국민의 다양한 의견을 수렴하여 입법에 반영하는 민주·법치국가적인 의회로서의 역할수행이 상대적으로 미흡하였고 행정부에서 마련해 온 법률안에 대해 신중하고 면밀한 검토과정을 소홀히 한 채 통과시키는 사례가 적지 않았다. 무엇보다 국회의 전문성이 상대적으로 떨어지고 행정부가 경제·사회 전반에 걸쳐 주도적 역할을 담당함으로써 국회는 골격입법(骨格立法)을 하게 되고 그로 말미암아 위임입법(委任立法)이 양산된 것이 헌정의 현실이었고, 이러한 사정은 '법률에 의한 행정'이라기보다 '행정규칙에 의한 행정' 또는 '행정규칙으로의 도피'라 하여 비판받고 있다.[16] 위임입법의 이러한 문제점을 해결하기 위하여는 제정절차의 엄격화, 입법부에 의한 통제, 사법적 통제장치 등이 마련되어야 한다. 즉 i) 행정입법절차도 절차를 엄격히 하여 입법부의 입법절차에 비견되는 절차가 요구되고, ii) 행정입법을 하기에 앞서 입법부에서 통제할 수 있는 수단을 다양하게 마련하여야 하며, iii) 행정입법에 대한 사법적 통제를 보다 엄격하게 하여야 한다. 이렇게 함으로써 권력분립의 원리, 법치주의의 원리, 민주주의 원리와의 조화를 도모할 수 있게 된다.

4) 豫算執行權

대통령은 매 회계연도마다 국가예산안을 편성하여 국회에 제출하여야 하고, 또 국회의 의결을 받아 이를 집행한다(제54조 제2항). 필요한 경우에는 추가경정예산안도 편성하여 국회의결을 받아 집행한다(제56조). 예산집행 외에도 대통령은 국가 재정에 관한 광범위한 권한을 가진다. 국회의 승인 또는 동의를 받아 긴급재정경제처분 및 명령권(제76조 제1항), 국채모집, 예산 외 국가의 부담이 될 계약의 체결, 국가나 국민에게 재정적 부담을 지우는 조약의 체결·비준 등의 권한을 행사하는 것(제55조, 제58조)이 그것이다.

5) 榮典授與權

대통령은 법률이 정하는 바에 의하여 훈장 기타의 영전을 수여한다(제80조). 훈장 기타 영전은 대한민국국민이나 외국인으로서 대한민국에 공로가 뚜렷한 자에게 수여하는 것으로, 그 효력은 받은 자에게만 미치고, 어떤 특권도 따르지 않는다(제11조 제3항). 훈장 등 영전의 수여대상자는 국무회의의 심의를 거쳐 대통령이 결정한다(제87조, 상훈법 제7조). 영전수여권은 국가원수로서 대통령의 권한이지만, 국무회의의 심의를 거치도록 하고 있다(제89조 제8호).

5. 司法에 관한 權限

대통령의 사법에 관한 권한은 사법부의 구성에 관한 권한과 사법작용에 관한 권한으로 나눌 수 있다. 전자는 대법원과 헌법재판소 구성에 관

16) 헌법재판소 1998.5.28. 96헌가1.

한 대통령의 권한이고 후자는 주로 사면권이 논의된다. 그 밖에 대통령은 헌법의 수호자로서 위헌정당에 대한 해산제소권을 가진다.

(1) 司法機關構成에 관한 權限

대통령은 대법원과 헌법재판소의 구성에 관하여 중요한 권한을 가진다. 대법원장은 국회의 동의를 얻어 대통령이 임명하고(제104조 제1항), 대법관은 대법원장의 제청으로 국회의 동의를 얻어 대통령이 임명한다(제2항). 헌법재판소의 재판관은 대통령이 임명한다(제111조 제1항). 대통령은 헌법재판소 재판관 중 3인은 국회에서 선출하는 자를, 3인은 대법원장이 지명하는 자를 임명한다(제3항). 헌법재판소의 장은 국회의 동의를 얻어 재판관 중에서 대통령이 임명한다(제4항).

(2) 赦免權

사면은 형의 선고의 효력 또는 공소권을 상실시키거나, 형의 집행을 면제시키는 것으로 국가원수의 고유한 시혜적 권한으로서 은사권(恩赦權)이다. 사면권은 또한 사법부의 판단을 변경하는 제도로서 권력분립의 원리에 대한 예외가 된다. 헌법 제79조 제1항은 "대통령은 법률이 정하는 바에 의하여 사면·감형 또는 복권을 명할 수 있다."고 하여 대통령의 사면권·감형권·복권에 관한 권한을 규정하고 있다. 사면·복권·감형에 관한 법률로서 사면법(赦免法)이 있다.

> **[은사권으로서의 사면권]** 사면제도는 역사적으로 절대군주인 국왕의 은사권에서 유래하였으며, 대부분의 근대국가에서도 유지되어 왔고, 대통령제 국가에서는 미국을 효시로 대통령에게 사면권이 부여되어 있다. 사면권은 전통적으로 국가원수에게 부여된 고유한 권한으로서의 은사권으로서, 국가원수는 이를 시혜적으로 행사한다(헌법재판소 2000.6.1. 97헌바74).

1) 赦免과 司法權

좁은 의미에서 사면(赦免)이라 함은 형사소송법의 절차에 의하지 아니하고 형의 선고의 효력 또는 공소권을 상실시키거나(일반사면), 형의 선고를 받은 자에게 형의 집행을 면제시키는(특별사면) 대통령의 특권이다. 광의에서의 사면은 협의의 사면 외에 감형·복권을 포함하는 개념이다. 사면법(赦免法)은 사면의 개념을 넓게 보아 협의의 사면, 감형과 더불어 복권을 포함하여 규정하고 있다(제1조).

> **[사면법과 입법재량]** 헌법 제79조 제1항은 대통령의 사면권의 근거규정이고, 제3항은 "사면·감형 및 복권에 관한 사항은 법률로 정한다."고 규정하여 법률에 위임하고 있는데, 이에 따라 제정된 법이 赦免法이다. 사면의 종류, 대상, 범위, 절차, 효과 등은 범죄의 죄질과 보호법익, 일반국민의 가치관 내지 법감정, 국가이익과 국민화합의 필요성, 권력분립의 원칙과의 관계 등 제반사항을 종합하여 입법자가 결정할 사항으로서 입법자에게 광범위한 입법재량 내지 형성의 자유를 부여하고 있다(헌법재판소 2000.6.1. 97헌바74).

2) 광의의 赦免의 내용

가. 赦 免

사면에는 일반사면과 특별사면이 있다. 일반사면(一般赦免)은 범죄자에 대하여 행하여지는데, 범죄의 종류를 지정하여 형의 선고가 있는 경우에는 선고의 효력이 상실되고, 형의 선고를 받지 않은 경우에는 공소권이 상실된다. 특별사면(特別赦免)은 형의 선고를 받은 자에 대하여 행하여지는데 형의 집행을 면제한다. 집행유예의 선고를 받은 경우에는 선고의 효력을 상실하게 할 수 있다. 일반사면을 명하려면 국무회의의 심의를 거쳐(제89조), 국회의 동의를 얻어야 한다(제79조 제2항).[17] 일반사면의 형식은 대통령령으로 하고(사면법 제8조), 특별사면은 대통령이 행한다(법 제9조).

> **[사면의 범위]** 선고된 형의 전부를 사면할 것인지 또는 일부만을 사면할 것인지를 결정하는 것은 사면권자의 전권사항에 속하는 것이고, 징역형의 집행유예에 대한 사면이 병과된 벌금형에도 미치는 것으로 볼 것인지 여부는 사면의 내용에 대한 해석문제에 불과하다 할 것이다(헌법재판소 2000.6.1. 97헌바74).

나. 減 刑

감형은 형의 선고를 받은 자에 대하여 행하여지는데, 일반감형(일반인에 대한 감형)의 경우에는 형을 변경하고, 특별감형(특정인에 대한 감형)

---

17) 김철수 교수(1433)는 "국회의 동의를 얻어야한다"는 문언은 '입법의 형식을 밟아야 한다'는 의미로 해석하여야 할 것이라고 하면서, 해석상 난점이 많은 경우에는 사면법을 개정함으로써 입법에 의해서만 일반사면이 가능케 하여야 한다고 한다.

의 경우에는 형의 집행을 경감하는 것을 말한다. 특별한 사정이 있을 때는 형을 변경할 수 있다. 일반감형을 명하려면 국무회의의 심의를 거쳐야 한다(제89조). 일반감형의 형식은 대통령령으로 하고(사면법 제8조), 특별감형은 대통령이 행한다(법 제9조).

다. 復　權

복권은 형의 선고로 인하여 자격이 상실되거나 정지된 자에 대하여 행하여지는데, 형의 선고로 인하여 상실 또는 정지된 자격을 회복하는 것이다. 복권은 형의 집행을 종료하지 않은 자 또는 집행의 면제를 받지 않은 자에 대하여는 행하지 않는다(법 제6조). 일반복권을 명하려면 국무회의의 심의를 거쳐야 한다(제89조). 일반복권의 형식은 대통령령으로 하고(사면법 제8조), 특별감형은 대통령이 행한다(법 제9조).

3) 葛藤調整과 正義·合目的性의 追求

사면권은 연혁적으로 국가원수의 은사권에서 비롯되지만, 단순한 시혜의 차원을 넘어 현대에 이르러서는 법이념과 다른 이념과의 갈등을 조정하고, 법의 이념인 정의와 합목적성을 조화시키기 위한 제도로도 파악되고 있다.[18] 그러나 사면권은 사법부의 판단을 대통령이 변경하는 것으로 사법권의 독립에 대한 중대한 제한이 될 수 있고, 권력분립원리에도 어긋날 수 있다. 사법권 행사의 제한인 만큼 그 행사에는 신중하여야 하고, 특히 자의적 행사는 자제되어야 한다.

(3) 違憲政黨解散提訴權

대통령은 국가의 독립·영토의 보전·국가의 계속성과 헌법을 수호할 책무를 진다(제66조 제2항). 따라서 민주적 기본질서에 반하는 위헌정당은 우리 헌법질서에서 용납될 수 없는 것이고, 이에 대한 일차적 판단은 정부가 하고 최종적인 판단은 헌법재판소가 한다. 정당의 목적이나 활동이 민주적 기본질서에 위배될 때에는 정부는 헌법재판소에 그 해산을 제소할 수 있고, 정당은 헌법재판소의 심판에 의하여 해산된다(제8조 제4항). 위헌정당해산을 제소하려면 국무회의의 심의를 거쳐야 한다(제89조 제14호).

---

18) 헌법재판소 2000.6.1. 97헌바74.

6. 憲法機關構成에 관한 權限

대통령은 국가원수인 지위에서 대법원, 헌법재판소, 중앙선거관리위원회, 감사원 등 헌법기관의 구성에 관한 권한을 가진다.

(1) 大法院構成에 관한 權限

대통령은 국회의 동의를 얻어 대법원장을 임명하고(제104조 제1항), 대법관은 대법원장의 제청으로 국회의 동의를 얻어 대통령이 임명한다(제2항). 국회의 동의를 거치기는 하지만, 대통령은 대법원장의 임명권을 가지고 그가 임명한 대법원장의 제청에 의해 대법관을 임명한다는 것은 대법원 구성이 전적으로 대통령의 영향력 아래 있음을 말해주는 것이다.

(2) 憲法裁判所構成에 관한 權限

헌법재판소의 재판관은 대통령이 임명한다(제111조 제1항). 대통령은 이들 재판관중 3인은 국회에서 선출하는 자를, 3인은 대법원장이 지명하는 자를 3인은 대통령이 직접 임명한다(제3항). 헌법재판소의 장은 국회의 동의를 얻어 재판관 중에서 대통령이 임명한다(제4항). 헌법재판소구성에 있어서도 대통령의 영향력은 막중하다.

(3) 監査院構成에 관한 權限

국가의 세입·세출의 결산, 국가 및 법률이 정한 단체의 회계검사와 행정기관 및 공무원의 직무에 관한 감찰을 담당하는 감사원은 대통령 소속기관이다(제97조). 감사원은 원장을 포함하여 5인 이상 11인 이하의 감사위원으로 구성되는데(제98조 제1항), 감사원장은 국회의 동의를 얻어 대통령이 임명하고(제2항), 감사위원은 감사원장의 제청으로 대통령이 임명한다(제3조). 감사원은 직무의 성격상 그 독립성이 보장되는데, 대통령의 소속기관으로 기관구성에 대통령의 직접적인 영향력이 미친다.

(4) 中央選擧管理委員會構成에 관한 權限

선거와 국민투표의 관리와 정당사무를 담당하는 중앙선거관리위원회는 대통령이 임명하는 3인, 국회에서 선출하는 3인과 대법원장이 지명하는 3인의 위원으로 구성하는데, 위원장은 위원 중에서 호선한다(제114조 제2항).

7. 大統領의 緊急權(國家緊急權)

(1) 國家緊急權 一般理論

1) 正常狀態-원칙, 危機-예외

오늘날 세계는 큰 위기의 연속 속에서, 위기정부(危機政府)는 예외라기보다는 일상적인 상태(常態)가 되고 있다(Loewenstein). "정상상태-원칙, 위기-예외(normalcy-rule, emergency-exception)"라는 패러다임은 위기와 긴급권이라는 테마를 놓고 고민해온 대부분의 법학자와 정치사상가에 의해 규범적으로 불가피한 것으로 수용되고 있다. 입헌주의국가에서도 전쟁이나 내란, 경제공황 등과 같은 비상사태가 발발하여 국가의 존립이나 헌법질서의 유지가 위태롭게 된 때에는 정상적인 방법으로는 헌법체제의 유지가 곤란하게 되어 헌법에 규정된 정상적인 권력행사방식을 고집할 수 없게 되었다. 개인에 있어 정당방위가 허용되듯이 국가도 그 자체 존립의 보존을 위한 방어논리가 인정되지 않으면 안 되는 것이다. 경제공황과 두 차례의 세계대전 그리고 최근의 IMF사태와 테러 등을 극복하기 위한 논리는 평상시의 그것과는 다를 수밖에 없다. 이러한 사태를 '위기(危機)'라 하고, 위기에 직면하여 이를 극복할 임무가 주어진 정부를 '위기정부(危機政府)'라 하며 위기정부의 대통령에게 주어진 권한이 '국가긴급권(國家緊急權)' 또는 대통령의 '비상대권(非常大權)'이다. 즉 국가긴급권은 국가의 존립이나 헌법질서를 위태롭게 하는 비상사태가 발생한 경우에 국가를 보전하고 헌법질서를 유지하기 위한 헌법보장의 한 수단이다.

[헌법보장수단으로서의 국가긴급권] 비상사태하에서는 국가적·헌법적 위기를 극복하기 위하여 비상적 조치가 강구되지 않을 수 없게 되는데, 그러한 비상적 수단을 발동할 수 있는 권한이 국가긴급권이다. 즉 국가긴급권은 국가의 존립이나 헌법질서를 위태롭게 하는 비상사태가 발생한 경우에 국가를 보전하고 헌법질서를 유지하기 위한 헌법보장의 한 수단이다(헌법재판소 1994.6.30. 92헌가18).

2) 必要의 法則, 健全한 不法

국가가 위기에 처하면, 위기극복의 현실적 필요성 앞에 규범성은 후퇴하게 된다. 즉, '필요 앞에는 법이 없다(Necessity knows no laws; Not kennt kein Gebot)'라는 말로 요약될 수 있는 정치적 필요설, 또는 '필요의 법칙(law of necessity; necessity doctrine)'이 불가피하게 합리화된다. 프랑스의 공법이론도 '緊急은 하나의 法源이다(le nécessité est une source de droit)'라고 하여 긴급사태에 있어서의 국가긴급권의 발동은 국가자체의 존립을 위한 불가피한 요청이자 자연적인 국가존재이유라고 주장한다. 말하자면 위기시에 국가의 존립을 이유로 법의 절대적 우위를 후퇴시키는 '최후의 수단(ultra ratio)'으로서 '국가의 자위수단', '국가적 정당방위'라는 것이다. 슈미트(C. Schmitt)는 위기 정부(Kriesenregierung; emergency government)를 '규범성에 대한 현실성의 우위'라는 논리로 합리화한다. 국가가 위기에 처하면 규범은 現實空洞化의 規範(die wirklichitsentleerte Norm)이 되고, 이때의 현실은 規範空洞化의 現實(die normeneerte Wirklichkeit)이 된다고 한다. 이때 국가긴급권의 정당성을 인정하는 것은 규범이 아니고, 상황결정적 정당성(nicht Norm sondern situationbestimmte Rechtsfergung)이라고 한다. 또 그는 정치적 결단주의의 입장에서 비상사태에 있어 결단을 내리는 것은 헌법이 아니고 주권자라고 말한다. 국가 위기시에는 규범적인 것이 부차적인 것으로, 현실적인 것이 전면에 부상된다는 것이다. 케기(W. Kägi)는, 국가긴급권을 '健全한 不法(santo illegalismo)'이라 한다. 그에 의하면 위기의 시기에도 법의 지배의 원칙은 필요하지만 국가가 비상사태에 처하면 긴급권의 발동이 불가피하다고 한다. 긴급조치는 법적으로는 불법적인 위법행위이지만 국가의 존립이라는 국익을 위하여 법의 절대적 우위를 후퇴시키는 것으로 憲法의 解體를 의미한다고 한다.

3) 國家緊急權의 特色

국가긴급권이 발동되면, i) 국가권력이 대통령을 중심으로 한 정부에 집중되며 의회 및 법원의 지위와 권한은 제한되고, ii) 평상시 헌법에 의하여 보장되던 기본권은 일시적으로 정지 내지 제한되며, iii) 입헌주의도 일시적으로 중지된다.

[국가긴급권과 입헌주의] 국가긴급권의 인정은 국가권력에 대한 헌법상의 제약을 해제하여 주는 것이 되므로 국가긴급권의 인정은 일면 국가의 위기를 극복하여야 한다는 필요성 때문이기는 하지만 그것은 동시에 권력의 집중과 입헌주의의 일시적 정지로 말미암아 입헌주의 그 자체를 파괴할

위험을 초래하게 된다(헌법재판소 1994.6.30. 92헌가18).

[독일 긴급사태법] 독일의 긴급사태법(Notstandsverfassung)은 긴급사태를 대외적 긴급사태(äuβerer Notstand)와 대내적 긴급사태(innerer Notstand)로 나눈다. 대외적 긴급사태는 연방이 무력공격을 받거나 이러한 공격이 직접적으로 위협되는 방위사태(Verteidigungsfall)와 고도의 방위준비체제의 확립을 필요로 하는 고도의 국제적 긴장상황인 긴장사태(Spannungsfall)를 포함한다. 대내적 긴급사태에는 자연재해(Naturkatastophen), 중대한 사고, 聯邦이나 州의 존립 또는 자유민주적 기본질서에 대한 급박한 위험을 포함한다.

4) 緊急權의 憲法的 受容

가. 緊急權의 規範化

위기정부이론에 의하면 국가긴급권은 국가자체의 존립을 위하여 규범외적으로 인정되는 것이다. 그런데 국가긴급권은 헌법자체의 침해 내지 정지를 불가피하게 수반하게 된다. 이러한 헌법의 파괴나 침해를 방지하기 위해 국가긴급권에 의한 초헌법적 조치를 규범내부에 끌어들여 헌법규범으로서 수용함으로써 국가긴급권의 발동에 합헌성을 부여하는 방법이 모색되었다. 즉, 헌법에 국가긴급권을 규정하여 헌법의 테두리 안에서 국가긴급권을 발동하게 하는 것이 이른바 '헌법내적 긴급권(intrakonstitionelle Notrecht)'으로 헌법이 규범적으로 '입헌적 독재(constitutional dictatorship)'를 허용하는 것이다.

나. 우리 헌법상의 國家緊急權

대통령은 국가의 독립·영토의 보전·국가의 계속성·헌법의 수호와 조국의 평화적 통일을 위한 책무를 지고 있다(제66조 제2항, 제3항). 이와 관련하여 대통령은 위기극복의 사명도 함께 지고 있는 것이다. 대통령의 위기관리권한으로서 헌법이 규정한 국가긴급권으로는 긴급재정·경제명령 및 처분권(제76조 제1항), 긴급명령권(제2항), 계엄선포권(제77조 제1항)을 규정하고 있다.

다. 緊急權規範化의 意義

이렇게 함으로써, i) 국가긴급권의 헌법적 근거를 규정하여 국가긴급권의 법치국가적 근거를 마련하며, 이에 따라 ii) 헌법파괴를 방지하고, iii)

국가긴급권에 대한 사전적·사후적 통제장치를 마련하여 그 남용을 막고, iv) 국가비상시에도 국민의 대표기관인 국회의 관여를 통하여 그 민주적 정당성을 제고시키며, 결국 v) 국민의 기본권 침해를 최소화한다는 헌법적 의의를 가진다.

5) 남용의 우려와 방지

국가긴급권에 따른 입헌적 독재의 존재이유는 위기 이전의 법질서인 규범질서를 보존하거나 재정립하는 것이다. 정상적인 법질서로부터의 일탈을 의미하는 국가긴급권은 그 존속기간과 범위에 있어서 필요 최소한이어야 한다. 따라서 이러한 합법적인 일탈을 정당화하는 극단적인 케이스는 예외적인 경우에 한하고, 국가긴급권의 남용을 막기 위해서 그 발동요건, 내용 및 한계를 명확히 하지 않으면 안 된다.

[국가긴급권의 남용가능성과 그 방지] 헌법에서 국가긴급권의 발동기준과 내용 그리고 그 한계에 관해서 상세히 규정함으로써 그 남용 또는 악용의 소지를 줄이고 심지어는 국가긴급권의 과잉행사 때는 저항권을 인정하는 등 필요한 제동장치도 함께 마련해 두는 것이 현대의 민주적인 헌법국가의 일반적인 태도이다. 우리 헌법도 국가긴급권을 대통령의 권한으로 규정하면서도 국가긴급권의 내용과 효력 통제와 한계를 분명히 함으로써 그 남용과 악용을 막아 국가긴급권이 헌법보호의 비상수단으로서 제 기능을 나타내도록 하고 있다(헌법재판소 1994.6.30. 92헌가18).

[국가보위에관한특별조치법] 국가보위에관한특별조치법은 첫째, 초헌법적인 국가긴급권을 대통령에게 부여하고 있다는 점에서 이는 헌법을 부정하고 파괴하는 반입헌주의, 반법치주의의 위헌법률이다. 둘째, 국가긴급권 발동(비상사태선포)의 조건을 규정한 특별조치법 제2조의 '국가안전보장에 대한 중대한 위협에 효율적으로 대처하고 사회의 안녕질서를 유지하여 국가를 보위하기 위하여 신속한 사태대비조치를 취할 필요가 있을 경우'라는 규정내용은 너무 추상적이고 광범위한 개념으로 되어 있어 거의 대통령이 마음 내키는 대로 적용할 수 있게 되어 있으므로 남용·악용의 소지가 매우 크다. 이는 기본권 제한법률 특히 형벌법규의 명확성의 원칙에 반한다. 그럼에도 불구하고 국회에 의한 사후통제장치도 전무한 상태이다. 이러한 점에서 비상사태선포에 관한 특별조치법 제2조는 위헌무효이고 비상사태선포가 합헌·유효인 것을 전제로 하여서만 합헌·유효가 될 수 있는 특별조치법의 그 밖의 규정은 모두 위헌이다(헌법재판소 1994.6.30. 92헌가18).

(2) 緊急財政・經濟處分 및 命令權

1) 헌법규정

헌법 제76조 제1항은 "대통령은 내우・외환・천재・지변 또는 중대한 재정・경제상의 위기에 있어서 국가의 안전보장 또는 공공의 안녕질서를 유지하기 위하여 긴급한 조치가 필요하고 국회의 집회를 기다릴 여유가 없을 때에 한하여 최소한으로 필요한 재정・경제상의 처분을 하거나 이에 관하여 법률의 효력을 가지는 명령을 발할 수 있다."고 하여 긴급재정・경제처분 및 명령권에 관하여 규정하고 있다.

[긴급재정경제명령과 통치행위] 통치행위를 포함하여 모든 국가작용은 국민의 기본권적 가치를 실현하기 위한 수단이라는 한계를 반드시 지켜야 하는 것이고, 헌법재판소는 헌법의 수호와 국민의 기본권 보장을 사명으로 하는 국가기관이므로 비록 고도의 정치적 결단에 의하여 행해지는 국가작용이라고 할지라도 그것이 국민의 기본권 침해와 직접 관련되는 경우에는 당연히 헌법재판소의 심판대상이 될 수 있는데, 대통령 긴급재정경제명령은 국가긴급권의 일종으로서 고도의 정치적 결단에 의하여 발동되는 행위이고 그 결단을 존중하여야 할 필요성이 있는 행위라는 의미에서 이른바 통치행위에 속한다고 할 수 있다(헌법재판소 1996.2.29. 93헌마186).

2) 발동요건

대통령이 긴급재정・경제처분 및 명령권을 발동하려면 다음의 요건을 갖추어야 한다. 그리고 긴급재정경제명령은 평상시의 헌법 질서에 따른 권력행사방법으로서는 대처할 수 없는 중대한 위기상황에 대비하여 헌법이 인정한 비상수단으로서 의회주의 및 권력분립의 원칙에 대한 중대한 침해가 되므로 그 요건은 엄격히 해석되어야 한다.

가. 실체적 요건

국가위기라는 긴급권발동의 실체가 있어야 한다. 즉, 긴급재정・경제처분의 실질적 요건으로서 내우・외환・천재・지변 또는 중대한 재정・경제상의 위기라는 상황요건(狀況要件)을 충족하지 않으면 안 된다. 긴급재정・경제명령을 발령하려면 정상적인 재정운용・경제운용이 불가능한 중대한 재정・경제상의 위기가 현실적으로 발생하여야 한다. 따라서 위기가

발생할 우려가 있다는 이유로 사전적·예방적으로 이 긴급권을 발할 수는 없다.[19]

나. 목적 요건

긴급한 조치가 필요함에도 국회의 폐회 등으로 국회가 현실적으로 집회될 수 없고 국회의 집회를 기다려서는 그 목적을 달할 수 없는 경우에 이를 사후적으로 수습함으로써 기존질서를 유지·회복하기 위하여 긴급한 조치가 필요하여야 한다(소극목적의 원칙).

다. 緊急性 요건

긴급한 조치가 필요한데 국회의 집회를 기다릴 여유가 없을 정도로 긴급하여야 한다. 국회의 임시회 집회요구에는 3일간의 공고기간이 필요한데(국회법 제5조 제1항), 이를 기다릴 여유가 없을 정도의 긴급한 상황이어야 한다. 긴급한 조치가 필요함에도 국회의 폐회 등으로 국회가 현실적으로 집회될 수 없고 국회의 집회를 기다려서는 그 목적을 달성할 수 없는 경우에 이를 사후적으로 수습함으로써 기존질서를 유지·회복하기 위하여서만 발동될 수 있다.[20] 따라서 긴급성의 요건은 사전예방이나 현상유지 이상의 적극적 조치, 즉 공공복리의 증진과 같은 적극적 목적을 위해서는 발동할 수 없다.

라. 절차적 요건

긴급재정·경제명령의 발령절차에 관하여 국무회의의 심의를 거쳐야 하고(제89조 제5호), 그 발령은 문서의 형식으로 하여야 하며, 그 문서에는 국무총리와 관계국무위원의 부서가 있어야 한다(제82조). 이 명령은 지체없이 국회에 보고하여 그 승인을 얻어야 하며, 국회의 승인 여부를 즉시 공포하여야 한다(제76조 제3항, 제5항). 국무회의의 심의를 기다릴 여유가 없을 정도의 긴급한 상황인 이 경우에는 초헌법적인 국가긴급권, 이른바 헌법외적 긴급권(extrakonstitutionelle Notrecht)이 발동될 수도 있을 것이다.

19) 헌법재판소 1996.2.29. 93헌마186.
20) 헌법재판소 1996.2.29. 93헌마186.

마. 過剩禁止의 原則

긴급재정·경제명령은 중대한 위기상황에 대비하여 헌법이 인정한 비상수단으로서 의회주의 및 권력분립의 원칙에 대한 중대한 침해가 되므로 그 요건은 엄격히 해석되어야 할 뿐만 아니라, 위기의 직접적 원인의 제거에 필수불가결한 최소의 한도 내에서 헌법이 정한 절차에 따라 행사되지 않으면 안 된다.[21] 이를 긴급권 발동에 있어서 과잉금지의 원칙(Übermaβverbot)이라 한다.

[헌법장애와 국가긴급권] 헌법기관이 자기 자신이나 다른 기관의 권한 때문에 그 기관에 부여된 헌법상의 기능을 수행할 수 없는 헌법상의 기능장애상태를 憲法障碍(Verfassungsstörung)라 하는데, 헤켈(T. Heckel)에 의하면 이는 헌법기관의 자체고장에 의한 기능장애상태이기 때문에 비상조치는 적합하지 않다고 한다. 헌법장애와 비상사태를 동일시하는 것은 불행한 사태를 초래할 수 있다고 경고한다. 헌법을 보호하기 위한 긴급권의 발동에 의하여 오히려 헌법이 침해될 수 있기 때문이다.

3) 緊急狀況의 판단

긴급상황의 판단권자는 대통령이다. 긴급재정·경제명령을 발할 수 있는 중대한 재정·경제상의 위기 상황의 유무에 관한 제1차적 판단은 대통령의 재량에 속한다. 그러나 그렇다고 하더라도 그것이 자유재량이라거나 객관적으로 긴급한 상황이 아닌 경우라도 주관적 확신만으로 좋다는 의미는 아니다. 따라서 객관적으로 대통령의 판단을 정당화할 수 있을 정도의 위기상황이 존재하여야 한다.[22]

4) 효 력

대통령의 긴급재정·경제상의 처분은 '處分으로서의 效力'을, 긴급재정·경제상의 명령은 '法律로서의 效力'을 가진다. 법률로서의 효력을 가지기 위해서는 반드시 命令의 형식을 취하여야 한다. 긴급재정·경제명령은 법률의 효력을 가지기 때문에 이것으로 기존의 법률의 개폐가 가능함은 물론 신규입법과 같은 효력을 가지는 새로운 내용의 명령을 발할 수도 있다. 긴급재정·경제명령은 법률의 효력을 갖는 것이므로 당연히 헌

21) 헌법재판소 1996.2.29. 93헌마186.
22) 헌법재판소 1996.2.29. 93헌마186.

법에 기속되어야 하고[23] 위헌법률심사의 대상이 된다.

5) 통 제

긴급재정·경제처분 및 명령이 재정·경제상의 국가긴급권이지만 헌법유월적인 것은 아니고 헌법내적 긴급권이다. 따라서 사전적 또는 사후적으로, 정치적 또는 사법적으로 통제를 받는다. 대체로 사전적 통제는 행정부의 내부적 통제이고, 사후적 통제는 국회의 정치적 통제 및 대법원·헌법재판소에 의한 사법적 통제이다. 홈즈(Oliver Holmes)가 "우리는 조국이 전쟁을 수행하고 있는 중이라고 하더라도 어떤 조치나 특정인을 비판할 권리를 상실하지 아니한다."[24]라고 한 것처럼, 국가긴급권의 발동이라 하더라도 그 조치에 대한 사법적 통제는 민주주의국가의 당연한 귀결인 것이다.

가. 事前的·形式的 統制

긴급재정·경제처분 및 명령은 국무회의의 필요적 심의사항이고(제89조), 대통령의 국법상 행위이기 때문에 文書로 하여야 하며, 국무총리 및 관계국무위원이 副署하여야 한다(제82조). 국무위원의 심의와 부서를 통하여 대통령의 긴급권에 대한 사전적·형식적 통제가 가능하게 되는 것이다.

나. 事後的·實質的 統制

가) 국회에 의한 정치적 통제

대통령이 긴급재정·경제처분 또는 명령을 한 때에는 지체 없이 국회에 보고하여 그 승인을 얻어야 하고(제76조 제3항), 국회의 승인을 얻지 못한 때에는 그 처분 또는 명령은 그때부터 효력을 상실한다. 이 경우 긴급재정·경제명령에 의하여 개정 또는 폐지되었던 법률은 그 명령이 승인을 얻지 못한 때부터 당연히 그 효력을 회복한다(제4항). 신규 입법과 같은 새로운 내용의 명령을 발한 경우에도 승인을 얻지 못하면 그때로부터 효력을 상실한다. 이 때 대통령은 국회의 승인을 얻은 사유 또는 승인을 얻지 못한 사유와 그 효력을 지체 없이 공고하여야 한다(제5항). 이것은 대통령의 권한행사에 대한 대통령과 국회사이의 이른바 기관간 정치적

---

23) 헌법재판소 1996.2.29. 93헌마186.

24) Frohwerk v. U.S. 249 U.S. 204

통제를 의미한다. 이처럼 국회의 사후적 통제를 받도록 한 것은 i) 국민대표기관의 동의에 의해 민주적 정당성을 부여받고, ii) 입법권의 제약이 될 수 있기 때문에 권력분립원리상 국회의 사후적 양해를 얻도록 하며, iii) 대통령의 긴급권행사가 남용되지 않도록 한다는 의미를 가진다.

나) 대법원 및 헌법재판소에 의한 사법적 통제

대통령의 긴급재정·경제명령은 법률적 효력을 가지기 때문에 헌법재판소의 위헌법률심사대상이 되고(제107조 제1항), 긴급재정·경제처분은 명령의 효력을 가지므로 위헌명령심사의 대상이 되어 대법원이 그 위헌·위법여부에 최종적으로 심사할 권한을 가진다(제2항). 또한 대통령의 긴급재정·경제명령 또는 그 처분에 의해 기본권이 침해된 경우에는 헌법소원(憲法訴願)의 대상이 된다(제111조 제1항).

(3) 緊急命令權

헌법 제76조 제2항은 "대통령은 국가의 안위에 관계되는 중대한 교전상태에 있어서 국가를 보위하기 위하여 긴급한 조치가 필요하고 국회의 집회가 불가능한 때에 한하여 법률의 효력을 가지는 緊急命令을 발령할 수 있다."고 하여 긴급명령권을 규정하고 있다.

1) 발동요건

긴급명령권의 발동요건으로는 i) 국가의 안위에 관계되는 중대한 교전상태에 있을 것, ii) 국가를 보위하기 위하여 긴급한 조치가 필요할 것, iii) 국회집회가 불가능할 것,[25] iv) 국무회의의 심의를 거칠 것 등을 필요로 한다.

2) 효 력

긴급입법으로서 긴급명령은 모든 입법사항을 포괄한다. 긴급명령은 법률과 같은 효력을 가지기 때문에 이에 의해 기존법률을 개정하거나 폐지

---

25) 시간적 여유의 문제가 아니고 사실상 불가능한 경우를 의미한다〔김철수(1442)〕. 허영 교수(946)는 국회의 휴회도 포함하고 있다고 보고 있다. 국회의 개회, 휴회, 폐회 중임을 묻지 않고 또는 국회의 집회가 불가능하게 된 이유도 묻지 아니한다. 다만, 긴급명령을 발휘하기 위하여 인위적으로 국회폐쇄 등 집회불능의 원인을 만드는 것은 여기에 해당하지 않는다고 한다. 권영성 교수(961)는 국회가 휴회 중인 경우에는 해당하지 않는다고 한다.

하는 것도 가능하다. 입법에서와 마찬가지로 과잉금지의 원칙과 비례의 원칙이 적용된다. 법률의 효력을 가지는 긴급명령으로서는 헌법을 침해하거나 개정할 수는 없다.

> **[긴급명령에 의한 병력형성의무]** 일반적으로 국방의무를 부담하는 국민들 중에서 구체적으로 어떤 사람을 국군의 구성원으로 할 것인지 여부를 결정하는 문제는 이른바 '직접적인 병력형성의무'에 관련된 것으로서, 원칙적으로 국방의무의 내용을 법률로써 구체적으로 형성할 수 있는 입법자가 국가의 안보상황, 재정능력 등의 여러가지 사정을 고려하여 국가의 독립을 유지하고 영토를 보전함에 필요한 범위내에서 결정할 사항이고, 예외적으로 국가의 안위에 관계되는 중대한 교전상태 등의 경우에는 대통령이 헌법 제76조 제2항에 근거하여 법률의 효력을 가지는 緊急命令을 통하여 결정할 수도 있는 사항이라고 보아야 한다(헌법재판소 2002.11.28. 2002헌바45).

3) 통제장치

긴급명령은 i) 국무회의 심의를 거쳐야 하고, 대통령의 국법상 행위이기 때문에 문서로서 하여야 하는데, 이에는 국무총리와 관계국무위원이 부서하여야 한다. ii) 지체없이 국회에 보고하고 그 승인을 얻어야 한다. iii) 사법적 통제를 받는다. 법률의 효력을 가지므로 위헌법률심사의 대상이 된다.

4) 緊急財政・經濟命令과의 비교

긴급명령과 긴급재정・경제명령은 법률의 효력을 가지는 명령이라는 점, 국회의 통제방법, 사법적 통제방법, 헌법을 침해할 수 없다는 점에서 동일하다. 그러나 발령요건, 효력범위에서 차이가 있다. 전자는 '내우・외환・천재・지변 또는 중대한 재정・경제상의 위기에 있어서 국가의 안전보장 또는 공공의 안녕질서를 유지하기 위하여 긴급한 조치가 필요'할 때에, 후자는 '국가의 안위에 관계되는 중대한 교전상태에 있어서 국가를 보위하기 위하여 긴급한 조치가 필요'한 때에 발령한다. 전자는 '국회의 집회를 기다릴 여유가 없을 때'에, 후자는 '국회의 집회가 불가능한 때'에 발령한다. 전자는 재정・경제상의 명령을 발하는 것인데 비하여, 후자는 규제범위에 제한이 없어 모든 입법사항을 규율할 수 있다. 규정형식상 전자에는 '최소한으로 필요한 명령'을 하여야 하는데, 후자에는 그러한 제한이 없다. 그러나 실질적으로는 별차이가 없다. 양자 모두 과잉금지원칙과 비례의 원칙의 적용을 받기 때문이다.

긴급재정 · 경제명령과 긴급명령의 차이

		긴급재정 · 경제명령	긴급명령
실질요건	목적	국가안전 보장 · 공공안녕 질서 유지	국가보위
	긴급의 정도	국회집회를 기다릴 여유가 없을 때	국회집회 불가능
범위		재정 · 경제	제한 없음(모든 입법사항)

(4) 戒嚴宣布權

헌법 제77조 제1항은 "대통령은 전시 · 사변 또는 이에 준하는 국가비상사태에 있어서 병력으로써 군사상의 필요에 응하거나 공공의 안녕질서를 유지할 필요가 있을 때에는 법률이 정하는 바에 의하여 계엄을 선포할 수 있다."고 하여 계엄선포권을 규정하고 있다. 계엄의 선포와 그 시행 및 해제 등에 관하여 필요한 사항은 戒嚴法이 정한다.

1) 戒嚴의 의의

계엄(martial law)이란 전시 · 사변 또는 이에 준하는 국가비상사태에 있어서 병력으로써 군사상의 필요에 응하거나 공공의 안녕질서를 유지할 필요가 있을 때에 법률이 정하는 바에 의하여 선포하는 대통령의 국가긴급권이다(제77조 제1항). 계엄에는 비상계엄과 경비계엄이 있는데(제77조 제2항), 비상계엄(非常戒嚴)은 대통령이 전시 · 사변 또는 이에 준하는 국가비상사태에 있어서 적과 교전상태에 있거나 사회질서가 극도로 교란되어 행정 및 사법기능의 수행이 현저히 곤란한 경우에 군사상의 필요에 응하거나 공공의 안녕질서를 유지하기 위하여 선포하고(계엄법 제2조 제1항), 경비계엄(警備戒嚴)은 대통령이 전시 · 사변 또는 이에 준하는 국가비상사태에 있어서 사회질서가 교란되어 일반행정기관만으로는 치안을 확보할 수 없는 경우에 공공의 안녕질서를 유지하기 위하여 선포한다(제2조 제2항).

[비상계엄선포행위와 사법심사] 대통령의 비상계엄의 선포나 확대 행위는 고도의 정치적·군사적 성격을 지니고 있는 행위라 할 것이므로, 그것이 누구에게도 일견하여 헌법이나 법률에 위반되는 것으로서 명백하게 인정될 수 있는 등 특별한 사정이 있는 경우라면 몰라도, 그러하지 아니한 이상 그 계엄선포의 요건 구비 여부나 선포의 당·부당을 판단할 권한이 사법부에는 없다고 할 것이나, 비상계엄의 선포나 확대가 국헌문란의 목적을 달성하기 위하여 행하여진 경우에는 법원은 그 자체가 범죄행위에 해당하는지의 여부에 관하여 심사할 수 있다(대법원 1997.4.17. 선고 96도3376).

2) 宣布要件

비상계엄과 경비계엄의 선포요건이 다르다. 여기서는 비상계엄을 중심으로 설명한다.

가. 실체적 요건

계엄을 선포하려면 그에 해당하는 국가비상사태가 발생하여야 한다. 즉, i) 전시·사변 또는 이에 준하는 국가비상사태가 발생하였을 것, 구체적으로는 '적과 교전상태에 있거나 사회질서가 극도로 교란되어 행정 및 사법기능의 수행이 현저히 곤란한 경우'를 말한다(법 제2조 제1항). ii) 병력의 동원이 필요할 것, iii) 군사상의 필요 또는 공공의 안녕질서를 유지할 필요가 있을 것 등 계엄선포의 실체적 요건을 갖추어야 한다.

나. 절차적 요건

계엄을 선포하거나 변경하려면 국무회의의 심의를 거쳐야 한다(제89조, 법 제2조 제5항). 계엄선포는 문서로 하여야 하고, 국무총리와 국방부장관 등 관계공무원이 부서하여야 한다(제82조). 계엄을 선포한 때에는 대통령은 지체없이 국회에 통고하여야 하고(제77조 제4항), 국회가 폐회 중인 때에는 대통령은 지체없이 국회의 집회를 요구하여야 한다(법 제4조 제2항).

3) 戒嚴의 指揮와 監督

계엄선포는 대통령만이 할 수 있다(제77조 제1항). 대통령이 계엄을 선포할 때에는 그 이유·종류·시행일시·시행지역 및 계엄사령관을 공고하여야 한다(법 제3조). 계엄사령관은 계엄의 시행에 관하여 국방부장관의 지휘·감독을 받는다. 다만, 전국을 계엄지역으로 하는 경우와 대통령이 직접 지휘·감독을 할 필요가 있는 경우에는 대통령의 지휘·감독을 받는다(법 제6조 제1항). 특히 계엄사령관을 지휘·감독함에 있어서 국책에 관계되는 사항은 국무회의의 심의를 거쳐야 한다(법 제6조 제2항).

4) 戒嚴의 變更

비상계엄은 대통령이 전시·사변 또는 이에 준하는 국가비상사태에 있어서 적과 교전상태에 있거나 사회질서가 극도로 교란되어 행정 및 사법기능의 수행이 현저히 곤란한 경우에 군사상의 필요에 응하거나 공공의 안녕질서를 유지하기 위하여 선포하고(법 제2조 제2항), 경비계엄은 대통령이 전시·사변 또는 이에 준하는 국가비상사태에 있어서 사회질서가 교란되어 일반행정기관만으로는 치안을 확보할 수 없는 경우에 공공의 안녕질서를 유지하기 위하여 선포한다(법 제2조 제3항). 상황에 따라서 비상계엄을 경비계엄으로 또는 그 반대로 변경할 필요가 있게 된다. 대통령은 계엄의 종류·시행지역 또는 계엄사령관을 변경할 수 있는데(법 제2조 제4항), 이때에는 국무회의의 심의를 거쳐야 한다(법 제2조 제5항). 계엄의 변경의 경우에도 대통령은 그 변경의 이유·종류·시행일시·시행지역 및 계엄사령관을 공고하여야 한다(법 제3조).

5) 戒嚴司令官의 業務

비상계엄의 선포와 동시에 계엄사령관은 계엄지역안의 모든 행정사무와 사법사무를 관장하고(법 제7조 제1항), 경비계엄이 선포되면 계엄사령관은 계엄지역안의 군사에 관한 행정사무와 사법사무를 관장한다(법 제7조 제2항). 또한 계엄이 선포되면 계엄지역안의 행정기관 및 사법기관은 지체없이 계엄사령관의 지휘·감독을 받아야 한다(법 제8조).

6) 非常戒嚴의 效力

비상계엄이 선포되면 계엄사령관은 그 지역에서 기본권 및 인력동원과 재산징발 등에 관하여 특별조치권을 가지며, 일정한 범죄에 대하여는 민간인도 군사법원의 재판을 받게 된다(제77조 제3항).

가. 基本權에 관한 特別措置

계엄사령관은 군사상 필요한 때에는 체포·구금·압수·수색·거주·

이전·언론·출판·집회·결사 또는 단체행동에 대하여 특별한 조치를 할 수 있다(제9조 제1항). 이 경우에 계엄사령관은 그 조치내용을 미리 공고하여야 한다.

나. 動員·徵發 및 財産에 대한 特別措置

비상계엄지역 안에서는 계엄사령관은 법률이 정하는 바에 의하여 동원 또는 징발할 수 있으며, 필요한 경우에는 군수에 공할 물품의 조사·등록과 반출금지를 명할 수 있고(법 제9조 제2항), 작전상 부득이한 경우에는 국민의 재산을 파괴 또는 소화할 수 있는데, 이 경우에 발생한 손실에 대하여는 대통령령이 정하는 바에 의하여 정당한 보상을 하여야 한다(법 제9조 제3항).

다. 軍事裁判權

비상계엄이 선포되면 계엄법이 정하는 위반행위와 일정한 범죄는 군사법원이 재판관할권을 가진다.

가) 계엄법위반행위

계엄지역안의 행정기관·사법기관이 계엄사령관의 지휘·감독권에 따른 지시에 응하지 아니한 때, 계엄사령관이 군사상 필요에 따라 체포·구금·압수·수색·거주·이전·언론·출판·집회·결사 또는 단체행동에 대하여 특별한 조치를 한 경우 이에 응하지 아니한 때, 계엄사령관이 법률이 정하는 바에 의하여 동원 또는 징발하거나 군수에 공할 물품의 조사·등록과 반출금지를 명한 경우 이에 응하지 아니한 때에는 군사재판을 받게 된다(법 제10조, 제14조).

나) 내란죄 등

비상계엄지역 안에서 내란의 죄, 외환의 죄, 국교에 관한 죄, 공안을 해하는 죄, 폭발물에 관한 죄, 공무방해에 관한 죄, 방화의 죄, 통화에 관한 죄, 살인의 죄, 강도의 죄, 국가보안법에 규정된 죄, 총포·도검·화약류 등단속법에 규정된 죄, 군사상 필요에 의하여 제정한 법령에 규정된 죄를 범한 자는 군사법원의 재판을 받게된다(법 제10조 제1항).

7) 戒嚴의 解除

가. 秩序回復과 戒嚴解除要求

대통령은 비상계엄 또는 경비계엄의 사태가 평상상태로 회복되거나 재적의원 과반수의 찬성으로 국회가 계엄해제를 요구한 때에는 지체없이 계엄을 해제하고 이를 공고하여야 한다(제77조 제5항, 법 제11조 제1항). 계엄법은 "계엄선포중 국회의원은 현행범인인 경우를 제외하고는 체포 또는 구금되지 아니한다."(제13조)고 하여 국회의원의 불체포특권을 규정하고 있는데, 이는 실질적으로 계엄선포를 통고받고, 그 해제여부를 판단하여야 할 주체이므로 특히 국회의원에게 특권을 부여한 것이다. 대통령이 계엄을 해제하고자 할 때에는 국무회의의 심의를 거쳐야 한다(법 제11조 제2항). 국방부장관 또는 내무부장관은 비상계엄 또는 경비계엄의 사태가 평상상태로 회복된 때에는 국무총리를 거쳐 대통령에게 계엄의 해제를 건의할 수 있다(법 제11조 제3항).

나. 戒嚴解除의 效果

가) 평상상태로 복귀

계엄이 해제된 날로부터 모든 행정사무와 사법사무는 평상상태로 복귀한다(법 제12조 제1항). 비상계엄시행중 군사법원에 계속 중인 재판사건의 관할은 비상계엄해제와 동시에 일반법원에 속한다. 다만, 대통령이 필요하다고 인정할 때에는 군사법원의 재판권을 1월 이내에 한하여 연기할 수 있다(법 제12조 제2항).

나) 계엄해제후 계엄포고위반행위의 가벌성

계엄은 국가비상사태에 병력으로 국가의 안전과 공공의 안녕질서를 유지할 필요가 있을 때에 선포되고 평상상태로 회복되었을 때에 해제하는 것으로서 계엄의 해제는 사태의 호전에 따른 조치일 뿐, 계엄령의 부당성을 이유로 한 반성적 고찰에서 나온 조치는 아니므로 계엄이 해제되었다고 하여 계엄 하에서 행해진 위반행위의 가벌성이 소멸되는 것은 아니다.

[계엄해제와 계엄포고위반죄의 가벌성] 계엄기간중의 계엄포고위반의 죄는 계엄해제 후에도 행위당시의 법령에 따라 처벌되어야 하고 계엄의 해제를 범죄 후 법령의 개폐로 형이 폐지된 경우와 같이 볼 수 없다(대법원 1985.5.28.

81도1045).

다. 계엄해제후 군사법원의 재판권연기

헌법은 계엄에 관하여 규정한 제77조 제3항에서 "비상계엄이 선포된 때에는 법률이 정하는 바에 의하여……법원의 권한에 관하여 특별한 조치를 할 수 있다."고 규정함으로써 그에 관한 사항은 법률에 위임하고 있고, 계엄법 제12조 제2항 단서는 "다만, 대통령이 필요하다고 인정할 때에는 군사법원의 재판권을 1월 이내에 한하여 연기할 수 있다."고 하여 계엄해제 후 군사법원의 재판권연기규정을 두고 있다. 이는 계엄해제시 대통령의 조치에 의하여 비상계엄해제의 효력 중 군사법원에 계속 중인 재판사건의 재판권이 일반법원에 속하게 되는 효력만을 1개월 이내의 기간 안에 단계적으로 발생할 수 있음을 규정한 것이다. 이것은 국가비상사태가 평상상태로 회복되었음에도 불구하고 대통령의 조치에 의해 국민의 군사법원의 재판을 받지 않을 권리를 일시적으로 제한한 것이 되어, 이 규정의 합헌성여부가 다투어 진다.

가) 합헌설

합헌설은 계엄해제 후 군사법원의 재판권 연기에 대해 헌법에 반하지 않는다고 한다. 그 이유는 국민의 군사법의 재판을 받지 않을 권리를 침해하지 않는다거나(법리적 이유), 군사법원의 재판을 계속하여야 할 합목적성이 있다하여(현실적 이유), 또는 계엄선포와 이에 관련된 조치는 고도의 정치성을 띤 통치 작용으로 사법적 판단이 자제되어야 한다(사법의 정치적 중립성)는 것을 든다.

헌법은 계엄에 관하여 규정한 제77조 제3항에서 "비상계엄이 선포된 때에는 법률이 정하는 바에 의하여……법원의 권한에 관하여 특별한 조치를 할 수 있다"고 규정함으로써 그에 관한 사항은 법률에 위임하고 있다. 계엄해제시의 대통령의 조치에 의하여 비상계엄해제의 효력 중 군사법원에 계속 중인 재판사건의 재판권이 일반법원에 속하게 되는 효력만을 1개월 이내의 기간 안에 단계적으로 발생할 수 있음을 규정한 것은 국가비상사태가 평상상태로 회복되었음에도 불구하고 국민의 군사법원의 재판을 받지 않을 권리를 일시적으로 제한한 것임은 분명하지만 그 시기는 국민의 기본권을 보장한 헌법정신에 위배되지 않는 범위 내에서 합리성이 있다고 본다. 그 이유는 i) 그 규정이 국민의 군사법원의 재판을 받지 않을 권리자체를 박탈하는 것도 아니고 그 권리의 본질적 내용을 침해하는 것이라고 할 수는 없을 뿐만 아니라 ii) 비상계엄지역내의 사회질서는 정상을 찾았으나 일반법원이 미처 기능회복을 하지 못하여 군사법원에 계속 중인 재판사건을 넘겨받아 처리할 수 있는 태세를 갖추지 못하고 있는 경우와 같은 상황에 대처하기 위한 것으로 보여 합목적성이 인정되므로 헌법의 위임범위를 넘어선 것으로 헌법 제77조나 제27조 제2항에 위배되는 것이라고 할 수는 없다고 한다.[26] 또한 iii) 계엄의 선포와 그 해제 및 이에 부수되는 조치 등은 국가통치작용으로서 고도의 정치성이 있는 사항이므로 권력분립제도 사법권의 독립성과 그 중립성이라는 관점에서 헌법 제26조 제2항의 명문표현과 그 규정형태에 입각한 위헌판단은 마땅히 피하는 것이 합헌해석의 원칙에서 타당하다고 한다.[27]

나) 위헌설

위헌설은 비상계엄 해제 후에도 대통령이 민간인에 대한 군사법원의 재판권을 일정기간 연장할 수 있게 하는 것은 위헌이라 주장한다. 그 이유는 비상계엄은 필요한 최소한도 내에서 일시적으로 행사되어야 한다는 점(국가긴급권에 관한 엄격해석의 원칙)과 군사법원의 재판권은 법률에 의해 확대될 수 없다는 점(군사법원관할권 엄격제한의 원칙)을 든다.

헌법 제27조 제2항 후단은 비상계엄 또는 비상조치기간중이 아닌 한 민간인은 위 조항전단에 정한 죄를 저지른 경우를 제외하고 어떠한 경우에도 군사법원의 재판을 받지 아니할 권리가 있음을 헌법상 보장한 규정이다. 따라서 계엄법 제12조 제2항이 비상계엄 후에도 군사법원의 재판권을 일정기간 연기할 수 있도록 규정한 것은 위와 같이 헌법상 보장된 군사법원의 재판을 받지 아니할 국민의 권리를 명백히 침해하는 것이다. 비상계엄은 국가긴급권의 하나로서 본질적으로 입헌주의를 정지하는 독재적 권력행사이므로 국가적 위기극복을 위하여 필요한 최소한도 내에서 일시적이고 잠정적으로 행사되어야 하고 이러한 한도 내에서만 헌법이 이를 용인하는 것이다. 국가긴급권에 관한 엄격해석의 원칙에서 헌법 제77조 제3

26) 대법원 1985.5.28. 81도1045.
27) 대법원 1985.5.28. 81도1045의 보충의견.

항의 규정을 보면 이 규정의 취지는 "비상계엄이 선포된 때", 즉 "비상계엄이 선포되어 그 효력이 존속하고 있는 동안에 한하여" 법률로서 미리 정한 특별한 조치를 할 수 있다는 뜻이라고 풀이하여야 한다. 따라서 비상계엄 선포의 효력이 상실된 위와 같은 특별한 조치를 하거나 이미 한 조치를 연장하는 것은 위 헌법조항과 정면으로 저촉되는 것으로 결국 위 계엄법 제12조 제2항은 국민의 군사법원의 재판을 받지 아니할 권리를 침해하는 것이다.

재판을 받을 권리는 일반적 법률유보하에 있는 다른 기본권과는 달리 헌법 자체가 설정한 경우외에는 제한되지 않는다. 다른 기본권에 대해서는 헌법 제37조 제2항에서 그 제한을 법률에 위임 또는 유보하는 데에 비하여 재판을 받을 권리에 대하여는 헌법 제27조에서 제한하는 경우를 한정하고 있는 점을 볼 때 재판을 받을 권리는 법률로서도 제한할 수 없고 따라서 헌법 스스로가 설정하고 있는 경우 외에는 법률로써도 군사법원 재판권을 확대할 수 없다는 취지로 해석되므로 비상계엄이 선포된 경우에 군사법원의 재판을 받게 되었다 할지라도 그 비상계엄이 해제된 이상 원칙에 돌아가서 군사법원의 재판을 받지 않게 된다. 따라서 계엄법 제12조 제2항이 비상계엄이 해제되어도 1개월 이내에 한하여 군사법원의 재판권을 연장할 수 있다고 정한 것은 위 헌법규정에 명백히 위반된다.

다) 私 見

생각건대, 계엄법 제12조 제2항 단서 규정은 위헌이다. 그 이유는 다음과 같다. 첫째로, 헌법상 보장된 군사법원의 재판을 받지 아니할 국민의 권리를 명백히 침해하는 것이다. 둘째로, "비상계엄이 선포된 때"의 의미는 비상계엄이 선포되어 그 효력이 존속하고 있는 동안을 말하는 것이고 그 때에 한하여 계엄법이 미리 정한 특별한 조치를 할 수 있다는 뜻이라고 하여야 한다. 따라서 비상계엄이 해제된 후 이미 한 조치를 연장한다는 것은 위 헌법조항과 정면으로 저촉되는 것이다. 셋째로, 비상계엄은 본질적으로 입헌주의를 정지하는 입헌적 독재이다. 따라서 이러한 비정상적인 독재권력의 행사는 국가적 위기극복을 위하여 필요한 최소한도 내에서 일시적이고 잠정적으로 행사되어야 한다는 과잉금지의 원칙(최소제한의 원칙)과 비례의 원칙에 반한다. 넷째로, 국민의 재판을 받을 권리는 기본권 일반유보에 의해서 제한될 수 있는 것이 아니고 헌법 제27조 제2항에 의해서만 제한될 수 있는 것이므로 계엄법에 의한 군사법원의 재판관할연장은 헌법상 보장된 국민의 재판을 받을 권리를 침해하는 것이 된다.

8) 戒嚴에 대한 統制

가. 국회에 의한 통제

국회가 재적의원 과반수의 찬성으로 계엄의 해제를 요구한 때에는 대통령은 이를 해제하여야 한다(헌법 제77조 제5항). 대통령이 국회의 해제요구에 불응하는 때에는 탄핵소추의 사유가 된다(제65조 제1항). 또한 계엄기간 중에도 국회는 활동을 할 수 있기 때문에 입법과 국정조사, 국정감사 등을 통하여 계엄을 통제할 수 있다.

나. 법원과 헌법재판소에 의한 통제

대통령의 계엄선포행위는 통치행위라는 이유로 사법심사의 대상이 되지 않는다는 견해가 있으나,[28] 사법심사의 대상이 된다는 것이 일반적 견해이다.[29] 계엄선포에 대해 통치행위라는 이유로 사법심사가 될 수 없다는 견해도 계엄사령관의 포고령이나 개별적·구체적 처분은 사법심사의 대상이 된다고 보고 있다.

[비상계엄의 사법심사여부(대법원)] 고도의 정치적, 군사적 성격을 갖고 있는 비상계엄선포를 가리켜 당연무효라고 볼 수 없고 그 계엄선포의 당부를 판단할 권한은 사법부에는 없으므로, 1979.10.27.자 대통령권한대행의 비

---

28) 헌법 제54조와 계엄법 제1조에 의하면 대통령은 전시사변 또는 이에 준하는 국가비상사태에 있어서 병력으로써 군사상의 필요 또는 공공의 안녕질서를 유지할 필요가 있을 때에는 법률이 정하는 바에 의하여 계엄을 선포할 수 있다는 취지를 규정하고 있는 바, 여기에 말하는 전시 사변 또는 국가 비상사태인 여부 및 군사상 또는 공공의 안녕질서 유지상 필요있는 여부는 고도의 정치적·군사적 성격을 띤 것이므로 대통령이 그 권한에 의하여 계엄을 선포하였다면 그 선포의 당·부당 내지 필요성 여부는 계엄해제요구권을 가진 국회만이 이를 판단할 수 있는 것이고 계엄선포가 당연무효가 아닌 한 이는 사법심사의 대상이 아니라고 함을 당원의 판례로 하고 있다(대법원 1980.8.26. 80도1278).

29) 김철수 교수(1447), 권영성 교수(975), 허영 교수(950). 헌법재판소의 견해 : 통치행위를 포함하여 모든 국가작용은 국민의 기본권적 가치를 실현하기 위한 수단이라는 한계를 반드시 지켜야 하는 것이고, 헌법재판소는 헌법의 수호와 국민의 기본권 보장을 사명으로 하는 국가기관이므로 비록 고도의 정치적 결단에 의하여 행해지는 국가작용이라고 할지라도 그것이 국민의 기본권 침해와 직접 관련되는 경우에는 당연히 헌법재판소의 심판대상이 될 수 있다(헌법재판소 1996.2.29. 93헌마186).

상계엄선포가 무효라고 볼 수 없다(대법원 1981.1.23. 80도2756).

[비상계엄의 사법심사여부(헌법재판소)] 통치행위를 포함하여 모든 국가작용은 국민의 기본권적 가치를 실현하기 위한 수단이라는 한계를 반드시 지켜야 하는 것이고, 헌법재판소는 헌법의 수호와 국민의 기본권 보장을 사명으로 하는 국가기관이므로 비록 고도의 정치적 결단에 의하여 행해지는 국가작용이라고 할지라도 그것이 국민의 기본권 침해와 직접 관련되는 경우에는 당연히 헌법재판소의 심판대상이 될 수 있다(헌법재판소 1996.2.29. 93헌마186).

긴급재정경제처분 및 명령권과 계엄선포권

	긴급재정 · 경제처분권 및 명령권	계엄선포권
발효근거	헌법에 근거하여 직접 효력 발생	헌법을 근거로 제정된 법률(戒嚴法)
규제분야	긴급처분 또는 긴급입법, 긴급재정 · 경제명령은 법률, 긴급재정 · 경제처분은 행정처분	입법기능 제외 행정 · 사법에서의 한시적 군정통치
통제 메카니즘 (대의기관인 국회)	승인사항(일반정족수) 적극적 통제	해제요구사항(재적의원 과반수) 소극적 통제
발동요건	내우 · 외환 · 천재 · 지변 또는 중대한 재정 · 경제상의 위기에 있어서 국가의 안전보장 또는 공공의 안녕질서를 유지하기 위하여 긴급한 조치가 필요하고 국회의 집회를 기다릴 여유가 없을 때	전시 · 사변 또는 이에 준하는 국가비상사태에 있어서 병력으로써 군사상의 필요에 응하거나 공공의 안녕질서를 유지할 필요가 있을 때

8. 大統領의 權限行使에 대한 牽制

대통령의 권한만큼 그 책임 또한 막중하다. 대통령의 권한행사는 국법상의 행위로서 행정부 내부적으로 일정한 절차와 형식을 통하여 견제를 받고, 외부적으로는 국회에 의한 사전적 · 사후적인 정치적 통제를 받게 되며, 법원에 의한 사후적 통제로서 사법작용에 의한 견제를 받는다. 최종적으로는 주권자인 국민의 통제를 받게 된다.

(1) 執行府의 內部的 牽制

대통령의 권한행사에 대한 정부의 내부적 견제로는 국무회의의 심의, 대통령자문기관의 자문 및 부서제도를 들 수 있다. 그러나 대통령제는 정부구성이 일원적으로 정부가 대통령의 책임 하에 조직되고 움직인다는 점에서 행정부 내부적 견제는 그 태생적 한계가 있다.

1) 國務會議의 審議

국무회의는 정부의 권한에 속하는 중요한 정책을 사전에 심의한다(제89조). 심의(審議)는 자문과 의결의 중간형태로서 의원내각제에서의 내각의 의결과 달리 구속력이 없다. 국가의 중요정책을 사전에 심의한다는 필요적 심의사항을 헌법에 열거하고 있는 정도로 대통령의 권한 행사에 대한 절차적·형식적 견제를 의미할 뿐 실질적·구체적 견제 장치로서는 미흡할 수도 있다. 그러나 국무회의 심의사항을 헌법에 구체적으로 열거하고 이를 필요적 심의사항으로 하여 심의를 의무화한 것은 대통령의 권한행사의 정당성·합헌성을 보장할 뿐만 아니라 대통령의 권한 행사에 대한 중요한 견제수단이 된다는 것을 의미한다.

2) 諮問機關의 諮問

우리 헌법은 대통령의 자문기관으로서 국가안전보장회의(제91조), 국가원로자문회의(제90조), 민주평화통일자문회의(제92조), 국민경제자문회의(제93조), 국가과학기술자문회의(제127조 제3항) 등을 두어 대통령의 자문에 응하도록 하고 있다. 그러나 이들 기관은 대통령의 자문에 응할 뿐, 자문의 구속력도 전혀 없다. 대통령은 참고할 따름이고 그 활용은 대통령에 일임되어 있다는 점에서 대통령의 권한행사에 대한 견제장치로서는 미흡하다.

3) 副 署

헌법 제82조는 "대통령의 국법상 행위는 문서로써 하며, 이 문서에는 국무총리와 관계 국무위원이 부서한다. 군사에 관한 것도 또한 같다."고 하여 대통령의 국법상 행위의 문서주의와 부서제도에 관하여 규정하고 있다.

가. 副署의 제도적 의의

부서는 대통령의 국법행위의 적법성을 담보하고 국무총리와 관계국무위원의 책임소재를 확인하려는 제도이다. 적법성은 구체적으로 i) 국무회의 심의 등 '절차적 적법성'을 담보하고, ii) 문서주의와 더불어 대통령의 국법상 행위의 '형식적 적법성'을 담보하는 것이며, iii) 국무총리와 관계국무위원의 책임의 소재를 밝히는 것으로 '실질적 적법성'을 담보하여 대통령의 행위를 견제하는 수단으로 기능한다. 대통령은 임기 중 특히 국회에 대하여 정치적 무책임성이 보장되지만, 국무총리나 국무위원은 그러하지 아니하다. 따라서 부서는 대통령에 대한 국무총리와 국무위원의 보필책임의 근거가 된다. 그러한 점에서 형식적으로는 일응 대통령의 행위에 대한 견제기능을 할 수 있다. 그러나 실질적으로 견제수단이 되기는 어렵다. 현실적으로 부서를 거부할 수 있는가의 문제가 따르는데, 정부구성권이 주어져 있는 대통령에 반대하여 부서를 거부할 수는 없을 것이기 때문이다.

나. 副署없는 大統領의 行爲와 副署拒否 문제

가) 부서없는 대통령의 행위

부서없는 대통령의 행위는 헌법 제82조를 위반한 위헌의 행위이다. 부서는 대통령의 국법상 행위의 적법성요건이자 그 성립요건이다. 부서없는 대통령의 행위는 위헌이고, 위헌인 행위는 적법하게 성립될 수 없기 때문이다. 부서없이 행한 대통령의 행위는 당연히 탄핵소추의 사유가 된다.

나) 국무총리와 국무위원의 부서거부 문제

대통령의 국법상의 행위에 부서하여야 할 국무총리와 관계국무위원이 부서를 거부할 수 있는가. 대통령에게 정부구성권이 주어져 있는데, 대통령에 반대하여 현실적으로 부서를 거부하기는 어려울 것이다. 대통령을 보좌하는 지위에서 부서를 거부할 것이 아니고 사임하여야 할 것이다. 다만 국무회의에서 심의되지 않은 사항이나 심의사항을 왜곡한 문서에 대하여는 거부하여야 할 것이다. 이때 부서를 거부하면 사임이나 해임의 결과가 따를 것이다. 부서거부의 경우에 국무총리의 해임이나 사임의 결과 국무총리가 공석이 되면, 국무총리의 부서와 관련하여 대통령의 행위의 적법성확보의 문제가 있을 수 있는데, 이 경우에는 국무총리 직무대행으로 적법성 문제를 해결할 수는 있을 것이다.

(2) 國會에 의한 牽制

국회가 대통령의 권한을 견제하는 장치로는 탄핵소추권, 대통령의 인사권에 대한 견제, 국가긴급권에 대한 견제, 대외정책에 대한 견제, 예산·결산심사권에 의한 견제, 국정감사 및 조사 등이 있다. 국회의 통제는 사실상 국정 전반에 걸쳐있기 때문에, 대통령의 권한 전반을 그 통제의 대상으로 한다. 국회에 의한 견제는 국가기관 사이의 통제로서 대통령의 독주적인 권한행사에 대한 중요한 정치적 통제가 된다.

1) 彈劾訴追權

국회는 대통령·국무총리·국무위원·행정 각부의 장·헌법재판소 재판관·법관·중앙선거관리위원회 위원·감사원장·감사위원 기타 법률이 정한 공무원이 그 직무집행에 있어서 헌법이나 법률을 위반한 때에는 탄핵소추를 의결할 수 있다(제65조 제1항). 국회는 이에 의하여 검찰권으로 소추하기 곤란한 대통령을 탄핵하여 대통령의 권한행사를 견제할 수 있도록 한 것이다.

2) 大統領의 人事權의 牽制

대통령은 정부구성권을 가지는데, 이들 대통령의 권한 행사에는 국회의 동의를 받도록 하여 그 권한행사를 견제하도록 하고 있다. 국무총리와 감사원장의 임명에는 국회의 동의를 얻어야 한다(제86조, 제98조). 그리고 헌법재판소장과 대법원장 및 대법관의 임명에도 국회동의가 필요하다(제104조, 제111조). 또한 국회는 국무총리와 국무위원에 대하여 개별적으로 그 해임을 건의할 수 있다(제63조 제1항). 이처럼 국가기관을 구성하는 대통령의 권한행사에 국회의 동의를 얻도록 하고, 국무총리·국무위원에 대한 해임건의를 할 수 있도록 한 것은 대통령의 인사권에 대한 중대한 견제장치이다.

3) 國家緊急權의 牽制

대통령의 긴급재정경제명령·처분, 긴급명령, 계엄 등 국가긴급권을 행사함에는 국회의 승인 또는 동의가 필요하다. 대통령이 긴급재정경제처분·명령을 발동하는 경우에는 지체없이 국회에 보고하고 그 승인을 얻어야 한다. 만일 승인을 얻지 못한 때에는 그 처분·명령은 그 때부터 효력을 상실한다(제76조 제3항 및 제4항). 긴급명령의 경우에도 그러하다(제76조 제2항). 대통령은 전시·사변 또는 이에 준하는 국가비상사태에 있어서 계엄을 선포할 수 있는데, 이 때 지체없이 국회에 통고하여야 한다. 국회가 그 해제를 요구한 때에는 이를 해제하여야 한다(제77조).

4) 對外的 權限行使에 대한 牽制

국회는 대통령의 조약체결·비준, 선전포고, 국군의 해외파견, 외국군대의 국내주류 등에 대한 동의권을 가진다(제60조). 대통령의 대외적 권한행사는 집행권의 고유권한이다. 그러나 이들 권한은 의회의 협력을 요하는 행위이다. 대통령의 대외적 권한행사에 국회의 동의나 승인을 받도록 한 것은 이들 권한행사에 대한 견제수단이 된다.

5) 豫算·決算 및 財政權에 대한 牽制

국회는 예산안의 심의·확정권을 가진다. 이는 정부의 예산편성과 그 집행에 대하여 가지는 국회의 견제권이다(제54조, 제57조). 이외에 국회는 예비비지출승인권(제55조), 기채동의권, 예산 외 국가부담이 될 계약에 대한 의결권(제58조), 결산승인권(제99조) 등의 권한으로 대통령과 정부의 권한행사를 제한한다.

6) 國政監査 및 國政調査에 의한 牽制

국회는 국정을 감사하거나 특정한 국정사항에 대하여 조사할 수 있다(제61조). 국정감사와 국정조사의 결과로 정부 또는 해당기관의 관계자 문책을 포함한 시정을 필요로 하는 사유가 있을 때에는 그 시정을 요구하고, 정부 또는 해당기관에서 처리함이 타당하다고 인정되는 사항은 정부 또는 해당기관에 이송한다. 이 경우 정부·해당기관은 이를 지체없이 처리하고 그 결과를 국회에 보고하여야 한다. 국회는 해당 처리결과의 보고에 대하여 적절한 조치를 취할 수 있다(國政監査및調査에관한法律 제16조). 이러한 국정감사와 국정조사는 정부에 대한 강력한 견제수단이 된다.

(3) 司法에 의한 牽制

명령·규칙이 헌법이나 법률에 위반되는가의 여부가 재판의 전제가 된 경우에는 대법원은 이를 최종적으로 심사할 권한을 가지는데(제107조 제2항), 대통령령과 부령의 제정이 정부의 책임 하에 이루어지므로 이 규정은 대통령의 권한행사에 대한 중요한 견제장치가 된다. 헌법재판소는 법원의 제청에 의하여 법률의 위헌여부, 국회의 탄핵소추에 의한 탄핵, 기관간의 권한쟁의, 헌법소원을 통해 대통령과 정부의 권한을 견제한다.

(4) 人事聽聞會와 特別檢事制

1) 人事聽聞會

국회는 비상설특별위원회로 인사청문특별위원회를 설치할 수 있도록 하고 있다. 헌법상 국회의 동의 또는 선출을 요하는 주요공직자의 동의안과 선출안을 심사하기 위하여 인사청문특별위원회를 둔다. 이 운영위원회의 구성과 운영에 관하여 필요한 사항은 법률로 정하도록 하고 있는데(국회법 제46조의 3), 이에 관한 특별법이 인사청문회법이다. 헌법의 규정에 따라 국회의 동의를 필요로 하는 국무총리·대법원장 및 대법관·헌법재판소장 및 국회에서 선출하는 헌법재판소 재판관·국회선출 중앙선거관리위원회 위원·감사원장 등 국회의 동의 및 선출을 요하는 공직후보자에 대하여 인사청문회제도를 도입하고 있다. 또한 대통령이 다른 법률에 의하여 국가정보원장·국세청장·검찰총장 또는 경찰총장의 후보자에 대한 인사청문을 요청한 경우에는 그 인사청문을 실시하기 위하여 소관상임위원회별로 인사청문회를 열도록 하고 있다(국회법 제65조의2 제2항).

인사청문회제도는 미국에서 발달한 제도로서 정부구성에 관한 권한은 대통령에게 주어지지만 국민의 대표기관인 국회의 검증을 거치도록 한 것이다. 이에 따라 대통령이 국무총리, 감사원장, 국가정보원장, 국세청장, 검찰총장 및 경찰청장 등을 임명하는 데에 국회의 강력한 견제를 받을 수밖에 없다.

[미국의 인사청문회제도] 미국에서는 1787년 제헌의회에서 고위공직자의 임명권을 누가 가질 것인가에 대한 격론이 벌어졌다. 대통령에게 임명권을 주어야 한다는 주장과 대통령의 독주를 막기 위하여 의회가 임명권을 가져야 한다는 주장이 맞섰다. 그 타협안으로 나온 것이 제2조 제2항의 규정이다. 즉, 대통령이 지명하여 상원의 認准(confirmation)을 받아 임명(nomination)하도록 하는 절충안이 그것이다. 미국에서 대통령이 새로 선출되면 약 6-7

천명의 정부공직자를 임명하게 되는데 이들의 명단을 상원에 넘긴다. 이들 중 90%정도는 일상적인 인사로 자동 인준을 받지만 약 600여명은 비교적 철저한 검증과정을 거쳐 임명된다. 14명의 각료, 400여명의 차관보급 이상의 고위공직자, 93명의 검사, 150여명의 대사 등이 이에 해당된다. 상원은 정부로부터 임명예정자 명단을 제출받으면 먼저 해당 상임위원회에서 인준 청문회를 가진다. 상임위원회를 거쳐 본회의에서 만장일치로 인준하는 절차가 일반적이다.

2) 特別檢事制

최근 고위공직자의 비리와 국정의혹사건을 수사하고 공소하기 위하여 특별검사제가 도입되었다. '특별검사(special prosecutor)'는 대통령을 포함한 고위공직자의 부정행위의 범죄를 수사하고 공소를 제기하기 위하여 특히 정치적 중립성이 요청되는 사건을 처리하기 위하여 비상설적으로 임명되는 독립적 지위의 검사로서 워터게이트 사건 이후 미국에서 발달된 제도이다. 우리나라에서는 최근 "한국조폐공사노동조합및검찰총장부인에대한옷로비의혹사건진상규명을위한특별검사의임명등에관한법률"과 "주식회사지엔지대표이사이용호의주가조작·횡령사건및이와관련된정·관계로비의혹사건등의진상규명을위한특별검사의임용등에관한법률"이 제정되었다. 이들 법률에 따라 국회의장은 대통령에게 특별검사의 임명을 요구하였고, 대통령은 대한변호사협회에서 추천한 2인의 변호사 중에서 1인을 특별검사로 임명한 바 있다. 특별검사제도는 대통령 등 고위공직자가 연루된 사건에서 검찰의 정치적 중립성을 기대하기 어렵다고 판단한 때, 국회 주도로 고위공직자의 비리와 국정의혹사건을 수사한다는 점에서 대통령 및 검찰에 대한 강한 견제장치가 될 수 있다.

[미국의 특별검사제] 1972년 워터게이트사건(Watergate Affair)에 있어 특별검사의 해임사건을 계기로 대통령을 포함한 일정한 고위공직자가 연방형사법을 위반한 경우 이들 범죄를 수사하기 위하여 1978년 연방의회가 제정한 법률(Ethics in Government Act)에 의하여 창설된 제도가 특별검사제이다. 법무장관(Attorney General)의 신청으로 연방대법원장이 지명하는 3명의 항소법원의 법관으로 구성되는 特別部(special division)가 임명되는데, 법부장관의 해임권은 엄격하게 제한된다. 이 특별검사의 명칭은 처음에는 special prosecutor이었지만 1983년 independent counsel로 변경되었다. 특

별검사제가 권력분립원칙을 침해한다는 논란이 있었지만, 연방대법원은 1988년 Morrison v. Olson사건에서 특별검사제도의 합헌성을 인정하였다(John. G. West, Jr., "Special Prosecutor" in Encyclopedia of the American Constitution, 2000, vol. 5, pp. 2462~2464).

(5) 國民에 의한 牽制

대통령의 권한행사에 대한 국민의 직접적인 견제 장치는 없다. 다만 대통령이 '국민에게 직접 호소할 권리'로서 대통령은 필요하다고 인정할 때에는 '외교·국방·통일 기타 국가안위에 관한 중요정책'을 국민투표에 붙일 수 있도록 하고 있는데(제72조), 이 경우 국민의 의사는 대통령의 행위를 구속한다. 국민의 청원권행사도 견제가 될 수 있기는 하되, 대통령의 권한행사에 대한 제도로서의 견제장치로는 미흡하다고 본다. 대통령의 전반적인 권한행사는 국민의 여론에 의하여 통제된다. 재임이 허용되는 경우 재선여부는 대통령의 가장 큰 관심사항이기 때문에 국민의 여론과 비판은 대통령의 권한행사에 대한 중요한 견제수단이 된다.

제 3 절 國務總理

Ⅰ. 制度로서의 國務總理制

대통령제 국가에서는 부통령제를 채택하는 것이 원칙인데, 우리나라는 대통령제정부형태를 채택하면서도 이례적으로 국무총리라는 제도를 두고 있다. 우리 헌법체제 아래서의 국무총리제도는 연혁적으로 볼 때 헌법제정 당시 대통령제 헌법안과 의원내각제 헌법안과의 절충과정에서 생겨난 것이다. 그리고 현행헌법상의 국무총리제도는 유신헌법이 프랑스의 제도를 모방하여 도입한 것을 무비판적으로 답습하고 있는 것이다.

1. 維新憲法의 유산

국무총리는 대통령이 국회의 동의를 얻어 임명하는 행정부의 제2인자이다. 대통령제는 원래 一元的 政府構成이 원칙이고 이에 따라 부통령을 두는 것이 일반적이다. 독일과 같은 의원내각제 국가에서 형식적·명목적 국가원수로서 대통령을 두고 국무총리가 국정을 담당하게 하는 경우는 있지만 대통령제 국가이면서 국무총리를 두는 것은 이례적이다. 우리나라 국무총리제는 순수한 대통령제에서는 찾아볼 수 없고 의원내각제의 총리와도 다른 것으로, 과거 권위주의적 대통령제 내지 신대통령제의 유산이라 할 것이다. 유신헌법이 프랑스 제5공화국 헌법을 모델로 하여 대통령과 국무총리라는 제도를 둔 것을 그대로 답습하고 있는 것이다. 그러나 프랑스는 명실상부한 대통령과 국무총리의 兩頭體制(dyarchie)[30]를 갖추고 있지만[31] 우리 헌법의 정부구성은 일원적 정부구성으로 프랑스와 판이한데도 기이하게 외형상은 프랑스와 유사한 국무총리제를 두고 있다. 요컨대, 유신헌법이 형식적으로는 프랑스 헌법과 같이 대통령과 국무총리를 두고, 실질적으로 권한은 대통령에 집중시켜 국무총리를 허구화한 것을 현행 헌법이 답습하고 있는 것이다.

[의원내각제에서의 총리] 의원내각제국가에 있어서 총리(수상)는 정치의 구심점을 의미한다. 영국의 총리는 '내각의 초석(the keystone of the Cabinet arch)'이 된다(John Moley). 오늘날 프랑스의 국무총리는 정당의 지도자로서 정부 안에서 정치적 결단을 장악하고 의회까지도 정당을 통해 막강한 영향력을 미친다. 이러한 국무총리의 권위와 우월성은 양당제 국가의 경우에는 더욱 뚜렷해진다. 독일의 경우 국무총리는 관료조직의 정점(die Spitze des bürokratischen System)이 되어, 독일의 정치를 이끈다. 이렇게 국무총리에 의해 주도되는 민주주의를 베버(Werner Weber)는 總理民主主義(Kanzlerdemokratie)라 한다.

---

30) 그리스어로 duo는 2(deux)를, arché는 명령(commandement)을 의미한다.
31) P. H. Chalvidan, *op. cit.*, p. 202.

2. 국무총리제의 제도적 의의

(1) 實質的 意義 -大統領의 保護壁

국무총리제는 원래 정부를 이원적으로 구성하여 국가의 존엄부분은 국가원수에, 국내 정치(유효부분)는 국무총리에게 부여할 때 두는 제도이다. 군주제국가의 경우 전통적으로 '왕은 악을 행할 수 없기(Rex non potest fallere nec falli)' 때문에 국왕을 대신하여 국내정치의 책임을 질 그 누구인가가 필요하게 된다. 우리의 정부형태가 내각책임제도 아니면서 기형적으로 국무총리제도를 둔 것은 바로 대통령의 권위를 전제군주의 존엄부분으로까지 격상시키려는 의도라 할 것이다. 유신헌법은 국무총리제를 두고 대통령에 대한 지나친 정치적 배려를 하여 이른바 '제왕적 대통령'을 탄생시켰다. 역대 대부분의 대통령은 국무총리를 대독총리, 의전총리, 방탄총리, 얼굴마담총리 등으로 하여 대통령의 보좌기능보다는 대통령의 정치적 방패나 그의 실정에 대한 속죄양 쯤으로 이용하였다. 대통령은 그의 실정의 책임을 국무총리에게 전가하고 국면전환용으로 국무총리를 교체하는 것이 다반사였다. 국무총리를 대통령의 책임대행자로 보거나, 대통령의 정치적 방탄벽 정도로 평가절하한 견해[32]가 무리일 수 없는 것도 그 때문이다.

(2) 形式的 意義 - 大統領의 權限代行과 補佐

대통령제의 부통령과 다르고 의원내각제의 총리와도 다른 국무총리제를 둔 주된 이유는 i) 부통령제를 두지 않았기 때문에 대통령 유고시의 그 권한 대행자가 필요하고, ii) 대통령제의 기능과 능률을 높이기 위하여 대통령을 보좌하고 그 의견을 받들어 정부를 통할·조정하는 보좌기관이 필요하다는 데 있다.

[국무총리제를 두게 된 이유] 우리 헌법이 대통령중심제의 정부형태를 취하면서도 국무총리제도를 두게 된 주된 이유가 부통령제를 두지 않았기

32) 허영 교수(964)는 "우리 집행부구조의 2원성을 잘 나타내주는 징표로서 대통령직을 성역화해서 대통령직을 격상시키기 위한 권위주의적인 대통령관의 그릇된 역사적 유물"이라 하면서, 국무총리제의 헌법상 의의를 찾는다면 "대통령의 정치적 방탄벽"을 설치한 정도로 보고 있다.

때문에 대통령 유고시에 그 권한대행자가 필요하고 또 대통령제의 기능과 능률을 높이기 위하여 대통령을 보좌하고 그 의견을 받들어 정부를 통할·조정하는 보좌기관이 필요하다는 데 있다(헌법재판소 1994.4.28. 89헌마221).

Ⅱ. 國務總理의 憲法上 地位

1. 大統領의 補佐機關으로서의 地位

국무총리는 대통령의 명을 받아 행정각부를 통할한다(제86조 제2항). 이 점에서 국무위원이 소관업무에 대한 대통령의 보좌기관인데 비하여 국무총리는 總括的 補佐機關이다. 또한 국무총리는 문서에 의한 대통령의 국법상의 행위에 副署하도록 하여(제82조), 그 총괄적 보좌책임을 지도록 하였다. 국무총리가 행정각부를 통할하는 총괄적 보좌기관이기 때문에 국가의 공권력을 행사하는 행정부조직은 헌법상 열거되어 있거나 그 성질상 대통령의 직속기관으로 설치할 수 있는 것을 제외하고는 모두 국무총리의 통할을 받아야 한다.[33] 대통령의 보좌기관인 지위에서 국무총리는 i) 행정각부를 통할하고, ii) 국무회의의 부의장으로서 대통령 대신 국무회의를 주재하기도 하며, 정부의 권한에 속하는 중요 정책과 예산·결산안을 심의하고, iii) 대통령의 국법상 행위에 부서하여 대통령을 보좌한다. 그러나 이러한 국무총리의 역할규정에도 불구하고 대통령과 국무총리의 권한행사는 그 한계가 모호하여 문제가 되기도 하였다.[34]

[대통령의 제1의 보좌기관] 우리 헌법이 대통령제 정부형태를 취하면서도 국무총리제를 둔 이유가 부통령제를 두지 않았기 때문에 대통령의 유고

33) 헌법재판소 1994.4.28. 89헌마221.

34) 예컨대, 1994년 4월 이회창 국무총리는 '통일정책조정회의'(당시 김영삼 대통령의 지시로 총리를 제외한 통일원장관 주도하에 외무부장관·안기부장·청와대비서실장·통일안보담당수석비서관·국방부장관 등 6인으로 구성)의 심의안건에 대하여 사전·사후 보고를 받는 것은 국무총리의 당연한 권한이라고 주장하였다. 이 주장은 政府組織法 제23조의 2의 제3항에 "통일원장관은 통일 및 남북대화, 교류, 협력의 기획·운영에 관하여 국무총리의 명을 받아 관계 각부를 통할·조정한다."고 규정된 것을 근거로 하고 있다. 그러나 대통령과 청와대의 입장은 외교·안보는 대통령의 고유권한이라고 하여 결국 국무총리를 문책성 사퇴로 몰고 간 예가 있다.

시의 그 권한 대행자가 필요하고 또 대통령제의 기능과 능률을 높이기 위하여 대통령을 보좌하고 그 의견을 받들어 정부를 통할·조정하는 보좌기관이 필요하다는데 있었던 점과 대통령에게 법적 제한이 없는 국무총리해임권이 있는 점 등을 총체적으로 보면, 우리 헌법상의 국무총리의 지위의 바탕은 그가 대통령의 첫째가는 보좌기관인 점에 있다고 보여진다(헌법재판소 1994.4.28. 89헌마221).

2. 行政府의 第2人者로서의 地位

국무총리는 행정부의 제2인자로서 국무위원 및 행정각부의 장의 임명제청권과 해임건의권을 가진다(제87조). 또 그는 국무회의의 부의장이 되고 대통령 궐위시 제1순위 권한대행자가 된다. 그러나 국무총리의 임명제청권과 해임건의권이 대통령을 절대적으로 구속하는 것은 아니기 때문에 대통령의 임명권을 결정적으로 제약하지는 못한다. 대통령당선자는 국무총리내정자와 국무위원 및 행정각부의 장의 인선을 협의하게 되는데, 설사 국무총리임명에 국회가 동의하지 않았다 하더라도 그의 추천에 의하여 대통령이 임명한 국무위원과 행정각부의 장의 지위는 변함이 없다.

3. 大統領權限代行者로서의 地位

국무총리는 대통령이 궐위되거나 사고로 인하여 직무를 수행할 수 없을 경우 대통령의 권한을 대행한다(제71조). 그런데 대통령 궐위시 국무총리를 대통령의 권한대행 제1순위자로 한 것은 문제이다. 순수한 대통령제 국가에 있어서 부통령은 대통령의 러닝메이트(running mate)로서 국민이 직선하였기 때문에 대통령의 권한대행에 문제가 없으나, 우리의 경우 국민이 선출하지 아니한 국무총리가 대통령권한을 대행하는 것은 국민주권원리상 문제이다. 국민주권원리상으로 볼 때는 부통령을 두지 않는 상황 아래서는 국회의장이 권한대행을 하는 것도 고려할 만하다.

이처럼 국무총리제가 국회의 임명동의와 관련한 여러 가지 문제, 대통령과 국무총리의 애매한 관계 등 여러 가지 제도적 문제점을 안고 있는 점을 고려하건대 입법론으로는 순수대통령제에서와 같이 부통령제를 두는 것이 합리적이라고 본다.

[대통령제에서의 부통령] 대통령제하에서는 부통령을 두어, 대통령이 사망·면직·사임하는 경우 부통령이 대통령직을 계승한다. 부통령을 대통령 선거에서 그의 러닝메이트로 함으로써 국가권력의 공백을 방지하고, 경험있는 후계정치지도자를 양성할 수 있으며, 대통령의 과중한 업무를 분담하게 된다. 또한 적정한 인선에 의하여 지역간·계층간의 소외감과 위화감을 완화시키는 역할도 한다.

4. 次上級中央行政官廳으로서의 地位

국무총리는 행정에 관하여 대통령의 명을 받아 행정각부를 통할하는(제86조 제2항, 정부조직법 제19조 제1항) 대통령 다음의 차상급중앙행정관청이다. 국무총리는 중앙행정기관의 장의 명령이나 처분이 위법 또는 부당하다고 인정할 때에는 국무총리는 대통령의 승인을 얻어 이를 중지 또는 취소할 수 있다(법 제19조 제2항). 국무총리는 독자적인 고유업무로서 중앙행정기관 사이의 사무조정업무를 행하며, 어느 행정부처에 속하는 것이 적당하지 아니할 때에는 스스로 이를 처리할 수도 있다. 국무총리 산하에 법제처와 국가보훈처를 둔다(법 제20조·제21조).

Ⅲ. 國務總理의 身分

1. 國務總理職

(1) 國務總理의 任命과 解任

1) 國務總理의 任命

국무총리는 국회의 동의를 얻어 대통령이 임명한다(제86조 제1항). 국무총리 임명에 국회의 동의를 얻도록 한 것은 국민의 대의기관의 동의를 통한 민주적 정당성을 확보하기 위한 것이다. 그러나 해임은 대통령 단독으로 판단하여 행사한다. 임명에 국회의 동의를 요한다고 해서 그 해임에도 국회의 동의가 필요한 것은 아니다.

[국회의 임명동의와 대통령의 해임권] 해임도 임명권의 구성부분이지만

의회의 동의를 받아 임명한 공무원에 대하여 대통령은 의회의 제한 없이 해임권을 단독으로 자유롭게 행사할 수 있다(Myers v. United States, 1926).

2) 國會同意의 제도적 의의

국무총리의 임명에 국회의 동의를 얻게 한 것은, i) 대통령의 권한대행자로서 국민이 직접선거하지 아니한 국무총리에 대해 국민의 대표기관인 국회의 동의를 얻어 그 정당성을 확보하기 위한 것이고, ii) 대통령의 정치적 무책임에 대응한 국무총리의 정치적 책임의 표시이며, iii) 중요 국가기관의 구성에 국회의 관여를 보장함으로써 국민주권원리와 민주적 정당성을 확보하고, iv) 한편으로는 강력한 대통령제에 있어서 국회와 정부 사이의 견제와 균형을 유지하며, v) 다른 한편 임명동의를 통하여 정부와 국회간의 협력을 통한 권력의 공화관계를 도모하기 위한 것이다.

3) 國務總理의 解任

대통령은 국무총리를 해임할 수 있다. 해임에는 국회동의 등 어떠한 법적 제한이 없다. 다만, 국회는 재적의원 1/3 이상의 발의와 재적의원 과반수의 찬성으로 국무총리의 해임을 건의할 수 있다(제63조). 이 경우 대통령은 국회의 해임건의에 법적으로 구속되어 반드시 국무총리를 해임하여야 하는 것은 아니라고 할 수도 있다. 그러나 국무총리임명동의의 제도적 의의를 고려하여 보면, 국회가 해임을 건의한 것은 그의 임명동의를 철회한 것으로 보아야 한다. 따라서 대통령은 국회의 해임건의를 수용하여야 한다.

(2) 文民總理의 原則

대통령은 현역을 면하기 전의 군인을 국무총리에 임명할 수 없다(제86조 제3항). 이것은 국무총리 임명에 현역군인을 배제함으로써 文民總理의 原則과 軍의 政治的 中立原則을 정부구성단계에서부터 실현하려는 것이다. 즉, 문민총리의 원칙은 군의 정치적 중립성과 침략전쟁을 부인하는 헌법정신과도 연결된다. 군인의 정치관여를 금지함으로써 군벌정치를 배제하고 문민중심의 정부구성의 원칙을 확립하려는 것이다.

(3) 國務總理와 國會議員의 兼職問題

국무총리의 의원직 겸직여부에 관하여 헌법은 침묵하고 있다. 국무총리는 국회의원을 겸할 수 있다고 본다. 이것은 법리상·연혁상의 이유로 설명할 수 있다. 국회의원은 법률이 금하는 일정한 직을 겸직할 수 없는데(제43조), 국회법에 국회의원이 겸할 수 없는 직에 국무총리를 포함시키지 않고 있고(국회법 제29조 제1항), 국무총리·국무위원·처의 장, 행정각부의 차관 기타 국가공무원의 직을 겸한 의원은 상임위원을 사임할 수 있다(법 제39조 제4항)고 하여 국회법은 국회의원과 국무총리는 겸직할 수 있음을 전제로 하고 있기 때문이다. 국회법에 의하여 국무총리와 국회의원직의 겸직을 허용하고 있는 것이다(法理上의 理由). 또한 현행 국무총리제가 유신헌법 규정을 답습한 것이라 볼 때, 유신헌법이 모범으로 한 프랑스 제5공화국 헌법 하에서의 총리는 국민의회(l'Assemblée nationale)의 제1당의 몫이란 점을 감안하면 국무총리와 의원직의 겸직은 자연스러운 것이라 하겠다(沿革上의 理由). 그리고 대통령의 국정 파트너로서 인재를 널리 구하는데 제한을 둘 필요가 없다는 점에서도 국무총리와 의원의 겸직을 제한할 이유는 없다고 본다(現實的 理由).

(4) 職務代行

국무총리가 사고로 인하여 직무를 수행할 수 없을 때에는 대통령의 지명이 있는 경우에는 그 지명을 받은 국무위원이, 지명이 없는 경우에는 정부조직법이 정하는 행정각부의 순서에 따라 국무위원이 그 직무를 대행한다(정부조직법 제19조).

2. 國務總理署理 違憲論爭

(1) 문제의 발단

헌법과 법률, 특히 정부조직법에 명문의 규정이 없는 총리서리제도에 대한 위헌여부에 대한 논쟁이 있다. 현행 헌법상 국무총리는 국회의 동의를 얻어 대통령이 임명하도록 되어있는데, 국회 동의 이전에 국무총리예정자로서 국무총리서리를 임명하는 오랜 관행이 있었고 역대 총리 21명이 '서리'였다. 여야 사이의 국무총리서리 논쟁은 1998년 김종필 전 총리의 총리서리 임명을 문제삼아 제출한 '대통령과 국회의원간의 권한쟁의심판청구'[35]에서 비롯되었다.

(2) 總理署理制違憲論

총리서리제가 위헌이라는 주장은 명분론(名分論)에 입각하고 있는데, 그 논거로서는 다음의 주장이 있다. 1) 총리서리는 헌법과 법률에 근거가 없는 위헌의 것으로 과거 군사독재시절의 위헌적 관행이다. 2) 근거 없는 총리서리보다는 정부조직법 제19조에 의한 직무대행제가 바람직하다. 3) "국무총리는 국회의 동의를 얻어 대통령이 임명한다."는 헌법 제86조 제1항은 반드시 지켜져야 한다. 따라서 동의이전의 서리제는 불필요한 것이다. 4) 서리제도는 헌법이나 어떤 법률에도 규정되어 있지 않으므로 총리서리를 임명하는 것은 위헌이다. 5) 대행제로도 행정공백을 메울 수 있으며, '사고'의 개념은 '궐위'의 개념을 포함하는 광의로 해석해야 한다. 6) 聽聞會法이 시행되어 국회가 사실상 임명의 결정권을 가지고 있는 한 총리서리는 청문회법을 무력화시키는 것으로서 위헌이다. 7) 서리의 임명은 총리임명에 대한 국회의 동의권을 무시하여 국회를 경시하는 처사이고, 권한의 남용 우려가 있다. 8) 국회의 동의를 받기 전에 총리서리가 행정업무를 보는 것은 행정부를 견제하는 입법부의 견제기능, 즉 권력분립이라는 헌법정신에 반하는 것이 된다.

(3) 總理署理制合憲論

총리서리제가 합헌이라는 논거는 헌정사의 오랜 관행이라는 현실론(現實論)에 입각하고 있는데, 그 논거는 다음과 같다. 1) 총리서리제는 헌정사의 오랜 관행(헌법관행)이자 관습법(관습헌법)이다. 2) 정부조직법상 직무대행규정은 '사고'시에만 적용되고 사임이나 사망으로 직무를 맡을 수 없는 '궐위'시에는 규정이 없어 대행제는 곤란하다. 3) 총리서리제는 위헌이 아닌 법률적 보완대상이다. 대행제는 법에 규정되지 않은 제도이다. 4) 대행제는 실생활과 밀접한 총리령을 발동할 수 없고 대통령 유고시 군통수권을 행사할 수 없다. 5) 직무대행도 법률상 하자가 있다. 6) 헌법재판소가 총리서리제에 대해 위헌결정을 하지 않은 이상 오랜 헌정관행에 따라 총리서리 임명으로 현실 문제를 해결하는 것이 바람직하다.

35) 헌법재판소 1998.7.14. 98헌라1.

(4) 國務總理署理制의 違憲性

국무총리서리제는 법리상으로 볼 때 위헌이다. 국무총리임명에 국회동의를 구하는 취지가 대통령의 권한대행자로서 국민이 직접선거하지 아니한 국무총리에 대해 국민의 대표기관인 국회의 동의를 얻어 그 정당성을 확보하기 위한 것이고, 대통령의 정치적 무책임에 대응한 국무총리의 정치적 책임의 표시이며, 중요 국가기관의 구성에 국회의 관여를 보장함으로써 국민주권원리와 민주적 정당성을 구현하고, 강력한 대통령제에 있어서 견제와 균형을 유지하며, 임명동의를 통하여 정부와 국회간의 협력을 통한 권력의 공화관계를 도모하기 위한 것이라는 점을 고려할 때 국무총리서리제는 헌법의 취지에 반하고 국회와 국회법을 경시하는 것이다. 과거의 헌법관행이라는 것이 권위주의의 소산이고 주로 청문회법 시행 이전의 사실이다.

[憲法裁判所의 態度] 헌법재판소는 '국무총리서리임명 등 권한쟁의심판사건'(헌법재판소 1998.7.14. 98헌라1)에서 한나라당 국회의원 150명이 대통령을 상대로 "김대중대통령이 국회의 동의를 거치지 아니하고 국무총리를 임명한 것은 국회 및 국회의원의 동의권한 등을 침해한 것"이라는 청구에 대하여 각하결정을 내렸다. 헌법재판소는 당사자적격을 문제삼아 본안판단을 유보하였다. 당사자적격이라는 형식논리적인 도피구(escape valve)를 통하여 실질적으로 중대한 헌법문제의 판단을 비껴간 것이다. 따라서 국무총리서리제의 위헌여부에 대한 논쟁은 미결인 상태이다. 당시 9명의 재판관 가운데 5명이 각하, 3명이 위헌, 1명이 합헌의견을 냈다. 각하이유는 '국회의원은 당사자적격이 없다'거나 '헌법상 권한을 침해한 바 없고 권리보호의 이익도 없다', 또는 '국회의원이나 교섭단체는 권한쟁의심판의 청구인이 될 수 없다'는 것이었다. 합헌이유는 '국정공백을 메우기 위한 것'을 들고 있다. 그러나 당사자적격을 문제삼지 않고 본안판단을 한 4명 가운데 3명이 위헌이라 한 것을 주목할 필요가 있다. 그들은 "국무총리직무대행에 의하여 국정공백을 메울 수 있으므로 서리는 불필요하고 국회동의 없이 총리서리를 임명한 것은 헌법에 위배된다."고 위헌이유를 들고 있다.

Ⅳ. 國務總理의 權限

국무총리는 대통령의 권한대행, 국무위원과 행정각부의 장의 임명제청,

국무회의 심의·의결, 부서, 행정감독, 총리령 및 국회출석·발언 등에 관한 권한을 가진다.

1. 大統領 權限代行權

국무총리는 대통령이 궐위되거나 사고로 인하여 직무를 수행할 수 없을 때에는 제1차적으로 그 권한을 대행한다(제71조). 대통령제 국가에서는 부통령이 대통령의 권한대행을 하는 것이 일반적인데, 우리 헌법은 국민이 선출하지 아니한 국무총리를 대통령 권한대행 제1순위자로 하고 있어 국민주권원리상 문제가 있을 수 있다. 국무총리 임명에 국회의 동의를 받았기 때문에 국민대표기관을 통해서 간접적으로나마 민주적 정당성을 얻은 것으로 볼 수는 있을 것이다.

국무총리의 대통령권한대행으로서의 직무범위는 일상적 정무(日常的政務)에 한정된다. 원칙적으로는 대통령의 권한의 전반에 걸쳐 권한을 대행하지만 그 권한대행의 임시성으로 보아 잠정적인 현상유지에 국한된다. 근본적인 정책의 전환이나 새로운 정부구성 등 현상유지를 벗어난 적극적인 정무는 대행할 수 없다고 하여야 할 것이다.

[일상적 정무] 일상적 정무(affaires courantes)란 불신임안의 표결 또는 신임안이 부결된 후에 사직하는 정부가 행할 수 있는 한정된 업무를 말한다. 사직하는 정부는 그 업무의 임시성으로 말미암아 일상적 정무를 수행할 수 있을 뿐이지 새로운 업무는 착수할 수 없다.

2. 國務委員 등의 任命提請權 및 解任建議權

국무위원은 국무총리의 제청으로 대통령이 임명하고(제87조 제1항), 행정각부의 장은 국무위원 중에서 국무총리의 제청으로 대통령이 임명한다(제94조). 또한 국무총리는 국무위원의 해임을 대통령에게 건의할 수 있다(제87조 제3항). 그런데 국무총리의 임명제청 없이 대통령은 단독으로 국무위원이나 행정각부의 장을 임명할 수 있는가. 또한 대통령은 국무총리의 임명제청에 구속되는가. 국무총리의 사임이나 해임의 경우 그가 임명제청한 다른 국무위원들의 신분상의 연대성문제는 어떠한가가 문제될 수 있다.

(1) 任命提請 없는 單獨任命의 경우

1) 견해의 대립

국무총리의 임명제청 없는 대통령 단독의 국무위원임명이나 해임건의를 무시한 단독 해임의 효과에 대하여는 견해가 갈린다. 유효설은 국무총리의 임명제청이나 해임건의는 대통령의 행정부구성에 대한 보좌기능에 불과하고 대통령의 조직적 권한에 대한 기관내 통제수단으로서 형식적 의미밖에 가지지 않기 때문에 대통령의 단독의 국무위원임명이나 단독해임이 당연히 무효로 되는 것은 아니라고 한다. 이에 대하여 무효설은 임명제청은 실제에 있어서는 형식적인 절차에 불과한 것이나, 법이론상으로는 헌법위반으로 그 임명행위는 무효라고 한다.

2) 任命 자체는 有效

생각건대, 대통령제는 원래 정부구성이 일원적이기 때문에 정부구성의 권한과 책임은 대통령에게 있다는 점과 국무총리가 대통령의 보좌기관이라는 점을 고려할 때 국무총리의 임명제청은 대통령의 국법상의 행위에 대한 보좌기능을 의미하는 것이다. 대통령이 "국무총리의 제청권을 충분히 인정"하도록 하여야 한다는 것은 대통령의 독주를 견제한다는 의미에서 바람직하지만 그렇다고 독자적 임명의 경우, 그 효력까지도 무효로 할 수는 없을 것이다. 그러나 이 경우에도 임명행위 자체의 유효성 여부와는 별도로 헌법상의 절차상의 하자는 문제될 수 있을 것이다. 즉 헌법위반 곧 헌법상의 절차상의 하자로서 탄핵소추의 사유가 될 수 있다. 국무위원과 행정각부의 장의 해임에는 반드시 국무총리의 해임건의를 필요로 하는 것은 아니다. 해임에 대한 제청권은 없다. 또 국무총리의 해임건의에 구속되는 것도 아니다.

(2) 任命提請의 拘束力 여부

대통령은 국무위원이나 행정각부의 장의 임명에 있어 국무총리의 임명제청에 구속되는가가 문제될 수 있다. 不拘束說은 국무총리의 임명제청이 헌법상 요구되는 절차이기는 하지만 대통령제의 원칙상 대통령을 구속하는 효력은 가지지 않는다고 한다. 拘束說은 대통령이 국무총리를 자유로이 임명할 수 있는 점과 상호협의가 전제되어야 하는 헌법현실적인 측면에서 볼 때 국무총리의 제청권을 무시하는 것은 위헌행위로서 탄핵사유가 된다고 한다.

생각건대, 임명제청은 헌법상의 절차일 뿐 대통령이 반드시 이에 구속되는 것은 아니라고 본다. 만일 대통령이 국무총리의 임명제청을 존중하는 것을 넘어 이에 구속된다면 대통령의 임명권은 형식적인 것이 되고 국무총리가 실질적 임명권을 가지는 결과가 될 것이다. 임명제청을 거치면 형식상·절차상의 하자는 없다고 하겠다. 따라서 구속설이 주장하는 제청권 무시를 곧 위헌행위라고 보는 것은 잘못이라고 본다.

(3) 國務總理 辭任의 連帶性 문제

국무총리의 사임 또는 해임의 경우 그가 임명제청한 국무위원도 당연히 총사퇴하여야 하는가 하는 연대성이 문제될 수 있다. 이에 대하여 국무총리가 임명제청권을 가지는 결과로서 국무총리가 사임하면 국무위원과 행정각부의 장은 당연히 총사퇴하여야 할 것이라는 견해와 국무총리의 제청권이 보좌적 권능에 불과하기 때문에 국무위원의 총사직은 법리상 인정되지 않을 뿐 아니라 사실상 무의미한 것이라는 견해가 대립되고 있다.

생각건대, i) 내각의 연대책임문제는 의원내각제에서의 문제이지 대통령제에서는 정부의 구성은 대통령의 권한인 동시에 책임이고 따라서 내각의 연대책임은 논할 실익이 없다는 점 외에, ii) 현행헌법이 유신헌법 당시의 연대성을 삭제하고 있고, iii) 국무총리의 임명제청이 절차상 필요한 것이기는 하지만 반드시 구속되는 것은 아니며, iv) 국무위원이나 행정각부의 장은 국무총리의 신임에 의해서라기보다는 대통령의 개별적 신임에 의하여 임명되는 것이라는 점을 고려할 때, 국무총리의 사임이나 해임으로 국무위원이나 행정각부의 장의 총사퇴는 고려할 필요가 없다고 본다.

3. 副署權

헌법은 대통령의 국법상 행위는 문서로써 하여야 하며, 이 문서에는 국무총리와 관계 국무위원이 부서하도록 규정하고 있다(제82조).

(1) 君主制度의 遺産

부서(countersign, Gegenzeichung)는 원래 군주제인 영국에서 정치적 관행으로 발전된 것이다. 그것은 "국왕은 악을 행할 수 없고(The King can do no wrong)", "국왕은 홀로 행위할 수 없기(The King cannot act alone)" 때문에 국왕에 대한 정치적 보필과 국왕을 위한 정치적 책임의 소재를 명백히 하기 위한 제도로 성립되었다. 이렇듯 부서제도는 전제군주의 신성불가침을 위한 제도적 장치를 의미한다. 뒤에는 국왕의 정치적 전횡을 방지하기 위한 제도로도 기능하게 되었다.

(2) 副署의 法的 性質

부서의 법적 성질에 관하여는 대통령의 국법상 행위에 참여했다는 물적 증거에 불과하다는 견해, 국무총리와 국무위원의 대통령보좌의 책임의 소재를 명백히 한 것이라는 견해와, 대통령의 문서에 대한 합법성을 부여함과 동시에 대통령의 전횡방지나 보좌책임을 명백히 하려는 것이라는 견해 등으로 요약할 수 있다.

생각건대, 부서는 형식적으로는 대통령의 행위에 대한 유효요건이 되며 실질적으로는 국무총리의 책임의 근거가 된다고 할 것이다. 국무총리제가 국회에 대한 대통령의 정치적 무책임성에 대응한 제도적 장치라는 점을 생각할 때, 부서는 국무총리의 정치적 책임의 소재를 밝힌 것이다. 그러나 이것은 동시에 총괄적 보좌기관으로서 대통령의 행위에 대한 정치적 책임을 확인하는 의미를 가진다.

요컨대, 부서는 i) 대통령의 국법상 행위의 유효성과 적법성을 확인하는 요건으로 국가의사의 진실성(l'autheticité)의 징표이고, ii) 국무총리의 대통령 보좌에 대한 정치적 책임의 근거가 되며, iii) 대통령을 정점으로 한 집행부의 행위에 대한 통합기능을 수행하고, iv) 미약하기는 하지만, 대통령의 행위에 대한 제한으로서 말하자면 내부적 기관통제의 역할도 한다.

(3) 副署拒否의 문제

대통령의 국법상 행위는 국무총리의 부서를 필요로 하는데 국무총리가 이를 거부할 수 있는가에 관하여 견해가 갈린다. 생각건대, 부서제도가 i)

연혁적으로 대통령의 정치적 무책임성과 내각의 정치적 책임을 결합한 것이고, ii) 현실적으로 보아도 국무총리의 정치적 책임의 소재 내지 정치적 보좌를 의미하며, iii) 부서의 견제기능은 미미하고, iv) 국무총리임면권이 대통령에게 있다는 것을 고려할 때, v) 또한 대통령의 국법상 행위인 문서에 부서한다는 것은 국무총리의 헌법상 의무라는 점을 생각할 때, 권리로서 부서거부는 생각하기 어렵다고 본다. 국무총리는 부서를 거부할 것이 아니라 사임하여야 할 것이다.

(4) 副署없는 大統領의 行爲

1) 견해의 다툼

국무총리의 부서 없는 대통령의 국법상의 행위의 효력에 관하여는 유효설과 무효설의 다툼이 있다. 유효설은 부서없는 대통령의 행위는 탄핵소추의 대상은 될 수 있지만 행위자체의 효력은 무효가 아니라 한다. 이에 대하여 무효설은 대통령의 행위로서 형식적 요건을 구비하지 않아 무효라 하거나, 국무총리의 부서 없는 대통령의 국정행위는 책임소재가 확인되지도 않고 또 그 절차적 정당성의 요건도 갖추지 않은 것으로서 효력을 가지지 못한다고 한다.

2) 副署없는 大統領의 行爲는 瑕疵있는 行爲

생각건대, 대통령의 국법상의 행위는 i) 문서로써 하고, ii) 그 문서에는 국무총리와 관계국무위원의 부서가 있어야 하는 것이 헌법상의 형식요건이다. 따라서 부서 없는 대통령의 행위는 형식요건을 결한 절차상 중대한 하자있는 행위로서 무효의 행위이고, 이것은 헌법위반으로서 탄핵소추의 사유도 될 수 있다.

4. 行政各部의 統轄權

국무총리는 대통령의 명을 받아 행정각부를 통할한다(제86조 제2항). 국무총리가 행정각부를 통할한다 함은 행정각부에 대한 지시와 조정을 행하는 것을 의미한다. 이에 따라 국무총리는 대통령의 명을 받아 중앙행정기관의 장을 지휘·감독하고(정부조직법 제16조 제1항), 중앙행정기관의 장의 명령이나 처분이 위법 또는 부당하다고 인정할 때에는 대통령의 승인을 얻어 이를 중지 또는 취소하는(법 제16조 제2항) 등 행정감독권(行政監督權)을 가진다. 국무총리의 직무를 보좌하고 각 중앙행정기관의 행정의 지휘·감독, 사회위험·갈등의 관리, 심사평가 및 규제개혁에 관하여 국무총리를 보좌하기 위하여 국무총리 밑에 국무총리실을 두고 있다(법 제18조 제1항).

[국무총리의 권한] 수직적인 면에서 보아도 여전히 정부의 주요정책은 국무회의의 심의를 거쳐 대통령이 최종적으로 결정하며, 국무총리는 헌법상 대통령의 보좌기관으로서 그 명을 받아 행정각부를 통할하고 각부의 장은 정해진 정책을 구체적으로 실현할 뿐이다(헌법재판소 2005.11.24. 2005헌마579).

5. 國務會議 審議權

국정의 기본계획 등 정부의 권한에 속하는 중요한 정책을 심의하기 위하여 설치된 국무회의의 부의장이 되며, 국무회의에서의 심의권을 가진다(제88조, 제89조).

6. 國會出席·發言權

국무총리는 국회나 그 위원회에 출석하여 국정처리상황을 보고하거나 의견을 진술하고 질문에 응답할 수 있다(제62조 제1항). 또한 국회나 그 위원회의 요구가 있을 때에는 출석·답변하여야 한다(제62조 제2항). 국무총리가 출석요구를 받은 때에는 국무위원으로 하여금 출석·답변하게 할 수 있다.

7. 總理令發令權

(1) 委任命令과 職權命令

국무총리는 소관사무에 관하여 법률이나 대통령령의 위임 또는 직권으로 총리령을 발할 수 있다(제95조). 전자를 위임명령, 후자를 직권명령이라 한다. 위임명령은 법률 또는 대통령령의 위임에 의하여 발하는 것으로 위임범위 내에서는 국민의 권리·의무에 관한 것도 규정할 수 있다. 직권명령은 국무총리가 직권으로 발하는 명령으로 국민의 권리·의무에 관한 사항(입법사항)도 규정할 수 있는가에 대하여는 다툼이 있지만, 직권명령은 위임명령과 달라서 입법사항에 관하여는 규정할 수 없다고 본다.

(2) 總理令과 部令의 우열관계

총리령과 부령의 우열관계에 관하여 同位說과 總理令優位說의 다툼이 있다. 동위설은 국무총리가 제정하는 총리령과 행정각부의 장이 제정하는 부령과의 사이에는 규범논리적으로 효력상의 우열의 차이를 인정하지 아니한다. 이에 대하여 총리령우위설은 총리령과 부령간의 우열관계에 관한 명문의 규정이 없기 때문에 동위로 보는 것이 합리적일 것 같으나, 국무총리가 행정부의 일체성을 유지하는 관건이 되고 또 국무총리는 행정각부에 대하여 통할권을 가지고 있기 때문에 총리령이 실질적으로 상위라고 한다.

생각건대, 총리령과 부령은 동위라 하여야 한다. 그 근거로서는 i) 총리령도 부령과 마찬가지로 그 발령근거가 법률과 대통령령이라는 점, ii) 총리령과 부령의 우열관계를 정하는 규정이 없다는 점, iii) 만약 총리령이 부령에 우월하다면 총리령도 부령발령의 근거가 되어야 할 것이라는 점, iv) 현실적으로 총리령의 필요성은 "總理"令이라기 보다는 독자적으로 부령을 발령할 수 없는 법제처와 국가보훈처 등 국무총리 소속기관의 "部"令을 발령하기 위한 것이라는 점,[36] v) 입법의 태도도 양자의 동위를 전제하고 있다는 점[37]을 고려할 때 양자는 동위의 효력관계를 가진다고 본다.[38] 총리령이 부령과 동위라는 것이 바로 국무총리의 행정통할권을 부인하는 것은 아니다. 그것은 별개의 문제이다.

[총리령과 부령의 발령근거] 헌법 제40조는 "입법권은 국회에 속한다." 라고 규정하면서, 아울러 제75조는 "대통령은 법률에서 구체적으로 범위를

---

36) 만일 총리령우위설에 따르면, 법제처소관 총리령이 법무부령에 우월하고, 국가보훈처소관 총리령이 국방부령에 우월하다는 모순이 도출될 수밖에 없다.

37) 예컨대, 헌법 제95조가 총리령과 부령을 함께 규정하고 있고, 「法令등公布에관한法律」을 보더라도 총리령과 부령의 공포를 동일한 제9조에서 정하고 있으며, "法律·大統領令·總理令 및 部令"이라는 표현을 써서(같은 법 제13조, 제13조의2) 양자의 동위성을 나타내고 있다.

38) 헌법재판소도 총리령과 부령의 동위를 전제로 "헌법 제75조는 대통령에 대한 입법권한의 위임에 관한 규정이지만 국무총리나 행정각부의 장으로 하여금 법률의 위임에 따라 총리령 또는 부령을 발할 수 있도록 하고 있는 헌법 제95조의 취지에 비추어 볼 때, 입법자는 법률에서 구체적으로 범위를 정하기만 한다면 대통령령뿐만 아니라 부령에 입법사항을 위임할 수도 있다(헌법재판소 1998.2.27. 97헌마64)"고 하고 있다.

정하여 위임받은 사항과 법률을 집행하기 위하여 필요한 사항에 관하여 대통령령을 발할 수 있다"고 규정하고, 제95조는 "국무총리 또는 행정각부의 장은 소관 사무에 관하여 법률이나 대통령령의 위임 또는 직권으로 총리령 또는 부령을 발할 수 있다"고 각각 규정함으로서 행정기관으로의 위임입법을 인정하고 있는데, 우리 헌법 제40조의 의미는 적어도 국민의 권리와 의무의 형성에 관한 사항을 비롯하여 국가의 통치조직과 작용에 관한 기본적이고 본질적인 사항은 반드시 국회가 정하여야 한다는 것이다(헌법재판소 1998.5.28. 96헌마1).

Ⅴ. 國務總理制의 問題點

1. 强力한 大統領과 虛弱한 國務總理

현행 헌법상의 국무총리제는 외형상으로 보면 대통령제와 의원내각제의 사생아라 할 수 있다. 그러나 족보를 따져보면 우리의 국무총리제는 대통령제에서는 찾아볼 수 없고, 의원내각제의 총리와도 다른 것이다. 현행 국무총리제가 유신헌법의 그것을 답습한 것으로, 그 원형은 프랑스 제5공화국의 국무총리제이다. 프랑스의 국무총리와는 명칭의 유사성(형식으로 본 국무총리제) 외에 공통점이 별로 없이 대통령의 지위강화에만 봉사한 제도(실질로 본 국무총리제)라는 점에서 근본적 문제점을 찾을 수 있다. 이것은 대통령제에서의 부통령도 아니고 의원내각제의 총리도 아니면서 기형적으로 탄생한 파행적 권력구조를 의미하기 때문이다. 대통령제는 권력의 엄격한 분립을, 의원내각제는 권력의 공화를 기반으로 한다. 프랑스의 대통령과 총리는 상명하복관계라기 보다는 국정을 분할하여 상호 협력하는 동료적 지위에 있기 때문에 미국이나 영국의 정부제도와는 다른 제3의 제도이다. 총리가 위계상 대통령에 종속되기는 하지만 총리는 정치에 있어 결정적인 지위를 가지고 있으며, 대통령과 동위라고는 할 수 없지만 프랑스의 정치체제는 대통령과 국무총리를 양대 축으로 하는 실질은 강력한 대통령제에 기여하는 국무총리체제, 즉 양두체제이다. 국무총리제에 관한 한 우리는 프랑스 제5공화국헌법의 외피를 걸쳤지만, '강력한 대통령에 허약한 국무총리' 다시 말해 대통령의 독주를 체제적으로 보장하는 특이한 제도라 하겠다.

2. 國務總理의 位置

(1) 제도적 해결방법

우리 국무총리제가 지닌 권력의 파행성을 해결하는 가장 확실한 방법은 대통령제냐, 의원내각제냐 아니면 프랑스식의 이원정부제 권력구조냐를 헌법개정을 통하여 제도적으로 해결하는 방법이다. 그러나 이것은 헌법개정이라는 보다 복잡하고 힘든 절차를 필요로 하기 때문에 당장에 유효한 방법이라고 할 수는 없다.

(2) 國務總理權限의 實質化

현행 헌법의 해석이나 운용을 통하여 국무총리의 지위를 향상시키는 방법을 생각해 보겠다. 국무총리의 권한향상은 우선 대통령과 총리를 두고 있는 프랑스 헌법 하에서의 총리의 지위와 권한을 살펴보는 것으로부터 시작하겠다. 그것은 프랑스의 총리가 우리 헌법상 국무총리제의 모범이라고 생각하기 때문이다.

1) 프랑스의 國務總理

뒤아멜(O. Duhamel)교수는 총리의 지위를 종속적 지위와 결정적 지위로 구분한다. 종속적 지위(position suboronné)라 함은 국무총리의 임명과 해임이 의회와 대통령의 신임여하에 달려있다는 것이다. 그러나 그러한 신분상의 종속성에도 불구하고 총리는 정치면에 있어서는 "影響力의 十字路"(carrefour de l'influence)에 서서 프랑스 정치를 주도하는 결정적 지위를 가진다. 권력의 질적인 면에서 대통령은 국가권력의 우위를 점하지만, 양적인 면에서는 국무총리야말로 행정과 행정부의 수반(la tête d'administration et de l'Administration)을 의미한다. 프랑스 헌법에 의하면 행정권은 정부에 속하고, 국무총리는 정부의 활동을 지휘한다. 국무총리의 정부지휘권에는 군통수권도 포함되는 등 총리는 여러 가지 대권을 가진다. 총리는 국내정치의 요체로서 대통령과 정부의 조정자이고 대통령과 의회의 중재자이다. 또한 총리는 국정의 결정자로서 행정의 지도자로서 국내정치의 주역이기도 하다. 이러한 점에서 께르몬(Jean-Louis Quermonne)

은 총리를 '국가조직의 최고의 손(la haute main sur l'appareil de l'Etat)'으로 평가한다.

2) 몇 가지 제언

프랑스의 제도를 도입했다지만, 우리의 국무총리제가 프랑스의 그것과 얼마나 차이가 큰가를 알 수 있다. 우리의 국무총리의 권한을 향상시킨다는 것은 헌법규정 상으로는 불가능하다고 본다. 현 제도를 그대로 둔 채, 국무총리의 지위를 향상시켜보자는 발상은 어떤 면에서는 제도의 파행적 운용이요 대통령의 자비에 전적으로 의존하기 때문이다. 그럼에도 불구하고 국무총리의 지위향상을 위한 몇 가지 제언은 가능하리라고 본다.

첫째, 정부조직에 있어 국무총리의 권한을 현실화할 필요가 있다. 국무위원이나 행정각부의 장의 임명에 있어 국무총리의 임명제청절차를 반드시 거치도록 하여야 할 것이며,[39] 대통령은 그 임명에 있어서 국무총리의 의견을 존중하여야 할 것이다. 대통령이 행정각부의 장의 임명에 있어 국무총리의 임명제청에 구속되는 것은 아닐지라도 실질적으로 행정각부를 통할할 수 있도록 국무총리의 발언에 힘을 실어줘야 할 것이다.

둘째, 국무총리의 사임 또는 해임의 경우 연대책임을 묻는 것도 고려할 수 있다. 대통령이 국무총리의 임명제청을 실질화한다면 그의 임명제청에 의해 국무위원이나 행정부의 장이 된 사람은 그와 함께 책임을 지고 운명을 함께하도록 하는 내각의 연대책임은 자연스러운 것이고, 국무총리의 입지를 강화시켜줄 것이다.

셋째, 부서제도의 합리적 운용이 필요하다. 부서에 의해 대통령을 견제하는 국무총리의 무기로 활용하여 정치적 책임이라는 군주제적 성격을 완화하고 국정의 파트너로서 대통령과 함께 하는 국무총리의 입지를 강화할 필요가 있다.

이들 제언도 결국은 대통령의 자비에 의존한다는 점에서 한계가 있다. 헌법의 테두리 안에서 국무총리의 권한의 최대치를 입법화하는 방법도 고려해볼만 하다.

---

39) 과거 개각시 대통령이 국무총리와 행정각부의 장을 동시에 임명하는 것처럼 국무총리의 임명제청권을 허구화하여 절차상 위헌여부의 시비가 일도록 하여서는 안 될 것이다.

제 4 절 國務會議

국무회의(國務會議)는 정부의 권한에 속하는 중요한 정책을 심의하기 위한 회의체이다. 국무회의는 대통령·국무총리와 15인 이상 30인 이하의 위원으로 구성되는데, 대통령과 국무총리 외의 국무회의의 구성원을 국무위원(國務委員)이라 한다.

Ⅰ. 國務委員

헌법은 "국무위원은 국무총리의 제청으로 대통령이 임명한다."(제87조 제1항)고 하여 국무위원의 임명권자와 그 절차를, "국무위원은 국정에 관하여 대통령을 보좌하며, 국무회의의 구성원으로서 국정을 심의한다."(제2항)고 하여 국무위원의 임무를, "국무총리는 국무위원의 해임을 대통령에게 건의할 수 있다."(제3항)고 하여 국무총리의 해임건의권을, "군인은 현역을 면한 후가 아니면 국무위원으로 임명될 수 없다."(제4항)고 하여 문민국무위원의 원칙을 규정하고 있다.

1. 國務委員의 地位

국무위원은 정무직으로 하며, 국무회의의 구성원인 지위와 대통령의 보좌기관으로서의 지위를 가진다. 먼저 국무위원은 국무회의의 구성원으로서 국무회의에서 정부의 권한에 속하는 중요정책을 심의한다(제88조). 국무위원은 국무회의의 소집을 요구할 수 있고(정부조직법 제12조 제3항), 국무회의에 안건을 제출할 수 있다(제89조, 법 제12조 제3항). 다음으로 국무위원은 국정에 관하여 대통령을 보좌한다. 국무위원은 국무총리와 함께 문서로서 행한 대통령의 행위에 부서하는데(제82조), 이는 국무위원의 대통령에 대한 정책보좌책임을 의미한다.

2. 國務委員의 權限

국무위원은 대통령의 궐위나 유고시 국무총리에 이어 대통령의 권한을 대행할 권한이 있고(제71조), 국무위원은 의장에게 의안을 제출하고 국무회의의 소집을 요구할 수 있다(법 제12조 제3항). 대통령의 국법상의 행위와 관계되는 국무위원은 국무총리와 함께 이에 부서하여야 한다(제82조). 국무위원은 국회나 그 위원회에 출석하여 국정처리상황을 보고하거나 의견을 진술하고 질문에 응답할 수 있는데(제62조 제1항), 이는 동시에 의무이기도 하다(제2항).

Ⅱ. 國務會議

헌법은 제4장(정부) 제2절(행정부)의 제2관을 "국무회의"라 題하고 국무회의의 구성과 심의사항에 관한 규정을 두고 있다. 즉 제88조는 "① 국무회의는 정부의 권한에 속하는 중요한 정책을 심의한다. ② 국무회의는 대통령·국무총리와 15인 이상 30인 이하의 국무위원으로 구성한다. ③ 대통령은 국무회의의 의장이 되고, 국무총리는 부의장이 된다."고 하여 국무회의의 지위와 구성에 관하여 규정하고 제89조는 국무회의의 필요적 심의사항을 규정하고 있다.

1. 國務會議의 法的 性格

헌법 제88조 제1항은 "국무회의는 정부의 권한에 속하는 중요한 정책을 심의한다."고 하여 국무회의의 성격을 심의기관(審議機關)으로 하고 있다. 국무회의는 의원내각제에 있어서의 내각이나 미국형 대통령제에 있어서의 각료회의에 해당하는 기구이다.

(1) 議院內閣制의 內閣

그런데 의원내각제에 있어서의 내각은 헌법기관으로서 의결기관(議決機關)으로, 국가의 정책을 결정하는 최고의 의사결정기관을 의미한다. 내각은 행정각부에 대한 통제를 할 뿐 아니라 행정부처간의 협조 및 권한의 조정을 하는 최고기관으로 의원내각제의 '제일의 부품(la pièce maîtresse)' 이다.

(2) 大統領制의 內閣

대통령제국가에서는 대통령만이 집행권(only one "executive power")을 가진다. 내각은 대통령의 집행권을 뒷받침하고 그 권력행사를 합리화하는 조직으로서 자문기관(諮問機關)에 불과하다. 의원내각제에 있어서 내각이 국가정책결정기구로서 필수적 기관인데 비하여, 대통령제에 있어서 내각은 헌법외적(extra-constitutional) 기구일 뿐이다.

(3) 審議機關으로서의 國務會議

그런데 우리 헌법은 대통령제임에도 내각으로서 국무회의를 설치하고 그 법적 성격을 심의기관으로 하고 있다. 이는 의원내각제의 내각에 있어서와 같은 정책결정기관도 아니고, 대통령제의 각료회의처럼 대통령의 자문에 응하는 편의적 기구도 아니라는 의미이다. 양자의 중간적 성격이라 할 것이다. 의결기구는 아니지만 헌법에 규정된 사항은 반드시 심의하여야 한다는 의미로 해석하여야 한다. 따라서 국무회의는 대통령의 편의에 의한 단순한 자문기관은 아니고 헌법상 필수기관이다.

2. 國務會議의 構成

국무회의는 대통령·국무총리와 15인 이상 30인 이하의 국무위원으로 구성한다(제88조 제2항). 대통령은 국무회의의 의장으로서 회의를 소집하고 이를 주재하며, 국무총리는 부의장이 된다(제3항). 의장이 사고로 인하여 직무를 행할 수 없을 때에는 부의장인 국무총리가 그 직무를 대행하고, 의장과 부의장이 모두 사고가 있을 때에는 정부조직법상 행정각부의 순서에 따라 국무위원이 그 직무를 대행한다(법 제12조 제2항). 또 국무총리실장·법제처장·국가보훈처장 그밖에 법률로 정하는 공무원은 필요한 경우 국무회의에 출석하여 발언할 수 있고(법 제13조 제1항), 이들 공무원은 소관사무에 관하여 국무총리에게 의안의 제출을 건의할 수 있다(제2항).

3. 國務會議의 審議事項

(1) 필요적 심의사항

헌법 제89조는 국무회의의 심의사항을 열거하고 있는데, 이는 반드시 국무회의의 심의를 거쳐야 하는 필요적 심의사항이다. 따라서 국무회의는 이들 사항을 심의해야 할 헌법상의 의무를 진다. 국무회의의 심의사항은 국정전반에 걸친다. 헌법이 열거한 심의사항은 다음과 같다.

1. 국정의 기본계획과 정부의 일반정책
2. 선전·강화 기타 중요한 대외정책
3. 헌법개정안·국민투표안·조약안·법률안 및 대통령령안
4. 예산안·결산·국유재산처분의 기본계획·국가의 부담이 될 계약 기타 재정에 관한 중요사항
5. 대통령의 긴급명령·긴급재정경제처분 및 명령 또는 계엄과 그 해제
6. 군사에 관한 중요사항
7. 국회의 임시회 집회의 요구
8. 영전수여
9. 사면·감형과 복권
10. 행정각부간의 권한의 획정
11. 정부안의 권한의 위임 또는 배정에 관한 기본계획
12. 국정처리상황의 평가·분석
13. 행정각부의 중요한 정책의 수립과 조정
14. 정당해산의 제소
15. 정부에 제출 또는 회부된 정부의 정책에 관계되는 청원의 심사
16. 검찰총장·합동참모의장·각군참모총장·국립대학교총장·대사 기타 법률이 정한 공무원과 국영기업체관리자의 임명
17. 기타 대통령·국무총리 또는 국무위원이 제출한 사항

(2) 심의사항의 포괄성

심의사항 제17호는 '기타사항'이라 하여 대통령·국무총리·국무위원이 제출하는 사항도 심의하게 된다. 뿐만 아니라 국무총리실장·법제처장·

국가보훈처장 기타 법률이 정하는 공무원도 국무총리에게 의안을 건의할 수 있어(법 제13조 제2항), 그 심의사항은 국정전반에 걸친 정책이라고 보아야 한다.

Ⅲ. 行政各部

1. 行政各部의 意義

헌법은 행정각부(行政各部)에 관하여 명확한 정의규정을 두고 있지 않다. 다만 "국무총리는 행정에 관하여 대통령의 명을 받아 행정각부를 통할한다."(제86조 제2항), "행정각부의 장은 국무위원 중에서 국무총리의 제청으로 대통령이 임명한다."(제94조), "행정각부의 장은 소관사무에 관하여 법률이나 대통령령의 위임 또는 직권으로 부령을 발할 수 있다."(제95조), "행정각부의 설치·조직과 직무범위는 법률로 정한다."(제96조)라는 규정을 두고 있을 뿐이다. 정부조직법(政府組織法) 제26조는 "대통령의 통할하에 다음의 행정각부를 둔다."고 하여 재정기획부 등 15개 행정각부를 열거하고 있다. 행정각부(行政各部)는 대통령의 명을 받아 소관사무를 처리하는 정부의 구성단위로서 그 기관의 장이 국무위원인 중앙행정기구를 말한다. 실정법적으로 의미를 가지기 위하여 행정각부는 i) 성질상 정부의 구성단위인 중앙행정기구이어야 하고, ii) 법률상 그 기관의 장이 국무위원이어야 하며, iii) 소관사무에 관하여 부령을 발할 권한이 있어야 한다.[40)]

[대통령직속기관의 설치와 국무총리의 통할] 대통령직속의 헌법기관이 별도로 규정되어 있다는 이유만을 들어 법률에 의하더라도 헌법에 열거된 헌법기관 이외에는 대통령직속의 행정기관을 설치할 수 없다든가 또는 모든 행정기관은 헌법상 예외적으로 열거된 경우 등 이외에는 반드시 국무총리의 통할을 받아야 한다고는 말할 수 없다 할 것이고 이는 현행 헌법상 대통령중심제의 정부조직원리에도 들어맞는 것이라 할 것이다(헌법재판소 1994.4.28. 89헌마221).

40) 헌법재판소 1994.4.28. 89헌마221.

정부조직도

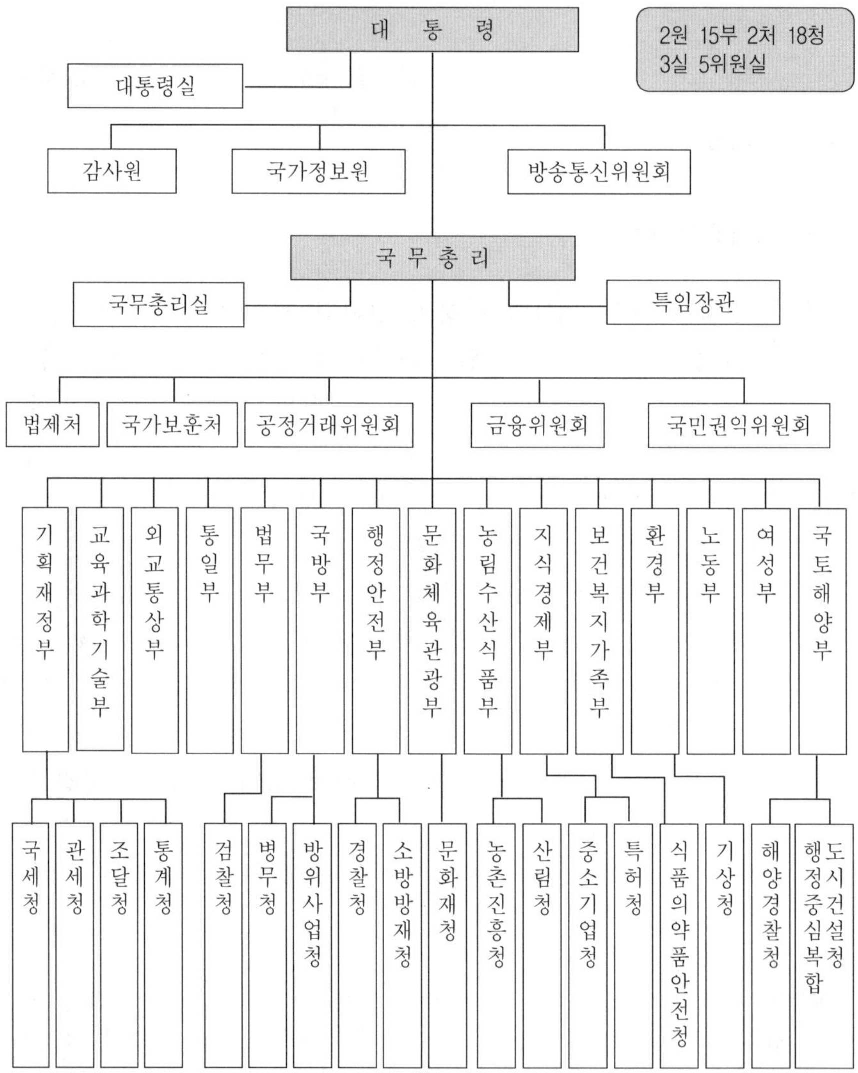

- 부총리제 폐지
- 한시조직(5): 진실화해를 위한 과거사정리위원회,
  일제강점하강제동원피해진상규명위원회, 친일반민족행위진상규명위원회,
  군의문사진상규명위원회, 친일반민족행위자재산조사위원회
- 독립기관: 국가인권위원회

2. 行政各部의 構成

행정각부의 설치·조직과 직무범위는 법률로 정하도록 하고 있는데(제96조), 정부조직법은 헌법의 위임에 따라 국가행정기관의 설치·조직과 직무범위를 정하고 있다. 행정각부에 장관 1인과 차관 1인을 두되, 장관은 국무위원으로 보하고, 차관은 정무직으로 한다(법 제26조 제2항). 그리고 장관은 소관사무에 관하여 지방행정의 장을 지휘·감독한다(제3항).

3. 行政各部의 種類

정부조직법은 국가행정사무의 체계적이고 능률적인 수행을 위하여 국가행정기관의 설치·조직과 직무범위를 정하고 있다(법 제1조). 정부조직법은 대통령의 통할하에 기획재정부, 교육과학기술부, 외교통상부, 통일부, 법무부, 국방부, 행정안전부, 문화체육관광부, 농림수산식품부, 지식경제부, 보건복지가족부, 환경부, 노동부, 여성부, 국토해양부 등의 행정각부를 두고 있다(법 제22조). 이 법은 또 행정각부의 소관업무에 관하여 정하고 있다(법 제23조~제37조).

4. 行政各部의 長

(1) 行政各部의 長과 國務委員

행정각부의 장은 국무위원 가운데 국무총리의 제청으로 대통령이 임명한다. 따라서 행정각부의 장은 국무위원을 겸하지만, 국무위원 가운데는 행정각부의 장이 아닌 자가 있다. 국무위원은 국무회의의 구성원으로 집행부의 권한에 속하는 중요정책을 심의하는 지위에 있다. 즉 국무위원은 정책의 기획을 담당하는데 비해 행정기관의 장은 결정된 정책을 집행하는 소관부서의 책임자이다. 행정기관의 장으로 하여금 국무회의의 구성원을 겸하게 한 것은 1) 행정기관의 장으로 하여금 국정전반에 관한 이해를 하도록 하고, 2) 행정기관 사이의 유기적인 협조를 가능하게 하며, 3) 정책기획과 정책집행을 연계하여 행정의 효율성을 극대화하려는 것이다. 행정기관의 장이 사고가 있을 때에는 차관이 그 직무를 대행한다(제2항).

(2) 法令執行權

행정각부의 장은 소관사무를 통할·처리하는 독임제행정관청(獨任制行政官廳)으로 소속공무원을 지휘·감독한다(법 제12조 제1항). 행정각부의 장의 업무 중 가장 중요한 것은 소관사무의 처리인데, 이는 관련 법령(법률·대통령령·부령)의 집행을 통해 이루어진다. 행정각부의 장은 법령집행권(法令執行權)의 한 내용으로서 법률이나 대통령령의 위임 또는 직권으로 부령을 발할 수 있다(제95조). 이것이 부령제정권(部令制定權)인데, 전자가 위임명령(委任命令)이고 후자가 집행명령(執行命令)이다. 행정각부의 장의 법집행업무는 그의 권리이고 헌법적 의무이기도 하다.

[법집행의무로서 행정입법의무] 삼권분립의 원칙, 법치행정의 원칙을 당연한 전제로 하고 있는 우리 헌법 하에서 행정권의 행정입법 등 법집행의무는 헌법적 의무라고 보아야 한다. 왜냐하면 행정입법이나 처분의 개입 없이도 법률이 집행될 수 있거나 법률의 시행여부나 시행시기까지 행정권에 위임된 경우는 별론으로 하고, 이 사건과 같이 치과전문의제도의 실시를 법률 및 대통령령이 규정하고 있고 그 실시를 위하여 시행규칙의 개정 등이 행해져야 함에도 불구하고 행정권이 법률의 시행에 필요한 행정입법을 하지 아니하는 경우에는 행정권에 의하여 입법권이 침해되는 결과가 되기 때문이다. 따라서 보건복지부장관에게는 헌법에서 유래하는 행정입법의 작위의무가 있다(헌법재판소 1998.7.16. 96헌마246).

[입법사항의 위임] 헌법 제75조는 대통령에 대한 입법권한의 위임에 관한 규정이지만, 국무총리나 행정각부의 장으로 하여금 법률의 위임에 따라 총리령 또는 부령을 발할 수 있도록 하고 있는 헌법 제95조의 취지에 비추어 볼 때, 입법자는 법률에서 구체적으로 범위를 정하기만 한다면 대통령령뿐만 아니라 부령에 입법사항을 위임할 수도 있다(헌법재판소 1998.2.27. 97헌마64).

제 5 절 大統領의 諮問機關

헌법상 대통령의 자문기관으로 국가원로자문회의, 국가안전보장회의, 민주평화통일자문회의, 국민경제자문회의가 있다. 이 가운데 국가안전보장회의는 반드시 설치하여야 하지만, 나머지 자문기관은 반드시 설치하여야 하는 것은 아니다. 국가원로자문회의는 전직대통령 등 국가원로의 경륜과 식견을 듣기 위하여, 다른 자문기관은 국가안보·평화통일·국민경제의 전문가들로 구성하여 전문지식과 경험을 자문받아 국정에 반영하기 위한 것이다. 이들 자문기관은 대통령의 권한행사에 조언과 더불어 견제장치로서도 기능할 수 있다.

Ⅰ. 國家元老諮問會議

국정의 중요한 사항에 관한 대통령의 자문에 응하기 위하여 국가원로로 구성되는 국가원로자문회의를 둘 수 있는데(제90조 제1항), 국가원로자문회의의 의장은 직전대통령이 된다(제2항). 다만, 직전대통령이 없을 때에는 대통령이 지명한다. 국가원로자문회의의 조직·직무범위 기타 필요한 사항은 법률로 정하도록 하고 있다. 국가원로자문회의법이 제정·시행되었으나 위헌의 시비로 1년여 만에 폐지되고 말았다. 대통령자문기구 가운데 유일하게 시행법률이 없다.

Ⅱ. 國家安全保障會議

국가안전보장에 관련되는 대외정책·군사정책과 국내정책의 수립에 관하여 국무회의의 심의에 앞서 대통령의 자문에 응하기 위하여 국가안전보장회의를 둔다(제91조 제1항). 국가안전보장회의는 대통령이 의장으로 회의를 주재한다(제2항). 국가안전보장회의는 국무회의의 전심자문기관으로 그 설치는 헌법상 의무사항이다. 그러나 자문기관이기 때문에 반드시 전심자문을 거쳐야 하는 것은 아니다. 또한 대통령이 국가안전보장회의의 자문에 구속되지도 않는다. 국가안전보장회의의 조직·직무범위 기타 필요한 사항은 법률로 정하도록 하는데(제3항), 국가안전보장회의법이 이것이다. 국가안전보장회의는 대통령·국무총리·통일부장관·외교통상부장관·국방부장관 및 국가정보원장과 대통령령이 정하는 약간의 위원으로 구성하는데(법 제2조 제1항), 국가안전보장에 관련되는 대외정책·군사정책과 국내정책의 수립에 관하여 대통령의 자문에 응한다(제3조).

Ⅲ. 民主平和統一諮問會議

평화통일정책의 수립에 관한 대통령의 자문에 응하기 위하여 민주평화통일자문회의를 둘 수 있는데(제92조 제1항), 그 조직·직무범위 기타 필요한 사항은 법률로 정한다(제2항). 민주평화통일자문회의는 1) 국내외 통일여론 수렴, 2) 통일에 관한 국민적 합의 도출, 3) 범민족적 통일의지와 역량의 결집, 4) 그밖에 대통령의 평화통일정책의 수립·추진에 관하여 대통령에게 건의하고 자문에 응한다(민주평화통일자문회의법 제2조).

Ⅳ. 國民經濟諮問會議

국민경제의 발전을 위한 중요정책의 수립에 관하여 대통령의 자문에 응하기 위하여 국민경제자문회의를 둘 수 있다(제93조 제1항). 국민경제자문회의의 조직·직무범위 기타 필요한 사항은 법률로 정한다(제2항). 이에 관한 법이 國民經濟諮問會議法이다. 국민경제자문회의는 1) 국민경제의 발전을 위한 전략 및 주요정책방향의 수립, 2) 국민복지의 증진과 균형발전을 위한 제도의 개선과 정책의 수립, 3) 국민경제의 대내외 주요 현안과제에 대한 정책대응방향의 수립, 4) 기타 국민경제의 발전을 위하여 대통령이 부의하는 사항에 관하여 대통령의 자문에 응한다(법 제2조). 국민경제자문회의는 의장 1인, 부의장 1인, 당연직위원 5인 이내, 위촉위원 30인 이내 및 지명위원으로 구성하며(법 제3조 제1항), 그 의장은 대통령이 되고, 부의장은 의장이 위촉위원 중에서 지명한다(제2항).

제 6 절 監査院

헌법은 제4장(정부) 제2절(행정부) 제4관에 대통령소속하의 중앙행정기관으로서 監査院에 관한 규정을 두고 있는데, 감사원의 직무(제97조), 감사원의 구성(제98조), 세입·세출의 검사(제99조), 감사원법의 제정근거(제100조)의 조문으로 구성되어 있다.

Ⅰ. 監査院의 職務와 그 獨立性

감사원은 국가의 세입·세출의 결산, 국가 및 법률이 정한 단체의 회계검사와 행정기관 및 공무원의 직무에 관한 감찰을 하기 위한 국가기관이다(제97조). 감사원은 대통령 소속하에 두지만 직무에 관하여는 독립된 지위를 가진다(감사원법 제2조 제1항). 감사원의 독립성을 보장하기 위하여 감사원 소속공무원의 임면, 조직 및 예산의 편성에 있어서는 감사원의 독립성이 최대한 존중되지 않으면 안된다(제2항).

Ⅱ. 監査院의 構成

1. 구 성

헌법은 "감사원은 원장을 포함한 5인 이상 11인 이하의 감사위원으로 구성한다."(제98조 제1항)고 하고 있는데, 감사원법은 "감사원은 감사원장을 포함한 7인의 감사위원으로 구성한다."(법 제3조)고 하고 있다. 원장은 국회의 동의를 얻어 대통령이 임명하고, 그 임기는 4년으로 하며, 1차에 한하여 중임할 수 있다(제98조 제2항). 이와 같이 국회가 임명동의권을 통하여 대통령의 감사원장 임명권에 관여토록 한 것은, 국민의 대표기관인 국회의 관여를 통하여 민주적 정당성을 부여함과 동시에 대통령의 독선과 독주를 견제하고자 하는데 근본 의의가 있다.[41] 감사위원은 원장의 제청으로 대통령이 임명하고, 그 임기는 4년으로 하며, 1차에 한하여 중임할 수 있다(제3항). 원장은 감사원을 대표하며 소속공무원을 지휘·감독한다(법 제4조 제2항). 원장이 사고로 인하여 직무를 수행할 수 없을 때에는 감사위원으로 최장기간 재직한 감사위원이 그 직무를 대행한다(제3항).

2. 監査院의 憲法上 地位

감사원은 대통령 소속하에 두지만(大統領所屬機關) 직무에 관하여는 독립의 지위를 가지는 기관(獨立機關)으로 반드시 설치하여야 한다(必須的 憲法機關). 감사원의 감사사항은 감사위원회의의 의결을 거쳐야 한다(合議制機關). 감사위원은 대통령이나 국회의원과는 달리 정치활동이 금지된다(非政治機關). 감사원은 헌법편제상 정부의 장(章)에 규정되고 규정형식도 "대통령 소속하에 감사원을 둔다."(제97조)고 하여 대통령소속기관임을 명백히 하고 있다. 감사원은 헌법상 반드시 설치하여야 하는 국가기관으로 직무에 관하여는 독립된 지위를 가진다(법 제2조 제1항). 감사원의 독립성 보장을 위하여 감사원장의 임명에는 국회의 동의를 얻어 대통령이 임명하도록 하고, 그 임기도 헌법상 보장된다(제98조 제2항). 또한 감사원 소속공무원의 임면, 조직 및 예산의 편성에 있어서는 감사원의 독립성이 최대한 존중되도록 하여야 한다. 감사원의 독립성과 비정치성을 확보하기 위하여 감사위원의 정치운동은 금지된다. 즉, 감사위원은 정당에 가입하거나 정치운동에 관여할 수 없도록 하고 있다(법 제10조). 감사위원회의는 원장을 포함한 감사위원 전원으로 구성하며, 의장은 원장이 되는데, 감사위원회의는 재적감사위원 과반수의 찬성으로 의결하는 합의제기관이다(법 제11조 제1항, 제2항).

Ⅲ. 監査院의 權限

헌법은 감사원에 세 가지 직무권한을 부여하고 있다. 즉 1) 국가의 세

---

41) 헌법재판소 1998.7.14. 98헌라2 참조.

입·세출의 결산권, 2) 국가 및 법률이 정한 단체의 회계검사권과 3) 행정기관 및 공무원의 직무감찰권이 그것이다(제97조). 이에 따라 監査院法도 "감사원은 국가의 세입·세출의 결산검사와 이 법 및 다른 법률이 정하는 회계를 상시 검사·감독하여 그 적정을 기하고 행정기관 및 공무원의 직무를 감찰하여 행정운영의 개선향상을 기한다."(법 제20조)고 규정하고 있다.

1. 歲入·歲出檢査權: 예산편성·심의·결산의 자료

감사원은 세입·세출의 결산을 매년 검사하여 대통령과 차년도 국회에 그 결과를 보고하여야 한다(제99조, 법 제20조). 예산·결산심의권은 국회의 고유권한인데, 감사원이 매년 세입·세출의 결산검사를 하여 대통령과 국회에 보고하게 하고 있다. 대통령과 국회와 같은 정치기관이 세입·세출의 결산을 검사하게 되면 정치적 영향을 받을 수 있다. 따라서 비정치기관으로서 업무상 독립성이 보장되는 감사원에 적정한 세입의 확보와 엄정한 세출을 검사하게 하도록 한 것이다. 이는 정부예산편성과 국회예산심의·결산심의에 중요한 자료가 된다.

2. 會計檢査權: 회계의 적정성 확보

감사원은 법률이 정하는 회계를 상시 검사·감독하여 그 적정을 기하여야 한다(법 제20조). 감사원은 회계검사의 결과에 의하여 국가의 세입·세출의 결산을 확인한다(법 제21조). 회계검사에는 필요적 검사사항과 선택적 검사사항이 있다. 필요적 검사사항으로는 1) 국가의 회계, 2) 지방자치단체의 회계, 3) 한국은행의 회계와 국가 또는 지방자치단체가 자본금의 2분의 1 이상 출자한 법인의 회계, 4) 다른 법률에 의하여 감사원의 회계검사를 받도록 규정된 단체 등의 회계가 있다(법 제22조 제1항). 감사원은 필요하다고 인정한 때 또는 국무총리가 요구한 일정한 사항에 대하여 선택적으로 검사할 수 있다(법 제23조 제1항).

3. 職務監察權: 행정운영의 개선향상

감사원은 행정기관 및 공무원의 직무를 감찰하여 행정운영의 개선향상을 기한다(법 제20조). 감사원의 직무감찰은 행정기관에 대한 직무감찰과 공무원에 대한 직무감찰을 포함하는데, 중앙행정기관과 지방자치단체·국가공무원과 지방공무원을 가리지 아니한다. 감찰대상은 정부조직법 기타 법률에 의하여 설치된 행정기관의 사무와 그에 소속한 공무원의 직무, 지방자치단체의 사무와 그에 소속한 지방공무원의 직무, 법령에 의하여 국가 또는 지방자치단체가 위탁하거나 대행하게 한 사무와 기타 법령에 의하여 공무원의 신분을 가지거나 공무원에 준하는 자의 직무를 포함한다(법 제24조 제1항).

4. 監査結果와 處理에 관한 權限

감사원은 감사결과의 처리에 관하여 변상책임의 판정·징계요구·시정요구·개선요구·고발 등의 직무에 관한 권한과 의무를 진다(법 제31조~제35조). 즉, 감사원은 감사의 결과에 따라 따로 법률이 정하는 바에 의하여 회계관계직원 등에 대한 변상책임의 유무를 심리·판정하고(辨償責任審理·判定權), 국가공무원법 기타 법령에 규정된 징계사유에 해당하거나 정당한 사유없이 이 법에 의한 감사를 거부하거나 자료의 제출을 해태한 공무원에 대하여 징계요구를 할 수 있다(懲戒要求權). 또한 감사원은 감사의 결과 위법 또는 부당하다고 인정되는 사실이 있을 때에는 소속장관, 감독기관의 장 또는 당해 기관의 장에게 시정·주의 등을 요구할 수 있고(是正·注意要求權), 감사결과 법령상, 제도상 또는 행정상의 모순이 있거나 기타 개선할 사항이 있다고 인정할 때에는 국무총리·소속장관·감독기관의 장 또는 당해 기관의 장에게 법령등의 제정·개정 또는 폐지를 위한 조치나 제도상 또는 행정상의 개선을 요구할 수 있다(法令整備·行政改善要求權). 그리고 감사결과 위의 요구를 하는 것이 부적절하거나 관계기관의 장으로 하여금 자율적으로 처리하게 할 필요가 있다고 인정되는 때 또는 행정운영 등의 경제성·효율성 및 공정성 등을 위하여 필요하다고 인정되는 때에는 소속장관·감독기관의 장 또는 당해 기관의 장에게 그 개선 등에 관한 사항을 권고 또는 통보할 수 있고(改善勸告·通報權), 감사의 결과 범죄혐의가 있다고 인정할 때에는 이를 수사기관에 고발하여야 한다(告發權).

[변상판정처분과 행정소송] 감사원의 변상판정처분에 대하여서는 행정소송을 제기할 수 없고, 재결에 해당하는 재심의 판정에 대하여서만 감사원을 피고로 하여 행정소송을 제기할 수 있다(대법원 1984.4.10. 선고 84누91 판결).

5. 監査院規則制定權

(1) 감사원규칙의 제정

감사원은 감사절차 · 감사원내부규율 · 감사사무처리 및 감사원자문기구구성 등에 관한 감사원규칙을 제정할 수 있다. 무릇 국가기관의 입법의 권한은 그 기관의 '정직성 · 성실성 · 전문성에 대한 예우이고 배려'[42]라 할 것이다. 감사원의 기관으로서의 독립성과 해당업무에 대한 전문성 · 정직성 · 성실성을 배려하여 규칙제정권을 부여한 것이다. 즉, 감사원은 감사에 관한 절차, 감사원의 내부규율과 감사사무처리에 관한 규칙을 제정할 수 있고(제52조), 감사원장은 원장의 자문에 응하기 위하여 감사원에 자문기관을 둘 수 있는데, 그 구성 및 운영에 관한 사항은 감사원규칙으로 정한다(법 제4조 제5항).

(2) 법규명령인가 행정명령인가

감사원규칙의 법적성질이 법규명령(法規命令)이냐 행정명령(行政命令)이냐의 다툼이 있을 수 있는데, 감사원규칙의 법적 성질을 일률적으로 판단할 것은 아니라고 본다. 감사원규칙은 감사절차 · 감사원내부규율 · 감사사무처리 및 감사원자문기구구성 등을 그 내용으로 하는데, 이 중 감사원내부규율 및 감사원자문기구구성 등은 대부분 행정명령으로 보아야 하지만, 감사절차와 감사사무처리에 관한 감사원규칙의 규정은 상당부분 법규명령의 성격을 가진다고 보아야 한다. 그것은 첫째로 국민의 자유와 권리에 관한 사항은 입법사항으로 감사와 관련된 이들 사항은 감사원법이 정하고 감사절차와 감사사무처리에 관한 구체적 사항을 감사원규칙에 위임하는 것은 헌법위반이 아니고 적법하다는 점, 둘째로 감사원의 업무가 국가기관이나 그 소속공무원을 대상으로 하지만, 공무원의 변상책임이나 징

---

42) 국회의 입법형성권 존중필요성에 관한 헌법재판소의 의견(헌법재판소 1991.3.11. 91헌마21 참조).

계요구 등은 국민의 권리·의무와도 관련된다는 점에서 그러하다.

> **[국세부과처분불복과 감사원에의 심사청구]** 국세기본법…과 감사원법…, 감사원규칙 제6조등의 규정에 의하면 국세부과처분에 불복이 있는 당사자는 국세기본법에 의해 국세청장에게 심사청구를 하든가 감사원법에 따라 감사원에 심사청구를 하든가 행정소송의 전심절차로서의 불복심사청구를 선택적으로 거칠 수 있게 규정하고 있으므로 국세부과처분의 위법여부를 심사하는 직무에 관한 한 감사원과 국세청장은 병렬적 지위에 놓인 동등한 재결기관으로 보아야 할 것이고,…감사원이 감사원법의 규정에 의하여 국세청장의 국세부과처분에 관한 심사결정 업무를 감사하여 위법 부당한 사실이 발견되는 경우라도 관계공무원에 대한 문책요구 등의 조치를 함은 별론으로 하고….(대법원 1986.5.27. 86누127).

제 7 절 選擧管理委員會

헌법은 선거와 국민투표의 공정한 관리 및 정당에 관한 사무를 처리하기 위하여(제114조 제1항) 선거관리위원회에 관한 규정을 독립된 章(제7장 選擧管理)에서 규정하고 있다. 이에 따라 선거와 국민투표의 공정한 관리 및 정당에 관한 사무를 관장하는 선거관리위원회의 조직과 직무를 규정함을 목적으로(법 제1조) 選擧管理委員會法을 제정·시행하고 있다.

Ⅰ. 選擧管理委員會의 地位

1. 民主主義의 實現媒體로서의 選擧와 政黨

오늘날 민주주의는 대의제민주주의를 의미하는데, '대의제민주주의' 또는 '대표민주주의(démocratie représentative)'는 국민을 대표하여 그들의 권력을 행사하는 대표를 국민이 선출하는 선거에 기초한다. 따라서 선거는 대의제민주주의의 실현매체가 된다. 대의제민주주의는 직접민주주의 방식에 의하여 보완되는데, 국민투표는 직접민주주의의 실현매체이다. 또한 선거는 정당과 밀접한 관련을 가지게 되는데, 정당은 후보자공천과 선거운동을 통해 민주주의과정에 참여하게 된다. 이처럼 선거와 정당은 민의반영의 통로로서, 민주주의 실현매체로서 의미를 가진다. 구체적인 선거제도는 단지 기술적인 문제는 아니고 국민주권의 흐름, 의회제민주주의의 방향, 그리고 정당의 역할 등 통치의 기본적 원리가 반영되는 제도이다. 선거관리위원회는 이러한 선거와 정당사무를 총괄하는 독립된 국가기관이다.

2. 選擧管理委員會의 憲法上 地位

선거와 정당에 관한 사무를 담당하는 선거관리위원회는 헌법기관으로서 독립된 합의제기관인 지위를 가진다.

(1) 獨立機關으로서의 選擧管理委員會

선거관리위원회는 직무가 독립되어 있고(선거관리위원회의 기관의 독립), 이를 위하여 선거관리위원회 위원의 정치적 중립성과 신분을 보장하고 있다(위원의 신분상의 독립).

1) 選擧管理委員會의 機關으로서의 獨立性

선거관리위원회는 선거와 국민투표의 공정한 관리 및 정당에 관한 사무를 처리하기 위하여 설치된 기관이다(제114조 제1항, 법 제3조 제1항). 이들 직무는 선거관리위원회의 고유사무로 헌법이 부여한 것이다. 선거관리위원회의 고유사무는 다른 국가기관에서 관여할 수 없다. 이처럼 헌법은 그 고유사무를 부여하여 선거관리위원회의 기관으로서의 독립성을 보장하고 있는 것이다. 헌법은 "중앙선거관리위원회는 법령의 범위안에서 선거관리·국민투표관리 또는 정당사무에 관한 규칙을 제정할 수 있으며, 법률에 저촉되지 아니하는 범위안에서 내부규율에 관한 규칙을 제정할 수 있다(제114조 제6항)."고 하여 선거관리위원회에 독립된 기관으로서 소관업무에 관한 규칙제정권을 부여하고 있다. 대통령이라도 선거관리위원회의 독립성과 그 결정을 존중하지 않으면 안 된다.

[중앙선거관리위원회의 선거법위반 결정에 대한 대통령의 폄하발언] 대통령이 현행법을 '관권선거시대의 유물'로 폄하하고 법률의 합헌성과 정당성에 대하여 대통령의 지위에서 공개적으로 의문을 제기하는 것은 헌법과 법률을 준수해야 할 의무와 부합하지 않는다. 물론, 대통령도 정치인으로서 현행 법률의 개선방향에 관한 입장과 소신을 피력할 수는 있으나, 어떠한 상황에서, 어떠한 연관관계에서 법률의 개정에 관하여 논의하는가 하는 것은 매우 중요하며, 이 사건의 경우와 같이, 대통령이 선거법위반행위로 말미암아 중앙선거관리위원회로부터 경고를 받는 상황에서 그에 대한 반응으로서 현행 선거법을 폄하하는 발언을 하는 것은 법률을 존중하는 태도라고 볼 수 없는 것이다(헌법재판소 2004.5.14. 2004헌나1).

2) 選擧管理委員會 委員의 身分上의 獨立性

선거관리위원회의 독립을 위하여 그 구성원인 위원의 직무상의 독립과 신분상의 독립이 전제되지 않으면 안 된다. 선거관리위원회 위원의 직무상의 독립을 위하여 위원은 정당에 가입하거나 정치에 관여할 수 없다(제114조 제4항). 따라서 선거관리위원회의 위원은 정당에 가입하거나 정치에 관여한 때가 아니면 해임·해촉 또는 파면되지 아니한다(선거관리위원회법 제9조). 위원은 신분상의 독립을 위하여 두터운 신분보장을 하고 있다. 즉 위원은 탄핵 또는 금고이상의 형의 선고에 의하지 아니하고는 파면되지 아니하고(제114조 제5항), 각급선거관리위원회의 위원은 선거인명부작성기준일 또는 국민투표안공고일로부터 개표종료시까지 내란·외환·국교·폭발물·방화·마약·통화·유가증권·우표·인장·살인·폭행·체포·감금·절도·강도 및 국가보안법위반의 범죄에 해당하는 경우를 제외하고는 현행범인이 아니면 체포 또는 구속되지 아니하며 병역소집의 유예를 받는다(법 제13조).

(2) 合議制機關으로서의 選擧管理委員會

중앙선거관리위원회를 비롯한 각급 선거관리위원회는 합의제기관이다. 합의제기관인 성격은 의사진행과 의결정족수, 회의소집 등에서 찾아볼 수 있다. 선거관리위원회는 위원과반수의 출석으로 개의하고 출석위원 과반수의 찬성으로 의결한다(법 제10조 제1항). 위원장도 표결권을 가지며 가부동수인 때에는 결정권을 가진다(제2항). 선거관리위원회의 회의는 당해 위원장이 소집하는데, 위원 3분의 1 이상의 요구가 있을 때에는 위원장은 회의를 소집하여야 하며 위원장이 회의소집을 거부할 때에는 회의소집을 요구한 3분의 1 이상의 위원이 직접 회의를 소집할 수 있도록 하고 있다(법 제11조 제1항).

(3) 憲法機關으로서의 選擧管理委員會

선거관리위원회는 헌법의 규정에 의하여 창설된 국가기관(헌법기관)이다. 헌법기관이기 때문에 헌법개정에 의하지 아니하고는 폐지할 수 없다.[43] 이 지위에서 선거관리위원회는 선거인명부의 작성 등 선거사무와 국민투표사무에 관하여 관계 행정기관에 필요한 지시를 할 수 있는데(제115조 제1항), 선거관리위원회의 지시를 받은 당해 행정기관은 이에 응하여야 할 의무가 있다(제2항).

Ⅱ. 選擧管理委員會의 構成

1. 選擧管理委員會의 設置

선거관리위원회는 중앙과 시·도, 구·시, 투표구별로 설치하여야 하는데, 선거관리위원회는 1) 중앙선거관리위원회(9인), 2) 특별시·광역시·도선거관리위원회(9인), 3) 구·시·군선거관리위원회(9인), 4) 투표구선거관리위원회(7인)가 있다(법 제2조 제1항). 중앙선거관리위원회는 대통령이 임명하는 3인, 국회에서 선출하는 3인과 대법원장이 지명하는 3인의 위원으로 구성하는데, 위원장은 위원 중에서 호선하도록 하고 있다(제114조 제2항). 이처럼 국회가 다른 최고헌법기관의 임명과 구성에 직·간접으로 관여토록 하고 있는 것은, 국민의 대표기관인 국회의 관여를 통하여 민주적 정당성을 부여함과 동시에 대통령의 독선과 독주를 견제하여 권력의 균형을 꾀하고자 하는데 근본 취지가 있는 것이다.[44] 시·도선거관리위원회의 위원은 국회의원의 선거권이 있고 정당원이 아닌 자 중에서 국회에

43) 권영성(1042)
44) 헌법재판소 1998.7.14. 98헌라2.

교섭단체를 구성한 정당이 추천한 사람과 당해 지역을 관할하는 지방법원장이 추천하는 법관 2인을 포함한 3인과 교육자 또는 학식과 덕망이 있는 자중에서 3인을 중앙선거관리위원회가 위촉한다(법 제4조 제2항).

[중앙선거관리위원회의 구성과 권력분립] 헌법재판소 재판관과 중앙선거관리위원회 위원들은 각기 국회에서 3인을 선출하고, 대법원장이 3인을 지명하며, 대통령이 직접 3인을 선임하도록 하여 위와 같이 구성된 세 헌법기관에서 각 3분의 1씩 공동으로 관여하게 하고 있다. 이와 같이 국회가 국민의 직접 선거로 선출되는 대통령을 제외한 다른 최고헌법기관의 임명과 구성에 직·간접으로 관여토록 하고 있는 것은, 국민의 대표기관인 국회의 관여를 통하여 민주적 정당성을 부여함과 동시에 대통령의 독선과 독주를 견제하여 권력의 균형을 꾀하고자 하는데 그 근본적 의의가 있다(헌법재판소 1998.7.14. 98헌라2).

2. 選擧管理委員會의 委員

선거관리위원회 위원의 임기는 6년이며(법 제4조 제3항), 위원의 정치적 중립성을 보장하기 위하여 위원은 정당에 가입하거나 정치에 관여할 수 없도록 하고 있다(제4항). 또한 위원의 신분보장을 위하여 위원은 탄핵 또는 금고 이상의 형의 선고에 의하지 아니하고는 파면되지 아니하도록 하고 있다(제5항). 특히 공무원의 경우 법관과 법원공무원 및 교육공무원 이외의 공무원은 각급선거관리위원회의 위원이 될 수 없도록 하고 있다(제6항).

Ⅲ. 選擧管理委員會의 職務와 權限

1. 選擧管理委員會의 職務

선거관리위원회는 선거와 국민투표의 공정한 관리 및 정당에 관한 사무를 처리하기 위하여 설치된 기관이다(제114조 제1항). 헌법이 정하는 사무 외에 선거관리위원회법은 위탁선거(委託選擧)도 그 직무로 열거하고 있다. 선거관리위원회는 구체적으로 1) 국가 및 지방자치단체의 선거에 관한 사무, 2) 국민투표에 관한 사무, 3) 정당에 관한 사무, 4) 위탁선거에 관한 사무 등의 직무를 담당한다(법 제3조 제1항).

[위탁선거] '위탁선거'라 함은 국가 및 지방자치단체의 선거 이외에 법령의 규정에 따라 선거관리위원회가 관리하는 공공단체의 선거를 말하는데(법 제3조 제4호), 위탁선거의 위탁절차 기타 그 관리에 필요한 사항은 중앙선거관리위원회규칙으로 정한다(법 제3조 제5항).

2. 選擧事務와 관련한 권한

(1) 選擧事務와 관련한 指示權·協助要求權

선거관리위원회는 선거인명부의 작성 등 선거사무와 국민투표사무에 관하여 관계행정기관에 필요한 지시를 할 수 있다(법 제16조 제1항). 또한 선거사무를 위하여 인원·장비의 지원 등이 필요한 경우에는 행정기관에 대하여는 지시 또는 협조요구를, 공공단체 및 은행 등 금융기관에 대하여는 협조요구를 할 수 있다(제2항). 선거관리위원회의 지시를 받거나 협조요구를 받은 행정기관과 공공단체는 우선적으로 이에 응하여야 할 의무가 있다(제3항).

(2) 選擧法違反行爲에 대한 中止·警告·是正命令權

각급선거관리위원회의 위원·직원은 직무수행중에 선거법위반행위를 발견한 때에는 중지·경고 또는 시정명령을 하여야 하며, 그 위반행위가 선거의 공정을 현저하게 해치는 것으로 인정되거나 중지·경고 또는 시정명령을, 불이행하는 때에는 관할수사기관에 수사의뢰 또는 고발할 수 있다(법 제14조의2).

[선거법위반행위에 대한 중지촉구와 저지] 청구인(오마이뉴스)은 2002년 대통령선거에 출마의사를 밝힌 민주당 대선 예비주자 7명에 대하여 2002. 2. 5.부터 2002. 2. 26.까지 "열린 인터뷰"를 기획하였다. 이에 대하여 피청구인은 2002. 2. 1. 청구인에게 '대통령선거 입후보예정자를 초청하여 인터뷰라는 명목으로 대담·토론회를 개최하는 행위 및 이를 생중계하거나 동영상물 등에 게시하여 불특정다수의 선거구민이 열람할 수 있도록 하는 행위는 공직선거법 제254조(선거운동기간위반죄)에 위반된다'는 이유로 "열린 인터뷰"의 중지를 촉구하면서 위 행사를 개최할 경우 행사진행을 제지한다는 내용의 공문을 발송하였다. 그러나 청구인이 2002. 2. 5. "열린 인터뷰"

를 감행하려 하자, 피청구인은 선거관리위원 50여명을 파견하여 청구인의 사무실을 에워싸고 토론예정자인 노무현 고문 및 다수의 시민기자들이 사무실에 출입하는 것을 저지하였다(헌법재판소 2003.2.27. 2002헌마106).

(3) 選擧啓導權

각급선거관리위원회는 선거권자의 주권의지의 앙양을 위하여 상시계도를 실시하여야 하는데(법 제14조 제1항), 선거계도는 선거관리위원회의 권한인 동시에 의무이다. 특히 선거 또는 국민투표가 있을 때에는 각급선거관리위원회는 그 주관하에 문서・도화・시설물・신문・방송 등의 방법으로 투표방법・기권방지 기타 선거 또는 국민투표에 관하여 필요한 계도를 실시하여야 한다(제2항).

3. 政黨事務와 관련한 권한

정당의 정당사무에 관해서는 정당법과 정치자금에관한법률이 규정한다.

(1) 政黨關聯事務

1) 창당준비위원회의 신고와 창당등록

중앙당창당준비위원회를 결성한 때에는 중앙선거관리위원회에 신고하여야 한다(정당법 제8조 제1항). 창당준비를 완료한 때에는 당해 선거관리위원회에 등록을 신청하여야 한다(법 제11조 제1항).

2) 합당의 등록과 합당사유의 신고

정당이 새로운 당명으로 합당할 때에는 그 대표자는 중앙선거관리위원회에 등록신청을 하여야 한다(법 제11조 제2항). 흡수합당의 경우 존속하는 정당의 대표자는 합당된 사유를 중앙선거관리위원회에 신고하여야 한다(제5항).

3) 중앙당 및 시・도당의 등록・등록증의 교부 및 공고

중앙당과 시도당의 등록을 받거나 등록변경을 받은 당해 선거관리위원회는 등록을 마치고 등록증을 교부하여야 하며(법 제15조 제1항), 당해 선거관리위원회는 지체없이 그 뜻을 공고하여야 한다(제2항).

4) 당내경선사무의 위탁

국고보조금의 배분대상이 되는 정당은 공직선거후보자 추천을 위한 당내경선사무중 선거운동, 투표 및 개표사무 등의 관리를 선거관리위원회에 위탁할 수 있다(제31조의4 제1항).

5) 보고요구와 정기보고의무

중앙선거관리위원회 또는 기타 관계선거관리위원회는 감독상 필요할 때에는 정당에 대하여 당원명부를 제외하고 보고 또는 장부·서류 기타 자료의 제출을 요구할 수 있다(법 제36조). 또한 중앙당과 시·도당은 매년도말을 기준으로 그 당원수 및 활동개황을 당해 선거관리위원회에 보고하여야 한다. 이 경우 중앙당은 정책추진내용과 주요정책추진계획을 중앙선거관리위원회에 보고하여야 한다(법 제37조 제1항).

6) 정당의 등록취소와 공고

정당이 i) 법정시·도당수 및 시·도당의 법정당원수의 요건을 구비하지 못하게 된 때, ii) 최근 4년간 국회의원총선거 또는 임기만료에 의한 지방자치단체의 장의 선거나 시·도의회의원의 선거에 참여하지 아니한 때, iii) 국회의원총선거에 참여하여 의석을 얻지 못하고 유효투표총수의 100분의 2 이상을 득표하지 못한 때에는 당해 선거관리위원회는 그 등록을 취소하여야 하고(법 제38조 제1항), 정당의 등록을 취소한 때에는 당해 선거관리위원회는 지체없이 그 뜻을 공고하여야 한다(제2항).

7) 해산과 등록취소

정당은 그 대의기관의 결의로써 자진해산할 수 있는데(법 제39조 제1항), 정당이 자진해산하였을 때에는 그 대표자는 지체없이 그 뜻을 당해 선거관리위원회에 신고하여야 한다(제2항). 자진해산신고·정당해산결정·시·도당창당승인취소통지가 있는 때에는 당해 선거관리위원회는 그 정당의 등록을 말소하고 지체없이 그 뜻을 공고하여야 한다(법 제40조).

(2) 政治資金 관련 事務

1) 후원회의 등록

정당·국회의원 등 후원회지정권자(後援會指定權者)가 후원회를 지정하거나 이를 철회한 때에는 그 뜻을 관할선거관리위원회에 신고하여야 하며(정치자금법 제7조 제1항), 후원회의 대표자는 관할선거관리위원회에 후원회등록을 신청하여야 한다(법 제7조 제3항).

2) 정치자금의 기탁과 배분

정당에 정치자금을 기부하고자 하는 자는 기명으로 선거관리위원회에 직접 기탁하여야 하는데(법 제22조 제1항) 이를 "기탁금"이라 한다(법 제3조). 기탁된 정치자금은 중앙선거관리위원회가 기탁 당시 국고보조금 배분율에 따라 배분 지급한다(제23조 제1항).

[政治資金] "정치자금(政治資金)"이라 함은 당비, 후원금, 기탁금, 보조금과 정당의 당헌·당규 등에서 정한 부대수입 기타 정치활동을 위하여 정당, 공직선거에 의하여 당선된 자, 공직선거의 후보자 또는 후보자가 되고자 하는 자, 후원회·정당의 간부 또는 유급사무직원 그 밖에 정치활동을 하는 자에게 제공되는 금전이나 유가증권 그 밖의 물건과 그 자의 정치활동에 소요되는 비용을 말한다(정치자금법 제3조 제1호 참조).

3) 국고보조금의 계상과 배분

국가는 정당에 대한 보조금으로 최근 실시한 국회의원총선거의 선거권자 총수에 800원을 곱한 금액을 매년 예산에 계상하여야 하고(법 제25조 제1항), 경상보조금과 선거보조금은 동일정당의 소속의원으로 교섭단체를 구성한 정당에 대하여 그 100분의 50을 정당별로 균등하게 분할하여 배분·지급하며(법 제27조 제1항), 보조금 배분·지급대상이 아닌 정당으로서 5석 이상의 의석을 가진 정당에 대하여는 100분의 5씩을, 의석이 없거나 5석 미만의 의석을 가진 정당 중 일정 요건을 갖춘 정당에 대하여는 보조금의 100분의 2씩을 배분·지급한다(제2항). 국고보조금 잔여분 중 100분의 50은 지급당시 국회의석을 가진 정당에 그 의석수의 비율에 따라 배분·지급하고, 그 잔여분은 국회의원선거의 득표수 비율에 따라 배분·지급한다(제3항).

4) 회계보고 및 열람

정당 및 후원회를 둔 국회의원의 회계책임자는 법이 정하는 기간까지 관할선거관리위원회에 정치자금의 수입과 지출에 관한 회계보고를 하여야 하며(법 제40조 제1항), 정당후원회 및 국회의원의 회계책임자와 대통령선거·당대표경선후보자등의 후원회 회계책임자도 회계 내역을 중앙선거관리위원회에 보고하여야 한다. 또한 관할선거관리위원회는 보고된 재산상황, 정치자금의 수입·지출내역 및 첨부서류를 그 사무소에 비치하고 누구든지 열람할 수 있게 하여야 한다(법 제42조 제3항).

5) 정치자금범죄조사

각급선거관리위원회의 위원·직원은 정치자금법을 위반한 범죄의 혐의가 있다고 인정되거나 현행범의 신고를 받은 경우에는 그 장소에 출입하여 정치자금을 기부하거나 받은 자 또는 정치자금에서 지출하는 비용을 지급받거나 받을 권리가 있는 자 그 밖의 관계인에 대하여 질문·조사하거나 관계서류 그 밖의 조사에 필요한 자료의 제출을 요구할 수 있다(법 제52조 제1항).

4. 選擧管理와 관련한 권한

선거관리는 선거관리위원회의 직무 중 가장 중요한 의미를 가진다. 선거관리위원회는 선거관리와 선거의 공정성을 확보하여야 하는데 이를 위하여 공직선거법을 제정·시행하고 있다.

(1) 選擧不正監視

선거부정을 감시하기 위하여 중앙선거관리위원회와 시·도선거관리위원회에는 '사이버선거부정감시단'을 구·시·군선거관리위원회에는 '선거부정감시단'을 두어야 한다(공직선거법 제10조의 2 및 제10조의 3). 중앙선거관리위원회와 시·도선거관리위원회는 인터넷을 이용한 선거부정을 감시하기 위하여 선거일전 120일부터 선거일까지 사이버선거부정감시단을 설치·운영하여야 한다(제10조의3 제1항). 선거부정감시단은 관할 구·시·군선거관리위원회의 지휘를 받아 법에 위반되는 행위에 대하여 증거자료를 수집하거나 조사활동을 할 수 있다(법 제10조의2 제1항, 제6항).

(2) 選擧管理와 選擧區選擧管理

1) 選擧管理와 選擧管理事務

선거관리위원회는 선거사무와 선거관리사무를 담당한다. 선거사무(選擧

事務)는 중앙선거관리위원회가 통할·관리한다(법 제12조 제1항). 선거관리사무(選擧管理事務)라 함은 선거에 관한 사무중 후보자등록 및 당선인결정 등과 같이 당해 선거구를 단위로 행하여야 하는 선거사무를 말한다(법 제13조 제2항).

2) 선거인명부와 후보자등록에 관한 사무

선거관리위원회는 선거인명부작성의 감독(법 제39조), 후보자등록(법 제49조), 후보자사퇴의 신고(법 제54조), 후보자등록 등의 공고(법 제55조), 기탁금(법 제56조) 및 기탁금의 반환(법 제57조) 등에 관한 사무를 담당한다.

⑶ 選擧運動機構 管理

1) 정당선거사무소

정당은 선거에 있어서 당해 선거에 관한 정당의 사무를 처리하기 위하여 정당선거사무소를 설치할 수 있는데(법 제61조의2 제1항), 정당선거사무소를 설치하는 때에는 지체없이 관할선거관리위원회에 신고하여야 한다(제3항).

2) 선거운동기구 및 선거사무관계자의 신고

정당·후보자 또는 예비후보자가 선거사무소와 선거연락소를 설치·변경한 때와 선거사무장·선거연락소장이나 선거사무원을 선임하거나 해임한 때에는 지체없이 관할선거관리위원회에 서면으로 신고하여야 한다(법 제63조 제1항).

⑷ 選擧運動 管理

선전벽보(법 제64조), 선거공보(법 제65조), 현수막(법 제67조)은 구·시·군선거관리위원회에 제출하여 확인 또는 검인을 받아야한다. 신문광고는 선거구선거관리위원회에 신고하여야 하고(법 제69조), 방송광고(법 제70조), 후보자 등의 방송연설(법 제71조), 방송시설주관 후보자연설의 방송(법 제72조)은 관할선거관리구선거관리위원회에 통보하여야 한다. 단체의 후보자 등 초청 대담·토론회(법 제81조)는 관할선거구선거관리위원회 또는 구·시·군선거관리위원회에 서면으로 신고하여야 한다. 언론기관의 후보자 등 초청 대담·토론회 등의 경우에는 관할선거구선거관리위원회에 통보하여야 한다(법 제82조).

(5) 選擧費用制限額의 公告

선거구선거관리위원회는 선거별로 선거비용제한액의 산정규정에 의하여 산정한 선거비용제한액을 공고하여야 한다(법 제122조).

[선거비용] 선거비용(選擧費用)이라 함은 당해 선거에서 선거운동을 위하여 소요되는 금전·물품 및 채무 기타 모든 재산상의 가치가 있는 것으로서 당해 후보자가 부담하는 비용을 말한다. 이 경우 이 법에 위반되는 선거운동을 위하여 지출한 비용과 기부행위제한규정을 위반하여 지출한 비용 및 제3자가 정당·정당선거사무소의 소장·후보자·선거사무장·선거연락소장 또는 회계책임자와 통모하여 당해 후보자의 선거운동을 위하여 지출한 비용 및 기부행위제한규정을 위반하여 지출한 비용은 모두 선거비용으로 본다(공직선거법 제119조 제1항).

(6) 投票와 開票의 管理

1) 투표의 개시

투표관리관은 투표참관인으로 하여금 투표용지의 교부상황과 투표상황을 참관하게 하여야 한다(법 제161조 제1항).

2) 투표함 등의 봉쇄·봉인과 송부

투표관리관은 투표소를 닫는 시각이 된 때에는 투표소의 입구를 닫아야 하며 투표소 안에 있는 선거인의 투표가 끝나면 투표참관인의 참관하에 투표함의 투입구와 그 자물쇠를 봉쇄·봉인하여야 하며(법 제168조 제1항), 투표관리관은 투표가 끝난 후 지체없이 투표함 및 그 열쇠와 투표록 및 잔여투표용지를 관할구·시·군선거관리위원회에 송부하여야 한다(법 제170조 제1항).

3) 개표관리

개표사무는 구·시·군선거관리위원회가 이를 행한다(법 제172조 제1항). 이를 위하여 구·시·군선거관리위원회는 선거일전 5일까지 개표소를 공고하여야 한다(법 제173조).

4) 투표의 효력에 관한 이의에 대한 결정

투표의 효력에 관하여 이의가 있는 때에는 선거인의 의사를 존중하여 구·시·군선거관리위원회 재적위원 과반수의 출석과 출석위원 과반수의 의결로 결정한다(법 제180조).

5) 개표참관과 질서유지

구·시·군선거관리위원회는 개표참관인으로 하여금 개표소안에서 개표상황을 참관하게 하여야 하며(법 제181조 제1항), 개표소의 출입을 제한하는 등 질서를 유지하여야 한다(제183조).

(7) 當選人의 決定·公告·通知

1) 대통령당선인의 결정·공고·통지

대통령선거에 있어서는 중앙선거관리위원회가 유효투표의 다수를 얻은 자를 당선인으로 결정하고, 이를 국회의장에게 통지하여야 한다. 다만, 후보자가 1인인 때에는 그 득표수가 선거권자총수의 3분의 1 이상에 달하여야 당선인으로 결정한다. 당선인이 결정된 때에는 중앙선거관리위원회 위원장은 이를 공고하고, 지체없이 당선인에게 당선증을 교부하여야 한다(법 제187조 제1항, 제3항). 최고득표자가 2인 이상인 때에는 중앙선거관리위원회의 통지에 의하여 국회는 재적의원 과반수가 출석한 공개회의에서 다수표를 얻은 자를 당선인으로 결정한다. 당선인이 결정된 때에는 국회의장은 이를 공고하고, 지체없이 당선인에게 당선증을 교부하여야 한다(제2항, 제3항).

2) 지역구국회의원당선인의 결정·공고·통지

지역구국회의원선거에 있어서는 선거구선거관리위원회가 당해 국회의원지역구에서 유효투표의 다수를 얻은 자를 당선인으로 결정한다. 다만, 최고득표자가 2인 이상인 때에는 연장자를 당선인으로 결정한다(법 제188조 제1항). 지역구국회의원후보자가 1인이거나 지역구국회의원후보자가 사퇴·사망하거나 등록이 무효로 되어 후보자수가 1인이 된 때에는 투표를 실시하지 아니하고, 선거일에 그 후보자를 당선인으로 결정한다(제2항). 선거일에 사퇴·사망·등록무효 등의 사유로 지역구국회의원후보자수가

1인이 된 때에도 나머지 투표는 실시하지 아니하고 그 후보자를 당선인으로 결정한다(제3항). 선거일의 투표마감시각후 당선인결정전까지 지역구국회의원후보자가 사퇴·사망하거나 등록이 무효로 된 경우에는 개표결과 유효투표의 다수를 얻은 자를 당선인으로 결정하되, 사퇴·사망하거나 등록이 무효로 된 자가 유효투표의 다수를 얻은 때에는 그 국회의원지역구는 당선인이 없는 것으로 한다(제4항). 국회의원지역구의 당선인이 결정된 때에는 당해 선거구선거관리위원회위원장은 이를 공고하고 지체없이 당선인에게 당선증을 교부하여야 하며, 상급선거관리위원회에 보고하여야 한다(제6항).

3) 비례대표국회의원의석의 배분과 당선인의 결정·공고·통지

비례대표제국회의원의 당선인은 중앙선거관리위원회가 결정하고, 당선의 공고·통지는 중앙선거관리위원회위원장이 행한다. 중앙선거관리위원회는 비례대표국회의원선거에서 유효투표총수의 100분의 3 이상을 득표하였거나 지역구국회의원총선거에서 5석 이상의 의석을 차지한 각 정당(의석할당정당)에 대하여 당해 의석할당정당이 비례대표국회의원선거에서 얻은 득표비율에 따라 비례대표국회의원의석을 배분하는데(제189조 제1항), 제출된 정당별 비례대표국회의원후보자명부에 기재된 당선인으로 될 순위에 따라 정당에 배분된 비례대표국회의원의 당선인을 결정한다(제4항). 비례대표국회의원의 당선인이 결정된 때에는 중앙선거관리위원회위원장은 그 명단을 공고하고 지체없이 각 정당에 통지하며, 당선인에게 당선증을 교부하여야 한다(제7항).

4) 지방의회의원당선인의 결정·공고·통지

지역구시·도의원 및 자치구·시·군의원의 선거에 있어서는 선거구선거관리위원회가 당해 선거구에서 유효투표의 다수를 얻은 자를 당선인으로 결정한다. 다만, 최고득표자가 2인 이상인 때에는 연장자순에 의하여 당선인을 결정한다(법 제190조 제1항). 후보자등록마감시각에 후보자가 당해 선거구에서 선거할 의원정수를 넘지 아니하거나 후보자등록마감후 선거일투표개시시각까지 후보자가 사퇴·사망하거나 등록이 무효로 되어 후보자수가 당해 선거구에서 선거할 의원정수를 넘지 아니하게 된 때에는 투표

를 실시하지 아니하고, 선거일에 그 후보자를 당선인으로 결정한다(제2항).

5) 지방자치단체의 장의 당선인의 결정·공고·통지

지방자치단체의 장 선거에 있어서는 선거구선거관리위원회가 유효투표의 다수를 얻은 자를 당선인으로 결정하고, 이를 당해 지방의회의장에게 통지하여야 한다. 다만, 최고득표자가 2인 이상인 때에는 연장자를 당선인으로 결정한다(법 제191조 제1항). 후보자등록마감시각에 후보자가 1인이거나 후보자가 사퇴·사망하거나 등록이 무효로 되어 후보자수가 1인이 된 때에는 투표를 실시하여 그 득표수가 투표자총수의 3분의 1 이상에 달하여야 당선인으로 결정한다(제2항).

(8) 선거관련소송

1) 選擧訴訟

대통령선거 및 국회의원선거에 있어서 선거의 효력에 관하여 이의가 있는 선거인·정당 또는 후보자는 선거일부터 30일 이내에 당해 선거구선거관리위원회위원장을 피고로 하여 대법원에 소를 제기할 수 있다(법 제222조 제1항).

2) 當選訴訟

대통령선거 및 국회의원선거에 있어서 당선의 효력에 이의가 있는 정당 또는 후보자는 당선인결정일부터 30일 이내에 등록무효 또는 피선거권상실로 인한 당선무효의 사유에 해당함을 이유로 하는 때에는 당선인을, 대통령당선인의 결정·공고·통지, 지역구국회의원당선인의 결정·공고·통지, 비례대표국회의원의석의 배분과 당선인의 결정·공고·통지 또는 당선인의 재결정과 비례대표국회의원의석 및 비례대표시·도의원의석의 재배분의 규정에 의한 결정의 위법을 이유로 하는 때에는 대통령선거에 있어서는 그 당선인을 결정한 중앙선거관리위원회위원장 또는 국회의장을, 국회의원선거에 있어서는 당해 선거구선거관리위원회위원장을 각각 피고로 하여 대법원에 소를 제기할 수 있다(법 제223조 제1항).

(9) 선거광고와 불법선전물의 규제

1) 선거에 관한 광고의 제한

선거관리위원회는 방송·신문·잡지 기타 간행물에 방영·게재하고자 하는 광고내용이 공직선거법에 위반된다고 인정되는 때에는 당해 방송사 또는 일간신문사 등을 경영·관리하는 자와 광고주에게 광고중지를 요청할 수 있는데(법 제271조의2 제1항), 선거관리위원회의 중지요청을 받은 자는 이에 따라야 하며, 당해 선거관리위원회는 중지요청에 불응하고 광고를 하는 때에는 지체없이 관할수사기관에 수사의뢰 또는 고발하여야 한다(제2항).

2) 불법선전물의 우송중지

각급선거관리위원회는 직권 또는 정당·후보자의 요청에 의하여 공직선거법에 규정된 죄에 해당하는 범죄의 혐의가 있는 선전물을 우송하려 하거나 우송중임을 발견한 때에는 당해 우체국장에게 그 선전물에 대한 우송의 금지 또는 중지를 요청할 수 있는데(법 제272조 제1항), 우체국장이 우송금지 또는 중지를 요청받은 때에는 그 우편물의 우송을 즉시 중지하고, 발송인에 대하여 그 사실을 통보하여야 한다(제2항). 우송의 금지 또는 중지를 요청한 때에는 당해 선거관리위원회는 지체없이 수사기관에 조사를 의뢰하거나 고발하고, 해당 우편물의 압수를 요청하여야 한다(제3항).

(10) 선거관련범죄의 조사

1) 선거범죄 조사

각급선거관리위원회위원·직원은 선거범죄에 관하여 그 범죄의 혐의가 있다고 인정되거나, 후보자·예비후보자·선거사무장·선거연락소장 또는 선거사무원이 제기한 그 범죄의 혐의가 있다는 소명이 이유있다고 인정되는 경우 또는 현행범의 신고를 받은 경우에는 그 장소에 출입하여 관계인에 대하여 질문·조사를 하거나 관련서류 기타 조사에 필요한 자료의 제출을 요구할 수 있다(법 제272조의2 제1항). 누구든지 선거범죄 장소의 출입을 방해하여서는 아니되며 질문·조사를 받거나 자료의 제출을 요구받은 자는 이에 응하여야 한다(제3항). 각급선거관리위원회위원·직원은 선거의 자유와 공정을 현저히 해할 우려가 있는 공직선거법에 위반되는 행위가 눈앞에 행하여지고 있거나, 행하여질 것이 명백하다고 인정되는 경우에는 그 현장에서 행위의 중단 또는 예방에 필요한 조치를 할 수 있다(제5항).

2) 통신관련 선거범죄의 조사

각급선거관리위원회직원은 정보통신망이나 전화를 이용한 공직선거법 위반행위의 혐의가 있다고 인정되는 상당한 이유가 있는 때에는 당해 선거관리위원회의 소재지를 관할하는 고등법원 수석부장판사 또는 이에 상당하는 부장판사의 승인을 얻어 정보통신서비스제공자에게 당해 정보통신서비스 이용자의 성명·주민등록번호·주소·이용기간·이용요금이나 송화자 또는 수화자의 전화번호, 설치장소·설치대수에 대한 자료의 열람이나 제출을 요청할 수 있다(법 제272조의3 제1항 및 제2항). 위 요청을 받은 자는 지체없이 이에 응하여야 한다(제3항).

5. 規則制定權

(1) 規則制定權의 憲法的 意義

헌법 제114조 제6항은 "중앙선거관리위원회는 법령의 범위안에서 선거관리·국민투표관리 또는 정당사무에 관한 규칙을 제정할 수 있으며, 법률에 저촉되지 아니하는 범위안에서 내부규율에 관한 규칙을 제정할 수 있다."고 하여 중앙선거관리위원회에 규칙제정권을 부여하고 있다. 무릇 입법의 권한은 그 기관의 '정직성·성실성·전문성에 대한 예우이고 배려'[45]라 할 것이다. 선거관리위원회의 업무의 중요성과 기관으로서의 독립성과 전문기술성·정직성·성실성을 배려할 필요에서 규칙제정권을 부여한 것이다.

(2) 法規命令과 行政命令

중앙선거관리위원회가 가지는 규칙제정권의 내용은 '선거관리·국민투표관리·정당사무'에 관한 것과 '선거관리위원회의 내부규율'에 관한 것의 두 가지이다. 전자는 헌법과 법률에서 위임된 사항과 선거관리·국민투표관리·정당사무의 관리에 필요한 세부사항을 규정하는 것으로 법규명령

45) 국회의 입법형성권 존중필요성에 관한 헌법재판소의 의견(헌법재판소 1991.3.11. 91헌마21 참조).

(法規命令)에 해당하고, 후자는 각급선거관리위원회와 그 직원에 대한 업무처리지침 내지 사무처리준칙으로 행정명령(行政命令)에 해당한다.

> **[공직선거관리규칙과 공직선거에관한사무처리예규집의 법적 성격]** 공직선거관리규칙은 중앙선거관리위원회가 헌법 제114조 제6항 소정의 규칙제정권에 의하여 공직선거법에서 위임된 사항과 대통령·국회의원·지방의회의원 및 지방자치단체의 장의 선거의 관리에 필요한 세부사항을 규정함을 목적으로 하여 제정된 법규명령이라고 할 것이다. 그러나 이 사건에서 쟁점이 된 예규는, 각급선거관리위원회와 그 위원 및 직원이 공직선거에 관한 사무를 표준화·정형화하고, 관련법규의 구체적인 운용기준을 마련하는 등 선거사무의 처리에 관한 통일적 기준과 지침을 제공함으로써 공정하고 원활한 선거관리를 기함을 목적으로 하는 것(공직선거에관한사무처리예규집 1면 참조)이므로 개표관리 및 투표용지의 유·무효를 가리는 업무에 종사하는 각급 선거관리위원회 직원 등에 대한 업무처리지침 내지 사무처리준칙에 불과할 뿐 국민이나 법원을 구속하는 효력이 없는 행정규칙이라고 할 것이다(대법원 1996.7.12. 96우16, 공1996하, 2527).

(3) 選擧管理委員會規則의 效力

선거관리위원회의 규칙은 법규명령의 성격을 가진 것과 행정명령(행정규칙)의 성격을 가진 것으로 구분할 수 있는데, 전자는 국민은 물론 선거관리위원회뿐만 아니라 법원을 포함한 다른 국가기관을 구속하는 효력을 가지는 규범인데 비하여, 후자는 각급 선거관리위원회 직원 등에 대한 업무처리지침 내지 사무처리준칙으로 일반국민이나 법원 등 다른 국가기관을 구속하는 효력이 없다.

제 4 장 法　　院

제 4 장
法　院

헌법의 편제를 보면 제2장에 국회, 제3장에 정부, 제4장은 법원의 장(章)으로 하고 있다. 입법권은 국회에 속하고(제40조), 행정권은 대통령을 수반으로 하는 정부에 속하게 하면서(제66조 제4항), 사법권은 법관으로 구성된 법원에 귀속시키고 있어(제101조 제1항), 권력분립원리를 실현하고 있다.

제 1 절　司法의 개념과 특성

헌법은 "사법권은 법관으로 구성된 법원에 속한다."(제101조 제1항)고 하고 있는데, 입법권·행정권과 구별되는 사법권을 법원에 부여하고 있다.

Ⅰ. 司法의 개념

사법(司法)은 권리에 대한 다툼이 있거나 권리의 침해가 있는 경우 법원이 법적 절차에 따라 구체적 사건에 법률을 적용하여 분쟁을 해결하기 위해 구속력 있는 결정을 내리는 일련의 과정이다. 전통적으로 사법은 비정치적 권력이고 이를 담당하는 법원도 비정치적 헌법기관이다.

[사법의 본질] 사법의 본질은 법 또는 권리에 관한 다툼이 있거나 법이 침해된 경우에 독립적인 법원이 원칙적으로 직접 조사한 증거를 통한 객관적 사실인정을 바탕으로 법을 해석·적용하여 유권적인 판단을 내리는 작용이다(헌법재판소 1996.1.25. 95헌가5).

1. 非政治的 權力으로서의 司法

사법은 내용적으로는 재판권을 의미하는데, 이는 전제국가와 법치국가의 투쟁의 산물이다. 입법과 집행은 그 속성이 정치적 권력인데 비하여 사법은 입법・집행에 이은 '제3의 권력' 내지 '제3의 기본기능(dritte Grundfunktion)'[1)]으로서 비정치적 권력임을 특징으로 한다. 사법을 담당하는 법원은 정치적 부서인 국회나 정부와 기능적으로 분리된다. 사법이란 '어떤 의미의 無(en quelque façon nulle)', '전혀 보이지 않는' 권력으로서 '중립적 권력(neutrale Gewalt)'을 의미한다. 이는 사법이 '정치적 의미에서 무(無)'이고 '정치적으로 보이지 않는 권력'이며 그러한 의미에서 '정치적으로 중립적인 권력'이라는 의미로서 이는 입법이나 행정과 같은 정치기관(political branch)과의 차별성을 부각시키는 말이다.[2)]

2. 司法의 非政治性과 政治性

(1) 司法의 政治化와 그 限界

오늘날 사법의 비정치적 성격은 상당히 퇴색되고 있다. 민사재판과 형사재판은 아직 비정치적 영역으로 남아있으나, 행정재판과 선거재판・정당재판・헌법재판은 정치 영역에 대한 사법적 판단을 담당하고 있다. 사법이 본래 비정치적 권력이지만 불가피하게 정치영역에 대한 판단을 하지 않을 수 없게 됨으로써 어느 정도 정치적 색채를 띠지 않을 수 없게 되었다. 그러나 사법이 정치성을 띤다고 해도 그것은 어디까지나 다툼의 해결을 위해 사후적・소극적으로 정치영역에 개입하는 것으로 사전적・적극적인 정치행위를 하는 입법이나 행정과는 본질적으로 구별된다.

(2) 司法의 政治化의 原因

사법이 부분적・사후적・소극적이나마 정치적 색채를 띠게 된 원인은 다음과 같다. 그것은 첫째로, 오늘날에는 선거관련 사건, 정당관련 사건과 같은 정치관련사건이 증가하고 이러한 문제에 대한 사법적 해결도 법원

---

1) Hesse, *a.a.O.*, Rdnr. 547.

2) 입법부와 행정부에 대하여 미국연방대법원은 자주 "정치적 부서(political branches)"라 지칭한다(*Supreme Court from A to Z*, p. 298).

이 담당하지 않으면 안 되게 되었다. 둘째로, 소송분야의 세분화를 들 수 있다. 과거 대부분 민사관계로 처리할 수 있었던 사건이 오늘날에는 행정재판, 노동재판, 특허재판 등으로 세분되고 입법도 정치해졌을 뿐만 아니라 이들의 소송분야에 따라 정치적 색채도 다양하게 나타나고 있다는 점을 들 수 있다. 셋째로, 법원구성에 있어서 집행부와 입법부의 영향력행사에 따른 정치성 문제이다. 대법관과 대법원장의 임명에 있어서 국회와 대통령의 관여가 그것이다. 대법원장은 국회의 동의를 받아 대통령이 임명하고(제104조 제1항), 대법관은 대법원장의 제청으로 국회의 동의를 얻어 대통령이 임명하게 되어 있어 법원구성에 정치기관이 개입하고 있다(제104조 제2항).

Ⅱ. 司法의 機能과 特性

1. 사법의 기능

사법은 재판과정으로 재판은 헌법과 법률 그리고 법관의 양심에 따라 구속력 있는 결정을 내리는 과정이다. 법의 적용이라는 점에서 사법은 행정과 유사하다. 그러나 행정이 능동적·적극적·사전적인 법적용이라면, 사법은 구체적 사건을 전제로 한 소극적·사후적인 법적용을 의미한다. 특히 통치와 구별되는 것은, 통치는 정치적 이니셔티브를 쥐고 정치적 결정을 내리며 대외적 정책 전체를 책임지고 지도한다는 점에서 사법과 구분된다. 오늘날 사법은 법질서유지 기능의 차원을 넘어 새로운 법적 환경을 형성하고 나아가 절실한 시대적 요청을 반영하여 정책을 지원하는 기능까지도 담당하지 않으면 안된다. 이제 법관은 단순한 법기능공(legal technician)으로는 시대적 요청을 담당할 수 없게 되어 법학 이외에도 정치·경제·사회·문화 등 다양한 분야에 정통하여 시대적 요청을 간파할 능력까지도 갖추지 않으면 안되게 되었다.

(1) 法治國家秩序 維持機能

사법은 법치국가를 전제로 하여 법치국가질서를 유지하는 것을 임무로 한다. 그렇기 때문에 사법은 기존의 법질서를 유지하는 것(法의 維持, Wahrung des Rechts)을 그 임무로 한다. 법질서의 유지는 구체적 사건에 법을 적용하는 것(法의 具體化, Konkretisierung des Rechts)에 의하여 구현된다.

(2) 法的安定性 維持機能

사법은 재판이라는 과정을 통해 법질서를 유지하게 되는데, 재판은 헌법과 법률 그리고 법관의 양심에 따라 수행되기 때문에 재판은 헌법과 법률에 구속된다. 이러한 점에서 사법은 법치국가 질서의 하나의 구성요소이다. 사법은 '법률을 말하는(dire le loi)' 법원의 기능으로, '법률의 입(Mund des Gesetzes)'으로서 '법률의 노예(Sklaven des Gesetzes)'라고까지 말하기도 하는 것이다. 재판이 법률에 구속됨으로써 법질서의 持續性(Kontinuität)과 安定性(Stabilität)을 보장할 수 있게 된다. 이러한 점에서 사법은 원칙적으로 보수적일 수밖에 없다. 사법이 법규의 해석과 적용이라는 법형성과정을 통해 적극성을 보이기도 하지만, 사법의 적극성은 입법이나 행정 등 정치기관의 그것과는 비교가 되지 않는다. 결국 사법은 구체적 사건을 통하여 재판이라는 국가적 기능을 수행한다는 점에서 입법이나 집행 같은 다른 정치적 기관의 기능과 구별되는 것이다.

(3) 새로운 法的環境 形成機能

사법은 새로운 사건을 통해 발전적인 새로운 법해석 형성을 임무로 한다는 점에서 새로운 법적 환경의 형성(法의 계속적 형성)이 그 임무이기도 하다. 사법은 엄밀한 의미에서 입법과는 구별되지만, 현실적으로는 구체적 사건을 통해서 법의 의미를 형성하는 일종의 입법(a form of lawmaking)이라 할 것이다.[3] 이를 특히 法官法(Richterrecht)이라 한다. 법관법은 입법과 달리 정치적 의사형성과정이라는 정치적 요소가 결여되어 있고, 법형성이라 하더라도 사후적·소극적이라는 점에서 입법형성권과는 구별된다.

(4) 政策支援機能

현대의 사법은 단순히 과거의 분쟁에 대한 해결을 넘어 미래의 정책을

3) Mason, *op. cit.*, p. 81.

형성하는 기능을 담당한다.[4] 그런데 법의 유지와 법의 구체화 이상으로 법관에게 "시대의 절실한 요구(the felt necessities of the time)에 기초를 둔 재판"까지를 요구할 수 있는가가 문제이다. 법원도 국가기관으로서 시대에 따른 국가적 책무를 담당하여야 한다는 점, 법관이 단순히 법률의 입으로서 법률의 노예가 된다면 사법발전은 기대할 수 없다는 점, 판례의 변경이나 새로운 판례의 형성은 법관의 시대적 요구를 간파한 적극적인 태도에 의해서만 가능하다는 점을 생각할 때 적극적으로 보아야 할 것이다.

[시대의 절실한 요구에 기초를 둔 재판] 내가 지금 다수의견측에 하고 싶은 말은 홈즈(Holmes)재판관이 쓴 "판결의 참된 이유는 정책과 사회적 이익을 고려하는 데 있다. 쟁점의 해결이 단지 논리나 누구도 다투지 못할 법의 일반명제에 따라 결론이 나는 것으로 상상하는 것은 무익하다."라고 한 판결이유 중의 한 구절이다. 그는, 법률의 사회적 기능을 인정하는 법학, 사회적·경제적 변화에 따른 '시대의 절실한 요구'에 기초를 둔 재판이 되어야 한다고 항상 강조하였다(도시계획법 제21조에 대한 위헌소원, 헌법재판소 1998.12.24. 89헌마214, 90헌바16, 97헌바78(병합)에서 재판관 이영모의 반대의견 참조).

2. 司法의 特性

(1) 구체적 사건에 법의 적용

사법은 구체적 사건을 전제로 하여 그 사건에 법을 적용하여 판단하는 것이다. 그러나 사법을 법의 적용이라는 관점에서 본다면, 이는 행정과의 구별을 곤란하게 할 수도 있다. 행정 역시 법치행정을 전제로 한 하나의 법 적용과정이기 때문이다. 법의 적용이라는 점에서 행정과 사법은 유사하다. 그러나 행정 특히 통치와 구별되는 것은 그것이 정치적 이니셔티브를 발휘하고 정치적 결정을 내리며 대외적 정책 전체를 책임지고 지도한다는 점에서 법의 사후적 적용을 의미하는 사법과 근본적으로 구분된다.

---

4) 가령 담배소송을 통해 담배제조회사의 법적 책임을 인정하면 이것은 흡연자가 흡연으로 인한 손해를 배상받는 차원을 넘어 장차 담배산업의 방향을 결정하는 효과를 갖게 된다. 이러한 효과는 특히 환경관련 판결, 도시계획판결, 식품관련 판결, 경제정책관련 판결 등에서 예민하게 나타난다(현대형 소송의 정책형성기능에 관해서는 다나카 시게아키(박영식 역), 현대법이론, 동국대학교 출판부, 2007, 215-18면; 한상수, 법학의 기초, 인제대학교 출판부, 2008, 134-35면 참조)

[**재판**] 재판이라 함은 구체적 사건에 관하여 사실의 확정과 그에 대한 법률의 해석적용을 그 본질적인 내용으로 하는 일련의 과정이다(헌법재판소 1996.1.25. 95헌가5).

⑵ 紛爭解決

사법은 당사자간의 다툼이 있는 경우 법률을 적용하여 분쟁을 해결해 가는 과정이다. 그러나 모든 사건이 다툼을 전제로 하는 것도 아니고 따라서 반드시 분쟁이 수반되는 것도 아니다. 민사사건과 달리 형사재판은 법적 분쟁의 해결이 그 과제가 아니다. 형사재판은 분쟁해결보다는 국가적·사회적인 이익(보호법익)의 보호를 목적으로 한다.

⑶ 拘束力있는 決定

사법은 권리에 관한 다툼이 있거나 권리가 침해된 경우에 특별한 절차에 따라 유권적으로, 구속적이고 자주적인 결정을 내리는 것을 과제로 한다. 재판은 당사자간의 분쟁이나 권리침해가 있는 경우 당사자뿐만 아니라 법원을 포함한 국가기관도 구속하는 유권적 결정을 내리는 과정이다.

Ⅲ. 法院과 司法權

1. 裁判을 받을 權利와 司法權

헌법은 "모든 국민은 헌법과 법률이 정한 법관에 의하여 법률에 의한 재판을 받을 권리를 가진다."(제27조 제1항)고 하여 '헌법과 법률이 정한 법관에 의한 재판'을 받을 권리를 보장하고 있다. 이어서 "모든 국민은 신속한 재판을 받을 권리를 가진다. 형사피고인은 상당한 이유가 없는 한 지체 없이 공개재판을 받을 권리를 가진다."(제3항)고 정하고 있다. 따라서 자기의 권리 또는 이익이 부당하게 침해된 때에는 모든 국민에 대하여 법률이 정하는 권한을 가지는 독립된 법원에 의하여 공평·신속하고 공개심리를 받을 권리를 보장받고 있다. 즉 국민의 재판을 받을 권리는 사법권을 담당하는 법원의 재판을 통하여 구체화되는 것이다.

2. 司法과 法院의 中立性

법원은 사법을 담당하는 국가기관인데, 사법이 본래 정치적으로 투명하다 하더라도 이를 담당하는 법원이 법을 해석하고 적용하는데 있어서 정치적으로 중립적이지 않으면 법원은 물론 사법자체의 비정치성이 유지될 수 없게 된다. 즉, 법원이 사법기관으로서 중립적이려면 해석원리를 도출(derivation)하고, 확정(definition)하며, 적용(application)하는 전 사법과정에서 중립적이지 않으면 안된다.

[드워킨(Ronald Dworkin)과 법원의 중립] 법원이 법원리를 중립적으로 적용하는 것만으로는 적나라한 권력기관이라는 것을 벗어날 수 없고, 해석원리를 도출하고 확립하는 방법도 중립적일 때에만 법원은 정치적 기관이 아닌 사법기관이 될 수 있다(Ronald Dworkin, Bork's Jurisprudence (Book Review), 57 *U. Chi. Law Review*(1990), p. 672.).

제 2 절 法院의 憲法上의 地位

Ⅰ. 司法機關

司法의 본질은 법 또는 권리에 관한 다툼이 있거나 법이 침해된 경우에 독립적인 법원이 원칙적으로 직접 조사한 증거를 통한 객관적 사실인정을 바탕으로 법을 해석·적용하여 유권적인 판단을 내리는 작용이다. 헌법은 이러한 사법을 법원만이 담당하도록 하고 있다. 다만 우리 헌법은 사법을 이원화하여 법원과 더불어 헌법재판소를 설치하고 있다.

Ⅱ. 非政治機關

국회와 정부가 대표적인 정치기관임에 비해 법원은 비정치기관이다. 법원은 권리에 관한 다툼이 있을 때 당사자로부터 독립하여 제3자적 입장에서 판단한다. 사법권의 독립은 이들 정치기관으로부터의 독립, 특히 집행부로부터의 독립을 요구한다. 정치기관은 그 구성원리가 국민주권의 원리에 따라 국민의 선거에 의해 선출된 자로 구성되는 것이 원칙이지만, 법원은 선거에 의해 구성되는 것이 바람직하지 않다.[5] 정치기관의 구성·운영의 논리는 다수결원리가 지배하지만, 법원은 소수자의 보호와 법치주의의 실현에 그 목적이 있다. 다만 대법원의 구성에 있어 대법원장과 대법관의 임명에 대통령과 국회가 관여하고 예산편성과 의결을 타부(他府)에 의존하고, 비상계엄과 사면권, 정치문제 등의 논리로 사법권이 제한되기도 한다. 그러나 이러한 제한은 정치기관에 의한 사법의 간섭이라기보다는 헌법상 또는 학설상 허용된 제한 내지 비정치기관으로서 법원 스스로의 자제로 보아야 할 것이다.

Ⅲ. 基本權保護機關

법원은 기본권을 보호하고 관철하는 일차적인 국가기관이다. 모든 국가권력이 헌법의 구속을 받는 것처럼, 사법부도 헌법의 일부인 기본권의 구속을 받는다. 따라서 법원은 그의 재판작용에서 기본권을 존중하고 준수해야 한다. 법원이 기본권의 구속을 받기 때문에 행정청이나 하급심에 의해 기본권이 침해된 경우 법원은 이를 제거해야 하는 것은 당연한 것이다.

[기본권보호임무] 기본권의 보호는 제도적으로 독립된 헌법재판소만의 전유물이 아니라 모든 법원의 가장 중요한 과제이기도 하다(헌법재판소 1997. 12.24. 96헌마172, 173).

Ⅳ. 憲法保障機關

법원이 헌법보장기관이기는 하지만 헌법재판소를 설치하여 위헌법률심

5) 헌법재판소 1998.7.14. 98헌라2.

판, 탄핵심판, 정당해산심판, 권한쟁의심판, 헌법소원심판을 관장하게 하여 법원의 헌법보장기능은 상당히 제한된다. 그러나 모든 국가기관은 헌법을 수호할 의무가 있고, 법원은 여전히 헌법보장의 기능을 행하는 가장 중요한 기관의 하나이다. 법원은 행정재판을 통하여 집행권의 위법성·부당성을 견제하여 국민의 기본권을 보장한다. 법원은 또한 명령·규칙이나 처분에 대한 위헌·위법성을 심사하는 권한을 가지고, 위헌법률심판제청권과 선거소송심판권을 가진다.

[행정심판과 사법권] 우리 헌법이 국가권력의 남용을 방지하고 국민의 자유와 권리를 확보하기 위한 기본원리로서 채택한 3권분립주의의 구체적 표현으로서 일체의 법률적 쟁송을 심리 재판하는 작용인 사법작용은 헌법 그 자체에 의한 유보가 없는 한 오로지 대법원을 최고법원으로 하는(헌법 제101조 제2항) 법원만이 담당할 수 있고 또 행정심판은 어디까지나 법원에 의한 재판의 전심절차로서만 기능하여야 함을 의미한다(헌법재판소 1995.9.28. 92헌가11, 93헌가8·9·10).

제 3 절 司法權의 獨立

Ⅰ. 司法의 國家獨占과 司法權의 獨立

법치국가에서 사법은 국가가 독점한다. 사인 또는 집단에 의한 자의적 재판은 금지되고 이른바 사법의 국가적 독점(Monopol staatlicher Gerichte)에 의해 법치국가원리를 구현한다. 사법이 본래 정치적으로 무색투명한 것이고 그래야만 사법 본래의 기능인 공정한 재판이 보장될 수 있는 것이다. 공정한 재판을 위하여 사법권은 독립되어야 한다. 사법권의 독립은 입법권과 집행권으로부터 정치적 오염 내지 그 영향력을 배제할 수 있을 때에 비로소 확보될 수 있다. 또한 법관이 신분상의 불이익을 염려하지 않을 때에만 법률과 양심에 따른 판단을 할 수 있게 된다. 결국 기관으로서의 법원의 독립과 법관의 신분보장은 공정한 재판의 확보라는 사법권 독립의 궁극적 목적에 기여하게 되는 것이다. 이러한 의미에서 재판을 통한

정의구현의 전제가 되는 사법권의 독립이야말로 법치국가의 초석인 것이다.

> **[사법권의 독립과 법치국가]** 사법권의 독립 없이는 시민적 법치국가는 존재하지 않으며, 또한 법률에 의한 그 내용의 구속 없이는 사법권의 독립은 존재하지 않고, 법률과 재판의 실질적인 구별 없이는 법률에 의한 그 내용의 구속은 존재할 수 없다(Carl Schmitt).

Ⅱ. 司法權의 獨立의 意義

재판의 공정성을 확보하고 이를 통하여 재판에 대한 국민의 신뢰를 유지하기 위해서는 사법권이 독립되어야 한다. '司法權의 獨立'은 '법원의 독립'과 '법관의 독립'을 그 내용으로 한다. 먼저 '法院의 獨立'은 국회나 정부와 같은 정치권력으로부터의 독립을 의미한다. 이러한 사법권의 독립은 사법권을 담당하는 법원의 비정치성 · 정치적 중립성이 확립될 때에만 가능하게 된다. 또한 '法官의 獨立'이 보장되어야 하는데, 사법권은 이를 담당하는 법관이 신분상 위협을 받지 않아야 하고, 분쟁해결을 위한 법해석의 원리를 도출 · 적용함에 있어서 독립적 판단을 하도록 제도적으로 보장하지 않으면 안 된다. 법원의 독립은 법관의 독립, 특히 법관의 물적 독립을 확보하게 하여, 공정한 재판이라는 사법권 독립의 궁극적 목적을 달성하게 되는 것이다.

Ⅲ. 法院의 獨立

사법권의 독립은 먼저 법원의 독립, 곧 입법부나 집행부로부터 조직상의 독립이 전제되어야 한다. 이러한 사법의 組織上 獨立(organisatorische Unabhängigkeit)은 권력분립원칙에 따라 사법권을 담당하는 법원이 입법권이나 행정권을 담당하는 국가기관과 독립되어야 할 것을 요청하는 것이다. 우리 헌법이 입법권은 국회에 속하도록 하고(제40조), 행정권은 정부에 속하게 한 것(제66조 제4항)에 대하여 "사법권은 법관으로 구성된 법원에 속한다."(제101조 제1항)고 하여 권력분립원리와 법원의 조직상 독립을 보장하고 있다. 법원의 독립은 그 조직원리상 입법부로부터의 독립과 행정부로부터의 독립을 그 내용으로 한다. 그 가운데 법원의 독립의 핵심은 행정부로부터의 독립에 있다.

[법원의 조직상 독립과 국민주권원리] 사법부는 국민의 선거에 의하여 구성하기에 적절치 아니하므로 사법부의 최고기관인 대법원의 구성에 관하여 대법원장과 대법관 모두 국회의 동의를 얻어 대통령이 임명하도록(헌법 제104조 제1항) 하고 있다.…이와 같이 국회가 국민의 직접 선거로 선출되는 대통령을 제외한 다른 최고헌법기관의 임명과 구성에 직·간접으로 관여토록 하고 있는 것은, 국민의 대표기관인 국회의 관여를 통하여 민주적 정당성을 부여함과 동시에 대통령의 독선과 독주를 견제하여 권력의 균형을 꾀하고자 하는데 그 근본적 의의가 있다(헌법재판소 1998.7.14. 98헌라2).

1. 立法府로부터의 獨立

입법부와 사법부는 그 조직과 구성 및 기능이 상호 독립적이다. 국회의원과 법관은 겸할 수 없다. 사법부에 의한 입법이 허용되지 않는 것과 마찬가지로 입법부에 의한 재판이나 처분적 법률의 제정을 원칙적으로 허용하지 아니한다. 그런데 '법률에 의한 법원의 조직'이나 '법률에 의한 재판'이 사법의 입법에의 종속이 아닌가 하는 의문이 있을 수 있다. 그러나 이것은 입법에의 종속을 의미하는 것이 아니고, 법치국가적 요청이며 법원의 독립을 실질적으로 보장하기 위한 것이다. 왜냐하면 법원의 독립이 직접 위협을 받게 되는 것은 집행부로부터의 간섭에 있는데, 법원의 조직을 법률로 정하거나 법률에 의한 재판을 하게 하는 것은 집행부에 의한 법원조직이나 재판간섭을 배제하려는 것이고 결과적으로 법원의 독립을 입법부로부터 보장받으려는 것이라 할 수 있다. 다만 우리 헌법은 입법부와 사법부의 상호간의 관여를 허용하는 경우를 인정한다. 즉, 국회의 사법에 대한 관여를 허용한 예로는 대법원장과 대법관 임명에 대한 동의권(제104조 제2항), 법원 예산의 심의·확정권(제54조), 법관에 대한 탄핵소추권(제65조), 국정감사권·국정조사권(제61조) 등을 들 수 있다. 그리고 법원은 재판의 전제가 된 법률에 대한 위헌심판제청권(제107조 제1항)을 가짐으로써 입법권을 견제할 수 있다. 또한 법원은 법률에 저촉되지 않는 범위 안에서 소송에 관한 절차, 법원의 내부규율 및 사무처리에 관한 규칙을 제정할 수 있도록 하여(제108조) 법원에 자율적인 규칙제정권을 부여하고 있다.

2. 行政府로부터의 獨立

법원의 독립은 그 핵심이 행정부로부터의 독립에 있다. 헌법은 "법원은 최고법원인 대법원과 각급 법원으로 조직된다."(제101조 제2항)고 하는 한편, 대법원과 각급 법원의 조직과 법관의 자격을 법률로 정하도록 하여(제102조 제3항, 제101조 제3항) 사법부의 구성과 법관의 자격에 대한 법률주의를 채택하고 있다. 이것은 행정부의 사법부에 대한 간섭을 배제하는 "법적 방패"를 의미한다. 그러나 우리 헌법은 일정한 경우, 행정부와 사법부 상호간의 관여를 허용하는 경우를 인정한다. 즉 대통령의 대법원장과 대법관 임명권(제104조), 대통령의 사면권(제79조), 정부의 법원예산편성권(제54조) 등을 허용하고 있다. 또한 재판의 전심절차로서 행정심판제도를 두고 있다. 법원은 이에 대응하여 명령·규칙·처분이 재판의 전제가 된 경우 위헌심사권(제107조 제2항)을 가진다.

3. 法院의 獨立의 限界

법원의 조직은 국회가 제정한 법률에 의거하여 조직되고 법관의 재판도 국회가 제정한 법률에 구속되기 때문에, 사법부의 입법부로부터의 독립은 법치국가적 요청에서 오는 일정한 한계가 있다. 또한 대법원장과 대법관을 대통령이 임명하도록 하고 있다든가, 법원의 예산안을 정부가 편성하고 국회가 심의·확정하게 하고 있는 것은, 법원의 조직상 독립에도 일정한 한계가 있음을 말해주는 것이다.[6]

Ⅳ. 法官의 獨立

법관의 독립은 법관이 재판을 수행함에 있어서 공정성을 보장하기 위한 원리인데, 법관의 지위의 보장과 재판의 자유보장을 통해 달성된다. 법관의

6) 권영성(1055) 참조.

독립은 신분의 보장을 의미하는 인적 독립과 재판상의 독립을 의미하는 물적 독립으로 구성된다.

1. 法官의 人的 獨立

'법관의 인적 독립(persönliche Unabhängigkeit)'이라 함은 법관의 지위를 보장하는 것, 즉 법관이 그의 개인적인 지위에 가해지는 불이익을 두려워하여 판결에 영향을 미치는 것을 막을 수 있도록 그의 신분을 두텁게 보장하는 것이다. 법관의 인적 독립은 법원의 조직상의 독립과 함께 공정한 재판, 곧 재판의 물적 독립을 담보하기 위한 수단이 된다. 헌법은 법관자격의 법정(제101조 제3항), 법관인사의 헌법적 보장(제104조), 법관의 임기제・연임제와 정년제(제105조), 법관에 대한 파면 기타 불이익한 처분의 제한(제106조) 등의 규정을 두어 이를 보장하고 있다. 또한 법관의 인적독립을 위해 법관에게 일정한 행위를 제한할 필요가 있는데, 법원조직법(法院組織法)은 법관에게 일정한 행위를 금지하여(법 제49조) 이를 뒷받침하고 있다.

[법관의 신분상 독립] 법관은 국가의 통치권인 입법・행정・사법의 주요 3권 중 사법권을 담당하고 그 권한을 행사하는 국가기관이고, 다른 국가기관이나 그 종사자와는 달리 헌법과 법률에 의하여 그 양심에 따라 독립하여 심판하는 기관으로서, 법관 하나하나가 법을 선언・판단하는 독립된 기관이며, 그에 따라 사법권의 독립을 위하여 헌법에 의하여 그 신분을 고도로 보장받고 있다(헌법재판소 2002.10.31. 2001헌마557).

(1) 法官人事의 獨立

법관의 인적 독립을 위하여 먼저 요구되는 것이 법관인사의 독립이다. 일반법관은 대법관회의의 동의를 얻어 대법원장이 임명하도록 하는(제104조 제3항) 자율임명제(自律任命制)를 채택하여 법관인사의 독립을 보장하고 있다. 이에 따라 법원조직법도 법관에 대한 보직권을 대법원장이 행하도록 하여(법 제44조) 인사의 자율성을 보장한다. 다만 대법원장의 경우에는 국회의 동의를 얻어 대통령이 임명하고(제104조 제1항), 대법관은 대법원장의 제청으로 국회의 동의를 얻어 대통령이 임명하도록 하여 정부임명제(政府任命制)를 채택하고 있다.

일반법관의 임명과 보직관리에 있어서는 대법원에 인사의 자율권을 부여하고 있다. 그러나 대법관과 대법원장의 임명에 국회와 대통령이 관여하고 있기 때문에 일반법관의 임명과 보직관리에 다른 국가기관의 영향을 전혀 부인하기는 어려울 것이다. 대법원장은 임기제로 되어 어느 정도 그 독립성을 기대할 수 있지만 대법관은 연임이 가능하기 때문에 독립성을 해칠 우려가 있다. 그러나 비정치기관인 법원의 구성원인 법관의 선거제는 바람직하지 않아 부득이 정부임명제를 택하게 되는데, 정부임명제에 있어 정부독주의 폐해를 완화하기 위하여 국민의 대표기관인 국회의 동의를 받도록 한 것이다.

[법관임명방법] Loewenstein은 법관임명방법으로 선거제, 정부에 의한 임명제, 자율적 임명제를 열거하면서, 선거제는 사법권의 독립에 가장 바람직하지 못하다고 한다. 그는 법관임명방법의 실제적 경험에 비추어 볼 때, 의회의 관여 여부에 관계없이 정부임명제가 가장 나은 방법이라고 주장한다(Loewenstein, *Political Power and Governmental Power*, 2nd ed., Univ. of Chicago Press, 1965, p. 235).

(2) 法官資格法律主義

헌법은 법관의 자격을 법률로 정하도록 하고 있는데(제101조 제3항), 이에 따라 법원조직법은 법관의 임용자격과 결격사유를 상세히 규정하고 있다(법 제42조, 제43조). 법원조직법에 의하면 판사는 사법시험에 합격하여 사법연수원의 소정 과정을 마친 자나 변호사의 자격이 있는 자 중에서 임용하여야 한다(법 제42조 제2항). 그리고 다른 법령에 의하여 공무원으로 임용하지 못하는 자, 금고 이상의 형을 선고받은 자, 탄핵에 의하여 파면된 후 5년이 경과되지 아니한 자는 법관으로 임용할 수 없도록 하여 그 결격사유도 법에 명시하고 있다(법 제43조). 이것은 법관자격을 엄격하게 법제화함으로서 자의적인 법관임용을 배제하는 한편 임명권자의 법관에 대한 영향력을 차단하려는 것이다.

(3) 法官의 任期制・連任制・停年制

헌법은 법관의 임기와 연임여부를 직접 규정함으로서 입법부도 행정부도 법관의 신분보장을 훼손할 수 없게 하였다. 대법원장과 대법관의 임기는 6년으로 하고 일반법관의 임기는 10년으로 정하고 있다. 다만 대법원장은 중임할 수 없도록 하고 대법관과 일반법관은 법률이 정하는 바에 따라 연임할 수 있게 하였다(제105조 제1항, 제2항, 제3항).

법관의 임기제를 채택하면서 그 기간은 비교적 장기로 하고 있는데 임기제로 한 것은 사법의 보수화를 방지하려는 데 있고, 임기를 비교적 장기로 정한 것은 법관의 신분을 안정시키려고 하는 것이다. 즉 종신제의 단점은 보완하면서 실질적으로는 그 장점을 취하고 있는 것이다. 그러나 영미법계에서처럼 성실하게 직무를 수행하는 한(during good behavior) 해임당하지 아니하는 종신제에 비하여는 법관의 신분보장이 약하여 사법권의 독립이 그만큼 약화될 수 있다. 대법원장과 대법관의 임명권을 대통령이 가지고, 이들이 일반법관의 인사권을 가지는 점을 생각할 때 법관연임제의 운용여하에 따라 사법권의 독립에 영향을 줄 수 있다. 법관의 신분보장은 사법권의 독립과 사법권의 독립이 추구하는 공정한 재판과 직결되어 있는 만큼, 연임여부의 결정이 법관 본인의 일신전속적인 결격사유가 없는 한 연임을 원칙으로 하여 종신제의 장점을 살릴 수 있도록 운용되어야 한다. 따라서 법원조직법이 정하는 결격사유가 없는 한 자동 연임되도록 하고, 특히 판결 등에 따른 정치적 외풍에 의해 연임여부가 영향을 받아서는 안 된다.

법관의 정년제는 종신제의 단점을 극복하기 위한 것이다.[7] 정년은 법률에 위임하고 있는데, 법원조직법에 따르면 대법원장은 70세, 대법관은 65세, 고등법원장 및 사법연수원장은 63세, 일반법관은 60세를 정년으로 하고 있다(법 제45조 제4항).

[영국의 법관독립의 역사] 영국에서는 17세기에 이르러 군주와 법관이 대립하였고, 법관의 파면(이를테면 1616년의 Coke재판관의 파면) 등이 계속되었다. 오랫동안 영국의 법관은 국왕의 "마음에 드는 동안(during the King's pleasure)"에 한하여 재임토록 하였다. 그런데 1701년 왕위계승법은 법관이 "선량하게 직무를 수행하는 동안(during good behaviour)" 재임한다고 하여 신분보장을 명문화함으로써 법관의 독립의 기틀을 마련하였다. 그 후 1760년의 法官任期法(The Tenure of Judge Act)을 제정하여 법관의

7) 종신제의 단점으로는 사법의 보수화, 사법의 노쇠화, 법관의 직무성실성 저하 등을 들 수 있다(김철수 1575).

신분보장을 법적으로 완전히 확립하였으며, 그러한 신분보장은 1981년의 最高裁判所法(The Supreme Court Act)에서도 계승되고 있다(서주실, "司法權의 獨立(Ⅰ)", 考試界 93/9, 17면).

[법관의 정년] 법관의 정년을 설정함에 있어서, 입법자는 위와 같은 헌법상 설정된 법관의 성격과 그 업무의 특수성에 합치되어야 하고, 관료제도를 근간으로 하는 계층구조적인 일반 행정공무원과 달리 보아야 함은 당연하므로, 고위법관과 일반법관을 차등하여 정년을 설정함은 일응 문제가 있어 보이나, 사법도 심급제도를 염두에 두고 있다는 점과 위에서 살펴본 몇 가지 이유를 감안하여 볼 때, 일반법관의 정년을 대법원장이나 대법관보다 낮은 63세로, 대법관의 정년을 대법원장보다 낮은 65세로 설정한 것이 위헌이라고 단정할 만큼 불합리하다고 보기는 어렵다고 할 것이다(헌법재판소 2002.10.31. 2001헌마557).

(4) 法官의 身分保障

헌법은 "법관은 탄핵 또는 금고이상의 형의 선고에 의하지 아니하고는 파면되지 아니하며, 징계처분에 의하지 아니하고는 정직·감봉 기타 불리한 처분을 받지 아니한다."(제106조)고 하여 법관의 신분을 두텁게 보장하고 있다. 이처럼 신분보장을 강하게 보장하는 이유는 법관이 다른 국가기관이나 그 종사자와는 달리 헌법과 법률에 의하여 그 양심에 따라 독립하여 심판하는 기관으로서, 법관 하나하나가 법을 선언·판단하는 독립된 기관이기 때문이다.

법관의 신분보장을 위하여 탄핵 또는 형벌에 의하지 아니하고는 해임되지 않는다는 원칙을 '법관의 不解任性原則(Unabsetzbarkeit)'이라 한다. 또한 법관은 징계처분과 같은 법적 절차에 의하지 아니하고는 그 의사에 반하여 정직·감봉 기타 불이익한 처분을 받지 아니한다는 원칙을 '법관의 不可侵性原則(Unversetzbarkeit)'이라 한다. 다만, 법관이 중대한 심신상의 장해로 직무를 수행할 수 없을 때에는 법률이 정하는 바에 의하여 퇴직하게 할 수 있다(제106조 제2항).

[법관의 신분보장의 규정의 취지] 1980년해직공무원의보상등에관한특별조치법 제2조 제2항 제1호의 "차관급 상당 이상의 보수를 받은 자"에 법관을 포함시키는 것은, 법관의 신분을 직접 가중적으로 보장하고 있는 헌법 제106조 제1항의 법관의 신분보장규정(身分保障規定)에 위반되고, 직업공무

원으로서 그 신분이 보장되고 있는 일반직공무원과 비교하더라도 그 처우가 차별되고 있는 것이어서 헌법 제11조의 평등권의 보장규정에 위반된다(헌법재판소 1992.11.12. 91헌가2).

(5) 法官의 政治的 中立性

우리나라에서는 공무원의 정치적 중립성 보장의 일환으로서 법관의 정치운동을 제한하고 있다. 법원조직법은 '법관은 임기 중 1) 국회 또는 지방의회의 의원이 되는 일, 2) 행정부서의 공무원이 되는 일, 3) 정치운동에 관여하는 일'을 할 수 없도록 하여(법 제49조) 정치와 관련된 행위를 제한하고 있다.

헌법은 '공무원인 노동자는 법률이 정하는 자에 한하여 단결권, 단체교섭권, 단체행동권을 가진다.'(제33조)라고 규정하고 있으므로 법관의 단결권, 단체교섭권, 단체행동권은 법률로 정해질 부분이지만, 현행법상 이를 인정하는 규정은 없다.[8]

2. 法官의 物的 獨立

(1) 法官의 物的 獨立의 의의

1) 法官의 決心의 自由

'法官의 物的 獨立(sachliche Unabhängigkeit)'이란 법관이 재판에 있어서 어떠한 국가권력이나 사회세력으로부터도 영향을 받지 아니하고 오로지 헌법과 법률 그리고 양심에 따라 재판한다는 원칙이다. 헌법은 "법관은 헌법과 법률에 의하여 그 양심에 따라 독립하여 심판한다."(제103조)고 하여 이를 보장하고 있다. 이에 따라 법관은 어떠한 국가기관이나 사회세력·여론의 영향, 사법부의 내부적 압력으로부터 초연하여 헌법과 법률 그리고 양심에 따라 결심하는 재판의 자유를 가지게 된다. 법관의 물적 독립은 '지시로부터의 자유', '지시로부터의 독립'을 말하는데, 결국 이것은 법관의 '결심의 자유', '재판의 자유', '결단의 자유(Entscheidungsfreiheit)'를 의미한다.

---

8) 김철수(1576) 참조.

2) 법관의 물적 독립의 기능

법관의 물적 독립은 i) 공정한 재판을 통하여 사법적 정의를 구현하는 데 궁극적으로는 국민의 자유·권리·재산을 보호하게 된다는 점에서 법관의 독립은 제도보장기능으로서의 의미도 가지고(制度保障機能), ii) 법관의 입장에서는 윤리적 차원을 넘어 하나의 의무규정이라고도 할 수 있으며(倫理的 義務機能), iii) 일반국민의 입장에서는 국민의 재판을 받을 권리를 실효화하는 수단적 의미도 가진다(裁判을 받을 權利의 實效化 機能).

[법관의 재판상 독립] 법관이 그 직무를 수행함에 있어서 본질적인 것은, 물적·인적으로 독립되어 비편파적인 제3자(einem nichtbeteiligten Dritten)로서 재판하여야 한다는 것이다(BVerfGE 3, 377, 381; 4, 331, 346; 14, 56, 69; 18, 241, 255; 27, 312, 322).

(2) 대외적 간섭으로부터의 독립

법관은 또한 소송당사자로부터 독립하여 심판하여야 한다. 법관이 소송당사자로부터 독립된 비편파적인 제3자이어야만 공정한 재판이 가능하기 때문이다. 그러기 위하여 법관은 재판함에 있어서 대외적 기관이나 세력 기타 여론의 압력·영향·간섭·지시 등을 받지 않고 독립하여 심판하여야 한다. 여기서 '대외적 기관'이란, 법원의 조직상의 독립의 대상인 국회와 정부는 물론 감사원·중앙선거관리위원회나 헌법재판소 등의 헌법기관도 포함한다. 법관에 영향을 미칠 수 있는 사회세력으로는 정당·노동조합 등 각종 사회단체와 매스컴 등을 들 수 있다. 이들 사회세력에 의한 시위·여론조성 기타 언론매체를 통한 압력이나 재판간섭 등을 하여서는 안 된다.

1) 재판에 간섭하거나 영향을 미치는 국정조사·청원·집회 등의 금지

國政調査및監査에관한法律은 계속중(係屬中)인 재판 또는 수사중인 사건의 소추에 관여할 목적으로 이를 행사할 수 없도록 하여(법 제8조) 국회나 정당에 의한 재판간섭을 차단하고 있다. 또한 우리 請願法은 재판에 간섭하는 내용의 청원을 금하고 있고(법 제5조), 集會및示威에관한法律은 각급 법원 소재지에서 일정한 거리 안에서의 집회 및 시위를 금한다(법 제11조).

2) 行政訴訟審判

행정소송의 경우에도 소송당사자의 일방이 국가기관일 뿐 일반 민사소송과 소송구조상의 차이는 없다. 따라서 행정소송의 경우에도 법관은 당사자로부터 독립되어 심판한다. 이러한 원리는 형사소송의 경우에도 법관은 소송당사자인 원고(검사)로부터 부당한 간섭을 받지 않고 독립하여 심판하는 것과 마찬가지이다.

3) 除斥 · 忌避 · 回避

소송당사자로부터의 독립된 비편파적인 제3자로서의 공정한 재판을 기하기 위하여 민사소송법과 형사소송법에서는 제척 · 기피 · 회피 등의 제도를 규정하고 있다(민사소송법 제41조~제49조, 형사소송법 제17조~제24조). 제척(除斥)이란 법관이 사건의 당사자가 되거나 당사자와 일정한 관계에 있거나 불복사건의 이전심급의 재판에 관여하였을 때에 그 사건의 직무집행에서 배제되는 것을 말하고(민사소송법 제41조), 기피(忌避)란 소송당사자가 담당법관에게 공정한 재판을 기대하기 어려운 사정이 있는 때에는 당해 법관을 재판에서 배제해줄 것을 신청하는 것을 말한다(법 제43조). 또한 법관은 제척사유나 기피사유가 있는 경우 감독권이 있는 법원의 허가를 받아 회피(回避)할 수 있다(법 제49조). 이러한 제척 · 기피 · 회피제도는 재판의 물적 독립을 위한 소송법상의 제도이다.

[법관의 기피신청의 요건] 민사소송법 제39조 제1항 소정의 "재판의 공정을 기대하기 어려운 사정이 있는 때"라 함은 당사자가 불공정한 재판이 될지도 모른다고 추측할 만한 주관적인 사정이 있는 때를 말하는 것이 아니고, 통상인의 판단으로서 법관과 사건과의 관계로 보아 불공정한 재판을 할 것이라는 의혹을 갖는 것이 합리적이라고 인정될 만한 객관적인 사정이 있는 때를 말하는 것이므로....(대법원 1992.12.30. 92마783).

[소송계속 중의 소송기록의 송부] 형사재판에 있어서 사법권독립은 심판기관인 법원과 소추기관인 검찰청의 분리를 요구함과 동시에 법관이 실제 재판에 있어서 소송당사자인 검사와 피고인으로부터 부당한 간섭을 받지 않은 채 독립하여야 할 것을 요구한다. 소송기록송부는 항소심재판을 위한 준비단계이어서 항소심재판과 밀접한 관계가 있는 것임에도 소송계속 도중에 법원의 재판기록을 소추기관인 검사에게 송부한다는 것은 아무래도 사법권독립에서 파생되는 법원과 검찰청 분리의 원칙에는 맞지 않으며, 또한

검사가 기록을 오랫동안 보관하는 경우에는 구속 피고인의 경우 구속기간 제한으로 말미암아 사실상 심리기간이 단축됨으로써 항소법원의 심리에 지장을 주어 법관의 재판상의 독립에도 영향을 미친다(헌법재판소 1995.11.30. 92헌마44).

4) 裁判의 批判

언론이 형사피의자의 피의사실과 인적사항을 보도하는 것이 사실보도차원을 넘어서 검사의 기소여부나 법관의 유·무죄 판단 또는 형량에 심리적 영향을 미치도록 하여서는 안 된다. 이러한 보도는 보도의 자유라든가 국민의 알 권리와 관련하여 문제가 없는 것은 아니지만 그러한 보도는 형사피고인의 무죄추정권을 침해하고 법관의 독립에 영향을 미칠 수 있기 때문이다. 그러나 재판에 관한 비판이더라도 확정판결 이후에 재판에 영향을 미치지 아니하는 범위 안에서 사실인정이나 법의 해석 및 법률의 적용 등에 관하여 학문적 비판을 하거나 소송절차나 법정의 규율 등 사법민주화를 위한 비판을 하는 것은 법관의 독립을 침해하지 않는다.

5) 憲法裁判所의 違憲決定의 羈束力

법관은 헌법재판소의 위헌결정에 기속되어야 하는데 이것이 법관의 물적 독립과 충돌하지 않는가 하는 의문이 있을 수 있다. 그러나 위헌결정의 기속력은 각급 법원과 국가기관 및 지방자치단체에 미치므로(憲法裁判所法 제47조 제1항), 이것은 헌법재판의 효력의 결과로서 법관이 헌법과 법률에 따르는 것이지 재판에의 간섭으로 볼 일은 아니다.

(3) 법관의 대내적 간섭으로부터의 독립

공정한 재판을 위하여 법관은 대외적인 영향력을 배제하여야 할 뿐 아니라 법원내부적인 지시·간섭 기타 영향력을 배제하고 독립하여 재판할 수 있어야 한다. 법관은 재판에 있어서 상급법원이나 대법원장 또는 각급 법원장의 지휘·감독을 받지 않고 독립하여 심판한다. 법관의 판단의 독립과 관련하여 검토하여야 할 사항으로 파기환송사건에 있어서 상급심의 판단의 기속력, 합의제재판에 있어서 합의평결의 효력, 대법원장 및 각급 법원장의 사법행정사무에 관한 지휘·감독권 등이 있다.

1) 破棄還送事件에서의 上級審의 判斷

법원은 최고법원인 대법원과 각급법원으로 조직된다(제101조 제2항)고 하여 심급제(審級制)를 두고 있는데, "상급법원의 재판에 있어서 판단은 당해 사건에 관하여 하급심을 기속한다."(法院組織法 제8조)고 한 규정이 문제이다. 심급제의 채택에 따라 상급심의 판단이 하급심을 기속한다는 것은 상급심의 판단이 언제나 하급심을 기속하는 것은 아니고 '당해 사건'이라는 특정 사건에 대해서만 상급심의 판단이 그 사건을 다룬 하급심을 기속한다는 의미이다. 즉 상급심법원의 법적 판단이 파기환송사건(破棄還送事件)에 한해서 하급심법원을 기속하는 것이다. 이것은 심급제와 심급별 상소를 인정한 당연한 결과이다. 상급법원의 판단이 파기환송사건에서 하급심을 기속하는 것은 심급제와 상소제도의 당연한 귀결로서 법원 내부적으로 법관의 독립을 침해하는 것이 아니다. 따라서 상급심의 판례라 하더라도 유사사건에서는 하급심을 구속하지는 아니한다. 상급심의 판단은 당해 사건이 아닌 한 하급심을 구속하지 아니하므로 법관의 심판의 독립은 침해되는 것이 아니다.

[심급제도] 심급제도는 사법에 의한 권리보호에 관하여 한정된 법발견·자원의 합리적인 분배의 문제인 동시에 재판의 적정과 신속이라는 서로 상반되는 두 가지의 요청을 어떻게 조화시키느냐의 문제로 돌아가므로 기본적으로 입법자의 형성의 자유에 속하는 사항이다. 그리고 상고허용 여부의 객관적 기준은 상고제도를 어떠한 목적으로 운용할 것인가에 따라 달라지게 된다. 상고제도의 목적을 법질서의 통일과 법발전 또는 법창조에 관한 공익의 추구에 둘 것인지, 아니면 구체적 사건의 적정한 판단에 의한 당사자의 권리구제에 둘 것인지, 아니면 양자를 다 같이 고려할 것인지는 역시 입법자의 형성의 자유에 속하는 사항이고, 그 중 어느 하나를 더 우위에 두었다 하여 헌법에 위반되는 것은 아니다(헌법재판소 1995.1.20. 90헌바1).

[선례구속성의 원리] 선례구속성의 원리(doctrine of stare decisis)가 지배하여 온 영미법계 국가에서는 판례법이 법의 근간을 이루고 있는 반면, 대륙법계 국가에서는 상급법원의 판례가 하급법원을 구속한다는 원칙은 인정되지 않으며 법관은 헌법과 법률에만 구속된다고 하기 때문에 판례는 사실상의 구속력밖에 없고 따라서 판례의 법원성은 부정되는 것이 보통이다. 우리나라에 있어서도 다른 대륙법계국가와 사정은 비슷하다. 법원조직법 제8조는 "상급법원의 재판에 있어서의 판단은 당해사건에 관하여 하급심을

기속한다."고 규정하지만 이는 심급제도의 합리적 유지를 위하여 당해사건에 한하여 구속력을 인정한 것이고 그 후의 동종의 사건에 대한 선례로서의 구속력에 관한 것은 아니다(헌법재판소 2002.6.27. 2002헌마18).

2) 合議制裁判의 경우

합의제재판(合議制裁判)의 경우도 주심판사든 배석판사든 법관은 재판장이나 다른 법관의 사실인정과 법적 판단에 전혀 구속되지 아니하고 독립하여 심판한다. 다만, 합의제재판의 성격상 합의평결(合議評決)이 이루어지면 그 결과에 따라야 한다(법원조직법 제65조 및 제66조). 이것은 합의제라는 재판절차에 따르는 것이지, 결코 합의제재판에 참여한 법관의 판단의 독립성을 침해하는 것은 아니다.

3) 大法院長 및 各級法院長의 司法行政事務에 관한 指揮·監督權

헌법은 "대법원은 법률에 저촉되지 아니하는 범위 안에서 소송에 관한 절차, 법원의 내부규율과 사무처리에 관한 규칙을 제정할 수 있다."(제108조)고 하여 대법원에 內部規則制定權을 인정하고 있고, 이에 따라 대법원은 大法院規則을 제정하고 있다. 또한 法院組織法은 대법원장과 각급법원장에게 사법행정사무에 관하여 관계공무원을 지휘·감독하도록 하고 있는데(법 제9조 제1항 및 제26조 제3항, 제29조 제3항, 제31조 제3항), 대법원장을 비롯한 각급법원장의 사법행정사무에 대한 지휘·감독권이 법관의 판단의 독립성을 침해할 우려는 없는가가 문제될 수 있다. 그러나 대법원장 등의 지휘·감독권은 어디까지나 사법행정사무에 관한 것이지 재판에 대한 지시·감독은 아니다. 법관은 재판에 있어서는 대법원장이나 각급법원장의 지시·감독을 받지 않고 독립하여 심판한다. 다만 대법원장이나 각급법원장의 사법행정상의 지시·감독은 사실상 법관을 구속하게 되고 재판에 영향을 미칠 수 있다는 것을 부인할 수 없다. 대법원장이 법관의 승진·전보·보직·상벌 및 연임여부 등 평소의 판결경향 등을 고려하여 결정한다면 간접적으로 법관의 재판의 독립성이 침해될 수 있다. 이렇게 된다면 대법원장 등은 사법행정권을 빌미로 재판의 독립성을 침해할 수 있게 된다. 따라서 사법행정상의 지휘·감독은 사법행정 그 자체에 국한되어야 하고 직접이든 간접이든 법관의 독립을 침해하지 않도록 신중하게 합리적으로 행사되어야 한다.

(4) 憲法·法律 및 良心에의 拘束

헌법은 "법관은 헌법과 법률에 의하여 그 양심에 따라 심판한다."(제103조)고 하여 법관의 재판상의 독립을 보장하고 있다. 이것은 공정한 재판을 도출하기 위한 것으로 법원의 조직상의 독립과 법관의 인적 독립의 궁극적인 목적이기도 하다. 즉, 사법권의 독립은 결국 법원내외의 어떠한 영향력도 배제하고 법관이 스스로 헌법과 법률 그리고 양심에 따라 독립하여 재판할 수 있을 때 이루어 질 수 있는 것이다. 공정한 재판의 객관적인 준거로서 헌법과 법률을, 그 주관적인 준거로서 법관의 양심을 들고 있다.

1) 憲法과 法律에 의한 拘束

법관은 공정한 재판을 위하여 대내외적인 어떠한 압력·지시·간섭 등의 영향력도 배제하고 오로지 판단의 근거로서 헌법과 법률 그리고 양심에 따라 심판한다. 재판에 있어 헌법과 법률에 구속된다는 것은 사법의 본질이 법의 적용이라는 점에서 당연하지만 법치주의의 사법적 구현을 의미하기도 한다. 여기서 '헌법'은 성문의 헌법인 '대한민국헌법' 뿐만 아니라 헌법상 명문 규정들에 대한 종합적 검토 및 구체적인 논증 등을 통하여 도출될 수 있는 헌법원칙(憲法原則)도 포함한다.[9] '법률'은 형식적 의미의 법률뿐만이 아니고 대통령령, 부령, 대법원규칙, 조례 기타 적법하게 존재하는 일체의 법규를 의미한다. 특히 관습법과 조리(條理)라고 하는 불문법까지도 포함하는 광의의 개념이다.

2) 良心에의 拘束

헌법은 "법관은 헌법과 법률에 의하여 그 양심에 따라 심판한다."(제103조)고 하여 공정한 재판의 최후의 준거로서 주관적인 법관의 양심에 의할 것을 요구하고 있다. 법관이 '양심에 따라' 재판한다고 하는 것은 '법관이 유형무형의 외부의 압력 내지 유혹에 굴하지 않고 자기 내심의 양식과 도덕관에 좇아' 재판한다는 의미이다.[10] 양심이 의미하는 바가 무엇인가에 관하여는 주관적 양심설과 객관적 양심설의 견해가 있다. '주관적 양심(主

---

9) 헌법재판소 2003.12.18 2002헌마593.
10) 日本 最高裁 昭和 23.11.17.

觀的 良心)'이란 법관의 인간으로서의 주관적인 양심 즉 헌법 제19조의 양심의 자유의 내용이 되는 양심을 말하고, '객관적 양심(客觀的 良心)'이란 법관개인의 주관적·인간적 양심이 아니라, 객관적인 양심, 즉 법관으로서 직무수행상 요구되는 직업적·객관적·법조적 양심(법적 확신)을 말한다. 여기서 말하는 양심(良心)이라는 것은 법관의 개인으로서의 주관적인 가치관이나 인생관·세계관, 즉 법관 개인의 주관적 양심을 가리키는 것이 아니고 법관으로서의 양심, 법관의 직업윤리를 뜻하는 객관적 양심을 말한다. 그런데 법관이 직무수행에 있어서 법조적 양심에 따른다고 할 때, 개인의 주관적인 양심과 충돌하는 경우가 있을 수 있다. 이러한 경우 법관은 개인으로서의 사상·정치적 신념·인생관 등의 주관적 양심에 따를 것이 아니라, 공정성과 합리성이 요구되는 법관으로서의 양심에 따르지 않으면 안 된다. 법관이 객관적 양심에 따라 재판함으로써 재판의 공정성과 객관성이 보장될 수 있는 것이다. 결국 법관이 헌법과 법률에 의하여 그 양심에 따라 재판한다는 것은 객관적인 재판의 준거로서 헌법과 법률에 따라, 그리고 주관적 준거로서 법조인으로서의 직업적 양심에 따라 심판한다는 것을 의미한다.

3) 法官의 量刑決定權

우리는 형사법상 상대적 법정형주의(相對的 法定刑主義) 원칙을 채택하여 원칙적으로 법관에게 범죄의 정상에 따라 형벌의 종류와 형량을 선택할 수 있게 하고 형의 선고에 있어서도 일정한 재량을 허용하고 있다. 이는 법관에게 양형결정권을 부여함으로써 선고형의 합리성을 높이고 사법권의 독립을 보장하게 하려는 것이다. 그러나 그동안 양형의 편차가 크고 투명성이 적어 국민의 신뢰를 얻지 못하였기 때문에 대법원 양형위원회에서 양형기준을 설정하도록 하게 하였다. 양형기준은 법적 구속력을 갖지 아니하고, 법관으로 하여금 형의 종류를 선택하고 형량을 정함에 있어서 참고하도록 하며, 법원이 양형기준에서 정한 범위를 벗어난 판결을 하는 때에는 판결서에 양형이유를 기재하도록 하고, 약식절차 또는 즉결심판에 의하여 심판하는 경우에는 기재하지 아니하기로 하였다(법원조직법 제81조의7).

[법관의 양형결정권의 의의] 우리 형사법상의 법정형은 형법 제93조의 여적죄와 같은 예외적인 경우를 제외하고는 원칙적으로 법관에게 그 범죄

의 정상에 따라 그 형벌의 종류와 형량을 선택할 수 있게 하고 있을 뿐 아니라 법률상 과할 수 있는 일정한 상하한의 재량의 폭을 넓게 둠으로써 법관에게 죄질과 정상에 따라 적정한 형을 선고할 수 있게 하는 이른바 상대적 법정형주의 원칙을 채택하고 있다. 이는 법관에게 진실을 발견하여 범죄사실에 형을 적용함에 있어서는 이 법정형의 범위내에서의 형종의 선택과 필요한 가중 또는 감경을 한 다음 해당범죄의 귀책사유에 알맞게 형량을 정하게 함으로써 구체적 정의를 구현하는 선고형의 합리성과 사법권 독립을 보장하는 중요한 기능을 하고 있는 것이다(헌법재판소 1992.4.28. 90헌바24).

[법관의 양형결정권의 침해] 입법자가 법정형(法定刑) 책정에 관한 여러 가지 요소의 종합적 고려에 따라 법률 그 자체로 법관에 의한 양형재량(量刑裁量)의 범위를 좁혀 놓았다고 하더라도 그것이 당해 범죄의 보호법익(保護法益)과 죄질(罪質)에 비추어 범죄와 형벌간의 비례의 원칙상 수긍할 수 있는 정도의 합리성이 있다면 이러한 법률을 위헌이라고 할 수 없다. (중략) 이 사건 법률조항이 작량감경(酌量減輕)을 하더라도 별도의 법률상(法律上) 감경사유(減輕事由)가 없는 한 집행유예(執行猶豫)의 선고를 할 수 없도록 그 법정형(法定刑)의 하한을 높여 놓았다 하여 곧 그것이 법관의 양형결정권(量刑決定權)을 침해하였다거나 법관독립의 원칙에 위배된다고 할 수 없고 나아가 법관에 의한 재판을 받을 권리를 침해하는 것이라고도 할 수 없다(헌법재판소 1995.4.20. 93헌바40).

V. 司法權의 獨立의 例外

1. 權力分立原理와 司法權의 獨立

사법권의 독립을 위하여 헌법과 법원조직법은 법원의 독립과 법관의 독립에 관한 구체적인 규정을 두고 있다. 그러나 권력분립원리가 견제와 균형에 의하여 지지되지만, 기관 상호간의 일정한 관여와 기관간 통제를 허용하기도 한다. 이러한 국가기관 상호간의 기관간 통제와 관여에 의하여 사법권의 독립도 영향을 받게 된다. 사법부도 국회와 정부의 권한의 일부를 통제·관여하듯이, 사법권에 대한 국회와 정부의 통제 및 관여도 여러 면에서 이루어지고 있다.

2. 司法權의 獨立에 대한 他府의 統制·干涉

기관간 통제로서 사법권에 대한 국회와 정부의 통제·간섭은 이미 기술한 바 있으므로 여기서는 그 항목만을 열거하고 그 문제점만을 간단히 검토하기로 한다.

(1) 사법권의 독립에 대한 국회의 통제·간섭과 그 문제점

1) 사법권에 대한 국회의 간섭과 통제

사법권의 독립에 영향을 미칠 수 있는 국회의 간섭과 통제로는 i) 대법원장·대법관 임명에 대한 동의권(제104조, 제1항 및 제2항), ii) 법원예산의 심의·확정권(제54조 제1항), iii) 국정감사권 및 국정조사권(제61조) 및 iv) 법관에 대한 탄핵소추권(제65조 제1항) 등을 들 수 있다.

2) 문제점

대법원장 및 대법관 임명에 대한 국회의 동의권과 법관에 대한 탄핵소추권은 사법권에 대한 간섭이라기 보다는 대통령의 독선과 독주에 대한 견제의 기능이 커 오히려 사법권의 독립에 기여할 수 있다. 특히 법관에 대한 탄핵소추권은 오히려 법관의 신분을 두텁게 보호하여 사법권의 독립에 기여하게 된다. 문제가 될 수 있는 것은 사법부에 대한 국정감사 및 국정조사이다. 국정감사및조사에관한법률은 국정감사의 대상기관으로 정부조직법 기타 법률에 의하여 설치된 국가기관으로(법 제7조 1호) 규정하여 사법기관도 당연히 국정감사 및 국정조사의 대상으로 하고 있다. 그러나 사법기관에 대한 국정감사가 재판에 관여하게 되면 사법권의 독립을 훼손할 수 있게 된다. 그래서 위 법률은 국정감사 또는 국정조사는 계속 중인 재판에 관여할 목적으로 행사되어서는 아니된다(제8조)고 규정하여 국정감사 또는 조사의 한계를 정하고 있다. 그러나 국정조사 및 국정감사는 재판작용 자체를 간섭할 우려가 있고 나아가 사법권의 독립성을 침해할 우려가 있다.

(2) 사법권의 독립에 대한 정부의 통제·간섭

1) 사법권의 독립에 대한 정부의 통제·간섭과 그 문제점

사법권의 독립에 영향을 미칠 수 있는 정부의 간섭과 통제로는 i) 대통령의 대법원장 및 대법관의 임명(제104조 제1항 및 제2항), ii) 비상계엄선포시 법원의 권한에 대한 특별한 조치(제77조 제3항), iii) 대통령의 사면권(제79조), iv) 정부의 탄핵소추권 및 v) 정부에 의한 법원예산의 편성(제89조 제4호) 등을 들 수 있다.

2) 문제점

정부는 국회보다 사법권의 독립을 침해할 수 있는 소지가 크다. 정부는 사법부의 구성에서부터 법원의 권한 및 예산편성에 걸쳐 지대한 영향력을 행사한다.

가. 대법원장은 국회의 동의를 얻어 대통령이 임명하고, 대법관은 대법원장의 제청으로 국회의 동의를 얻어 대통령이 임명한다. 대통령의 임명에 대해 그 독주를 막기 위해 국회의 동의를 받기는 하지만, 대통령이 대법원장이나 대법관을 임명하는 것 자체가 법원의 독립에 대한 영향력을 행사하는 것이 되어 사법권 독립을 침해할 우려가 있다.

나. 비상계엄선포시 법원의 권한에 대한 특별한 조치(제77조 제3항)도 법원의 권한과 재판에 간섭을 허용함으로써 사법권의 독립에 영향을 미치게 된다. 따라서 비상계엄의 선포는 엄격한 요건하에 최단기간에 그쳐야 하고 국회가 제대로 통제하여야 한다.

다. 대통령의 사면권(제79조)은 사법권의 독립에 직접 영향을 미친다. 일반사면의 경우 국회의 동의를 얻어야 하고, 사면법으로 요건을 정함으로써 그 자의적 행사를 제한하고는 있다. 그러나 본질적으로 사면은 법원의 형의 선고 효력을 상실시키는 것이어서 사법부에 중대한 영향을 미치게 된다. 대통령의 은사권이기는 하지만 사면권을 정치적으로 이용하는 것을 막기 위하여 사면을 법률로써 하도록 하는 등[11] 제도적 보완장치도 고려될 수 있다.

라. 일반적인 형사소추로는 그 책임추궁이 어려운 대통령 등 고위공직자에 대하여 헌법은 탄핵절차를 통해 책임을 묻도록 하고 있다. 탄핵은 그 소추와 심판을 분리하고 있는데 이 과정에서 법원은 제외되고 있는 것이다. 즉 이들 위법행위를 한 고위공직자에 대하여는 국회가 탄핵을 소추

11) 김철수 교수(1433)는 사면법을 개정하여 일반사면은 법률에 의해서만 가능하도록 하여야 한다고 한다.

하고 헌법재판소가 탄핵심판을 한다. 탄핵이 사법의 정치적 오염을 방지한다는 이점도 있기는 하지만, 이렇게 탄핵절차에서 사법부를 배제시킨 것은 권력분립원칙과 이에 따른 사법권의 국가독점원칙에 어긋나게 된다.[12]

마. 사법부의 예산안을 포함한 국가의 예산안편성은 정부의 권한으로 국무회의심의사항이다(제89조 제4호). 그러나 법원의 예산편성에 관한 권한을 정부가 가지고 예산편성에 영향력을 행사함으로써 사법권의 독립을 해할 문제의 소지는 충분하다. 사법권의 독립을 위해서는 법원에 독자적인 예산편성권을 부여하는 것도 고려할 만하다.[13]

제 4 절 法院의 組織

I. 헌법규정

헌법은 법원의 구성에 관하여 '법원은 최고법원인 대법원과 각급법원으로 조직된다.'(제101조 제2항)라고 규정하고, 기타 상세한 것은 법률에 위임하고 있다(제102조 제3항). 이에 따라 법원조직법을 제정·시행하고 있다. 법원조직법에는 법원의 종류를 대법원, 고등법원, 특허법원, 행정법원 및 지방법원과 가정법원의 6종으로 규정하고 있다(법원조직법 제3조 제1항). 지방법원과 가정법원의 사무의 일부를 처리하게 하기 위하여 그 관할 구역 내에 지원과 가정법원지원, 시·군법원 및 등기소를 둘 수 있다(법 제3조 제2항). 제6공화국헌법에서 법원조직법은 대폭 개정되었다.[14]

---

12) 나아가 이것은 사법권의 한계를 설정한 것으로 그 자체가 사법허무주의를 초래할 수도 있다(권영성 1063).

13) 행정부의 법원예산편성권은 사법부의 독립을 훼손할 우려가 있다. 그러므로 사법부에 독자적인 예산편성권을 부여함이 옳을 것이다(허영 1001).

14) 개정의 특색은 대법원장의 사법행정권의 강화, 새로운 기구의 창설 등을 들 수 있다(김철수 1586).

Ⅱ. 大法院의 組織과 權限

1. 大法院의 構成

대법원은 최고법원으로서(제101조 제2항), 대법원장과 대법관으로 구성되며(제104조 제1항 및 제2항, 법원조직법 제4조·제13조 제1항), 대법관의 수는 대법원장을 포함하여 13인으로 구성된다(법 제4조).

2. 大法院長의 權限 및 權限代行

대법원장은 대법원의 일반사무를 관장하며, 대법원의 직원과 각급법원 및 그 소속기관의 사법행정사무에 관하여 직원을 지휘·감독한다(법 제13조 제2항). 대법원장은 사법행정사무를 총괄하며, 사법행정사무에 관하여 관계공무원을 지휘·감독한다. 대법원장은 사법행정사무의 지휘·감독권의 일부를 법률 또는 대법원규칙이 정하는 바에 의하여 또는 대법원장의 명으로 법원행정처장이나 각급법원의 장, 사법연수원장, 법원공무원교육원장 또는 법원도서관장에게 위임할 수 있다. 대법원장은 법원의 조직, 인사, 운영, 재판절차, 등기, 가족관계등록 기타 법원업무에 관련된 법률의 제정 또는 개정이 필요하다고 인정하는 경우에는 국회에 서면으로 그 의견을 제출할 수 있다(법 제9조). 대법원장이 궐위되거나 사고로 인하여 직무를 수행할 수 없을 때에는 선임대법관이 그 권한을 대행한다(법 제13조 제3항).

3. 大法官會議

대법관회의는 대법관으로 구성되며, 대법원장이 그 의장이 된다. 대법관회의는 대법관전원의 3분의 2 이상의 출석과 출석인원 과반수의 찬성으로 의결한다. 의장은 의결에 있어서 표결권을 가지며, 가부동수인 때에는 결정권을 가진다(법 제16조). 대법관회의의 운영에 관하여 필요한 사항은 대법원규칙으로 정한다(법 제18조).

대법관회의의 의결사항(법 제17조)은 다음과 같다.

1) 판사의 임명 및 연임에 대한 동의

2) 대법원규칙의 제정과 개정 등에 관한 사항
3) 판례의 수집·간행에 관한 사항
4) 예산요구, 예비금지출과 결산에 관한 사항
5) 다른 법령에 의하여 대법관회의의 권한에 속하는 사항
6) 특히 중요하다고 인정되는 사항으로서 대법원장이 부의한 사항

4. 大法院의 審判權

대법원은 다음의 사건을 종심으로 심판하는데(법 제14조), 대법원재판서에는 합의에 관여한 모든 대법관의 의견을 표시하여야 한다(법 제15조).

1) 고등법원 또는 항소법원·특허법원의 판결에 대한 상고사건
2) 항고법원·고등법원 또는 항소법원·특허법원의 결정·명령에 대한 재항고사건
3) 다른 법률에 의하여 대법원의 권한에 속하는 사건

5. 大法院의 자문기관 및 하부기관

(1) 법원행정처

사법행정사무를 관장하기 위하여 대법원에 법원행정처를 둔다. 법원행정처는 법원의 인사·예산·회계·시설·통계·송무·등기·가족관계등록·공탁·집행관·법무사·법령조사 및 사법제도연구에 관한 사무를 관장한다(법 제19조).

(2) 사법연수원

판사의 연수와 사법연수생의 수습에 관한 사무를 관장하기 위하여 대법원에 사법연수원을 둔다(법 제20조).

(3) 법원공무원교육원

법원직원·집행관 등의 연수 및 양성에 관한 사무를 관장하기 위하여 대법원에 법원공무원교육원을 둔다(법 제21조).

(4) 법원도서관

재판사무의 지원 및 법률문화의 창달을 위한 판례·법령·문헌·사료등

정보를 조사 · 수집 · 편찬하고 이를 관리 · 제공하기 위하여 대법원에 법원도서관을 둔다(법 제22조).

(5) 대법원장비서실 등

대법원에 대법원장비서실을 둔다. 대법원장비서실에 실장을 두되, 실장은 판사로 보하거나 정무직으로 하고, 대법원장의 명을 받아 비서실의 사무를 관장하며, 소속공무원을 지휘 · 감독한다. 대법원장비서실의 조직과 운영에 관하여 필요한 사항은 대법원규칙으로 정한다. 대법원에 대법관비서관을 둔다. 대법관비서관은 법원서기관 또는 4급 상당의 별정직공무원으로 보한다(법 제23조).

(6) 재판연구관

대법원에 재판연구관을 둔다. 재판연구관은 대법원장의 명을 받아 대법원에서 사건의 심리 및 재판에 관한 조사 · 연구업무를 담당한다. 재판연구관은 판사로 보하거나 3년의 기간 내에 범위를 정하여 판사가 아닌 자를 임명할 수 있다. 판사가 아닌 재판연구관은 2급 또는 3급 상당의 별정직공무원이나 계약직공무원으로 하고, 그 직제 및 자격 등에 관하여는 대법원규칙으로 정한다. 대법원장은 다른 국가기관 · 공공단체 · 교육기관 · 연구기관 기타 필요한 기관에 대하여 소속 공무원 및 직원을 재판연구관으로 근무하게 하기 위하여 파견근무를 요청할 수 있다. 파견된 재판연구관에 대하여는 대법원규칙이 정하는 수당을 지급할 수 있다(법 제24조).

(7) 사법정책자문위원회

대법원장은 필요하다고 인정할 경우에는 대법원장의 자문기관으로 사법정책자문위원회를 둘 수 있다. 사법정책자문위원회는 사법정책에 관하여 학식과 덕망이 높은 자 중에서 대법원장이 위촉하는 7인 이내의 위원으로 구성하며, 그 조직 · 운영에 관하여 필요한 사항은 대법원규칙으로 정한다(법 제25조).

(8) 법관인사위원회

법관의 인사에 관한 기본계획의 수립 및 인사운영을 위하여 대법원장의 자문기관으로 법관인사위원회를 둔다. 법관인사위원회는 대법원장이 지명하거나 위촉하는 위원으로 구성하며, 그 조직과 운영에 관하여 필요한 사항은 대법원규칙으로 정한다(제25조의2).

Ⅲ. 高等法院의 組織과 權限

1. 高等法院의 構成

고등법원에 고등법원장을 두며, 고등법원장은 판사로 보한다(법 제26조 제1항). 고등법원에 고등법원장비서관을 두며, 고등법원장비서관은 법원사무관 또는 5급상당의 별정직공무원으로 보한다(법 제26조 제5항 내지 제6항).

2. 高等法院長의 權限과 權限代行

고등법원장은 그 법원의 사법행정사무를 관장하며, 소속공무원을 지휘·감독한다. 고등법원장이 궐위되거나 사고로 인하여 직무를 수행할 수 없을 때에는 수석부장판사·선임부장판사의 순서로 그 권한을 대행한다(법 제26조 제3항 내지 제4항).

3. 高等法院의 審判權

고등법원의 심판사항은 다음과 같다(법 제28조).

(1) 지방법원합의부·가정법원합의부 또는 행정법원의 제1심 판결·심판·결정·명령에 대한 항소 또는 항고사건

(2) 지방법원단독판사·가정법원단독판사의 제1심 판결·심판·결정·명령에 대한 항소 또는 항고사건으로서 형사사건을 제외한 사건중 대법원규칙으로 정하는 사건

(3) 다른 법률에 의하여 고등법원의 권한에 속하는 사건

4. 高等法院의 部

고등법원에는 부를 두며, 부에 부장판사를 둔다. 부장판사는 그 부의 재판에 있어서 재판장이 되며, 고등법원장의 지휘에 의하여 그 부의 사무를

감독한다. 대법원장은 재판업무 수행상의 필요에 따라 고등법원의 부로 하여금 그 관할구역안의 지방법원 소재지에서 사무를 처리하게 할 수 있다(법 제27조).

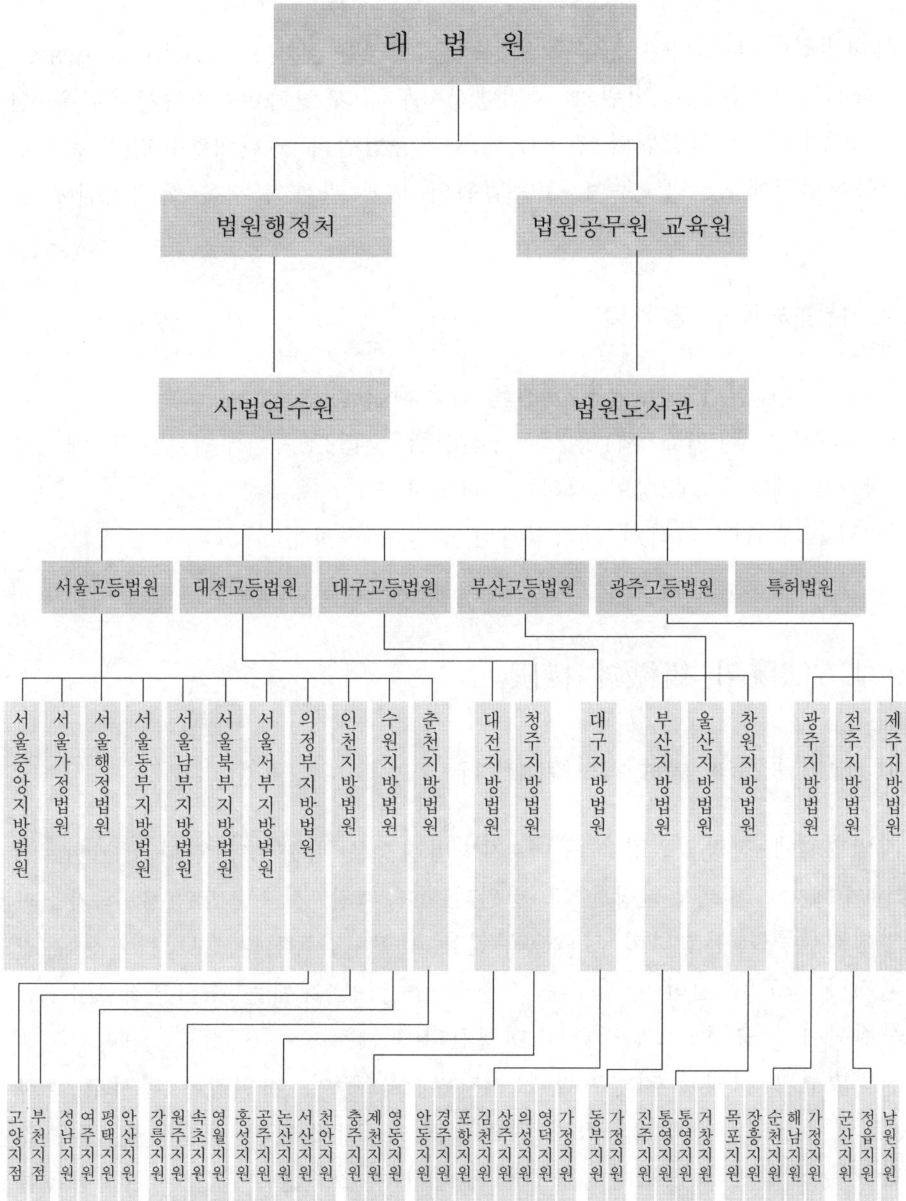

Ⅳ. 特許法院의 組織과 權限

1. 特許法院의 構成 및 權限代行

특허법원에 특허법원장을 두며, 특허법원장은 판사로 보한다(법 제28조의2). 특허법원장은 그 법원의 사법행정사무를 관장하며, 소속공무원을 지휘·감독한다. 특허법원의 권한대행은 고등법원의 권한대행규정을 준용한다. 특허법원에도 부를 두며, 고등법원의 부에 관한 규정을 특허법원에 준용한다(법 제28조의3).

2. 特許法院의 審判權

특허법원의 심판권(법 제28조의4)은 다음과 같다.

1) 특허법 제186조 제1항, 「실용신안법」 제33조, 디자인보호법 제75조 및 상표법 제86조 제2항이 정하는 제1심사건

2) 다른 법률에 의하여 특허법원의 권한에 속하는 사건

Ⅴ. 地方法院의 組織과 權限

1. 地方法院의 構成 및 權限代行

지방법원에 지방법원장을 두며, 지방법원장은 판사로 보한다(법 제29조 제1항 내지 제2항). 지방법원장은 그 법원과 소속지원, 시·군법원 및 등기소의 사법행정사무를 관장하며, 소속공무원을 지휘·감독한다. 지방법원장이 궐위되거나 사고로 인하여 직무를 수행할 수 없을 때에는 수석부장판사·선임부장판사의 순서로 그 권한을 대행한다(법 제29조 제3항 내지 제4항).

지방법원의 지원과 가정지원에는 지원장을 두며, 지원장은 판사로 보한다. 지원장은 소속지방법원장의 지휘를 받아 그 지원과 관할구역 안에 위치한 시·군법원의 사법행정사무를 관장하며, 소속공무원을 지휘·감독한다. 사무국을 둔 지원의 지원장은 소속지방법원장의 지휘를 받아 관할구

역 안에 위치한 등기소의 사무를 관장하며, 소속공무원을 지휘·감독한다(법 제31조 제1항 내지 제4항).

대법원장은 지방법원 또는 그 지원 소속판사 중에서 그 관할구역안에 위치한 시·군법원의 판사를 지명하여 시·군법원의 관할사건을 심판하게 한다. 이 경우 1인의 판사를 2 이상의 시·군법원의 판사로 지명할 수 있다. 시·군법원의 판사는 소속 지방법원장 또는 지원장의 지휘를 받아 시·군법원의 사법행정사무를 관장하며, 그 소속직원을 지휘·감독한다. 다만, 가사사건에 관하여는 그 지역을 관할하는 가정법원장 또는 그 지원장의 지휘를 받는다(법 제33조).

등기소에는 소장을 두며, 소장은 법원서기관·법원사무관 또는 등기사무관으로 보한다. 소장은 소속 지방법원장 또는 사무국을 둔 지원의 지원장의 지휘를 받아 등기소의 사무를 관장하고, 그 소속직원을 지휘·감독한다(법 제36조).

2. 地方法院의 部·支院

지방법원에 부를 두며, 부에 부장판사를 둔다. 부장판사는 그 부의 재판에 있어서 재판장이 되며, 지방법원장의 지휘에 의하여 그 부의 사무를 감독한다(법 제30조). 지방법원에는 지원과 가정지원을 둔다(법 제31조 제1항). 지방법원의 지원과 가정지원에 부를 둘 수 있다. 지방법원의 지원과 가정지원에는 부를 두며, 부에는 부장판사를 둔다. 부장판사는 그 부의 재판에 있어서 재판장이 되며, 지원장의 지휘에 의하여 그 부의 사무를 감독한다(법 제31조 제5항 내지 제6항).

3. 地方法院의 審判權

(1) 합의부의 심판권

지방법원과 그 지원의 합의부는 다음의 사건을 제1심으로 심판한다(법 제32조).

1) 합의부에서 심판할 것으로 합의부가 결정한 사건

2) 민사사건에 관하여는 대법원규칙으로 정하는 사건

3) 사형·무기 또는 단기 1년 이상의 징역 또는 금고에 해당하는 사건[15)]

15) 사형·무기 또는 단기 1년 이상의 징역 또는 금고에 해당하는 사건이라도, 다음의

4) 위 3)의 사건과 동시에 심판할 공범사건
5) 지방법원판사에 대한 제척・기피사건
6) 다른 법률에 의하여 지방법원합의부의 권한에 속하는 사건

⑵ 가정지원의 심판권

가정지원은 가정법원이 설치되지 아니한 지역에서 가정법원의 권한에 속하는 사항을 관할한다. 다만, 가정법원단독판사의 판결・심판・결정・명령에 대한 항소 또는 항고사건에 관한 심판에 해당하는 사항을 제외한다(법 제31조의2).

⑶ 시・군법원의 심판권

시・군법원은 다음의 사건을 관할한다(법 제34조 제1항).
1) 소액사건심판법의 적용을 받는 민사사건
2) 화해・독촉 및 조정에 관한 사건
3) 20만원 이하의 벌금 또는 구류나 과료에 처할 범죄사건[16)]
4) "가족관계의 등록 등에 관한 법률" 제75조에 의한 협의상 이혼의 확인[17)]

Ⅵ. 家庭法院의 組織과 權限

1. 家庭法院의 構成과 權限代行

가정법원에 가정법원장을 두며, 가정법원장은 판사로 보한다. 가정법원

열거하는 사건을 제외한다(법 제33조 제3호 단서). ① 형법 제331조, 제332조(제331조의 상습범에 한한다)와 그 각 미수죄에 해당하는 사건, ② 폭력행위등처벌에관한법률 제2조 제1항・제3항, 제3조 제1항・제2항, 제6조(제2조 제1항・제3항, 제3조 제1항・제2항의 미수죄에 한한다), 제9조에 해당하는 사건, ③ 병역법 위반사건, ④ 특정범죄가중처벌등에관한법률 제5조의3 제1항, 제5조의4 제1항・제4항・제5항(제1항・제4항에 해당하는 죄에 한한다)에 해당하는 사건, ⑤ 보건범죄단속에관한특별조치법 제5조에 해당하는 사건, ⑥ 부정수표단속법 제5조에 해당하는 사건.

16) 2) 및 3)의 사건이 불복신청으로 제1심법원에 계속하게 된 경우에는 그 지역을 관할하는 지방법원 또는 그 지원이 관할한다. 다만, 소액사건심판법의 적용을 받는 사건은 그 시・군법원에서 관할한다(법 제34조 제2항).

17) 3) 해당하는 범죄사건에 대하여는 이를 즉결심판한다(법 제34조 제3항). 즉결심판에 대하여 피고인은 고지를 받은 날로부터 7일 이내에 정식재판을 청구할 수 있다(법 제35조).

장은 그 법원과 소속지원의 사법행정사무를 관장하며, 소속공무원을 지휘·감독한다. 다만, 제3조 제2항 단서의 규정에 의하여 1개의 지원을 두는 경우에는 가정법원장은 그 지원의 가사사건, 소년보호 및 가족관계등록에 관한 사무를 지휘·감독한다. 권한대행은 고등법원의 권한대행규정인 제26조 제4항 내지 제6항의 규정을 가정법원에 준용한다(법 제37조).

가정법원지원에 지원장을 두며, 지원장은 소속가정법원장의 지휘를 받아 지원의 사법행정사무를 관장하며, 소속공무원을 지휘·감독한다. 권한대행규정은 지방법원의 규정인 제31조 제2항·제5항 및 제27조 제2항·제3항의 규정을 가정법원의 지원에 준용한다(법 제39조).

2. 家庭法院의 審判權

가정법원 및 지원합의부는 다음의 사건을 제1심으로 심판한다(법 제40조 제1항).

(1) 가사소송법에서 정한 가사소송과 마류 가사비송사건중 대법원규칙으로 정하는 사건

(2) 가정법원판사에 대한 제척·기피사건

(3) 다른 법률에 의하여 가정법원합의부의 권한에 속하는 사건

3. 家庭法院의 部

가정법원에 부를 두며, 부에 부장판사를 둔다. 부장판사는 그 부의 재판에 있어서 재판장이 되며, 가정법원장의 지휘에 의하여 그 부의 사무를 감독한다(법 제38조).

Ⅶ. 行政法院의 組織과 權限

1. 行政法院의 權限과 權限代行

행정법원에 행정법원장을 두며, 행정법원장은 판사로 보한다. 행정법원장은 그 법원의 사법행정사무를 관장하며, 소속공무원을 지휘·감독한다. 행정법원장이 궐위되거나 사고로 인하여 직무를 수행할 수 없을 때에는

수석부장판사 · 선임부장판사의 순서로 그 권한을 대행한다(법 제40조의2).

2. 行政法院의 審判權

행정법원은 행정소송법에서 정한 행정사건과 다른 법률에 의하여 행정법원의 권한에 속하는 사건을 제1심으로 심판한다(법 제40조의4).

3. 行政法院의 部

행정법원에 부를 둔다. 부에 부장판사를 둔다. 부장판사는 그 부의 재판에 있어서 재판장이 되며, 행정법원장의 지휘에 의하여 그 부의 사무를 감독한다(제40조의3).

Ⅷ. 軍事法院의 組織과 權限

1. 軍事法院의 근거규정

헌법 제110조 제1항에서는 "군사재판을 관할하기 위하여 특별법원으로서 군사법원을 둘 수 있다."고 규정하고 있다. 또한 군사법원의 상고심은 대법원에서 관할하며, 군사법원의 조직 · 권한 및 재판관의 자격은 법률로 정한다(헌법 제110조 제2항 내지 제3항)고 규정하고 있다. 이에 근거하여, 군사법원의 조직 · 권한 및 재판관의 자격에 관한 규정은 군사법원법을 두어 따로 정하고 있다. 비상계엄하의 군사재판은 군인 · 군무원의 범죄나 군사에 관한 간첩죄의 경우와 초병 · 초소 · 유독음식물공급 · 포로에 관한 죄 중 법률이 정한 경우에 한하여 단심으로 할 수 있다(제110조 제4항). 그러나 사형을 선고한 경우에는 단심으로 할 수 없다. 군사법원의 단심제는 재판에 있어 우리 헌법이 3심제를 원칙으로 한다는 점에서 그 예외에 속한다.

2. 軍事法院의 組織과 管轄

(1) 군사법원의 종류 및 설치

군사법원의 종류는 고등군사법원과 보통군사법원의 2종으로 한다(군사법원법 제5조). 군사법원의 설치는 고등군사법원은 국방부에 설치하며, 보통군사법원은 국방부·국방부직할통합부대·각군본부 및 편제상 장관급장교가 지휘하는 예하부대 또는 기관에 설치한다. 국방부장관은 필요한 때에는 군사법원법 제6조 제2항의 규정에 의한 군사법원의 설치를 보류할 수 있으며 전시·사변 또는 이에 준하는 국가비상사태에 즈음하여 편성된 부대에 보통군사법원을 설치할 수 있다. 군사법원의 조직에 관하여 필요한 사항은 대통령령으로 정한다(법 제6조).

(2) 군사법원의 관할관 및 권한

군사법원에 관할관을 두며, 고등군사법원의 관할관은 국방부장관으로 하고, 보통군사법원의 관할관은 그 설치되는 부대와 지역의 사령관·장 또는 책임지휘관으로 한다. 다만, 국방부보통군사법원의 관할관은 고등군사법원의 관할관이 겸임한다(법 제7조). 고등군사법원의 관할관은 그 군사법원의 행정사무를 관장하며 국방부직할통합부대와 각군본부 보통군사법원의 행정사무를 지휘·감독하며, 보통군사법원의 관할관은 그 군사법원의 행정사무를 관장한다. 각군본부 보통군사법원의 관할관은 예하부대 보통군사법원의 행정사무를 지휘·감독한다(법 제8조).

(3) 군사법원의 구성

보통군사법원은 재판관 1인 또는 3인으로써 구성하며, 고등군사법원은 재판관 3인 또는 5인으로써 구성한다. 재판관은 군판사와 심판관으로써 하고, 재판장은 선임재판관이 된다(법 제22조). 군판사는 각군참모총장이 소속 군법무관중에서 임명한다. 다만, 국방부 및 국방부직할통합부대의 군판사는 국방부장관이 소속 군법무관중에서 임명한다. 국방부장관은 군사법원법 제23조 제1항 규정에 불구하고 각군참모총장의 의견을 들어 각군소속 군법무관중에서 국방부 및 각군의 군판사를 임명할 수 있다. 군판사의 소속은 국방부 또는 각군본부로 한다(법 제23조). 심판관은 법에 관한 소양이 있는 자 또는 재판관으로서의 인격과 학식이 충분한 자로서의 자격을 갖춘 장교 중에서 관할관이 임명한다. 관할관의 부하가 아닌 장교를 심판관으로 할 때에는 참모총장이 임명한다(법 제24조). 재판관은 관할관이 지정하며(법 제25조), 보통군사법원의 재판관은 군판사 2인과 심판관 1인을 재판관으로 한다. 다만, 약식절차에 있어서는 군판사 1인을 재판관으로 한다. 보통군사법원의 관할관은 군판사인 재판관중 1인을 주심군판사로 지정한다(법 제26조). 고등군사법원의 재판관은 군판사 3인을 재판관으로 한다. 다만, 관할관이 지정한 사건의 경우 군판사 3인과 심판관 2인을 재판관으로 한다. 고등군사법원의 관할관은 군판사인 재판관중 1인을 주심군판사로 지정한다(법 제27조).

3. 軍事法院의 審判權

대법원은 군사법원판결의 상고사건에 대하여 심판한다(법 제9조). 고등군사법원의 심판사항은 보통군사법원의 재판에 대한 항소사건·항고사건 기타 법률에 의하여 고등군사법원의 권한에 속하는 사건에 대하여 심판한다(법 제10조). 보통군사법원의 심판사항은 다음의 사건을 제1심으로 심판한다(법 제11조 제1항).

1) 군사법원이 설치되는 부대의 장의 직속부하와 직접 감독을 받는 자에 대한 피고사건. 다만, 그 예하부대에 군사법원이 설치된 경우에는 그러하지 아니하다.

2) 군사법원이 설치되는 부대의 작전지역·관할지역 또는 경비지역안에 있는 자군부대에 속하는 자와 그 부대의 장의 감독을 받는 자에 대한 피고사건. 다만, 그 부대에 군사법원이 설치된 경우에는 그러하지 아니하다.

3) 군사법원이 설치되는 부대의 작전지역·관할지역 또는 경비지역안에 현존하는 자와 그 지역안에서 죄를 범한 군형법 제1조에 해당하는 자에 대한 피고사건. 다만, 피고인의 소속부대의 군사법원이 그 지역안에 있거나 그 피고사건이 타군군사법원의 관할에 속하는 경우에는 그러하지 아니하다.

국방부 또는 각군본부의 보통군사법원은 제1항의 규정에 불구하고 장관급장교에 대한 피고사건 기타 중요사건을 심판할 수 있다(법 제11조 제2항).

Ⅸ. 特別法院의 인정여부

우리 헌법은 "사법권은 법관으로 구성된 법원에 속한다."(제101조 제1항)

고 하고, 이어서 "법원은 최고법원인 대법원과 각급법원으로 조직된다."(제2항)고 규정하고 있다. 따라서 원칙상 재판은 법관에 의하여야 하고, 대법원을 최종심으로 하여야 한다. 그렇다면 예외적으로 법관이 아닌 자에 의한 재판, 대법원을 최종심으로 하지 아니하는 특별법원을 인정할 수 있는가가 문제된다. 우리 헌법은 제110조의 군사법원을 제외하고는 특별법원에 대한 언급이 없다. 따라서 대법원에의 상고가 인정되지 아니하고 법관의 자격을 갖추지 않은 자의 재판에 대한 특별법원은 헌법이 특별히 규정한 군사법원을 제외하고는 인정될 수 없다고 해야 한다. 그것은 국민의 재판을 받을 권리 특히 대법원의 재판을 받을 권리를 제한하는 것이 되어, 사법권의 독립과도 밀접한 관계가 있기 때문이다. 다만, 대법원의 상고가 인정되고 법관의 자격을 갖춘 자의 재판이라면, 노동, 조세, 교통, 해난사건과 같은 전문법원, 즉 특수법원을 설치하는 것은 무방하다고 여겨진다.[18]

제 5 절 法院의 權限

I. 形式的 意味의 司法權과 實質的 意味의 司法權

헌법은 "사법권은 법관으로 구성된 법원에 속한다."(제101조 제1항)고 하고 있는데, 사법권에는 형식적 의미의 사법권과 실질적 의미의 사법권이 있다. 대법원을 비롯한 각급법원에 부여된 사법권을 보다 유효하게 행사하기 위해서는 사법권의 독립이 필요하고, 이 사법권의 독립을 수호하기 위하여 실질적 의미의 사법권 외의 권한으로서 형식적 의미의 사법권을 부여하고 있다. 형식적 의미의 사법권이란 법원에 속하는 일체의 국가작용을 가리키는데, 실질적 의미의 입법(대법원규칙제정권)이나 실질적 의미의 행정(사법행정작용)을 포함한다.[19] 이에 대하여 실질적 의미의 사법

18) 김철수 교수(1595), 권영성 교수(1077).

19) 형식설에 의하면 사법권이란 사법작용 전반에 관한 모든 작용이라고 보는 견해로서, 그 내용을 불문하고 법원의 관할에 속하는 것이라면 재판작용이외에도 규칙행정, 사

권이란 재판권을 말하는데, 재판권이란 일반적으로 구체적인 쟁송에 법을 적용하여 구속력 있는 결정을 내리는 일련의 국가작용이다.[20] 실질적 의미의 사법권에는 재판작용과 관련하여 명령·규칙심사권과 위헌법률심판제청권을 포함한다. 또 재판과정에서의 법정질서유지권을 가진다. 이외에 법원은 국가기관의 구성에도 관여하는데, 헌법재판소의 재판관 및 중앙선거관리위원회 위원 지명권을 가진다.

Ⅱ. 裁判權

1. 裁判權의 內容

법원의 권한 중 가장 중요한 것은 실질적 의미의 사법권, 즉 재판권이다. 재판권은 당사자간의 법률상 다툼이 있는 경우 국가(법원)가 중립적·제3자적 입장에서 강제력있는 결정을 내릴 수 있는 권한이다. 재판은 당사자나 소송사건의 특성상 민사소송, 형사소송, 행정소송, 특허소송, 선거소송 등으로 구분되는데 법원은 이들 쟁송에 있어서 재판권을 가진다. 법원은 소송의 종류와 그 구체적 내용에 따라 당사자주의와 직권주의를 적절히 구사하면서 재판을 진행하여 실체적 진실을 규명하게 된다.

[**당사자주의와 직권주의**] 소송절차는 법원과 당사자가 참여하여 일정한 법원칙에 따라 역할과 책임을 분담하면서 진행된다. 이때에 주로 당사자가 역할을 분담하고 책임을 지는 원칙, 즉 소송심리의 주도권을 당사자에게 주는 것을 당사자주의(當事者主義)라고 하고, 이와 반대로 주로 법원이 그 임무를 가지는 원칙, 즉 소송심리의 주도권을 법원에게 주는 것을 직권주의(職權主義)라 한다.

2. 訴訟指揮權

재판절차의 주재자로서의 법원은 질서유지 등 재판진행과 관련하여 소

법행정 등도 포함된다고 보는 견해이다(김철수 1565).

20) 실질설에 의하면 사법권은 실질적이고 구체적인 법률상의 분쟁이 있는 경우에 신분이 독립된 법관의 재판을 통하여 무엇이 법인가를 심리·판단하여 선언함으로써 법질서를 유지하는 국가작용이라는 견해이다. 다수설이다(허영 986, 권영성 1049).

송을 지휘하여야 할 책임과 권한이 있다. 민사소송절차에 있어서 변론은 원칙적으로 재판장이 지휘한다(민사소송법 제125조 제1항, 형사소송법 제279조). 재판장의 소송지휘권의 행사는 이른바 권력적 사실행위의 형식으로 이루어지기도 하지만, 변론의 지휘를 위하여 발언을 허가하거나 금지하는 경우(민사소송법 제125조 제2항, 형사소송법 제299조) 등과 같이 대체로 재판장의 명령이라는 재판의 형식으로 행하여진다. 이처럼 재판장이 소송절차에서 변론의 지휘에 관하여 내리는 명령이나 사실행위 등은 본질적으로 종국판결에 이르기 위한 중간적, 부수적 재판 또는 종국판결을 위한 준비행위에 해당한다.[21]

3. 法廷秩序維持權

소송사건의 실질적 내용과는 직접 관련이 없지만, 실체적 진실의 규명을 위한 심리과정을 방해하는 행위를 저지할 필요에서 법정질서는 유지되어야 한다. 이에 따라 법원은 법정질서유지권을 가지게 된다. 법정의 질서유지는 재판장이 이를 행하는데(법원조직법 제58조 제1항), 이는 재판장의 권한이자 그 책임이기도 하다. 재판장은 법정의 존엄과 질서를 해할 우려가 있는 자의 입정금지 또는 퇴정을 명하거나 기타 법정의 질서유지에 필요한 명령을 발할 수 있다(법 제58조 제2항). 법원은 직권으로 법정내외에서 퇴정이나 질서유지에 필요한 명령 또는 녹화 등 금지된 행위를 하거나 폭언·소란 등의 행위로 법원의 심리를 방해하거나 재판의 위신을 현저하게 훼손한 자에 대하여 결정으로 20일 이내의 감치(監置) 또는 100만원 이하의 과태료(過怠料)에 처하거나 이를 병과할 수 있다(법 제61조 제1항).

Ⅲ. 命令·規則審査權

1. 意 義

헌법은 "명령이나 규칙이 헌법이나 법률에 위반되는 여부가 재판의 전

21) 헌법재판소 1992.6.26. 89헌마271.

제가 된 경우에는 대법원을 이를 최종적으로 심사할 권한을 가진다."(제107조 제2항)고 하여, 법원에 명령·규칙심사권을 부여하고 있다. 명령·규칙심사권은 대법원을 비롯한 각급법원의 권한인데, 대법원은 재판의 대상이 되는 구체적 사건에 적용할 명령·규칙의 위헌성·위법성을 최종적으로 심사하는 권한을 가진다.

2. 機 能

법관은 헌법과 법률에 의하여 재판하는데(제103조) 이때 법률이라 함은 형식적 의미의 법률뿐만 아니라 명령·규칙을 포함한다. 법관이 명령·규칙을 해석·적용하는 과정에서 당연히 상위규범인 헌법과 법률과의 합치여부를 심사할 수 있는데, 이 경우 위헌·위법이라고 판단하는 경우에는 그 적용을 거부할 수 있다. 이 명령·규칙심사권은 1) 헌법을 정점으로 하는 국법질서의 통일성을 유지하고(국법질서의 통일성유지기능), 2) 명령·규칙의 합헌성을 지킴으로서 헌법을 수호하는 기능을 하며(헌법수호기능), 3) 국민의 기본권을 보장하는 기능(기본권보장기능)을 아울러 하게 된다.

3. 法規命令

명령·규칙심사권의 대상이 되는 '명령·규칙'은 일반적 구속력을 가지는 법규명령을 말한다. 행정명령의 경우에는 행정조직의 내부적 규율로서 국민의 기본권과 직접 관계가 없기 때문에 일반국민이 위헌을 다툴 여지가 없는 것이 원칙이다. 다만, 행정명령이 국민의 기본권과 직접관련을 가지는 규정을 포함하는 경우에는 그 규정에 대하여 법원은 명령·규칙심사권을 가진다. 법규명령인 한 대통령령인가 부령인가를 묻지 아니한다.[22] 명령·규칙심사권의 대상은 국회규칙·대법원규칙·헌법재판소규칙·감사원규칙·중앙선거관리위원회규칙과 조례를 포함한다. 법률과 동

22) 행정입법은 행정기관뿐만 아니라 국민에게도 구속력을 미치는 대외적, 일반적 구속력을 가진다는 의미에서 법규명령(법규적 명령)이라고도 불리어진다. 법규명령의 종류로는 대통령령, 총리령, 부령 등이 여기에 해당한다. 법규명령과 구별하여 대내적, 일면적 구속력으로서 행정기관 내부에만 구속력이 미치는 행정명령이 있다. 행정명령의 종류에는 훈령, 예규, 일일명령, 고시 등이 있다.

일한 효력을 가지는 조약은 위헌법률심사의 대상이 되지만 명령의 효력을 가지는 행정협정(行政協定)은 명령·규칙심사권의 대상이 된다. 또한 대통령의 긴급재정경제처분도 그 대상이 된다.

[명령·규칙심사권의 대상] 법원조직법 제7조 제1항 제2호는 명령 또는 규칙이 법률에 위반함을 인정하는 경우에는 대법관 전원의 2/3 이상의 합의체에서 심판하도록 규정하고 있는 바, 여기에서 말하는 명령 또는 규칙이라 함은 국가와 국민에 대하여 일반적 구속력을 가지는 이른바 법규로서의 성질을 가지는 명령 또는 규칙을 의미한다 할 것이다(대법원 1990.2.27. 88재누55).

4. 命令·規則에 대한 違憲審判權의 경합가능성

헌법은 "명령이나 규칙이 헌법이나 법률에 위반되는 여부가 재판의 전제가 된 경우에는 대법원은 이를 최종적으로 심사할 권한을 가진다."(제107조 제2항)고 하여, 법원에 명령·규칙심사권을 부여하고 있다. 그런데 헌법재판소는 일정한 경우 예외적으로 명령·규칙에 대한 위헌심사권을 가지게 되는 경우가 있을 수 있다. 검토되어야 할 것은 원행정처분이 재판에 의하여 확정된 경우와 '재판의 전제'와 상관없이 '명령·규칙 자체에 의해 기본권이 침해된 경우'에 헌법재판소와 대법원 가운데 어느 기관이 명령규칙심사권을 가지는가 하는 것이다.

(1) 原行政處分이 재판에 의해 확정된 경우

1) 법원의 재판은 최종적

원칙적으로 원행정처분이 행정소송으로 확정되어 재판이 취소될 수 없는 경우 그 처분에 의하여 기본권이 침해되었다하더라도 당해 처분은 헌법소원심판청구의 대상이 되지 아니한다. 따라서 이 경우 헌법재판소는 기본권침해를 이유로 하는 원행정처분에 대한 위헌심사권을 가지지 아니한다. 그 이유는 i) 법원의 재판을 거쳐 확정된 행정처분의 경우 이를 다투는 것은 확정판결의 기판력에 어긋나고, ii) "명령·규칙 또는 처분이 헌법이나 법률에 위반되는 여부가 재판의 전제가 된 경우에는 대법원은 이를 최종적으로 심사할 권한을 가진다."고 규정한 헌법 제107조 제2항의 취지에 어긋나며, iii) 헌법소원심판의 대상에서 법원의 재판을 제외하고 있는 헌법재판소법 제68조 제1항의 취지에도 어긋나기 때문이다.

2) 헌법소원심판청구의 예외적 허용

그러나 법원의 재판이 헌법재판소가 위헌으로 결정한 법령을 적용하여 국민의 기본권을 침해한 결과 헌법소원심판에 의하여 그 재판 자체가 취소되는 경우에 한하여 당해 행정처분에 대한 헌법소원 심판청구가 가능하다.

[법원의 재판을 거친 행정처분] 법 제68조 제1항의 헌법소원은 행정처분에 대하여도 청구할 수 있는 것이나 그것이 법원의 재판을 거쳐 확정된 행정처분인 경우에는 당해 행정처분을 심판의 대상으로 삼았던 법원의 재판이 헌법재판소가 위헌으로 결정한 법령을 적용하여 국민의 기본권을 침해한 결과 헌법소원심판에 의하여 그 재판 자체가 취소되는 경우에 한하여 당해 행정처분에 대한 심판청구가 가능한 것이고, 이와 달리 법원의 재판이 취소될 수 없는 경우에는 당해 행정처분에 대한 헌법소원심판청구도 허용되지 아니한다(재판소원허용 사건. 헌법재판소 1997.12.24. 96헌마172 등; 원행정처분취소 사건. 헌법재판소 1998.5.28. 91헌마98 등). 이와 같은 법리는 법원의 재판이 소를 각하하는 판결이거나(헌법재판소 1998.8.27. 97헌마150), 검사의 불기소처분에 대하여 법원의 재정신청절차를 거친 경우(헌법재판소 1998.8.27. 97헌마79)에도 동일하다.

⑵ 命令·規則 자체에 의하여 基本權이 侵害된 경우

1) 대법원이 최종심사권을 가진다는 견해(大法院)

명령·규칙에 의하여 기본권이 침해된 경우, 그 명령·규칙이 헌법이나 법률에 위반하는지 여부의 심사권은 대법원이 가진다는 주장이 있다. 대법원의 주장인데, 그 이유는 명령·규칙심사권은 대법원의 고유권한이기 때문이라고 주장한다.

[大法院의 見解] 헌법 제107조 제2항은 "명령·규칙 또는 처분이 헌법이나 법률에 위반되는 여부가 재판의 전제가 된 경우에는 대법원은 이를 최종적으로 심사할 권한을 가진다."라고 규정하고 있다. 동 규정에 따르면 행정입법의 심사는 일반적인 재판절차에 의하여 구체적 규범통제의 방법에 의하도록 명시하고 있으므로, 당사자는 구체적 사건의 심판을 위한 선결문

제로서 행정입법의 위법성을 주장하여 법원에 대하여 당해 사건에 대한 적용 여부의 판단을 구할 수 있을 뿐 행정입법 자체의 합법성의 심사를 목적으로 하는 독립한 신청을 제기할 수는 없다(대법원 1994.4.26. 93부32 결정, 공1994, 1705).

2) 헌법소원을 통해 헌법재판소가 최종심사권을 가진다는 견해(憲法裁判所)

그러나 이러한 대법원의 주장에 대하여 헌법재판소는 다음과 같이 반박한다. i) 명령·규칙의 '재판의 전제성(前提性)'을 무시한 것이다. 대법원이 명령·규칙에 대한 최종적 심사권을 가지는 것은 그것이 구체적 사건을 통하여 재판의 전제가 된 경우이지, 명령·규칙이 재판을 전제로 하지 않고 '직접' 기본권을 침해하는 경우에는 작위 또는 부작위에 의한 '공권력의 행사'로서 당연히 헌법소원의 대상이 되는 것이다. 따라서 이 경우는 대법원의 명령·규칙심사권과 관련이 없다. ii) 법률의 위헌여부심사권을 헌법재판소에 부여한 이상 통일적인 헌법해석과 규범통제를 위하여 공권력에 의한 기본권침해를 이유로 하는 헌법소원심판청구사건에 있어서 법률의 하위법규인 명령·규칙의 위헌여부심사권도 헌법재판소의 관할에 속한다고 보아야 한다. 대법원의 명령·규칙심사권(헌법 제107조 제2항)이 이를 배제한 것이라고는 할 수 없다.

[명령·규칙 자체에 의한 기본권 침해] 헌법 제107조 제2항의 규정은 "구체적인 소송사건에서 명령·규칙의 위헌여부가 재판의 전제가 되었을 경우 법률의 경우와는 달리 헌법재판소에 제청할 것 없이 대법원이 최종적으로 심사할 수 있다."는 의미이며, 헌법 제111조 제1항 제1호에서 법률의 위헌여부심사권을 헌법재판소에 부여한 이상 통일적인 헌법해석과 규범통제를 위하여 공권력에 의한 기본권침해를 이유로 하는 헌법소원심판청구사건에 있어서 법률의 하위규범인 명령·규칙의 위헌여부심사권이 헌법재판소의 관할에 속함은 당연한 것으로서 헌법 제107조 제2항의 규정이 이를 배제한 것으로는 볼 수 없기 때문이다(법무사법시행규칙 사건. 헌법재판소 1990.10.15. 89헌마178).

[명령·규칙 및 처분의 심사권과 헌법소원] 헌법 제107조 제2항은 "명령·규칙 또는 처분이 헌법이나 법률에 위반되는 여부가 재판의 전제가 된 경우에는 대법원은 이를 최종적으로 심사할 권한을 가진다."라고 규정하고 있고, 법원행정처장이나 법무부장관은 이 규정을 들어 명령·규칙의 위헌여

부는 대법원에 최종적으로 심사권이 있으므로 법무사법시행규칙의 위헌성 여부를 묻는 헌법소원은 위 헌법규정에 반하여 부적법하다고 주장한다. 그러나, 헌법 제107조 제2항이 규정한 명령·규칙에 대한 대법원의 최종심사권이란 구체적인 소송사건에서 명령·규칙의 위헌여부가 재판의 전제가 되었을 경우 법률의 경우와는 달리 헌법재판소에 제청할 것 없이 대법원이 최종적으로 심사할 수 있다는 의미이며, 헌법 제111조 제1항 제1호에서 법률의 위헌여부심사권을 헌법재판소에 부여한 이상 통일적인 헌법해석과 규범통제를 위하여 공권력에 의한 기본권침해를 이유로 하는 헌법소원심판청구사건에 있어서 법률의 하위법규인 명령·규칙의 위헌여부심사권이 헌법재판소의 관할에 속함은 당연한 것으로서 헌법 제107조 제2항의 규정이 이를 배제한 것이라고는 볼 수 없다. 그러므로 법률의 경우와 마찬가지로 명령·규칙 그 자체에 의하여 직접 기본권이 침해되었음을 이유로 하여 헌법소원심판을 청구하는 것은 위 헌법 규정과는 아무런 상관이 없는 문제이다. 그리고 헌법재판소법 제68조 제1항이 규정하고 있는 헌법소원심판의 대상으로서의 '공권력'이란 입법·사법·행정 등 모든 공권력을 말하는 것이므로 입법부에서 제정한 법률, 행정부에서 제정한 시행령이나 시행규칙 및 사법부에서 제정한 규칙 등은 그것들이 별도의 집행행위를 기다리지 않고 직접 기본권을 침해하는 것일 때에는 모두 헌법소원심판의 대상이 될 수 있는 것이다(헌법재판소 1990.10.15. 89헌마178).

3) 헌법재판소 주장의 타당성

대법원이 명령·규칙심사권을 행사하는 것은 "구체적인 소송사건에서 명령·규칙의 위헌여부가 재판의 전제가 되었을 경우"이다. 소송사건의 전제가 되지 않고 "명령·규칙에 의하여 국민의 기본권이 직접 침해된 경우"는 국가기관의 작위·부작위(공권력의 행사)에 의해 기본권이 침해된 경우로서 헌법소원의 대상이 된다. 또한 위헌법률심사권은 당연히 위헌심판의 대상이 되는 법률의 시행령이나 시행규칙에 까지 미치는 것으로 해석하여야 한다는 점에서 헌법재판소의 견해가 설득력을 가진다. 시행령이나 시행규칙에 의하여 기본권이 직접 침해된 경우에는 이들 규정을 대상으로 헌법재판소에 헌법소원심판을 청구할 수 있다고 하여야 한다.

Ⅳ. 違憲法律審判提請權

1. 違憲法律審判의 二元化

헌법은 "법률이 헌법에 위반되는 여부가 재판의 전제가 된 경우에는 법원은 헌법재판소에 제청하여 그 심판에 의하여 재판한다."(제107조 제1항)고 하여 법원의 위헌법률심판제청권을 규정하고 있다. 헌법은 위헌법률심판을 이원화하여 그 제청권은 법원에, 그 결정권은 헌법재판소에(제111조 제1항) 부여하고 있다. 또한 헌법은 '재판의 전제가 된 경우에 한하여' 법률의 위헌여부를 심사하는 구체적 규범통제만을 인정하고 있다.

2. 法律의 違憲與否審判의 提請

(1) 違憲法律審判請求의 주체

법률이 헌법에 위반되는 여부가 재판의 전제가 된 때에는 당해 사건을 담당하는 법원이 위헌법률심판의 청구권을 가진다. 사건을 담당하는 법원은 군사법원을 포함한다. 위헌법률심판의 청구는 직권 또는 당사자의 신청에 의하여 법원이 결정으로 헌법재판소에 위헌여부의 심판을 제청한다(헌법재판소법 제41조 제1항).

(2) 裁判의 前提性

법률에 대한 위헌여부심판제청이 적법하기 위해서는 문제된 법률의 위헌여부가 '재판의 전제가 되어야 한다.'는 '재판의 전제성'을 갖추어야 하는데, 여기서 재판의 전제성이라 함은 1) 구체적인 사건이 법원에 계속되어 있었거나 계속 중이어야 하고, 2) 위헌여부가 문제되는 법률이 당해 소송사건의 재판에 적용되는 것이어야 하며, 3) 그 법률이 헌법에 위반되는지의 여부에 따라 당해 사건을 담당한 법원이 다른 내용의 재판을 하게 되는 경우를 말한다.[23)]

여기에서 법원이 "다른 내용의" 재판을 하게 되는 경우라 함은 원칙적으로 1) 법원이 심리 중인 당해 사건의 재판의 결론이나 주문에 어떠한

---

23) 헌법재판소 1993.5.3. 92헌가10, 91헌바7, 92헌바24,50.

영향을 주는 것뿐만 아니라, 2) 문제된 법률의 위헌여부가 비록 재판의 주문 자체에는 아무런 영향을 주지 않는다고 하더라도 재판의 결론을 이끌어내는 이유를 달리 하는데 관련되어 있거나 또는 3) 재판의 내용과 효력에 관한 법률적 의미가 전혀 달라지는 경우도 포함한다.[24]

⑶ 違憲法律審判請求의 대상

위헌심판청구의 대상은 법률(法律)이다. 이 법률에는 국회가 제정한 법률(형식적 의미의 법률)은 물론 법률과 동일한 효력을 가지는 규범도 포함한다. 따라서 긴급명령·긴급재정경제명령과 조약도 위헌법률심판청구의 대상이 된다. 한미행정협정은 형식상으로는 행정협정이지만 그 명칭에도 불구하고 실질적으로는 조약[25]이기 때문에 위헌법률심판청구의 대상이 된다.

[긴급재정경제명령] 긴급재정경제명령은 법률의 효력을 갖는 것이므로 마땅히 헌법에 기속되어야 할 것이다(헌법재판소 1996.2.29. 93헌마186).

⑷ 違憲法律審判請求의 절차

법원이 법률의 위헌여부를 헌법재판소에 제청할 때에는 제청서에 위헌이라고 해석되는 법률 또는 법률의 조항과 위헌이라고 해석되는 이유 기타 필요한 사항을 기재하여 신청하여야 한다(법 제41조 제2항, 제43조). 이때 법원은 위헌이라고 해석되는 법률 또는 법률의 조항에 대한 위헌성여부의 판단권을 가진다.[26] 대법원 이외의 법원이 위헌법률심판제청을 할 때에는 대법원을 거쳐야 하고(제5항), 위헌법률심판제청서의 심사는 재판장이 이를 행한다(법 제41조 제3항). 위헌여부심판의 제청에 관한 결정에 대하여는 항고할 수 없다(제4항).

3. 違憲法律審判 提請의 효과

법원이 법률의 위헌여부의 심판을 헌법재판소에 제청한 때에는 당해 소송사건의 재판은 헌법재판소의 위헌여부의 결정이 있을 때까지 정지된다.

---

24) 헌법재판소 1992.12.24. 92헌가8.
25) 헌법재판소 1999.4.24. 97헌가14.
26) 김철수(1627).

다만, 법원이 긴급하다고 인정하는 경우에는 종국재판 외의 소송절차를 진행할 수 있다(법 제42조 제1항).

V. 司法行政權

대법원을 비롯한 각급법원은 사법행정사무를 처리할 권한이 있다. 사법행정권도 형식적 의미에서는 사법권이지만 실질적으로는 행정권에 속한다. 헌법은 사법부도 소관업무에 관련된 행정업무를 담당하도록 하고 있다.

1. 大法院長의 司法行政權

(1) 司法行政事務總括指揮權

대법원장은 사법행정사무를 총괄하며, 사법행정사무에 관하여 관계공무원을 지휘·감독한다(법원조직법 제9조 제1항). 대법원장은 사법행정사무의 지휘·감독권의 일부를 법률 또는 대법원규칙이 정하는 바에 의하여 또는 대법원장의 명으로 법원행정처장이나 각급법원의 장, 사법연수원장, 법원공무원교육원장 또는 법원도서관장에게 위임할 수 있다(제2항). 또한 대법원장은 법원의 조직, 인사, 운영, 재판절차, 등기, 호적 기타 법원업무에 관련된 법률의 제정 또는 개정이 필요하다고 인정하는 경우에는 국회에 서면으로 그 의견을 제출할 수 있다(제3항). 대법원장의 사법행정총괄업무를 보좌하기 위하여 대법원에 법원행정처를 둔다. 법원행정처는 법원의 인사·예산·회계·시설·통계·송무·등기·호적·공탁·집행관·법무사·법령조사 및 사법제도연구에 관한 사법행정사무를 관장한다(법 제19조 제1항·제2항).

(2) 大法院長의 大法院一般行政權

대법원장은 대법원의 일반사무를 관장하며, 대법원의 직원과 각급법원 및 그 소속기관의 사법행정사무에 관하여 직원을 지휘·감독한다(법 제13조 제2항).

2. 各級法院長의 司法行政權

고등법원장, 특허법원장, 행정법원장은 각각 그 법원의 사법행정사무를 관장하며, 소속공무원을 지휘・감독한다(법 제26조 제2항・제28조의2 제3항・제40조의2 제3항). 지방법원장은 그 법원과 소속지원, 시・군법원 및 등기소의 사법행정사무를 관장하며, 소속공무원을 지휘・감독한다(법 제29조 제3항). 가정법원장은 그 법원과 소속지원의 사법행정사무를 관장하며, 소속공무원을 지휘・감독한다(법 제37조 제3항). 지원장은 소속지방법원장의 지휘를 받아 그 지원과 관할구역 안에 위치한 시・군법원의 사법행정사무를 관장하며, 소속공무원을 지휘・감독한다(법 제31조 제3항).

Ⅵ. 大法院規則制定權

헌법 제108조는 "대법원은 법률에서 저촉되지 아니하는 범위 안에서 소송에 관한 절차, 법원의 내부규율과 사무처리에 관한 규칙을 제정할 수 있다."고 하여 대법원에 규칙제정권을 부여하고 있다. 규칙제정권은 형식적 의미에서는 사법권이지만 실질적 의미에서는 입법권에 해당한다. 대법원규칙제정권은 국가기관으로서의 대법원의 '정직성・성실성・전문성에 대한 예우이자 배려'로서 기관의 독립성을 존중하기 위하여 인정된 자율적 권한이다.[27] 사법입법(司法立法)에 관한 권한으로 소송절차와 법원의 내부규율・사무처리에 관한 사항을 그 내용으로 한다.

Ⅶ. 國家機關構成參與權

대법원은 헌법재판소와 중앙선거관리위원회 등 헌법기관의 구성에 참여한다. 대법원장은 헌법재판소 9인의 재판관 중 3인에 대한 지명권을 가진

27) 국회의 입법형성권 존중의 필요성에 관한 헌법재판소의 견해(헌법재판소 1991.3.11. 91헌마21 참조).

다(제111조 제3항). 또한 중앙선거관리위원회 9인의 위원 중 3인에 대한 지명권을 가진다(제114조 제2항).

제 6 절 司法權의 限界

법원은 일체의 법률상의 쟁송을 재판한다. 그러나 위헌정당해산심판(제8조 제4항), 국회의원의 자격심사·징계·제명(제64조), 탄핵소추와 탄핵심판(제65조, 제11조 제1항)과 같이 헌법이 명문으로 다른 국가기관에 위임한 것, 또는 국제법상의 치외법권이나 조약에 관한 재판권의 제한 등과 같은 국제법상의 예외가 있다. 또한 자율사회의 법리에 의한 단체의 자율적 의사결정, 입법기관·행정기관의 재량행위, 국회·정부의 자율적 결정사항, 통치행위에 대하여는 사법심사가 제한되기도 한다.

Ⅰ. 헌법규정에 의한 제한

헌법은 사법권의 대상이 되는 행위임에도 일정한 경우 그 행위의 정치적 성격 등 특수성으로 인하여 법원의 심사대상에서 제외하고 있다. 즉, 위헌정당해산심판, 국회의원의 자격심사·징계·제명, 국회의 탄핵소추에 의한 대통령·국무총리·국무위원·행정각부의 장·헌법재판소 재판관·법관·중앙선거관리위원회 위원·감사원장·감사위원 등의 탄핵심판과 같이 헌법이 명문으로 다른 국가기관에 위임한 것이 그것이다.

1. 違憲政黨解散審判

정당의 설립과 활동의 자유는 보장되지만, 정당의 목적이나 활동이 민주적 기본질서에 위배될 때에는 정부는 헌법재판소에 그 해산을 제소할 수 있고, 정당은 헌법재판소의 심판에 의하여 해산된다(제8조, 제111조 제1항). 정부는 위헌정당에 대한 해산제소권을 가지는데, 그 전에 국무회의의 심의를 거쳐야 한다(제89조). 정당해산심판권도 사법권의 대상이 될 수 있지만 헌법은 이를 헌법재판소의 관장사항으로 정하고 있다.

2. 國會議員의 懲戒

국회는 의원에 대한 자격심사권과 징계권을 가진다(제64조 제2항). 징계에는 공개회의에서의 경고, 공개회의에서의 사과, 30일 이내의 출석정지, 제명 등이 있는데(국회법 제163조 제1항), 의원을 제명하려면 국회재적의원 3분의 2 이상의 찬성이 있어야 한다(제64조 제3항). 헌법은 "국회의원에 대한 자격심사처분과 징계처분에 대하여는 법원에 제소할 수 없다."(제64조 제4항)고 하여 명문의 규정으로 사법심사를 배제하고 있다.

3. 彈劾審判

헌법은 탄핵의 소추기관을 국회로 하고 그 심판기관을 헌법재판소로 하여 탄핵심판절차를 이원화하고 있다. 즉, 대통령·국무총리·국무위원·행정각부의 장·헌법재판소 재판관·법관·중앙선거관리위원회 위원·감사원장·감사위원 기타 법률이 정한 공무원이 그 직무집행에 있어서 헌법이나 법률을 위배한 때에는 국회는 탄핵의 소추를 의결할 수 있고(제65조 제1항), 헌법재판소는 국회의 탄핵소추에 따라 이를 심판한다(제111조). 이처럼 탄핵심판에 있어서는 그 소추나 심판에 있어 사법심사를 배제한다.

Ⅱ. 國際法上의 制限

1. 治外法權

주권의 대내적 효력으로 외국인이나 외국기업도 우리나라의 재판권에 당연히 복종하여야 한다. 그러나 치외법권(治外法權)을 가진 외국인은 우리의 통치권에 복종하지 않아도 되도록 외교상 특권이 부여되어 있다. 치외법권을 가진 외국인에 대하여 우리의 재판관할권이 없고, 그러한 한에서 사법권은 제한된다.

2. 條約에 의한 司法權의 制限

대통령은 조약을 체결·비준하는 권한을 가지는데(제73조), 국회의 동의를 얻어 주권을 제약하는 내용의 조약도 체결할 수 있다(제60조 제1항). 조약으로 외국인의 기소·재판·형의 집행 등에 관하여 특별한 규정을 둘 수 있고, 이에 의하여 사법권이 제한될 수 있다.

Ⅲ. 團體의 內部問題(自律社會의 法理)

1. 自律社會의 法理

단체의 내부적·자율적인 결정사항에 대해서 사법권이 미치지 않는 경우가 있다. 대학·종교단체·노동조합·정당·의회 등의 내부적 의사결정이나 자체징계 등은 그 사회의 자율성을 존중하여 사법권의 행사를 신중히 하는 것이 일반적이다. 이를 '自律社會의 法理'[28]라 하고자 한다.

2. 自律社會와 司法權

법원은 이들 단체의 자율성을 존중한다는 원칙아래 재판권의 행사에 신중하여야 하지만, 이들 단체의 행위 모두를 '자율사회의 법리'라고 보아 사법권이 제한되는 것은 아니다. 각 단체의 목적·성격·기능 등을 고려하여 개별적·구체적으로 사법권의 범위와 한계가 설정되어야 한다. 다만, 이들 단체의 결정이 국가의 권위와 직접 관련된다든가 그 구성원의 국민으로서의 기본권과 직결된 경우에는 자율권을 이유로 사법권이 자제되어서는 안 된다. 그 외 자율사회의 내부적의사결정에 대하여는 우월적·권위적 존재로서의 국가 대신 '파트너로서의 국가'의 입장에서 그 자율성을 존중하여 사법권의 개입을 자제하는 것이 바람직하다.

---

28) 일본 최고재판소(最高裁判所)의 '부분사회의 법리'를 모델로 한 것이다. '부분사회'라는 개념보다는 그 사회의 특성에 비추어 '자율사회'라 하였다.

[**部分社會의 法理**] 일반 시민사회의 가운데 있고 이것은 별개로 자율적인 법규범을 가진 특수한 부분사회(部分社會)에 있어서 법률상 다툼이 있을 때는, 그것이 일반사회 법질서와 직접 관계를 가지지 않는 내부적인 문제에 그치는 한, 그 자주적·자율적인 해결에 맡기는 것이 적당하고 법원의 사법심사의 대상이 되지 않는다고 해석하는 것이 상당하다(最高裁 昭和 52. 3.15.).

[**사립학교교원징계와 자율적 판단**] 사립학교법은 사립학교 교원에 대한 징계사유, 징계의 종류, 징계위원회의 조직과 구성 및 심의절차 등에 관하여 규정함으로써 교원의 징계가 적법한 절차에 따라 적정하고 공정하게 행하여지는 것을 보장하고 있으므로, 사립학교 교원에 대한 징계가 사립학교법과 재단법인의 정관의 규정에서 정한 절차에 따라 필요한 진상조사를 다하고 징계대상자를 출석시켜 진술케 하는 한편 징계대상자의 소행, 근무성적, 공적, 개전의 정 등을 참작하여 징계위원들의 자율적인 판단에 따라 행하여진 것이라면, 비록 그 징계양정이 결과적으로 재량권을 일탈한 것으로 인정된다고 하더라도 이는 법률전문가가 아닌 징계위원들이 징계의 경중에 관한 관련법령의 해석을 잘못한데 불과하다고 할 것이어서, 이러한 경우 징계의 양정을 잘못한 징계위원들에게 불법행위책임을 물을 수 있는 과실이 있다고 할 수는 없을 것이다(대법원 1995.2.14. 선고 94다22125 판결).

3. 司法權의 自制

자율사회의 법리가 일률적으로 사법권을 제한한다고 하는 소극적인 의미로 볼 것은 아니고 특히 단체의 목적·성격·기능 등을 고려하여 그 단체의 자율성을 살리도록 법원이 우월적 권위를 가지고 개입하는 대신 사법권을 자제하는 것이다. 자율사회의 법리는 민주주의의 전제가 되는 다원주의·상대주의와 사법의 관용성·사법의 자제, 그리고 자율사회와 자율규범에 대한 존중을 바탕으로 한다. 따라서 다원주의에 입각한 법의 해석이나 사실의 판단에 의해서 자립된 단체의 의사를 존중하는 것으로 그 적극적 의의를 찾아야 할 것이다. 주의하여야 할 것은, 자율사회의 법리에 의해 일반적·포괄적으로 사법권이 제한된다는 것은 아니고, 개별적·구체적인 경우 사안별로 사법의 자제가 바람직하다는 것이다.

Ⅳ. 裁量行爲

1. 裁量行爲

입법기관이나 행정기관은 법이 정하는 범위에 있어서 어떠한 행위를 하는가에 대해서 최종적인 결정권을 갖는데 그 범위내의 행위, 이른바 "재량행위(裁量行爲)"에 대해서는 사법권이 미치지 않는다. 이 재량은 그 내용에 따라 전문기술적인 판단을 요한다고 하는 관점에서의 '전문기술적 재량(專門技術的 裁量)'과 종합적 · 정치적인 판단이 요구된다는 관점에서의 '정치적 재량(政治的 裁量)'으로, 재량을 부여할 기관에 따라 행정재량(行政裁量)과 입법재량(立法裁量)으로 나눌 수 있다.

2. 裁量行爲의 許容範圍

재량행위의 문제는 국회와 정부의 지위 · 권한 · 기능의 문제인 동시에 법원의 지위 · 권한 · 기능의 문제이기도 하다. 즉 재량의 문제는 권력분립의 문제, 국가기관 상호간의 권위의 문제, 법원의 전문적 · 기술적 정보처리능력의 한계, 판단력의 한계로서도 고찰될 수 있다. 따라서 처음부터 행정재량이나 입법재량이라 하여 사법권의 제한으로 고정시킬 것은 아니고, 1) 재량행위의 전문성 · 기술성의 정도, 2) 법원의 정보처리능력과 그에 따른 기술적 판단의 한계, 3) 재량행위와 국민과의 관계, 4) 재량행위와 관련되는 기본적 인권의 구체적인 성격을 고려하여, 재량행위 · 기본권 · 사법권 사이의 관계에서 그 허용범위와 정도를 결정하여야 할 것이다.

[대통령 · 국회의 판단과 헌법재판소 판단의 한계] 이 사건 파견결정이 헌법에 위반되는지의 여부, 즉 국가안보에 보탬이 됨으로써 궁극적으로는 국민과 국익에 이로운 것이 될 것인지 여부 및 이른바 이라크전쟁이 국제규범에 어긋나는 침략전쟁인지 여부 등에 대한 판단은 대의기관인 대통령과 국회의 몫이고, 성질상 한정된 자료만을 가지고 있는 우리 재판소가 판단하는 것은 바람직하지 않다고 할 것이며, 우리 재판소의 판단이 대통령과 국회의 그것보다 더 옳다거나 정확하다고 단정짓기 어려움은 물론 재판결과에 대하여 국민들의 신뢰를 확보하기도 어렵다고 하지 않을 수 없다(헌법재판소 2004.4.29. 2003헌마814).

V. 統治行爲

1. 통치행위의 개념

법치주의국가의 기본원칙은 어떠한 국가행위나 국가작용도 헌법과 법률에 근거하여 그 테두리 안에서 합헌적·합법적으로 행하여질 것을 요구하며, 이러한 합헌성과 합법성의 판단은 본질적으로 사법의 권능에 속하는 것이다.

그런데 국가행위 중에는 고도의 정치적 결단에 의한 국가행위로서 사법적 심사의 대상으로 삼기에 적절하지 못한 행위라고 정의되는 '통치행위(Regierungsakt)'가 있다. 영미에서는 '사법심사의 대상으로 적절하지 아니한 정치문제(nonjusticiable political questions)' 또는 간단히 '정치문제(political questions)'라 한다. 통치행위를 논하여야 할 필요성은 법치주의와 사법적 통제가 고도로 발달한 단계에서 사법권이 일체의 국가행위에 미치는 것을 전제로, 고도로 정치적인 국가행위 내지 국가적 이해에 직접으로 관계가 있는 국가행위에 대하여 법원의 판단이 가능함에도 불구하고 사법심사의 대상에서 제외하여야 하는데 있다.

2. 통치행위는 인정될 수 있는가

(1) 통치행위 인정여부에 관한 학설

1) 統治行爲否定說

통치행위를 부정하는 견해의 논거로 i) 통치행위라는 이름으로 헌법질서를 유린하는 것은 허용할 수 없다는 입장, ii) 법치주의의 원칙과 평등원칙상 사법심사의 대상에서 벗어나는 국가행위를 인정할 수 없다는 입장, 또는 iii) 통치행위가 다른 헌법의 가치를 훼손할 수 없기 때문에 국민의 기본권 침해를 정당화할 수 없다는 입장, iv) 사법심사의 범위를 한정할 수 없다고 하는 입장에서, 또 v) 이를 인정하는 경우 권력의 속성상 남용의 가능성이 있다는 등의 이유를 든다.

[통치행위와 권력] 대통령의 정치적 행위는 통치행위로서 사법적 심사의

대상에서 제외된다고 주장하는 학설이 아직도 존재하고 이 사건에서 피청구인도 대통령의 단체장선거 연기조치는 고도의 정치적 행위로서 소위 통치행위이므로 헌법재판의 대상이 될 수 없다고 주장하고 있으므로, 종래의 통치행위 이론은 잘못된 것이라는 것 및 아무리 고도의 정치적 행위라도 헌법질서에 반하는 행위, 국민의 기본권을 침해하는 행위는 헌법재판의 대상에서 제외될 수 없다는 것을 분명히 밝혀 둘 필요가 있다. 그렇지 아니하면 대통령이 통치행위라는 이름 아래 언제 또 다시 법치주의를 무시하는 행동을 자행할는지 모르며 역대 대통령의 그 동안의 권위주의적 행적이나 이 사건에서의 피청구인의 대응자세(실정법을 어겼으면서도 잘못이 아니라고 강변하는)로 보아 그러한 가능성은 충분히 예견되고도 남는다(헌법재판소 1994.8.31. 92헌마174).

2) 統治行爲肯定說

통치행위를 긍정하는 견해는 i) 고도의 정치행위에 대하여 정치적 책임을 지지 않는 법원이 정치의 합목적성이나 정당성을 도외시한 채 합법성의 심사를 감행함으로써 정책결정이 좌우되는 일은 결코 바람직한 일이 아니라든가,[29] ii) 법원이 정치문제에 개입되어 그 중립성과 독립성을 침해당할 위험성이 있다든가,[30] iii) 통치행위는 본래 규정의 유무에 관계없이 판례상 인정될 수 있는 것이라 하든가, 또는 iv) 사법심사의 확대가 바로 헌법보장 · 인권보장의 강화로 연결되는 것은 아니라는 등의 이유를 든다.

[금융실명거래및비밀보장에관한긴급재정경제명령] 긴급명령이 통치행위로서 헌법재판소의 심사 대상에서 제외되는지에 관하여 살피건대, 고도의 정치적 결단에 의한 행위로서 그 결단을 존중하여야 할 필요성이 있는 행위라는 의미에서 이른바 통치행위의 개념을 인정할 수 있고, 대통령의 긴급재정경제명령은… 일종의 국가긴급권으로서 대통령이 고도의 정치적 결단을 요하고 가급적 그 결단이 존중되어야 할 것이다(헌법재판소 1996.2.29. 93헌마186).

[국군의 이라크파견결정] 외국에의 국군의 파견결정은… 고도의 정치적 결단이 요구되는 사안이다. 따라서 그와 같은 결정은 그 문제에 대해 정치적 책임을 질 수 있는 국민의 대의기관이 관계분야의 전문가들과 광범위하고 심도 있는 논의를 거쳐 신중히 결정하는 것이 바람직하며 우리 헌법도

---

29) 대법원 2004.3.26. 2003도7878.
30) 대법원 2004.3.26. 2003도7878.

그 권한을 국민으로부터 직접 선출되고 국민에게 직접 책임을 지는 대통령에게 부여하고 그 권한행사에 신중을 기하도록 하기 위해 국회로 하여금 파병에 대한 동의여부를 결정할 수 있도록 하고 있는바, 현행 헌법이 채택하고 있는 대의민주제 통치구조 하에서 대의기관인 대통령과 국회의 그와 같은 고도의 정치적 결단은 가급적 존중되어야 한다(헌법재판소 2004.4.29. 2003헌마814).

(2) 統治行爲의 제한적 긍정

통치행위가 권위주의적 국가관에 입각한 구시대의 유물이고 법치주의에 반한다는 등의 이유로 반대하는 견해도 설득력이 있다. 그렇다고 통치행위가 고도의 정치성을 띠기 때문이라든가 사법의 정치적 중립성 등의 이유로 통치행위를 전면적으로 허용하는 것은 법치주의·평등원칙·기본권·통치행위의 남용가능성 등과 관련하여 심각한 문제가 있다. 어쨌든 통치행위를 전면 부정하는 것도 비현실적이다. 통치행위는 불가피한 최소한도로 엄격한 요건하에서만 허용되어야 할 것이다. 대체로는 통치행위를 인정하는 것을 전제로 그 남용을 어떻게 견제할 것인가로 관심을 옮기고 있다.

3. 統治行爲制限的肯定說의 근거

통치행위를 제한적으로 긍정하는 것이 통설적인 입장인데, 통치행위개념을 불가피하게 긍정하는 경우 그 근거에 대하여는 다음의 견해가 있다.

(1) 司法府自制說

사법부자제설은 법치주의원리상 통치행위도 사법심사의 대상이 되지만 실제상의 이유로 법원은 심사를 자제한다고 하는 이론이다. 그 논거로서는 1) 정치적으로 중립적이고 정치적 책임을 지지 않는 법원이 정치적 합목적성을 도외시한 채 합법성만으로 통치행위를 판단하는 것은 바람직하지 않고 때로는 위험하다는 것, 2) 위헌·위법의 판결에 의해서 정치적, 사회적으로 혼란이 야기된다는 것, 3) 법원이 정쟁에 휘말리면 사법의 정치적 중립성이 위협받는다는 것, 4) 법관에게는 고도의 정치적 문제를 판단할 능력과 자질이 부족하고 또 적절한 판단을 위한 충분한 자료를 수집할 수 있는 입장이 아니라는 것 등 실제상의 문제를 든다.

> **[정치행위와 사법부자제]** 국가행위 중에는 고도의 정치성을 띤 것이 있고, 그러한 고도의 정치행위에 대하여 정치적 책임을 지지 않는 법원이 정치의 합목적성이나 정당성을 도외시한 채 합법성의 심사를 감행함으로써 정책결정이 좌우되는 일은 결코 바람직한 일이 아니며, 법원이 정치문제에 개입되어 그 중립성과 독립성을 침해당할 위험성도 부인할 수 없으므로, 고도의 정치성을 띤 국가행위에 대하여는 이른바 통치행위라 하여 법원 스스로 사법심사권의 행사를 억제하여 그 심사대상에서 제외하는 영역이 있다(대법원 2004.3.26. 선고 2003도7878 판결).

> **[사법심사 자제의 요건]** 통치행위이론은 기본적으로 헌법질서내에서만 인정되는 것이고, 초헌법적인 헌법파괴행위에 대하여까지 인정되는 개념이 아니다. 통치행위는 법치주의의 원리와 선거에 의한 민주주의의 원리가 충돌될 경우 올 수 있는 국가기능의 마비를 막기 위한 것인데, 이 사건은 법률상으로 명백히 사법심사의 대상이 되고, 국민다수의 여론도 사법적 심사를 지지하고 있으므로, 그 충돌이 있을 수 없으며, 따라서 통치행위이론이 개입될 여지가 없다. …과거 군주시대에 있던 통치행위의 개념은 이미 그 주요내용이 바뀌었으며, 현재는 국민의 기본권침해와 직접 관련이 없고, 정치적 통제수단이 마련되어 있는 고도의 정치결단적 국정행위에 대해서만 사법부 스스로 사법심사를 자제할 수 있다는 이론에 불과하다(전두환·노태우사건, 헌법재판소 1995.12.14. 95헌마221).

(2) 內在的制約說

내재적제약설은 통치행위를 사법권의 본질에 내재하는 원리적인 제약이라고 한다. 그 논리적 근거로는 권력분립과 민주주의 정치원리를 든다. 권력분립원리에서 볼 때 3권의 어느 것에도 속하지 않는 정치적으로 중요한 의미를 가지는 행위에 대한 정당성의 판단은 헌법의 민주주의 정치원리에서 정치적으로 책임을 지지 않는 법원에 있는 것이 아니고 주권자인 국민에 대하여 정치적 책임을 지는 정부, 국회 등의 정치부문의 판단에 맡기고 최종적으로는 국민의 정치적 판단에 맡겨야 한다는 것이다.

> **[비상계엄선포]** 대통령의 비상계엄의 선포나 확대 행위는 고도의 정치적·군사적 성격을 지니고 있는 행위라 할 것이므로, … 그 계엄선포의 요건 구비 여부나 선포의 당·부당을 판단할 권한이 사법부에는 없다고 할

것이다(대법원 1997.4.17. 선고 96도3376).

(3) 機能說

사법부자제설과 내재적 제약설의 양설에 공통되는 문제점은 일반적·추상적 논거로부터 '고도의 정치적인 행위'를 일반적·포괄적으로 사법심사의 대상에서 배제시키려는 점이다. 양설의 개개의 논거는 구체적인 행위에 있어서 사법심사가 미치지 않는 근거는 될 수 있다하더라도 그것으로부터 바로 일반적·포괄적인 통치행위를 도출해내는 것은 타당하지 않다. 따라서 통치행위는 개별적·실질적인 논거를 충분히 제시할 수 있는 경우에만 구체적·한정적으로 허용되어야 할 것이라는 견해가 있다. 이를 기능설(機能說)이라 한다.

4. 統治行爲制限的肯定說의 論理的 限界

사법부자제설과 내재적제약설은 일반적·포괄적으로 통치행위 개념을 도출하고 있다는 점에서 논리적 한계를 드러내고 있다. 그런데 기능설은 통치행위의 허용여부를 판단주체 재량에 전적으로 의존하고 있다는 점에서 사법부자제설이나 내재적제약설의 한계를 벗어날 수 없다는 문제점이 있다. 결국 일반적·포괄적 통치행위 개념을 도출하는 것은 타당하지 않지만 그렇다고 통치행위의 개별적·실질적 논거라는 것은 추상적이고 판단주체의 자의성을 벗어날 수 없다는 점에서 통치행위의 허용여부 문제는 제한적으로 허용하여야 한다는 주장이 설득력을 갖게 된다. 즉, 오늘날 사법부자제설에 의하여 고도의 정치결단적 국정행위로서 통치행위를 긍정하더라도 1) 국민의 기본권 침해와 직접 관련이 없고, 2) 정치적 통제의 수단이 마련되어 있는 경우에 한하여 사법부 스스로 사법심사를 자제할 수 있다는 "제한적 사법부자제설"[31]이 설득력을 가진다. 이제 통치행위에서 논의의 중점은 그 판단주체의 문제와 허용범위 및 책임의 확보로 이행할 수밖에 없다.

31) 헌법재판소 1995.12.14. 95헌마221.

5. 統治行爲의 판단주체

대통령이나 국회 등 정치기관의 고도의 정치성을 띤 행위를 통치행위라 할 때 그 '통치행위로서 사법심사의 대상이 되지 않는다'는 판단주체는 행위자가 아니고 사법부이어야 한다. 그 이유는 첫째로, 모든 국가행위는 헌법과 법률에 근거하여 행하여 지고 국가행위의 합헌성, 합법성 판단은 최종적으로는 사법이 담당하여야 한다는 점, 둘째로, 헌법과 통치행위에 해당하는 행위를 한 자가 사법심사의 대상 여부를 판단하는 것은 법치주의를 위협하게 된다는 점 때문이다. 셋째로 만일 통치행위의 판단주체를 대통령이라 하면 그의 자의적 판단 아래 대통령은 통치주의의 이름으로 법치주의를 유린하는 행위를 자행할 수 있게 될 것이다. 통치행위의 예외성, 통치행위에 대하여도 법치주의 확보의 필요성, 남용의 방지, 법치주의는 최종적으로는 사법적 판단에 의해 담보된다는 점 등을 고려할 때 통치행위의 판단주체는 헌법재판소나 대법원을 포함하는 사법부이어야 한다.

[통치행위의 판단] 통치행위의 개념을 인정한다고 하더라도 과도한 사법심사의 자제가 기본권을 보장하고 법치주의 이념을 구현하여야 할 법원의 책무를 태만히 하거나 포기하는 것이 되지 않도록 그 인정을 지극히 신중하게 하여야 하며, 그 판단은 오로지 사법부만에 의하여 이루어져야 한다 (대법원 2004.3.26. 선고 2003도7878 판결).

6. 統治行爲의 행사요건과 한계

(1) 統治行爲의 행사요건

통치행위로 인정되려면 첫째, 국가행위 중 고도의 정치적 결단에 의한 국가행위로서 둘째, 사법적 심사의 대상으로 삼기에 적절하지 못한 행위이어야 한다. 대통령이나 국회의 행위라도 고도의 정치적 결단이 아닌, 일상적인 행위는 통치행위가 될 수 없다. 사법심사의 대상으로 할 필요가 있는 행위는 통치행위를 이유로 이를 회피하도록 하여서는 안 되며, 사인의 행위는 원천적으로 이에 포함시킬 수 없다.

[정치적 행위의 한계] 아무리 고도의 정치적 행위라도 헌법질서에 반하는 행위, 국민의 기본권을 침해하는 행위는 헌법재판의 대상에서 제외될 수

없다는 것을 분명히 밝혀 둘 필요가 있다. 그렇지 아니하면 대통령이 통치행위라는 이름 아래 언제 또 다시 법치주의를 무시하는 행동을 자행할는지 모르며 역대 대통령의 그 동안의 권위주의적 행적이나 이 사건에서의 피청구인의 대응자세(실정법을 어겼으면서도 잘못이 아니라고 강변하는)로 보아 그러한 가능성은 충분히 예견되고도 남는다(헌법재판소 1994.8.31. 92헌마174).

[국헌문란목적의 비상계엄선포의 위법성판단] 대통령의 비상계엄의 선포나 확대 행위는 고도의 정치적·군사적 성격을 지니고 있는 행위라 할 것이므로,… 그 계엄선포의 요건 구비 여부나 선포의 당·부당을 판단할 권한이 사법부에는 없다고 할 것이나, 이 사건과 같이 비상계엄의 선포나 확대가 국헌문란의 목적을 달성하기 위하여 행하여진 경우에는 법원은 그 자체가 범죄행위에 해당하는지의 여부에 관하여 심사할 수 있다(대법원 1997.4.17. 선고 96도3376).

[사인의 대북송금] 남북정상회담의 개최는 고도의 정치적 성격을 지니고 있는 행위라 할 것이므로 특별한 사정이 없는 한 그 당부를 심판하는 것은 사법권의 내재적·본질적 한계를 넘어서는 것이 되어 적절하지 못하지만, 남북정상회담의 개최과정에서 재정경제부장관에게 신고하지 아니하거나 통일부장관의 협력사업 승인을 얻지 아니한 채 북한측에 사업권의 대가 명목으로 송금한 행위 자체는 헌법상 법치국가의 원리와 법 앞에 평등원칙 등에 비추어 볼 때 사법심사의 대상이 된다(대법원 2004.3.26. 2003도7878).

(2) 統治行爲의 한계와 그 책임

통치행위라 하더라도 헌법질서를 벗어날 수는 없다. 헌법질서에 반하고 헌법적 가치를 근본적으로 훼손하는 행위, 국민의 기본권의 본질을 침해하는 행위 등은 통치행위를 이유로 사법심사의 틀에서 벗어날 수 없다(司法的 責任). 헌법질서와 헌법적 가치를 지키는 것은 사법의 고유의 책임이고 권한이기 때문이다. 통치행위를 논하는 실익은 예외적으로 사법적 판단을 비껴가는 것일 뿐 다른 정치기관(예컨대 대통령의 행위에 대한 국회)의 비판이나 정치적 책임을 지는 것(政治的 責任)까지를 면하게 하는 것은 아니다. 뿐만 아니라, 통치행위를 한 자는 최종적으로는 주권자인 국민에 대하여 책임을 져야 한다(國民에 대한 責任).

[정치적 행위의 한계] 아무리 고도의 정치적 행위라도 헌법질서에 반하는 행위, 국민의 기본권을 침해하는 행위는 헌법재판의 대상에서 제외될 수 없다는 것을 분명히 밝혀 둘 필요가 있다(헌법재판소 1994.8.31. 92헌마174).

[통치행위와 국민의 기본적 가치 및 기본권] 이른바 통치행위를 포함하여 모든 국가작용은 국민의 기본권적 가치를 실현하기 위한 수단이라는 한계를 반드시 지켜야 하는 것이고, 헌법재판소는 헌법의 수호와 국민의 기본권 보장을 사명으로 하는 국가기관이므로 비록 고도의 정치적 결단에 의하여 행해지는 국가작용이라고 할지라도 그것이 국민의 기본권 침해와 직접 관련되는 경우에는 당연히 헌법재판소의 심판대상이 될 수 있다(헌법재판소 1996.2.29. 93헌마186).

[통치행위의 책임] 통치행위라 하여 무조건 면책행위가 된다거나 무제한의 자유를 의미한 것도 아니고 통치행위도 헌법상의 여러 원칙에 위배되어서는 아니되는 것이기 때문에 그것이 일반법원에 의한 사법심사의 대상에서 제외된다고 해서 헌법적 통제나 국회 또는 국민의 여론에 의한 비판까지 면할 수 있는 것이 아니다. …그것을 이유로 하는 국회에서의 정치적 책임 추궁 또는 국민여론에 의한 비판까지도 당연히 면제되는 것이라고 할 수 없는 것이다(헌법재판소 1990.4.2. 89헌가113).

제 7 절 司法의 公正性

Ⅰ. 司法의 公正性과 民主性

1. 공정성과 민주성의 추구

재판의 공정성과 사법의 민주성확보는 사법의 가장 중요한 과제이다. 그런데 사법이 추구하여야 할 공정성과 민주성은 충돌할 수 있다는데에 고민이 있다. 사법의 생명은 재판의 공정성(公正性)에 있고 재판의 공정성이야 말로 사법권독립의 궁극적 목적이며, 이를 통해 국민의 사법에 대한 신뢰를 형성하게 된다. 그런데 법원의 구성은 대통령이나 국회와 달리 임명에 의하기 때문에 민주적 정당성의 문제에서는 취약하다. 물론 비정치기관으로서 법원의 특성상 선거에 의해 사법부를 구성하는 것은 적절하지 않은 것은 사실이지만, 임명에 의한 사법부의 구성은 대표성의 확보라는 민주적 정당성의 문제가 없는 것은 아니다.

2. 사법의 공정성과 민주성 확보 방안

그러나 사법부의 민주적 정당성을 확보하기 위해 국민의 선거로 사법부를 구성하는 것은 사법권의 독립을 저해할 수 있다. 왜냐하면 선거에 의해 사법부를 구성하는 것은 국민으로부터 영향을 받지 않고 사법권을 행사하여야 하는 사법권의 독립과 충돌될 수 있기 때문이다. 사법부의 구성은 민주적 정당성과는 거리를 둔 임명제를 택하고 있어, 이 점에서 사법권에 대한 민주적 통제가 문제로 남는다. 법관은 개개의 재판에 있어서 국민으로부터 직접 영향을 받지 않고 독립하여 직권을 행사하지 않으면 안 되면서, 동시에 궁극적으로는 주권자인 국민의 신임을 얻어야 하기 때문이다. 사법의 공정성을 확보하기 위하여 재판의 심급제·공개제를 실시하고 있고, 사법의 민주성을 확보하기 위하여 재판의 공개와 더불어 배심제를 실시하고 있다.

Ⅱ. 裁判의 審級制

1. 法院의 審判權과 審級制

헌법은 "법원은 최고법원인 대법원과 각급법원으로 조직된다."(제101조 제2항)고 하여 법원의 조직을 정하고 있는데, 법원의 조직과 관할사건은 재판의 심급제와 연결되어 있다. 이에 따라 법원조직법은 대법원 및 각급법원의 심판권을 정하여, 재판의 심급제와 연결하여 규정하고 있다. 심급제는 원칙적으로 3심제를 채택하고 있다. 심급제도(審級制度)는 사법에 의한 권리보호에 관한 한정된 법 발견과 자원의 합리적인 분배의 문제인 동시에 재판의 적정과 신속이라는 서로 상반되는 두 가지의 요청을 어떻게 조화시키느냐의 문제로서 원칙적으로 입법자의 형성의 자유에 속한다.[32)]

(1) 大法院의 審判權

대법원은 i) 고등법원 또는 항소법원·특허법원의 판결에 대한 상고사건, ii) 항고법원·고등법원 또는 항소법원·특허법원의 결정·명령에 대한 재항고사건, iii) 다른 법률에 의하여 대법원의 권한에 속하는 사건을 종심(終審)으로 심판한다(법원조직법 제14조). 다른 법률에 의하여 대법원이 관장하는 사건으로는 선거와 관련한 소송이 있다(공직선거법 제222조 및 제223조). 선거와 관련된 소송으로는 선거의 효력을 다투는 선거소송(選擧訴訟)과 당선의 효력을 다투는 당선소송(當選訴訟)이 있다. 대통령선거와 국회의원선거, 지방의회의원 및 지방자치단체의 장의 선거에 있어서 비례대표시·도의원선거 및 시·도지사선거의 선거소송이나 당선소송은 대법원이 관장한다(공직선거법 제222조 제1항·제2항, 제223조 제1항·제2항). 선거에 관한 소청이나 소송은 다른 쟁송에 우선하여 신속히 결정 또는 재판하여야 한다(공직선거법 제225조).

(2) 高等法院의 審判權

고등법원은 i) 지방법원합의부·가정법원합의부 또는 행정법원의 제1심 판결·심판·결정·명령에 대한 항소 또는 항고사건, ii) 지방법원단독판사·가정법원단독판사의 제1심 판결·심판·결정·명령에 대한 항소 또는 항고사건으로서 형사사건을 제외한 사건중 대법원규칙으로 정하는 사건, iii) 다른 법률에 의하여 고등법원의 권한에 속하는 사건을 심판한다. 특허법원의 지위는 고등법원에 준하는데 특허법, 실용신안법, 의장법, 상표법의 소정규정에 속하는 사건을 심판한다(법원조직법 제28조의4). 다른 법률에 의하여 고등법원의 관장사항으로 정한 것은 선거에 관한 소송이 있다(공직선거법 제222조 및 제223조). 지방의회의원 및 지방자치단체의 장의 선거에 있어서, 지역구시·도의원선거, 자치구·시·군의원선거 및 자치구·시·군의 장 선거의 선거소송이나 당선소송은 그 선거구를 관할하는 고등법원이 관장한다(공직선거법 제222조 제2항, 제223조 제2항).

(3) 地方法院合議部의 審判權

지방법원과 그 지원의 합의부는 i) 합의부에서 심판할 것으로 합의부가

---

32) 헌법재판소 2002.6.27. 2002헌마18.

결정한 사건, ii) 민사사건에 관하여는 대법원규칙으로 정하는 사건, iii) 사형·무기 또는 단기 1년 이상의 징역 또는 금고에 해당하는 사건을 제1심으로 심판한다(법원조직법 제32조 제1항). 가정법원 및 가정법원지원의 합의부는 i) 가사소송법에서 정한 가사소송과 가사비송사건중 대법원규칙으로 정하는 사건, ii) 가정법원판사에 대한 제척·기피사건, iii) 다른 법률에 의하여 가정법원합의부의 권한에 속하는 사건을 제1심으로 심판한다(법원조직법 제40조).

2. 三審制原則

헌법에는 대법원과 각급법원을 두도록 하고 있는데, 법원조직법은 이를 대법원, 고등법원(특허법원) 및 지방법원(행정법원·가정법원)으로 하고 있다. 민사·형사·행정·가정사건은 원칙으로 삼심제를 택하고 있다. 원칙적으로 항소심·항고심은 지방법원 합의부와 고등법원이 관장하고 상고심·재항고심은 대법원이 관장하도록 하여 삼심제를 채택하고 있다.

3. 三審制原則의 예외

(1) 二審制(覆審制)

특허소송과 일부 선거에 관한 소송은 2심제를 채택하여 특허법원과 고등법원이 제1심을, 대법원이 종심으로 제2심을 담당한다.

1) 特許訴訟

특허소송(特許訴訟)은 특허법, 실용신안법, 의장법, 상표법의 소정규정에 속하는 사건을 말하는데, 고등법원급인 특허법원을 제1심으로 하고(법원조직법 제28조의4), 대법원은 제2심을 종심(終審)으로 심판한다.

2) 選擧에 관한 訴訟

선거에 관한 소송 중 지방의회의원 및 지방자치단체의 장의 선거에 있어서, 지역구시·도의원선거, 자치구·시·군의원선거 및 자치구·시·군의 장 선거의 선거소송(選擧訴訟)이나 당선소송(當選訴訟)은 그 선거구를 관할하는 고등법원이 제1심을 관장한다(공직선거법 제222조 제2항, 제223조 제2항). 제2심은 대법원이 종심으로 심판한다.

(2) 單審制

단심제는 대통령·국회의원 등의 선거소송·당선소송과 비상계엄하의 군사재판이 있다. 이들 사건에 대한 단심(單審)은 신속히 해결할 필요가 있거나(선거에 관한 소송), 위기의 신속한 극복과 특정범죄의 신속한 처리를 위하여(비상계엄시 군사재판) 인정된다.

1) 選擧에 관한 訴訟

선거와 관련된 소송으로 대통령선거와 국회의원선거, 지방의회의원 및 지방자치단체의 장의 선거에 있어서 비례대표시·도의원선거 및 시·도지사선거의 선거소송이나 당선소송은 대법원이 관장하도록 하여 단심제를 채택하고 있다(공직선거법 제222조 제1항·제2항, 제223조 제1항·제2항).

2) 非常戒嚴下의 軍事裁判

비상계엄하의 군사재판은 군인·군무원의 범죄나 군사에 관한 간첩죄의 경우와 초병·초소·유독음식물공급·포로에 관한 죄 중 법률이 정한 경우에 한하여 보통군사법원에서 단심으로 재판할 수 있다. 다만, 사형을 선고한 경우에는 그러하지 아니하다(제110조 제4항).

심급제	사 건	법 원			
		지방법원 단독부*	지방법원 합의부**	고등법원	대법원
3심제	단독판사 관할사건	1심	2심 (합의항소부)		3심
	합의부 관할사건		1심 (지방법원·행정법원 합의부)	2심	3심
2심제 (복심제)	선거사건***			1심	2심
	특허사건			1심 (특허법원)	2심
단심제	선거사건****				단심
	비상계엄하 군사재판사건	단심 (보통군사법원)			

* 지방법원단독부는 지방법원지원단독부, 가정법원단독부, 가정법원지원단독부를 포함한다.
** 지방법원합의부는 가정법원합의부, 본원합의부를 포함한다.
*** 지역구시·도의원선거, 자치구·시·군의원선거 및 자치구·시·군의 장 선거의 선거소송이나 당선소송
**** 대통령선거와 국회의원선거, 지방의회의원 및 지방자치단체의 장의 선거에 있어서 비례대표시·도의원선거 및 시·도지사선거의 선거소송이나 당선소송.

4. 大法院의 裁判을 받을 權利

모든 국민은 헌법과 법률이 정하는 법관에 의하여 법률에 의한 재판을 받을 권리를 가지는데(제27조 제1항), 이에 따라 국민은 대법원의 재판을 받을 권리를 가지게 된다. 그러나 상고를 제한하여 대법원의 재판을 받을 권리가 제한되는 경우가 있다. 소액사건심판법에 의한 상고제한제도와 상고심절차에관한특례법상 상고사건에서 심리불속행제도 그것이다. 이들 제도는 대법원의 재판을 받을 권리를 침해하는 것이 아닌가라는 문제가 있을 수 있다.

(1) 少額事件上告制限制度

소액사건심판법(少額事件審判法)은 지방법원 및 지방법원지원에서 소액의 민사사건을 간이한 절차에 따라 신속히 처리하기 위하여 민사소송법에 대한 특례를 규정하고 있다. 소액사건에 관하여는 1) 법률·명령·규칙 또는 처분의 헌법위반여부와 명령·규칙 또는 처분의 법률위반여부에 대한 판단이 부당한 때와 2) 대법원의 판례에 상반되는 판단을 한 때 외에는 상고 또는 재항고를 제한하고 있다(법 제3조). 소송가액에 의하여 상고심을 제한하는 것이 심급제 및 대법원의 재판을 받을 권리를 침해하는 것이 아닌가가 문제될 수 있다. 그러나 이는 첫째로 재판을 받을 권리가 반드시 대법원의 재판을 받을 권리를 포함하는 것은 아니고, 소송가액에 따라 대법원의 재판을 제한할 것인지의 여부와 소액사건범위를 획정하는 것은 입법형성의 재량에 속하는 사항이라는 점, 둘째로 대법원에의 남소(濫訴)를 방지하여 대법원의 업무를 간소화하고 보다 중요한 문제에 집중하여야 할 공익상의 이유가 있다는 점, 셋째 소액사건의 특성상 신속·간편하고 저렴하게 문제를 해결하는 것이 바람직하다는 점, 넷째 소액사건심

판법에 의한 상고심재판의 제한이 바로 대법원에 의한 재판을 받을 권리를 박탈하는 것은 아니라는 점 등의 이유로 그 합리성이 인정된다.

> **[소액사건과 상고제한]** 소액사건에 관하여 일반사건에 비하여 상고 및 재항고를 제한하고 있는 소액사건심판법 제3조는 헌법 제27조의 재판을 받을 권리를 침해하는 것이 아니고, 상고제도(上告制度)라고 한다면 산만하게 이용되기보다 좀 더 크고 국민의 법률생활의 중요한 영역의 문제를 해결하는데 집중적으로 투입·활용되어야 할 공익상의 요청과 신속·간편·저렴하게 처리되어야 할 소액사건절차 특유의 요청 등을 고려할 때 현행 소액사건상고제한(少額事件上告制限) 제도가 결코 위헌적인 차별대우라 할 수 없으며, 소액사건심판법 제3조는 대법원에 상고할 수 있는 기회를 제한하는 것이지 근본적으로 박탈하고 있는 것이 아니므로, 결국 위 법률조항은 헌법에 위반되지 아니한다(헌법재판소 1992.6.26. 90헌바25).

(2) 審理不續行制度

1) 審理의 不續行

상고심절차에관한특례법은 민사소송·가사소송 및 행정소송의 상고사건에서 심리불속행제도(審理不續行制度)를 도입하여 상고를 제한하고 있다. 즉 대법원은 상고이유에 관한 주장이 i) 원심판결이 헌법에 위반하거나 헌법을 부당하게 해석한 때, ii) 원심판결이 명령·규칙 또는 처분의 법률위반 여부에 대하여 부당하게 판단한 때, iii) 원심판결이 법률·명령·규칙 또는 처분에 대하여 대법원판례와 상반되게 해석한 때, iv) 법률·명령·규칙 또는 처분에 대한 해석에 관하여 대법원판례가 없거나 대법원판례를 변경할 필요가 있는 때, v) 이외에 중대한 법령위반에 관한 사항이 있는 때 등의 사유를 포함한다고 인정되지 아니할 경우에는 더 나아가 심리를 하지 아니하고 판결로 상고를 기각한다(법 제4조 제1항)는 규정이 이것이다.

2) 審級制와의 관계

심리불속행제도는 삼심제원칙 특히 대법원의 재판을 받을 권리를 침해하는 것이 아닌가하는 문제가 있을 수 있다. 헌법이 대법원을 최고법원으로 규정하였다고 하여 대법원이 바로 모든 사건을 상고심으로서 관할하여야 한다는 의미는 아니다. 또 헌법과 법률이 정한 법관에 의하여 법률에 의한 재판을 받을 권리가 사건의 경중을 가리지 아니하고 모든 사건에 대하여 대법원을 구성하는 법관에 의한 균등한 재판을 받을 권리를 의미한다거나 또는 상고심재판을 받을 권리를 의미하는 것도 아니다. 심리불속행제도가 비록 국민의 재판청구권을 제약하고 있기는 하지만 심급제도와 대법원의 최고법원성을 존중하면서 소송사건에 있어서 상고심 재판을 받을 수 있는 객관적인 기준을 정함에 있어 개별적 사건에서의 권리구제보다 법령해석의 통일을 더 우위에 둔 규정으로서 그 합리성이 있다고 할 것[33]이므로 헌법에 위반되지 아니한다. 따라서 이 제도는 대법원의 재판을 받을 권리를 침해하는 것이 아니다. 그리고 심급제도는 원칙적으로 입법자의 형성의 자유에 속하는 사항이다.

[**심리불속행제도와 대법원의 재판을 받을 권리**] 이 사건 법률조항은 비록 국민의 재판청구권을 제약하고 있기는 하지만 위 심급제도와 대법원의 최고법원성을 존중하면서 민사, 가사, 행정, 특허 등 소송사건에 있어서 상고심 재판을 받을 수 있는 객관적인 기준을 정함에 있어 개별적 사건에서의 권리구제보다 법령해석의 통일을 더 우위에 둔 규정으로서 그 합리성이 있다고 할 것이므로 헌법에 위반되지 아니한다(헌법재판소 2002.6.27. 2002헌마18).

Ⅲ. 裁判의 公開

1. 재판공개의 의의

헌법 제27조 제1항은 '재판을 받을 권리'를 보장한다. 공정한 재판을 담보하기 위해서는 재판의 공개가 매우 중요한 것이기 때문에 헌법 제109조는 "재판의 심리와 판결은 공개한다."고 규정하고 있다. 재판의 공개는 재판의 공명성을 기하고 법원의 책임을 확보하는 수단일 뿐만 아니라 국민의 인권보장을 위하여 중요한 의의를 가진다. 특히 형사재판에 있어서 헌법 제109조는 중요한 의미를 가지는데, 그것은 피고인의 권리로서 '공개재판을 받을 권리'를 보장하는 것이기도 하다.

---

33) 헌법재판소 2002.6.27. 2002헌마18.

2. 공개의 대상

'재판의 공개'라 하여 법원이 행하는 모든 재판이 공개심리의 절차에 의하여 행하여지지 않으면 안 된다는 의미는 아니다. 심리와 판결은 반드시 공개하여야 함이 원칙이다. '심리(審理)'란 민사소송에 있어서 구두변론(口頭辯論), 형사소송에 있어서 공개절차(公開節次)에 해당하는 것으로, 대립하는 당사자가 법관의 면전에서 구두로 서로 여러 가지 주장을 진술하는 것이다. 사실관계의 실체적 진실은 심리에 의하여 밝혀지게 된다. 심리결과에 따라 사실관계에 내리는 법관의 법적 판단을 판결(判決)이라 한다.

[구두변론] 판결은 항소심에서 항소이유가 없음이 명백하여 항소기각의 판결을 하는 때와 상고심의 판결 등 예외적으로 법률에 의하여 서면심리에 의한 판결이 가능하도록 규정되어 있는 경우를 제외하고는 구두변론을 거쳐야 함이 원칙이다(대법원 1994.10.21. 선고 94도2078 판결).

3. '公開'의 의미

재판의 공개라는 것은 일반인의 방청을 허용하는 것을 의미한다. 재판의 공개에 관한 헌법규정이 직접 '방청의 자유'를 권리로서 보장하는 것은 아니지만, 헌법이 보장하는 알 권리, 행복추구권과 결부하여 방청의 권리가 도출된다. 다만 그 성질상 공정한 재판의 실현, 당사자나 소송관계인의 권리보호, 법정의 질서유지라고 하는 관점에서 합리적인 범위에서 일정한 제약을 가할 수 있다. 재판의 공개는 재판에 있어서의 보도의 자유도 포함하는 개념이다. 법정에 있어서 취재의 자유에 대해서는 여러 가지 규제가 따른다. 재판공개원칙의 한 내용으로서 소송기록을 열람·복사하는 권리가 포함된다는 주장이 있을 수 있다. 그러나 재판공개규정이 형사확정소송기록의 열람을 권리로서 요구할 수 있는 것까지를 인정하는 것은 아니다.

[판결공개는 필수적] 헌법 제107조에서는 "재판의 심리와 판결은 공개한다. 다만, 심리는 국가의 안전보장 또는 안녕질서를 방해하거나 선량한 풍속을 해할 염려가 있을 때에는 법원의 결정으로 공개하지 아니한다."고 규정하므로써 판결만은 그 심리와는 달리 어떠한 경우이든 공개되어야 한다는 취지를 천명하고 있음에 비추어 볼 때, 위 군법회의법 제67조의 "군법회

의의 결정으로써 공개하지 아니할 수 있다."는 단서의 규정은 그 본문 중 '판결'을 제외한 '대심'만을 의미하는 것이라고 풀이함이 상당하다 할 것이다(대법원 1978.7.11. 선고 77도3870 판결).

4. 裁判公開原則의 예외

(1) 非公開審理

재판의 심리와 판결은 공개하여야 하는 것이지만, 심리는 국가의 안전보장 또는 안녕질서를 방해하거나 선량한 풍속을 해할 염려가 있을 때에는 법원의 결정으로 이를 공개하지 아니할 수 있다(제109조, 법원조직법 제57조 제1항). 이 때 비공개의 대상을 심리(審理)에 한정된다. 판결은 반드시 공개하여야 한다. 법원이 심리를 비공개로 하는 결정을 할 때는 그 '이유를 개시(開示)'하여 선고하여야 한다(법 제57조 제2항). 비공개심리결정을 한 경우에도 재판장은 적당하다고 인정되는 자의 재정(在廷)을 허가할 수 있다(법 제57조 제3항).

(2) 傍聽의 制限

재판을 공개한다하여 무제한 방청을 허용하여야 하는 것은 아니다. 공판은 제한된 공간인 법정에서 진행되기 때문에(법원조직법 제56조 제1항, 형사소송법 제275조 제1항), 희망하는 모든 사람에게 무제한으로 방청을 허용할 수는 없기 때문이다. 따라서 법정질서유지를 책임져야할 법원이 법정의 규모·질서의 유지·심리의 원활한 진행 등을 고려하여 방청을 희망하는 피고인들의 가족·친지 기타 일반국민에게 미리 방청권을 발행하게 하고 그 소지자에 한하여 방청을 허용하는 등의 방법으로 방청인의 수를 제한하는 조치를 취하는 것은 공개재판주의의 취지에 반하는 것이 아니다.[34]

---

34) 대법원 1990.6.8. 선고 90도646.

Ⅳ. 國民參與裁判

1. 國民主權과 國民參與裁判

(1) 裁判過程에 國民의 參與

일반 국민이 재판의 과정에 참가하여 재판내용에 국민의 건전한 사회상식이 보다 반영되도록 함으로써 국민의 사법에 대한 이해·지지가 깊어지고 사법은 보다 굳건한 국민적 지지기반을 얻을 수 있게 된다. 이러한 국민의 사법참가제도로서 영미법계의 배심제와 대륙법계의 참심제 및 참심제를 변형한 일본의 재판원제가 있다. 우리나라는 "국민의 형사재판참여에 관한 법률"을 제정하여 2008년부터 국민참여재판제를 시행하고 있다.[35]

(2) 司法過程에 있어서의 國民主權原理의 實現

국회와 정부는 대표민주제 체제아래 국민을 직접 대표하는 지위를 가진다. 국회와 정부를 구성하는 권력은 국민으로부터 비롯되고 이는 주기적인 국회의원선거와 대통령선거에 의하여 확인되고 있다. 이러한 점에서 국회와 정부는 "정치적 기관(political branch)"이다.[36] 선거를 통하여 주권자의 의사는 국가기관구성을 좌우하게 되는데, 선거 외에도 수시로 정치과정에 국민의사가 이입되는 장치가 마련되어 있고 피드백효과도 나타난다. 그러한 점에서 이들 기관은 "국민의 기관(the people's branch)"이다.[37] 그러나 비정치기관인 법원의 경우 그 구성과 작용이 국민과 단절되어 있다. 법관이 국민의 의사를 직접반영하는 국민의 대표기관일 수는 없다.[38] 특히 사법권의 독립은 법관에 대한 외부적 영향력의 차단을 요구

---

35) '국민의 형사참여에 관한 법률'이 공포된 지 8개월여 만인 2008년 2월 12일 최초로 대구지방법원에서 국민참여재판이 열렸다.

36) *Supreme Court from A to Z*, p. 298.

37) Mason, *op. cit.*, p. 82.

38) 헌법은 국가의 최고헌법기관의 구성에 관하여 입법기관인 국회는 국민의 선거에 의하여 선출된 국회의원으로 구성하고(헌법 제41조 제1항), 행정부의 수반인 대통령 또한 국민의 선거에 의하여 선출하도록(헌법 제67조 제1항) 하고 있는 반면, 사법부는 국민의 선거에 의하여 구성하기에 적절치 아니하므로 사법부의 최고기관인 대법원의 구성에 관하여 대법원장과 대법관 모두 국회의 동의를 얻어 대통령이 임명하도록(헌법 제104조 제1항) 하고 있다(헌법재판소 1998.7.14. 98헌라2).

하고 있다. 법원이 초연한 지위에서 독립적으로 판단하는 것이 재판의 공정성확보라는 점에서는 긍정적이지만 주권자인 국민과는 동떨어진 기관으로 남게 된다. "국민참여재판제"라는 것은 재판과정에 국민을 참여시킴으로서 국민의 참여와 관심 속에 재판과정의 민주성을 확보할 수 있게 하고 국민에게 다가갈 수 있는 국민친화적 재판을 가능하게 함으로써 궁극적으로는 사법권에 있어서도 국민주권을 실현하려는 것이다.

2. 外國의 國民參與裁判制

배심제도는 12~13세기 영국에서 발전되었고 미국은 영국의 식민지 지배 하에서 영국의 압력에 대항하기 위한 수단으로부터 발전되기 시작했고, 프랑스는 프랑스 혁명 후 잠시 채용했다가 폐지하였고, 독일에서도 일시 채용되었다가 폐지되고 참심제(參審制)를 취하고 있다. 기소배심제는 1933년에 영국에서도 폐지되었으나, 미국에서는 헌법상 중죄에 관한 기소배심제를 규정하고 있다. 일본은 배심제를 거쳐 현재는 재판원제(裁判員制)를 채택하고 있다.

(1) 陪審制

배심제(jury)는 일반시민 가운데 배심원으로 선발된 사람이 기소여부를 결정하거나(大陪審, grand jury), 형량의 결정 등 심판에 관여하는(小陪審, petit jury) 제도를 말한다.[39] 대배심(기소배심)은 범죄행위의 기소에 있어서 전체배심원 중 일정수 이상의 찬성이 있어야 정식기소를 할 수 있는 제도이고, 소배심(심판배심)은 배심원 명부에서 선임된 일정수의 배심원이 선서한 후에 민사 또는 형사 사건에 있어서 공판에 제출된 증거에 의거하여 사실문제(쟁점 또는 유죄·무죄)에 관하여 심리한 후, 원칙적으로 전원일치로 평결하는 제도이나 세부적으로는 예외가 있다. 법원은 이러한 배심원의 평결에 따라 법률을 적용하여 판결을 선고한다.

(2) 參審制

참심제(Schöffen)란 일반시민 가운데 선임된 참심원이 직업법관과 더불

---

39) 법률전문가가 아닌 사회인사(배심원)들이 재판 또는 기소에 참여하여 사실문제에 관한 평결(評決)을 하는 제도로서 재판과정에의 국민의 참여라는 의미를 가진다.

어 동일한 자격을 가지고 합의체를 구성하여 재판을 하는 제도이다. 배심제에 있어서는 직업법관의 역할과 배심원의 역할은 분리되지만 참심제에 있어서는 양자가 일체가 되어 재판을 행한다.

(3) 裁判員制

일본은 과거 배심제를 채택한 적이 있으나 현재는 참심제를 약간 변형한 재판원제(裁判員制)를 채택하고 있다.[40] 재판원제는 형사재판에 선거인명부로부터 무작위로 선택한 20세 이상의 국민이 재판인을 구성하여 재판관과 대등한 권한으로 피고의 유죄·무죄와 형기를 결정하는 제도이다.

3. 國民參與裁判

(1) 국민참여재판과 陪審制

우리나라는 2008년부터 국민참여제도를 도입하여 시행하고 있는데, 국민참여재판(國民參與裁判)이란 법관이 아닌 국민이 배심원으로 참여하는 형사재판을 말한다(법 제2조 제2호). "국민의 형사재판참여에 관한 법률"(2007)은 배심제(陪審制)를 채택하고 있다. 이 법률은 배심원이라는 용어를 사용하고 있지만 영미법 상의 배심제와는 다르다. 국민참여재판제로서 우리의 배심제는 미국의 배심제를 골격으로 하여 독일의 참심제를 혼합한 제도이다.[41]

(2) 국민참여재판에 관한 권리와 의무

형사피고인은 국민참여재판을 받을 권리를 가지며, 대한민국국민은 국민참여재판에 참여할 권리를 가지고 국민참여재판에 참여할 의무를 진다. 즉, 사형·무기 등 법이 정하는 형사사건의 피고인은 원하는 경우 국민참

40) 裁判員制의 요지는 다음과 같다(裁判員が參加する刑事裁判に關する法律, 平成16年5月18日法律第63号). i) 사건에 선거인명부로부터 무작위로 선택한 20세 이상의 국민이 재판인을 구성한다(참가는 의무). 합의는 원칙으로 재판관 3인, 재판인 6인이 행한다. ii) 재판원은 재판관과 대등한 권한으로 피고의 유죄·무죄와 형기를 결정한다. 평결은 과반수로 하되 재판관·재판인 각 1인 이상의 찬성이 필요하다. iii) 대상사건은 사형이나 무기의 징역·금고에 해당하는 죄와 징역 1년 이상의 사건으로 고의의 범죄행위로 피해자가 사망한 죄로 한다. iv) 재판에 참가하는 경우는 평의의 경과나 각 재판관·재판원의 의견, 평결의 수 등에 대해서 무기한의 비밀엄수의무를 진다.

41) 허영, 1023.

여재판을 받을 권리를 가지고(법 제3조 제1항), 모든 국민은 배심원으로 국민참여재판에 참여할 권리와 의무를 가진다(제2항).

(3) 국민참여재판의 對象事件

1) 대상사건

형법과 특정범죄가중처벌 등에 관한 법률이 정하는 일정한 범죄와 법원합의부 관할 사건 중 대법원규칙으로 정하는 사건이 국민참여재판의 대상사건(對象事件)이 된다(법 제5조 제1항). 그러나 피고인이 국민참여재판을 원하지 아니하거나 법원이 배제결정을 한 경우에는 국민참여재판을 하지 아니한다(제2항).

2) 대상사건과 피고인의 의사

대상사건이라 하여 모두 국민참여재판절차를 거쳐야 하는 것은 아니고, 국민참여재판에 대한 피고인 의사를 확인하여 결정된다. 즉 법원은 대상사건의 피고인에 대하여 국민참여재판을 원하는지 여부에 관한 의사를 서면 등의 방법으로 반드시 확인하여야 하고(법 제8조 제1항), 피고인은 공소장 부본을 송달받은 날부터 7일 이내에 국민참여재판을 원하는지 여부에 관한 의사가 기재된 서면을 제출하여야 한다(제2항).

3) 국민참여재판의 배제결정

법원은 공소제기 후부터 공판준비기일이 종결된 다음날까지 i) 배심원·예비배심원·배심원후보자 또는 그 친족의 성명·신체·재산에 대한 침해 또는 침해의 우려가 있어서 출석의 어려움이 있거나 이 법에 따른 직무를 공정하게 수행하지 못할 염려가 있다고 인정되는 경우, ii) 공범관계에 있는 피고인들 중 일부가 국민참여재판을 원하지 아니하여 국민참여재판의 진행에 어려움이 있다고 인정되는 경우 및 iii) 그 밖에 국민참여재판으로 진행하는 것이 적절하지 아니하다고 인정되는 경우에는 국민참여재판을 하지 아니하기로 하는 결정을 할 수 있다(법 제9조 제1항).

(4) 배심원

"배심원(陪審員)"이란 국민의 형사재판참여에 관한 법률에 따라 형사재판에 참여하도록 선정된 사람을 말한다(법 제2조 제1호). 배심원은 법이 정한 일정한 권한을 가지고 의무를 부담한다.

1) 배심원의 임무개시와 종료

가. 배심원의 자격

배심원은 만 20세 이상의 대한민국 국민 중에서 선정된다(법 제16조). 그러나 금치산 등 결격사유가 있거나(법 제17조), 법이 정하는 공무원 등 직업에 따른 제외사유에 해당하거나(법 제18조), 피해자 또는 피해자와 일정한 관계가 있어 제척사유에 해당하는 경우(제19조)는 배심원이 될 수 없다.

나. 배심원의 선정

배심원 선정기일에 출석한 배심원후보자 중에서 재판에 필요한 배심원과 예비배심원의 수만큼 무작위로 선정하고, 이들 가운데 직권으로 배제하거나 기피신청 또는 무이유부기피신청으로 배제된 자를 제외한 자를 배심원과 예비배심원으로 선정한다(법 제24조~제31조).

다. 배심원의 수

법정형이 사형·무기징역 또는 무기금고에 해당하는 대상사건에 대한 국민참여재판에는 9인의 배심원이 참여하고, 그 외의 대상사건에 대한 국민참여재판에는 7인의 배심원이 참여한다. 다만, 법원은 피고인 또는 변호인이 공판준비절차에서 공소사실의 주요내용을 인정한 때에는 5인의 배심원이 참여하게 할 수 있다(법 제13조 제1항).

라. 배심원의 임무종료

배심원은 법원에 의해 해임될 수 있고(법 제32조), 사임을 신청할 수도 있다(법 제33조). 또한 배심원의 임무는 종국재판을 고지하거나 통상절차회부결정을 고지한 때 종료한다(법 제35조).

2) 배심원의 권한과 의무

가. 배심원의 권한

배심원은 배심원인 자격에서 의견을 제시하는 권한(의견제시권)과 재판절차상 신문요청 등의 권한(신문요청권)을 가진다. 즉 배심원은 국민참여재판을 하는 사건에 관하여 사실의 인정, 법령의 적용 및 형의 양정에 관한 의견을 제시할 권한을 가지고(법 제12조 제1항), 피고인·증인에 대하여 필요한 사항을 신문하여 줄 것을 재판장에게 요청할 수 있다(법 제41조 제1항 제1호). 배심원은 대법원규칙이 정하는 바에 따라 여비·일당 등을 지급받는다(법 제15조).

나. 배심원의 의무

배심원은 취임에 앞서 공정한 직무수행을 위한 선서의무를 지고, 직무와 관련하여서 법령준수의무, 성실의무, 비밀준수의무를 진다. 즉 배심원은 직무와 관련하여 법률에 따라 공정하게 그 직무를 수행할 것을 다짐하는 취지의 선서를 하여야 한다(법 제42조 제1항). 배심원이 선서를 거부하면 과태료를 부과한다(법 제60조). 배심원은 법령을 준수하고 독립하여 성실히 직무를 수행하여야 하고(법 제21조 제2항), 직무상 알게 된 비밀을 누설하거나 재판의 공정을 해하는 행위를 하여서는 아니된다(제3항). 특히 배심원은 평의·평결 및 토의 과정에서 알게 된 판사 및 배심원 각자의 의견과 그 분포 등을 누설하여서는 아니된다(법 제47조). 또한 배심원은 심리 도중에 법정을 떠나거나 평의·평결 또는 토의가 완결되기 전에 재판장의 허락없이 평의·평결 또는 토의 장소를 떠나는 행위 등 심리·평의·평결과정에서의 일정한 행위를 하여서는 아니된다(법 제41조 제2항). 배심원 등에 의한 비밀누설죄(법 제58조)와 배심원 등의 금품 수수 등(법 제59조)은 처벌된다.

(5) 국민참여재판의 절차

1) 공소사실 등의 설명과 평결

재판장은 변론이 종결된 후 법정에서 배심원에게 공소사실의 요지와 적용법조, 피고인과 변호인 주장의 요지, 증거능력, 그 밖에 유의할 사항에 관하여 설명하여야 한다(법 제46조 제1항). 심리에 관여한 배심원은 유·무죄에 관하여 평의하고, 전원의 의견이 일치하면 그에 따라 평결한다(제2항). 배심원은 유·무죄에 관하여 전원의 의견이 일치하지 아니하는 때에는 평결을 하기 전에 심리에 관여한 판사의 의견을 들어야 한다. 이 경우 유·무죄의 평결은 다수결의 방법으로 한다(제3항). 평결이 유죄인 경우 배심원은 심리에 관여한 판사와 함께 양형에 관하여 토의하고 그에 관한 의견을 개진한다(제4항).

2) 평결의 기속성 여부

배심원의 만장일치로 유죄가 결정되지 않을 경우에는 판사의 의견을 듣고 만장일치 또는 다수결로 결정한다. 배심원의 평결은 유죄일 경우 법관과 양형에 관해 의견을 나눌 수 있지만 법원을 기속하지 아니한다(제5항).

3) 배심의 평결결과 고지

가. 재판장의 결과고지

재판장은 판결선고 시 피고인에게 배심원의 평결결과를 고지하여야 하며, 배심원의 평결결과와 다른 판결을 선고하는 때에는 피고인에게 그 이유를 설명하여야 한다(법 제48조 제4항).

나. 판결서의 기재사항

판결서에는 배심원이 재판에 참여하였다는 취지를 기재하여야 하고(법 제49조 제1항), 배심원의 평결결과와 다른 판결을 선고하는 때에는 판결서에 그 이유를 기재하여야 한다(제2항).

(6) 배심원의 보호조치

배심원의 개인정보의 공개는 금지되며(법 제52조 제1항), 배심원에 대한 불이익처우도 금지된다(법 제50조). 또 당해 재판에 영향을 미치거나 배심원이 직무상 취득한 비밀을 알아낼 목적으로 배심원 또는 배심원의 직무를 수행하였던 자와 접촉하여서는 아니된다(법 제51조). 재판장은 배심원 등에 대한 신변보호조치를 취할 수 있다(법 제53조). 그리고 배심원을 보호하기 위하여 배심원 등에 대한 청탁죄(법 제56조), 배심원 등에 대한 위협죄(법 제57조)를 처벌한다.

(7) 국민참여재판제의 장점과 문제점

1) 국민참여재판제의 장점

국민참여재판은 i) 재판과정에 국민을 참여시킴으로써 사법권에 국민주권을 실현하고, ii) 재판과정에 국민이 직접 참여함으로써 사법에 대한 국민의 불신을 해소할 수 있게 하며, iii) 국민의 참여와 관심 속에 재판과정의 민주성을 확보할 수 있게 하고,[42] iv) 법관의 독선·관료화를 억제함으로써, v) 국민에게 다가갈 수 있는 국민친화적 재판을 가능하게 한다는 장점이 있다.

2) 국민참여재판제의 문제점

국민참여재판은 i) 법에 전문지식이 없는 일반 국민을 재판과정에 참여시킴으로써 재판의 효율성이 떨어진다거나[43] 감성재판으로 흐를 우려가 있고, ii) 유무죄의 평결이나 양형에 있어 여론재판의 우려가 있으며, iii) 만장일치로 유죄평결을 하지 않을 경우와 양형에 관하여 의견이 일치하지 않을 경우 평결의 기속력을 인정하지 않아 법관의 영향력이 크다는 문제점이 있다. 그 외에도 iv) 살인·강도·뇌물수수 등의 범죄 중 피고인이 원하는 경우라도 국민참여재판 신청 자체가 받아들여지지 않을 수도 있어 피고인의 인권에 소홀할 수 있는 분야가 있고, v) 배심원의 선정에서 판결까지 하루에 하도록 되어 시간상 제약이 따른다는 문제점이 있다.

42) 권영성 교수(841)는 배심제 도입의 유효성 검토부분을 i) 사법과정의 민주성 확보, ii) 법관의 관료화 억제, iii) 인권보장의 기여, iv) 국민에게 친숙한 재판을 근거로 들고 있다.

43) 국내 사법사상 첫 국민참여재판이 2008.3.12. 대구지방법원에서 형사합의11부 심리로 열렸다. 첫 국민참여재판에서 배심원후보자 중 38%가 출석하여 비교적 호응도도 높아 성공적으로 진행되었다. 그러나 "법률용어를 순화시키고 구체어로 말하는 등의 법조인들의 노력에도 불구하고 배심원과 방청객에게는 법률용어에 대한 이해가 부족한 듯 보였다. 또한 사건의 난이도에 비해 시간과 노력이 많이 소요된다는 효율성 부족과 배심원들이 오래 기다리는 등 진행의 미숙함을 지적하는 목소리도 있었다."(대한변협신문 2008.2.18. 1면).

제 5 장 憲法裁判所

제 5 장
憲法裁判所

제 1 절 憲法裁判制度 一般論

Ⅰ. 憲法裁判의 의의

1. 헌법재판: 헌법지킴이

헌법은 인간의 존엄과 가치를 실현하기 위하여 구체적인 인권보장규정을 두고 이 인간의 존엄이라는 헌법가치(憲法價値)를 실현하기 위하여 여러 통치기구를 설치·운용하고 있다. 그리고 이들 헌법가치의 실현을 위하여 헌법에 반하는 일체의 법률·명령·규칙 등에 대하여는 그 효력을 부정하여 헌법의 규범성을 수호한다. 헌법의 이러한 최고규범성을 보장하기 위해서 법률·명령·규칙 등의 국가행위가 헌법에 적합한 것인가를 판단하여 헌법과 헌법이 추구하는 가치를 수호하는 기관, 즉 '헌법의 파수꾼(헌법지킴이)'이 필요한 것이다. 모든 국가기관은 헌법을 준수하여야 하지만, 현실적으로는 반드시 그렇지도 않을 뿐만 아니라 심지어는 적극적으로 헌법을 침해하기도 한다. 헌법의 파수꾼이 누구인가는 국가와 시대에 따라서 또 지켜야 할 헌법가치의 내용에 따라 다를 수 있다. 규범에 대한 합헌성유지의 사명을 누가 담당할 것인가라는 관점에서 볼 때 우리헌법은 법률의 경우에는 헌법재판소를(제111조 제1항 제1호), 명령·규칙의 경우에는 대법원을(제107조 제2항) 헌법의 파수꾼으로 명하고 있다.

2. 헌법재판과 그 이념적 기초

(1) 헌법재판의 의미

憲法裁判(Verfassungsgerichtsbarkeit)은 헌법의 규범내용의 해석에 관한 다툼이나 일정한 헌법분쟁이 발생한 경우 분쟁당사자나 정부나 법원 등 국가기관의 청구에 의하여 독립된 지위를 가진 제3의 국가기관이 중립적 입장에서 이를 판단·해석하여 헌법의 규범력을 유지하는 것으로 헌법수호의 한 방법이다. 협의로는 위헌법률심판을 의미하지만, 넓게는 정당해산심판, 탄핵심판, 권한쟁의심판, 헌법소원심판 및 선거소송심판을 포함하는 개념이다. 우리 헌법상 헌법재판소는 1) 법원의 제청에 의한 법률의 위헌여부심판, 2) 탄핵의 심판, 3) 정당의 해산심판, 4) 국가기관 상호간, 국가기관과 지방자치단체간 및 지방자치단체 상호간의 권한쟁의에 관한 심판, 5) 법률이 정하는 헌법소원에 관한 심판을 그 관장사항으로 한다(제111조 제1항). 다만, 선거에 관한 소송은 법원의 관장사항으로 하고 있다.

(2) 政治生活의 規範化와 合憲性統制

헌법재판은 헌법질서를 유지·수호하는 국가작용을 수행함으로써 헌법가치를 수호하고 이를 통하여 '憲法을 實現'한다. 헌법재판소는 헌법보호의 수단으로 국가기관의 행위의 합헌성을 통제함으로써 강력한 권력통제기능을 한다. 오늘날 정치권력의 행사도 규범화되어 정치권력을 헌법의 틀 안에서 작용하게 만듦으로써 헌법재판의 중요성은 한층 증대되고 있다. 이에 따라 헌법재판은 통치권의 기본권기속과 통치권 행사의 절차적 정당성을 확보하는 수단으로서 기능적 권력통제의 메카니즘으로 작용하고 있다.[1] 즉 정치생활의 규범화현상과 더불어 헌법재판이 권력통제를 통한 헌법의 수호수단으로 의미를 더하고 있는 것이다.

---

1) 오늘날 자유민주국가에서 헌법재판제도는 국민의 기본권을 국가권력의 남용으로부터 보호하고, 정치권력을 헌법의 틀 안에서 작용하게 만듦으로써 헌법을 실현하는 헌법보호의 중요한 수단이다. 그리하여 오늘날 헌법재판제도는 대의제, 권력분립제, 선거제, 공무원제, 지방자치제 등과 같이 통치구조의 불가결한 구성부분으로 인식되고 있다. 특히 헌법재판제도는 국가권력의 기본권기속과 국가권력 행사의 절차적 정당성을 확보하기 위한 기능적 권력통제의 한 장치로 이해되면서 권력분립의 차원에서도 중요한 의미를 갖게 되었다(헌법재판실무제요, 제1판, 1면).

(3) 憲法裁判의 理念的 基礎

헌법재판의 기능은 헌법해석을 통하여 최고규범으로서 성문헌법의 규범성을 보장하고 국민의 기본권을 보장하는 것이다. 한편으로는, 헌법재판은 헌법의 규범으로서의 최고성(最高性), 성문성(成文性)과 경성(硬性)을 확보하는 것을 사명으로 하고 다른 한편으로는 인간의 존엄과 가치를 위시한 헌법의 기본가치를 수호하는 것을 이념적 가치로 한다. 이렇게 헌법재판은 정치권력의 헌법기속성을 확보하여 기본권보장과 헌법의 최고규범성을 확보하는 것을 그 이념적 기초로 한다.

Ⅱ. 憲法의 侵害와 그 守護

1. 憲法의 規範力 守護

헌법 규범의 일부나 전체가 침해된 경우 헌법을 어떻게 그리고 누가 수호할 것인가(Quis custodiet ipsoscustodes?)가 문제이다. 헌법수호논쟁은 미국의 경우 건국초기에까지 거슬러 올라간다. 미국헌법은 헌법의 규범력 수호에 관한 규정을 두고 있지 않다. 따라서 미국은 규범에 의해서가 아니고 규범의 해석에 의하여 이 문제를 해결하고 있다. 독일의 경우에는 헌법의 수호자를 둘러싼 슈미트와 켈젠의 논쟁이 유명하다. 불문헌법국가인 경우에는 법률의 합헌성 통제라는 협의에서의 헌법재판은 있을 수 없다. 또 의회우위의 국가에 있어서는 법률에 대한 심사를 허용하지 아니한다. 영국, 네덜란드, 룩셈부르크, 스웨덴, 리비아 등은 위헌법률심사제도를 채택하지 않고 있다.[2)]

2. 美國에 있어서의 憲法守護論爭

미국헌법의 아버지들은 헌법의 최고규범성을 어떻게 수호할 것인가를 고민하였는데 매디슨(Madison)은 "법률의 위헌여부에 대한 판단권(null and void)은 법관이 갖는다."고 하였다. 이 견해는 법원에 법률해석권과

---

2) 법원도서관, 헌법재판제도의 이해〔요약〕, 2002, 17면.

더불어 법률에 대한 합헌성판단권이라는 이중의 견제장치(double check)를 부여하는 것이 된다. 법관과 학자들 사이에 사법심사의 역할에 관하여 첨예한 견해의 대립이 있었고, 이것은 마샬과 깁슨의 논쟁으로 이어진다. 게리(Elbridge Gerry)는 법원의 위헌법률심사권은 권력분립원리를 파괴하고 "법관을 정치인화"한다하여 이를 우려하였고, 예츠(Robert Yates)도 사법의 우월을 경고하였으며, 해밀턴(Alexander Hamilton) 역시 입법부의 행위를 무효화하는 사법부의 권한에 당혹해 하였다.[3] 여러 가지 우려에도 불구하고 미국에서 위헌법률심사는 사법부의 판례를 통하여 형성되었다. 깁슨판사(Judge Gibson)는 권력분립원리에 기해 법원은 법률의 합헌성여부의 판단을 자제하여야 한다고 주장하였으나 마샬연방대법원장(Chief Justice Marshall)은 Marbury v. Madison사건에서 '무엇이 법인가를 말하는 것은 사법부의 권리이며 의무'라 하여, 법원의 위헌법률심사권이 오늘날 미국의 헌법관행으로 형성되는 계기를 마련하였다.[4] 위헌법률심사제도는 이제 '미국헌법체제의 가장 현저한 특징'[5]으로 자리잡고 있다.

[Marbury v. Madison사건] 2대 대통령 Adams(연방파)가 물러나면서 연방법원을 연방파로 채웠으나 미처 임명장을 주지 못하였고, 국무장관이었던 Marshall(연방파)을 하루전날 연방대법원장에 임명하였다. 이후 3대 대통령인 Jefferson(반연방파)은 국무장관에 Madison을 임명하였고, Madison은 연방법원 판사들에게 임명장을 교부하지 않았다. 이에 Marbury뉴욕형집행판사가 임명장교부명령청구소송을 낸 사건이었다. 이 사건에서 연방파인 Marshall 연방대법원장은 "미국헌법은 최고규범이므로 분쟁발생시 법률이 헌법에 배치되는지 판단하여야 한다"고 하면서 위헌법률심사제도인 헌법재판을 인정하게 되었다.

3) Mason, *op. cit.*, p. 30.
4) Marshall 연방대법원장은 "국민은 (헌법개정을 위하여) 좀체로 움직이려 하지 않는다"라고 하면서 헌법에 규정된 개정조항을 "부담스럽고" "현명하지 못한" 규정이라고까지 하였다. Corwin교수는 "이러한 것이 아마도 Marshall로 하여금 사법부에 헌법형성적 권력(contituant power)을 가지도록 의욕한 것과 관련되었을 것"이라고 한다(Mason, *op. cit.*, p. 1).
5) Edward S. Corwin, "Judicial Review", *Encyclopedia of Social Science*, vol. 8, p. 457.

3. 獨逸에 있어서의 憲法守護論爭

헌법의 규범력을 침해하는 헌법의 침해는 내부적인 침해와 외부적인 침해로 구분할 수 있다. 전자는 국가기관에 의한 헌법규정의 침해로서 헌법의 규범력의 침해이고, 후자는 혁명세력에 의한 헌법자체의 침해이다. 헌법이 침해된 경우에 누가 헌법의 수호자가 될 것인가에 대하여는 슈미트와 켈젠의 논쟁이 유명하다. 슈미트(Carl Schumitt)는 그의 저서 「憲法의 守護者(*Der Hüter der Verfassung*)」에서 헌법의 수호자는 결국 공화국 대통령이라고 주장하였다. 국회와 정부는 정당을 통해 동질화되고 사법은 권력통제기능을 상실하기 때문에 헌법을 실현시키고 헌법적 권력행사를 효과적으로 제한할 수 있는 기능을 가진 국가기관은 대통령뿐이라고 한 것이다. 그는 바이마르 공화국 헌법아래 대통령은 국민전체의 수호자(Hüter) 또는 그 보장자(Wahrer)라 하여 대통령을 헌법의 수호자로 보았다. 이에 비하여 켈젠(Hans Kelsen)은 그의 저서 「누가 헌법의 수호자이어야 하는가?(*Wer soll Hüter der Verfassung sein?*)」에서 헌법소송이 강력한 권력통제기능을 한다고 하여 헌법재판소를 헌법의 수호자로 보았다.

4. 憲法의 守護者

대통령이 헌법의 수호자라는 결단주의적 사고는 문제가 있다. 헌법의 규범력은 대부분의 경우 대통령에 의해 침해되는데, 대통령에게 헌법의 수호자이기를 기대하는 것은 비현실적이라는 점을 넘어 하나의 환상일 수 있다. 또한 헌법재판소를 헌법의 수호자로 보는 견해도, 헌법재판이 아무리 강력한 권력통제기능을 가진다고는 하나 헌법재판소만이 헌법수호기관이 될 수 있는 것은 아니고, 헌법재판소외에 다른 헌법기관의 협조가 따르지 않으면 안 된다는 점을 간과하고 있다. 그리고 두 이론은 모두 대통령 또는 헌법재판소라는 제도에만 의지하고 있다는 점에 그 이론적 한계가 있다. 결국 헌법의 수호는 제도와 일반 국민의 의지에 달려있다고 본다. 제도적 측면에서 볼 때, 대통령, 헌법재판소, 국회, 정부, 법원 등 헌법기관이 모두 헌법의 수호기관이고, 최종적으로는 국민의 헌법에의 의지가 헌법을 수호할 최후의 보루라 할 것이다.

[헌법수호는 헌법재판소와 법원의 공동과제] 헌법 제107조 제1항은 "법률이 헌법에 위반되는 여부가 재판의 전제가 된 경우에는 법원은 헌법재판소에 제청하여 그 심판에 의하여 판단한다."고 규정하고, 제2항은 "명령·규칙 또는 처분이 헌법이나 법률에 위반되는 여부가 재판의 전제가 된 경우에는 대법원은 이를 최종적으로 심사할 권한을 가진다."고 규정하여 구체적 규범통제절차에서의 법률에 대한 위헌심사권과 명령·규칙·처분에 대한 위헌심사권을 분리하여 각각 헌법재판소와 대법원에 귀속시킴으로써 헌법의 수호 및 기본권의 보호가 오로지 헌법재판소만의 과제가 아니라 헌법재판소와 법원의 공동과제라는 것을 밝히고 있다(헌법재판소 1997.12.24. 96헌마172,173(병합)).

Ⅲ. 憲法裁判의 機能

헌법재판의 기능은 일률적으로 말하기는 어렵다. 왜냐하면 광의의 헌법재판은 위헌법률심판 이외에도 여러 기능을 포함하고 있기 때문이다. 협의로 헌법재판을 이해할 때, 헌법재판은 헌법의 최고규범성을 유지하여 헌법질서를 수호하는 헌법보장적 기능을 그 본래의 사명으로 한다.

1. 憲法秩序守護 機能

헌법재판은 헌법의 최고규범성확보를 통해 헌법질서를 수호하는 기능을 한다. 위헌법률심판과 헌법소원심판은 직접적으로 헌법의 규범성을 확보하는 기능을 하고, 탄핵심판과 위헌정당해산심판은 헌법의 파괴와 침해로부터 헌법을 수호하는 기능을 한다.

2. 憲法形成機能

헌법은 그 규범구조적 특성, 즉 규범으로서의 추상성·개방성·미완성성으로 인해 해석을 통해 그 의미를 구체화하고 보충하지 않으면 안된다. 이처럼 헌법은 헌법재판소의 해석을 통해 재구성되게 된다. 헌법재판소는 헌법해석을 통해 이러한 헌법형성적 기능을 수행한다. 메이슨(Alpheus T. Mason)이 미연방대법원의 판결을 "판결을 통해 확인된 헌법(the constitution as found in decision)"이라 한 것이라든가, Marshall대법관에 의한 헌법해석을 두고 "마샬이 헌법을 만들었다(Marshall made constitutional law)"라고 한 것도 이러한 헌법해석의 헌법형성적 기능에 주목한 것이다.[6)]

3. 國家統合機能

헌법재판소는 헌법재판을 통해 '최고 국가권력에 관여하여야 할 헌법적 소임'을 맡고 있다. 또 헌법의 정치적 기조와 관련된 영역에서 다른 헌법기관들과 동등한 지위를 가지고 있으며, 이에 따라 헌법재판소는 '최고의 국가지도에 관한 지분'을 가지게 되는 것이다. 헌법재판은 국가가 위기에 봉착하거나 또는 저항권이 행사되기 전에 합헌적인 해결책을 모색하여, 극단적인 정치적 대립을 순화시키는 역할을 한다. 또한 이러한 해결과정을 통해 사회통합의 동기를 활성화시켜 주는 기능을 한다. 이로써 헌법재판은 정치적 투쟁의 해결을 담당함으로써 정치적 갈등을 해소하고 정치적 평화를 정착시키는 국가통합기능의 소임을 담당하고 있다. 헌법재판소는 위헌법률심판, 위헌정당해산, 권한쟁의심판 등을 통하여 이러한 국가통합기능을 수행한다.

4. 民主主義理念具現 機能

헌법재판소는 민주주의이념을 포함한 헌법가치를 실현하여야 할 책임을 지고 있다. 민주주의는 우리 헌법이 추구하는 기본 이념으로서 헌법재판소는 위헌법률심판, 위헌정당해산심판, 탄핵심판 등을 통하여 이들 이념을 구현하고 있다. 이에 따라 헌법재판소는 법치국가질서 및 그 기능의 유지, 궁극적으로는 민주주의이념의 실천에 관한 법적·정치적 책임을 지고 있는 것이다.

5. 基本權保護 機能

헌법재판은 국가권력의 남용으로부터 국민을 보호하는 임무를 진다. 이를 위하여 헌법재판소는 기본권에 관한 해석법리를 확립·발전시키고, 위

---

6) Mason, *op. cit.*, p. 3.

헌심사기준을 정립하는 등 기본권신장에 기여하고 있다. 이러한 헌법재판소의 기본권보호기능은 필연적으로 권력통제기능을 수반하게 되는데, 특히 헌법소원심판과 위헌법률심판을 통해서 구현되고 있다. 헌법재판은 법률의 합헌성을 보호함으로써 소수자를 보호하는 기능도 수행하게 된다.

6. 政治的平和保障 機能

헌법재판은 헌법질서를 이탈하여 걷잡을 수 없을 만큼 극단적일 수도 있는 정치세력들의 힘의 투쟁을 대신하여 헌법질서 내에서 평화적으로 헌법적 가치를 실현시키는 최후보루로 기능한다. 특히 권한쟁의심판과 정당해산심판을 통해서 헌법문제와 관련된 많은 정치적인 문제들을 해결하고, 자칫 '장외 정치'로 빠질 위험이 있는 정치적 사건들을 헌법재판으로 해결함으로써 헌법재판소는 정치적 평화를 보장하는 기능도 부수적으로 담당하게 된다.[7] 또한 정치적 소수세력에게 헌법재판을 통해 그들의 주장을 밝힐 수 있는 기회를 줌으로써 정치적 평화보장에 기여하게 되고, 국가권력의 정당성을 제고시키는 효과도 가져온다.

7. 學問과 裁判의 發展에 寄與

헌법재판은 헌법전반에 관한 해석원리를 발견·정립·발전시키고 위헌심사기준을 정립한다. 설득력 있는 결정문과 이를 뒷받침하는 이론의 개발로 헌법재판소는 그 판결을 통해 재판의 내실화에 기여한다. 아울러 이는 법학의 학문적 발전에도 지대한 기여를 하게 된다. 이처럼 판례와 학설은 상호 피드백효과를 미쳐 판례이론과 헌법이론을 성장시키는 상승효과를 가져온다. 우리의 법학이론과 판결은 미국, 일본이나 독일 등의 판례와 학설의 이론에 의존하는 바가 컸으나, 이제 우리의 헌법재판은 독자적인 이론의 개발로 외국의 모범이 될 수 있게 성장하고 있다.

---

7) 헌법재판실무제요 제1판, 2면.

Ⅳ. 憲法裁判制度의 類型

헌법재판제도에 관한 논의는 위헌심사의 주체에 의하여 분류하는 것이 일반적이다. 헌법재판제도는 미국식의 법원형과 독일식의 헌법재판소형으로 대별할 수 있다. 전자는 일반법원이 일반재판과 함께 헌법재판을 담당하는 제도인데 비해, 후자는 헌법재판소라는 독립된 기관에서 헌법재판을 집중적으로 담당하는 제도이다.

1. 法院型違憲審査制

법원형위헌심사제란 일반법원이 통상의 소송절차에 있어서 법을 적용하여 구체적인 사건을 해결하면서 그 법의 위헌여부를 부수적으로 심사하는 위헌심사제를 말한다.[8] 법원형헌법재판제도는 미국을 비롯하여 캐나다, 오스트레일리아, 인도 등에서도 채택하고 있다. 19세기 후반과 20세기 초반에 걸쳐 남미 여러 나라와 일본 등에도 도입되었다.

2. 憲法裁判所型違憲審査制

헌법재판소형위헌심사제는 위헌심사를 위하여 특별히 설치된 헌법재판소가 구체적 사건해결을 전제로 하지 아니하고 주로 법률의 합헌성여부를 일반적·추상적으로 판단하는 위헌심사제이다.[9] 헌법재판소형 헌법재판제도는 유럽 대륙에 널리 확산되었고, 동구 공산정권이 붕괴된 이후 러시아와 구소련 연방 및 동구권 국가들이 거의 대부분 헌법재판소형위헌심사제도를 채택하고 있다.

---

8) 1803년 미국 연방대법원의 위헌법률심사제도로부터 비롯된 제도여서 미국형(美國型)이라고도 하고, 모든 사법기관이 위헌법률심사권을 갖는데 심급제도에 의하여 최고법원이 최종적인 판단권을 가지기 때문에 최고법원형(最高法院型) 또는 대법원형(大法院型)라고도 한다. 이것은 사건을 전제로 하기 때문에 전제문제형(前提問題型), 사법권의 행사에 부수된다는 의미에서 사법부수적심사제(司法附隨的審査制)라고 한다.

9) 이것은 주요문제형, 헌법재판형, 독일형이라고도 한다. 1920.10.1. 설립된 오스트리아 헌법재판제도가 원형이어서 오스트리아형이라고도 하고, 집중형이라고도 한다.

3. 法院型과 憲法裁判所型의 比較

헌법재판기관으로서 법원형과 헌법재판소형은 여러 가지 유사점이 있다. 즉 대법원과 헌법재판소는 그 직무상 독립성이 보장된다는 점, 정치적으로 중립적 기관이라는 점, 기관의 구성원이 대통령 등 정치적 기관에 의하여 임명된다는 점 등에 있어 그러하다. 그러나 헌법재판소형과 법원형은 다음과 같은 차이점이 있다.[10)]

첫째로, 법원형에서는 일반소송과 헌법소송을 모두 일반법원이 담당하지만, 헌법재판소형에서는 일반소송은 일반법원이, 헌법소송은 헌법재판소라는 특수한 법원이 담당한다.

법원형과 헌법재판소형의 위헌심사제

	法院型違憲審査制(미국형)		憲法裁判所型違憲審査制(독일형)	
기본 특색	인권보장형		헌법보장형	
절차적 특색	사법부수적 심사, 전제문제형		헌법재판형, 주요문제형	
일차적 목적	인권보장·권리구제		헌법의 최고규범성 보장	
내용	위헌법률심사		위헌법률심사 외에, 위헌정당해산, 기관쟁송, 헌법소원	
관장사항	일반소송	일반법원(대법원)	일반소송	일반법원
	헌법소송		헌법소송	헌법재판소
해석권	법률해석권	일반법원(대법원)	법률해석권	일반법원
	헌법해석권		헌법해석권	헌법재판소
최고법원	대법원		헌법재판소(독일)	
			헌법재판소는 독립된 별개기관(한국)	
규범통제	구체적 규범통제		추상적·구체적 규범통제(독일)	
			구체적 규범통제(한국)	
위헌심사제기	개인		개인, 정부, 법원	
채택국가	미국, 일본, 캐나다, 호주		독일, 오스트리아, 러시아, 한국	

10) 법원도서관, 헌법재판제도의 이해(요약), 2002, 42면 참조.

둘째로, 법원형에서는 일반법원이 법률해석권과 헌법해석권을 모두 갖지만, 헌법재판소형에서는 일반법원은 법률해석권을, 헌법재판소는 헌법해석권을 분리하여 가진다.

셋째로, 법원형에서는 대법원이 일반법원의 최고법원이지만, 헌법재판소형의 경우에는 독일의 경우를 제외한다면 헌법재판소와 일반법원은 별개의 독립된 기관이다. 독일의 경우 헌법재판소만이 최고법원이다.

넷째로, 법원형에서는 당사자인 개인의 주장에 의하여 법령의 위헌 여부가 다투어지지만, 헌법재판소형에서는 정부, 일반법원 또는 개인의 청구에 의하여 법령에 대한 위헌 여부가 다투어진다.

[憲法委員會型(프랑스型)] 법원형과 헌법재판소형 외에 프랑스에는 특수한 형태의 헌법재판기관인 헌법위원회(Conseil Constitutionnel)가 설치되어 있다. 헌법위원회는 대통령·국민의회의장·상원의장이 각각 3인씩 임명하는 위원과 전직 대통령을 당연직·종신위원으로 하여 구성된다. 헌법위원회는 법률의 공포 이전에 그 합헌성 여부를 심사한다. 헌법위원회는 정치인으로 구성되어 있고, 공포 이전의 법률에 대한 사전적·예방적 합헌성심사도 한다. 헌법위원회는 일반법원이 아닌 별도의 헌법재판기관이기는 하지만 헌법재판소와는 전혀 다른 제3의 특수한 형태이다.

4. 양 제도의 접근

위헌법률심사제에 있어서 법원형과 헌법재판소형은 위헌법률심사의 제1차적 목적을 달리하여 출발하였으나 오늘날 양 제도는 헌법의 최고규범성의 보장과 동시에 기본권보장에 그 목적을 두고, 이를 실현함에 있어 상당히 접근하고 있다. 양자의 접근은 두 가지 측면에서 이루어지고 있다.

(1) 基本權保障과 憲法保障

일반적으로 법원형은 국민의 기본권보장을 우선으로 하여 개인의 권리구제를 제1차적 목적으로 하고 있는데 비하여 헌법재판소형은 헌법의 최고규범성의 보장을 우선으로 하고 있다. 확실히 헌법재판소형에 있어서는 헌법보장이 주 목적이어서 기관쟁송, 위헌정당해산 등과 같이 헌법보장을 목적으로 하면서, 직접 기본권과 관계되지 않은 것도 있다. 그러나 법원형이 개인의 권리구제로부터 출발하였지만 그 기능과 역할에 '헌법보장형'의 성격이 더해지고 있고, 헌법재판소형에 있어서도 헌법보장기능에 기본권 보장기능이 더해져 양자를 중심기능으로 하여 밀접하게 접근하고 있다.

(2) 具體的規範統制와 抽象的規範統制

법원형과 헌법재판소형은 그 출발에 있어서 정치·사회적 배경, 기능을 달리하여 규범통제의 구체적인 절차에 차이가 있었다. 그러나 헌법재판소 제도를 취하는 독일에 있어서도 절차의 중심은 구체적인 권리침해를 전제로 하는 구체적규범통제(具體的規範統制)에 있고, 또한 법원형위헌심사제도를 채택하고 있는 미국에서도 클래스액션이나 선언적판결(宣言的判決)에 의하여 엄격하고 구체적 사건성이 수정되고 있어 양자는 상당히 접근하고 있다.

5. 韓國의 憲法裁判類型

그간 우리나라는 미국식의 대법원형위헌심사제도 시행한 바 있고(제3공화국), 프랑스식의 헌법위원회제도를 도입하기도 하였고(제1공화국, 제4공화국, 제5공화국), 제2공화국 헌법에서는 시행하지는 못하였으나[11] 독일식의 헌법재판소형 위헌심사제를 채택하기도 하였다. 현재는 독일형 헌법재판제도를 도입하여서 시행하고 있다. 다만, 추상적·구체적 규범통제를 채택하고 있는 독일과는 달리 우리나라는 구체적 규범통제만을 취하고 있다. 그리고 법원의 재판을 헌법소원에서 제외하고 있는 점(제111조 제1항 제5호, 헌법재판소법 제68조 제1항)도 독일과 다르다.

---

11) 제2공화국헌법은 독립된 헌법재판소를 설치하도록 규정하였다. 그러나 1961.4.17. 헌법재판소법이 제정된 지 1개월만에 5·16군사쿠데타가 발생하여 헌법재판소는 구성되지도 못하였고 따라서 헌법재판소는 기능을 시작하지도 못하였다.

제 2 절 憲法裁判의 特性과 憲法判例

Ⅰ. 憲法裁判의 특성

1. 司法으로서 憲法裁判

(1) 憲法裁判도 司法인가

헌법재판이 실질적 의미의 사법인가에 대해서는 견해의 차이가 있다. 사법을 국가 권력에 의한 개별적 사건에 있어서 구체적 사실에 해당 법규를 적용하여 내리는 독립적 판결이라 하면서, 헌법재판은 구체적 사실·제3자적 입장에서 판결한다는 요소가 결여되어 있기 때문에 사법이라고 할 수 없다는 견해가 있다(Richard Thoma). 토마의 견해는 추상적 규범통제를 전제로 한 독일의 경우에 부분적으로 타당성을 인정할 수 있으나 구체적 사건을 전제로 하여 구체적 규범통제만을 하는 우리나라 헌법재판의 경우는 타당하지 않다. 헌법재판의 재판으로서의 중립성, 헌법재판소의 기관으로서의 독립성·중립성, 심판절차의 사법성, 결정의 구속력 등을 고려할 때 헌법재판은 그 형식과 본질에 있어 사법적이다. 우리도 헌법재판소가 행하는 헌법재판은 그 재판이 독립적이며 중립적인 기관에 의하고, 그 절차가 사법적이며 그 결정이 국가기관 및 당사자를 구속한다는 점에서 실질적·형식적 의미의 사법이다. 더욱이 우리의 헌법재판은 추상적 규범통제를 인정하지 아니하고 구체적 규범통제만을 채택하고 있는데, 이는 헌법재판의 사법성을 전제로 한 것이다.

[사법기관으로서의 헌법재판소] 헌법재판소는 사법기관으로서 원칙적으로 탄핵소추기관인 국회의 탄핵소추의결서에 기재된 소추사유에 의하여 구속을 받는다. 따라서 헌법재판소는 탄핵소추의결서에 기재되지 아니한 소추사유를 판단의 대상으로 삼을 수 없다(헌법재판소 2004.5.14. 2004헌나1).

(2) 司法으로서의 憲法裁判의 特性

헌법재판은 그러나 일반 사법과는 다른 특성을 지닌다. 헌법재판에 의하여 "사법심사와 사법부의 개념은 기적적인 변화를 낳고 있다. 헌법에 대한 법원의 견해는 바로 헌법의 피와 살이 되는 변화를 초래하고 있다"(E. Corwin)고 하여 헌법재판으로 인한 사법의 변화를 지적한다. 헌법재판이 실질적 의미에서 사법작용이기는 하지만, 헌법재판의 준거가 되는 헌법이 본래 특별한 법으로서 그 안에는 정치, 역사, 정치사상, 윤리와 경제 등이 융해되어 있어 일반사법과는 구분되기 때문에 헌법을 해석하는 사람은 단순한 法技能工(legal technician)에 그쳐서는 안 된다.[12] 헌법재판을 통해 헌법을 성공적으로 해석하기 위해서는 정치이론에 정통하고 또 탁월한 정치적 식견을 필요로 하는 이유가 바로 여기에 있다.

2. 憲法裁判의 法的 性格

(1) 法的 性格에 관한 學說

헌법재판의 법적 성격에 관하여는 보는 관점에 따라서 이를 사법작용으로 보기도 하고, 정치작용으로 보기도 하며 입법작용으로 보는 견해도 있으며, 여러 기능을 가진 제4의 국가작용으로 보는 견해도 있다.

1) 司法作用說

이 설에 의하면 헌법재판은 헌법규범에 대한 법해석작용을 그 본질로 하는 사법적 법인식작용이라 한다. 사비니(v. Savigny)적인 해석법학적 사고로서 헌법의 해석과 일반법률의 해석이 다를 바 없다고 보는 법실증주의의 사고이다.[13] 그러나 이 설은 헌법의 규범구조적 특징을 무시한 것이고 헌법재판의 본질을 간과한 견해라 하지 않을 수 없다.

2) 政治作用說

슈미트(C. Schmitt)는 헌법재판을 '사법적 외피에 의한 정치적 결단'으로 본다. 따라서 그에 의하면 헌법재판은 사법의 외형을 지닌 정치작용을 의미한다. 정치적 결단으로서의 헌법재판은 일반사법작용과는 명확히 구분된다고 한다.[14] 그러나 이 설은 헌법재판의 정치적 성격만을 본질로 이

---

12) Mason, *op. cit.*, p. 1.

13) 김철수 교수(1652)는 사법절차에 따라 재판하기 때문에 입법기관이나 제4의 국가기관이 아니며, 또한 정치적 사건을 다루기는 하나 정치적 헌법보장기관은 아니고, 사법적 헌법보장기관이라고 보고 있다.

해하여 헌법의 규범적 성격을 간과하고 있다는 비판을 면할 수 없다.

3) 立法作用說

입법작용설에 의하면 헌법재판은 헌법규범을 보충 내지 형성하는 법정립작용을 의미한다고 한다. 이렇게 볼 때, 헌법재판은 '입법의 찬탈자' 또는 '입법의 제3원(dritte Kammer der Gesetzgebung)'을 뜻한다. 헌법재판이 입법작용의 성격을 부분적으로 가지는 것은 사실이지만 입법행위가 적극적·사전적 입법작용인데 비해, 헌법재판의 입법적 성격을 인정하더라도 소극적·사후적 입법이라는 점에서 입법권과 구분된다. 기본적으로 헌법재판은 '재판'으로서 사법적 성격을 가지고, 부수적으로 헌법규범을 보충 또는 형성하는 기능을 가지는데 불과한 것이다. 따라서 본질적 성격보다 부수적 특성을 강조하여 후자를 그 본질로 보는 것은 무리라고 하지 않을 수 없다고 본다.

4) 제4의 국가작용설

제4의 국가작용설에 의하면 헌법재판은 국가의 통치권행사가 언제나 헌법정신에 따라 행해질 수 있도록 입법, 행정, 사법 등의 국가작용을 통제하는 기능이기 때문에 사법작용일 수도 없고 입법작용일 수도 없을 뿐 아니라 그렇다고 행정작용일 수도 없는 독특한 성격을 갖는 제4의 국가작용이라고 본다.[15] 즉, 헌법재판소는 국가의 전통적인 3부(三府)와는 분리·독립된 새로운 특별기관(organ ad hoc)이고 그 작용도 전통적인 삼권과는 다른 제4의 국가작용이라고 본다. 헌법재판은 모든 국가 행위가 헌법의 테두리 안에서 행하여지도록 입법·행정·사법의 모든 국가작용을 통제하는 독특한 제4의 국가작용이라고 보는 견해이다.

(2) 憲法裁判은 본질적으로 司法作用

헌법재판은 법형성적 기능도 가지고, 그 대상이 고도의 정치성을 가지기 때문에 정치적이며, 기본적으로는 소송구조이고 민사소송법을 준용하

---

14) 권영성 교수(1098)는 헌법재판은 순수한 사법작용이 아니라 정치적 성격을 아울러 갖는 정치적 사법작용이라고 보고 있다.

15) 허영 교수(817)는 헌법재판은 전통적인 의미의 사법작용과는 전혀 성격이 다를 뿐만 아니라 순수한 정치작용, 입법작용과도 본질적으로 성격이 다르기 때문에 제4의 국가작용이라고 보고 있다.

며 당사자뿐만 아니라 국가기관을 구속한다는 점에서 입법·행정·사법과는 다르고 여러 특성을 고루 갖춘 제4의 국가작용이라고 보는 견해가 설득력을 가진다. 그러나 이 설은 헌법재판의 법적 성격을 명확하게 가린다기 보다 그 본질을 모호하게 한다. 정치작용설이나 입법작용설도 헌법재판의 한 특성을 강조한 것이라는 점에서 제4의 국가작용설과 큰 차이는 없다. 결국 헌법재판의 법적 성질은 정치적 성격도 가지고 소극적으로 법형성작용도 하며 입법·사법·행정을 통제하는 기능을 가지지만, 그 본질은 사법작용이라 할 것이다.

Ⅱ. 憲法判例의 拘束力과 그 變更

1. 헌법판례의 의미

헌법재판소의 헌법판단, 즉 판결이유(判決理由, ratio decidendi)가 법원 및 헌법재판소 자신을 어떻게 구속하는가가 문제이다. 일반적으로 재판이 선례(先例)에 따르도록 하는 것은 권리·이익에 대한 예견가능성 및 국민의 평등보장을 위하여 필연적이다. 선례가 되기 위해서는 반드시 반복성을 필요로 한다. 판결이유는 다른 국가기관 및 국민일반의 동의·승인에 의하여 설득력을 얻게 된다. 결국 어떠한 판결이 내려질 것이라는 기대는 국민의 법률생활의 안정성, 즉 권리·이익에 대한 예견가능성을 보장하는 것이다. 이러한 예견가능성은 선례에 따를 때 가능하게 되는데 그 근거가 되는 것이 헌법판례이다.

2. 先例拘束의 原則

사법권이 미국의 개념을 도입하였다는 것, 평등한 인권보장, 재판을 받을 권리의 공평한 보장, 죄형법정주의에 의한 법적 확실성의 보장 등을 근거로 선례에 법적 구속력까지 인정하는 견해도 있지만, 통설은 판례의 일반적인 법적 구속력을 부정한다. 그러나 선례가 '사실상의 구속력'을 가지는 것은 부인할 수 없다.

3. 憲法判例의 變更

(1) 憲法判例의 安定性과 可變性

헌법판례는 안정성과 더불어 가변성도 요구된다. 한편으로는 헌법판례는 법적 안정성의 요청, 권리·이익상황에 있어서의 예측가능성 및 법적용의 평등의 보장의 필요성으로 인해 안정성이 요청된다. 그러나 다른 한편으로는 헌법판례가 사회의 구체적인 변화에 대응할 필요성과 판례이론의 발전에 따른 수정의 필요성도 존재하여 헌법판례의 가변성이 요구되기도 한다. 특히 현대와 같은 사회·경제상황이 매우 유동적인 경우에는 국민의 의식변화에 따라 헌법판례도 적절히 대응하여야 할 필요가 있다.

(2) 憲法判例의 變更事由

헌법판례를 변경하여야 할 경우가 있다. 예를 들면, i) 사회상황의 변화에 따라 국민의 헌법의식에도 변화가 생겨 이것이 선례가 타당성을 잃게 되었다고 생각하게 되는 경우, ii) 선례자체에 오류가 있는 것이 명확한 경우, iii) 헌법재판소 자체의 헌법인식의 변화에 의하여 선례와는 다른 헌법해석이 타당하다고 생각되는 경우 등이 그것이다. 그러나 헌법판례의 변경은 가볍게 이것을 행할 수 있는 것은 아니고 그 시기 및 방법에 있어서 신중을 기하고 그 내용에 있어서 참으로 설득력 있는 이유와 근거를 제시하는 것이 필요하다.

(3) 憲法判例의 變更節次

원칙적으로 헌법재판소의 심판은 재판관 전원으로 구성하는 재판부에서 관장하는데(헌법재판소법 제22조 제1항), 재판부는 재판관 7인 이상의 출석으로 사건을 심리한다(법 제23조 제1항). 헌법판례를 변경하는 경우, 즉 종전에 헌법재판소가 판시한 헌법 또는 법률의 해석적용에 관한 의견을 변경하는 경우(법 제23조 제2항 단서 제2호)에는 재판관 6인 이상의 찬성이 있어야 한다(법 제23조 제2항 단서 제2호).

Ⅲ. 憲法裁判과 少數意見制

1. 憲法裁判에 있어서의 少數意見制

헌법재판에 있어서 소수의견(少數意見)이란 헌법재판의 다수의견(多數意見)과 함께 표시되는 별개의견·보충의견·반대의견 등을 말한다. 보충의견(補充意見)이란 다수의견과 결론 및 이론구성을 같이하지만 별개의 견해를 제시하여 다수의견의 내용에 무엇인가를 보충하려고 하는 경우, 재판의 결론을 도출하는데 있어 다수의견을 따르지만 그것을 보충하는 의미에서 부기한 의견을 말한다. 별개의견(別個意見)이란 결론은 다수의견과 같지만 이론전개방법이 다른 경우로 판결주문에 다수의견과는 별도의 이유로 찬성하는 의견을 말한다. 반대의견(反對意見)이란 결론과 이유 모두 다수의견과 다른 의견을 말한다.

다수의견과 소수의견 비교

소수의견	다수의견과 비교하여	
	이론구성	결론
보충의견	동일(다수의견 보충)	동일
별개의견	다름	동일
반대의견	다름	다름

[소수의견의 예] 양도소득세등부과처분에대한헌법소원사건(1998.5.28. 91헌마98, 93헌마253 병합사건)은 재판관 김용준(재판장), 김문희, 이재화, 조승형, 정경식, 고중석, 신창언, 이영모, 한대현(주심)으로 구성된 헌법재판소 전원재판부에서 심판하였다. 그 가운데 재판관 이영모는 "의견"을, 재판관 이재화, 고중석, 한대현은 "별개의견"을, 재판관 조승형은 "반대의견"을 제시하였다. 소수의견을 표시하는 방법은 결론에서 "결국 청구인들의 이 사건 청구는 모두 부적법하므로 이를 각하하기로 한다. 이 결정은 재판관 이영모의 아래 5.와 같은 의견, 재판관 이재화, 고중석, 한대현의 아래 6.과 같은 별개의견, 재판관 조승형의 아래 7.과 같은 반대의견이 있는 외에는 나머지 관여재판관의 일치된 의견에 의한 것이다."라고 한다.

2. 憲法裁判에 있어서의 評議非公開

(1) 評議公開與否에 관한 見解

헌법재판소법에 의하면 헌법재판소 심판의 변론과 결정의 선고는 공개하여야 하지만, 평의는 공개하지 아니하도록 되어 있다(제34조 제1항). 이때 헌법재판소 재판관들의 평의를 공개하지 않는다는 것이 '평의과정의 비공개'만을 의미하는가 '평의과정과 그 결과인 재판관의 의견의 비공개'까지도 포함하는 의미인가에 관하여는 견해의 대립이 있었다.

구 헌법재판소법 제36조 제3항은 "법률의 위헌심판, 권한쟁의심판 및 헌법소원심판에 관여한 재판관은 결정서에 의견을 표시하여야 한다."고 규정하여 탄핵심판과 위헌정당해산심판에서는 재판관 개개인의 개별적 의견을 결정문에 표시할지의 여부에 대하여 논란이 있었으나, 현행 헌법재판소법은 "심판에 참여한 재판관은 결정서에 표시하여야 한다."(법 제36조 제3항)고 규정하여 이 문제를 입법적으로 해결하였다.

(2) 評議過程非公開의 妥當性

재판은 공개되어야 함이 원칙이다. 심판의 결정과 선고를 공개하도록 하면서 평의를 비공개하도록 하는 것은 일응 재판공개주의원칙에 반하는 것이 된다. 따라서 비공개의 범위를 평의과정의 비공개로 축소하여 해석하는 것이 재판공개주의원칙의 취지에 부합하는 것이다. 그리고 평의결과가 공개되어야 재판의 공개가 실효를 거둘 수 있게 되고 소수의견제가 기능을 발휘할 수 있게 된다.

3. 少數意見制의 功過

소수의견제는 사법의 특성이다. 정치기관의 정치적 결정의 경우에는 다수결원칙에 의해 처리되어 소수의 의사는 무시되는 것이 일반적이지만, 사법의 경우에는 소수자보호도 그 중요한 기능의 하나이고 사법은 다원주의에 입각하여 소수의견이라 하더라도 존중하는 것이 원칙이다. 소수의견제로 인하여 헌법재판소 내부적 갈등이 심화되거나 소송당사자의 판결에 대한 불복의 형태로 법적 갈등을 야기할 소지도 없지 않다. 그러나 소수의견제의 본래의 취지는 결정 자체는 다수결에 의하되 소수의견을 존중한다는 의미이므로 우려되는 갈등은 별로 없다고 본다. 구체적으로 소수의견제의 적극적 의미를 살펴보면 다음과 같다.

첫째, 소수의견제는 헌법재판에 있어 민주주의의 바탕이 되는 다원주의(多元主義)를 실현하는 하나의 방법이다. 소수의견제는 다양한 견해를 존중하는 풍토를 조성함으로써, 헌법판례이론의 성장을 통해 '헌법의 발전'에 기여한다.

둘째, 소수의견제는 재판에 참여한 재판관 모두의 의견을 표시함으로써 이를 통해 헌법재판소의 재판관의 자질이나 성향을 파악할 수 있고 나아가 판결의 방향을 예측할 수 있게 한다.

셋째, 소수의견제는 소수의견과 다수의견 사이에 특정의 논점에 대한 토론을 유도하여 헌법재판소 내부의 법적 대화를 촉진하고 문제점에 대하여 숙고함으로써 쟁점을 명확하게 한다. 이런 과정을 거쳐 소수의견을 이해하게 되고, 다수의견의 의미내용도 보다 명확해지고 결정의 설득력도 높아진다. 이러한 과정을 통해 헌법재판소 내부의 법이론상의 갈등과 대립을 완화시키는 효과도 가지게 된다.

넷째, 소수의견제는 소송에 패한 소송당사자에 대하여 그 법적 견해가 심리과정에서 채택되지는 않았지만 소수파에 의해서 지지받고 있다는 것을 증명한다. 이것은 패배라고 하는 사실을 완화시키고 소수파는 재기의 기회를 잡으려고 노력하게 될 것이고 소수의견은 그 이론을 정치하게 다듬어 다음 기회를 대비하게 될 것이다.

다섯째, 소수의견제는 여론이나 학계에 대하여 다수의견이 어째서 그러한 판결을 내리게 되었는가를 보다 명확하게 한다. 이러한 기능에 의해서 소수의견제는 쟁점에 대한 논의를 환기시킴으로써 법학발전의 계기가 될 수 있다. 즉 소수의견은 기존 판결의 모순·결함을 분석·제시함으로써 장래에 판결의 발전적 변화가능성을 이끌어 내어 여론과 재야·재조·학계의 관심을 환기시킨다. 소수의견의 진정한 의미는 바로 여기에 있다.

여섯째, 소수의견제는 소수파의 의견이 부당하다거나 부적절하다는 것이 아니고, 그 판결 당시라는 시대적 상황에서 채택되지 않았다는 것만을 의미한다. 장래에는 법적 환경이 달라질 수 있고 소수의견도 다수의견으로 발전할 수 있다는 희망을 제시한다. 여기서 소수의견에 대한 관용 내지 존중까지도 가능하게 된다. 입법부나 집행부가 다수결논리로 소수파를 무시하는 것과는 달리 사법에 있어 소수의견제는 진정한 민주주의의 가능성을 제시하게 된다.

[반대의견] 반대의견은 법원이나 헌법재판소의 판결이 그 사건에 있어서는 최종적인 헌법해석이지만, 미래에 있어서도 확실히 최종적인 것은 아니라는 것을 명확히 한다. 홈즈(Oliver Holmes) 미국연방대법관은 소수의견으로 여러 차례 반대의견을 제시한 것으로 유명하다. 그러나 훗날 그의 반대논리는 다수의견으로 반영되어 그는 "위대한 반대자(great dissenter)"라는 '위대한 별명'을 얻게 된다.

제 3 절 우리나라 憲法裁判制度의 展開

Ⅰ. 憲法裁判制度의 展開

1. 第1共和國(制憲憲法)

제헌헌법은 헌법위원회를 두어, 위헌법률심사만을 관장하도록 하였다. 탄핵사건은 별도의 탄핵재판소가 관장하였다. 헌법위원회는 10여년간 운영되었지만 그 활동은 미미하였다. 이 기간 중 헌법위원회는 6건의 위헌법률심사를 하여 2건에 대하여 위헌결정을 하였다.[16]

2. 第2共和國(1960年憲法)

제2공화국헌법은 독립된 헌법재판소를 설치하도록 규정하였다. 헌법재판소는 9인의 심판관으로 구성되었다. 헌법재판소는 법률의 위헌여부심사,

---

16) 위헌결정례로는 1952.9.9. 4285년 헌위1 농지개혁법 위헌결정, 1952.9.9. 4285년 헌위2 '비상사태하의범죄처벌에관한특별조치령' 위헌결정이 있다. 합헌결정례로는 1952.3.29. 4284년 헌위1, 2 귀속재산처리법 합헌결정, 1953.10.8. 4286년 헌위2 계엄법 제13조 합헌결정, 1954.2.27. 4286년 헌위1 남조선과도정부 행정명령 제9호 합헌결정, 1954.3.26. 4287년 헌위1 간이소청절차에의한귀속해제결정의확인에관한법률 제2조 합헌 결정 등이 있다〔법원도서관, 헌법재판제도의 이해(요약), 2002, 90-91면〕.

헌법에 관한 최종적 해석, 국가기관간의 권한쟁의, 정당의 해산, 탄핵재판, 대통령·대법원장과 대법관의 선거에 관한 소송 등을 관장하도록 하였다. 그러나 1961.4.17. 헌법재판소법이 제정된 지 1개월만에 5·16군사쿠데타가 발생하여 헌법재판소는 구성되지도 못하였다.

3. 第3共和國(1962年憲法)

제3공화국헌법은 헌법재판을 2원화 하였다. 위헌법률심사와 정당해산심판 그리고 선거소송 등은 대법원이, 탄핵심판은 탄핵심판위원회가 관장하도록 하였고 권한쟁의심판제도는 두지 아니하였다. 탄핵심판위원회는 대법원장을 위원장으로 하고 대법원판사 3인과 국회의원 5인의 위원으로 구성하되, 다만 대법원장을 심판할 경우에는 국회의장이 위원장이 되도록 하였다. 제3공화국 시절에는 징발보상 관련판결, 징발법 제21조에 대한 판결, 국가배상관련 판결이 중요한데, 그 외에도 사형제도,[17] 반공법,[18] 강간죄,[19] 군형법상 명령위반죄,[20] 양곡관리법[21] 등의 중요한 결정을 한 바 있다.

(1) 徵發補償 關聯 判決

대법원은 징발보상에 관한 대통령령에 대하여 위헌결정을 하였고,[22] 이 위헌판결의 근거가 되었던 헌법 제20조 제3항 중 "… 정당한 보상을 지급하여야 한다."는 부분은 1972년의 헌법개정시 "… 보상의 기준과 방법은 법률로 정한다."로 개정되었다. 그 후 대법원은 징발법 제21조가 정한 보상기준은 징발보상심의회에서 보상요율의 사정과 그 조정을 함에 있어서 하나의 기준이 되는 것에 지나지 않고, 법원이 재판에서 징발물에 대한 객관적인 가치를 산정함에 있어서의 제한규정이 된다고 볼 수 없다고 판시하였다.[23] 위 판결이 있은 후 국회는 1970.12.31. 징발재산정리에관한특별조치법을 개정하여 피징발자는 어떠한 절차에 의하여서도 징발법 제21

17) 대법원 1963.2.28. 62도241.
18) 대법원 1965.9.21. 65도505.
19) 대법원 1967.2.28. 67도1.
20) 대법원 1969.2.18. 68도1846.
21) 대법원 1971.1.26. 69도1094.
22) 대법원 1967.11.2. 67다1334.
23) 대법원 1970.3.24. 69다1561.

조의 규정에 의한 기준을 초과하여 징발보상금을 청구하지 못한다는 규정을 신설하였다.

(2) 國家賠償 관련 判決

1) 國家賠償法 및 法院組織法 違憲判決

군인이나 군속이 전투, 훈련 기타 직무집행 중에 발생하였거나 군의 진지 등에서 발생한 전사, 순직, 공상으로 인하여 다른 법령의 규정에 의하여 재해보상금 등을 받을 수 있는 때에는 국가배상법이나 민법의 규정에 의한 손해배상청구를 금지한 규정인 국가배상법 제2조 제1항 단서에 관하여 1968년부터 이미 위헌이라는 판결이 하급심에서 선고되어 대법원의 최종적인 판결을 남겨두고 있었는데, 그에 대한 위헌판결을 저지하기 위하여 정부와 여당은 1970. 8. 법률・명령・규칙에 대한 위헌판결의 정족수를 대법원판사 전원의 3분의 2 이상의 출석과 출석 3분의 2 이상의 찬성으로 강화하는 내용으로 법원조직법 제59조 제1항 단서를 신설하였다. 대법원은 신설된 법원조직법 제59조 제1항 단서에 대해 11 대 5로 이는 법률이 헌법에 위반되는 여부가 재판의 전제가 된 때에는 대법원이 이를 최종적으로 심사할 권한을 가진다는 헌법 제102조에 위반된다고 하였고, 또한 국가배상법 제2조 제1항 단서에 대하여는 9 대 7로써 위 규정이 헌법 제26조(국가배상청구권), 제8조(인간의 존엄과 가치), 제9조(평등권), 제32조 제2항(기본권 제한의 한계)에 위반된다고 판결하였다.[24)]

2) 國家賠償基準 등에 대한 判決

국가배상의 기준을 일반 민사 손해배상액보다 적게 하고, 배상액의 상한을 규정한 국가배상법 제3조에 대하여, 하급심에서는 위 규정이 위헌이라는 판결도 있었으나, 대법원은 국가배상법 제3조의 기준이 법원을 구속하지는 못하며, 법원에서는 위 기준 이상의 국가배상을 명할 수도 있다는 이유로, 위 규정이 헌법에 위반되지 않는다고 판시하였다.[25)]

---

24) 대법원 1971.6.22. 70다1010.
25) 대법원 1970.1.29. 69다1203.

4. 第4, 5共和國(1972年憲法과 1980年憲法)

1972년의 유신헌법은 헌법재판을 담당하는 기관으로 헌법위원회를 두었다. 헌법위원회는 9인의 위원으로 구성하며 대통령이 임명하는데, 3인은 국회에서 선출하는 자를, 3인은 대법원장이 지명하는 자를 임명하도록 하였다. 헌법위원회는 위헌법률심사, 탄핵심판, 정당해산심판을 관장하고 있었으나, 실제적으로는 위헌법률심판은 단 한 건도 하지 않았다. 1980년헌법도 유신헌법의 헌법위원회제도를 거의 그대로 계승하였고,[26] 1972년헌법 아래에서와 마찬가지로 위헌법률심판이 한 건도 이루어지지 않았던 것도 마찬가지였다. 제4공화국과 제5공화국은 헌법재판의 공백기였다. 법원은 헌법위원회에 위헌제청을 하지 않았고, 탄핵소추와 정당해산 제소도 제기된 적이 없어 헌법위원회는 한 건의 심판도 하지 아니하였다. 유신헌법이 헌법위원회라는 독립된 헌법재판기관을 도입한 것은 헌법재판기관을 명목화함으로써 헌법재판을 무력화하고자 한 것이라고 할 수 있다.[27]

Ⅱ. 現行 憲法裁判

헌법재판제도는 현행 헌법하에서 비로소 활성화되었다. 즉, 헌법재판소는 1988. 9. 1. 설립된 이래 최근까지 16,357건을 접수하여 15,535건의 사건을 처리함으로써 과거의 헌법재판기관과는 달리 헌법보장기관 및 인권보장기관으로서 그 존재를 뚜렷이 부각시키고 있다.

---

26) 헌법위원회법(1982.4.2. 법률 제3551호) 제15조 제3항에서는 대법원이 위헌여부 제청에 대하여 대법원판사 전원의 3분의 2 이상으로 구성되는 합의체에서 당해 법률이 헌법에 위반되는 것으로 인정할 때에만 그 제청서를 헌법위원회에 송부하도록 함으로써, 위헌법률심사를 더욱 어렵게 하여 헌법재판을 한층 무력화한 것이 차이점이라면 차이점이다.

27) 다만, 1980년대에 이르러 대법원판결에서 기본권의 해석이나 위헌법률심사제도와 관련하여 헌법적 논쟁이 치열하게 전개된 사례들이 있었는바, 이는 헌법재판에 대한 새로운 시각이 움트고 있었음을 보여주는 것이라고 할 수 있다(법원도서관, 헌법재판제도의 이해(요약), 2002, 97면).

심판사건누계표

(1988. 9. 1. ~ 2008. 6. 30.)

구 분		접수	처리												미제
			합계	결정										취하	
				계	위헌	헌법불합치	한정위헌	한정합헌	인용	합헌	기각	각하	기타		
합계		16,357	15,535	14,993	310	109	49	28	292	1,097	5,459	7,645	4	542	822
위헌법률		583	542	436	121	39	15	7		224		30		106	41
탄핵		1	1	1							1				
정당해산															
권한쟁의		48	38	33					5		12	16		5	10
헌법소원	계	15,725	14,954	14,523	189	70	34	21	287	873	5,446	7,599	4	431	771
	§68①	14,006	13,427	13,038	52	23	11		287	3	5,446	7,213	3	389	579
	§68②	1,719	1,527	1,485	137	47	23	21		870		386	1	42	192

* 헌법재판소 홈페이지(www.ccourt.go.kr)에 실린 자료임

제 4 절 憲法裁判所의 地位와 構成

I. 헌법재판소의 헌법상의 지위

헌법은 국회 · 정부 · 법원과는 분리 · 독립된 새로운 특별기관(organ ad hoc)으로서 헌법재판소를 설치하여 운영하고 있다. 헌법재판소는 위헌법률여부의 심판, 탄핵심판, 정당해산심판, 권한쟁의심판, 헌법소원심판 등 (제111조 제1항) 헌법재판을 담당하는 국가기관이다. 헌법재판소는 이들 심판을 통해서 국민의 기본권을 보장하고, 권력을 통제하는 기능을 담당하고 있다. 이들 기능을 통해 헌법재판소는 궁극적으로는 헌법수호기관인 지위에 서게 되는 것이다.

1. 基本權保障機關

헌법재판소는 주로 위헌법률심판과 헌법소원심판을 통해 국민의 기본권을 보장하고 있다. 위헌법률심판은 구체적 사건을 통해서 제기되므로 국민의 권리·이익과 직결되고, 헌법소원심판은 공권력의 행사·불행사로 인해 국민의 기본권이 침해된 경우 이를 구제하는 수단이다.

2. 權力統制機關

헌법재판소는 위헌법률심판을 통하여 입법권과 집행권을 통제하게 된다. 권한쟁의심판과 정당해산심판도 국가권력의 통제와 어느 정도 관련된다. 특히 탄핵심판은 국가권력 행사의 합헌성·합법성을 확보하는 수단이 되고, 이를 최종적으로 심판하는 헌법재판소는 권력통제기관으로서의 지위를 가지게 된다.

3. 憲法守護機關

헌법재판소의 가장 중요한 기능은 기본권보장과 헌법보장에 있다. 미국식 법원형은 국민의 기본권보장을 위하여, 독일식의 헌법재판소형은 헌법보장을 위하여 헌법재판을 시작하였다. 오늘날 두 기능은 모두 헌법재판의 본질적 기능이다. 기본권보장과 권력통제 등의 기능을 통하여 궁극적으로 헌법재판소는 헌법을 수호하는 기관이 지위에 서게 된다.

4. 政治的 平和保障機關

헌법재판소는 권한쟁의심판과 정당해산심판을 통해서 헌법문제와 관련된 많은 정치적인 문제들이 해결될 수 있게 되고 이를 통해 정치적 평화를 가져오는 효과가 생긴다. 헌법재판소는 극단적일 수도 있는 정치세력들의 투쟁을 헌법질서 내에서 조정·해결함으로써 평화적으로 헌법적 가치를 실현시키는 역할을 하게 된다.

Ⅱ. 憲法裁判所의 構成

1. 裁判官의 資格

헌법재판소는 법관자격을 가진 9인의 재판관으로 구성되는데(제111조 제1항), 헌법재판소 재판관은 40세 이상으로서 15년 이상 판사·검사·변호사로 근무한 자, 변호사의 자격이 있는 자로서 국가기관, 국·공영기업체, 정부투자기관 기타 법인에서 법률에 관한 사무에 종사한 자, 변호사의 자격이 있는 자로서 공인된 대학의 법률학 조교수 이상의 직에 있던 자 중에서 임명한다(헌법재판소법 제5조 제1항). 그리고 다른 법령에 의하여 공무원으로 임용하지 못하는 자, 금고 이상의 형의 선고를 받은 자, 탄핵에 의하여 파면된 후 5년을 경과하지 아니한 자 등은 재판관으로 임명할 수 없도록 하고 있다(법 제5조 제2항).

2. 裁判官 選出 및 任命節次

헌법재판소 재판관은 대통령이 임명하는데, 9인의 재판관 중 3인은 국회에서 선출하는 자를, 3인은 대법원장이 지명하는 자를 임명한다. 헌법재판소의 장은 국회의 동의를 얻어 재판관 중에서 대통령이 임명한다(제111조 제2·3·4항). 국회가 헌법재판소의 구성에 관여하게 하는 것은, 국민의 대표기관인 국회의 동의를 통하여 이에 민주적 정당성을 부여함과 동시에 대통령의 독선과 독주를 견제함으로써 권력의 균형을 도모하고자 하는 것이다.

[헌법재판소의 구성과 권력분립] 헌법재판소 재판관과 중앙선거관리위원회 위원들은 각기 국회에서 3인을 선출하고, 대법원장이 3인을 지명하며, 대통령이 직접 3인을 선임하도록 하여 위와 같이 구성된 세 헌법기관에서 각 3분의 1씩 공동으로 관여하게 하고 있다. 이와 같이 국회가 국민의 직접선거로 선출되는 대통령을 제외한 다른 최고헌법기관의 임명과 구성에 직·간접으로 관여토록 하고 있는 것은, 국민의 대표기관인 국회의 관여를 통하여 민주적 정당성을 부여함과 동시에 대통령의 독선과 독주를 견제하여 권력의 균형을 꾀하고자 하는데 그 근본적 의의가 있다(헌법재판소

1998.7.14. 98헌라2).

3. 裁判官의 身分保障

(1) 任期와 身分保障

헌법재판소 재판관의 임기는 6년이고, 법률이 정하는 바에 의하여 연임할 수 있다(제112조 제1항, 법 제7조 제1항). 재판관의 정년은 65세이며, 헌법재판소장인 재판관의 정년은 70세이다(법 제7조 제2항). 재판관은 탄핵 또는 금고 이상의 형의 선고에 의하지 아니하고는 파면되거나 본인의 의사에 반하여 해임되지 아니한다(제112조 제3항, 법 제8조).

(2) 權限代行

헌법재판소장이 궐위되거나 사고로 인하여 사무를 수행할 수 없을 때에는 다른 재판관이 헌법재판소규칙이 정하는 순서에 의하여 그 권한을 대행한다(법 제12조 제4항).

4. 裁判官의 政治的 中立性

헌법은 헌법재판소 재판관이 정당에 가입하거나 정치에 관여하는 것을 금하고 있다(제112조 제2항). 이는 헌법재판소 재판관이 정당에 가입하게 되면 당리당략을 위해 정치적인 결정을 내릴 위험의 요소를 안고 있기 때문이다. 이러한 견지에서 헌법재판소법 제14조에서는 1) 국회 또는 지방의회의 의원직, 2) 국회 또는 법원의 공무원의 직, 3) 법인 또는 단체 등의 고문, 의원 또는 직원의 직을 겸하거나 영리를 목적으로 하는 사업을 영위할 수 없다고 규정하여 재판관의 겸직금지를 규정하고 있다. 지방자치법에서도 지방의회의 의원과의 겸직 등을 금하고 있다(지방자치법 제33조 제1항 제2호). 또한 공직선거법에서는 헌법재판소의 재판관이 공직에 입후보하기 위해서는 선거일 전 60일까지 그 직을 그만두어야 한다고 규정하고 있다(공직선거법 제53조 제1항 제1호).

제 5 절 憲法裁判所의 權限

I. 違憲法律審判權

1. 違憲法律審判權의 意義

(1) 違憲法律審判權의 槪念

위헌법률심사(違憲法律審査)란 헌법의 최고규범성과 인권의 보장을 위하여 재판기관이 헌법의 해석에 관한 다툼이나 법령과 국가행위의 헌법적 합성의 문제를 제기한 경우 사후적으로 재판절차를 통하여 판단하는 것이다. 위헌법률심판권(違憲法律審判權)이라 함은 법률에 대한 위헌여부의 심사결과를 최종적으로 판단하는 헌법재판소의 권한을 말한다(제111조 제1항). 위헌법률심사권과 위헌법률심판권은 동일한 의미로 쓰이기도 한다. 심사결과 위헌으로 심판하면 그 법률은 효력을 상실하게 된다. 따라서 위헌법률심사제도는 의회민주주의와 어느 정도 긴장관계에 놓이지만 최종적으로는 법률의 합헌성을 확보하여 규범체계의 통일성을 기하려는 것으로 국민의 의사에 기초하여 헌법을 구체화하는 제도이다.

(2) 違憲法律審判의 制度的 意義

위헌법률심판은 구체적 사건을 전제로 하여 해당 법률의 합헌성 여부를 다툰다는 점(具體的·事後的 規範統制), 이로써 국민은 기본권이나 권리보호를 받게 되고(基本權保障), 국가행위는 그 합헌성을 보장받거나 시정조치를 하게 된다(權力統制). 또 심사결과 위헌으로 심판결정하면 그 법률은 효력을 상실하게 된다(消極的 立法). 결과적으로 위헌법률심사제는 법률의 합헌성심사를 통하여 헌법을 정점으로 하는 국법질서의 통일성을 추구하고 헌법을 구체화하게 된다(憲法形成機能).

[規範統制] 규범통제는 법률의 위헌성여부를 심사하는 것으로서 헌법재판의 핵심적 내용을 이룬다. 규범통제는 구체적 사건을 전제로 하는가의 여

부에 따라 구체적 규범통제와 추상적 규범통제로 구분한다. 추상적 규범통제(abstrakte Normenkontrolle)란 법률의 위헌 여부가 재판의 전제가 되지 않은 경우라도 법률의 위헌 여부를 독립한 헌법재판기관이 심사하여 위헌이라고 판단할 경우 그 효력을 상실하게 하는 제도이다. 구체적 규범통제(kontrete Normenkontrolle)란 법률의 합헌성여부가 구체적으로 사건의 전제가 된 경우에 소송당사자의 신청에 의하여 또는 법원이 직권으로 당해 법률의 위헌여부를 심사하는 제도이다.

2. 違憲法律審判權의 行使要件

헌법은 "법률이 헌법에 위반되는 여부가 재판의 전제가 된 경우에는 법원은 헌법재판소에 제청하여 그 심판에 의하여 재판한다."(제107조 제1항)고 하여 위헌법률심판의 대상과 그 심판구조를 규정하고 있다. 위헌법률심판의 심판구조는 1) 법률의 위헌 여부가 재판의 전제가 되어야 하고(재판의 전제성), 2) 법원의 제청에 의하여(위헌법률심판제청), 3) 헌법재판소가 심판한다(위헌법률심판)고 하는 틀로 되어 있다. 따라서 헌법재판소가 위헌법률심판권을 행사하기 위해서는 위헌법률여부의 '재판의 전제성'과 법원의 '위헌법률심판제청'이 그 전제가 된다.

(1) 違憲法律審判의 對象

위헌법률심판의 대상은 물론 법률이다. 대부분의 경우 국회를 통과한 '형식적 의미의 법률'이 그 심판대상이지만, 반드시 이에 한정되는 것은 아니다. 즉 법률과 실질적으로 동등한 효력을 가진 규범도 대상이 된다. 이에 해당하는 것으로는 대통령의 긴급명령·긴급재정경제명령과 조약이 있다. 당연히 헌법규정은 위헌법률심판의 심사대상이 아니다.

1) 法 律

가. 法律의 意味

가) 법률의 의미와 범위

위헌심판의 대상이 되는 법률은 대부분의 경우 국회의 의결을 거친 '형식적 의미의 법률'이다. 그러나 이에 한정되지 아니하고 대통령의 긴급명령·긴급재정경제명령 및 조약 등 법률과 동등한 효력을 가지는 '실질적 의미의 법률'을 포함한다. 한미행정협정은 명칭은 "협정"으로 되어있으나 행정협정은 아니고 국회의 동의를 필요로 하는 조약이다. 따라서 한미행정협정은 그 명칭에도 불구하고 위헌심판의 대상이 되는 조약이다. 법률의 하위규범으로서 대통령령·부령 등 규칙과 조례는 위헌법률심사의 대상이 아니다.

[위헌심사의 대상이 되는 법률] 헌법 제111조 제1항 제1호 및 헌법재판소법 제41조 제1항은 위헌법률심판의 대상에 관하여, 헌법 제111조 제1항 제5호 및 헌법재판소법 제68조 제2항, 제41조 제1항은 헌법소원심판의 대상에 관하여 그것이 법률임을 명문으로 규정하고 있으며, 여기서 위헌심사의 대상이 되는 법률이 국회의 의결을 거친 이른바 형식적 의미의 법률을 의미하는 것에는 아무런 의문이 있을 수 없다. 따라서 형식적 의미의 법률과 동일한 효력을 갖는 조약 등은 포함된다(헌법재판소 1995.12.28. 95헌바3).

[조약] '대한민국과 아메리카합중국간의 상호방위조약 제4조에 의한 시설과 구역 및 대한민국에서의 합중국군대의 지위에 관한 협정'(1967.2.9. 조약 제232호)은 그 명칭이 "협정"으로 되어 있어 국회의 관여없이 체결되는 행정협정처럼 보이기도 하나 우리나라의 입장에서 볼 때에는 외국군대의 지위에 관한 것이고, 국가에게 재정적 부담을 지우는 내용과 근로자의 지위, 미군에 대한 형사재판권, 민사청구권 등 입법사항을 포함하고 있으므로 국회의 동의를 요하는 조약으로 취급되어야 한다고 보고 위헌제청의 대상으로 인정하였다(헌법재판소 1999.4.29. 97헌가14).

나) 법률해석 및 적용의 위헌성 판단문제

우리 헌법체계상 법률의 해석권은 대법원이, 헌법의 해석권은 헌법재판소가 가진다. 그러나 헌법재판소가 법률의 위헌성을 판단함에 있어서는 그 법률의 해석 내지 그 법률이 어느 경우에 적용되는가를 확정하는 것이 선행되어야 하므로 이 한도 내에서는 헌법재판소로서도 법률의 해석 내지 적용에 관여하지 않을 수 없고 그 문제가 헌법재판소의 판단대상이 된다.[28]

[법률해석의 위헌성판단문제] 정당행위로 인정되지 않는 근로자들의 집단적 노무제공 거부행위를 구 형법 제314조의 위력업무방해죄로 형사처벌하는 것이 헌법에 위반된다면 결국 법원의 해석에 의하여 구체화된 동 조

---

28) 헌법재판소 1998.7.16. 97헌바23.

항이 위헌성을 지니고 있는 셈이며, 따라서 집단적 노무제공 거부행위를 위력업무방해죄로 형사처벌하는 것이 헌법에 위반되는지 여부는 동 조항의 위헌여부에 관한 문제로서 헌법재판소의 판단대상이 된다(헌법재판소 1998.7.16. 97헌바23).

나. 폐지 또는 개정되어 효력이 상실된 법률이나 법률조항

위헌법률심판의 대상이 되는 법률은 현재 효력을 가지는 법률이어야 함이 원칙이다. 법률이 폐지되거나 해당조항이 개정되어 그 효력이 상실된 경우 이미 효력이 상실된 법률이나 법률규정에 대하여서는 새삼스럽게 효력을 상실시킬 실익이 없기 때문이다. 그러나 이미 폐지된 법률이나 부분개정으로 효력이 상실되었다 할지라도 헌법소원심판청구인들의 침해된 법익을 보호하기 위하여 그 위헌 여부가 가려져야 할 필요가 있는 경우, 즉 법률상 이익이 현존하는 경우(판결주문이 달라질 경우)에는 폐지 또는 개정되어 효력이 상실된 법률도 위헌법률심판의 대상이 된다.

[폐지된 법률의 재판의 전제성] 위헌법률심판에 있어서 문제된 법률이 재판의 전제가 된다함은 우선 그 법률이 당해 본안사건에 적용될 법률이어야 하고 또 그 법률이 위헌일 때는 합헌일 때와 다른 판단을 할 수 밖에 없는 경우, 즉 판결주문이 달라질 경우를 뜻한다고 할 것이고 그 법률이 현재 시행중인가 또는 이미 폐지된 것인가를 의미하는 것은 아니라 할 것이므로 폐지된 법률이라는 이유로 위헌여부심판의 대상이 될 수 없다는 주장은 허용될 수 없는 것이다. 따라서 이미 폐지된 법률이라 할지라도 헌법소원심판청구인들의 침해된 법익을 보호하기 위하여 그 위헌 여부가 가려져야 할 필요가 있는 경우, 즉 법률상 이익이 현존하는 경우에는 심판을 하여야 한다고 할 것이다(헌법재판소 1989.7.14. 88헌가5,8, 89헌가44(병합); 1989.12.18. 89헌마32, 33).

다. 憲法의 個別規定

헌법제정권력의 의사에 반하는 개별헌법규정의 경우 헌법의 핵심내용에 반하는 것이어서 이들 규정의 합헌성여부를 가릴 필요가 있다는 주장이 있을 수 있으나 우리 헌법상 헌법의 개별규정은 헌법의 핵심내용과 그 구별이 명확한 것이 아닐뿐더러 그 자체가 헌법의 일부분으로 법률이 아니다. 따라서 헌법의 개별규정은 위헌'법률'심판의 대상이 되지 아니한다.

[헌법개별규정에 대한 위헌심사] 헌법 및 헌법재판소의 규정상 위헌심사의 대상이 되는 법률은 국회의 의결을 거친 이른바 형식적 의미의 법률을 의미하는 것이므로 헌법의 개별규정 자체는 헌법소원에 의한 위헌심사의 대상이 아니다. 한편, 이념적·논리적으로는 헌법규범 상호간의 우열을 인정할 수 있다 하더라도 그러한 규범 상호간의 우열이 헌법의 어느 특정규정이 다른 규정의 효력을 전면적으로 부인할 수 있을 정도의 개별적 헌법규정 상호간에 효력상의 차등을 의미하는 것이라고 볼 수 없으므로, 헌법의 개별규정에 대한 위헌심사는 허용될 수 없다(헌법재판소 2001.2.22. 2000헌바38).

라. 命令, 規則, 條例, 慣習

"명령·규칙"은 위헌법률심판제청의 대상이 되지 않는다(제107조 제2항). 헌법재판소도 명령·규칙의 위반여부는 법원 스스로 이를 판단할 수 있는 것으로 위헌법률심판의 대상이 아니라고 하고 있다.[29] 다만 법률과 시행령·규칙 등이 결합하여 전체로서 하나의 완결된 법적 효력을 발휘할 경우에는 법률의 위임에 의한 시행령·규칙 등 하위법규가 부수적으로 법률의 내용을 판단하는 자료가 될 수 있을 것이다.[30] "조례·관습"은 위헌법률심판제청의 대상이 되지 않으며, 그것이 헌법에 위반되는 여부는 법원이 스스로 판단할 수 있다. 명령의 위헌성이 바로 근거법률의 위헌성으로 연결되는 것은 아니다.

[대통령령의 위헌성과 모법의 위헌성] 대통령령인 수산자원보호령은 법 제68조 제2항에 의한 헌법소원심판의 대상이 될 수도 없고, 설사 청구인의 주장대로 수산자원보호령 제17조에 위헌성이 있다 하더라도 그로 인하여 수권법률인 수산업법 제52조 제1항 제3호가 당연히 위헌으로 되는 것은 아니다(헌법재판소 1999.2.25. 97헌바63). 헌법재판소는 지방세법 제184조 제1호는 "그 자체에서 재산세의 비과세대상인 비영리사업자의 범위를 직접 규정하면서 청구인과 같은 비영리법인을 여기서 제외하고 있는 것이 아니고, 비영리사업자의 구체적 범위를 대통령령으로 정하도록 위임하고 있을 뿐이다.

29) 헌법재판소는 명령·규칙의 위헌 여부에 관하여 이는 "법원 스스로 이를 판단할 수 있는 것이므로, 이 사건 위헌여부심판제청 중 국민연금법시행령 제54조 제1항에 대한 부분은 법률이 아닌 대통령령에 대한 것으로 부적법하다."고 판시한 바 있다(헌법재판소 1996.10.4. 96헌가6).

30) 예컨대, 정기간행물등록제 사건. 헌법재판소 1992.6.26. 90헌가23; 실지거래가격 양도소득세 사건. 헌법재판소 1995.11.30. 94헌바40 등.

따라서 위 법률조항 자체에는 헌법에 위반되는 사유가 들어있지 않으며 따라서 비록 그 위임에 따라 대통령령으로 규정한 내용이 헌법에 위반되는 경우에도 그 대통령령의 규정이 위헌으로 되는 것은 별론으로 하고, 그로 인하여 정당하고 적법하게 입법권을 위임한 수권법률인 위 법률조항까지도 위헌으로 되는 것은 아니다."고 하였다(헌법재판소 2001.1.18. 98헌바75등).

⑵ 違憲法律에 대한 審判構造

1) 裁判의 前提性

가. 법률의 위헌여부가 재판의 전제가 된 경우

법률에 대한 위헌여부심판제청이나 법 제68조 제2항의 규정에 의한 헌법소원심판청구가 적법하기 위해서는 문제된 법률의 위헌여부가 재판의 전제가 되어야 한다는 재판의 전제성을 갖추어야 한다. '재판의 전제성'이라 함은 i) 구체적인 사건이 법원에 계속되어 있었거나 계속 중이어야 하고, ii) 위헌여부가 문제되는 법률이 당해 소송사건의 재판에 적용되는 것이어야 하며, iii) 그 법률이 헌법에 위반되는지의 여부에 따라 당해 사건을 담당한 법원이 다른 내용의 재판을 하게 되는 경우를 말한다.[31]

나. "구체적인 사건이 법원에 계속 중이어야 한다"의 의미

이것의 의미는 법 제41조 소정의 위헌법률심판제청사건의 경우에는 위헌제청결정 당시는 물론이고 헌법재판소의 결정시까지 구체적 사건이 법원에 계속 중이어야 한다는 의미이고, 법 제68조 제2항 소정의 헌법소원심판사건의 경우에는 위헌제청신청시 구체적 사건이 법원에 계속 중이어야 한다는 의미이다.[32] 당해사건이 법원에 일단 적법하게 계속되었더라도 위헌제청 이후 헌법재판소의 심리기간중의 사후적인 사정변경, 예컨대 당해 사건이 소취하(취하간주)된 경우에는 원칙적으로 재판의 전제성이 부인된다.[33]

[적법하게 계속 중일 것] 당해사건이 법원에 원칙적으로 "적법"하게 계속되어 있을 것을 요한다. 그러므로 "당해사건이 부적법한 것이어서 법률의

31) 헌법재판소 1992.12.24. 92헌가8.
32) 헌법재판실무제요(제1판) 53면.
33) 헌법재판실무제요(제1판) 54면.

위헌여부를 따져 볼 필요조차 없이 각하를 면할 수 없는 것일 때에는 위헌여부심판의 제청신청을 적법요건인 '재판의 전제성'을 흠결한 것"으로 각하하여야 한다(헌법재판소 1992.8.19. 92헌바36, 판례집 4, 572, 574).

[법원에 계속되어 있었던 사건의 위헌심판제청] 제청신청인이 당해사건에서 구속적부심 계속중에 위헌심판제청신청을 하였으나 법원이 구속적부신청을 먼저 기각하여 재판계속이 종료된 후 위헌심판제청신청을 기각한 사안인 군사법원법 제238조 등에 대한 헌법소원사건에서 재판의 전제성을 인정하였다(헌법재판소 1995.2.23. 92헌바18).

다. '裁判'의 의미

위헌법률심판의 요건으로서 '재판의 전제가 된 경우'에서 '재판'이라 함은 판결·결정·명령 등 그 형식 여하와 본안에 관한 재판이거나 소송절차에 관한 재판이거나를 불문하며, 심급을 종국적으로 종결시키는 종국재판(終局裁判)뿐만 아니라 중간재판(中間裁判)도 이에 포함된다.[34]

[중간재판으로서 증거채부결정] 형사소송법 제295조에 의하여 법원이 행하는 증거채부결정은 당해 소송사건을 종국적으로 종결시키는 재판은 아니라고 하더라도, 그 자체가 법원의 의사결정으로서 헌법 제107조 제1항과 헌법재판소법 제41조 제1항 및 제68조 제2항에 규정된 재판에 해당된다(헌법재판소 1996.12.26. 94헌바1).

라. '裁判에 適用'의 의미

원칙적으로 공소가 제기되지 아니한 법률조항의 위헌 여부는 재판의 전제가 될 수 없다.[35] 공소장에 적용법조로 기재되었다는 이유만으로 재판의 전제성이 인정되는 것은 아니다.[36] 적용법조라 함은 공소장기재여부와는 상관없이 '실제로 재판에 적용'하여야 그 전제성이 인정된다. 따라서 전제성의 일차적 판단기관은 법원이고 가급적 법원의 견해를 존중하되 최종적으로는 헌법재판소가 판단한다.

[적용법조의 의미] 공소장의 변경 없이 법원이 직권으로 공소장 기재와는 다른 법조를 적용할 수 있는 경우가 있으므로 공소장에 적시되지 않은

34) 헌법재판소 1996.12.26. 94헌바1.
35) 헌법재판소 1989.9.29. 89헌마53; 헌법재판소 1993.7.29. 92헌바48.
36) 헌법재판소 1997.1.16. 89헌마240.

법률조항이라 하더라도 법원이 공소장변경 없이 실제 적용한 법률조항은 재판의 전제성이 인정되는 반면, 비록 공소장에 적시된 법률조항이라 하더라도 법원이 적용하지 않은 법률조항은 재판의 전제성이 부인되는 것이다(헌법재판소 2002.4.25. 2001헌가27).

[전제성의 판단주체] 위헌법률심판이나 헌법재판소법 제68조 제2항의 규정에 의한 헌법소원심판에 있어서 위헌여부가 문제되는 법률이 재판의 전제성(前提性) 요건을 갖추고 있는지의 여부는 헌법재판소가 별도로 독자적인 심사를 하기보다는 되도록 법원의 이에 관한 법률적 견해를 존중해야 할 것이며, 다만 그 전제성에 관한 법률적 견해가 명백히 유지될 수 없을 때에만 헌법재판소는 이를 직권으로 조사할 수 있다 할 것이다(헌법재판소 1993.5.13. 92헌가10, 91헌바7, 92헌바24,50).

마. '다른 내용의 裁判'의 의미

여기에서 '다른 내용의 재판'이란 적용법조의 위헌여부에 따라 i) 원칙적으로 법원이 심리 중인 당해 사건의 재판의 결론이나 주문에 어떠한 영향을 주는 경우(주문을 달리하는 경우), ii) 적용법조의 위헌여부가 재판의 결론을 이끌어내는 이유를 달리 하는 경우(판결이유를 달리하는 경우), iii) 적용법조의 위헌여부가 재판의 내용과 효력에 관한 법률적 의미가 전혀 달라지는 경우(판결의 효력을 달리하는 경우)를 포함한다. 행정처분이 확정되어 그 근거법률의 위헌여부가 재판에 영향을 미치지 않는 경우에도 재판의 전제성은 인정되지 않는다. 다만, 심판대상조항에 재판의 전제성이 없어 주관적 권리보호의 이익이 없더라도 헌법적 해명의 필요성이 인정되는 경우 심판청구의 이익이 인정될 수 있다.

[다른 내용의 재판] 여기에서 법원이 "다른 내용의" 재판을 하게 되는 경우라 함은 원칙적으로 법원이 심리 중인 당해 사건의 재판의 결론이나 주문에 어떠한 영향을 주는 것뿐만 아니라, 문제된 법률의 위헌여부가 비록 재판의 주문 자체에는 아무런 영향을 주지 않는다고 하더라도 재판의 결론을 이끌어내는 이유를 달리 하는데 관련되어 있거나 또는 재판의 내용과 효력에 관한 법률적 의미가 전혀 달라지는 경우도 포함한다 할 것이다(헌법재판소 1992.12.24. 선고, 92헌가8).

[행정처분의 확정과 근거법률의 재판의 전제성여부] 그 법률에 대한 위헌결정이 행정처분의 효력에 영향을 미칠 여지가 없는 경우에는 그 법률의

위헌여부에 따라 당해사건에 대한 재판의 주문이 달라지거나 재판의 내용과 효력에 관한 법률적 의미가 달라질 수 없는 것이므로 재판의 전제성을 인정할 수 없게 된다(헌법재판소 2004.6.24. 선고 2003헌바30).

[**집행유예판결 이후의 구속영장에 대한 구속적부심심판청구의 이익**] 청구인이 구속적부심사를 청구한 이후 검사가 같은 날 구속영장의 혐의사실에 대하여 공소를 제기하여 위 구속적부심사가 기각된 이 사건에 있어서, 청구인은 이미 위 공소사실에 관하여 집행유예판결을 받고 그 판결이 확정되어 위 구속영장의 효력에 근거하여 청구인이 다시 구속될 가능성은 완전히 소멸하였기 때문에 이 사건 법률조항에 재판의 전제성이 인정될 수 없어 청구인에게 더 이상 주관적 권리보호이익이 존재한다고 볼 수는 없지만, 검사가 수사단계에서 발부받은 구속영장의 효력이 유지되는 기간은 비교적 단기간으로 이에 관한 헌법소원심판청구의 심리도중에 심판청구인의 권리보호이익이 사후적으로 소멸될 개연성이 높으므로, 이러한 유형의 사건에서 주관적 권리보호이익이 사후적으로 소멸하였다는 이유로 헌법소원심판청구의 이익이 없다고 보게 되면, 청구인의 경우 인신구속에 관한 중요한 사항에 대하여 적용되는 법률의 위헌여부를 헌법재판소로부터 판단받을 기회를 사실상 박탈당하는 결과를 초래하기 때문에, 이러한 경우 예외적 상황을 인정하여 그 권리보호이익을 인정함이 상당하다(헌법재판소 2004.3.25. 2002헌바104).

2) 違憲審判의 提請

가. 위헌심판제청절차

법률이 헌법에 위반되는 여부가 재판의 전제가 된 때에는 당해 사건을 담당하는 법원은 직권 또는 당사자의 신청에 의한 결정으로 헌법재판소에 위헌여부의 심판을 제청한다(법 제41조 제1항). 이 때 대법원 외의 법원이 제1항의 제청을 할 때에는 대법원을 거쳐야 한다(제5항).

[**위헌법률심판의 제청절차**] 위헌법률심판 제청권자는 법원이다. "법원"만이 법률의 위헌여부에 대하여 헌법재판소에 위헌제청할 수 있다. 법원은 "직권 또는 당사자의 신청에 의한 결정"으로 위헌제청할 수 있다. 즉, 헌법소원심판이 아닌 위헌법률심판은 구체적 사건에서 법률의 위헌여부가 재판의 전제가 되어 법원의 제청이 있는 경우에 한하여 할 수 있고, 개인의 제소 또는 심판청구만으로는 위헌법률심판을 할 수 없다(헌법재판소 1994.6.30. 94헌아5).

나. 제청서의 기재사항

법원이 법률의 위헌여부를 헌법재판소에 제청할 때에는 위헌이라고 해석되는 법률 또는 법률의 조항을 적시하여 위헌이라고 해석되는 이유 등을 기재하여 제청하여야 한다(법 제43조).

다. 위헌심판제청의 효과

위헌여부심판의 제청에 관한 결정에 대하여 소송당사자는 항고할 수 없다(법 제41조 제4항). 법원이 법률의 위헌여부의 심판을 헌법재판소에 제청한 때에는 당해 소송사건의 재판은 헌법재판소의 위헌여부의 결정이 있을 때까지 정지된다. 다만, 법원이 긴급하다고 인정하는 경우에는 종국재판외의 소송절차를 진행할 수 있다(법 제42조 제1항).

3. 違憲法律審判의 基準과 審査方法

(1) 違憲法律審判의 基準

위헌법률심판의 준거로서는 성문의 헌법전(憲法典)이 가장 중요하다. 따라서 '大韓民國憲法'에 의하여 법률이나 법률규정의 위헌성 여부를 가려야 한다. 또한 헌법상 명문규정들에 대한 종합적 검토 및 구체적인 논증 등을 통하여 도출될 수 있는 헌법원칙(憲法原則)의 경우도 위헌법률심판의 심사기준이 될 수 있다.[37)]

(2) 違憲法律審判의 審査方法

위헌법률심판의 대상이 되는 법률이나 법률조항의 위헌성 여부를 판단함에 있어서는 입법과정의 적정성(체계정당성)과 법률의 위헌성여부(내용의 실질적 위헌성)를 함께 고려하여야 한다.

1) 體系正當性의 判斷

가. 體系正當性

체계정당성(Systemgerechtigkeit)의 원리는 동일 규범 내에서 또는 상이한 규범 간에 그 규범의 구조나 내용 또는 규범의 근거가 되는 원칙면

37) 헌법재판소 2003.12.18. 2002헌마593 및 98헌바70 등 참조.

에서 상호 배치되거나 모순되어서는 안된다는 하나의 헌법적 요청이다.[38]

[법의 체계성, 법의 체계정당성] 법규범은 내부적으로 법규범 상호간에 모순과 충돌을 일으키지 않도록 정합성을 갖추어야 한다. 이와 같이 법규범이 정합성을 갖는 것을 법의 체계성이라 하며, 법이 이러한 체계성을 갖추어야 한다는 요청이 법의 체계성에 대한 요청 또는 법의 체계정당성이다(한상수, 법학의 기초, 2008, 121면).

[체계정당성의 원리] 체계정당성(Systemgerechtigkeit)의 원리라는 것은 동일 규범 내에서 또는 상이한 규범 간에 (수평적 관계이건 수직적 관계이건) 그 규범의 구조나 내용 또는 규범의 근거가 되는 원칙면에서 상호 배치되거나 모순되어서는 안된다는 하나의 헌법적 요청(Verfassungspostulat)이다[헌법재판소 2005.6.30. 2004헌바40, 2005헌바24(병합)].

나. 體系正當性 위반의 경우

법규범의 모순과 충돌이 발생하게 되면 규범의 권위와 실효성이 추락하게 된다. 따라서 법규범은 그 내부적으로 또 규범 상호간에 모순과 충돌을 일으키지 않도록 정합성을 갖추어야 한다. 국회가 입법형성의 재량을 가지지만, 그 재량은 사회질서유지라는 법의 목적이 실현될 수 있도록 입법권은 입법체계상 정당성의 요청 범위내에서만 재량을 가지는 것이다. 따라서 입법체계상의 정당성원리에 어긋나는 법률이 바로 위헌이라고는 할 수 없지만 위헌의 가능성은 의심받게 된다.

다. 體系正當性과 立法裁量

체계정당성의 원리는 국가공권력에 대한 통제와 이를 통한 국민의 자유와 권리의 보장을 이념으로 하는 법치주의원리로부터 도출되는데, 이러한 체계정당성 위반(Systemwirdigkeit)은 비례의 원칙이나 평등의 원칙 등 일정한 헌법의 규정이나 원칙을 위반하여야만 비로소 위헌이 되며, 체계정당성의 위반을 정당화할 합리적인 사유가 존재하는가에 대하여는 입법재량이 인정된다.[39] 체계적 정합성을 갖춘 것이라면 비록 차별입법이라 하더라도 법리적으로 모순이라고 할 수도 없고, 과잉금지원칙에 반하여 기

38) 헌법재판소 2004.11.25. 2002헌바66.
39) 헌법재판소 2004.11.25. 2002헌바66.

본권을 제한하는 것도 아니어서,[40] 이 경우 체계부정합의 이유로 한 위헌의 문제는 발생하지 아니한다.

[체계정당성 위반과 비례의 원칙이나 평등원칙 위반 내지 입법자의 자의금지위반] 일반적으로 일정한 공권력작용이 체계정당성에 위반한다고 해서 곧 위헌이 되는 것은 아니다. 즉 체계정당성 위반(Systemwidrigkeit) 자체가 바로 위헌이 되는 것은 아니고 이는 비례의 원칙이나 평등원칙위반 내지 입법의 자의금지위반 등의 위헌성을 시사하는 하나의 징후일 뿐이다. 그러므로 체계정당성위반은 비례의 원칙이나 평등원칙위반 내지 입법자의 자의금지위반 등 일정한 위헌성을 시사하기는 하지만 아직 위헌은 아니고, 그것이 위헌이 되기 위해서는 결과적으로 비례의 원칙이나 평등의 원칙 등 일정한 헌법의 규정이나 원칙을 위반하여야 한다[헌법재판소 2005.6.30. 2004헌바40, 2005헌바24(병합)].

[체계정당성위반과 공익상의 이유] 입법의 체계정당성위반과 관련하여 그러한 위반을 허용할 공익적인 사유가 존재한다면 그 위반은 정당화될 수 있고 따라서 입법상의 자의금지원칙을 위반한 것이라고 볼 수 없다. 나아가 체계정당성의 위반을 정당화할 합리적인 사유의 존재에 대하여는 입법의 재량이 인정되어야 한다. 다양한 입법의 수단 가운데서 어느 것을 선택할 것인가 하는 것은 원래 입법의 재량에 속하기 때문이다. 그러므로 이러한 점에 관한 입법의 재량이 현저히 한계를 일탈한 것이 아닌 한 위헌의 문제는 생기지 않는다고 할 것이다[헌법재판소 2005.6.30. 2004헌바40, 2005헌바24(병합)].

[향정신성의약품을 영리목적으로 수입하는 행위를 살인죄의 법정형의 하한보다 더욱 중한 법정형의 하한으로 정한 것이 체계정당성원칙에 어긋나는지 여부(소극)] 살인죄의 법정형의 하한보다 더욱 중한 법정형의 하한을 정하고 있는 마약류관리에관한법률 제58조 제2항이 입법재량의 범위를 벗어나 형벌체계상 균형을 잃었다고 볼 것인지에 관한 판단에서 헌법재판소는 체계정당성의 한계를 벗어난 것이 아니라고 다음과 같이 판시하였다. "청구인은 이 사건 법률조항이 형법상 살인죄보다 법정형의 하한을 높게 규정하여 형벌의 체계정당성 및 평등원칙에 위배된다고 주장한다. 그런데 이 사건 법률조항의 범죄와 살인죄는 보호법익과 죄질에 차이가 있으며, 보호법익과 죄질의 차이를 고려하지 아니하고 살인죄의 법정형과 이 사건 범죄의 법정형을 단순비교하여 본다고 하더라도, 이 사건 범죄의 법정형이 입

40) 헌법재판소 2004.4.29. 2002헌마756.

법재량의 범위를 벗어나 형벌체계상 균형을 잃었다고 보기는 어렵다."(헌법재판소 2007.10.25. 2006헌바50).

[전투경찰대설치법 제9조 제1항이 책임과 형벌 간의 비례성의 원칙에 위배되어 체계정당성원칙에 반하는지 여부(소극)] …공익근무요원은 …그 기능과 조직 및 신분에서 전경과는 전혀 다르고 …그 보호법익도 병역의무의 이행을 강제하는 데 그 중점이 놓여져 있을 뿐 공익근무요원에 의하여 수행되는 국가·사회적 기능의 보호는 상대적으로 약해 보이며, 대간첩작전 또는 치안유지를 위하여 단체적 전투력을 보호함을 그 주목적으로 하는 이 사건 법률조항(공익근무요원 등의 복무이탈행위를 처벌하는 병역법 제89조의2)과는 기본적인 보호법익과 죄질에서 현저한 차이가 나므로 체계정당성을 판단하기 위한 비교대상으로 삼을 수 없거나, 비교대상으로 삼는다고 하더라도 이 사건 법률조항의 체계정당성 내지 평등의 원칙을 인정함에 방해가 되기 어려워 보인다(헌법재판소 2006.12.28. 2006헌가12).

[형벌의 체계정당성 및 평등원칙 위배 여부] 추업에 사용할 목적으로 부녀를 매매한 자(형법 제288조 제2항)와 국외이송목적으로 사람을 매매한 자(형법 제289조 제1항)를 동일한 법정형으로 처벌하도록 규정한 것은 형벌의 체계정당성 및 평등원칙에 위배된다고 하는 주장에 대하여 헌법재판소는 "추업에 사용할 목적의 부녀매매와 국외이송목적의 인신매매는 모두 인신매매범죄로 죄질이 유사하고 교통·통신의 발달과 국제협력의 증진으로 인하여 국내외 인신매매를 구별하여야할 필요성이 감소하였다는 점 등을 고려할 때 위 두 범죄에 대하여 동일한 법정형을 규정한 것이 형벌의 체계정당성에 반한다고 보기 어렵다."고 판시하였다(헌법재판소 2006.5.25. 자 2005헌바4).

[폭력행위등처벌에관한법률 제3조 제2항이 다른 범죄와의 관계에서 형벌의 체계정당성에 어긋나고 평등원칙에 위반되는지 여부(적극)] 폭처법 제3조 제2항에 해당하는 범죄와 유사하거나 관련있는 범죄로서 동 조항에 해당하지 아니하는 범죄를 살펴 보면, 예컨대 형법 제259조 제1항의 상해치사의 경우 사람의 사망이라는 엄청난 결과를 초래한 범죄임에도 3년 이상의 유기징역형으로 그 법정형이 규정되어 있다. 그런데, 상해치사의 범죄를 야간에 흉기 기타 물건을 휴대하여 범한 경우에도 그 법정형은 여전히 3년 이상의 유기징역형임을 고려하면, 야간에 흉기 기타 위험한 물건을 휴대하여 형법 제283조 제1항의 협박죄를 범한 자를 5년 이상의 유기징역에 처하도록 규정하고 있는 이 사건 법률조항의 법정형이 형벌의 체계정당성에 어긋남을 알 수 있다(헌법재판소 2004.12.16. 2003헌가12).

[도망할 염려가 있는 피고인을 보석 허가의 대상에서 제외하는 것이 체계정당성의 원리에 반하는 입법인지(소극)] 형사소송법 제70조 제1항 제3호는 "도망하거나 도망할 염려가 있을 때"에는 피고인을 구속할 수 있다고 규정하고 있으므로, "피고인이 도망할 염려가 있다고 믿을 만한 충분한 이유가 있는 때"에 피고인의 구속 상태를 유지하는 것은 논리적 일관성과 체계적 정합성을 갖춘 것이며, 보증금의 몰수를 통해서도 그 출석을 담보할 수 없는 경우가 있으므로 보석의 예외사유로 도망의 우려를 정하고 있는 것이 법리적으로 모순이라고 할 수도 없고, 과잉금지원칙에 반하여 보석을 받을 권리를 제한하는 것도 아니다(헌법재판소 2004.4.29. 2002헌마756).

2) 法律의 實質的 違憲與否審査

위헌법률심사를 함에 있어서는 입법체계의 정당성을 종합적으로 판단하여 입법재량의 한계일탈 여부를 고려한 후 법률내용의 실질적 위헌여부를 가려야 한다. 즉, i) 국회의 판단과 결정이 명백히 잘못되었는가 ii) 헌법상 가치질서에 위배되는가 여부를 심사하여야 한다.

[법률의 위헌성판단] 이 사건 법률조항이 국민의 기본권을 침해하여 위헌인 여부를 판단함에 있어서는 ① 국회가 이 사건 법률을 제정함에 있어서 중요한 의미를 갖는 사항을 적절하게 조사하고 그것을 입법의 기초로 삼았는가, ② 국회가 법률의 긍정적·부정적 효과를 합리적으로 형량하였는가, ③ 주민의 기본권 제한이 예측될 때 비례의 원칙을 준수하였는가를 고려하여야 하고, 이에 관하여 판단함에 있어서는 위와 같은 사항을 종합 고려하여 ① 국회의 판단과 결정이 명백히 잘못되었는가 ② 헌법상 가치질서에 위배되는가 여부를 심사하여야 한다(헌법재판소 1995.3.23. 94헌마175).

4. 違憲法律審判의 決定

(1) 裁判部構成과 審判定足數

1) 裁判部의 構成

재판부구성은 특별한 규정이 있는 경우를 제외하고는 헌법재판소의 재판관 전원으로 구성하는 재판부에서 심판을 관장하고(법 제22조 제1항), 재판부의 재판장은 헌법재판소장이 된다(제2항). 재판부는 재판관 7인 이상의 출석으로 사건을 심리한다(법 제23조 제1항).

2) 審判定足數

심판정족수는 일반사건의 종국심리에 관하여는 재판관의 과반수의 찬성으로 사건에 관한 결정을 한다(제23조 제2항). 다만, 법률의 위헌결정, 탄핵의 결정, 정당해산의 결정 또는 헌법소원에 관한 인용결정을 하는 경우(제113조 제1항, 법 제23조 제2항 단서 제1호)와 종전에 헌법재판소가 판시한 헌법 또는 법률의 해석적용에 관한 의견을 변경하는 경우(법 제23조 제2항 단서 제2호)에는 재판관 6인 이상의 찬성이 있어야 한다.

⑵ 却下決定과 棄却決定

위헌법률심판의 적법요건을 갖추지 못한 경우에는 부적법하여 각하(却下)하게 된다. 각하는 심판요건이 부적법하고 그 흠결을 보정할 수 없는 경우에 하게 되는데 주문(主文)의 표시방법은 통상 "이 사건 심판청구를 각하한다."는 형식을 취한다. 위헌법률심판청구의 이유가 타당하지 않은 경우는 기각결정(棄却決定)을 하게 된다. 판결이유로 "이 사건 법률조항은 헌법에 위반되지 아니하므로 청구인의 심판청구를 기각한다."는 주문 형식을 취한다.

⑶ 本案判斷

헌법재판소의 관장사항으로 헌법 제111조 제1항 제1호는 법률의 위헌 "여부"의 판단이라 하고 있고, 헌법재판소법도 법률의 위헌"여부"의 심판(제41조~제43조)이라 하여 헌법재판소의 심판은 형식상으로는 합헌 아니면 위헌으로 결정하게 된다. 그러나 실제로는 합헌결정과 위헌결정 사이에 다양한 '변형결정(變形決定)'을 내고 있다. 이 변형결정에 대하여 헌법이나 헌법재판소법이 정하는 위헌여부에 관한 결정, 즉 합헌결정과 위헌결정을 특히 '정형결정(定型決定)'이라고 이름하고자 한다. 본안판단에 대하여는 정형결정 뿐만 아니고 변형결정도도 내고 있는데 변형결정은 별도 항목으로 설명한다.

⑷ 定型決定

1) 合憲決定

일반적으로 법률의 합헌성은 추정되기 때문에 위헌심판과는 심판정족수를 달리하고 있다. 즉, 일반사건의 종국심리에 관하여 심판정족수는 재판관의 과반수의 찬성으로 사건에 관한 결정을 한다(법 제23조 제2항). 따라서 재판관 5인 이상의 찬성이면 된다. 그러나 종래 헌법재판소가 위헌으로 판시한 헌법 또는 법률의 해석적용에 관한 종전의 의견을 변경하여 합헌으로 결정하는 경우에는 재판관 6인 이상의 찬성이 있어야 한다(법 제23조 제2항 단서 제2호). 주문(主文)은 보통 "○○법(률)은 헌법에 위반되지 아니한다."(법률전체에 대한 위헌심판) 또는 "○○법(률)은 제○조는 헌법에 위반되지 아니한다."(일부조항에 대한 위헌심판)는 형식을 취한다.

2) 違憲決定

가. 違憲決定의 형식

위헌결정의 심판은 재판관 6인 이상이 찬성하여야 한다. 위헌결정의 주문(主文)은 "어느 법 제○○조는 헌법에 위반된다."(법률조항의 전부가 위헌인 경우), 또는 "어느 법 제○○조 중 어느 부분은 헌법에 위반된다."(법률조항의 일부가 위헌인 경우)는 형식을 취한다. 또한 경우에 따라서는 법률의 중요한 조항이 위헌으로 됨에 따라 그 법률 전체를 시행할 수 없다고 인정할 때에는 그 법률 전체에 대하여 위헌선언을 하게 된다. 이 경우에는 "어느 법(률)은 헌법에 위반된다."는 주문형식을 취하게 된다.

나. 附隨的 違憲決定

헌법재판소가 위헌결정을 함에 있어서는 제청된 법률 또는 법률조항의 위헌여부만을 결정하는 것이 원칙이지만(법 제45조), 법률조항의 위헌결정으로 인하여 당해 법률 전부를 시행할 수 없다고 인정될 때에는 그 전부에 대하여 위헌의 결정을 할 수 있다(법 제45조 단서). 그런데, 헌법재판소는 위헌제청된 법률조항에 대하여 위헌결정을 하면서 위헌제청되지는 않았지만 이와 관련된 다른 조항에 대하여 부수적으로 위헌결정을 하면서, 이를 헌법재판소는 부수적 위헌결정(附隨的 違憲決定)이라 하고 있다.[41] 부수적 위헌결정을 하면서 근거조항으로 헌법재판소법 제45조 단서규정을 들고 있는데, 이 조항의 취지는 '법률전체에 대한 위헌'결정을 할 수 있다는 것이어서 헌법재판소가 말하는 부수적 위헌결정의 근거내용으로서는 다소

41) 헌법재판소 2003.9.25. 2000헌바94,2001헌가21(병합).

적절하지 못한 감이 있다.

[부수적 위헌결정] 따라서 법(군인연금법) 제21조 제5항 제2호가 포괄위임금지의 원칙에 위반된다는 이유로 위헌으로 인정되는 이상 법 제21조 제5항 제3호, 제4호 및 제5호도 같은 이유로 위헌이라고 보아야 할 것이고 그럼에도 불구하고 이들을 따로 분리하여 존속시켜야 할 이유가 없으므로 헌법재판소법 제45조 단서 및 제75조 제6항에 의하여 이들 조항에 대하여도 아울러 위헌을 선고하기로 한다(헌법재판소 2003.9.25. 2001헌가22).

5. 變形決定

(1) 變形決定에 관한 논의

헌법재판소법은 규범통제의 유형을 '합헌결정(合憲決定)'과 '위헌결정(違憲決定)'만 규정하고 있지만(헌법재판소법 제45조) 두 가지 결정유형 만으로는 다양한 유형의 문제를 해결할 수 없는 경우가 있다. 헌법재판소도 "재판의 주문을 어떻게 내느냐의 주문의 방식문제는 민사소송에서 그러하듯 헌법재판에 대하여서도 아무런 명문의 규정이 없으며, 따라서 재판의 본질상 주문을 어떻게 표시할 것인지는 재판관의 재량에 일임된 사항이라 할 것"[42]이라 하여 변형결정의 가능성을 인정하고 있으며 다양한 형태의 변형결정을 발전시켜오고 있다.

(2) 변형결정의 필요성 여부

1) 변형결정에 대한 헌법재판소의 견해

헌법재판소는 "현대의 복잡다양한 사회현상, 헌법상황에 비추어 볼 때 헌법재판은 심사대상 법률의 위헌 또는 합헌이라는 양자택일 판단만을 능사로 할 수 없다. 양자택일 판단만이 가능하다고 본다면 다양한 정치·경제·사회현상을 규율하는 법률에 대한 합헌성을 확보하기 위한 헌법재판소의 유연 신축성 있는 적절한 재판을 가로막아 오히려 법적 공백, 법적 혼란 등 법적 안정성을 해치고, 입법자의 건전한 형성자유를 제약하는 등 하여, 나아가 국가사회의 질서와 국민의 기본권마저 침해할 사태를 초래할 수도 있다. 이리하여 헌법재판소가 행하는 위헌여부 판단이란 위헌 아

42) 헌법재판소 1989.9.8. 88헌가6.

니면 합헌이라는 양자택일에만 그치는 것이 아니라, 그 성질상 사안에 따라 위 양자의 사이에 개재하는 중간영역으로서의 여러 가지 변형재판(變形裁判)이 필수적으로 요청된다."[43]고 하여 변형결정의 필요성을 인정하고 있다. 헌법재판소는 변형결정의 유형으로 일부위헌결정, 헌법불합치결정, 한정위헌결정, 한정합헌결정 및 위헌불선언결정 등을 들고 있다.

2) 변형결정의 허용여부

우리나라는 독일과 달리 변형결정의 허용여부에 관한 규정이 없다. 헌법은 물론 헌법재판소법에도 변형결정의 근거가 될 만한 규정을 두고 있지 않다. 오히려 헌법재판소법 제45조는 "법률 또는 법률조항의 위헌 여부만을 결정한다."고 규정하고 있어 문면상으로는 이를 허용하지 않는 것으로 보인다. 변형결정의 가능성이 제기된 뒤 한정합헌결정이 내려지고 이어서 국회의원선거법 제33조 및 제34조에 관하여 헌법불합치결정이 내려지면서 변형결정의 허용여부에 관한 본격적인 논의가 시작되었다.[44]

가. 변형결정을 허용하는 견해

변형결정을 인정하자는 견해는 헌법재판의 특성, 현실적인 이유, 권력분립의 원칙, 비교법적 근거 및 주문의 형식에 관한 법관의 재량 등을 근거로 하고 있다.

가) 헌법재판의 준입법적 기능

헌법재판은 헌법의 기본원리에 따라 헌법적 가치질서를 유지하는 헌법해석으로 법규의 합헌성유무를 다루는 준입법적 기능에 의한 헌법적 판단을 하는 것이다. 따라서 단지 구체적 사건에 적용하는 법률의 해석을 기본으로 하는 일반 사법기능과는 다른 것이기 때문에 헌법재판소법의 해석에 구속되는 형식논리만으로 헌법문제를 풀어 갈 수는 없다.[45]

나) 현실적 필요성

현대의 복잡다양한 사회현상, 헌법상황에 비추어 볼 때 헌법재판소의

43) 헌법재판소 1989.9.8. 88헌가6.

44) 문광삼, "헌법재판소 변형결정의 유형과 그 문제점", 憲法裁判所決定의 效力에 관한 研究, 憲法裁判研究 第7卷 1995, 95면.

45) 한병채, 헌법재판론, 고시계, 1994, 527면 이하.

유연 신축성 있는 적절한 판단이 필요하다. 헌법재판소가 행하는 '위헌여부 판단'이란 '위헌 아니면 합헌이라는 양자택일에 그치는 것이 아니라 그 성질상 사안에 따라 위 양자의 사이에 개재하는 중간영역으로서의 여러 가지 변형재판'이 필수적으로 요청된다.[46]

다) 권력분립 원칙상의 근거

법률은 위헌이라 판단하게 되면 그 효력을 상실하게 되고 이는 입법권에 대한 개입을 의미하게 된다. 그러나 입법부가 제정한 법률을 위헌이라고 하여 전면 폐기하기보다는 그 효력을 가급적 유지하는 것이 권력분립의 정신에 합치하고 민주주의적 입법기능을 최대한 존중하는 것이라 할 것이며, 그것은 국민의 대표기관으로서 입법형성권을 가지는 국회의 정직성·성실성·전문성에 대한 예우이고 배려라 할 것이므로 위헌이냐 합헌이냐의 결정 이외에 중간영역의 주문형식을 취할 필요가 있다.[47]

라) 비교법적 근거

독일의 경우, 실정법의 근거에 의하여 여러 가지 형태의 변형재판이 나온 것이 아니고 법개정 이전부터 연방헌법재판소가 실정법에 뚜렷한 근거가 없이 불합치주문 등 변형재판을 해왔고 입법자는 다만 사후적으로 법개정에 의해 변형결정을 추인한 것에 불과하다.[48]

마) 재판관의 재량

주문을 확정하는 것은 재판관의 재량이기 때문에 주문을 반드시 합헌과 위헌에 한정할 필요는 없고 재판관의 재량에 의해 그 중간영역의 변형결정의 주문으로 표시할 수 있다고 한다. 즉 재판주문의 방식문제는 민사소송에서도 그러하듯 헌법재판에 대하여서도 아무런 명문의 규정이 없으며, 따라서 재판의 본질상 주문을 어떻게 표시할 것인가는 재판관의 재량에 일임된 사항이다.[49]

---

46) 헌법재판소 1989.9.8. 88헌가6.
47) 헌법재판소 1991.3.11. 91헌마21.
48) 독일 연방헌법재판소는 1950년대부터 헌법이나 법률상 명확한 근거규정 없이 한정위헌결정을 포함한 다양한 변형결정의 유형을 발전시켜 왔다. 1970년 연방헌법재판소법 제4차 개정에서 헌법불합치결정에 대한 실정법적 근거를 마련하였으나, 한정위헌 등 그 밖의 변형결정은 아직 명확한 법적 근거 없이 판례를 통해 인정되고 있다.
49) 헌법재판소 1989.9.8. 88헌가6.

나. 변형결정을 부정하는 견해

변형결정을 인정할 필요가 없다는 견해는 실정법의 규정, 변형결정의 내용, 비교법적 근거 및 사법권의 독립상의 이유 등에서 그 이유를 찾는다.

가) 현행법의 규정

헌법 제107조 제1항의 규정과 헌법재판소법 제45조 제1항 본문의 규정은 헌법재판소에 제청된 법률이 위헌인지, 합헌인지를 분명하게 결정하도록 요구하고 있다[50]는 것을 근거로 한다. 따라서 처벌법규의 위헌성을 인정하면서도 한정합헌이나 입법촉구 등의 결정을 하여 그 효력을 지속시키는 것 자체가 죄형법정주의에 위배되는 처사가 되고,[51] 헌법재판소가 한정합헌결정 등 이른바 변형결정을 하려면 먼저 현행 헌법재판소법에 대한 전반적인 개정이 이루어져 이에 대한 근거규정이 마련되어야 할 것이며, 그렇지 아니하는 한 지금의 법제하에서는 헌법재판소가 한정합헌결정 등 이른바 변형결정을 할 권한도 없고 그러한 결정을 내린다 하더라도 그러한 결정에 법원이나 기타 국가기관이 기속될 리도 없다[52]고 한다.

나) 결정문의 내용

헌법재판소의 결정문 그 자체의 형식과는 관계없이 그 내용에 착안하여 변형결정을 인정하지 않는 견해가 있다. 즉 위헌결정의 방법에는 달리 법으로 정해진 방법이 없으므로 반드시 "헌법에 위반된다."라는 표현을 고집할 필요가 없다는 것이다. 따라서 "헌법에 합치되지 아니한다."라는 표현을 사용하고 있을 지라도 그것은 "헌법에 위반된다."는 말이나 위헌이라는 뜻에는 아무런 차이가 없다[53]고 하여 따로 변형결정을 인정할 필요가 없다고 한다.

다) 비교법적 근거

독일의 헌법재판제도는 우리의 그것과는 큰 차이가 있다. 독일연방헌법재판소는 우리의 경우와는 달리 위헌법률심사에 있어 구체적 규범통제기능만 가지는 것이 아니라 추상적 규범통제기능도 가지며, 또한 연방헌법

50) 헌법재판소 1989.9.8. 91헌마21 결정에서의 반대의견.
51) 헌법재판소 1993.3.11. 88헌마5 결정에서의 반대의견.
52) 헌법재판소 1990.6.25. 90헌가11에서의 반대의견.
53) 헌법재판소 1991.3.11. 91헌마21에서의 반대의견.

재판소의 판결이나 결정 등 모든 재판은 연방 및 주의 모든 헌법기관과 모든 법원 및 행정기관을 구속하며, 그 결정에는 법률적 효력을 인정하고 있고 법원의 재판도 헌법소원의 대상으로 하고 있는 등 우리 헌법재판소와는 제도에 있어서 큰 차이가 있으므로 독일연방헌법재판소의 재판형식을 함부로 본떠서는 아니 될 것[54]이라고 경고한다.

라) 위헌결정의 회피수단

한정합헌결정 등 변형결정을 허용하게 되면 이러한 재판형식이 자칫 명백한 위헌법률에 대하여 위헌결정을 회피하는 수단으로 이용될 수 있다고 하여 변형결정은 허용되어서는 안 된다고 한다.[55]

마) 사법권의 독립 침해

변형결정의 허부에 관하여는 우리나라와 독일의 실정법 규정의 차이를 주목할 필요가 있고, 우리나라의 헌법재판소의 지위가 독일의 그것과 동일하지 않아 한정위헌결정이 법관의 독립을 침해할 우려가 있어,[56] 변형결정은 허용되어서는 안된다고 한다.

3) 憲法裁判의 特殊性과 變形決定

변형결정의 허용여부를 둘러싼 논쟁은 헌법재판의 본질을 일반재판의 경우와 혼동함으로써 해결을 어렵게 하고 있다. 헌법재판의 절차와 형식이 민사소송과 유사하지만 그 기능은 전혀 다른 것이다. 재판절차와 형식의 유사성으로 인해 그 기능적·실질적 차이점을 간과함으로써 부정설의 경우 변형결정에 대해 경직된 이론구성을 하고 있다. 헌법재판은 헌법적용의 방향제시와 헌법적 지도로써 정치적 불안과 사회적 혼란을 막는 가치관을 설정하는 등의 헌법재판의 적극적 형성기능을 인정하여야 할 것이다. 또 현실적으로도 헌법재판의 특성을 고려할 때 일반재판의 경우와는 달리 변형결정을 허용하여야 할 필요가 있다.

[헌법재판의 창조적 기능] 헌법재판소가 행하는 헌법의 해석은 헌법이 담고 추구하는 이상과 이념에 따른 역사적·사회적 요구를 올바르게 수용

54) 헌법재판소 1990.6.25. 90헌가11 결정에서의 반대의견.
55) 헌법재판소 1990.6.25. 90헌가11 결정의 반대의견.
56) 법원도서관, 헌법재판제도의 이해(요약), 2002, 75면.

하여 헌법적 방향을 제시하는 헌법의 창조적 기능을 수행하여 국민적 욕구와 의식에 알맞는 실질적 국민주권의 실현을 보장하려는 것이므로 헌법의 해석과 적용이 우리 헌법이 지향하고 추구하는 방향에 부합되는 것이 아닐 때에는, 헌법재판소는 헌법적용의 방향제시와 헌법적 지도로써 정치적 불안과 사회적 혼란을 막는 가치관을 설정하여야 하는 것이다(헌법재판소 1989. 9.8. 88헌가6).

(3) 變形決定의 類型

1) 節次上의 變形決定과 內容上의 變形決定

변형결정은 헌법재판소의 의결정족수의 문제로 인한 변형결정인가 판결의 내용상의 변형결정인가에 따라 절차상의 변형결정과 내용상의 변형결정으로 구분할 수 있다. 전자의 경우로는 위헌의견이 다수이지만 위헌선언을 할 수 있는 의결정족수를 확보하지 못한 경우에 선언하는 위헌불선언결정이 있다. 이에 대하여 헌법불합치결정 · 한정위헌결정 · 한정합헌결정 · 일부위헌결정은 절차상의 문제가 아니고 위헌심판 대상법률의 내용에 따른 변형결정의 형태이다.

2) 量的變形決定과 質的變形決定

변형결정은 양적변형결정과 질적변형결정으로도 구분할 수 있는데, 전자는 위헌심판 대상법률의 일부에 대한 변형결정으로 일부위헌결정이 이에 해당한다. 후자는 위헌심판 대상법률의 질적내용에 따른 변형결정으로 헌법불합치결정 · 한정위헌결정 · 한정합헌결정이 이에 해당한다.[57]

3) 眞正變形決定과 不眞正變形決定

변형결정은 진정변형결정과 부진정변형결정으로 구분할 수 있는데, 위헌불선언결정은 결과적으로 합헌이고 일부위헌결정은 그 부분에 대한 위헌결정이라는 점에서 결과적으로 정형결정의 하나이기 때문에 진정한 의미에서 변형결정이라 할 수 없다. 따라서 이들 결정은 부진정변형결정이

---

57) 한정합헌 · 한정위헌결정이란, 심판의 대상이 된 법률(조항)의 문언이 다의적으로 해석가능한 경우 특정한 내용으로 해석 · 적용되는 한 합헌 또는 위헌이라는 주문의 결정으로서 법질서에서 법문을 제거하는 방법을 통해서가 아니라 위헌적인 해석방법을 배제함으로써 위헌성을 제거한다는 의미에서 질적(質的)인 일부위헌결정이다(헌법재판소 1992.2.25. 89헌가104; 헌법재판소 1994.4.28. 92헌가3 참조).

라 할 수 있다. 이에 대해서 헌법불합치결정·한정합헌결정·한정위헌결정만이 진정한 의미의 변형결정이라 할 것이다.

정형결정과 변형결정

<table>
<tr><td colspan="3" rowspan="2">정형결정</td><td>합헌결정</td><td></td></tr>
<tr><td>위헌결정</td><td></td></tr>
<tr><td rowspan="5">변형결정</td><td colspan="2">절차상 변형결정</td><td>위헌불선언결정</td><td rowspan="2">부진정 변형결정</td></tr>
<tr><td rowspan="4">내용상 변형결정</td><td>양적 변형결정</td><td>일부위헌결정</td></tr>
<tr><td rowspan="3">질적 변형결정</td><td>헌법불합치결정</td><td rowspan="3">진정 변형결정</td></tr>
<tr><td>한정합헌결정</td></tr>
<tr><td>한정위헌결정</td></tr>
</table>

(4) 憲法裁判所判決上의 變形決定

1) 憲法不合致決定

가. 憲法不合致決定의 개념

가) 의 의

헌법불합치결정(憲法不合致決定)은 심판대상이 된 법률이 실질적으로는 위헌이라 할지라도 그 법률에 대하여 단순위헌결정(單純違憲決定)을 하지 아니하고 "헌법에 합치하지 아니한다."고 선언함으로써 헌법재판소법 제47조 제2항 본문의 효력상실을 제한적으로 적용하는 변형된 위헌결정의 주문형식이다. 헌법불합치결정은 심판대상법률의 위헌성을 확인하되 그 형식적 존속을 유지시키면서 입법자로 하여금 그 적용을 유보하게 하고, 개선된 신법의 적용을 명하는 원칙적 효력을 갖는다. 독일의 헌법불합치선언(Unvereinbarerklärung)에서 헌법불합치결정의 그 연원을 찾을 수 있다.

[독일의 헌법불합치선언] 독일연방헌법재판소는 어느 법률이 기본법에 어긋나는 것으로 판단한 경우, 원칙적으로 연방헌법재판소법의 규정대로 "기본법에 합치되지 아니하고 따라서 무효다(mit dem Grundgesetz unvereinbar und daher nichtig)."라는 위헌선언의 주문을 내고 있으나, 사안에 따라서는 주문에서 무효라는 선언은 하지 않고 단순히 "기본법에 합치되지 아니한다 .

(mit dem Grundgesetz unvereinbar)."라고 하는 선언만을 하는 경우도 빈번하였다. 후자의 주문형태가 憲法不合致宣言(Unvereinbarerklärung)이라는 것으로서 변형결정의 대표적인 유형이다. 이러한 연방헌법재판소의 결정은 제4차 연방헌법재판소법 개정(1970. 12. 21.) 이전에는 아무런 법적 근거가 없는 것이었다. 이는 연방헌법재판소법에 어긋나는 것이라고 할 수도 있으나, 학계에서는 그 실제상의 필요성을 이유로 이를 수용하는 견해가 지배적이었다. 제4차 연방헌법재판소법 개정법의 개정조항(제31조 제2항, 제79조 제1항)은 연방헌법재판소가 헌법불합치선언을 할 수 있는 것을 전제로 하는 규정이므로 이로써 헌법불합치선언에 대하여 간접적인 법적 근거가 존재하게 되었다.[58]

나) 사 유

헌법불합치결정은 i) 합헌부분과 위헌부분의 경계가 불분명하여 권력분립과 민주주의원칙의 관점에서 입법자의 입법형성권을 존중하여 위헌상태를 제거할 수 있게 하는 경우,[59] ii) 수혜적 법률이 평등원칙에 위반되는 경우 그 위헌결정으로 자기 자신뿐만 아니라 오히려 수혜대상이 제외될 우려가 있는 경우,[60] iii) 위헌결정으로 인한 법적 혼란과 법적 공백을 막기 위하여,[61] iv) 심사제청된 법률의 모법이 되는 헌법규정이 개정되어 하위법이 신헌법의 규정과 조화를 이룰 수 없을 경우에 인정된다.[62] 헌법불합치 결정은 이처럼 대상 법률 또는 법률조항의 효력상실만을 잠정적으로 유보하는 변형결정이다.

다) 헌법불합치결정의 필요성

헌법재판소는 어느 법률에 대하여 위헌인 것은 확실하나 그 법률에 대하여 헌법재판소법이 예정한 대로 위헌결정을 하여 곧바로 그 효력을 상

58) 법원도서관, 헌법재판제도의 이해(요약), 2002, 123-24면.

59) 국회의원후보자기탁금 사건. 헌법재판소 1989.9.8. 88헌가6; 시·도의회의원후보자기탁금 사건. 헌법재판소 1991.3.11. 91헌마21; 토지초과이득세 사건. 헌법재판소 1994.7.29. 92헌바49등; 노무직공무원의쟁의금지 사건. 헌법재판소 1993.3.11. 88헌마5.

60) 퇴직금우선변제사건. 헌법재판소 1997.8.21. 94헌바19등.

61) 텔레비전방송수신료 사건. 헌법재판소 1999.5.27. 98헌바70; 도시계획시설지정 사건. 헌법재판소 1999.10.21. 97헌바26; 제대군인가산점폐지사건 헌법재판소 1999.12.23. 98헌마363; 국가유공자가산점폐지사건 헌법재판소 2001.2.22. 2000헌마25.

62) 상세한 것은 문광삼, "헌법재판소 변형결정의 유형과 그 문제점" 憲法裁判所決定의 效力에 관한 硏究, 憲法裁判硏究 第7卷 1995, 110-118면 참조.

실시키면 오히려 불합리한 결과를 가져오므로 입법자가 그 법률을 개정하여 위헌성을 제거할 때까지 효력상실시기를 미루기로 결정할 필요가 있다고 판단한 경우에 헌법불합치결정을 하게 된다.

나. 憲法不合致決定 개념적 요소

헌법불합치결정은 위헌선언부분, 효력상실시기의 유예부분, 입법촉구부분, 경과조치에 관한 부분 등 4개 부분으로 구성된다. 즉 대상법률의 i) 위헌부분을 적시하여 대상법률이 헌법에 어긋난다는 결정을 하고(위헌선언), ii) 대상법률에 대하여 일정기간 효력상실을 유예한다는 결정을 하여야 하며(효력상실시기의 유예), iii) 입법자로 하여금 대상법률을 개정하여야 한다는 입법촉구결정을 하여야 하고(입법촉구), iv) 결정일로부터 개선입법이 이루어 질 때까지의 기간, 즉 경과기간 동안 법적용자가 취하여야 할 조치, 다시 말해 경과기간 동안 대상법률의 적용여부에 관한 결정을 하여야(경과조치)하는 4가지의 요소를 결정하여 선언한다.[63]

다. 主文의 形式

헌법불합치결정은 심판대상이 된 법률(조항)이 위헌이라 할지라도 입법자의 형성권을 존중하여 그 법률(조항)에 대하여 단순위헌결정을 선고하지 아니하고 헌법에 합치하지 아니한다는 선언에 그치는 결정의 주문형식이다. 주문에서는 헌법재판소법이 예정하고 있는 '위헌', 즉 "헌법에 위반된다."는 표현을 사용하지 아니하고 '헌법불합치', 즉 "어느 법 제○○조는 헌법에 합치되지 아니한다."라는 표현을 사용하고 있다. 동시에 "위 법률조항은 ○○년 ○○월 ○○일을 시한으로 입법자가 개정할 때까지 효력을 지속한다."고 하여 그 법조문의 효력시한을 정해주는 결정유형이 헌법불합치결정이다. 이 결정은 광의의 입법개선촉구결정(立法改善促求決定)에 포함된다.

라. 憲法不合致決定의 法的 根據 유무

헌법재판소에 의하면 헌법불합치결정은 전부부정(위헌)결정권은 일부부

---

63) 헌법재판소는 위헌선언부분은 물론 경과조치에 관한 부분도 적용중지나 계속적용을 불문하고 주문으로 이를 선고하고 있고, 효력상실시기 유예부분은 적용중지의 경우에는 주문으로 선고하고 계속적용의 경우에는 이유에서 그 취지를 설시하고 있으며, 입법촉구부분은 이유에서만 그 취지를 설시하고 있다(법원도서관, 헌법재판제도의 이해(요약), 2002, 124-25면).

정(헌법불합치)결정권을 포함한다는 논리에 터잡고 있다.[64] 현행 헌법이나 법률상 헌법재판소가 위헌법률의 효력상실시기를 제한하거나 입법촉구결정을 할 수 있다고 볼 만한 명확한 법적 근거는 없다. 이에 헌법불합치결정은 헌법과 헌법재판소법에 어긋나는 것이라는 견해도 있으나, 대다수의 헌법학자들은 헌법불합치결정이 헌법재판소법 제47조 제1항에 의한 위헌결정의 일종으로 유효한 것으로 본다.

마. 憲法不合致決定과 立法促求

헌법불합치결정의 결정적 의의는 실질적 위헌규정의 효력유지와 입법촉구에 있다. 법률이 헌법과 합치되지 아니한다고 선언된 경우 그와 같은 헌법불합치상태는 하루빨리 법개정을 통하여 제거되어야 할 것이며, 헌법불합치상태를 제거하기 위한 여러 가지 가능한 방법 중 어느 것을 선택할 것인가는 입법권자의 재량에 속한다.[65]

2) 違憲不宣言決定

위헌의견이 과반수이나 헌법 제113조 제1항 및 헌법재판소법 제23조 제2항 제1호 소정의 위헌결정의 정족수에 미달이어서 헌법에 위반된다고 선언하지 못하는 경우의 결정 유형이다. 위헌주장이 다수이지만 2/3인 6명을 넘지 못하는 경우, 즉 위헌주장과 합헌주장의 비율이 5 : 4인 경우의 결정유형이다. "… 는 헌법에 위반된다고 선언할 수 없다."는 주문형식(注文形式)을 취한다. 위헌불선언은 결과적으로는 합헌결정의 한 유형이다. 그러나 단순합헌과는 달리 위헌의 견해가 다수임에도 불구하고 위헌선언의 의결정족수에 미치지 못한 것으로, 일반인·재판부 및 당사자에 주는 의미는 위헌선언과는 다르게 된다. 그런데 우리 헌법재판소는 1996년 이후부터는 위헌불선언결정을 하지 않고 합헌결정형식을 취하고 있다.

3) 限定合憲決定

가. 限定合憲決定의 必要性

한정합헌결정은 심판의 대상이 된 법조문을 헌법과 조화될 수 있는 방

---

64) 헌법재판소 1991.3.11. 선고 91헌마21

65) 헌법재판소 1997.3.27. 95헌가14 등.

향으로 축소해석함으로써 그 법조문의 효력을 유지시키는 결정유형으로 변형결정의 가장 전형적인 결정유형이다. 한정합헌결정을 하여야 할 이유로서 헌법재판소는 "일반적으로 어떤 법률에 대한 여러 갈래의 해석이 가능할 때에는 원칙적으로 헌법에 합치되는 해석, 즉 합헌해석을 하여야 한다. 왜냐하면 국가의 법질서는 헌법을 최고법규로 하여 그 가치질서에 의하여 지배되는 통일체를 형성하는 것이며 그러한 통일체제에서 상위규범은 하위규범의 효력근거가 되는 동시에 해석근거가 될 뿐만 아니라 내용적인 합치를 요구하고 있기 때문"[66]이라고 하고 있다.

[한정합헌 결정] 한정합헌 · 한정위헌결정이란, 심판의 대상이 된 법률(조항)의 문언이 다의적으로 해석가능한 경우 특정한 내용으로 해석 · 적용되는 한 합헌 또는 위헌이라는 주문의 결정으로서 법질서에서 법문을 제거하는 방법을 통해서가 아니라 위헌적인 해석방법을 배제함으로써 위헌성을 제거한다는 의미에서 질적(質的)인 일부위헌결정이다(헌법재판소 1992.2.25. 89헌가104; 헌법재판소 1994.4.28. 92헌가3).

나. 限定合憲決定의 限界

한정합헌결정은 법의 문구와 목적에 따른 한계가 있다. 즉, 법문의 의미가 변질되지 아니하는 범위 내에서 허용되는 것으로(文義的 限界), 입법자의 명백한 의지 · 입법목적을 상실시키는 해석은 금지된다(立法目的的 限界). 이러한 한계를 벗어난 합헌적 해석은 그것이 바로 실질적 의미에서의 입법작용을 뜻하게 되어 결과적으로 입법권자의 입법권을 침해하는 것이 되기 때문에 엄격히 금지된다.

[한정합헌결정의 한계] 법률의 조항의 문구가 간직하고 있는 말의 뜻을 넘어서 말의 뜻이 완전히 다른 의미로 변질되지 아니하는 범위 내이어야 한다는 문의적 한계와 입법권자가 그 법률의 제정으로써 추구하고자 하는 입법자의 명백한 의지와 입법의 목적을 헛되이 하는 내용으로 해석할 수는 없다는 법목적에 따른 한계가 있다(헌법재판소 1989.7.14. 88헌가5,8,89헌가44; 1997.1.16. 92헌바6,26,93헌바34,35,36(병합)).

4) 限定違憲決定

심판의 대상이 된 법조문의 해석 중에서 헌법과 조화되지 않는 내용을

66) 헌법재판소 1989.7.21. 89헌마38.

한정하여 배제함으로써 합헌적으로 법률을 해석하는 결정유형이다. 한정위헌결정의 주문은 "어느 법 제○○조를 어떠한 경우에 까지 적용하는 것은 헌법에 위반된다."는 형식을 취한다. 예컨대 "민법 제764조의 '명예회복에 적당한 처분'에 사죄광고를 포함시키는 것은 헌법에 위반된다."고 한 결정주문에서 보듯이 명예회복에 적당한 처분 중에서 사죄광고는 양심의 자유에 반하여 위헌이기 때문에 이를 배제하면 민법 당해조항은 합헌성을 유지할 수 있는 것이다.

6. 憲法裁判所決定의 效力

헌법재판소의 결정유형은 앞서 살펴본 바와 같다. 헌법재판소의 결정의 효력에 대하여는 위헌결정의 효력을 중심으로 설명하기로 하겠다. 덧붙여서 한정위헌해석을 둘러싼 헌법재판소와 대법원 사이의 견해충돌을 간략히 소개하기로 한다.

(1) 憲法裁判所決定의 羈束力

국가기관은 헌법의 구속을 받는데 이러한 헌법에의 기속은 헌법재판을 통하여 사법적으로 관철된다. 그런데 헌법재판은 일반재판과 달리 강제할 수 없는 한계를 지니고 있다. 즉 헌법재판의 경우에는 그 다툼에 관계된 국가기관이 헌법재판의 결과를 존중하지 아니하더라도 헌법재판소로서는 그 국가기관으로 하여금 이를 강제로 지키게 할 수 있는 수단이 따로 없다. 따라서 국가기관, 특히 법원이 헌법재판을 무시한 채 헌법에 위반되는 행위를 계속하고, 헌법재판의 효력을 부인하면 헌법재판의 의미는 사실상 크게 훼손되고 헌법재판소의 권위도 실추되게 된다. 그러나 규범적으로 헌법재판소의 위헌결정은 법원을 포함한 모든 국가기관과 지방자치단체를 기속한다. 헌법재판소의 법률에 대한 위헌결정에는 단순위헌결정은 물론, 한정합헌, 한정위헌결정과 헌법불합치결정도 포함되고 이들은 모두 기속력을 가진다.

[헌법재판소가 위헌으로 결정한 법률을 적용하여 한 법원의 재판] 헌법재판소가 위헌으로 결정하여 그 효력을 상실한 법률을 적용하여 한 법원의 재판은 헌법재판소 결정의 기속력에 반하는 것일 뿐 아니라, 법률에 대한 위

헌심사권을 헌법재판소에 부여한 헌법의 결단(헌법 제107조 및 제111조)에 정면으로 위배된다(헌법재판소 전원재판부 1997.12.24. 96헌마172,173(병합)).

⑵ 違憲決定의 效力

1) 違憲決定의 羈束力

가. 대상법률의 무효화와 국가기관의 기속

헌법재판소에 의하여 위헌으로 결정된 법률 또는 법률의 조항은 그 결정이 있는 날로부터 효력을 상실한다(법 제47조 제2항). 법률의 무효화효력은 모든 국가기관에 대하여 기속력(羈束力)을 가진다. 즉 법률의 위헌결정은 법원 기타 국가기관 및 지방자치단체를 기속하게 된다(법 제47조 제1항). 또한 헌법재판소 자신도 기속되게 된다.

나. 違憲決定의 效力範圍

헌법재판소의 위헌결정의 효력은 당해사건(當該事件)뿐만 아니라 동종사건(同種事件) 및 병행사건(竝行事件)에도 미친다.[67]

[당해사건 · 동종사건 · 병행사건] '당해사건(當該事件)'이라 함은 그 위헌결정의 기초인 위헌제청이 된 사건을 말하고, '동종사건(同種事件)'이라 함은 동종의 위헌제청신청이 있었던 사건을 말하며 '병행사건(竝行事件)'이라 함은 따로 위헌제청신청을 하지는 아니하였지만 당해 법률 또는 법률조항이 재판의 전제가 되어 위헌결정 당시 법원에 계속 중인 사건을 말한다.

[위헌결정의 효력범위] 헌법재판소의 위헌결정의 효력은 위헌제청을 한 당해 사건, 위헌결정이 있기 전에 이와 동종의 위헌 여부에 관하여 헌법재판소에 위헌여부심판제청을 하였거나 법원에 위헌여부심판제청신청을 한 경우만이 아니라 따로 위헌제청신청은 하지 아니하였지만 당해 법률 또는 법률의 조항이 재판의 전제가 되어 법원에 계속중인 사건과 위헌결정 이후에 위와 같은 이유로 제소된 일반 사건에도 미친다(대법원 2003.7.24. 2001다48781).

---

67) 대법원 2002.12.24. 선고 2001두6111.

다. 將來效와 遡及效

가) 將來效(原則)

헌법재판소에 의하여 위헌으로 선고된 법률 또는 법률의 조항이 제정 당시로 소급하여 효력을 상실하는가 아니면 장래에 향하여 효력을 상실하는가의 문제는 특단의 사정이 없는 한 헌법적합성의 문제라기보다는 입법자가 법적 안정성과 개인의 권리구제 등 제반이익을 비교형량하여 가면서 결정할 입법정책의 문제이다. 헌법재판소법 제47조 제2항 본문의 규정을 통하여 형벌법규를 제외하고는 장래효를 취하고 있는데, 이는 법적 안정성을 더 높이 평가하는 방안을 선택한 것이다. 이에 의하여 구체적 타당성이나 평등원칙이 완벽하게 실현되지 않는다고 하더라도 헌법상 법치주의의 원칙의 파생인 법적 안정성 내지 신뢰보호의 원칙에 의하여 정당화된다 할 것이고, 특단의 사정이 없는 한 이로써 헌법이 침해되는 것은 아니다.[68]

나) 遡及效(例外)

그런데 위헌결정의 특수성, 즉 규범통제의 실효성 확보 또는 당사자의 권리구제를 통하여 정의·평등의 이념을 구현하기 위해, 예외적으로 부분적인 소급효(遡及效)를 인정하여야 할 경우로서 i) 구체적 규범통제의 실효성을 보장하기 위한 경우, ii) 당사자의 권리구제를 위한 경우를 들고 있다.[69] 첫째, 구체적 규범통제의 실효성의 보장의 견지에서 법원의 제청·헌법소원의 청구 등을 통하여 헌법재판소에 법률의 위헌결정을 위한 계기를 부여한 당해 사건, 위헌결정이 있기 전에 이와 동종의 위헌여부에 관하여 헌법재판소에 위헌제청을 하였거나 법원에 위헌제청신청을 한 경우의 당해 사건, 그리고 따로 위헌제청신청을 아니하였지만 당해 법률 또는 법률의 조항이 재판의 전제가 되어 법원에 계속 중인 사건에 대하여는 소급효를 인정하여야 할 것이다. 둘째, 당사자의 권리구제를 위한 구체적 타당성의 요청이 현저한 반면에 소급효를 인정하여도 법적 안정성을 침해할 우려가 없고 나아가 구법에 의하여 형성된 기득권자의 이득이 해쳐질 사안이 아닌 경우로서 소급효의 부인이 오히려 정의와 평등 등 헌법적 이념에 심히 배치되는 때에도 소급효를 인정할 수 있다. 어떤 사안이 후자

68) 헌법재판소 1993.5.13. 92헌가10.
69) 헌법재판소 1993.5.13. 92헌가10.

와 같은 테두리에 들어가는가에 관하여는 본래적으로 규범통제를 담당하는 헌법재판소가 위헌선언을 하면서 직접 그 결정주문에서 밝혀야 할 것이나, 직접 밝힌 바 없으면 그와 같은 경우에 해당하는가의 여부는 일반법원이 구체적 사건에서 해당 법률의 연혁·성질·보호법익 등을 검토하고 제반이익을 형량해서 합리적·합목적적으로 정하여 대처할 수밖에 없을 것이다.

라. 형벌관련 대상법률의 소급효

위헌으로 결정된 법률 또는 법률의 조항은 그 결정이 있는 날로부터 효력을 상실하지만, 형벌에 관한 법률 또는 법률의 조항은 소급하여 그 효력을 상실한다(법 제47조 제2항 단서)고 규정하여 형벌에 관련된 대상법률에 대하여는 소급효를 인정하고, 이 경우에 위헌으로 결정된 법률 또는 법률의 조항에 근거한 유죄의 확정판결에 대하여는 재심을 청구할 수 있도록 하고 있다(법 제47조 제3항). 따라서 헌법재판소가 근거법률에 대하여 위헌결정을 하여 이 결정 이전에 제기한 소송에서 소각하판결을 받았다하더라도 소급효의 이익을 인정하여야 할 경우가 있다.

[위헌결정과 공소사실에 미치는 효과] 헌법재판소의 위헌결정으로 인하여 형벌에 관한 법률 또는 법률조항이 소급하여 그 효력을 상실한 경우에는 당해 법조를 적용하여 기소한 피고 사건은 범죄로 되지 아니하는 때에 해당하므로, 결국 이 부분 공소사실은 무죄라 할 것이다(대법원 1999.12.24. 99도3003).

[형벌에 관한 소급효와 소각하판결] 면직처분의 근거가 된 국가보위입법회의법 부칙 제4항 후단이 헌법재판소에 의하여 위헌으로 결정되어 그 위헌결정의 효력이 위헌결정 이후에 제소된 당해 사건에도 미치는 이상 그 면직처분은 당연무효이고, 그 면직처분의 상대방이 당해 사건 이전에 제기한 면직처분 무효확인 소송에서 정년이 넘어 소의 이익이 없다는 이유로 소각하 판결을 받았다고 하더라도 그 면직처분이 당연무효임에는 아무런 변함이 없다(대법원 1996.7.12. 94다52195).

(3) 限定違憲決定의 效力

헌법재판소의 결정은 대법원을 포함한 모든 국가기관을 구속한다. 그런데 대법원은 한정위헌결정에 대하여 이는 구속력이 없는 법률해석에 관한 헌법재판소의 '하나의 견해'에 불과한 것이고 법률해석권은 대법원에 전속된 권한이기 때문에 헌법재판소의 한정해석결정은 대법원의 법률해석권을 구속하지 않는다[70]고 주장하여 갈등을 야기한 바 있다.[71] 즉, 한정위헌결정에 대하여 대법원은 "유효하게 존속하는 법률이나 법률조항의 의미·내용과 그 적용 범위에 관한 해석기준을 제시하는 법률해석"이라고 하면서, 그러나 "합헌적 법률해석을 포함하는 법령의 해석·적용 권한은 대법원을 최고법원으로 하는 법원에 전속하는 것"이라고 하여 "법률의 해석기준을 제시하는 헌법재판소의 한정위헌결정은 법원에 전속되어 있는 법령의 해석·적용 권한에 대하여 기속력을 가질 수 없는 것"이라 주장한다.

[소득세법 규정의 한정위헌결정과 그 효력] 대통령령의 제정근거가 되는 법률조항(이른바 위임규정)에 대하여 한정위헌결정이 있는 경우에 있어서도, …그 법률조항의 의미·내용과 적용범위는, 역시 법령을 최종적으로 해석·적용할 권한을 가진 최고법원인 대법원에 의하여 최종적으로 정하여질 수밖에 없고, 그 법률조항의 해석은 어디까지나 의연히 존속하고 있는 그 문언을 기준으로 할 수밖에 없다 할 것이므로 그 문언이 표현하고 있는 명백한 위임취지에 따라 제정된 대통령령 조항 역시 의연히 존속한다고 보지 않을 수 없다. …따라서 이 사건 양도소득세부과처분에 적용된 구 소득세법시행령 제170조 제4항 제2호는 그 위임 근거 규정인 이 앞에서 본 헌법재판소의 결정에도 불구하고 그 문언의 표현이 전혀 변경되지 않은 채 존속하고 있는 이상 위 시행령 조항의 헌법위반 여부와 상위법의 위반 여부에 관하여는 대법원이 최종적으로 판단하여 이 사건에 적용할지 여부를 결정하여야 하는 것이다(대법원 1996.4.9. 95누11405).

[국가배상청구권의 제한] 국가는 국민의 기본권을 보장할 의무가 있고, 헌법 제29조 제2항은 제1항에 의하여 보장되는 국가배상청구권을 제한하는 규정이므로 그 적용범위에 대하여는 엄격하고도 제한적으로 해석하여야 할 것이다.… 일반국민이 공동불법행위자인 군인의 부담부분에 관하여 국가에 대하여 구상권을 행사할 수 없다고 해석한다면, 이는 이 사건 심판대상 부

70) 대법원 1996.4.9. 95누11405. 이러한 대법원의 입장은 그 후 2001.4.27. 95재다14에서 확인하고 있다.

71) 이러한 대법원과 헌법재판소의 한정합헌결정을 둘러싼 갈등은 증여세 등 부과처분의 근거규정인 구 소득세법 제23조 제4항 단서 및 제45조 제1항 제1호 단서의 각 규정의 해석과 일반 국민이 직무집행 중인 군인과 공동불법행위를 한 경우에 일반 국민의 국가에 대한 구상권의 행사를 허용하여야 하는지에 관한 헌법 제29조 제2항의 해석에서 첨예화되었다.

분의 헌법상 근거규정인 헌법 제29조가 구상권의 행사를 배제하지 아니하는데도 이를 배제하는 것으로 해석하는 것으로서 합리적인 이유 없이 일반 국민을 국가에 대하여 지나치게 차별하는 경우에 해당하므로 헌법 제11조, 제29조에 위반된다(헌법재판소 1994.12.29. 93헌바21).

Ⅱ. 彈劾審判權

탄핵사건은 헌법과 법률에 위반한 행위에 대하여 대통령등 고위공직자를 탄핵하는 것으로 헌법수호기능을 담당한다. 성격상 탄핵심판은 일종의 정치적 재판으로 정당해산심판이나 권한쟁의와 함께 헌법재판소의 관장사항으로 하고 있다.

1. 탄핵제도의 의의

탄핵(impeachment, Staatsanklage)은 일종의 정치적 재판으로 일반 형사소추에 의해 책임을 묻기 어려운 고위공직자에 대한 책임을 확보하는 수단이다. 탄핵은 그 행사여부를 떠나 고위공직자의 행위의 적법성을 확보하여 헌법의 규범력을 수호하기 위한 수단으로 기능하며, 이에 따라 국민주권을 실현하는 한 제도이다. 우리 헌법은 탄핵제도를 이원화하여 탄핵의 소추는 국회가(제65조 제1항), 탄핵의 심판은 헌법재판소가(제111조 제1항) 담당하도록 하고 있다.[72]

2. 탄핵대상자

헌법은 탄핵대상자를 "대통령·국무총리·국무위원·행정각부의 장·헌법재판소 재판관·법관·중앙선거관리위원회 위원·감사원장·감사위원 기타 법률이 정한 공무원"으로 정하고 있는데(제65조 제1항), '기타 법률이 정하는 공무원'으로는 검사(검찰청법 제37조)가 있다.

---

72) 탄핵심판제도는 1948년 제헌헌법 이래로 계속 존속되어 온 제도이다. 정치적 상황의 변화에 따라, 그리고 이에 따른 여러 차례의 헌법개정으로 말미암아 탄핵의 대상, 소추기관 및 심판기관이 변천을 겪게 되었지만 탄핵의 사유는 동일하게 유지되었다.

3. 탄핵심판절차

탄핵심판에 있어서는 국회법제사법위원회의 위원장이 소추위원이 되어(법 제49조 제1항), 소추의결서의 정본을 헌법재판소에 제출하여 그 심판을 청구하게 된다(법 제49조 제2항). 탄핵심판은 증거조사, 심문, 심리공개, 구두변론 등 헌법재판소법에 의하여 진행한다.

4. 탄핵의 결정

(1) 위헌·위법의 정도

헌법재판소법은 "탄핵심판청구가 이유 있는 때에는 헌법재판소는 피청구인을 당해 공직에서 파면하는 결정을 선고한다."(제53조 제1항)고 규정하고 있는데, '탄핵심판청구가 이유 있는 때'란, 사소한 위헌·위법을 포함하는 모든 법위반을 말하는 것은 아니라, 공직자의 파면을 정당화할 정도로 '중대한 위헌·위법'의 경우만을 말한다.[73]

(2) 탄핵결정의 議決定足數

탄핵심판은 헌법재판소 재판관 전원으로 구성되는 재판부에서 결정하게 되는데(법 제22조 제1항), 탄핵결정에는 헌법재판소 재판관 6인 이상의 찬성이 있어야 한다(제113조 제1항, 법 제23조 제2항). 일반사건은 과반수의 찬성으로 결정하는데, 탄핵결정을 하는 경우에는 6인 이상의 찬성으로 의결정족수를 가중한 것은 사안의 중대성에 비추어 신중한 결정을 하기 위한 것이다.

(3) 위헌·위법의 정도와 파면 효과의 형량

중대한 위헌·위법의 반규범적 행위로 헌법질서에 대한 부정적 영향이 심대하고, 파면으로 인하여 초래되는 정치적·사회적 혼란 등 그 효과를 감내할 수 있다고 볼 때에만 탄핵심판청구는 이유있는 것으로 파면결정을 할 수 있다.

[법위반과 파면의 효과의 비교형량] '법위반이 중대한지' 또는 '파면이 정당화되는지'의 여부는 그 자체로서 인식될 수 없는 것이므로, '법위반이

---

73) 헌법재판소 2004.5.14. 2004헌나1.

어느 정도로 헌법질서에 부정적 영향이나 해악을 미치는지의 관점'과 '피청구인을 파면하는 경우 초래되는 효과'를 서로 형량하여 탄핵심판청구가 이유 있는지의 여부, 즉 파면여부를 결정해야 한다(헌법재판소 2004.5.14, 2004헌나1).

5. 탄핵결정의 효과

탄핵결정은 공직으로부터 파면함에 그치지만, 탄핵결정에 의해 민사상·형사상 책임이 면제되는 것은 아니다(제65조 제4항, 법 제54조 제1항). 탄핵결정과는 별도로 민사상·형사상의 소추가 가능하다. 그리고 "탄핵결정에 의하여 파면된 자는 결정선고가 있은 날로부터 5년을 경과하지 아니하면 공무원이 될 수 없다."(법 제54조 제2항)고 하여 탄핵결정으로 파면된 자에 대한 공직취임제한규정을 두고 있는데, 공무담임권의 중대한 제한이지만 공익상 이유가 더 큰 경우 법률로써 제한하는 것으로 위헌의 문제는 없다고 본다.

Ⅲ. 政黨解散審判權

1. 違憲政黨解散의 제도적 의의

헌법은 "정당의 목적이나 활동이 민주적 기본질서에 위배될 때에는 정부는 헌법재판소에 그 해산을 제소할 수 있고, 정당은 헌법재판소의 심판에 의하여 해산된다."(제8조 제4항)고 하여, 위헌정당금지조항을 통해 민주적 기본질서에 위배되는 정당의 출현과 존속을 방지하고 있다. 위헌정당을 차단하는 것은 민주적 기본질서를 수호하려는 사전적 헌법보장(事前的憲法保障)의 의미를 가지는 것이다. 이는 민주주의가 본래 가치중립성을 전제로 다원주의에 입각하여야 함에도 불구하고 '민주적 기본질서'라는 이념과 가치에 절대적 우위를 두고 있음을 의미한다. 정당은 의회민주주의를 뿌리내리게 하는 바탕이 되지만, 자유민주주의를 파괴하는 정당까지 국가가 보호할 수는 없다는 것이 우리 헌법의 의지이다. 정당을 보호하면서 동시에 이러한 위헌정당으로부터 자유민주주의를 지키기 위하여 정당

을 오직 헌법재판에 의해서만 해산시킬 수 있도록 한 것(정당의 특권)이 위헌정당해산심판제도이다.[74]

2. 提訴權者

정부는 위헌정당에 대하여 해산심판청구권을 가진다. 헌법은 민주적 기본질서에 반하는 위헌정당에 대한 일차적 판단권을 정부에 부여하여, 정당의 목적이나 활동이 민주적 기본질서에 위배될 때에는 정부는 국무회의의 심의를 거쳐 헌법재판소에 정당해산심판을 청구할 수 있도록 하고 있다(법 제55조). 정당해산심판은 정부를 대표하여 법무부장관이 헌법재판소에 제소한다.

3. 政黨解散審判節次

(1) 정당해산심판의 청구

정당해산심판의 청구서에는 해산을 요구하는 정당을 표시하고 청구의 이유를 기재하여야 한다(법 제56조). 또한 헌법재판소는 정당해산심판의 청구를 받은 때에는 청구인(정부)의 신청 또는 직권으로 종국결정의 선고시까지 피청구인(그 정당)의 활동을 정지하는 가처분(假處分) 결정을 할 수 있다(법 제57조).

(2) 정당해산에 관한 심판청구 등의 통지

정당해산심판의 청구가 있는 때, 가처분결정을 한 때 및 그 심판이 종료한 때에는 헌법재판소장은 그 사실을 국회와 중앙선거관리위원회에 통지하여야 하고(법 제58조 제1항), 정당해산을 명하는 결정서는 피청구인 외에 국회·정부 및 중앙선거관리위원회에도 이를 송달하여야 한다(제2항).

(3) 정당해산의 심판

정당해산심판절차에 관하여는 특별한 규정이 있는 경우를 제외하고는

---

74) 정당해산심판제도는 1960년헌법에서 정당조항과 함께 도입되어, 심판기관의 변천을 겪으면서 현재까지 계속 규정되어 왔다. 그러나 정당해산심판제도가 도입된 이후 아직까지 정당해산이 문제된 사건은 없었다. 다만 정당해산심판제도가 도입되기 이전인 1958년에 당시 공보실에 의해 등록취소됨으로써 해산된 진보당사건이 있었다.

헌법재판의 성질에 반하지 아니하는 한도 내에서 민사소송에 관한 법령의 규정을 준용한다(법 제40조 제1항). 따라서 구두변론주의, 당사자주의, 증거주의, 공개재판주의 등의 원칙이 적용된다. 정당해산의 결정을 할 때에는 재판관 6人 이상의 찬성이 있어야 한다(제113조 제1항).

4. 政黨解散決定의 效力

헌법재판소가 정당의 해산을 명하는 결정을 선고한 때에는 그 정당은 해산되고(법 제59조), 정당의 해산결정은 중앙선거관리위원회가 정당법의 규정에 의하여 이를 집행한다(법 제60조). 해산된 정당의 대표자와 간부는 강령이나 기본정책이 해산된 정당과 같거나 유사한 다른 정당을 조직할 수 없다(정당법 제40조). 즉 이 경우 해산된 위헌정당에 대한 대체조직(代替組織)의 결성은 금지된다. 해산된 정당의 재산은 국고에 귀속된다(법 제48조). 정당해산심판청구가 기각된 경우에는 일사부재리(一事不再理)의 원칙이 적용되어 같은 사건에 대하여 다시 심판할 수 없다(법 제39조).

Ⅳ. 權限爭議審判權

1. 권한쟁의심판의 의의 및 기능

(1) 권한쟁의심판의 의의

권한쟁의심판(權限爭議審判)은 국가기관 상호간, 국가기관과 지방자치단체 또는 지방자치단체 상호간에 권한의 존부나 범위에 관한 다툼이 있거나 다툼이 생길 현저한 위험이 있을 때 이를 유권적으로 심판하여 분쟁을 해결함으로써 국가기능의 수행을 원활히 하고 기간상호간의 견제와 균형을 도모하여 헌법질서를 수호·유지하고자 하는 제도이다. 권한쟁의는 권한쟁송(權限爭訟), 기관쟁의(機關爭議) 또는 기관쟁송(機關爭訟)이라고도 한다. 헌법은 헌법재판소에 권한쟁의심판권을 부여하고 있다. 즉 "국가기관 상호간, 국가기관과 지방자치단체 간 및 지방자치단체 상호간의 권한쟁의에 관한 심판"을 헌법재판소의 관장사항의 하나로 규정하고 있다(제111조 제1항).

(2) 권한쟁의심판의 기능

국가기관 상호간이나 지방자치단체 상호간 또는 국가기관과 지방자치단체 상호간에 어떤 권한이 자신에게 있다고 주장하거나 어떤 권한이 자신에게 속하지 않는다고 주장하는 경우, 이를 방치하면 권한이 충돌하거나 서로 권한을 행사하지 않게 된다. 이렇게 되면 국가기능이 마비될 뿐만 아니라 국가의 기본질서가 어지럽게 되고 결과적으로는 국민의 기본권이 침해될 우려가 높아 이를 조정할 필요가 있다. 권한쟁의심판은 이러한 다툼을 해결하여 국가의 기능을 명백히 밝힘으로써 국가의 기능을 원활하게 수행되도록 하는 재판이다.[75] 이처럼 권한쟁의심판은 헌법적 가치질서를 유지·수호하는 객관적 기능을 담당하는 공익적 성격이 강한 쟁송이다.

(3) 권한쟁의심판의 종류

1) 권한쟁의심판의 분류

권한쟁의심판은 국가기관 상호간의 권한쟁의, 국가기관과 지방자치단체 사이의 권한쟁의와 지방자치단체 상호간의 권한쟁의의 세 가지로 분류된다(법 제62조 제1항).

가. 국가기관 상호간의 권한쟁의심판

가) 권한쟁의심판청구의 주체

국가기관 상호간의 권한쟁의심판에는 국회, 정부, 법원 및 중앙선거관리위원회 상호간의 권한쟁의심판을 포함하는데(법 제62조 제1항 제1호), 이는 한정적 열거조항이 아니고 예시조항으로 보아야 한다. 권한쟁의심판청구의 주체로서의 국가기관은 '국가기관성'을 가져야 하고, '권한쟁의수행능력'이 있어야 한다. 국가기관성을 가지고 있는가 여부는 i) 헌법에 의하여

---

75) 권한쟁의심판제도는 연혁적으로 독일에서 정부와 의회간의 다툼을 중립적 헌법수호자인 헌법재판소가 권력분립제도의 취지에 따라 해결하는 장치를 의미하였다. 이러한 의미에서 권한쟁의제도는 최고 국가기관간의 의견차이로 다툼이 발생한 경우 헌법해석을 통하여 분쟁을 해결함으로써 정치적 평화에 기여하고 정치적 통일을 확보하는 데 제도적 의의가 있었다. 그러나 의회와 정부가 다수당에 의해 통합되는 정당국가적 경향이 진전됨에 따라 의회의 정부에 대한 통제기능이 약화되고 권력의 통제 및 견제의 메커니즘이 여당과 야당의 구도로 변하게 되자, 권한쟁의심판제도는 정치과정에서 소수파가 다수파의 월권적 행위를 헌법적 원리에 의해 통제할 수 있는 장치로서의 기능도 갖게 되었다(헌법재판실무제요 제1판, 152면).

설치되었는가(설치근거), ii) 헌법과 법률에 의하여 독자적인 권한을 가지고 있는가(권한의 독립성)를 따져 판단하여야 하고, 권한쟁의를 수행할 능력이 있는가의 여부는 국가기관 상호간의 권한쟁의를 해결할 수 있는 적당한 기관이나 방법이 있는가를 종합적으로 고려하여 판단하여야 한다.

[헌법해석에 의한 국가기관성의 판단] 헌법 제111조 제1항 제4호에서 말하는 국가기관의 의미와 권한쟁의심판의 당사자가 될 수 있는 국가기관의 범위는 결국 헌법해석을 통하여 확정하여야 할 문제이다. 그렇다면 헌법재판소법 제62조 제1항 제1호가 비록 국가기관 상호간의 권한쟁의심판을 "국회, 정부, 법원 및 중앙선거관리위원회 상호간의 권한쟁의심판"이라고 규정하고 있다고 할지라도 이 법률조항의 문언에 얽매여 곧바로 이들 기관 외에는 권한쟁의심판의 당사자가 될 수 없다고 단정할 수는 없다(헌법재판소 1997.7.16. 96헌라2).

나) 國會議員의 國家機關性

국회의원과 국회의장은 각각 독립된 국가기관으로서 양자 사이에는 각자 권한의 존부 및 범위와 행사를 둘러싸고 언제나 다툼이 생길 수 있고, 이와 같은 분쟁은 단순히 국회의 구성원인 국회의원과 국회의장간의 국가기관 내부의 분쟁이 아니라 각각 별개의 헌법상의 국가기관으로서의 권한을 둘러싸고 발생하는 분쟁이라고 할 것이기 때문에 국회의원과 국회의장은 헌법 제111조 제1항 제4호 소정의 권한쟁의심판의 당사자가 된다.[76] 복수정당제도하에서 여당과 야당의 대립과 타협에 의하여 국회가 운영되는 정당국가적 현실에 비추어 보거나 우리와 유사한 권한쟁의심판제도를 두고 있는 독일의 경우에 견주어 보더라도 국회의원과 국회의장은 권한쟁의심판의 당사자가 될 수 있다고 해석하여야 할 것이다.

[국회의원과 국회의장의 권한쟁의] 헌법재판소는 1997.7.16. 선고한 96헌라2 국회의원과 국회의장간의 권한쟁의 사건에서 국회의원과 국회의장을 헌법 제111조 제1항 제4호 소정의 '국가기관'에 해당하는 것으로 해석하고 이들의 당사자능력을 인정한 바 있으며, 이러한 입장은 2000.2.24. 선고한 99헌라1 국회의원과 국회의장간의 권한쟁의 사건에서도 이어지고 있다. 따라서 국회의원인 청구인은 권한쟁의심판을 청구할 당사자능력이 있다(헌법재판소 2003.10.30. 2002헌라1).

76) 헌법재판소 1997.7.16. 96헌라2.

[국회의원의 권한쟁의심판의 취하] 비록 권한쟁의심판이 개인의 주관적 권리구제를 목적으로 삼는 것이 아니라 헌법적 가치질서를 보호하는 객관적 기능을 수행하는 것이고, 특히 국회의원의 법률안에 대한 심의·표결권의 침해 여부가 다투어진 이 사건 권한쟁의심판의 경우에는 국회의원의 객관적 권한을 보호함으로써 헌법적 가치질서를 수호·유지하기 위한 쟁송으로서 공익적 성격이 강하다고는 할 것이다. 그러나 법률안에 대한 심의·표결권의 행사 여부가 국회의원 스스로의 판단에 맡겨져 있는 사항일 뿐만 아니라, 그러한 심의·표결권이 침해당한 경우에 권한쟁의심판을 청구할 것인지 여부도 국회의원의 판단에 맡겨져 있어서 심판청구의 자유가 인정되고 있는 만큼, 권한쟁의심판의 공익적 성격만을 이유로 이미 제기한 심판청구를 스스로의 의사에 기하여 자유롭게 철회할 수 있는 심판청구의 취하를 배제하는 것은 타당하지 않다(헌법재판소 2001.6.28. 00헌라1).

다) 교육·학예에 관한 권한쟁의

권한쟁의가 지방자치단체의 교육·과학·기술·체육 기타 학예에 관한 지방자치단체의 사무에 관한 것인 때에는 교육감이 권한쟁의심판의 당사자가 된다(법 제62조 제2항, 지방교육자치에관한법률 제2조).

나. 國家機關과 地方自治團體間의 權限爭議審判

정부와 지방자치단체 사이의 권한쟁의심판은 i) 정부와 특별시·광역시 또는 도간의 권한쟁의심판과 ii) 정부와 시·군 또는 지방자치단체인 구(自治區)간의 권한쟁의심판으로 나누어 진다(법 제62조 제1항 제2호).

다. 地方自治團體 相互間의 權限爭議審判

지방자치단체 상호간의 권한쟁의심판은 i) 특별시·광역시 또는 도 상호간의 권한쟁의심판, ii) 시·군 또는 자치구 상호간의 권한쟁의심판 및 iii) 특별시·광역시 또는 도와 시·군 또는 자치구간의 권한쟁의심판이 있다(법 제62조 제1항 제3호).

2. 請求事由 및 期間

(1) 권한쟁의심판의 청구사유

국가기관 상호간, 국가기관과 지방자치단체간 및 지방자치단체 상호간에 권한의 존부 또는 범위에 관하여 다툼이 있을 때에는 당해 국가기관 또는 지방자치단체는 헌법재판소에 권한쟁의심판을 청구할 수 있는데(법 제61조 제1항), 이 심판청구는 피청구인의 처분 또는 부작위가 헌법 또는 법률에 의하여 부여받은 청구인의 권한을 침해하였거나 침해할 현저한 위험이 있는 때에 한하여 이를 할 수 있다(법 제61조 제2항). 개인은 권한쟁의 심판청구를 할 수 없다.

[상임위원개선행위의 처분성] 피청구인은 …국회 보건복지위원회 소속이던 청구인과 환경노동위원회 소속이던 박혁규의원을 서로 맞바꾸는 내용의 상임위원회 위원 사·보임 요청서에 결재를 하였고, 이는 국회법 제48조 제1항에 규정된 바와 같이 교섭단체대표의원의 요청에 따른 상임위원 개선행위이다. …청구인의 상임위원 신분의 변경을 가져온 피청구인의 이 사건 사·보임행위는 권한쟁의심판의 대상이 되는 처분이라고 할 것이다(헌법재판소 2003.10.30. 2002헌라1).

(2) 권한쟁의심판의 개시

권한쟁의심판은 한 국가기관 또는 지방자치단체(청구인)가 다른 국가기관 또는 지방자치단체(피청구인)가 행한 처분이나 부작위에 의하여 헌법 또는 법률에 따라 부여된 권한이 침해되었거나 침해의 위험이 큰 사실을 주장하여 헌법재판소에 제소함으로써 개시된다.

(3) 청구서 기재사항

권한쟁의심판의 청구서에는 청구인 또는 청구인이 속한 기관 및 심판수행자 또는 대리인, 피청구인, 심판대상이 되는 피청구인의 처분 또는 부작위, 청구의 이유 및 기타 필요한 사항을 기재하여야 한다(법 제64조).

(4) 청구기간

권한쟁의의 심판은 그 사유가 있음을 안 날로부터 60일 이내에, 그 사유가 있은 날로부터 180일 이내에 청구하여야 한다(법 제63조 제1항). 이 기간은 불변기간이다(법 제63조 제2항).

(5) 假處分

헌법재판소가 권한쟁의심판의 청구를 받은 때에는 직권 또는 청구인의 신청에 의하여 종국결정의 선고시까지 심판대상이 된 피청구인의 처분의 효력을 정지하는 결정(가처분결정)을 할 수 있다(제65조).

3. 權限爭議의 決定

(1) 권한쟁의심판절차

헌법재판소의 심판절차에 관하여는 이 법에 특별한 규정이 있는 경우를 제외하고는 민사소송에 관한 법령의 규정을 준용하는데, 권한쟁의심판의 경우에는 행정소송법도 함께 준용한다(법 제40조 제1항). 이 때 행정소송법이 민사소송에 관한 법령과 저촉될 때에는 민사소송에 관한 법령은 준용하지 아니한다(제2항). 권한쟁의심판청구의 취하에 관하여는 소의 취하에 관한 민사소송법 조항(제239조)이 준용된다.

> **[권한쟁의심판의 절차]** 헌법재판소법 제40조 제1항은 "헌법재판소의 심판절차에 관하여는 이 법에 특별한 규정이 있는 경우를 제외하고는 민사소송에 관한 법령의 규정을 준용한다. 이 경우 탄핵심판의 경우에는 형사소송에 관한 법령을, 권한쟁의심판 및 헌법소원심판의 경우에는 행정소송법을 함께 준용한다."고 규정하고…있다. 그런데 헌법재판소법이나 행정소송법에 권한쟁의심판청구의 취하와 이에 대한 피청구인의 동의나 그 효력에 관하여 특별한 규정이 없으므로, 소의 취하에 관한 민사소송법 제239조는 이 사건과 같은 권한쟁의심판절차에 준용된다고 보아야 한다(헌법재판소 2001.6. 28. 00헌라1).

(2) 결정의 내용

헌법재판소는 심판의 대상이 된 국가기관 또는 지방자치단체의 권한의 존부 또는 범위에 관하여 판단한다(법 제66조 제1항). 이 경우 헌법재판소는 권한침해의 원인이 된 피청구인의 처분을 취소하거나 그 무효를 확인할 수 있다. 또한 헌법재판소는 부작위에 대한 심판청구를 인용하는 결정을 할 수 있다(제2항).

(3) 결정의 효력

헌법재판소는 전원재판부에서 피청구인에게 문제된 처분 또는 부작위를 할 권한이 있는지 여부를 판단한다. 피청구인이 권한없이 또는 권한의 범위를 벗어나 처분 또는 부작위를 함으로써 청구인의 권한을 침해하였다고 인정하는 경우에는 이를 취소하거나 그 무효를 확인할 수 있다. 또한 헌법재판소가 부작위에 대한 심판청구를 인용하는 결정을 한 때에는 피청구인은 결정취지에 따른 처분을 하여야 한다(제66조 제2항). 헌법재판소의 권한쟁의심판의 결정은 모든 국가기관과 지방자치단체를 기속한다(제67조 제1항). 국가기관 또는 지방자치단체의 처분을 취소하는 결정은 그 처분의 상대방에 대하여 이미 생긴 효력에 영향을 미치지 아니한다(제2항).

(4) 결정의 정족수

재판부는 재판관 7인 이상의 출석으로 사건을 심리한다(법 제23조 제1항). 재판부는 종국심리에 관여한 재판관의 과반수의 찬성으로 사건에 관한 결정을 한다(제2항 본문). 다만, 1) 법률의 위헌결정, 탄핵의 결정, 정당해산의 결정 또는 헌법소원에 관한 인용결정을 하는 경우, 2) 종전에 헌법재판소가 판시한 헌법 또는 법률의 해석적용에 관한 의견을 변경하는 경우에는 재판관 6인 이상의 찬성이 있어야 한다(제2항 단서). 따라서 권한쟁의심판의 경우에는 과반수 원칙으로서 결정한다.

4. 문제점

헌법재판소의 권한쟁의심판과 법원의 기관소송이나 항고소송은 중복·충돌할 가능성이 있어 문제이다.

(1) 법원 관할의 기관소송이나 항고소송과의 관계

국가기관 상호간, 정부와 지방자치단체 사이 및 지방자치단체기관 상호간의 권한을 둘러싼 분쟁은 다양한 형태로 나타날 수 있다. 그리고 그 사법적 해결방법은 권한쟁의심판에 한정되는 것이 아니며, 기관소송이나 항고소송 등의 형태로 법원이 사법적 판단을 담당할 수도 있다.

[권한쟁의와 기관소송] 국가기관 상호간에는 그 권한의 존부와 행사를 둘러싸고 항시 다툼과 대립이 생길 수 있고, 그러한 분쟁이 자체적으로 조정, 해결되지 아니하는 한 제3의 국가기관에 의한 해결을 도모할 수밖에 없다. 우리나라에서는 이를 위한 제도로서 헌법 제111조 제1항 제4호에 의하여 헌법재판소가 관장하는 권한쟁의심판제도와 행정소송법 제3조 제4호에 의하여 법원이 관할하는 기관소송제도를 마련하고 있다(헌법재판소 1997.7.16. 96헌라2).

⑵ 헌법재판소와 대법원의 관장사항의 충돌가능성

기관의 권한에 관한 분쟁이 발생하였을 때, 헌법이나 법률에 의하여 법원이나 헌법재판소 중 어느 한쪽의 관장사항에 속하는 것이 명백할 때에는 문제가 없지만, 규정상 양쪽 모두의 관장사항에 속하거나 어느 쪽에도 속하지 않은 때에는 심판권의 중복, 충돌 또는 흠결로 인하여 헌법재판소와 대법원의 관장사항이 충돌하여 법적 불안정이 초래될 수 있다. 헌법재판소와 대법원도 국가기관이지만 이들 기관 사이에는 권한쟁의를 인정하지 않고 있다. 헌법재판소가 권한쟁의의 심판기관이기 때문이다. 그러나 현실적으로는 대법원과 헌법재판소의 관장사항은 충돌하는 경우가 있을 수도 있다.

V. 憲法訴願審判

1. 헌법소원심판의 의의

⑴ 헌법소원의 의미

1) 憲法訴願이란 무엇인가

헌법은 헌법재판소의 관장사항의 하나로 "법률이 정하는 헌법소원에 관한 심판"(제111조 제5호)을 규정하고 있다. 헌법소원(憲法訴願)은 공권력작용에 의해 헌법상 보장된 기본권을 침해당하였다고 주장하는 사람이 헌법기관에 당해 공권력작용에 의한 헌법상 권리 침해 여부의 심사를 청구하여 헌법상 권리를 구제받는 제도, 즉 국가 공권력에 의하여 자유와 권리가 침해된 경우 직접 권리구제를 신청하는 제도로서 국민의 기본권보장을 위한 최후의 보루이다. 권리구제를 위한 소원제기권자를 당사자뿐만 아니라 제3자에게 확대한 제도를 民衆訴訟(Popularklage)이라 한다.

[헌법재판의 꽃, 현대판 신문고] 모든 국민은 자신의 권리가 침해되었을 경우 우선 일반재판 등과 같이 법률이 정하여 놓은 방법에 의하여 그의 권리를 구제받게 된다. 그러나 이러한 방법에 의하여서도 충분한 구제를 받지 못한 경우 국민은 그 침해받은 권리가 헌법이 보장하고 있는 기본권인 경우 헌법재판

소에 그 기본권을 침해하는 행위를 취소하거나 위헌임을 확인하여 주도록 헌법소원심판을 청구할 수 있는 것이다. 이와 같이 헌법소원은 국민의 기본권이 정당한 이유없이 침해되는 것을 막아주는 방파제로서의 역할을 하고 있으며, 이로써 헌법에 규정된 국민의 기본권은 진정한 권리로 살아 숨쉬게 되는 것이다. 우리가 헌법소원을 헌법재판의 꽃 또는 현대판 신문고라 부르는 이유가 바로 여기에 있다(http://www.ccourt.go.kr).

2) 憲法訴願의 機能

헌법소원은 이중적 기능을 가진다. 즉 공권력에 의한 기본권침해를 구제하는 제도로서 국민의 입장에서 주관적으로는 국민의 기본권을 보장하고(基本權保障機能), 객관적으로는 헌법을 정점으로 하는 법질서를 유지하는 기능(憲法保障機能)을 가진다.

[헌법소원의 주관적 · 객관적 기능] 헌법소원은 주관적 기본권보장과 객관적 헌법보장 기능을 함께 가지고 있으므로 권리귀속에 대한 소명만으로써 자기관련성을 구비한 여부를 판단할 수 있다(헌법재판소 1994.12.29. 89헌마2).

(2) 種 類

공권력의 행사 또는 불행사로 인하여 기본권을 침해받은 자는 그 권리구제를 위하여 헌법재판소에 헌법소원심판을 청구할 수 있을 뿐만 아니라(제111조 제1항 제5호, 법 제68조 제1항), 재판의 전제가 된 법률에 대하여 당사자는 법원에 헌법에 위반되는 여부에 대하여 위헌심판을 제청할 수 있는데 법률의 위헌여부심판의 제청신청이 기각된 때에는 그 신청을 한 당사자는 헌법재판소에 헌법소원심판을 청구할 수 있다(법 제68조 제2항 및 제41조 제1항). 전자를 '권리구제형 헌법소원', 후자를 '위헌심사형 헌법소원'이라 한다. 또한 전자를 '공권력에 대한 헌법소원'이라 한다면, 후자는 '법령에 대한 헌법소원'이라 할 수 있다.

[헌법소원의 대상] 공권력의 작용을 대상으로 하는 권리구제형 헌법소원의 경우에는 법령에 대한 헌법소원과는 달리 사실의 판단이나 그에 대한 법령의 적용을 바탕으로 하여 헌법해석을 하게 되는 것이고, 사전구제절차를 거친다 하여 헌법재판시의 판단유탈을 예방할 수 있는 것도 아니므로

헌법의 해석을 주된 임무로 하고 있는 헌법재판의 특성이나 사전구제절차를 거친 뒤에야 비로소 헌법소원을 제기할 수 있다고 하는 사정도 "판단유탈"을 재심사유에서 배제할 합당한 이유가 되지 못한다고 하겠다(헌법재판소 2001.9.27. 2001헌아3).

1) 權利救濟型憲法訴願

권리구제형헌법소원은 공권력의 행사 또는 불행사로 말미암아 헌법상 보장된 기본권을 침해당한 자가 청구하는 헌법소원(법 제68조 제1항)이다. 그러나 법원의 재판은 헌법소원의 대상에서 제외된다. 권리구제를 위한 헌법소원을 제기하기 위해서는 다른 법률에 구제절차가 있는 경우에는 그 절차를 모두 거친 후에만 제기할 수 있는데, 이를 '補充性의 原則'이라 한다.

2) 違憲審査型憲法訴願

법률이 헌법에 위반되는 여부가 재판의 전제가 된 때에는 당해 사건을 담당하는 법원은 직권 또는 당사자의 신청에 의한 결정으로 헌법재판소에 위헌여부의 심판을 제청하게 된다(법 제41조 제1항). 위헌심사형헌법소원은 위헌법률심판 제청신청이 법원에 의해 기각된 경우 제청신청을 한 당사자가 청구하는 헌법소원(법 제68조 제2항)이다. 위헌심사형헌법소원제도는 세계적으로 유례를 찾기 힘든 특이한 헌법재판절차[77]로서, 법적 성격이 헌법소원인지 아니면 규범통제인지 논란이 있는데, 구체적 규범통제, 즉 위헌법률심판으로 보아야 할 것이다.[78] 사실 이 헌법소원은 명칭만 헌법소원일 뿐 그 실질은 위헌법률심판과 마찬가지로 규범통제에 목적이 있다. 또 그 절차도 위헌법률심판절차에 따라 심판하게 된다. 위헌심사형헌법소원의 경우 문제된 법률이 재판의 전제가 되기만 하면, 헌법소원을 청구할 수

---

77) 법 제68조 제2항에 의한 헌법소원제도는 다른 나라에서 그 유래를 찾기 힘든 독특한 헌법재판절차이다. 법원의 재판을 헌법소원의 대상에서 원칙적으로 제외하고 있는 우리 헌법재판제도에서는 재판의 당사자가 법원을 경유한 후에 재판소원의 형태로 규범의 위헌성을 물을 수 있는 길이 막혀 있기 때문에, 우리 법은 제68조 제2항을 두어 이러한 경우에도 법률에 대하여 직접 헌법소원을 제기할 수 있는 길을 열어 놓았다. 따라서 법 제68조 제2항의 헌법소원제도는 재판소원을 배제하는 우리 헌법소원제도의 결함을 일부 보완하는 기능을 한다고 하겠다(헌법재판실무제요, 제1판, 83).

78) 법원도서관, 헌법재판제도의 이해(요약), 2002, 153-54면.

있으며, 이 경우 그 법률에 의하여 당사자의 기본권이 침해되었는지의 여부는 문제되지 않는다. 위헌심사형헌법소원에 대하여 헌법재판소는 심판대상법률의 재판의 전제성 여부를 판단한다.

[시행령과 위헌심사형헌법소원] 시행령 규정은 그것이 적법한 위임형식에 의하여 제정된 이상 당해 소송에서 그 위헌 위법성을 다툴 수 있음은 별론으로 하고 이 사건과 같은 위헌심사형헌법소원 심판대상이 될 수 없다(헌법재판소 2003.11.27. 2003헌바2; 1998.7.16. 96헌바52).

['헌바'라는 별도의 사건부호의 부여] 헌법재판소는 초기에는 법 제68조 제2항에 의한 헌법소원제도가 헌법소원심판의 절에 규정되어 있다는 점과 국민이 직접 심판을 청구할 수 있다는 점에 주목하여 그 성질을 헌법소원제도의 한 유형으로 이해하는 입장을 취하였다고 보인다. 그리하여 법 제68조 제1항에 의한 헌법소원심판청구와 마찬가지로 법 제68조 제2항에 의한 헌법소원심판청구에 대하여도 '헌마'라는 사건부호를 부여하였고, 몇몇 결정에서는 심판청구의 적법성을 판단하면서 청구인의 권리침해의 현재성 등의 개념을 사용하기도 하였다(헌법재판소 1989.9.29. 89헌마53; 헌법재판소 1989.12.18. 89헌마32 등). 그러나 1990년부터는 법 제68조 제2항에 의한 헌법소원심판청구에 대하여는 '헌바'라는 별도의 사건부호를 부여하였고, 그 심판청구의 적법성은 청구인의 소의 이익 유무가 아니라, 심판대상이 된 법률이 당해소송에서 재판의 전제성을 가지는가의 여부에 의하여 판단하였다(헌법재판소 1990.6.25. 89헌마107).

2. 헌법소원심판청구의 요건

헌법재판소법 제68조 제1항은 "공권력의 행사 또는 불행사로 인하여 헌법상 보장된 기본권을 침해받은 자는 법원의 재판을 제외하고는 헌법재판소에 헌법소원심판을 청구할 수 있다. 다만, 다른 법률에 구제절차가 있는 경우에는 그 절차를 모두 거친 후가 아니면 청구할 수 없다."고 하고 제2항은 "제41조 제1항의 규정에 의한 법률의 위헌여부심판의 제청신청이 기각된 때에는 그 신청을 한 당사자는 헌법재판소에 헌법소원심판을 청구할 수 있다. 이 경우 그 당사자는 당해 사건의 소송절차에서 동일한 사유를 이유로 다시 위헌여부심판의 제청을 신청할 수 없다."고 하고 있다.

(1) 憲法訴願審判請求權者

1) 權利救濟型憲法訴願의 審判請求權者

권리구제형헌법소원심판을 청구할 수 있는 자는 재판 이외의 공권력의 행사 또는 불행사로 인하여 헌법상 보장된 기본권이 침해된 자, 곧 '기본권의 주체로서의 국민'을 의미한다. 기본권을 침해받은 자만이 헌법소원을 청구할 수 있다는 것은 곧 기본권의 주체라야만 헌법소원을 청구할 수 있고, 기본권의 주체가 아닌 자는 헌법소원을 청구할 수 없다는 것을 의미한다. 따라서 국민 또는 국민과 유사한 지위에 있는 외국인과 사법인만이 기본권의 주체가 된다. 권리능력 없는 사단도 그 청구권자가 될 수 있다. 그러나 국가기관이나 국가기관의 일부나 공법인 또는 이를 구성하는 공무원은 헌법소원심판청구권을 행사할 수 없다.

가. 자연인

대한민국 국적을 가진 모든 자연인은 기본권의 주체가 된다. 따라서 대한민국 국적을 가진 모든 국민이 헌법소원을 청구할 수 있다.[79] 반면 외국국적 또는 무국적의 자연인은 자연권적 성질을 갖는 기본권(인간의 권리)들과 관련해서만 헌법소원을 제기할 수 있다고 보아야 한다.

나. 법인의 기본권주체성 인정여부

가) 사법인의 기본권주체성

i) 사법인

법인도 사단법인 · 재단법인 또는 영리법인 · 비영리법인을 가리지 아니하고 성질상 법인이 누릴 수 있는 기본권에 관해서는 헌법상 보장된 기본권이 침해되었음을 이유로 헌법소원심판을 청구할 수 있다.

[사법인의 헌법소원심판청구능력] 우리 헌법은 법인의 기본권향유능력을 인정하는 명문의 규정을 두고 있지 않지만, 본래 자연인에게 적용되는 기본권규정이라도 언론 · 출판의 자유, 재산권의 보장 등과 같이 성질상 법인이 누릴 수 있는 기본권은 당연히 법인에게도 적용하여야 한 것으로 본다. 따라서 법인도 사단법인 · 재단법인 또는 영리법인 · 비영리법인을 가리지 아니하고 위 한계내에서는 헌법상 보장된 기본권이 침해되었음을 이유로 헌

79) 헌법재판소 1994.12.29. 93헌마120.

법소원심판을 청구할 수 있다(헌법재판소 1991.6.3. 90헌마56).

[사단법인의 기본권주체성] '사단법인 한국영화인협회'는 민법상의 비영리 사단법인으로서 성질상 법인이 누릴 수 있는 기본권에 관한 한 그 이름으로 헌법소원심판을 청구할 수 있다(헌법재판소 1991.6.3. 90헌마56).

ii) 법인 아닌 사단

법인아닌 사단·재단이라고 하더라도 대표자가 정해지고 독립된 사회적 조직체로서 활동하는 때에는 성질상 법인이 누릴 수 있는 기본권을 침해당하게 되면 그의 이름으로 헌법소원심판을 청구할 수 있다(민사소송법 제48조 참조). 즉 당해 법인아닌 사단·재단은 그 기본권에 관하여 헌법소원심판청구의 주체가 될 수 있는 것이다. 헌법재판소는 노동조합, 정당 등에도 기본권주체성을 인정하고 있다.

[법인 아닌 사단·재단의 기본권주체성] 법인 아닌 사단·재단이라고 하더라도 대표자의 정함이 있고 독립된 사회적 조직체로서 활동하는 때에는 성질상 법인이 누릴 수 있는 기본권을 침해당하게 되면 그의 이름으로 헌법소원심판을 청구할 수 있다(헌법재판소 1991.6.3. 90헌마56).

[노동조합의 기본권주체성] 노동조합은 법인 아닌 사단으로서 기본권능력이 인정되고, 특히 헌법 제33조가 정하는 바에 따라 기본권주체성이 인정되므로, 그 범위에서는 헌법소원을 청구할 수 있다(헌법재판소 1999.11.25. 95헌마154).

[정당의 기본권주체성] 권리능력 없는 사단의 일종인 정당에 대해 소원청구능력을 가진다(헌법재판소 1991.3.11. 91헌마21).

[대한예수교장로회 총회신학연구원 이사회의 기본권주체성] 대한예수교장로회 총회신학연구원 이사회도 장로회총회의 단순한 내부기구가 아니라 그와는 별개의 비법인 재단에 해당되어 소원청구능력을 가진다(헌법재판소 2000.3.30. 99헌바14).

iii) 단체의 부분기관의 기본권주체성 여부

그러나 단체의 부분기관은 헌법소원심판 청구능력을 가지지 아니한다. 단체와 그 구성원은 서로 별개의 독립된 인격체로 인정하고 있지만, 그 단체의 부분기관은 단체와는 달리 독립된 인격체로 인정할 수 없기 때문이다.

[단체의 부분기관의 기본권주체성 여부] 한국영화인협회 감독위원회는 영화인협회로부터 독립된 별개의 단체가 아니고, 영화인협회의 내부에 설치된 8개의 분과위원회 가운데 하나에 지나지 아니하며, 달리 단체로서의 실체를 갖추어 당사자능력이 인정되는 법인 아닌 사단으로 볼 자료가 없으므로 헌법소원심판절차의 청구능력이 있다고 할 수 없다(헌법재판소 1991.6.3. 90헌마56).

나) 공법인의 기본권주체성

i) 국가기관, 국가조직의 일부, 공익법인

공법인은 원칙적으로 헌법소원 심판청구의 주체가 되지 아니한다. 그것은 국가나 국가기관 또는 국가조직의 일부나 공법인은 기본권의 '수범자(Adressat)'이지 기본권의 주체로서 그 '소지자(Träger)'가 아니고 오히려 국민의 기본권을 보호 내지 실현해야 할 '책임'과 '의무'를 지니고 있는 지위에 있을 뿐이기 때문이다.[80] 기본권주체성을 부정한 예로는 국회노동위원회, 공법인인 지방자치단체의 장(제주도지사), 지방자치단체의 의결기관(서울특별시의회), 공익법인인 농지개량조합, 교육위원 등은 기본권의 주체가 될 수 없다 하여 헌법소원의 청구능력을 부인하였다.

[국기기관이나 그 일부의 헌법소원심판청구능력 여부] 공무원으로서의 청구인들의 경우, 일반적으로 국가기관이나 그 일부는 국민의 기본권을 보호 내지 실현할 책임과 의무를 지는 것이며 기본권의 침해를 받는 당사자라 볼 수 없으므로 공무원 신분에 기한 헌법소원심판청구는 허용되지 않는다(헌법재판소 2001.1.18. 00헌마149).

[국회노동위원회의 헌법소원심판청구능력 여부] 청구인은 국회의 노동위원회로 그 일부조직인 상임위원회 가운데 하나에 해당하는 것으로 국가기관인 국회의 일부조직이므로 기본권의 주체가 될 수 없고 따라서 헌법소원을 제기할 수 있는 적격이 없다고 할 것이다(헌법재판소 1994.12.29. 93헌마120).

[지방자치단체나 지방자치단체의 장의 헌법소원심판청구능력 여부] 지방자치단체나 그 기관인 지방자치단체의 장은 기본권의 주체가 아니며 이 사건 심판청구인인 제주도의 장인 청구인은 헌법소원 청구인으로서의 적격

---

80) 헌법재판소 1994.12.29. 93헌마120.

이 없다고 할 것이므로 이 사건 심판청구는 부적법하다고 할 것이다(헌법재판소 1997.12.24. 96헌마365).

[**지방의회의 헌법소원심판청구능력 여부**] 국민의 기본권을 보호 내지 실현해야 할 책임과 의무를 지니고 있는 지위에 있을 뿐이므로, 공법인인 지방자치단체의 의결기관인 청구인 의회는 기본권의 주체가 될 수 없고 따라서 헌법소원을 제기할 수 있는 적격이 없다(헌법재판소 1998.3.26. 96헌마345).

[**농지개량조합의 헌법소원심판청구능력 여부**] 농지개량조합은… 그 조합원들의 권익을 위한 것만이 아니고 수해의 방지 및 수자원의 적정한 관리 등 일반국민들에게도 직접 그 영향을 미치는 고도의 공익성을 띠고 있는 점 등 농지개량조합의 조직, 재산의 형성·유지 및 그 목적과 활동전반에 나타나는 매우 짙은 공적인 성격을 고려하건대, 이를 공법인이라고 봄이 상당하므로 헌법소원의 청구인적격을 인정할 수 없다(헌법재판소 2000.11.30. 99헌마190).

[**교육위원의 헌법소원심판청구능력 여부**] 교육위원인 청구인들은 기본권의 주체가 아니라 공법인인 지방자치단체의 합의체기관인 교육위원회의 구성원으로서 "공법상의 권한"을 행사하는 "공권력행사"의 주체일 뿐이다.… 그러므로 비록 청구인들이 학부모는 물론이요, 교육위원 또는 학교장이라 하더라도 청구인들은 그 사인으로서의 지위에서 이 사건 법률조항에 의하여 그 각 개인에게 헌법상 보장된 기본권이 침해된다고 볼 여지는 없다 할 것이다. 그렇다면, 청구인들의 이 사건 심판청구는 청구인 적격이 없는 자의 청구여서 부적법하다고 할 것이다(헌법재판소 1995.9.28. 92헌마23 등).

ii) 국회의원의 경우

국회의원의 질의권·토론권 및 표결권 등은 입법권 등 공권력을 행사하는 국가기관인 국회의 구성원의 지위에 있는 국회의원에게 부여된 권한으로서 국회의원 개인에게 기본권으로 인정된 것은 아니다. 따라서 국회의원이 국회의 의안처리과정에서 위와 같은 권한을 침해당하였다고 하더라도 이는 헌법재판소법 제68조 제1항에서 말하는 "기본권의 침해"에는 해당하지 않고, 이 경우 국회의원은 개인의 권리구제수단인 헌법소원심판청구의 주체가 될 수 없다.

[국회의원의 헌법소원주체성 여부] 입법권은 헌법 제40조에 의하여 국가기관으로서의 국회에 속하는 것이고, 국회의원이 국회 내에서 행사하는 질의권·토론권 및 표결권 등은 입법권 등 공권력을 행사하는 국가기관인 국회의 구성원의 지위에 있는 국회의원에게 부여된 권한으로서 국회의원 개인에게 헌법이 보장하는 권리, 즉 기본권으로 인정된 것이라고 할 수는 없다. 그러므로 국회의 구성원인 지위에서 공권력작용의 주체가 되어 오히려 국민의 기본권을 보호 내지 실현할 책임과 의무를 지는 국회의원이 국회의 의안처리과정에서 위와 같은 권한을 침해당하였다고 하더라도 이는 헌법재판소법 제68조 제1항에서 말하는 "기본권의 침해"에는 해당하지 않으므로, 이러한 경우 국회의원은 개인의 권리구제수단인 헌법소원을 청구할 수 없다고 할 것이다(헌법재판소 1995.2.23. 91헌마231).

iii) 예외적으로 기본권주체성이 인정되는 경우

공권력의 주체라 할지라도 국공립대학이나 공영방송국과 같이 국가에 대해 독립성을 가지고 있는 독자적인 기구로서 해당 기본권영역에서 개인들의 기본권실현에도 이바지 하는 경우에는 예외적으로 기본권주체가 될 수 있으며, 따라서 헌법소원심판청구의 주체가 될 수 있다.

[국립대학교의 헌법소원심판청구능력] 헌법은 교육의 자주성·대학의 자율성을 보장하고 있는데 이는 대학에게 부여된 헌법상의 기본권이다. 따라서 국립대학인 서울대학교는 다른 국가기관 내지 행정기관과는 달리 공권력의 행사자의 지위와 함께 기본권의 주체라는 점도 중요하게 다루어져야 한다. 여기서 대학의 자율은 대학시설의 관리·운영만이 아니라 학사관리 등 전반적인 것이라야 하므로 연구와 교육의 내용, 그 방법과 그 대상, 교과과정의 편성, 학생의 선발, 학생의 전형도 자율의 범위에 속해야 하고 따라서 입학시험제도도 자주적으로 마련될 수 있어야 한다(헌법재판소 1992.10.1. 92헌마68등).

2) 違憲審査型憲法訴願의 審判請求權者

위헌심사형헌법소원은 위헌법률심판 제청신청이 법원에 의해 기각된 경우 제청신청을 한 당사자가 청구하는 헌법소원으로, 헌법재판소법 제41조 제1항의 규정에 의한 법률의 위헌여부심판의 제청신청이 기각된 때에는 그 신청을 한 당사자는 헌법재판소에 헌법소원심판을 청구할 수 있다(법 제68조 제2항). 즉 위헌심사형헌법소원의 심판청구권자는 '위헌법률심판제청신청을 한 당사자'이다. 위헌법률심판제청을 신청하지 아니한 당사자는 위헌심사형헌법소원의 심판청구를 할 수 없다. 또한 이 경우 그 당사자는 당해 사건의 소송절차에서 동일한 사유를 이유로 다시 위헌여부심판의 제청을 신청할 수 없다(법 제68조 제2항).

[위헌법률심판제청을 신청하지 아니한 당사자의 헌법소원심판청구] 당해사건에서 위헌여부심판의 제청을 신청하지 아니한 당사자는 헌법재판소법 제68조 제2항에 의한 헌법소원심판을 청구할 수 없다(헌법재판소 1997. 8.21. 93헌바51).

⑵ 憲法訴願審判請求書의 기재형식

1) 權利救濟型의 憲法訴願審判請求書

권리구제형헌법소원(제68조 제1항의 규정에 의한 헌법소원)의 심판청구서에는 i) 청구인 및 대리인의 표시, ii) 침해된 권리, iii) 침해의 원인이 되는 공권력의 행사 또는 불행사, iv) 청구이유, v) 기타 필요한 사항을 기재하여야 한다(법 제71조 제1항).

2) 違憲審査型의 憲法訴願審判請求書

위헌심사형헌법소원(법 제68조 제2항의 규정에 의한 헌법소원)의 심판청구서에는 위헌법률심판제청서에 관한 규정을 준용하여(법 제71조 제2항), i) 청구인 및 대리인, ii) 사건 및 당사자, iii) 위헌이라고 해석되는 법률 또는 법률의 조항, iv) 위헌이라고 해석되는 이유, v) 기타 필요한 사항을 기재하여야 한다.

⑶ 헌법소원심판의 청구절차

1) 청구기간

가. 權利救濟型憲法訴願의 경우

권리구제형헌법소원의 심판은 그 사유가 있음을 안 날부터 90일 이내에, 그 사유가 있은 날부터 1년 이내에 청구하여야 한다(법 제69조 제1항). '사유가 있은 날'이라 함은 기본권침해가 명백히 구체화·현실화되거나 기본권침해가 확실히 예상되는 등 실체적 요건이 성숙하여 헌법판단이 적합하게 된 때를 말한다.[81] 다만, 다른 법률에 의한 구제절차를 거친 헌법소원의 심판은 그 최종결정을 통지받은 날로부터 30일 이내에 청구하여야 한다(제1항 단서).

나. 違憲審査型憲法訴願의 경우

위헌심사형헌법소원의 심판은 위헌여부심판의 제청신청을 기각하는 결정을 통지받은 날부터 30일 이내에 청구하여야 한다(법 제69조 제2항). '위헌여부심판의 제청신청을 기각하는 결정'은 법원의 합헌판단에 따른 기각결정뿐만 아니라 재판의 전제성을 인정하지 아니하여 하는 기각결정도 포함된다.[82] '위헌여부심판의 제청신청을 기각하는 결정을 통지받은 날'이라 함은 위헌심판제청을 신청한 당사자에게 이를 기각하는 결정이 송달된 날을 말한다.

다. 청구기간도과의 효과

헌법소원심판청구기간은 이를 불변기간으로 보아야 하고(민사소송법 제396조 제2항 준용), 청구기간이 도과한 이후의 헌법소원심판청구는 부적법한 청구로서 흠을 보정할 수 없기 때문에 변론 없이 판결로 청구를 각하한다(민사소송법 제413조 준용).

라. 청구기간이 문제되지 않는 경우

헌법소원심판의 청구기간의 준수여부에 대한 심사는 기본권침해 여부가 문제되는 상황이 과거에 이미 발생한 경우를 전제로 하는 것이다. 따라서 기본권침해 여부가 문제되는 상황이 장래에 발생할 것이 확실히 예견되어 기본권침해를 예방하기 위하여 미리 헌법소원을 제기할 필요가 있을 경우에는 청구기간의 준수여부는 문제되지 않는다.[83] 또한 공권력의 불행사로 인한 기본권침해는 그 불행사가 계속되는 한 기본권침해의 부작위가 계속된다고 할 것이므로 공권력의 불행사에 대한 헌법소원심판은 그 불행사가 계속되는 한 기간의 제약없이 적법하게 청구할 수 있다.[84]

[진정입법부작위와 헌법소원심판 청구기간] 치과의사로서 전문의가 되고자 하는 자는 대통령령이 정하는 수련을 거쳐 보건복지부장관의 자격인정

81) 헌법재판소 1990.6.25. 89헌마220.
82) 권영성(2005), 1155면.
83) 헌법재판소 2001.11.29. 2000헌마84.
84) 헌법재판소 1994.12.29. 89헌마2.

을 받아야 하고(의료법 제55조 제1항) 전문의의 자격인정 및 전문과목에 관하여 필요한 사항은 대통령령으로 정하는바(동조 제3항), 위 대통령령인 '규정' 제2조의2 제2호(개정 1995.1.28)는 치과전문의의 전문과목을 "구강악안면외과 · 치과보철과 · 치과교정과 · 소아치과 · 치주과 · 치과보존과 · 구강내과 · 구강악안면방사선과 · 구강병리과 및 예방치과"로 정하고, 제17조(개정 1994.12.23)에서는 전문의자격의 인정에 관하여 "일정한 수련과정을 이수한 자로서 전문의자격시험에 합격"할 것을 요구하고 있는데도, '시행규칙'이 위 규정에 따른 개정입법 및 새로운 입법을 하지 않고 있는 것은 진정입법부작위에 해당하므로 이 부분에 대한 심판청구는 청구기간의 제한을 받지 않는다(헌법재판소 1998.7.16. 96헌마246).

2) 헌법소원의 대리인

가. 辯護士强制主義

가) 헌법소원과 변호사

헌법재판소법은 "각종 심판절차에 있어서 당사자인 사인은 변호사를 대리인으로 선임하지 아니하면 심판청구를 하거나 심판수행을 하지 못한다. 다만, 그가 변호사의 자격이 있는 때에는 그러하지 아니하다."(법 제25조 제2항)고 규정하여 헌법소원에 변호사강제주의(辯護士强制主義)를 채택하고 있다. 따라서 헌법소원심판을 청구함에 있어 변호사를 선임하지 않은 경우 각하결정을 하도록 하고 있는데 이는 공공복리를 위하여 합리적인 이유 있는 제한으로 재판청구권을 침해하지 않는다는 것이 헌법재판소의 견해이다. 그러나 헌법소원에만 유독 변호사강제주의를 채택하는 것은 국민의 헌법소원심판청구권을 제한하는 것이라고 생각한다.

[헌법소원과 변호사강제주의] 변호사강제주의는… 법률지식이 부족한 당사자에 대한 조력을 통한, 기본권 침해에 대한 구제의 보장, 승소의 가망이 없는 헌법재판 청구의 자제를 통한 헌법재판의 질적 향상 및 변호사의 감시를 통한 국가사법의 민주적 운영 등 변호사의 강제를 통하여 얻게 되는 공공의 복리가 그로 인하여 제한되는 개인의 사적이익에 비하여 훨씬 크다. 더구나 광범위한 국선대리인제도가 마련되어 있다는 점(헌법재판소법 제70조) 등을 고려하면 변호사강제주의는 공공복리를 위하여 필요한 합리적인 규정으로 헌법에 위반되지 아니한다(헌법재판소 2004.4.29. 2003헌마783).

나) 변호사를 선임하지 아니한 심판청구

헌법소원의 심판청구서에는 대리인의 선임을 증명하는 서류 또는 국선대리인 선임통지서를 첨부하여야 한다(법 제71조 제3항). 지정재판부는 변호사(법 제25조의 규정에 의한 대리인)를 선임하지 아니하고 헌법소원심판을 청구한 경우에는 지정재판부 재판관 전원의 일치된 의견에 의한 결정으로 헌법소원의 심판청구를 각하한다(제72조 제3항).

나. 國選代理人의 選任

헌법소원심판을 청구하고자 하는 자가 변호사를 대리인으로 선임할 자력이 없는 경우에는 헌법재판소에 국선대리인을 선임하여 줄 것을 신청할 수 있으며(법 제70조 제1항), 또한 헌법재판소가 공익상 필요하다고 인정할 때에는 국선대리인을 선임할 수 있다(제2항). 헌법재판소는 국선대리인선임신청이 있거나 공익상의 필요에 의한 경우에는 헌법재판소규칙이 정하는 바에 따라 변호사 중에서 국선대리인을 선정한다. 다만, 그 심판청구가 명백히 부적법하거나 이유없는 경우 또는 권리의 남용이라고 인정되는 경우에는 국선대리인을 선정하지 아니할 수 있다(제3항).

3) 指定裁判部의 事前審査

가. 事前審査

헌법재판소법은 사전심사제(事前審査制)를 두어 국민의 재판청구권을 침해하지 않는 범위 안에서 전원재판부의 업무폭주를 조정하고 있다. 즉 헌법재판소장은 헌법재판소에 재판관 3인으로 구성되는 지정재판부(指定裁判部)를 두어 헌법소원심판의 사전심사를 담당하게 할 수 있도록 하고 있다(법 제72조 제1항). 사전심사에 의하여 헌법재판소법이 정하는 일정한 사유가 있는 경우에는 지정재판부가 헌법소원을 각하하도록 규정하고 있다.

나. 事前審査의 合理性

사전심사(事前審査)는 i) 헌법재판소법이 정하는 사전심사의 소송요건은 그 구비여부가 객관적으로 명백한 것으로 그 구비여부를 쉽게 판별할 수 있기 때문에 요건이 미비된 경우 헌법소원을 지정재판부에서 바로 각하하여도 그 재판이 잘못될 염려가 없고, ii) 사전심사에 의해 전원재판부의 업무부담을 줄일 수 있으며, iii) 소송의 결과에 대한 당사자들의 공연한 기대를 조기에 차단하여 그들로 하여금 선후책을 강구할 수 있게 하는 이점이 있어 그 합리성이 인정된다.[85] 따라서 지정재판부에 의한 사전심사는 헌법소원심판청구권에 대한 부당한 제한으로 볼 수 없다.

다. 指定裁判部의 決定

가) 却下決定과 審判回附決定

지정재판부는 '각하결정' 아니면 '심판회부결정'을 하여야 한다. 즉 지정재판부는 i) 다른 법률에 의한 구제절차가 있는 경우 그 절차를 모두 거치지 않거나 또는 법원의 재판에 대하여 헌법소원의 심판이 청구된 경우, ii) 헌법소원심판청구기간이 경과된 후 헌법소원심판이 청구된 경우, iii) 헌법소원대리인(변호사)의 선임 없이 헌법소원을 청구한 경우, iv) 기타 헌법소원심판의 청구가 부적법하고 그 흠결을 보정할 수 없는 경우에는 지정재판부 재판관 전원의 일치된 의견으로 헌법소원의 심판청구에 대한 각하결정(却下決定)을 하여야 한다(법 제72조 제3항).

또한 지정재판부가 전원의 일치된 의견으로 각하결정을 하지 아니하는 경우에는 헌법소원을 재판부의 심판에 회부하는 결정(審判回附決定)을 하여야 한다. 헌법소원심판을 청구한 후 30일이 경과할 때까지 각하결정이 없는 때에는 심판회부결정이 있는 것으로 본다(법 제72조 제4항).

나) 결정사실의 통지

지정재판부가 헌법소원을 각하하거나 심판회부결정을 한 때에는 그 결정일로부터 14일 이내에 청구인 또는 그 대리인 및 피청구인에게 그 사실을 통지하여야 하고(법 제73조 제1항), 심판회부결정을 하여 재판부에 회부한 때 헌법재판소장은 법무부장관과 헌법소원심판에 있어서 청구인이 아닌 당해 사건의 당사자에게 지체없이 그 사실을 통지하여야 한다(제2항).

4) 이해관계기관 등의 의견제출

권리구제형헌법소원의 경우, 그 심판에 이해관계가 있는 국가기관 또는 공공단체와 법무부장관은 헌법재판소에 그 심판에 관한 의견서를 제출할

---

85) 헌법재판소 2004.4.29. 2003헌마783.

수 있다(법 제74조 제1항). 위헌심사형헌법소원이 재판부의 심판에 회부된 때에는, 위헌법률심판의 제청이 있은 때와 마찬가지로, 법무부장관 및 당해 소송사건의 당사자에게 그 제청서의 등본을 송달하여야 하고(제74조 제2항), 당해 소송사건의 당사자 및 법무부장관은 헌법재판소에 법률의 위헌여부에 대한 의견서를 제출할 수 있다(제44조).

⑷ 헌법소원심판의 실질적 요건

헌법소원심판청구를 하려면 1) 공권력의 행사 또는 불행사에 의하여, 2) 헌법상 보장된 기본권이 침해되어야 하는데, 3) 다른 법률에 구제절차가 있는 경우에는 그 절차를 모두 거쳤어야 한다.

1) 公權力의 行使 또는 不行使

헌법소원심판은 "공권력의 행사 또는 불행사"에 의하여 헌법상 보장된 기본권이 침해되어야 한다. '공권력'은 크게 입법권 · 행정권 · 사법권으로 구분할 수 있다. 공권력의 '행사 또는 불행사'라 함은 공권력의 '작위행위와 부작위행위'를 말한다. 따라서 헌법소원은 입법행위와 입법부작위, 행정처분과 행정부작위, 법원의 재판을 대상으로 고찰할 필요가 있다.

가. 立法權과 관련한 憲法訴願(立法作用)

가) 國會의 公權力 行使

i) 국회의 작위에 의해 기본권이 침해되는 경우

입법자가 입법의무를 지고 있다고 하여서 그 불이행의 모든 경우가 바로 헌법을 위반한 경우라고는 단정할 수 없다. 즉 입법자에게는 형성의 자유 또는 입법재량이 인정되므로 입법의 시기 역시 입법자가 자유로이 결정할 수 있음이 원칙이라 할 것이다. 국회의 작위행위에 의하여 기본권이 침해되는 경우는 법률을 만드는 입법행위에 의하여 국민의 기본권이 침해된 경우가 이에 해당한다. 따라서 만일 국회가 만든 법률에 의하여 기본권을 직접 침해받았으면 그 법률에 대하여 위헌선언을 구하는 헌법소원을 청구할 수 있다.

ii) 국회의 부작위에 의해 기본권이 침해되는 경우

입법자는 헌법에서 구체적으로 위임받은 입법을 거부하거나 자의적으로 입법을 지연시킬 수는 없는 것이므로, 가령 입법자가 입법을 하지 않기로 결의하거나 상당한 기간 내에 입법을 하지 않는 경우에는 입법재량의 한계를 넘는 것이 된다. 국회의 부작위에 의하여 기본권이 침해되는 경우는 국회가 일정한 내용의 법률을 만들어야 할 의무가 있는데도 법률을 만들지 않고 그로 인하여 기본권이 침해되는 경우이다.[86] 이 경우 국회가 법률을 만들지 않고 있는 것이 위헌이라는 내용의 확인을 구하는 헌법소원(입법부작위위헌확인)을 청구할 수 있다.

[입법부작위위헌확인] 입법부작위는 이와 같이 입법재량의 한계를 넘는 경우에 한하여 위헌으로 인정되는 것이다. 이 사건의 경우 사설철도회사의 재산 수용에 대한 보상절차규정을 두고 있던 군정법령이 폐지됨으로써 그 재산 수용에 대한 보상절차에 관한 법률이 없게 되어 사설철도회사의 재산관계권리자 중 권리를 포기하지 않는 것으로 확정된 손실보상청구권을 가진 자와 그 청구권을 승계 취득한 청구인이 국가로부터 보상을 받을 길이 없게 되었다. 그러함에도 불구하고 그 후 30여년이 지나도록 그 보상을 위한 아무런 입법조치를 취하지 않고 있는 것은 입법자의 형성의 자유를 고려하더라도 그 한계를 벗어나는 것이라고 보아야 할 것이다. 따라서 이 사건 입법부작위는 입법자가 헌법에서 위임받은 손실보상에 관한 법률제정의무를 자의적으로 방치하고 있고 이로 인하여 사설철도회사 재산관계권리자 중 그의 손실보상청구권이 확정된 자의 재산권을 침해하기에 이르렀으므로 위헌이다(헌법재판소 1994.12.29. 89헌마2).

나) 法律에 대한 憲法訴願

법률에 대하여 바로 헌법소원을 제기하려면 우선 청구인 스스로가 당해 규정에 관련되어야 할 뿐만 아니라(自己關聯性) 당해 규정에 의해 현재 권리침해를 받아야 한다는 것(權利侵害의 現在性)을 요건으로 한다.[87] 법령자체에 의한 직접적인 기본권침해 여부가 문제되었을 경우에는 보충성의 원칙이 적용될 여지가 없다. 즉 그 법령의 효력을 직접 다투는 것을 소송물로 하여 일반 법원에 구제를 구할 수 있는 절차는 존재하지 아니하므로 다른 구제절차를 거칠 것 없이 바로 헌법소원심판을 청구할 수 있

86) 재조선미국육군사령부군정청법률 제75호 조선철도의 통일로 손실보상청구권이 생긴 자에 대하여 보상이 끝나기도 전에 국회가 위 군정청법령을 폐지하고서도 아직 끝나지 않은 보상을 위한 다른 법을 제정하지 않아 손실보상청구권을 침해하고 있는 경우가 그 예가 된다(헌법재판소 1994.12.29. 89헌마2 사건의 개요).

87) 헌법재판소 1989.7.21. 89헌마12.

다.[88)]

[폐지된 법률] 폐지된 법률도 기본권침해의 보호이익이 있으면 가능하다(헌법재판소 1995.5.25. 91헌마67). 그러나 형식적 의미의 법률에 해당하지 아니하는 헌법의 개별조항은 위헌심사의 대상이 될 수 없으므로 이를 대상으로 한 헌법소원심판청구는 부적법하다(헌법재판소 1998.6.25. 96헌마47).

[조약] 헌법 제6조 제1항에 의하여 국내법과 같은 효력을 가지는 조약은 헌법소원의 대상이 된다(헌법재판소 2001.3.21. 99헌마139등).

[법령자체에 의한 직접적인 기본권침해] 세무대학의조직과운영에관한규정 제16조 제1항과 같은 법령자체에 대한 헌법소원심판청구의 경우에도 … 이 규정을 직접 무효화하는 것을 소송물로 하여 일반 법원에 구제를 받을 수 있는 길도 없다고 할 것이다. 따라서 이 사건 헌법소원심판대상인 재임용추천을 하지 아니한 행위와 대통령령 제16조 제1항의 위헌·위법무효를 다투는 문제는 다른 어떤 구제절차가 존재하지 아니하는 경우에 해당하므로 이 사건 헌법소원심판청구는 보충성의 원칙에 반하지 아니하는 적법한 소원심판청구라 할 것이다(헌법재판소 1993.5.13. 91헌마190).

[지방자치단체의 폐치·분합과 헌법소원] 지방자치단체의 폐치·분합(廢置·分合)에 관한 것은 지방자치단체의 자치행정권중 지역고권(地域高權)의 보장문제이나, 대상지역 주민들은 그로 인하여 인간다운 생활공간에서 살 권리, 평등권, 정당한 청문권, 거주이전의 자유, 선거권, 공무담임권, 인간다운 생활을 할 권리, 사회보장·사회복지수급권 및 환경권 등을 침해받게 될 수도 있다는 점에서 기본권과도 관련이 있어 헌법소원(憲法訴願)의 대상이 될 수 있다(헌법재판소 1994.12.29. 94헌마201).

다) 立法不作爲와 憲法訴願

입법부작위는 입법자에게 입법의무가 있는데 이를 이행하지 아니한 경우(입법의 불비)와 입법은 하였으되 불충분한 입법을 한 경우(불완전 입법)로 나누어 생각할 수 있다. 전자의 경우를 '진정입법부작위(眞正立法不作爲)', 후자의 경우를 '부진정입법부작위(不眞正立法不作爲)'라 한다. 입법의 불비의 경우에는 헌법소원이 가능하지만, 불완전 입법의 경우에는 헌법소원이 허용되지 아니한다. 원래 입법은 입법자의 정치적, 경제적, 사

---

88) 헌법재판소 1990.10.15. 89헌마178.

회적 그리고 세계관적 고려 하에서 정해지는 사항(立法裁量)으로 일반국민에게 입법행위에 대하여 원칙적으로 소구청구권(訴求請求權)은 인정되지 않는다. 따라서 입법부작위에 대한 헌법재판소의 재판관할권은 극히 한정적으로 인정할 수밖에 없다. 입법부작위가 헌법소원의 대상이 되려면, i) 헌법에서 기본권보장을 위해 법률에 명시적으로 입법위임을 하였음에도 불구하고 입법자가 이를 이행하지 않고 있는 경우 또는 ii) 헌법 해석상 특정인의 기본권을 보호하기 위한 국가의 입법의무가 발생하였음이 명백함에도 불구하고 입법자가 아무런 입법조치를 취하지 않고 있는 경우 등(진정입법부작위)이어야 한다.[89] 입법자가 헌법상 입법의무가 있는 어떤 사항에 관하여 입법은 하였으나 그 입법의 내용·범위·절차 등을 불완전·불충분 또는 불공정하게 규율함으로써 입법행위에 결함이 있는 이른바 부진정입법부작위의 경우에는 그 불완전한 규정을 대상으로 하여 그것이 헌법위반이라는 적극적인 헌법소원을 청구할 수 있을 뿐 입법부작위로서 헌법소원의 대상으로 삼을 수 없다.[90]

[진정입법부작위와 헌법소원] 진정입법부작위에 대한 헌법소원은, 헌법에서 기본권보장을 위하여 법령에 명시적인 입법위임을 하였음에도 입법자가 이를 이행하지 아니한 경우이거나, 헌법해석상 특정인에게 구체적인 기본권이 생겨 이를 보장하기 위한 국가의 행위의무 내지 보호의무가 발생하였음이 명백함에도 불구하고 입법자가 아무런 입법조치를 취하지 아니한 경우에 한하여 허용된다(헌법재판소 2003.6.26. 2002헌마624).

[부진정입법부작위와 헌법소원] 부진정 입법부작위란, 입법자가 어떤 사항에 관하여 입법은 하였으나 그 입법의 내용·범위·절차 등이 당해 사항을 불완전·불충분 또는 불공정하게 규율함으로써 입법행위에 결함이 있는 경우(즉, 결함이 있는 입법권의 행사)를 의미한다. 부진정 입법부작위는 헌법소원의 대상이 되며, 다만, 부진정 입법부작위를 대상으로, 즉 입법의 내용·범위·절차 등의 결함을 이유로 헌법소원을 제기하려면 이 경우에는 결함이 있는 당해 입법규정 그 자체를 대상으로 하여 그것이 평등의 원칙에 위배된다는 등 헌법위반을 내세워 적극적인 헌법소원을 제기하여야 한다(헌법재판소 1996.10.31. 94헌마108).

---

89) 헌법재판소 1989.3.17. 88헌마1.
90) 헌법재판소 2003.1.30. 2002헌마358; 1999.6.13. 93헌마276 등.

[부진정입법부작위는 진정입법부작위에 대한 헌법소원의 형식으로 제기할 수 없다] 입법부가 위와 같이 입법 의무를 이행한 이상, 청구인들이 입은 기본권 침해의 특수한 성격에 비추어 기존 법체계가 그 침해에 따른 피해 구제에 적절하지 않다는 주장만을 근거로, 기존의 입법 외에 청구인들이 주장하는 피해에 대하여 이를 배상 또는 보상을 실시하는 내용의 입법 의무가 헌법 위임이나 헌법 해석상 새로이 발생하였다고 할 수는 없다. …입법자에게 청구인들이 주장하는 바와 같은 입법 의무가 있다고 할 수 없을 뿐만 아니라, 이 사건은 입법자가 헌법상 입법 의무가 있는 어떤 사항에 관하여 이미 입법을 한 이른바 부진정입법부작위의 경우에 해당함에도 불구하고 진정입법부작위에 대한 헌법소원의 형식으로 제기되었으므로 결국 이 사건 심판청구는 입법부작위에 대한 헌법소원으로서의 요건을 갖추지 못하여 부적법하다(헌법재판소 2003.1.30. 2002헌마358).

나. 行政權과 관련한 憲法訴願(行政作用)

공권력의 행사와 관련한 헌법소원 가운데 가장 중요한 의미를 가지는 것이 행정권의 작위이다. 헌법소원을 제기하려면 '공권력의 행사 또는 불행사로 인한 기본권침해의 가능성'이 있어야 한다. 따라서 헌법소원의 심판대상인 "공권력의 행사"는 국민의 권리와 의무에 대하여 직접적인 법률효과를 발생시켜야 하고 청구인의 법적 지위를 그에게 불리하게 변화시키기에 적합해야 한다.[91] 명령・규칙 등 행정입법이나 검사의 불기소처분이 대표적인 예이나, 권력적 사실행위와 행정계획도 헌법소원의 대상이 된다는 것은 기본권보장과 관련하여 의미가 크다. 행정부작위가 기본권을 침해하여 헌법소원의 대상이 되는 경우는 극히 제한적이다.

가) 統治行爲

통치행위란, 고도의 정치적 결단에 따른 행위이다. 이는 사법심사에 부적합한 것으로서 사법심사 대상이 된다고 하여도 그 성질상 집행이 보장되지 않는 것이다. 이는 정치성이 있어 각국마다 사정에 따라 한정적으로 해석하고 있다. 예컨대, 프랑스는 사법적 자제를 취하고 있고, 독일은 이론적으로는 원칙적 심사대상으로 하고 있으나 실무에서는 적법요건 판단에서 정치성이 있으면 자기관련성이 없다고 보아 각하시키고 있다. 우리나라의 헌법재판소는 김영삼대통령 정부시절에 긴급재정명령형태로서 금

---

91) 헌법재판소 1994.8.31. 92헌마174.

융실명제를 실시한 사건에서 통치행위라고 하여도 기본권을 침해하여 자기관련성이 있으면 헌법소원심판대상이 된다(5인)고 하면서도 고도의 정치성의 이유로 결국 자기관련성이 없다고 하여 각하하였다.[92] 그 이후에 노무현대통령 현정부에서 일반파병의 이라크파병사건[93]에서 사법심사의 대상이 되지 않는다(5인)고 하여 각하한 바 있다. 헌법재판소재판관 9인 중 5인의 결정이므로 어느 견해를 취한다고는 볼 수 없다고 할 수 있다.

나) 行政立法(命令·規則)

명령·규칙의 위헌 여부가 재판의 전제가 되는 경우가 아니라 명령·규칙이 집행행위에 매개됨이 없이 직접적·현재적으로 기본권을 침해하는 경우에는 이를 헌법소원의 대상으로 삼을 수 있다.[94] 금융실명제실시를 위한 대통령의 긴급재정경제명령과 같이 국민에게 일정한 의무를 과하는 대통령의 긴급명령에 대해서도 그로 인하여 기본권을 직접 침해받은 때에는 헌법소원을 청구할 수 있다. 헌법재판소는 조례(條例)도 헌법소원의 대상이 될 수 있다고 한다.[95] 즉 조례 자체로 인하여 기본권을 침해받은 자는 그 권리구제의 수단으로서 조례에 대한 헌법소원을 제기할 수 있다. 이 경우에 그 적법요건으로서 조례가 별도의 구체적인 집행행위를 기다리지 아니하고 직접 그리고 현재 자기의 기본권을 침해하는 것이어야 함을 요한다.

다) 權力的 事實行爲 등

행정부의 공권력의 행사로 중요한 것은 종래 재판에 의하여서는 사실상 구제를 받을 수 없었던 권력적 사실행위가 있다. 권력적 사실행위는 내부적 효력을 가지는데 그치므로 헌법소원의 대상이 되지 아니한다. 그러나 권력적 사실행위라도 국민의 기본권에 직접 영향을 미치는 경우에는 헌법소원이 가능하다.[96] 즉 행정 각부의 장관이 국민에 대하여 한 권고나 조언들도 경우에 따라서는 행정부가 가지고 있는 공권력을 배경으로 하고 있어 국민이 사실상 그 권고나 조언에 따르지 않을 수 없는데 이 경우 그

---

92) 헌법재판소 1996.2.29. 93헌마186.
93) 헌법재판소 2004.4.19. 2003헌마814
94) 헌법재판소 1993.5.13. 92헌마80.
95) 헌법재판소 1995.4.20. 92헌마264; 1994.12.29. 92헌마216 등.
96) 헌법재판소 1993.7.29. 89헌마31.

권고나 조언은 실질적으로 공권력을 행사한 것이나 다름없으므로 이에 대하여 헌법소원을 청구할 수 있다. 헌법재판소는 기본권구제의 사각지대를 방치할 수 없는 경우 등 일정한 경우에는 고시(告示)도 헌법소원의 대상으로 인정하고 있다.[97] 공권력 행사가 이미 종료되어 취소할 여지가 없거나 권리보호이익이 소멸된 경우에도 헌법적 해명의 중대성이나 동종행위 반복의 위험성을 이유로 위헌확인을 한 사례도 다수 있다.[98]

[권력적 사실행위와 헌법소원] 대통령이나 정부 고위관료의 권력행사와 관련하여 대표적인 권력적 사실행위로 거론되는 국제그룹 해체 사건에 대하여는 위헌결정을 선고하였으나(헌법재판소 1993.7.29. 89헌마31), 비슷한 시기에 청구된 대한선주 사건(헌법재판소 1994.5.6. 89헌마35)과 연합철강 사건(헌법재판소 1996.6.26. 89헌마30 결정)에서는 권력적 사실행위에 해당하지 않는다거나 또는 공권력 개입에 관한 증거가 없다는 이유로 각하결정을 하였다.

라) 行政計劃

비구속적 행정계획안이나 행정지침이라도 국민의 기본권에 직접적으로 영향을 끼치고, 앞으로 법령의 뒷받침에 의하여 그대로 실시될 것이 틀림없을 것으로 예상될 수 있을 때에는, 공권력행위로서 예외적으로 헌법소원의 대상이 된다.[99] 즉, 행정부 자체의 공권력의 행사는 아니라 하더라도 국립대학교와 같이 일정한 한도 내에서 공권력을 행사할 수 있는 기관이나 단체가 대외적으로 국민의 기본권과 관련이 있는 공권력을 행사한 경우 이로 인하여 기본권을 침해받은 국민이 헌법소원을 청구할 수 있음은 물론이다. 국립대학교인 서울대학교가 발표한 대학입학고사 주요요강과 같은 것이 그 예이다. 행정계획안 등에 대한 헌법소원을 허용함으로써 헌법소원은 매우 활발하게 운용되고 있다.

[행정계획과 헌법소원] 국립대학인 서울대학교의 "대학입학고사주요요강"은 사실상의 준비행위 내지 사전안내로서 행정쟁송의 대상이 될 수 있는 행정처분이나 공권력의 행사는 될 수 없지만 …헌법소원의 대상이 되는

---

97) 헌법재판소 2000.12.14. 2000헌마659.

98) 헌법재판소 2004.9.23. 2000헌마138; 1991.7.8. 89헌마181; 1997.11.27. 94헌마60 참조.

99) 헌법재판소 2000.6.1. 99헌마538·543·544·545·546·549(병합).

헌법재판소법 제68조 제1항 소정의 공권력의 행사에 해당된다고 할 것이며, 이 경우 헌법소원외에 달리 구제방법이 없다(헌법재판소 1992.10.1. 92헌마68,76).

마) 公 告

공고는 일반적으로 특정의 사실을 불특정 다수에게 알리는 행위로서 그것이 어떠한 법률효과를 가지는지에 대해서는 일률적으로 말할 수 없고 개별 공고의 내용과 관련 법령의 규정에 따라 구체적으로 판단하여야 한다.[100]

[공고의 공권력 인정사례] 헌법재판소는 1999년도 공무원 임용시험 시행계획에서 제5회 지방고등고시의 응시연령을 "지방고등고시, 20세 이상 33세 이하, 기준일 12.14., 해당 생년월일 1965.12.15.~1979.12.14."로 공고한 것을 심판대상으로 한 헌법소원사건에서, 이 공고에 따라 해당 시험의 모집인원과 응시자격의 상한연령 및 하한연령의 세부적인 범위 등이 비로소 확정되고, 이에 따라 응시자의 자격을 제한하는 등의 구체적 효과가 발생하므로 헌법소원의 대상이 되는 공권력의 행사에 해당한다고 하였고(헌법재판소 2000.1.27. 99헌마123), 또 2000년도 공무원 임용시험 시행계획에서 제42회 사법시험 제1차시험일자를 일요일로 정하여 공고한 것에 대한 헌법소원사건에서도, 구체적인 시험일정과 장소는 위 공고에 따라 비로소 확정되는 것이므로 위 공고는 헌법소원의 대상이 되는 공권력의 행사에 해당한다고 보았다(헌법재판소 2001.9.27. 2000헌마159).

[공고의 공권력 부정사례] 2000년도 공무원 임용시험 시행계획에서 제36회 기술고등고시 및 제6회 지방고등고시에 관하여 "응시연령을 20세 이상 32세 이하, 해당생년월일을 1967.1.1.부터 1980. 12. 31.까지"로 공고한 것을 심판대상으로 한 헌법소원사건에서는, 위 공고내용이 공무원임용및시험시행규칙과 대전광역시지방공무원인사규칙의 응시연령에 관한 규정들과 실질적으로 동일한 내용으로서 그에 대한 확인적 의미만을 갖고 있을 뿐, 위 규칙조항에 규정된 응시연령에 아무런 변경을 가져오는 것이 아니므로 청구인들의 기본권을 새로이 침해하는 법 제68조 제1항 소정의 공권력의 행사에 해당하지 아니하여 헌법소원의 대상이 될 수 없다고 하였다(헌법재판소 2001.9.27. 2000헌마173 등). 이 사건의 경우에는 위 공고의 공권력 인정사례인 99헌마123 사건과는 달리 최종시험시행일과 응시연령의 기준일 사이

---

100) 헌법제판실무제요(제1판), 98면.

에 직접적인 관계가 없는 사안이었다.

바) 검사의 不起訴處分

검사의 불기소처분은 전형적인 공권력의 행사이다. 고소인의 고소에 따라 수사를 한 후에 검사가 내리는 불기소처분에 대하여도 헌법소원이 가능하다. 이에 따라 종래에는 극히 일부 범죄에 관한 불기소처분 이외에는 아무런 법률적 통제를 받지 아니하였던 검찰권의 행사에 대하여 헌법재판소가 제약을 가할 수 있게 되었다. 즉, 검사의 불기소처분으로 인해 범죄피해자의 사법절차적 기본권과 평등권이 침해된 때에는 헌법소원을 제기할 수 있는데, 검사의 불기소처분이 헌법소원의 대상이 되려면, i) 검사가 현저히 정의와 형평에 반하는 수사를 한 경우, ii) 헌법의 해석이나 법률의 적용에 중대한 오류를 범하여 불기소처분의 결정을 한 경우, iii) 증거판단에 있어서 불기소처분의 결정에 영향을 미친 중대한 잘못을 범한 경우, iv) 기타 검사의 불기소처분이 현저하게 자의적인 처분이라고 볼 수 있는 경우여야 한다.[101]

불기소처분에 대해 고소인이 제기한 헌법소원심판을 받아들이는 경우 청구인의 침해된 기본권으로 평등권과 재판절차진술권을 들었고, 피의자가 헌법소원을 청구하는 경우[102]에는 평등권 또는 행복추구권이 침해된다고 하였다. 헌법재판소는 불기소처분에 대한 재정신청의 대상을 제한하고 있는 형사소송법 제260조 제1항에 대해 합헌결정을 함으로써[103] 대부분의 불기소처분에 대한 최종적 심사권을 헌법재판소의 권한으로 하고 있다.

특히 고소의 경우에는 자기관련성과 기본권침해성을 인정하여 헌법소원을 허용하지만, 이와는 달리 고발(告發)에 대하여는 "달리 국민의 일원으로서 국가의 수사권 발동을 촉구하는 의미에 그치는 일반범죄의 고발사건에 있어서 검사가 자의적으로 불기소처분을 하였다고 하여 달리 특별한 사정이 없으면 고발인이 자기의 기본권의 침해가 있었음을 전제로 자기관련성을 내세워 헌법소원 심판청구를 하는 것은 허용될 수 없을 것"[104]이

101) 헌법재판소 2003.6.26. 2002헌마81.

102) 예컨대, 혐의없음을 주장하는 피의자가 기소유예나 공소권없음 또는 죄가 안됨 처분의 당부를 다투어 헌법소원을 청구하는 경우 등이 그것이다.

103) 헌법재판소 1997.8.21. 94헌바2.

104) 헌법재판소 1989.12.22. 89헌마145.

라 한다.

[고소(告訴)와 고발(告發)] 고소나 고발이 모두 수사개시의 단서가 된다고 하지만 고소는 범죄피해자의 보호가 주된 목적임에 대하여, 고발은 누구든지 범죄가 있다고 사료되는 때에 하는 것으로서 범죄규제를 통한 국가적 이익의 보호를 주목적으로 한다. 따라서 고소는 주로 주관적·개인적인 목적을 추구하는 것이므로 고소인 적격이 있는 형사피해자에게는 헌법 제27조 제5항이 당해 사건의 재판절차에서의 진술권이라는 주관적 기본권을 부여함에 대하여, 고발에 있어서는 고발인 자신의 개인적 이해관계를 떠나 국민의 일원으로서, 범죄규제를 통한 국법질서의 유지를 위하여 협력함을 주된 목적으로 하는 것이므로 고발인에게 개인적·주관적인 권리나 위에서 본 재판절차에서의 진술권 따위의 기본권은 허용될 수 없다(헌법재판소 1989.12.22. 89헌마145).

사) 行政不作爲

행정부가 일정한 내용의 공권력을 행사하여야 할 의무가 있는데도 이를 행사하지 않고 이로 인하여 국민의 기본권이 침해된 경우에는 그 공권력의 불행사가 위헌이라는 내용의 확인을 구하는 행정부작위위헌확인의 헌법소원을 제기할 수 있다. 즉, 행정권력의 부작위에 대한 헌법소원은 공권력의 주체에게 헌법에서 유래하는 작위의무가 특별히 구체적으로 인정되어 이에 의거하여 기본권의 주체가 행정행위를 청구할 수 있음에도 공권력의 주체가 그 의무를 해태하는 경우에 허용되고, 이는 행정권력에 의한 행정입법 부작위의 경우에도 적용된다.[105] 행정입법의 부작위에 대한 헌법소원이 인정되기 위해서는 첫째, 행정청에게 헌법에서 유래하는 행정입법의 작위의무가 있어야 하고 둘째, 상당한 기간이 경과하였음에도 불구하고 셋째, 행정입법의 제정(개정)권이 행사되지 않아야 한다.[106]

특히 행정부작위도 행정소송의 대상이 되고, 또 보충성의 원칙에 의하여 반드시 행정소송에 의한 구제절차를 거쳐야 하는데(법 제68조 제1항 단서), 그러나 행정소송을 거치면 기판력을 가지고 재판은 헌법소원의 대상에서 배제되기 때문에 행정부작위가 헌법소원의 대상이 되는 경우는 거의 없게 된다.[107]

105) 헌법재판소 2003.7.24. 2002헌마378.
106) 헌법재판소 1996.6.13. 94헌마118; 1998.7.16. 96헌마246.

[행정자치부장관에게 국가유공자인 지방공무원에 대한 우선보직·우선승진의 시행에 관한 행정입법을 제정하여야 할 작위의무 여부] 헌법 또는 헌법의 위임에 의한 관련 법령에서 명시적으로 행정자치부장관에게 이러한 행정입법을 제정할 의무를 부여하고 있지 않고, 헌법 또는 헌법의 위임에 의한 관련 법령의 해석으로도 행정자치부장관에게 이러한 행정입법을 제정할 의무를 도출할 수 없다. 그렇다면, 행정자치부장관에게 국가유공자인 지방공무원에 대한 우선보직·우선승진의 시행에 관한 행정입법을 제정하여야 할 의무가 헌법에서 유래하는 작위의무로서 인정되지 아니하므로 이러한 작위의무가 있음을 전제로 한 이 사건 심판청구는 헌법소원의 대상이 될 수 없는 사안에 대한 것으로서 부적법하다(헌법재판소 2003.7.24. 2002헌마378).

아) 국가기관간의 내부적 행위나 행정청의 지침, 의견진술, 행정규칙 등의 경우

헌법소원심판을 청구하기 위해서는 공권력의 행사가 국민의 권리와 의무에 대하여 직접적인 법률효과를 발생시켜야 하고 청구인의 법적 지위를 불리하게 하여야 한다. 공권력의 행사가 법률효과를 발생시키지 않는다면 국민(청구인)에게 아무런 부담을 가할 수 없으며, 이에 따라 기본권의 침해를 주장할 수 없다. 그러므로 국가기관간의 내부적 행위나 행정청의 지침, 의견진술, 행정규칙 등은 법적 구속력이나 외부효과가 결여되어 있기 때문에, 공권력의 행사에 해당하지 않는다.

[선거법위반행위에 대한 중지촉구공문] 피청구인이 2002. 2. 1. 발송한 '선거법위반행위에 대한 중지촉구' 공문은 첫째, '열린 인터뷰'를 개최하는 행위가 공선법 제254조에 위반된다는 것을 안내하면서, 둘째, 위 행사를 개최할 경우 선거법위반행위로 엄중 대처할 것을 알리면서 청구인의 협조를 구하는 내용을 담고 있다. 피청구인의 위 공문은 그 형식에 있어서 '안내' 또는 '협조요청'이라는 표현을 사용하고 있으며, 또한 그 내용에 있어서도 청구인이 계획하는 행위가 공선법에 위반된다는, 현재의 법적 상황에 대한 행정청의 의견을 단지 표명하면서, 청구인이 공선법에 위반되는 행위를 하는 경우 피청구인이 취할 수 있는 조치를 통고하고 있을 뿐이다. 비록 피청구인의 '중지촉구' 공문에 '청구인이 법률에 위반하는 경우 피청구인이 청구인에게 불리한 조치를 취할 것'을 통고하는 내용을 담고 있다 하더라도, 피

107) 권영성(1165).

청구인의 '중지촉구' 서한은 행정청의 단순한 의견진술로서, 이로 인하여 그 법적 성격이 달라지는 것은 아니다. 따라서 피청구인의 2002. 2. 1.자 '중지촉구' 공문은 국민에 대하여 직접적인 법률효과를 발생시키지 않는 단순한 권고적, 비권력적 행위로서, 헌법소원의 심판대상이 될 수 있는 '공권력의 행사'에 해당하지 않으므로, '선거법위반행위에 대한 중지촉구'에 대한 이 사건 심판청구는 부적법하다(헌법재판소 2003.2.27. 2002헌마106).

다. 司法權과 관련한 憲法訴願(司法作用)

가) 法院의 裁判과 憲法訴願

i) 원칙(재판의 헌법소원배제원칙)

헌법재판소법은 "공권력의 행사 또는 불행사로 인하여 헌법상 보장된 기본권을 침해받은 자는 법원의 재판을 제외하고는 헌법재판소에 헌법소원심판을 청구할 수 있다."(제68조 제1항)고 하여 법원의 재판을 헌법소원의 대상에서 배제한다. 원칙적으로 법원의 재판 자체는 헌법소원심판의 대상이 되지 아니한다는 뜻이다.[108] 법원의 재판을 헌법소원심판의 대상에서 제외한 것은 사법작용이 본래 기본권보호자로서 기능하는데 기인한다. 즉 입법작용이나 행정작용이 기본권침해자로서 기능하는 것과는 달리 사법작용은 기본권보호기능을 본질로 한다. 따라서 입법작용과 행정작용은 헌법소원심판의 대상으로 하면서 법원의 재판을 여기서 제외한 것은 합리적인 사유가 있는 것으로 평등원칙에 어긋나지 아니한다. 이러한 이유로 헌법재판소는 재판에 대한 헌법소원에 대하여 헌법재판소법 제68조 제1항의 명문규정에 어긋난다는 이유로 부적법 각하하고 있다.

그리고 구체적인 법률의 해석·적용문제는 원칙적으로 당해 사건에 대한 재판의 당부문제에 흡수되기 때문에, 단순한 법률의 해석·적용에 관한 문제점을 들어서 헌법소원심판청구를 하는 것은 허용되지 않는다.[109] 법원의 재판에는 판결뿐만 아니라 소송절차와 관련된 부수적 사항을 포함한다. 즉, 재판장의 소송지휘나 재판진행 기타 사실인정 등을 대상으로 하는 헌법소원도 재판에 포함되기 때문에 이들 사실행위를 대상으로 한 헌법소원도 법원의 판결에 대한 헌법소원으로 헌법재판소법 제68조 제1항의

108) 헌법재판소 전원재판부 1998.2.27. 96헌마371.

109) 헌법재판소 1997.12.24. 96헌마172등 ; 헌법재판소 2003.11.27. 2002헌바62 등 참조.

명문규정에 반한다.[110]

[법원의 재판을 헌법소원심판대상에서 제외한 이유] 입법작용과 행정작용의 잠재적인 기본권침해자로서의 기능과 사법작용의 기본권의 보호자로서의 기능이 법원의 재판을 헌법소원심판의 대상에서 제외한 것을 정당화하는 본질적인 요소이므로, 헌법재판소법 제68조 제1항은 평등의 원칙에 위반된 것이라 할 수 없다(헌법재판소 1997.12.24. 96헌마172,173(병합)).

[판결의 사실인정과 헌법소원] 확정판결이 한 사실인정의 잘못을 다투면서 법원의 판결에 대하여 위헌확인을 구하는 이 심판청구는 부적법한 것임이 명백하다(헌법재판소 전원재판부 1998.2.27. 96헌마371).

ii) 예외(재판에 대한 헌법소원을 허용하는 경우)

그런데 헌법재판소는 헌법소원이 언제나 법원의 재판을 그 심판의 대상에 포함하여야만 비로소 헌법소원제도의 본질에 부합한다고 단정할 수는 없다고 하면서 그러나 예외적인 경우 재판도 헌법소원의 대상이 된다고 한다.[111] 즉 헌법재판소가 위헌으로 결정하여 일부 또는 전부 그 효력을 상실하거나 위헌으로 확인된 법률을 적용하여 국민의 기본권을 침해한 경우에는 법원의 재판도 헌법소원의 대상이 될 수 있다(재판소원허용사건).[112]

[법원의 재판과 헌법소원] 헌법재판소법 제68조 제1항이 법원의 재판을 헌법소원의 대상에서 제외한 것은 원칙적으로 헌법에 위반되지 아니하며, 법원이 헌법재판소가 위헌으로 결정하여 그 효력을 전부 또는 일부 상실하거나 위헌으로 확인된 법률을 적용함으로써 국민의 기본권을 침해한 경우에는 예외적으로 법원의 재판에 대한 헌법소원이 허용된다는 일관된 입장을 취하여 왔다(헌법재판소 2004.4.29. 2003헌마641; 1997.12.24. 96헌마172; 2001.2.22. 99헌마461).

나) 憲法訴願과 元行政處分

행정처분이 헌법에 위반된다는 등의 이유로 그 취소를 구하는 행정소송을 제기하였으나 그 청구가 받아들여지지 아니하는 판결이 확정되어 법원

110) 권영성(2005), 1165-66면 참조.
111) 헌법재판소 1997.12.24. 96헌마172.
112) 헌법재판소 1997.12.24. 96헌마172등

의 소송절차에 의하여서는 더 이상 이를 다툴 수 없게 된 경우에, 당해 행정처분(元行政處分) 자체의 위헌성 또는 그 근거법규의 위헌성을 주장하면서 그 취소를 구하는 헌법소원심판을 청구하는 것이 가능한지 여부가 문제이다. 이는 원행정처분을 심판의 대상으로 삼았던 법원의 재판이 예외적으로 헌법소원심판의 대상이 되어 그 재판 자체까지 취소되는 경우에 한하여, 원행정처분에 대한 헌법소원심판청구를 받아들여 이를 취소할 수 있다. 이와는 달리 법원의 재판이 취소되지 아니하는 경우에는 확정판결의 기판력으로 인하여 원행정처분은 헌법소원심판의 대상이 되지 아니한다. 따라서 법원의 재판이 취소되는 것을 전제로 하지 아니하는 한, 원행정처분의 취소 등을 구하는 헌법소원심판청구는 허용되지 않는다(원행정처분취소사건).[113]

다) 法院의 不作爲와 作爲義務

법원이 일정한 내용의 공권력을 행사하여야 할 의무가 있는데, 이를 행사하지 않아 기본권이 침해된 경우에는 그 공권력의 불행사가 위헌이라는 내용의 확인을 구하는 헌법소원을 청구할 수 있다. 예컨대, 법원이 법무사법에 규정된 법무사시험을 시행하지 않는 경우, 법원의 부작위에 의해 국민의 직업선택의 자유가 침해되었음을 이유로 헌법소원을 제기할 수 있다.

라) 大法院規則과 憲法訴願

헌법재판소는 명령·규칙의 위헌 여부가 재판의 전제가 되는 경우가 아니라 명령·규칙이 집행행위에 매개됨이 없이 직접 기본권을 침해하는 경우에는 이를 헌법소원의 대상으로 삼을 수 있다고 하면서, 대법원규칙이 헌법소원의 대상이 된다고 결정하였다. 즉 "헌법 제107조 제2항이 규정한 명령·규칙에 대한 대법원의 최종심사권이란 구체적인 소송사건에서 명령·규칙의 위헌여부가 재판의 전제가 되었을 경우 법률의 경우와는 달리 헌법재판소에 제청할 것 없이 대법원이 최종적으로 심사할 수 있다는 의미이며, 명령·규칙 그 자체에 의하여 직접 기본권이 침해되었음을 이유로 하여 헌법소원심판을 청구하는 것은 위 헌법규정과 아무런 상관이 없는 문제이다. 따라서 입법부·행정부·사법부에서 제정한 규칙이 별도의 집행행위를 기다리지 않고 직접 기본권을 침해하는 것일 때에는 모두 헌

113) 헌법재판소 1998.5.28. 91헌마98,93헌마253(병합).

법소원심판의 대상이 될 수 있다."[114]고 보고 있다.

2) 기본권의 침해

헌법소원을 청구하기 위해서는 공권력에 의하여 현재 자신의 기본권이 직접 침해되어야 한다. 공권력의 행사 또는 불행사에 의하여 권리가 침해되었다하여 헌법소원을 제기하려면, 권리침해가 자기와 관련된 것이어야 하고(자기관련성), 권리침해가 현재화된 것이어야 하며(현재관련성), 또한 침해가 직접적이어야 하는(직접관련성) 요건을 충족하여야 한다.

가. 自己關聯性

먼저 공권력에 의하여 자기 자신의 기본권이 침해되어야 한다. 따라서 남의 기본권이 침해되었다거나 단순히 간접적, 사실적 또는 경제적인 이해관계가 있을 뿐인 제3자는 헌법소원을 청구할 수 없다.[115] 이러한 요건을 "자기관련성(自己關聯性)"이라 한다. 자기관련성의 원칙상 헌법상 보장된 기본권을 직접 침해당한 사람만이 원칙적으로 헌법소원심판을 청구할 수 있는 것이고, 단체의 구성원이 기본권을 침해당한 경우 단체가 구성원의 권리구제를 위하여 그를 대신하여 헌법소원심판을 청구하는 것은 원칙적으로 허용될 수 없다.[116] 권리구제형헌법소원(헌법재판소법 제68조 제1항에 정한 헌법소원)의 기능이 객관적 헌법보장제도의 기능도 가지고 있는 것이지만, 주관적 기본권의 보장이 보다 중요한 기능의 하나인 것이기 때문이다. 다만, 제3자는 자기관련성이 없는 것이 원칙이지만, 예외적으로 인정될 수도 있는 경우라면 종합적으로 판단하여 헌법소원이 가능하다.[117]

---

114) 헌법재판소 1990.10.15. 89헌마178.

115) 예를 들어 전두환·노태우 전대통령들이 내란죄, 내란목적살인죄 및 특정범죄가중처벌법등에관한법률 위반 등으로 무기징역 및 징역 17년의 형을 선고받고 그 판결이 확정되었는데, 대통령이 이들을 특별사면한 사실이 있다. 이에 대하여 일반국민의 지위에서 사실상의 또는 직접적인 이해관계를 가진다고 하더라도, 대통령의 특별사면으로 인하여 자신의 법적 이익 또는 권리를 직접적으로 침해당한 피해자라 할 수 없는 일반국민은 자신의 기본권을 침해받은 것은 아니므로(자기관련성이 없으므로) 이에 대하여 헌법소원을 청구할 수 없는 것이다(헌법재판소 1998.9.30. 97헌마404).

116) 헌법재판소 1991.6.3. 90헌마56.

117) 헌법재판소 1997.9.25. 96헌마133.

[기본권침해의 자기관련성] 헌법소원심판은 공권력의 행사 또는 불행사로 인하여 헌법상 보장된 기본권을 침해받은 자가 청구하여야 한다고 규정하고 있는바, 여기에서 기본권을 침해받은 자라 함은 공권력의 행사 또는 불행사로 인하여 자기의 기본권이 현재 그리고 직접적으로 침해받은 자를 의미하며 단순히 간접적, 사실적 또는 경제적인 이해관계가 있을 뿐인 제3자는 이에 해당하지 않는다(헌법재판소 1993.3.11. 91헌마233; 1993.7.29. 89헌마123; 1994.6.30. 92헌마61 등 참조).

[간접적 · 사실적 불이익의 경우] 주민으로서의 청구인들의 경우, 이 사건 규정은 조직규범으로서 그 수범자(受範者)는 당해 지방자치단체이고, 청구인들에게 직접 의무를 부과하거나 행위를 금지하는 것은 아니며 단지 간접적으로 관련될 뿐이다. 지방공무원 정원 자체가 다른 지역에 비하여 적음으로 인하여 상대적으로 행정서비스가 열악하여 불편을 겪을 수 있고, 공무원시험에 합격할 가능성이 줄어들어 청구인들의 행복추구권과 공무담임권 등 기본권이 사실상 제한되는 결과가 초래될 수 있으나, 헌법소원의 관점에서 그러한 불편과 불이익은 단순히 간접적이고 사실적인 것이며, 이 사건 규정의 입법목적, 규율대상, 청구인들에게 미치는 효과나 진지성의 정도 및 원칙적으로 권한쟁의 심판의 대상이 될 수 있다는 점 등을 종합 고려하면 청구인들의 자기관련성은 이를 인정하기 어렵다(헌법재판소 2001.1.18. 00헌마149).

나. 現在關聯性

가) 侵害의 現在性과 現在性의 확대

원칙적으로 기본권이 현재 침해받고 있어야 한다. 가까운 장래에 기본권이 침해될 우려가 거의 확실한 경우도 헌법소원을 청구할 수 있다. 현재의 시점에서 충분히 예측할 수 있는 이상 기본권침해의 현재성을 인정하여 헌법소원심판청구의 이익을 인정하는 것이 옳기 때문이다. 이러한 요건을 "침해의 현재성" 또는 "현재관련성"[118]이라 한다. 이때 장래 기본권침해가 확실한 경우는 상황의 성숙성을 인정하여 현재성의 예외를 인정하는데 이를 "상황성숙론"이라 한다. 그러나 장래에 기본권의 침해가 있을 것으로 막연히 예상된다는 경우에는 침해의 현재성이 없으므로 헌법소원을 청구할 수 없다. 그리고 과거에는 기본권의 침해가 있었으나 현재에는 그 침해가 없어진 경우에도 원칙적으로 헌법소원을 청구할 수 없다.

118) 헌법재판소 1992.11.12. 89헌마88.

[상황성숙론] 현재 기본권이 침해당하여야 하지만, 장래의 발생할 것이 확실하고 그러한 상황이 성숙된 경우에는 현재성의 예외를 인정한다는 것이 헌법재판소의 판례이다(상황성숙론)(서울대학교입시요강 사건. 헌법재판소 1992.10.1. 92헌마68등; 국가유공자가산점 사건. 헌법재판소 2001.2.22. 2000헌마25; 제대군인가산점 사건. 헌법재판소 1999.12.23. 98헌마363). 이러한 상황성숙론과 관련하여 청구기간이 문제되는데, 헌법소원을 제기할 수 있을 때가 청구기간이 되므로, 청구기간이 오히려 앞당겨져서 불리해질 수도 있다. 헌법재판소는 이러한 경우에는 청구기간이 앞당겨지지 않는다고 한다. 다만, 유예기간을 두어서 이득을 주고 있는 경우에는 다시 청구기간의 이득을 주는 것은 불합리하므로 이런 경우에는 청구기간이 앞당겨져서 진행된다고 한다(헌법재판소 1996.3.28. 93헌마198; 헌법재판소 2003.1.30. 2002헌마516).

[기본권제한가능성의 구체적 현출] 기본권의 제한이 아직 현실화된 것은 아니지만 형사재판절차가 현재 계속 중에 있어 기본권제한의 가능성이 구체적으로 현출된 단계에 있는 경우에는 신속한 기본권구제를 위하여 현재 기본권이 침해되고 있는 경우와 마찬가지로 헌법소원이 허용된다(헌법재판소 2001.3.21. 99헌마150).

[권리침해의 우려와 헌법소원] 청구인이 고소 또는 고발을 한 사실은 없고 단순히 장래 잠재적으로 나타날 수 있는 권리침해의 우려에 대하여 헌법소원심판을 청구한 것에 불과하다면 본인의 관련성과 권리침해의 현재성이 없는 경우에 해당하여 부적법하다(헌법재판소 1989.7.21. 89헌마12).

나) 權利保護利益이 消滅된 경우 現在性의 확대

현재관련성의 원칙상 과거에는 기본권의 침해가 있었으나 현재에는 그 침해가 없어진 경우에는 헌법소원을 청구할 수 없는 것이 원칙이다. 그런데, 헌법재판이 있기 전에 기본권 침해의 상태가 종료되었더라도 그러한 형태의 기본권 침해가 반복될 가능성이 있는 경우에는 예외적으로 침해의 현재성을 확대하여 헌법소원을 허용할 필요가 있다. 권리보호이익의 소멸 후 현재성의 확대는 권리보호이익에서 상세히 검토하기로 한다.

[현재성의 예외] 헌법소원은 주관적 권리구제뿐만 아니라 객관적인 헌법질서보장의 기능도 겸하고 있으므로 심판계속중 발생한 사정변경으로 인하여 주관적인 권리보호이익이 소멸된 경우에도 그러한 기본권침해행위가 반

복될 위험이 있거나 당해 분쟁의 해결이 헌법질서의 유지·수호를 위하여 긴요한 사항이어서 헌법적으로 그 해명이 중대한 의미를 지니고 있는 때에는 예외적으로 심판청구의 이익을 인정할 수 있다는 것이 헌법재판소의 확립된 판례이다(헌법재판소 1992.1.28. 91헌마111 참조). 그런데 교육공무원의 정당가입 및 선거운동을 금지하는 이 사건 법률조항의 위헌 여부에 관하여는 아직 그 해명이 이루어진 바가 없고, 만약 이 사건 법률조항이 청구인들의 기본권을 침해하는 것이라면 앞으로 있을 각종 선거에서 청구인들과 같은 교육공무원들이 이 사건 법률조항에 의하여 반복하여 기본권을 침해당할 것이 확실히 예상된다. 따라서 이 사건 법률조항의 위헌 여부에 관한 판단은 헌법질서의 수호·유지를 위하여 긴요한 사항으로서 헌법적으로 그 해명이 중대한 의미를 지닌다. 이상 본 바와 같이 이 사건 심판청구는 법률에 대한 헌법소원으로서의 적법요건을 모두 갖추었다(헌법재판소 2004.3.25. 2001헌마710).

다. 直接關聯性

가) 침해의 직접성의 원칙

공권력에 의하여 기본권이 직접 침해되어야 한다. 따라서 공권력의 행사 또는 불행사의 직접 상대방만이 직접관련성을 가진다. 이러한 요건을 "침해의 직접성" 또는 "직접관련성"[119]이라 한다. 직접성원칙은 국회가 만든 법률이나 하위 법령인 행정부의 명령·규칙에 의하여 기본권이 침해되어 헌법소원을 청구하려는 경우 중요한 요건이다. 따라서 공권력작용에 단순히 간접적·사실적 또는 경제적 이해관계가 있는 제3자는 직접관련성을 가지지 않는다.[120] 또한 어떤 법률이나 명령·규칙에 근거한 행정부 등의 처분행위에 의하여 기본권이 침해된 경우에는, 기본권을 직접 침해한 행위는 행정부의 처분행위이지 법률이나 명령·규칙 자체는 아니다. 따라서 처분행위가 아닌 그 법률이나 명령·규칙에 대하여는 직접 헌법소원을 청구할 수 없다.

나) 직접성원칙의 예외

헌법소원을 제기하기 위하여는 원칙적으로 공권력작용으로 인하여 직접

---

119) 헌법재판소 1992.11.12. 89헌마88.

120) 헌법재판소 1997.9.25. 96헌마133; 1993.3.11. 91헌마233; 1993.7.29. 89헌마123; 1994.6.30. 92헌마61 등.

기본권이 침해되어야 한다. 그러나 법규범이 수익적인 집행행위를 예정하고 있고, 재량성을 인정하지 않는 일의적인 내용으로 규정되어 있는 법규범으로 말미암아 청구인이 수익적 집행행위의 혜택을 받을 수 없음이 명백한 때에는 법규범 자체가 당해 국민의 법적 지위를 결정한다고 보아 법규범의 직접성을 인정하여야 한다.[121] 즉, 법규범이 집행행위를 예정하고 있으나 집행행위 이전에 법규범이 이미 국민의 권리관계를 직접변동 시킨 경우, 또는 법규범이 집행행위와 무관하게 직접 국민의 법적 지위를 결정짓는 것이어서 국민의 권리관계가 집행행위의 유무나 내용에 의하여 좌우될 수 없을 정도로 확정된 경우에는 권리침해의 직접성이 인정된다.

[부과적 집행행위와 수익적 집행행위] 법규범이 예정하는 집행행위를 그 내용에 따라 구분한다면, 국민의 권리를 제한하거나 의무를 부과하는 집행행위(부과적 집행행위)와 국민에게 권리를 부여하거나 의무를 해제하는 집행행위(수익적 집행행위)로 나누어 볼 수 있다(黃道洙, "法規範의 直接性에 관한 試論", 憲法裁判의 理論과 實際: 琴郞金哲洙敎授華甲紀念論文集, 420면).

[직접성원칙의 예외] 법규범이 집행행위를 예정하고 있더라도 법규범의 내용이 집행행위 이전에 이미 국민의 권리관계를 직접 변동시키거나 국민의 법적 지위를 결정적으로 정하는 것이어서 국민의 권리관계가 집행행위의 유무나 내용에 의하여 좌우될 수 없을 정도로 확정된 상태라면 그 법규범의 권리침해의 직접성이 인정된다(헌법재판소 1997.7.16. 97헌마38).

---

121) 법규범이 부과적 집행행위를 예정하고 있는 경우에는 구체적인 권리제한이나 의무부과는 부과적 집행행위에 의하여 비로소 발생하도록 정하게 된다. 이러한 경우가 국가권력행사의 원칙적인 모습인데 집행행위가 있기 전까지는 아직 국민의 권리관계에는 변동이 없기 때문에 직접성은 부인된다. 그러나 법규범이 예정하는 집행행위의 내용이 일정한 요건에 해당되는 국민에게 권리를 부여하는 때에는 문제가 달라진다. 법률이 정하는 요건에 해당되지 아니함이 확실한 국민은 법규범이 예정하고 있는 집행행위에 의하여 받게 될 혜택에서 이미 제외되어 있다는 불리한 지위가 법규범에 의하여 이미 확정된 상태이다. 이러한 경우의 국민의 법적 지위는 추후에 있게 될 집행행위의 여부에 의하여 바뀌어질 가능성이 없는 정도에 다다른 것이다. 따라서 이러한 경우에 국민으로 하여금 추후에 있게 될 집행행위를 기다릴 것을 요구하는 것은 아무런 실익이 없는 것이다. 따라서 이러한 경우의 국민에게 법규범에 대한 직접적인 구제절차를 부여하는 것은 당연한 것이다(黃道洙, "法規範의 直接性에 관한 試論", 憲法裁判의 理論과 實際; 琴郞金哲洙敎授華甲紀念論文集, 420-21면).

3) 憲法訴願과 補充性 原則

가. 補充性 原則의 의의

헌법재판소법은 "공권력의 행사 또는 불행사로 인하여 헌법상 보장된 기본권을 침해받은 자는 법원의 재판을 제외하고는 헌법재판소에 헌법소원심판을 청구할 수 있다. 다만, 다른 법률에 구제절차가 있는 경우에는 그 절차를 모두 거친 후가 아니면 청구할 수 없다."(제68조 제1항)고 규정하고 있다. 헌법소원은 공권력의 행사 또는 불행사에 의하여 기본권이 침해된 경우 구제받을 수 있는 방법이지만, 그 공권력에 의한 기본권 침해에 대하여 다른 방법으로 구제받을 수 있는 법률적 절차가 있다면 그 모든 절차를 적법하게 거친 후가 아니면 청구할 수 없는 제약이 있다(법 제68조 제1항 단서). 이 단서조항의 원칙을 '補充性의 原則'이라 한다.

나. 제도의 취지

헌법소원심판청구에 있어서 사전구제절차를 밟을 것을 청구인측에게 요구하고 있는 입법취지는 업무처리의 효율성의 측면에서 볼 때 우선 당해 처분기관 자체에서 스스로 시정할 수 있는 기회를 갖도록 하는데 그 본래의 뜻이 있다.[122] 보충성의 요구가 일반 국민의 헌법소원심판청구의 길을 가급적 제한하거나 억제하는데 그 본래의 취지가 있는 것은 아니다.

다. 다른 救濟節次의 의미

헌법재판소법 제68조 제1항 단서에서 말하는 다른 법률에 의한 구제절차란 헌법소원의 목적물인 공권력의 행사 또는 불행사를 직접 대상으로 하여 그 효력을 다툴 수 있는 절차를 의미하는 것이지 최종목적을 달성하기 위하여 취할 수 있는 모든 우회적인 구제절차까지를 포함하는 것이 아니다.[123] 따라서 원상회복이나 손해배상 등을 위한 사후적·보충적 구제수단은 여기서 말하는 구제절차에 포함되지 않는다.

[다른 구제절차] 민주화운동관련자명예회복및보상심의위원회의 명예회복신청기각결정에 대하여는 행정소송법에 의하여 행정소송을 제기할 수 있으

122) 헌법재판소 1992.10.1. 91헌마31.
123) 헌법재판소 2000.2.24. 97헌마13,245(병합); 1989.4.17. 88헌마3; 1990.10.15. 89헌마178; 1993.7.29. 89헌마31.

므로 청구인은 그 절차에 따라 구제를 받았어야 하고 그 절차없이 막바로 제기한 이 사건 헌법소원심판청구는 부적법하며, 나아가 청구인이 내세우는 여러 사정을 참작하더라도 이 사건에서 보충성 원칙의 예외를 인정할 수 없다(헌법재판소 2002.10.31. 2002헌마213).

라. 補充性의 原則의 예외

헌법소원심판을 청구하기 위해서는 법률이 정하는 다른 구제절차를 모두 거치지 않으면 안 된다는 것이 보충성의 원칙인데, 이를 엄격하게 적용하면 헌법소원의 권리구제기능이 제대로 작동할 수 없는 경우가 발생하게 된다. 따라서 그 예외를 인정하여 국민(청구인)에게 시간과 비용의 부담을 지우지 않고 헌법소원심판제도의 창설 취지를 살리도록 하고 있다. 보충성의 예외로 인정되는 사례는 i) 법률상 구제절차가 없는 경우, ii) 헌법소원심판청구에 있어서 청구인이 그의 불이익으로 돌이킬 수 없는 정당한 이유있는 착오로 전심절차를 밟지 않은 경우, iii) 전심절차로 권리가 구제될 가능성이 거의 없어 전심절차이행의 기대가능성이 없는 경우, iv) 권리구제절차가 허용되는지의 여부가 객관적으로 불확실하여 전심절차이행의 기대가능성이 없는 경우가 있다.[124] 또한 원칙적으로 사전구제절차를 다 거쳐야 하지만, 헌법소원제기 후에 사전권리구제절차의 하자가 치유되면 보충성의 원칙도 치유되게 된다.

가) 法律上 救濟節次가 없는 경우

법령 자체에 권리구제절차를 두고 있지 않는 경우,[125] 또는 법령 자체에 의한 직접적인 기본권침해여부가 문제되었을 경우[126] 그 법령의 효력을 직접 다투는 것을 소송물로 하여 일반 법원에 구제를 구할 수 있는 절차는 존재하지 아니한다. 또한 고소·고발인과는 달리 형사사건의 피의자에게는 검찰청법이나 다른 법률에 의한 사전구제절차가 없다.[127] 이들 경우에는 다른 구제절차를 거칠 것 없이 바로 헌법소원심판을 청구할 수 있다. 행정소송의 대상이 되지 않는 권력적 사실행위나 진정입법부작위에

124) 헌법재판소 1998.8.27. 97헌마372, 398, 417(병합); 1989.9.4. 88헌마22.
125) 헌법재판소 1998.8.27. 97헌마372, 398, 417(병합)
126) 헌법재판소 1990.10.15. 89헌마178; 1989.3.17. 88헌마1; 1990.6.25. 89헌마220.
127) 헌법재판소 1992.7.23. 91헌마142; 1992.1.28. 선고, 90헌마227.

대하여도 사전구제절차를 거치지 않고 제기한 헌법소원이 보충성 원칙의 예외에 해당한다.

[법률상 구제절차가 없는 경우] 방송토론회진행사항결정행위의 취소를 구함에 있어, 공직선거법은 토론위원회 자체에 그 결정의 시정을 구하는 절차나, 감독기관이라고 할 수 있는 중앙선거관리위원회에 불복하는 절차를 전혀 두고 있지 아니하므로 토론위원회의 결정에 대한 공직선거법상의 구제절차는 없다 할 것이다. 법률상 구제절차가 없는 경우에 해당하거나 사전에 구제절차를 거칠 것을 기대하기가 곤란한 경우에는 보충성의 요건을 충족한 것이다. [헌법재판소 1998.8.27. 97헌마372,398,417(병합)].

[형사피의자와 헌법소원] 헌법재판소법 제68조 제1항 단서에 의하면 헌법소원심판청구는 다른 법률에 사전구제절차가 있는 경우에는 그 절차를 모두 거친 후가 아니면 청구할 수 없으나 검찰청법에 의하면 검사의 불기소처분에 대한 항고·재항고는 그 피의사건의 고소·고발인만이 할 수 있고, 이 사건과 같이 형사사건의 피의자에게는 검찰청법이나 다른 법률에 의한 사전구제절차는 없으므로 이 사건의 경우는 헌법소원심판절차에서 요구되는 보충성원칙의 예외의 경우에 해당한다(헌법재판소 1995.3.23. 94헌마254).

[권력적 사실행위와 헌법소원] 권력적 사실행위가 행정처분의 준비단계로서 행하여지거나 행정처분과 결합된 경우(合成的 行政行爲)에는 행정처분에 흡수·통합되어 불가분의 관계에 있다할 것이므로 행정처분만이 취소소송의 대상이 되고, 처분과 분리하여 따로 권력적 사실행위를 다툴 실익은 없다. 그러나 권력적 사실행위가 항상 행정처분의 준비행위로 행하여지거나 행정처분과 결합되는 것은 아니므로 그러한 사실행위에 대하여는 다툴 실익이 있다할 것임에도 법원의 판례에 따르면 일반쟁송 절차로는 다툴 수 없음이 분명하다. 이 사건 감사는 행정처분의 준비단계로서 행하여지거나 처분과 결합된 바 없다. 그렇다면, 이 사건 감사는 행정소송의 대상이 되는 행정행위로 볼 수 없어 법원에 의한 권리구제절차를 밟을 것을 기대하는 것이 곤란하므로 보충성의 원칙의 예외로서 소원의 제기가 가능하다(헌법재판소 2003.12.18. 2001헌마754).

[진정입법부작위와 헌법소원] 입법부작위에 대한 행정소송의 적법여부에 관하여 대법원은 "행정소송은 구체적 사건에 대한 법률상 분쟁을 법에 의하여 해결함으로써 법적 안정을 기하자는 것이므로 부작위위법확인소송의 대상이 될 수 있는 것은 구체적 권리의무에 관한 분쟁이어야 하고, 추상적

인 법령에 관하여 제정의 여부 등은 그 자체로서 국민의 구체적인 권리의무에 직접적 변동을 초래하는 것이 아니어서 행정소송의 대상이 될 수 없다"고 판시하고 있으므로, 피청구인 보건복지부장관에 대한 청구 중 위 시행규칙에 대한 입법부작위 부분은 다른 구제절차가 없는 경우에 해당한다(헌법재판소 1998.7.16. 96헌마246).

[총학장의 임용제청이나 그 철회와 헌법소원] 청구인이 주장하는 세무대학장의 '재임용추천거부행위'와 같은 총·학장의 임용제청이나 그 철회는 행정기관 상호간의 내부적인 의사결정과정일 뿐 행정소송의 대상이 되는 행정처분이라고 볼 수 없다는 것이 대법원의 일관된 판례이므로, 이 사건의 경우에는 다른 법률에 구제절차가 있는 경우에 해당하지 아니하여 청구인이 행정소송을 거치지 아니하고 바로 헌법소원심판을 청구하였다고 하더라도 소원심판청구의 적법요건인 보충성의 원칙에 반하는 것이라고 볼 수 없다(헌법재판소 1993.5.13. 91헌마190).

나) 헌법소원심판청구에 있어서 청구인이 그의 불이익으로 돌이킬 수 없는 정당한 이유있는 착오로 전심절차를 밟지 않은 경우

사실상의 부작위에 대하여 행정소송을 할 수 있는지에 관한 대법원의 태도가 소극적이고 학설상으로도 그 가부가 확연하지도 않은데 법률의 전문가가 아닌 일반국민에 대하여 반드시 전심절차를 이행하도록 요구하는 것이 합당하겠는가 하는 것은 의문이다. 이렇게 헌법소원심판 청구인이 그의 불이익으로 돌릴 수 없는 정당한 이유있는 착오로 전심절차를 밟지 않은 경우에는 보충성원칙의 예외를 인정하는 것이 청구인에게 시간과 노력과 비용의 부담을 지우지 않고 헌법소원심판제도의 창설취지를 살리는 방법이 된다.

[청구인이 정당한 이유있는 착오로 전심절차를 밟지 않은 경우] 청구인이 수차례에 걸쳐서 피청구인에게 임야와 전에 대한 임야조사서, 토지조사부 등의 열람·복사 신청을 하였으나 피청구인이 그 중 토지조사부와 임야조사서에 대하여서는 그 신청이 정당한 이해관계인에 의하여 제출된 것인지의 여부도 검토하지 아니한 채 아무런 조처도 하지 않는 방법으로 불응하였고, 이에 청구인은 헌법재판소에 이 사건 헌법소원심판을 청구한 사건에서 헌법재판소는 "이상 대법원의 판례를 종합해 보면 행정청 내부의 사실행위나 사실상의 부작위에 대하여 일관하여 그 행정처분성을 부인함으로

써 이를 행정쟁송 대상에서 제외시켜 왔음을 알 수 있어 본건과 같은 경우도 행정쟁송에서 청구인의 주장이 받아들여질 가능성은 종래의 판례 태도를 변경하지 않는 한 매우 희박함을 짐작하기에 어렵지 않는 것이다. 과연 그렇다면 사실상의 부작위에 대하여 행정소송을 할 수 있는지의 여부를 잠시 접어두고 그에 관한 대법원의 태도가 소극적이고 아울러 학설상으로도 그 가부가 확연하다고 할 수 없는 상황에서 법률의 전문가가 아닌 일반국민에 대하여 전심절차의 예외 없는 이행을 요구하는 것이 합당하겠는가의 의문이 생겨나는 것이다. 그러나 헌법소원심판 청구인이 그의 불이익으로 돌릴 수 없는 정당한 이유있는 착오로 전심절차를 밟지 않은 경우 또는 전심절차로 권리가 구제될 가능성이 거의 없거나 권리구제절차가 허용되는지의 여부가 객관적으로 불확실하여 전심절차 이행의 기대가능성이 없을 때에는 그 예외를 인정하는 것이 청구인에게 시간과 노력과 비용의 부담을 지우지 않고 헌법소원심판제도의 창설취지를 살리는 방법이라고 할 것이므로, 본건의 경우는 위의 예외의 경우에 해당하여 적법하다고 할 것이다." (헌법재판소 1989.9.4. 88헌마22)라 하였다.

다) 權利救濟의 可能性이 거의 없는 경우

권리구제절차가 있다고 하더라도 그로 인하여 권리가 구제될 가능성이 없어 헌법소원의 청구인에게 법적 구제절차의 선이행을 요구할 기대가능성이 없는 경우에는, 헌법재판소법 제68조 제1항 단서에 불구하고 구제절차를 거치지 아니하고 예외적으로 직접 헌법소원을 제기할 수 있다.[128] 예컨대 구속적부심사건 피의자의 변호인이 수사기록 중 고소장과 피의자신문조서의 열람·등사를 신청하자 해당 경찰서장이 정보비공개결정을 하였고, 이에 위 변호인이 행정소송을 제기하지 않고 위 정보비공개결정의 위헌확인을 구하는 헌법소원을 제기한 경우가 이에 해당한다.

[권리구제가능성이 거의 없는 경우] 방송토론회진행사항결정행위의 취소를 구함에 있어, 공직선거법은 토론위원회 자체에 그 결정의 시정을 구하는 절차나, 감독기관이라고 할 수 있는 중앙선거관리위원회에 불복하는 절차를 전혀 두고 있지 아니한 경우, 토론위원회의 결정을 일종의 행정처분으로 보아 행정심판이나 행정소송 등에 의하여 그 시정을 구할 수 있다는 견해가 있을 수도 있으나 토론위원회의 결정이 행정쟁송의 대상인 처분에 해당한다고 하더라도 후보자 등록일부터 선거일전일까지라는 짧은 법정선거운동

128) 헌법재판소 2002.7.18. 99헌마592, 689(병합); 1989.9.4. 88헌마22; 1997.11.27. 94헌마60.

기간에 행정쟁송절차가 완료되어 구제될 가능성은 기대하기 어려우므로, 토론위원회의 결정을 다툼에 있어 행정쟁송을 거칠 것을 요구하는 하는 것은 실효성 없는 우회절차를 요구하는 것밖에 되지 않는다 할 것이다[헌법재판소 1998.8.27. 97헌마372,398,417(병합)].

[피의자신문조서열람거부와 헌법소원] 고소장과 피의자신문조서에 대한 열람은 기소전의 절차인 구속적부심사에서 피구속자를 변호하기 위하여 필요한 것인데, 그 열람불허를 구제받기 위하여 행정소송을 제기하더라도 그 심판에 소요되는 통상의 기간에 비추어 볼 때 이에 의한 구제가 기소전에 이루어질 가능성이 거의 없고 오히려 기소된 후에 이르러 권리보호이익의 흠결을 이유로 행정소송이 각하될 것이 분명한 만큼, 변호인인 청구인에게 이러한 구제절차의 이행을 요구하는 것은 불필요한 우회절차를 강요하는 셈이 되어 부당하다(헌법재판소 2003.3.27. 2000헌마474).

[접견거부처분에 대한 준항고의 거부와 헌법소원] 피청구인의 접견거부처분에 대해 법원에 준항고절차까지 밟아 이를 취소하는 결정이 있었음에도 피청구인이 이를 무시한 채 재차 접견거부처분에 이르렀다면, 이제 준항고절차에 의거하여서는 권리구제의 기대가능성이 없는 경우로 되었다 할 것이고, 이와 같은 경우에는 오히려 다른 법률에 의한 구제절차가 없는 경우로서 보충성의 원리의 예외에 해당되어 청구가 허용된다(헌법재판소 1991.7.8. 89헌마181).

[대법원의 파기환송과 헌법소원] 대법원이 이 사건 불합격처분에 대한 원심판결을 파기환송함으로써 그 사건이 다시 원심인 대전고등법원에 계속중인 경우에, 이미 대법원에서 청구인의 청구를 인용한 원심판결을 파기환송하였다는 사정만으로는, 권리구제의 가능성이 거의 없어 보충성의 예외가 인정되는 경우에 해당한다고 볼 수 없다(헌법재판소 1999.12.23. 97헌마136).

라) 권리구제절차가 허용되는지의 여부가 객관적으로 불확실한 경우

권리구제절차가 허용되는지의 여부가 객관적으로 불확실하여 헌법소원 청구인에게 법적 구제절차의 선이행을 요구할 기대가능성이 없는 경우에는, 헌법재판소법 제68조 제1항 단서에 불구하고 구제절차를 거치지 아니하고 예외적으로 직접 헌법소원을 제기할 수 있다.

[권리구제절차의 허용여부가 객관적으로 불확실한 경우] 방송토론회진행사항결정행위의 취소를 구함에 있어, 공직선거법은 토론위원회 자체에 그

결정의 시정을 구하는 절차나, 감독기관이라고 할 수 있는 중앙선거관리위원회에 불복하는 절차를 전혀 두고 있지 아니한 경우, 토론위원회의 결정을 일종의 행정처분으로 보아 행정심판이나 행정소송 등에 의하여 그 시정을 구할 수 있다는 견해가 있을 수도 있으나 토론위원회의 결정이 행정쟁송의 대상인 처분, 즉 행정청이 행하는 구체적 사실에 대한 법집행으로서 공권력의 행사 또는 거부에 해당하는지 여부는 객관적으로 불확실하여, 토론위원회의 결정을 다툼에 있어 행정쟁송을 거칠 것을 요구하는 하는 것은 실효성 없는 우회절차를 요구하는 것밖에 되지 않는다 할 것이다[헌법재판소 1998.8.27. 97헌마372,398,417(병합)].

[미결수용자에 대한 재소자용의류 착용과 헌법소원] 행형법 제6조의 청원제도는 그 처리기관이나 절차 및 효력면에서 권리구제절차로서는 불충분하고 우회적인 제도이므로 헌법소원에 앞서 반드시 거쳐야 하는 사전구제절차라고 보기는 어렵고, 미결수용자에 대하여 재소자용 의류를 입게 한 행위는 이미 종료된 권력적 사실행위로서 행정심판이나 행정소송의 대상으로 인정되기 어려울 뿐만 아니라 소의 이익이 부정될 가능성이 많아 헌법소원심판을 청구하는 외에 달리 효과적인 구제방법이 없으므로 보충성의 원칙에 대한 예외에 해당한다(헌법재판소 1999.5.27. 97헌마137, 98헌마5병합).

마. 憲法訴願의 補充的 機能과 權利救濟性

가) 法院의 裁判과 檢事의 不起訴處分

헌법소원은 기본권침해에 대한 다른 구제절차가 있으면 이를 모두 거친 후에 청구하여야 한다. 다른 방법에 의한 구제절차로 가장 대표적인 것이 법원의 재판이다. 다만 법원의 재판에 대하여는 헌법소원을 청구할 수 없도록 하고 있으므로(법 제68조 제1항 본문), 결국 우리 제도는 기본권을 침해받은 경우 우선 법원의 재판으로 구제받도록 하고, 그것이 불가능한 경우, 예를 들어 법률에 의하여 직접 기본권의 침해를 받은 경우와 같이 법원의 재판으로는 직접 권리구제를 받을 수 없는 때에는 헌법소원에 의하여 권리를 구제받도록 하고 있다.

법원의 재판이 허용되지 않는 경우에도 법령이 다른 구제절차를 마련해 놓고 있으면 그 구제절차를 모두 거친 후 헌법소원을 청구하여야 한다. 그 예로써 검사의 불기소처분에 대하여는 검찰청법이 고소인으로 하여금 항고와 재항고라는 방법으로 다툴 수 있도록 하고 있으므로 그 모든 절차를 거친 후에 비로소 헌법소원을 청구할 수 있다.

나) 憲法訴願의 權利救濟性

헌법소원이 기본권 구제의 보충적 수단으로만 기능한다 하여도 헌법소원의 의미나 가치는 결코 가벼운 것이 아니다.[129] 과거에는 국민의 기본권과 직접 관련이 있는 각종의 법령이나 검사의 불기소처분, 그리고 국가가 공권력을 배경으로 사실상 강압적인 위치에서 행한 각종의 권력적 사실행위 등에 대하여는 법원의 재판을 통하여 효율적인 권리구제를 받기가 사실상 불가능하였으나 이제는 헌법소원제도에 의하여 이러한 분야에서도 국민의 기본권이 효율적으로 보장될 수 있게 되었기 때문이다. 법령에 위와 같은 구제절차가 마련되어 있지 않고 법원의 재판도 허용되지 않는 경우에는 곧바로 헌법소원을 청구할 수 있음은 물론이다. 따라서 헌법소원은 "국민의 기본권 보장을 위한 마지막 수단"이라고 말할 수 있다.

4) 權利保護利益

가. 訴訟原理로서의 權利保護利益

헌법소원은 청구인의 권리보호이익을 전제로 하여 진행된다. 헌법소원심판청구 당시 권리보호이익이 인정되더라도 헌법소원심판계속 중에 사실관계 또는 법률관계의 변동으로 말미암아 기본권의 침해가 종료되어 권리보호이익이 없게 경우에는 원칙적으로 헌법소원은 부적법하게 된다. 따라서 권리보호이익이라는 헌법소원심판의 적법요건은 헌법재판소법 제40조 제1항에 의하여 준용되는 민사소송법 내지 행정소송법 규정들에 대한 해석상 인정되는 일반적인 소송원리이다.[130] 권리보호이익(權利保護利益) 내지 소의 이익(訴의 利益)은, 국가적·공익적 입장에서는 무익한 소송제도의 이용을 통제하는 원리이고, 당사자의 입장에서는 소송제도를 이용할 정당한 이익 또는 필요성을 말하는 것으로, '이익 없으면 소 없다'라는 법언이 지적하듯이 소송제도에 필연적으로 내재하는 요청이다.

---

129) 헌법소원이 법원의 재판을 그 대상에서 제외하고 보충성의 원칙을 규정한 것은 헌법소원제도의 기능을 반감시킨 것이라는 비판도 있다. 현행법상 다른 법률에 규정되어 있는 구제절차는 원칙적으로 법원의 재판인데, 헌법소원은 법원의 재판을 그 대상에서 제외하고 있기 때문이다(권영성 1166).

130) 헌법재판소 2001.9.27. 2001헌마152.

[권리보호이익의 상실과 헌법소원] 헌법소원제도는 국민의 기본권침해를 구제하기 위한 제도이므로 그 제도의 목적에 비추어 권리보호이익이 있는 경우에만 이를 제기할 수 있는 것인 바, 권리보호이익은 헌법재판소의 결정 당시에도 존재하여야 하므로 헌법소원심판청구 당시 권리보호이익이 인정되더라도 심판계속 중에 사실관계 또는 법률관계의 변동으로 말미암아 청구인이 주장하는 기본권의 침해가 종료된 경우에는 원칙적으로 권리보호이익이 없게 되어 헌법소원이 부적법하게 된다(헌법재판소 2002.2.28. 2001헌마207).

나. 裁判을 받을 權利의 침해인가

헌법소원심판청구의 적법요건 중의 하나로 권리보호이익을 요구하는 것이 청구인의 재판을 받을 권리를 침해한다고 볼 수는 없다. 권리보호이익은 소송제도에 필연적으로 내재하는 요청으로 헌법소원제도의 목적상 필수적인 요건이라고 할 것이어서 이로 인하여 본안판단을 받지 못한다고 하여도 재판을 받을 권리의 본질적인 부분에 대한 침해가 있다고 보기 어렵다. 다만, 권리보호이익을 지나치게 좁게 인정하면 헌법재판소의 본안판단의 부담을 줄일 수는 있지만 반면에 재판을 받을 권리를 부당하게 박탈하는 결과에 이르게 될 것이므로 권리보호이익을 판단함에 있어 다른 분쟁의 해결수단, 행정적 구제 · 입법적 구제의 유무 등을 기준으로 신중히 판단하여야 한다.[131]

다. 權利保護利益의 확대

헌법소원은 주관적 권리구제뿐 아니라 객관적인 헌법질서보장의 기능도 겸하고 있으므로 심판 계속 중 발생한 사정변경으로 인하여 주관적인 권리보호이익이 소멸된 경우에도 그러한 기본권침해행위가 반복될 위험이 있거나 당해 분쟁의 해결이 헌법질서의 유지 · 수호를 위하여 긴요한 사항이어서 헌법적으로 그 해명이 중대한 의미를 지니고 있는 때에는 예외적으로 심판청구의 이익을 인정할 수 있다.[132] 예를 들어 구속 · 수감중인 자가 변호인 접견신청을 하였으나, 수사기관에 의하여 거부된 경우 변호인접견권금지의 위헌확인을 구하는 헌법소원을 신청하였는바, 심판계속 중 그 침해행위 자체가 종료되었다 하더라도 그 후 이와 같은 행위는 반복될

131) 헌법재판소 2001.9.27. 2001헌마152.
132) 헌법재판소 1995.5.25. 91헌마44; 1992.1.28. 91헌마111.

가능성이 있고, 또 변호인의 도움을 받을 권리는 매우 중요한 기본권의 하나이기 때문에 이와 같은 경우 헌법소원이 허용되는 것이다.

[검찰공권력남용위헌확인의 필요성] 증인이 이미 법정에 출석하여 증언하였고 청구인에 대한 형사사건도 사실심 재판이 종결되었으며 검사는 더 이상 증인을 소환하지 아니하므로 청구인의 신속·공정한 재판을 받을 권리는 현재로는 더 이상 침해받고 있지 않다고 할 수 있으나, 같은 유형의 침해행위가 앞으로도 반복될 위험이 있고 헌법질서의 수호·유지를 위하여 헌법적 해명이 긴요하므로, 이 사건 심판의 이익이 인정된다(헌법재판소 2001.8.30. 99헌마496).

[미결수용자에 대한 기결수복 착용] 미결수용자에 대하여 재소자용 의류를 입게 한 행위에 대한 헌법소원심판 계속 중 청구인들이 석방되어 주관적인 권리보호이익이 소멸되었으나, 그러한 기본권 침해행위가 반복될 위험이 있고 그 해명이 헌법질서의 수호·유지를 위하여 긴요한 사항으로서 중대한 의미를 지니고 있으므로 심판청구의 이익이 인정된다(헌법재판소 1999.5.27. 97헌마137,98헌마5(병합)).

(5) 청구기간

청구기간을 둔 것은 권리관계를 신속히 확정하여 법적 안정성을 확보하기 위해서이다. 그 사유의 발생을 안 날로부터 90일, 있은 날로부터 1년 이내에 청구하여야 한다. 다만, 청구기간의 도과함에 정당한 사유가 있으면 헌법소원이 가능하다. 청구기간과 현재성의 관련된 문제가 상황성숙론인데, 이 이론은 가까운 장래에 기본권침해의 우려가 거의 확실한 경우 청구기간이 앞당겨 진다는 것으로, 이는 앞의 현재성의 예외에서 살펴보았다.

[헌법소원의 제기기간의 기산점] 헌법소원의 제기기간은 헌법이나 법에 특별한 규정이 없는 이상 일반원칙인 도달주의에 따라 헌법재판소에 심판청구서가 접수된 날부터 기산하여야 하는 것이고 예외적으로 법률에 특별한 규정이 있는 경우에 인정되는 발신주의에 따라 심판청구서의 발송일을 기준으로 할 것은 아니다(헌법재판소 1990.5.21. 90헌마78). 그러므로 청구인이 심판청구서를 발송한 시점을 기준으로 하면 청구기간 내라 하더라도 동 심판청구서가 헌법재판소에 도달한 시점에는 이미 청구기간이 경과한 경우라면 부적법한 청구이다(헌법재판소 1990.4.10. 90헌마50).

Ⅵ. 憲法訴願審判의 審理 및 決定形式

1. 全員裁判部의 終局決定

(1) 全員裁判部의 審判

1) 재판부의 구성과 심리

헌법소원심판은 재판관 전원으로 구성되는 재판부(전원재판부)에서 관장한다(법 제22조 제1항). 심판은 서면심리에 의하되, 재판부는 필요하다고 인정하는 경우에는 변론을 열어 당사자·이해관계인 기타 참고인의 진술을 들을 수 있다(법 제30조 제1항 및 제2항). 헌법소원심판은 재판관 7인 이상의 출석으로 사건을 심리한다(제23조 제1항). 헌법소원의 종국심리는 재판관의 과반수의 찬성으로 사건에 관한 결정을 한다. 다만, 헌법소원에 관한 인용결정을 하는 경우에는 재판관 6인 이상의 찬성이 있어야 한다(법 제23조 제2항).

2) 심판의 방법

헌법재판소는 심판청구서에 기재된 청구취지에 구애됨이 없이 청구인의 주장요지를 종합적으로 판단하여야 하며, 청구인이 주장하는 침해된 기본권과 침해의 원인이 되는 공권력을 직권으로 조사하여 피청구인과 심판대상을 확정하여 판단하여야 한다.[133)]

> **[적용법조의 변경]** 당해사건에서의 청구인들의 청구취지는 이 사건 토지들이 국유가 아니라 청구인들의 사유토지임을 전제로 그 소유권확인을 구하는 것이므로 당해사건의 재판에 보다 직접적으로 관련을 맺고 있는 법률조항은 제외지를 하천구역에 편입시키고 있는 위 하천법 제2조 제1항 제2호 다목이라기 보다 오히려 하천구역을 포함하여 하천을 국유로 한다고 규정함으로써 직접 제외지의 소유권귀속을 정하고 있는 동법 제3조라 할 것이므로 직권으로 이 사건 심판의 대상을 위 하천법 제2조 제1항 제2호 다목에서 동법 제3조로 변경한다(헌법재판소 1998.3.26. 93헌바12).

---

133) 헌법재판소 1998.3.26. 93헌바12.

(2) 終局決定의 形式과 公示

종국결정을 할 때에는 1. 사건번호와 사건명, 2. 당사자와 심판수행자 또는 대리인의 표시, 3. 주문, 4. 이유, 5. 결정일자 등을 기재한 결정서를 작성하고 심판에 관여한 재판관 전원이 이에 서명·날인하여야 한다(법 제36조 제2항). 헌법소원심판에 관여한 재판관은 결정서에 의견을 표시하여야 한다(제3항). 종국결정은 관보에 게재함으로써 이를 공시하게 된다(제5항).

2. 終局決定의 形式

(1) 헌법소원의 청구내용에 대한 판단

헌법재판은 심판청구의 형식에 대한 적법성여부를 심사하는 사전심사와 심판청구의 내용에 대한 타당성여부를 심사하는 종국결정으로 구분된다. 심판청구의 적법성여부를 판단하여 적법한 경우에는 심판회부결정(審判回附決定)을, 부적법한 경우에는 각하결정(却下決定)을 하게 된다.[134] 재판부가 헌법소원심판청구의 적법성 판단을 한 때에는 종국결정을 하게 되는데, 종국결정에는 기각결정과 인용결정을 포함한다.

<table>
<tr><th colspan="2"></th><th colspan="2">사유</th><th>결정기관</th><th>심판정족수</th><th>효과</th></tr>
<tr><td rowspan="2">사전
심사</td><td>심판회부결정</td><td rowspan="2">청구
형식</td><td>적법</td><td rowspan="2">지정
재판부</td><td rowspan="2">전원(3인)</td><td>본안심판</td></tr>
<tr><td>각하결정</td><td>부적법</td><td>종결(부적법)</td></tr>
<tr><td rowspan="2">종국
결정</td><td>기각결정</td><td rowspan="2">청구
내용</td><td>이유없는 경우</td><td rowspan="2">전원
재판부</td><td>(과반수)
5인 이상</td><td>종결(이유없음)</td></tr>
<tr><td>인용결정</td><td>이유있는 경우</td><td>6인 이상</td><td>위헌확인·재심 등</td></tr>
</table>

134) 각하결정은 사전심사의 내용이지 종국결정이라 할 수 없다. 그 이유로는 첫째, 이 결정은 헌법소원심판청구가 부적법하여 심판회부결정을 할 수 없을 때의 결정형식으로 사전심사의 한 내용이라는 점에서 기각결정이나 인용결정과는 구분된다. 이 결정은 본안판단을 하지 않은 것이기 때문에 종국결정의 내용이라 할 수 없다. 둘째, 각하결정은 주로 헌법소원심판청구의 형식에 대한 판단으로 그 적법성여부를 심판하는 것인데 비하여 종국결정으로서 기각결정이나 인용결정은 청구의 내용에 관하여 그 이유가 타당한가의 여부를 심판하는 것이다. 셋째, 결정기관이 각하결정은 재판관 3인으로 구성된 지정재판부의 소관사항인데, 종국결정인 기각결정이나 인용결정은 전원재판부에서 담당한다. 넷째, 결정의 효과에 있어서도 상이하다. 그러나 우리 헌법재판소는 각하결정을 종국결정의 하나로 보고 있는데, 이는 헌법재판소 평의에서 평결방식을 주문별로 동시표결을 하는데 그 이유가 있다. 따라서 평의의 평결방식을 쟁점별로 합의하여 순차적으로 결정하는 쟁점별 평결방식을 취하는 것이 옳을 것이다.

⑵ 棄却決定

기각결정은 헌법소원심판청구의 내용상의 타당성여부의 판단으로 헌법소원심판청구가 '이유없다'하여 이를 배척하는 종국결정의 한 형태이다. 헌법소원심판청구의 실질적 요건을 결하거나 하자가 있는 경우에 기각결정을 하게 된다. 즉, 공권력의 행사 또는 불행사에 의한 기본권침해가 없는 경우, 공권력의 행사 또는 불행사와 기본권침해 사이에 인과관계가 없는 경우, 법률에 다른 구제절차가 있는데도 이를 이행하지 않은 경우 등이 이에 해당한다. 헌법소원심판을 기각하는 종국심리는 재판관의 과반수의 찬성으로 결정한다(법 제23조 제2항).

⑶ 認容決定

1) 認容決定의 의의

가. 인용결정의 내용

헌법소원심판청구의 인용결정은 그 심판청구내용이 타당하다고 판단하여 전원재판부가 심판한 종국결정의 한 형식이다. 즉, 공권력의 행사 또는 불행사로 인하여 심판청구인의 헌법상의 기본권이 침해되었다고 인정하여 청구인의 헌법소원심판청구의 내용을 인용하는 결정을 말한다. 헌법소원심판청구를 인용하는 결정을 할 경우에는 재판관 6인 이상의 찬성이 있어야 한다(제113조 제1항, 법 제23조 제2항 단서). 권리구제형헌법소원(법 제68조 제1항의 규정에 의한 헌법소원)을 인용할 때에는 인용결정서의 주문에 침해된 기본권과 침해의 원인이 된 공권력의 행사 또는 불행사를 특정하여야 한다(법 제75조 제2항). 이 경우 헌법재판소는 기본권 침해의 원인이 된 공권력의 행사를 취소하거나 그 불행사가 위헌임을 확인할 수 있다(제3항).

나. 附隨的 規範統制

헌법소원심판청구인이 주장하는 피청구인 행위의 위헌성은 피청구인 행위의 근거가 된 법률의 위헌성에 기인할 수도 있기 때문에, 피청구인 행위의 법적 근거가 되는 법률조항의 위헌성을 심사해야 하는지가 문제된다. 헌법재판소법 제75조 제5항은 '위 법 제68조 제1항에 의한 헌법소원을 인용하는 경우 헌법재판소는 공권력의 행사가 위헌인 법률조항에 기인한 것이라고 인정될 때에는 인용결정에서 당해 법률조항이 위헌임을 선고할 수 있다'고 하여, 소위 '부수적 규범통제(附隨的 規範統制)'를 규정하고 있다.[135] 따라서 행정청 행위의 위헌성이 위헌적인 법률에 기인한다고 판단된다면, 헌법재판소는 행정청 행위의 근거가 되는 법률조항의 위헌성을 확인함으로써 그를 적용한 행정청 행위의 위헌성을 확인할 수 있는 것이다.

[**부수적 규범통제**] 청구인은 '피청구인의 행위가 비록 외형적으로는 공선법 제59조 및 제254조에 근거하지만, 실질적으로는 선거운동기간 전에도 언론기관에게 후보자의 초청 대담·토론회를 허용하는 공선법 제82조를 청구인에게 불리하게 잘못 적용함으로써 청구인을 다른 언론기관과의 관계에서 자의적으로 차별한 것에 기인한다'고 주장한다. 만일 피청구인 행위의 근거가 되는 규정이 공선법 제82조라면, 위 규정이 오늘의 변화한 언론환경을 고려하지 아니하고 기존의 언론매체인 텔레비전·라디오방송, 일간신문사 등에게만 선거운동기간 전에 후보자의 초청 대담·토론회를 허용하면서 인터넷 신문을 배제하고 있다는 점에서 이 사건 헌법소원을 통하여 해명되어야 하는 헌법적으로 중요한 문제가 존재한다고 볼 수 있고, 이에 따라 위 규정의 위헌성에 대하여 판단해야 할 필요성이 있다고 할 수 있다(헌법재판소 2003.2.27. 2002헌마106).

2) 認容決定의 效力

가. 인용결정의 법적 효력

헌법소원의 인용결정은 다음과 같은 법적 효력을 가진다.

가) 國家機關의 羈束

헌법재판소가 헌법소원의 인용결정을 하면 이 결정은 모든 국가기관과 지방자치단체를 기속한다(법 제75조 제1항).

나) 새로운 處分義務

따라서 헌법재판소가 공권력의 불행사에 대한 헌법소원을 인용하는 결정을 한 때에는 당해 공권력을 행사한 국가기관(피청구인)은 결정취지에 따라 새로운 처분을 하여야 한다(제4항).

다) 權利救濟型憲法訴願과 附隨的 規範統制

또한 권리구제형헌법소원(법 제68조 제1항의 규정에 의한 헌법소원)의

135) 헌법재판소 2003.2.27. 2002헌마106.

경우에 헌법재판소는 공권력의 행사 또는 불행사가 위헌인 법률 또는 법률의 조항에 기인한 것이라고 인정될 때에는 인용결정에서 당해 법률 또는 법률의 조항이 위헌임을 선고할 수 있다(법 제75조 제5항).

라) 違憲審査型憲法訴願과 再審請求

위헌심사형헌법소원(법 제68조 제2항의 규정에 의한 헌법소원)이 인용된 경우에 당해 헌법소원과 관련된 소송사건이 이미 확정된 때에는 당사자는 재심을 청구할 수 있게 된다(법 제75조 제7항).

나. 認容決定과 假處分

헌법재판소법은 정당해산심판과 권한쟁의심판에 관해서만 가처분에 관한 규정을 두고 있고(법 제57조, 법 제65조), 탄핵심판과 위헌법률심판의 경우에는 별도의 규정을 두고 있다. 즉, 탄핵소추의 의결을 받은 자는 탄핵심판이 있을 때까지 그 권한이 정지되며(제65조 제3항), 위헌법률심판은 헌법재판소의 위헌여부의 결정이 있을 때까지 당해 소송사건의 재판은 정지된다(법 제42조 제1항). 헌법재판소법 제68조 제1항에 의한 헌법소원심판절차에 있어서도 가처분의 필요성은 있을 수 있고, 달리 가처분을 허용하지 아니할 상당한 이유를 찾아볼 수 없으므로 헌법소원심판청구사건에서도 가처분은 허용되어야 한다. 헌법소원심판에서 가처분결정의 요건은 i) 공권력의 행사 또는 불행사를 유지시킴으로써 회복하기 어려운 손해를 예방할 필요가 있고, ii) 그 효력을 정지시켜야 할 긴급한 필요가 있어야 한다.

[헌법소원과 가처분] 헌법소원심판에서 가처분결정은 다투어지는 '공권력 행사 또는 불행사'의 현상을 그대로 유지시킴으로 인하여 생길 회복하기 어려운 손해를 예방할 필요가 있어야 하고 그 효력을 정지시켜야 할 긴급한 필요가 있어야 한다는 것 등이 그 요건이 된다 할 것이므로, 본안심판이 부적법하거나 이유 없음이 명백하지 않는 한, 위와 같은 가처분의 요건을 갖춘 것으로 인정되고, 이에 덧붙여 가처분을 인용한 뒤 종국결정에서 청구가 기각되었을 때 발생하게 될 불이익과 가처분을 기각한 뒤 청구가 인용되었을 때 발생하게 될 불이익에 대한 비교형량을 하여 후자의 불이익이 전자의 불이익보다 크다면 가처분을 인용할 수 있다(헌법재판소 2006.4.27. 2005헌사754).

Ⅶ. 憲法裁判所規則制定權

1. 헌법재판소규칙제정권의 근거

헌법은 "헌법재판소는 법률에 저촉되지 아니하는 범위안에서 심판에 관한 절차, 내부규율과 사무처리에 관한 규칙을 제정할 수 있다."(제113조 제2항)고 하여 헌법재판소에 규칙제정권을 부여하고 있다. 이에 따라 헌법재판소법도 "헌법재판소는 이 법과 다른 법률에 저촉되지 아니하는 범위 안에서 심판에 관한 절차, 내부규율과 사무처리에 관한 규칙을 제정할 수 있다(법 제10조 제1항)." "재판관회의의 운영에 관하여 필요한 사항은 헌법재판소규칙으로 정한다(제16조 제5항)."고 규정하고 있다.

2. 헌법재판소규칙제정권의 의의

헌법재판소의 규칙제정권이라 함은 헌법재판소가 법률의 수권범위 안에서 헌법재판의 절차, 재판관회의의 운영에 관하여 필요한 사항 및 헌법재판소 내부규율과 헌법재판소의 행정사무처리와 관련하여 자율적으로 규칙을 제정할 수 있는 권한을 말한다. 헌법과 법률(헌법재판소법)의 수권을 받아 제정하는 자치입법이라는 점에서 정부의 명령·규칙제정권(제75조, 제95조), 국회규칙제정권(제64조 제1항) 및 대법원규칙제정권(제108조)에 상응하는 권한이다.

3. 憲法裁判所規則의 性格

무릇 입법의 권한은 그 기관의 '정직성·성실성·전문성에 대한 예우이고 배려'[136]라 할 것이다. 헌법재판소의 규칙제정권은 기관으로서의 독립성과 전문성·성실성을 함께 고려한 것이다. 헌법상 규칙제정권은 권력의 분립을 통하여 견제와 균형을 필요로 하는 기관(정부·국회·법원)이거나, 특히 대외적 간섭을 배제하여 독립성을 강하게 보장할 필요가 있는

136) 국회의 입법형성권 존중필요성에 관한 헌법재판소의 의견(헌법재판소 1991.3.11. 91헌마21 참조).

기관(헌법재판소·선거관리위원회·감사원)에 부여하고 있다. 특히 법원·선거관리위원회·감사원과 함께 헌법재판소의 경우는 소관업무의 전문성·기술성을 고려한 것이다.[137]

4. 헌법재판소규칙의 내용과 제정절차

(1) 헌법재판소규칙의 규정내용

헌법재판소규칙에 규정하여야 할 내용은 헌법과 헌법재판소법에 규정되어 있다(헌법과 법률의 수권). 헌법재판소규칙은 법체계상 헌법과 법률에 저촉되어서는 안 된다. 그 규정 내용은 1) 심판에 관한 절차(제113조 제2항, 법 제10조 제1항), 2) 재판관회의의 운영에 관하여 필요한 사항(제16조 제5항), 3) 내부규율에 관한 사항(제113조 제2항, 법 제10조 제1항)과 사무처리에 관한 사항(제113조 제2항, 법 제10조 제1항)이다. 이 가운데 심판절차에 관한 헌법재판소규칙은 헌법재판소뿐만 아니라 일반국민에게도 적용되는 법규명령(法規命令)에 해당한다.

(2) 제정절차

헌법재판소규칙의 제정과 개정은 재판관회의의 의결을 거쳐 제정되게 된다(법 제16조 제4항). 헌법재판소규칙은 재판관 전원으로 구성하는 재판관회의에서 재판관 7인 이상의 출석과 출석인원과반수의 찬성으로 의결한다(법 제16조 제1항 및 제2항). 헌법재판소규칙은 관보에 게재하여 이를 공포한다(법 제10조 제2항).

5. 헌법재판소규칙의 효력

(1) 헌법재판소규칙의 형식적 효력

헌법재판소규칙은 관보에 게재하여 이를 공포하는데(법 제10조 제2항, 법령등공포에관한법률 제11조 제1항), 공포일은 헌법재판소규칙이 게재된 관보가 발

137) 김철수 교수는 "헌법재판소의 형식적으로는 권력분립의 견지에서 입법권에 의한 헌법재판권에 간섭을 저지하여 헌법재판소의 자주성을 보장함과 동시에 그 지위를 강화하기 위한 것이요, 실질적으로는 기술적·합목적적 견지에서 헌법소송기술적 사항은 실무에 정통한 헌법재판소 자신이 제정하는 것이 보다 합리적이라는 데 있다."고 한다(김철수, 1581).

행된 날이다(법령등공포에관한법률 제12조). 헌법재판소규칙은 특별한 규정이 없는 한 공포한 날로부터 20일을 경과함으로서 효력을 발생한다(법령등공포에관한법률 제13조). 그런데 헌법재판소규칙 중 심판절차에 관한 규정은 공포일 후 적어도 30일이 경과한 날부터 시행하여야 한다. 왜냐하면, 헌법재판의 심판절차에 관한 규정은 법규명령으로 국민을 직접 구속하는 효력을 가지는데, 이 경우에는 '법령의 시행유예기간'이 필요하기 때문이다. 즉, 이 경우 국민의 권리제한 또는 의무부과와 직접 관련되는 헌법재판소규칙은 긴급히 시행하여야 할 특별한 사유가 있는 경우를 제외하고는 공포일로부터 적어도 30일이 경과한 날로부터 시행되도록 하여야 한다(법령등공포에관한법률 제13조의2).

(2) 헌법재판소규칙의 실질적 효력

헌법재판소규칙은 헌법과 법률에 저촉되어서는 안 된다. 헌법이나 법률과 충돌되는 헌법재판소규칙의 규정은 무효이다. 헌법재판소규칙 중 1) 심판에 관한 절차에 관한 규정은 법규명령으로 일반국민과 헌법재판소를 포함한 국가기관까지 구속하는 효력(구속력)을 가지고, 2) 재판관회의의 운영에 관한 사항과 내부규율에 관한 사항 및 사무처리에 관한 사항에 관한 규정은 행정규칙(행정명령)으로 헌법재판소 내부적으로만 효력을 가진다.

제 6 장　地方自治

제 6 장
地方自治

제 1 절　지방자치의 의의

Ⅰ. 지방자치의 근거와 그 실시

1. 지방자치의 헌법적 근거

헌법은 지방자치에 관하여 독립된 장(제8장)을 두어 규정하고 있다. 헌법 제117조 제1항은 "지방자치단체는 주민의 복리에 관한 사무를 처리하고 재산을 관리하며, 법령의 범위 안에서 자치에 관한 규정을 제정할 수 있다."고 하여 지방자치단체의 자치권을 보장하고 있다. 또 제2항은 "지방자치단체의 종류는 법률로 정한다."라고 하여 지방자치단체의 종류를 법률의 규정에 위임하고 있다. 제118조 제1항은 "지방자치단체에 의회를 둔다."고 하여 지방자치단체의 의결기관으로서 의회를 두도록 규정하면서, 제2항은 "지방의회의 조직·권한·의원선거와 지방자치단체의 장의 선임방법 기타 지방자치단체의 조직과 운영에 관한 사항은 법률로 정한다."고 하여 지방의회의 조직·권한·의원선거와 지방자치단체의 장의 선임방법 기타 지방자치단체의 조직과 운영에 관한 사항을 법률에 위임하고 있다. 헌법 제8장은 비록 2개 조항으로 구성되어 있으나 이들 헌법규정은 지방자치에 대한 헌법의 근본적인 정신을 담고 있는데, 이와 같은 지방자치의 원칙은 지방자치법을 비롯하여 공직선거법, 지방재정법, 지방세법, 지방교육세법, 지방교육자치에관한법률, 보조금의예산및관리에관한법률 등과 그밖에 일반적·개별적 법령 외에 지방자치단체의 조례와 규칙 등에 의하여 구체화 되고 있다.

2. 지방자치의 실시

지방자치에 대한 헌법정신에 따라 "지방자치단체의 종류와 그 조직 및 운영에 관한 사항을 정하고, 국가와 지방자치단체와의 기본적 관계를 정함으로써 지방자치행정의 민주성과 능률성을 도모하며 지방의 균형적 발전과 대한민국의 민주적 발전을 기함을 그 목적으로" 지방자치법을 제정·시행하고 있다. 역대헌법이 모두 지방자치에 관한 규정은 두고 있었으나 시행의 지연·연기·유보 또는 지방의회해산 등에 의해 지방자치는 헌법에 있어 하나의 장식적 규정으로 전락하고 말았었다. 그러나 1995년 6·27선거를 통해서 이후 우리나라에서도 비로소 명실상부한 지방자치제도가 본격적으로 시행되고 있다.

[지방자치 연혁] 제헌헌법 이래 우리 헌법은 지방자치에 관한 규정을 두고 있지만 그 시행은 우여곡절을 겪어야 했다. 1949년 지방자치법에 제정되었으나 6·25사변으로 시행이 지연되다가 1952년에 지방의회가 구성되었다. 그후 민주당정부는 지방자치제의 본격적 시행을 시도하였으나, 5·16군사쿠데타에 의해 좌절되었다. 군사정부의 지방자치에관한임시조치법과 유신헌법으로 지방자치는 좌초되고 말았다. 특히 유신헌법은 지방자치에 관한 규정을 두면서도 부칙에서 지방의회의 구성을 조국의 통일시까지 유예하는 규정을 두었다. 현행헌법은 지방자치규정의 유예규정을 삭제하였는데, 헌법의 지방자치규정에 따라 1988년에 지방자치법이 전면 개정되고 1991년에 지방의회가 구성되었다. 지방자치단체장의 선거는 공직선거법에 의해 1995년 6월 27일에 비로소 실시되었다. 지방분권의 이념에 따라 지방자치의 실효성을 위하여 2004년 1월 16일 지방분권특별법이 제정되었다. 주민투표에 관하여 지방자치법이 규정하고는 있었지만, 주민투표실시와 관련한 입법이 미비되어 여러 가지 문제가 있었는데, 2004년 1월 29일 주민투표법이 제정되어 지방자치제도가 정비되었다.

Ⅱ. 지방자치의 취지

1. 地方自治와 多元主義

지방자치라 함은 일정한 지역을 단위로 일정한 지역의 주민이 그 지방주민의 복리에 관한 사무·재산관리에 관한 사무·기타 법령이 정하는 사무(제117조 제1항)를 그들 자신의 책임하에 자신들이 선출한 기관을 통하여 직접 처리하게 함으로써 지방자치행정의 민주성과 능률성을 제고하고 지방의 균형있는 발전과 아울러 국가의 민주적 발전을 도모하는 제도이다.[1] 이는 결국 지방자치는 중앙과 지방의 정치를 분리하여 상호 억제·균형을 이루어 권력의 남용에 의한 국민의 권리침해를 최소화하는 한편 다원적·직접적으로 주민의 의사를 반영하고자 하는 시스템이다. 구체적으로 지방자치는 1) 지방의 고유성을 확보하고, 2) 주민의 자율적 의사에 의한 민주주의를 실현하여 입헌주의를 유지하며, 3) 중앙정부의 권력을 억제하여 중앙정부와 지방정부가 균형을 유지하도록 하는 권력의 억제·균형의 장치로서 기능하고, 4) 현대의 의회제에 대한 불신감이나 부실한 의회기능에 대한 대안이 되며, 5) 주민자치를 토대로 민주주의가 육성·발전될 수 있다는 풀뿌리 민주주의(grassroot democracy)의 이념적 배경이 되는 민주주의의 학교로서 기대된다.

[풀뿌리 민주주의] 지방자치는 국민자치를 지방적 범위 내에서 실현하는 것이므로 지방시정에 직접적인 관심과 이해관계가 있는 지방주민으로 하여금 스스로 다스리게 한다면 자연히 민주주의가 육성·발전될 수 있다는 소위 "풀뿌리 민주주의"를 그 이념적 배경으로 하고 있는 것이다(헌법재판소 1991.3.11. 91헌마21).

[지방자치와 민주주의] 지방자치제도는 민주정치의 요체이며 현대의 다원적 복합사회가 요구하는 정치적 다원주의를 실현시키기 위한 제도적 장치로서 주민의 자발적인 참여·협조로 지역내의 행정관리·주민복지·재산관리·산업진흥·지역개발·문화진흥·지역민방위 등(헌법 제117조 제1항, 지방자치법 제9조 참조) 그 지방의 공동관심사를 자율적으로 처결해 나간다면, 국가의 과제도 그만큼 감축되는 것이고, 주민의 자치역량도 아울러 배양되어 국민주권주의와 자유민주주의 이념구현에 크게 이바지할 수 있는 것이다(헌법재판소 1991.3.11. 91헌마21).

2. 代議制(代表制)地方自治의 보장

지방자치의 존재이유는 중앙정부와 지방정부의 분권에 의하여 중앙정

1) 헌법재판소 1991.3.11. 91헌마21.

부의 권력을 견제하고(垂直的 權力分立) 국민의 자율적 의사에 의한 민주주의 정치를 실현하여 입헌주의를 유지하는 데 있다. 지방자치단체가 중앙으로부터 독립하여 자율권을 가지는 것(團體自治)과 더불어 지방자치단체의 의사형성에 주민이 참가하는 것(住民自治)이 바로 지방자치의 본래의 취지이다. 헌법이 보장하고 있는 지방자치의 본질적 내용은 자치단체·자치기능·자치사무의 보장으로 헌법은 지역주민들이 그들이 선출한 자치단체의 장과 지방의회를 통하여 자치사무를 처리할 수 있는 대의제 지방자치 또는 대표제 지방자치를 보장하는 것이다.

[지방자치의 본질: 수직적 권력분립] 지방자치제도의 헌법적 보장은 국민주권의 기본원리에서 출발하여 주권의 지역적 주체인 주민에 의한 자기통치의 실현으로 요약할 수 있으므로, 이러한 지방자치의 본질적 내용인 핵심영역은 입법 기타 중앙정부의 침해로부터 보호되어야 함은 헌법상의 요청인 것이다. 중앙정부와 지방자치단체 간에 권력을 수직적으로 분배하는 문제는 서로 조화가 이루어져야 하고, 이 조화를 도모하는 과정에서 입법 또는 중앙정부에 의한 지방자치의 본질의 훼손은 어떠한 경우라도 허용되어서는 안 되는 것이다(헌법재판소 1999.11.25. 99헌바28; 1998.4.30. 96헌바62).

[대의제 지방자치] 헌법 제117조 및 제118조가 보장하고 있는 본질적인 내용은 자치단체의 보장, 자치기능의 보장 및 자치사무의 보장으로 어디까지나 지방자치단체의 자치권으로 헌법은 지역 주민들이 자신들이 선출한 자치단체의 장과 지방의회를 통하여 자치사무를 처리할 수 있는 대의제 또는 대표제 지방자치를 보장하고 있는 것이다(헌법재판소 2001.6.28. 2000헌마735).

3. 地方分權理念의 실현

국가 및 지방자치단체의 지방분권에 관한 책무를 명확히 하고 지방분권의 기본원칙·추진과제·추진체계 등을 규정함으로써 지방을 발전시키고 국가경쟁력을 높이는 것을 목적으로 2004년 1월 16일 지방분권특별법이 제정되었다. 지방분권이라 함은 국가 및 지방자치단체의 권한과 책임을 합리적으로 배분함으로써 국가 및 지방자치단체의 기능이 서로 조화를 이루도록 하는 것으로(법 제2조), 지방분권은 주민의 자발적 참여를 통하여 지방자치단체가 그 지역에 관한 정책을 자율적으로 결정하고 자기의 책임 하에 집행하도록 하며, 국가와 지방자치단체 간 또는 지방자치단체 상호간의 역할을 합리적으로 분담하도록 함으로써 국정의 통일성을 확보하고 지방의 창의성 및 다양성이 존중되는 내실 있는 지방자치를 실현함을 그 기본이념으로 한다(법 제3조).

제 2 절 지방자치의 내용

Ⅰ. 住民自治와 團體自治

주민자치(住民自治)라 함은 지방자치가 그 주민의 의사에 따라서 행하여지는 것을 의미한다. 구체적으로는 1) 지방자치단체의 장 및 의회의원에 대한 주민의 직접선거, 2) 주민투표, 3) 조례의 제정과 개정, 사무감사 등의 청구, 4) 주민감사청구 등을 들 수 있다. 단체자치(團體自治)라 함은 지방자치단체에 국가와는 별개의 독립된 공공단체·공법인으로서의 법인격을 부여하여 국가로부터 독립하여 재산의 관리, 사무의 처리, 행정의 집행 및 조례의 제정을 행하는 것을 의미한다. 구체적으로는 1) 의결기관으로서의 의회, 2) 지방자치단체의 장, 지방의회 의원 기타 공무원, 3) 지방자치단체의 재산관리·사무처리·행정집행의 권능, 4) 지방자치단체의 조례제정권 등을 들 수 있다.

[단체자치의 내용] 헌법 제117조 및 제118조가 보장하고 있는 본질적인 내용은 자치단체의 존재의 보장, 자치기능의 보장 및 자치사무의 보장으로 어디까지나 지방자치단체의 자치권인 것이다(헌법재판소 1994.12.29. 94헌마201, 판례집 6-2, 510, 522). 따라서 헌법은 지역 주민들이 자신들이 선출한 자치단체의 장과 지방의회를 통하여 자치사무를 처리할 수 있는 대의제 또는 대표제 지방자치를 보장하고 있을 뿐이다(헌법재판소 2001.6.28. 2000헌마735).

Ⅱ. 地方自治團體의 事務範圍

지방자치단체는 지방자치의 본질상 국가사무를 처리할 수 없는 제한을 받는다. 즉, 지방자치단체는 외교, 국방, 사법, 국세 등 국가의 존립에 필요한 국가사무를 처리할 수 없다(지방자치법 제11조). 지방자치단체는 그 '관할구역의 자치사무'와 '법령에 의하여 지방자치단체에 속하는 사무'를 처리한다(법 제9조 제1항). 구체적으로는 1) 지방자치단체의 구역·조직 및 행정관리 등에 관한 사무, 2) 주민의 복지증진에 관한 사무, 3) 농림·상공업 등 산업진흥에 관한 사무, 4) 지역개발 및 주민의 생활환경시설의 설치·관리에 관한 사무, 5) 교육·체육·문화·예술의 진흥에 관한 사무 및 6) 지역민방위 및 소방에 관한 사무가 이에 포함된다(제2항).

제 3 절 地方自治權의 本質

Ⅰ. 지방자치의 고유성

지방자치의 본질에 대해서는 역사적으로 고유한 것이라고 하는 고유권설(固有權說), 헌법(국가)에 의해 지방자치단체에의 분권과 자치가 인정된 것이라고 하는 위임설(委任說) 또는 승인설(承認說)이 있다. 그러나 이 고유권설과 위임설의 대립은 지방자치권의 근거를 관념적·추상적으로 논하는 것에 불과하고 그것이 지방자치권의 본질이나 내용을 구체적으로 특정하지 못한다는 한계가 있다. 지방자치의 본질을 논함에 있어서는 인권보장과 국민주권이라고 하는 헌법원리에 의해 구성하고 지방자치단체에 고유한 자치영역을 인정하여야 한다. 이 견해에 의하면 지방자치권을 헌법상 보장한다는 것은 결국 국민주권과 인권보장이라고 하는 헌법원리의 요청이라고 본다. 즉 지방자치는 국민주권을 실현하려는 하나의 제도적 장치이고 지방자치단체는 국가 이상으로 환경보전과 주민의 생존권보장에 있어서 직접적·불가결의 인권보장의 기구가 되고 있는 것이다. 자치영역에서의 국민주권의 실현과 기본권보장, 그것이 바로 지방자치의 존재이유이다.

Ⅱ. 制度保障으로서의 地方自治

1. 지방자치의 헌법상 제도보장

헌법 제117조 제1항은 지방자치단체의 자치권을 보장하고 있는데, 이 규정은 일반적으로 제도보장으로 이해한다.[2] 지방자치에 대한 헌법상의 제도보장이라 함은 입법권이 헌법상 보장되는 지방자치제도를 폐지하거나 그 본질을 침해하여 형해화하는 것은 용납되지 않는다는 것을 의미한다. 자치권도 제한될 수 있지만, 어떠한 경우에도 지방자치제도를 부인하거나 그 본질, 즉 지방자치제도의 핵심영역(Kernbereich) 또는 본질적 내용(Wesensgehalt)을 침해해서는 안 된다.[3] 헌법재판소도 "중앙정부의 권력과 지방자치단체간의 권력의 수직적 분배는 서로 조화가 요청되고 그 조화과정에서 지방자치의 핵심영역은 침해되어서는 안 되는 것이므로, 이와 같은 권력분립적·지방분권적인 기능을 통하여 지역주민의 기본권 보장에도 이바지하는 것"[4]이라 하여 지방자치의 제도보장의 내용으로서 핵심영역불가침원칙을 밝히고 있다.

2. 지방자치보장의 법적 의미

지방자치제도를 보장한다는 의미는 지방자치단체의 존립을 보장하여, 지역 내 모든 사무를 자기책임 하에 처리할 권한을 가진다는 것을 의미한다. 따라서 지방자치단체의 존립을 부정하거나 지방자치단체의 책임과 권한을 부정하는 것은 지방자치제도를 부정하는 것이 되며, 이 경우 지방자치단체는 지방자치단체의 자치권보장을 주장할 수 있는 권한을 가진다.

> **[지방자치의 제도적 보장]** 헌법 제117조와 헌법 제118조는… 지방자치단체의 자치를 제도적으로 보장하고 있다. 그 보장의 본질적 내용은 자치단체의 보장, 자치기능의 보장 및 자치사무의 보장이다. 이와 같이 헌법 제117조 및 제118조가 제도적으로 보장하고 있는 것은 어디까지나 지방자치단체의

---

2) 김철수(1287), 권영성(240), 허영(792).
3) BVerfGE 56, 298(312); BVerwGE 6, 19(24ff.) 참조.
4) 헌법재판소 1998.4.30. 96헌바62.

자치권인 것이다(헌법재판소 2001.6.28. 00헌마735; 1994.12.29. 94헌마201).

(1) 全權限性과 自己責任性의 保障

지방자치제도를 헌법상 보장한다는 것의 법적 의미의 핵심적 내용은 지방자치단체가 자기 책임(자기책임성) 아래 자기 지역 내의 모든 사무를(전권한성) 처리할 수 있는 권한을 보장하는 것이다.

지방자치제도보장에 있어서 자기책임성(Eigenverantwortlichkeit)이란 사무의 처리여부, 처리시기 및 처리방식에 대하여 지방자치단체가 광범한 재량을 갖는 것, 즉 지방자치단체는 자치사무에 관한 한 원칙적으로 국가의 어떠한 지시에도 기속되지 않고 자기사무를 스스로 합목적적이라고 판단하는 바에 따라 처리할 수 있다는 것을 말한다.[5] 자기책임성이 인정되는 구체적인 자치권의 내용으로는 오늘날 지역고권, 인사고권, 재정고권, 조직고권, 계획고권, 조세고권 그리고 조례고권 등을 들 수 있다. 또한 지방자치단체는 주민복리에 관한 그 지역의 모든 사무에 대하여 우선적인 권한이 보장되는데, 이를 전권한성(Allzuständigkeit)의 원칙이라고 한다. 즉 지방자치단체는 개별적인 법률의 규정이 없더라도 주민의 복리에 관한 그 지역의 모든 사무를 처리할 권한이 인정된다.[6]

(2) 자치권을 주장할 권리의 보장

지방자치단체는 자신의 존립을 부정하거나 그 책임과 권한을 부정하는 경우 지방자치단체의 자치권보장을 주장할 수 있는 권한을 가진다. 즉 지방자치단체는 공법상의 법인으로서 자치권을 보장해야 할 헌법상 의무를 지닌 기관에 대하여 자치권의 보장을 주장할 수 있는 법적 지위와 권한이 보장된다.[7] 이를 위한 구체적 수단으로는 행정소송, 위헌법률심사 및 권한쟁의심판을 들 수 있다.[8]

---

5) K. Stern, *Das Staatsrecht der Bundesrepublik Deutschland*, Bd. I, 2. Aufl., C. H. Beck, München 1984, S. 413; 김남철 교수, "헌법과 지방자치", 헌법의 규범력과 법질서(연천허영박사 정년기념논문집), 2002, 829면.

6) 여기에서 어떠한 사무가 전권한성이 인정되는 지역사무인가가 문제인데, 오로지 어느 한 지역과의 연관성을 갖는 사무뿐 아니라 일반적으로 그 지역과의 연관성이 인정되는 사무 또한 지역사무로 보아야 할 것이다(김남철 교수, 앞의 논문, 829~30면 참조).

7) Stern, BK, Art. 28 Rdnr. 174ff.; 김남철 교수, 앞의 논문, 830면.

8) 그러나 헌법소원에 의한 자치권의 침해를 주장할 수 없다. 상세한 것은 IV. 2. "지

3. 지방자치보장의 내용

지방자치제도보장의 본질적 내용은 자치단체의 보장, 자치기능의 보장 및 자치사무의 보장이다.[9]

(1) 自治團體의 保障

자치단체의 보장이라 함은 국가조직 안에 법제도로서의 지방자치단체라고 하는 일정형태의 행정유형이 반드시 존재하여야 한다는 것을 의미한다. 이에 따라 국가는 지역사무를 자치적으로 처리하는 지방자치단체를 폐지할 수 없고, 지방자치단체의 독립한 권리주체성을 박탈할 수 없다. 다만 이러한 존립보장은 개별적인 지방자치단체의 존립까지 보장하는 것은 아니므로, 개별 지방자치단체의 지역변경, 분할 또는 통폐합 등은 가능하다.[10] 그러나 이러한 조치가 해당 지방자치단체의 의사에 반하는 경우에는 반드시 공익상의 필요에 의해서 그리고 사전에 청문을 거친 경우에만 허용된다.[11]

[지방자치단체의 폐치·분합과 청문절차] 지방자치단체의 폐치(廢置)·분합(分合)에 관련한 지방자치법 제4조 제2항 및 제13조의2 제1항 소정절차는 이른바 청문(廳聞)절차로서 자치단체와 그 주민은 그 자신의 이해관계와 관련하여 의견을 표명할 기회를 주어야 한다는 것이다. 그러나 그러한 의견개진의 기회부여는 지방자치단체간 통합의 본질적 내용에 관한 사항과 그 근거에 관하여 이해관계인에게 고지하고 그에 관한 의견의 진술기회를 부여하는 것으로 족하고 그 진술된 의견은 국회에 입법자료를 제공하여 주는 기능은 하되, 입법자가 그 의견에 반드시 구속되는 것은 아니다(헌법재판소 1995.3.23. 94헌마175).

(2) 自治機能의 保障

지방자치제도보장에 있어서 자치기능을 보장한다는 것은 지방자치단체의 '自己責任性'을 보장하여 그 사무의 처리여부, 처리시기 및 처리방식에 대하여 지방자치단체가 광범한 재량을 부여하여 지방자치단체는 자치사

방자치단체"의 법인격 참조.

9) 헌법재판소 1994.12.29. 94헌마201.

10) 헌법재판소 1995.3.23. 94헌마17.

11) 홍정선 교수, 앞의 책, 93면 이하; 김남철 교수, 앞의 논문, 828~29면.

무에 관한 한 원칙적으로 국가의 어떠한 지시에도 기속되지 않고 자기사무를 스스로 합목적적이라고 판단하는 바에 따라 처리할 수 있도록 보장하는 것을 말한다.[12] 자기책임성이 인정되는 구체적인 자치권의 내용으로는 오늘날 지역고권, 인사고권, 재정고권, 조직고권, 계획고권, 조세고권 그리고 조례고권 등을 들 수 있다.

(3) 自治事務의 保障

지방자치단체는 기관위임사무와 단체위임사무를 포함한 위임사무와 지방자치단체의 고유사무인 자치사무를 담당한다. 지방자치의 핵심은 지역적 특성에 맞는 자치사무에 대해 전권한성과 자기책임성을 부여하여 수행하도록 하는 것이다. 국가가 자치사무의 범위나 한계를 그 사무의 국가성·공공성·균형성을 고려하여 합리적으로 조정·지도할 수는 있지만 자치사무를 부정하거나 불합리하게 제한하고 위임사무만을 처리하게 하는 것은 지방자치를 근본적으로 부정하는 것이어서 허용되지 않는다.[13]

제4절 地方自治團體

I. 지방자치단체의 종류

헌법은 "지방자치단체의 종류는 법률로 정한다."(제117조 제2항)고 하여 구체적인 지방자치단체의 종류를 명시하지 아니하고 이를 법률에 위임하고 있다. 지방자치법은 일반지방자치단체 외에 특별지방자치단체를 설치·운영할 수 있도록 하고 있다.

1. 一般地方自治團體

일반지방자치단체는 대별하여 1) 광역지방자치단체(특별시와 광역시

12) Stern, *a.a.O.*, S. 413; 허영 교수, 796-97면; 김남철 교수, 앞의 논문, 829면.
13) 지방자치단체의 이와 같은 자치기능을 무시하고 국가의 위임사무만을 처리케 하는 것은 지방자치제도의 본질적 요소와 조화될 수 없기 때문이다(허영, 796).

및 도)와 2) 기초지방자치단체(시와 군 및 구)의 2종으로 하는데(법 제2조 제1항), 광역지방자치단체는 정부의 직할 하에 두고, 시는 도의 관할구역 안에, 군은 광역시 또는 도의 관할구역 안에 두며, 자치구는 특별시와 광역시의 관할구역 안에 두도록 하고 있다(제3조 제2항).

2. 特別地方自治團體

일반 지방자치단체 외에 특정한 목적을 수행하기 위하여 필요한 경우에는 별도의 특별지방자치단체를 설치할 수 있다(법 제2조 제3항). 이에 따라 제주도를 특별지방자치단체로 하는 "제주도 행정체계 등에 관한 특별법"(2006.1.11)을 제정되었다. 이 법은 제주도의 지역적 특수성에 맞는 지위와 행정체제를 부여하여 국제자유도시 조성을 효율적으로 추진할 수 있게 함으로써 국가발전에 이바지할 목적으로 제정되었다(제1조). 이 법이 정하는 바에 따라 제주도는 특수한 지위를 가지고(제2조), 제주도에 대한 특별지원(제16조)과 예산에 관한 특례(제18조)를 인정하고 있다.

Ⅱ. 地方自治團體의 法人格

지방자치법은 지방자치단체를 법인(法人)으로 하여(제3조 제1항), 지방자치단체에 법인격을 부여하고 있다. 그러나 우리나라의 경우 일반적으로 지방자치단체의 기본권주체성은 허용되지 않는다.[14] 지방자치단체는 공법인으로서 법인격을 가져 권리와 의무의 주체가 되기도 하지만, 지방자치단체는 기본권의 수범자이지 그 주체가 아니다. 즉 지방자치단체는 우선적으로는 공권력의 주체로서 주민의 기본권을 보호·실현해야 할 책임과 의무가 있기 때문이다.

---

14) 독일의 경우는 기본법과 연방헌법재판소법에 자치권침해를 근거로 하는 지방자치단체에 의한 헌법소원규정을 마련하여 시행하고 있지만, 이러한 규정이 없는 우리의 경우에 지방자치단체는 원칙적으로 헌법소원을 제기할 수 없다(Gern, *Deutsches Kommunalrecht*, 2. Aufl., Baden-Baden 1997, S. 514f.; 홍정선 교수, 지방자치법학, 법영사, 2000, 66면; 김남철 교수, 앞의 논문, 836면).

[지방자치단체와 헌법소원] 국가나 국가기관 또는 국가조직의 일부나 공법인은 기본권의 '수범자(Adressat)'이지 기본권의 주체로서 그 '소지자(Träger)'가 아니고 오히려 국민의 기본권을 보호 내지 실현해야 할 '책임'과 '의무'를 지니고 있는 지위에 있을 뿐이므로, 공법인인 지방자치단체의 의결기관인 청구인의회(서울시의회)는 기본권의 주체가 될 수 없고 따라서 헌법소원을 제기할 수 있는 적격이 없다고 할 것이다(헌법재판소 1994.12.29. 93헌마120; 1995.2.23. 90헌마125).

Ⅲ. 地方自治團體의 機關

1. 지방자치단체의 기관과 견제와 균형

일반지방자치단체의 기관으로는 지방의회와 지방자치단체의 장이 있다. 전자는 지방자치단체의 의결기관이고 후자는 그 집행기관이다. 지방자치법은 의결기관으로서의 의회의 권한과 집행기관으로서의 단체장의 권한을 분리하여 배분하는 한편, 의회는 행정사무감사와 조사권 등에 의하여 단체장의 사무집행을 감시·통제할 수 있게 하고 단체장은 의회의 의결에 대한 재의요구권 등으로 의회의 의결권행사에 제동을 가할 수 있게 함으로써 상호 견제와 균형을 유지하도록 하고 있다.[15]

2. 地方議會

지방자치단체에 의회를 두는데(법 제30조), 지방의회는 지방자치단체의 합의제의결기관이다. 회의는 정례회와 임시회가 있다. 지방의회는 매년 2회 정례회를 개최하여야 하며(법 제44조 제1항), 지방자치단체의 장이나 재적의원 3분의 1 이상의 요구가 있는 때에는 15일 이내에 임시회를 소집하여야 한다(법 제45조 제2항).

(1) 지방의회의 권한

지방의회의 주요권한으로는 조례제정 등의 의결권과 행정사무감사권 및 행정조사권을 들 수 있다.

15) 대법원 1992.7.28. 92추31.

1) 조례제정 및 개폐권

지방의회는 조례의 제정 및 개폐에 관한 권한, 예산의 심의・확정권, 결산의 승인권, 기금의 설치・운용권 및 청원의 수리와 처리에 관한 권한 등을 가진다(법 제39조 제1항). 또한 지방자치법의 의결사항 외에 조례가 정하는 바에 의하여 지방의회에서 의결되어야 할 사항을 따로 정할 수 있다(제2항). 지방의회는 서류제출요구권을 가진다. 즉 지방의회의 본회의 또는 위원회는 그 의결로 당해 지방자치단체의 장에 대하여 안건의 심의와 직접 관련된 서류의 제출을 요구할 수 있다(법 제40조 제1항).

2) 행정사무감사・조사권

지방의회는 매년 1회 당해 지방자치단체의 사무에 대하여 감사를 실시하며(행정사무감사권), 지방자치단체의 사무 중 특정사안에 관하여 본회의의결로 본회의 또는 위원회로 하여금 조사하게 할 수 있다(행정조사권: 법 제41조).

(2) 지방의회의원

지방의회의원은 주민의 보통・평등・직접・비밀선거에 의하여 선출하는데(법 제31조). 그 임기는 4년이다(법 제32조). 지방의회의원에게는 의정자료의 수집・연구와 이를 위한 보조활동에 소요되는 비용을 보전하기 위하여 매월 지급하는 의정활동비 외에 여비와 회기수당을 지급한다(법 제33조). 의원은 의회의 본회의 및 위원회의 의결과 안건의 심사 처리에 있어서 발의권, 질문권, 토론권 및 표결권을 가지며 의회가 행하는 지방자치단체사무에 대한 행정감사 및 행정조사에서 직접 감사 및 조사를 담당하여 시행하는 권능을 가진다.

[지방의회의원의 권한의 한계] 의원은 의회의 본회의 및 위원회의 활동과 아무런 관련 없이 의원 개인의 자격에서 집행기관의 사무집행에 간섭할 권한이 없으며, 이러한 권한은 법이 규정하는 의회의 권한 밖의 일로서 집행기관과의 권한한계를 침해하는 것이어서 허용될 수 없다(대법원 1992.7. 28. 92추31).

3. 地方自治團體의 長

(1) 지방자치단체장의 지위

지방자치단체의 장으로 특별시에 특별시장, 광역시에 광역시장, 도에 도지사를 두고, 시에 시장, 군에 군수, 자치구에 구청장을 둔다(법 제93조). 지방자치단체의 장은 주민의 보통·평등·직접·비밀선거에 의하여 선출하는데(법 제94조), 그 임기는 4년으로 하며, 지방자치단체의 장의 계속 재임은 3기에 한한다(법 제95조). 지방자치단체의 장은 재임중 당해 지방자치단체와 영리를 목적으로 하는 거래를 하거나 당해 지방자치단체와 관계있는 영리사업에 종사할 수 없다(법 제96조 제2항).

(2) 地方自治團體長의 권한

지방자치단체장은 당해 지방자치단체를 대표하고, 그 사무를 통할하는 통할대표권(統轄代表權)을 가진다(법 제101조). 이에 따라 지방자치단체장은 사무관리권 및 사무집행권을 가진다. 즉, 그는 당해 지방자치단체의 사무와 법령에 의하여 그 지방자치단체의 장에게 위임된 사무를 관리하고 집행한다(법 제103조).

(3) 권한의 위임·위탁

지방자치단체의 장은 조례 또는 규칙이 정하는 바에 의하여 그 권한에 속하는 사무의 일부를 보조기관, 소속행정기관 또는 하부행정기관에 위임하거나(법 제104조 제1항), 관할지방자치단체나 공공단체 또는 사업소·출장소 등의 기관에 위임 또는 위탁할 수 있다(제2항).

(4) 직원임면권

지방자치단체의 장은 소속직원을 지휘·감독하고 법령과 조례·규칙이 정하는 바에 의하여 그 임면·교육훈련·복무·징계 등에 관한 사항을 처리한다(법 제105조).

(5) 지방의회와의 관계

1) 재의결요구권과 제소권

지방자치단체의 장은 지방의회의 의결이 월권 또는 법령에 위반되거나 공익을 현저히 해한다고 인정되는 때에는 그 의결사항을 이송받은 날부터 20일 이내에 이유를 붙여 재의를 요구할 수 있으며(법 제107조 제1항), 의회가 재의결한 경우 재의결된 사항이 법령에 위반된다고 인정되는 때에는 대법원에 소를 제기할 수 있다(제3항).

2) 예산상 집행불가능한 의결의 재의요구권

지방자치단체의 장은 지방의회의 의결이 i) 예산상 집행할 수 없는 경비가 포함되어 있다고 인정되는 때, ii) 법령에 의하여 지방자치단체에서 의무적으로 부담하여야 할 경비를 삭감한 의결을 한 때, iii) 비상재해로 인한 시설의 응급복구를 위하여 필요한 경비를 삭감하는 의결을 한 때에는 그 의결사항에 대하여 재의를 요구할 수 있다(법 제108조 제1항 및 제2항).

3) 先決處分權

지방자치단체의 장은 지방의회가 성립되지 아니한 때와 지방의회의 의결사항중 주민의 생명과 재산보호를 위하여 긴급하게 필요한 사항으로서 지방의회를 소집할 시간적 여유가 없거나 지방의회에서 의결이 지체되어 의결되지 아니한 때에는 선결처분할 수 있는데(법 제109조 제1항), 선결처분을 한 경우에는 지체없이 지방의회에 보고하여 승인을 얻어야 한다(제2항).

4. 地方敎育自治團體

교육의 자주성 및 전문성과 지방교육의 특수성을 살리기 위하여 지방자치단체의 교육・과학・기술・체육 기타 학예에 관한 사무를 관장하는 기관을 설치하여 그 합리적인 조직과 운영을 통해 지방교육의 발전에 이바지함을 목적으로 지방교육자치에관한법률을 제정・시행하고 있다. 이 법에 따르면 지방자치단체의 교육・과학・기술・체육 기타 학예에 관한 사무는 특별시・광역시 및 도의 사무로 하는데(법 제2조), 이러한 교육・학예에 관한 사무를 관장하기 위하여 교육위원회와 교육감을 두도록 규정하고 있다. 즉, 시·도의 교육·학예에 관한 중요사항을 심의·의결하기 위하여 시·도에 교육위원회를 두고(법 제3조), 시·도의 교육·학예에 관한 사무의 집행기관으로 시·도에 교육감을 두는데(법 제20조 제1항), 교육감은 교육·학예에 관한 소관사무로 인한 소송이나 재산의 등기 등에 대하여 당해 시·도를 대표한다(제2항). 국가행정사무중 시·도에 위임하여 시행하는 사무로서 교육·학예에 관한 사무는 교육감에게 위임하도록 하여(법 제21조), 교육감을 교육·학예에 관한 국가위임사무를 담당하는 지방교육자치단체로 하고 있다.

제5절 地方自治에 관한 權限

지방자치법은 제3절에서 "지방자치단체의 기능과 사무"를 규정하고 있는데, 지방자치단체는 그 사무를 처리함에 있어서 주민의 편의 및 복리증진을 위하여 노력하여야 하고(법 제8조 제1항), 조직 및 운영의 합리화에 노력하고 그 규모의 적정화를 도모하여야 하며(제2항), 법령이나 상급 지방자치단체의 조례에 위반하여 그 사무를 처리할 수 없다(제3항)는 기본원칙을 정하고 있다.

Ⅰ. 住民自治에 관한 권한

지방자치의 주체를 주민(住民)이라 하는 데 주민은 당해 지방자치단체의 구역 안에 주소를 가진 자를 말한다(법 제12조). 주민은 법령이 정하는 바에 의하여 소속지방자치단체의 재산과 공공시설을 이용할 권리와 그 지방자치단체로부터 균등하게 행정의 혜택을 받을 권리를 가지며(법 제13조 제1항), 지방자치단체가 위법한 재무·회계행위를 한 경우 주민은 감사청구권과 주민소송권을 가진다(법 제16조 및 제17조). 그리고 주민은 법령이 정하는 바에 의하여 그 소속지방자치단체의 비용을 분담하는 의무를 진다(법 제21조). 주민의 권리는 구체적으로 다음과 같다.

1. 地方自治機構 構成權

지방자치단체의 주민은 지방자치단체의 선거권과 피선거권을 가진다. 즉, 지방자치단체의 장 및 지방의회의원 선거에 피선거권과 선거권을 통해 지방자치기구 구성권을 가진다. 지방자치법은 "국민인 주민은 법령이 정하는 바에 의하여 그 지방자치단체에서 실시하는 지방의회의원 및 지방자치단체의 장의 선거(地方選擧)에 참여할 권리를 가진다(제13조 제2항)."고 하여 지방자치기구 구성권에 관하여 규정하고 있다. 지방의회의원과 지방자치단체의 장은 주민의 보통·평등·직접·비밀선거에 의하여 선출한다(법 제31조 및 제94조).

2. 住民投票權

(1) 주민투표

지방자치법은 "지방자치단체의 장은 주민에게 과도한 부담을 주거나 중대한 영향을 미치는 지방자치단체의 주요 결정사항 등에 대하여 주민투표에 붙일 수 있다"(법 제14조 제1항)고 하여 지방자치단체의 장에게 '주민에게 직접 호소할 권리'로서 주민투표부여권을 인정하고 있다. "주민투표의 대상·발의자·발의요건·기타 투표절차 등에 관하여는 따로 법률로 정한다(제2항)."고 하여 주민투표권[16]을 규정하고 있다. 주민투표에 관하여 따로 법률로 정하지 않은 것(진정입법부작위)에 대한 입법의무가 있는가에 대한 논란이 있었지만, 그 후 지방분권특별법과 주민투표법이 제정·시행됨으로써 주민투표에 대한 논란은 일단락되고 시행의 길이 열리게 되었다. 지방분권특별법은 "국가 및 지방자치단체는 주민참여를 활성화하기 위하여 주민투표제도·주민소환제도·주민소송제도의 도입방안을 강구하는 등 주민직접참여제도를 강화하여야 한다."(법 제14조 제1항)고

---

16) 주민투표권이 법적 권리인지 헌법적 권리인지에 관해 견해의 대립이 있으나 헌법 제117조 및 제118조에서는 '대의제 또는 대표제 지방자치'를 보장하고 있을 뿐 주민투표에 대하여는 어떠한 규정도 두고 있지 않으므로 헌법적 권리라고는 볼 수 없고, 지방자치법에 의한 법적 권리이다〔헌법재판소 2001.6.28. 2000헌마735, 권영성(583), 김철수(1514)〕.

규정하고, "지방자치단체의 주요결정사항에 관한 주민의 직접참여를 보장하기 위하여 지방자치법 제14조 제2항의 규정에 의한 주민투표의 대상·발의자·발의요건·투표절차 등에 관한 사항을 규정함으로써 지방자치행정의 민주성과 책임성을 제고하고 주민복리를 증진함을 목적으로" 주민투표법이 시행되게 되어 주민투표라는 주민에 의한 직접민주주의가 실현되게 되었다.

[대의제지방자치의 보장과 주민투표] 헌법재판소는 헌법 제117조 및 제118조가 보장하고 있는 본질적인 내용은 자치단체의 존재의 보장, 자치기능의 보장 및 자치사무의 보장으로 어디까지나 지방자치단체의 자치권, 즉 '대의제 또는 대표제 지방자치'를 보장하고 있을 뿐이라 하면서 주민투표에 대하여는 어떠한 규정도 두고 있지 않다는 이유로 "지방자치법 제13조의2가 주민투표의 법률적 근거를 마련하면서, 주민투표에 관련된 구체적 절차와 사항에 관하여는 따로 법률로 정하도록 하였다고 하더라도 주민투표에 관련된 구체적인 절차와 사항에 대하여 입법하여야 할 헌법상 의무가 국회에게 발생하였다고 할 수는 없다."는 결정을 한 바 있다(헌법재판소 2001.6.28. 00헌마735).

[지방자치단체의 폐치·분합과 주민투표] 지방자치단체의 폐치·분합을 규정한 법률의 제정과정에서 주민투표를 실시하지 아니하였다 하여 적법절차(適法節次)원칙을 위반하였다고 할 수 없다(헌법재판소 1995.3.23. 94헌마175).

(2) 주민참여확대와 주민투표

1) 주민투표권행사의 보장

주민투표법은 "국가 및 지방자치단체는 주민투표권자가 주민투표권을 행사할 수 있도록 필요한 조치를 취하여야 한다."(법 제2조 제1항)고 하여, 국가와 지방자치단체에 주민투표권행사의 보장의무를 부여하고 있다. 이를 위하여 지방자치단체의 장은 주민투표와 관련하여 주민이 정확하고 객관적인 판단과 합리적인 결정을 할 수 있도록 지방자치단체의 공보, 일간신문, 인터넷 등 다양한 수단을 통하여 주민투표에 관한 각종 정보와 자료를 제공하여야 한다(법 제4조 제1항).

2) 주민투표사무의 관리

주민투표사무는 주민투표법에 특별한 규정이 있는 경우를 제외하고는 특별시·광역시 또는 도에 있어서는 특별시·광역시·도 선거관리위원회가, 자치구·시 또는 군에 있어서는 구·시·군 선거관리위원회가 관리한다(법 제3조 제1항). 주민투표사무는 기관위임사무인가 자치사무인가의 논란이 있을 수 있으나, 이는 국가사무로서의 성질과 자치사무로서의 성질을 함께 가진 것으로 보아야 한다. 관할선거관리위원회는 주민투표에 관한 정보를 제공하기 위하여 설명회·토론회 등을 개최하여야 한다(법 제4조 제2항).

[주민투표사무의 국가사무성과 자치사무성의 혼재] 주민투표법 제8조의 투표실시사무가 지방자치단체의 자치사무인지 국가가 위임하는 기관위임사무인지에 관해서는 다음과 같은 상반된 측면이 있다. 먼저 지방자치단체의 폐치·분합이라는 국가정책 수립에 참고하기 위한 투표이고, 중앙행정기관장의 요구에 의해 비로소 실시계기가 부여되며, 시행 여부와 투표구역에 관해서도 중앙행정기관장에게 재량이 있는 점, 비용을 국가가 부담하는 점(주민투표법 제27조 제1항 참조)은 이 투표사무가 국가사무라는 주장을 뒷받침한다고 할 수 있는 측면이다. 그러나 한편 투표할 사안이 국가정책으로서 국가사무에 대한 것이라 해서 주민의 의견수렴인 투표실시 자체까지 반드시 국가사무라고 볼 필연성은 없다. 주민투표법 제8조에서 국가정책에 관해서 주민의 의견을 참고하도록 하는 이유도 그 국가정책이 지방자치단체의 자치권 및 주민의 복리에 긴밀한 연관이 있어서 주민투표제도를 활용하여 주민의 의견을 듣고 또 지방의회의 의견도 반영할 수 있도록 하려는 것이므로 지방자치단체와 주민으로서도 이러한 제도를 통해 정확한 의사를 전달하는 데 깊은 이해관계를 가지고 있는 점, 그리고 지방자치단체의 폐치·분합에 관한 주민투표에 관련된 규정들의 위와 같은 연혁이나 주민투표법의 목적에 비추어보면 제8조의 주민투표 실시사무도 자치사무의 성격을 가질 수 있다고 판단된다. 또한 같은 조항은 중앙행정기관장의 투표요구가 있더라도 지방자치단체 장이 무조건 이를 따르도록 되어 있는 것이 아니라 발의 여부에 재량이 있고, 지방의회의 의견도 듣게 되어 있는 점도 위와 같은 판단을 뒷받침할 수 있는 측면들이다(헌법재판소 2005.12.22. 2005헌라5).

3) 주민투표권

가. 주민투표권의 확대

20세 이상의 주민으로서 투표인명부작성기준일 현재 그 지방자치단체의 관할구역에 주민등록이 되어 있는 자는 주민투표권이 있다(법 제5조 제1항). 일정한 자격을 갖춘 외국인에게도 주민투표권을 부여하고 있다. 즉, 주민투표법은 20세 이상의 외국인으로서 출입국관리 관계법령의 규정에 의하여 대한민국에 계속 거주할 수 있는 자격을 갖춘 자로서 지방자치단체의 조례가 정하는 자에게 주민투표권을 부여하고 있다(제2항).

나. 주민투표권의 법적 성질

국민인 주민에게 부여된 주민투표권(법 제5조 제1항)은 '헌법상의 권리'이고, 일정한 자격을 갖춘 외국인에게 부여된 주민투표권(제2항)은 '법률상의 권리'이다. 모든 국민은 참정권을 가지고 이에 따라 투표권을 행사하게 된다는 점과 주민투표권은 지방자치제도의 본질적 내용이고 이를 부정하는 것은 지방자치제도의 핵심영역 또는 그 본질적 내용의 침해가 된다는 점에서 그러하다. 그러나 외국인의 주민투표권은 지방자치법에 의해 부여된 권리이고 이를 부정한다해도 지방자치제도의 본질과는 무관한 것이다.

4) 주민투표의 대상

가. 지방자치단체의 주요결정사항

주민에게 과도한 부담을 주거나 중대한 영향을 미치는 지방자치단체의 주요결정사항으로서 그 지방자치단체의 조례로 정하는 사항은 주민투표에 부칠 수 있다. 다만 주민투표의 대상으로 적절하지 않은 사항과 동일한 사항에 대하여 주민투표가 실시된 후 2년이 경과되지 아니한 사항은 주민투표에 붙일 수 없다(법 제7조).

[주민투표 제외사항] 다음 사항은 주민투표의 대상이 될 수 없다. i) 법령에 위반되거나 재판중인 사항, ii) 국가 또는 다른 지방자치단체의 권한 또는 사무에 속하는 사항, iii) 지방자치단체의 예산·회계·계약 및 재산관리에 관한 사항과 지방세·사용료·수수료·분담금 등 각종 공과금의 부과 또는 감면에 관한 사항, iv) 행정기구의 설치·변경에 관한 사항과 공무원의 인사·정원 등 신분과 보수에 관한 사항, v) 다른 법률에 의하여 주민대표가 직접 의사결정주체로서 참여할 수 있는 공공시설의 설치에 관한 사항 등 주민투표의 대상으로 적절하지 않은 사항(주민투표법 제7조 제2항).

나. 지방자치단체의 폐치·분합 등 국가정책

지방자치제도를 보장한다는 의미는 자치행정을 일반적으로 보장하는 것이지 특정자치단체의 존속 자체를 보장한다는 것은 아니다. 지방자치단체의 폐치·분합이 주민의 자치권을 침해하거나 헌법이 보장하는 지방자치제도의 본질을 침해하는 것은 아니다. 중앙행정기관의 장은 지방자치단체의 폐치(廢置)·분합(分合) 또는 구역변경, 주요시설의 설치 등 국가정책의 수립에 관하여 주민의 의견을 듣기 위하여 필요하다고 인정하는 때에는 주민투표의 실시구역을 정하여 관계 지방자치단체의 장에게 주민투표의 실시를 요구할 수 있는데, 이 경우 중앙행정기관의 장은 미리 행정안전부장관과 협의하여야 한다(법 제8조 제1항).

[지방자치단체의 폐치·분합] 자치제도의 보장은 지방자치단체에 의한 자치행정을 일반적으로 보장한다는 것뿐이고 특정자치단체의 존속을 보장한다는 것은 아니며 지방자치단체의 폐치·분합에 있어 지방자치권의 존중은 위에서 본 법정절차의 준수로 족한 것이다. 그러므로 군 및 도의회의 결의에 반하여 법률로 군을 폐지하고 타시에 병합하여 시를 설치한다 하여 주민들의 자치권을 침해하는 결과가 된다거나 헌법 제8장에서 보장하는 지방자치제도의 본질을 침해하는 것이라고 할 수 없다(헌법재판소 1995.3.23, 94헌마17).

5) 주민투표의 실시요건

지방자치단체의 장은 주민 또는 지방의회의 청구에 의하거나 직권에 의하여 주민투표를 실시할 수 있다. 주민의 청구에 의한 주민투표의 경우, 주민투표청구권자 총수의 20분의 1 이상 5분의 1 이하의 범위 안에서 지방자치단체의 조례로 정하는 수 이상의 서명으로 그 지방자치단체의 장에게 주민투표의 실시를 청구할 수 있다. 또한 지방의회는 재적의원 과반수의 출석과 출석의원 3분의 2 이상의 찬성으로 그 지방자치단체의 장에게 주민투표의 실시를 청구할 수 있다. 그리고 지방자치단체의 장은 직권으로 주민투표를 실시할 수 있는데, 이때에는 그 지방의회 재적의원 과반수의 출석과 출석의원 과반수의 동의를 얻어야 한다(법 제9조).

6) 주민투표의 확정 및 효력

주민투표에 부쳐진 사항은 주민투표권자 총수의 3분의 1 이상의 투표와 유효투표수 과반수의 득표로 확정된다(법 제24조 제1항). 지방자치단체의 장이 주민투표결과를 통지받은 때에는 지체없이 이를 지방의회에 보고하여야 하며, 지방자치단체의 폐치·분합 등 국가정책에 관한 주민투표인 때에는 관계 중앙행정기관의 장에게 주민투표결과를 통지하여야 한다. 또한 지방자치단체의 장 및 지방의회는 주민투표결과 확정된 내용대로 행정·재정상의 필요한 조치를 하여야 한다(법 제24조 제4항 및 제5항).

3. 條例制定請求權 및 條例改廢請求權

(1) 청구권자

지방자치단체의 19세 이상의 주민은 시·도와 제175조에 따른 인구 50만 이상 대도시에서는 19세 이상 주민 총수의 100분의 1 이상 70분의 1 이하, 시·군 및 자치구에서는 19세 이상 주민 총수의 50분의 1 이상 20분의 1 이하의 범위에서 지방자치단체의 조례로 정하는 19세 이상의 주민 수 이상의 연서(連署)로 해당 지방자치단체의 장에게 조례를 제정하거나 개정하거나 폐지할 것을 청구할 수 있다(지방자치법 제15조 제1항).

(2) 청구의 제한

다만, i) 법령을 위반하는 사항, ii) 지방세·사용료·수수료·부담금의 부과·징수 또는 감면에 관한 사항, iii) 행정기구를 설치하거나 변경하는 것에 관한 사항이나 공공시설의 설치를 반대하는 사항에 대하여는 조례의 제정이나 개폐를 청구할 수 없다(법 제15조 제1항 단서).

(3) 청구수리의 효과

지방자치단체의 장은 제6항에 따라 청구를 수리한 날부터 60일 이내에 조례의 제정안·개정안 또는 폐지안을 지방의회에 부의하여야 하며, 그 결과를 청구인의 대표자에게 알려야 한다(법 제15조 제8항).

4. 事務監査 등의 請求權

지방자치단체의 19세 이상의 주민은 시·도는 500명, 제175조에 따른 50만 이상 대도시는 300명, 그 밖의 시·군 및 자치구는 200명을 넘지 아니하는 범위에서 그 지방자치단체의 조례로 정하는 19세 이상의 주민 수 이상의 연서(連署)로, 시·도에서는 주무부장관에게, 시·군 및 자치구에서는 시·도지사에게 그 지방자치단체와 그 장의 권한에 속하는 사무의 처리가 법령에 위반되거나 공익을 현저히 해친다고 인정되는 경우 감사를 청구할 수 있다(법 제16조 제1항). 그러나 1) 수사 또는 재판에 관여하게 되는 사항, 2) 개인의 사생활을 침해할 우려가 있는 사항, 3) 다른 기관에서 감사하였거나 감사중인 사항(다만, 다른 기관에서 감사한 사항이라도 새로운 사항이 발견되거나 중요 사항이 감사에서 누락된 경우와 법 제17조 제1항에 따라 주민소송의 대상이 되는 경우에는 제외), 4) 동일한 사항에 대하여 법 제17조 제2항 각 호[17]의 어느 하나에 해당하는 소송이 진행 중이거나 그 판결이 확정된 사항은 감사청구의 대상에서 제외한다(제1항 단서).

5. 住民請願權

(1) 請願書의 제출과 請願의 수리·심사

지방의회에 청원을 하고자 하는 자는 지방의회의원의 소개를 얻어 청원서를 제출하여야 하는데(법 제73조 제1항), 청원을 소개한 의원은 소관위원회 또는 본회의의 요구가 있을 때에는 청원의 취지를 설명하여야 한다(법 제75조 제2항). 지방의회의 의장은 청원서를 접수한 때에는 이를 소관위원회 또는 본회의에 회부하여 심사를 하게 하여야 한다(법 제75조 제1항). 지방의회가 채택한 청원으로서 그 지방자치단체의 장이 처리함이 타당하다고 인정되는 청원은 의견서를 첨부하여 지방자치단체의 장에게 이송한다(법 제76조 제1항).

---

17) 지방자치법 제17조(주민소송) ② 제1항에 따라 주민이 제기할 수 있는 소송은 다음 각 호와 같다. 1. 해당 행위를 계속하면 회복하기 곤란한 손해를 발생시킬 우려가 있는 경우에는 그 행위의 전부나 일부를 중지할 것을 요구하는 소송 2. 행정처분인 해당 행위의 취소 또는 변경을 요구하거나 그 행위의 효력 유무 또는 존재 여부의 확인을 요구하는 소송 3. 게을리한 사실의 위법 확인을 요구하는 소송 4. 해당 지방자치단체의 장 및 직원, 지방의회의원, 해당 행위와 관련이 있는 상대방에게 손해배상청구 또는 부당이득반환청구를 할 것을 요구하는 소송. 다만, 그 지방자치단체의 직원이 「지방재정법」 제94조나 「회계관계직원 등의 책임에 관한 법률」 제4조에 따른 변상책임을 져야 하는 경우에는 변상명령을 할 것을 요구하는 소송을 말한다.

(2) 請願과 地方議會議員의 소개

주민이 지방의회에 청원을 하고자 하는 경우 지방의회의원의 소개를 얻어 청원서를 제출하도록 하고 있다(법 제73조 제1항). 그런데 지방의회에 청원을 할 때에 지방의회 의원의 소개를 얻도록 한 것이 청원권에 대한 침해인가에 대하여 합헌설과 위헌설의 다툼이 있다.

1) 합헌설

지방의회에 청원을 할 때 지방의회 의원의 소개를 얻도록 한 것이 청원권을 침해하는 것이 아니고 따라서 합헌이라는 주장이 있다. 합헌설은 i) 의원이 미리 청원의 내용을 확인하고 이를 소개하도록 함으로써 청원의 남발을 규제하고 심사의 효율을 기하기 위한 것이고, ii) 지방의회 의원 모두가 소개의원이 되기를 거절하였다면 그 청원내용에 찬성하는 의원이 없는 것이므로 지방의회에서 심사하더라도 인용가능성이 전혀 없어 심사의 실익이 없으며, iii) 청원의 소개의원도 1인으로 족한 점을 감안하면 이러한 정도의 제한은 공공복리를 위한 필요·최소한의 것 등을 근거로 한다.[18] 헌법재판소의 다수의견이다.

2) 위헌설

이에 대하여 위헌설은 다음과 같은 견해를 제시한다. 즉, 청원권은 국가 또는 지방자치단체의 의사형성에 국민의 다원적인 의견이나 희망을 직접 전달할 수 있는 유일한 수단이다. 더욱이 주민표결제, 주민발안제와 같은 직접민주주의적인 요소가 결여된 우리의 지방자치제도 하에서는 언론에 의한 비판이라는 간접적인 방법보다 청원권의 행사를 통하여 주민의 의사를 직접 반영하는 보완기능으로서 중요한 역할을 담당하고 있다. 그런데도 지방자치법 조항이 '지방의회의원의 소개를 얻어'라는 조건을 둔 것은, 청원을 하고자 하는 자보다 지방의회의 청원에 대한 심사·처리의 편의를 도모하기 위한 것으로 헌법이 보장하는 청원권 그 자체를 유명무실화하는 것이다.[19] 헌법재판소의 소수의견이다.

---

18) 헌법재판소 1999.11.25. 97헌마54.

19) 재판관 이재화, 재판관 정경식, 재판관 이영모의 반대의견(헌법재판소 1999.11.25. 97헌마54).

3) 위헌설의 타당성

지방자치는 주민의 참여를 전제로 하는 것이고, 청원권은 주민의 참여를 통한 의사의 형성이라는 지방자치의 민주주의적 기능을 담당한다는 점을 고려할 때, 위헌설이 타당하다고 본다.[20] 지방자치법은 조례의 제정 및 개폐, 예산의 심의·확정, 결산의 승인 등과 더불어 '주민청원의 수리·처리'를 그 중요한 기능으로 한다(법 제39조 제1항). 그럼에도 불구하고 이니셔티브의 방법으로 참여의 길이 없는 상황에서 주민의 의사를 적극적으로 반영해야 할 지방의회가 실무상의 편의만을 고려한 것이고 주민자치의 본질적 내용인 청원권의 기능을 외면하는 것이라 하지 않을 수 없다. 이는 지방자치와 민주주의의 의의를 크게 훼손하는 것이 된다.

6. 주민소환권

(1) 주민소환권의 제도적 의의

지방자치법상 주민은 그 지방자치단체의 장 및 지방의회의원(비례대표 지방의회의원은 제외한다)을 소환할 권리를 가진다(지방자치법 제20조 제1항). 주민소환의 투표 청구권자·청구요건·절차 및 효력 등에 관하여는 따로 법률로 정한다(법 제20조 제2항). 이에 근거하여 주민소환에관한법률이 제정되었는데, 그 목적은 주민소환의 투표 청구권자·청구요건·절차 및 효력 등에 관하여 규정함으로써 지방자치에 관한 주민의 직접참여를 확대하고 지방행정의 민주성과 책임성을 제고함에 있다(주민소환에관한법률 제1조).

(2) 주민소환권의 위헌성

그러나 이러한 주민소환권은 대의제원리, 헌법의 수권, 지방자치의 본질상 여러 가지 문제점을 가지고 있다.

첫째로 주민소환은 직접민주주의의 한 방식이기는 하지만, 대의제민주주의의 원칙인 강제위임금지원칙에 반하는 문제점이 있다. 대의제민주주의의 대표기관은 국민의 기관구성권에 의하여 선출되지만, 대표기관은 국가권력의 민주적 정당성을 부여받음으로써 국민으로부터 독립하여 정책결정권을 자유로이 행사할 수 있다. 즉 국민의 구체적인 명령에 지배되는

---

20) 김남철, 앞의 논문, 827면.

명령적 위임이 아니라, 자유롭게 행사할 수 있는 자유위임의 관계이다. 따라서 지방자치단체의 장이나 지방의회의원에 대한 주민소환권의 행사는 이들에 대한 책임을 사안에 따라 묻는 것으로 대의제 원리인 포괄적인 무기속위임 원칙에 반하는 것이다.

둘째로 지방자치제도는 지방자치단체에게 전권한성과 자기책임성을 보장하는 것을 그 핵심적 내용으로 한다. 따라서 주민소환권은 지방자치단체가 자기 책임 아래 자기 지역 내의 모든 사무를 처리할 수 있다는 전권한성 원칙과 자기책임성 원칙에 반한다. 주민소환권은 지방자치제도의 본질을 침해하는 것이 될 수 있다.

셋째로 헌법에서 지방자치에 관하여는 지방자치단체와 지방의회만을 규정하고 있을 뿐(헌법 제117조 및 제118조)이고 주민소환권은 직접 규정하고 있지 않고 있다. 헌법에 규정이 없다고 하여 법으로 주민소환권을 규정하지 못할 바는 아니지만 입법자는 주민소환이 지방지치제도의 핵심영역이나 본질적 영역을 침해하는 것인가에 대하여 면밀한 검토를 거쳐 입법형성권을 행사하였어야 했다.

넷째로 만약 주민의 개별적 이해관계에 따른 '부분이익'에 의하여 지방행정이 좌지우지된다면 주민전체의 이익인 '전체이익'을 대표하여야 한다는 대의제의 기초이념이 흔들리게 된다. 주민소환권에 의해서 지방자치단체의 장과 지방의회의원을 소환할 수 있게 한다면 주민전체를 위한 추정적 의사가 아닌 일부주민의 경험적 의사에 의해 지방자치의 본질을 왜곡하게 될 것이고, 결과적으로 소신있는 책임행정을 기대할 수 없게 될 것이다.

만약에 지방자치단체의 장이나 의원에 대한 주민소환을 인정한다면 대통령이나 국회의원에 대한 국민소환도 당연히 인정되어야 할 것이다. 주민소환권은 허용되어서는 안 되고 주민소환에관한법률은 위헌의 법률로 폐지되어야 마땅하다.

Ⅱ. 團體自治에 관한 권한

1. 自治立法權

(1) 條例와 規則의 制定權

1) 지방자치단체의 입법권

조례(條例)란 광의로는 지방자치단체의 자치입법권에 의해 제정된 자주입법을 총칭한다. 그러나 보통 조례라 하면 지방자치단체의 의회에서 제정한 자치법규(협의의 조례)를 말한다. 광의의 조례는 협의의 조례뿐만 아니라 지방자치단체의 장이 제정한 규칙까지도 포함하는 개념이다. 헌법 제117조 제1항은 "지방자치단체는 주민의 복리에 관한 사무를 처리하고 재산을 관리하며, 법령의 범위 안에서 자치에 관한 규정을 제정할 수 있다."고 하여 지방자치제도의 보장과 지방자치단체의 자치권을 규정하고 있다. 헌법이 규정하는 이러한 자치권 가운데에는 자치에 관한 규정을 스스로 제정할 수 있는 자치입법권이 성질상 당연히 포함된다.[21] 지방자치법은 "지방자치단체의 장은 법령 또는 조례가 위임한 범위 안에서 그 권한에 속하는 사무에 관하여 규칙을 제정할 수 있다."(법 제23조)고 하여 지방자치단체장의 규칙제정권을 규정하고 있다.

2) 조례와 지역에 따른 차별

헌법이 지방자치단체의 조례제정권을 인정한 이상 지역에 따른 차별이 생기는 것은 당연히 예상되는 것으로 이러한 차별은 헌법 스스로가 허용한 것으로 보아야 한다. 따라서 지방자치단체가 따로 조례를 제정한 결과 규정내용에 지역차가 생기는 것을 위헌이라고 할 수 없다. 조례에 의한 벌칙규정이 지역에 따라 차이가 있더라도, 그것은 헌법이 지방자치단체의 자치입법권을 인정하는 이상 불가피하게 예견되는 결과이다. 조례가 다름에 따라 한 지역의 주민이 다른 지역의 주민에 비하여 규제의 정도가 다르다 하여 평등권을 침해한 것이라 할 수 없다.

---

21) 헌법재판소 2002.10.31. 2002헌라2.

[조례에 의한 규제의 차이] 조례에 의한 규제가 지역의 여건이나 환경 등 그 특성에 따라 다르게 나타나는 것은 헌법이 지방자치단체의 자치입법권을 인정한 이상 당연히 예상되는 불가피한 결과이므로, 이 사건 심판대상규정으로 인하여 청구인들이 다른 지역의 주민들에 비하여 더한 규제를 받게 되었다 하더라도 이를 두고 헌법 제11조 제1항의 평등권이 침해되었다고 볼 수는 없다(헌법재판소 1995.4.20. 92헌마264, 279).

(2) 條例와 規則의 立法限界

1) 法律의 授權과 條例

가. 條例制定의 근거

국회에 법률을 제정할 권한을 준 것과 마찬가지로 지방의회에 주민자치를 구체화하는 자치입법권인 조례를 제정할 권한을 주고 있다. 이 조례제정권의 행사는 첫째, 법령의 범위 안에서 제정하여야 하고(법률의 우위, 법률의 유보) 둘째, 지방자치단체의 사무에 관한 사항이어야 하는 것(자치사무, 위임사무)으로 제한하고 있다.

조례는 법령의 범위 안에서 제정하여야 하고 규칙은 법령 및 조례의 수권범위 안에서 제정하여야 한다(법 제22조 및 제23조). 특히 주민의 권리제한 또는 의무부과에 관한 사항이나 벌칙을 정할 때에는 법률의 위임이 있어야 한다(법 제22조 단서). 국민의 자유와 권리의 제한에 대해서 법률의 근거를 요구하는 것은 국민은 동의 없이는 자유와 권리를 제한당하지 아니한다고 하는 민주주의의 원리(법률에 의한 기본권제한)에 기초한 것이다(헌법 제37조 제2항). 또한 시·군 및 자치구의 조례나 규칙은 시·도의 조례나 규칙에 위반하여서는 안 된다(법 제24조).

나. 包括的 授權

조례의 제정권자인 지방의회는 주민의 대표기관이고, 헌법이 지방자치단체에 대해 포괄적인 자치권을 보장하고 있는 취지로 볼 때 조례제정권에 대한 지나친 제약은 바람직하지 않다. 따라서 조례에 대한 법률의 위임은 법규명령에 대한 법률의 위임과 같이 반드시 구체적으로 범위를 정하여 할 필요가 없으며 포괄적인 수권으로 족하다.[22]

---

22) 헌법판소 1995.4.20. 92헌마264·279(병합).

2) 조례제정사항

지방자치단체의 조례제정사항은 그 사무의 내용에 따라 결정된다. 즉 지방자치단체의 자치사무는 당연히 조례의 제정대상이 되지만, 위임사무 가운데 기관위임사무는 지방자치단체의 장에게 위임된 사항으로 원칙적으로 조례의 대상이 되지 않는다. 다만 기관위임사무라도 그에 관한 개별 법령에서 일정사항을 조례로 정하도록 위임하고 있는 경우에는 위임받은 사항에 관하여 개별법령의 취지에 부합하는 그 범위 내에서 위임조례를 정할 수 있다. 그리고 단체위임사무의 경우 개별 법령에 의하여 지방자치단체에 위임된 단체위임사무에 대하여는 조례를 제정할 수 있다.

지방자치단체의 사무와 조례

사무의 종류		조례제정가능성	조례제정의 조건
위임사무	기관위임사무	불가(원칙)	예외적 허용
	단체위임사무	가능	개별법령에 의한 위임 필요
고유사무(자치사무)		가능	

[지방자치단체의 사무와 조례] 지방자치단체가 조례를 제정할 수 있는 사항은 지방자치단체의 고유사무인 자치사무와 개별 법령에 의하여 자치단체에 위임된 이른바 단체위임사무에 한하고, 국가사무로서 지방자치단체의 장에 위임된 이른바 기관위임사무에 관한 사항은 조례제정의 범위 밖이라고 할 것이다(대법원 1992.7.28. 선고 92추31 판결).

[기관위임사무와 조례] 지방자치법 제15조, 제9조에 의하면, 지방자치단체가 자치조례를 제정할 수 있는 사항은 지방자치단체의 고유사무인 자치사무와 개별법령에 의하여 지방자치단체에 위임된 단체위임사무에 한하는 것이고, 국가사무가 지방자치단체의 장에게 위임된 기관위임사무는 원칙적으로 자치조례의 제정범위에 속하지 않는다 할 것이고, 다만 기관위임사무에 있어서도 그에 관한 개별법령에서 일정한 사항을 조례로 정하도록 위임하고 있는 경우에는 위임받은 사항에 관하여 개별법령의 취지에 부합하는 범위 내에서 이른바 위임조례를 정할 수 있다(대법원 2000.5.30. 99추85).

(3) 條例에 의한 基本權의 制限

조례가 주민의 대표기관인 의회에서 제정되었기 때문에 성질상 그것은 국회가 제정한 법률에 상당한다. 지방자치법은 조례제정권을 정하면서

"다만, 주민의 권리제한 또는 의무부과에 관한 사항이나 벌칙을 정할 때에는 법률의 위임이 있어야 한다."(법 제22조 단서)고 하여 조례에 의한 기본권의 제한가능성을 명확히 하고 있다.

1) 條例에 의한 財産權의 制限

재산권의 내용과 한계는 법률로 정하도록 하고 있는데(제23조 제1항), 조례로써 재산권을 제한할 수 있는가가 문제이다. 재산권은 전국적인 거래의 대상이기 때문에 그 내용을 정하거나 제한하는 데는 통일적으로 법률에 의하여야 한다. 그래서 '재산권의 내용'에 대해서는 법률로 정하여야 하지만, '재산권의 행사'에 대한 제한은 조례로서도 정할 수 있다는 견해도 있을 수 있다. 그러나 법률의 수권이 있는 경우에는 법률의 규정이 아니고 조례에 의해서도 내용과 행사를 묻지 않고 재산권을 제한할 수 있다고 본다. 헌법은 조례제정권을 법령의 범위 안에서만 제정할 수 있도록 하고 있을 뿐만 아니라(제117조 제1항), 주민의 권리제한 또는 의무부과에 관한 사항이나 벌칙을 정할 때에는 법률의 위임이 있어야 하도록 하고 있다(법 제22조 단서). 따라서 헌법상 보장된 재산권의 제한은 원칙적으로 법률로써만 가능하고, 조례에 의한 재산권의 제한은, 재산권의 행사뿐 아니라 재산권의 내용도, 법률의 수권 범위 안에서는 가능하다고 해석하여야 한다.

2) 過怠料의 부과

죄형법정주의원칙(헌법 제12조 제1항)에 의하면 형벌규정은 법률에 의하여 정해져야 하는데, 조례에 의하여 벌칙을 정할 수 있는가가 문제이다. 헌법 제117조 제1항이 인정하는 조례제정권의 실효성을 담보하기 위하여 벌칙을 부과하는 것도 허용된다고 본다. 이는 헌법에 규정된 죄형법정주의원칙에 대한 예외를 설정한 것은 아니고, 오히려 죄형법정주의 원칙을 지방의회가 제정하는 조례에까지 연장하려는 것이라 할 것이다. 따라서 벌칙을 부과하기 위해서 법률에 의한 특별한 개별적 위임규정을 필요로 하지 않는다. 지방자치법도 "지방자치단체는 조례로써 조례위반행위에 대하여 1천만원 이하의 과태료를 정할 수 있다."(법 제27조)고 하여 포괄적으로 조례위반(條例違反)에 대한 과태료(過怠料)부과 규정을 두고 있다.

[조례에 의한 형벌부과와 수권의 정도] 조례는 법률에 유사한 것이기 때문에 조례에 의해서 형벌을 부과하는 경우에는 법률의 수권이 상당정도로 구체적이고 한정되어있는 것으로 족하다(最高裁 昭和 37.5.30.).

⑷ 法律과 條例制定權의 한계

조례가 법령(법률·명령)보다도 형식적 효력에 있어서 하위에 있다. 양자의 관계에 대해서는 양자의 규제대상과 규정문언만이 아니고 각각의 취지, 목적, 내용 및 효과를 비교하여 양자에 모순이 있는지의 여부에 의해 이를 결정하여야 한다.

1) 어느 사항에 관해서 법령에 특별히 정하지 않은 경우

이 경우는 조례로서 제정하는 것을 허락하는 취지라고 보아야 하는 경우와 조례의 제정을 배제하는 취지로 보아야 하는 경우가 있다. 입법의 취지·목적·내용 및 효과 등을 검토하여 조례제정허용여부를 결정하여야 한다. 사무의 성격상 명백하게 국가사무인 경우에 이에 관한 조례제정은 불가하다. 다만 국가사무와 지방자치단체의 사무가 중첩되는 경우에는 지방자치단체의 고유사무에 관한 부분에 대한 조례는 제정할 수 있다고 본다.[23)]

2) 어느 사항에 관하여 법령에서 규정하는 경우

이 경우에는 규제대상 또는 규제목적이 다른 경우와 동일대상·동일목적의 경우를 나누어 고찰하여야 한다. 법률이 규정하고 있는 사항과 동일한 사항(동일대상)이라도 법률과 다른 목적(상이목적)으로 규정하는 조례는 위법한 것이라 할 수 없다. 그러나 법률이 일정한 기준을 설정하고 있는데, 법률보다 가중된 기준을 추가하거나 법률의 위임한계를 초과한 내용의 조례는 위법이라 할 것이다.[24)]

---

23) "법률이 국가사무로 유보하고 있지 아니한 경우에도 전국에 걸쳐 획일적으로 규율해야 될 사항과 그 영향이 미치는 범위가 전국 또는 국민전체에 걸친다고 생각되는 사항에 관해서는 지방자치단체가 그것을 규율할 권능을 가지지 않는다."는 견해(권영성, 249)가 있다. 그러나 규율사항 또는 영향력의 범위가 전국적이라 하여 국가사무도 아니고 법률로 규정하지도 않는 경우 지방자치단체가 자치사무까지도 조례로 제정할 수 없다고 보는 것은 타당하지 않다고 생각한다.

24) 권영성(249).

2. 地方議會의 議決權

지방자치단체에 의회를 둔다(법 제30조). 지방의회는 조례의 제정 및 개폐, 예산의 심의·확정, 결산의 승인 등의 중요한 권한을 가지고 주민청원을 수리·처리하는 중요기구이다(법 제35조 제1항).

[지방의회의 의결사항] 지방자치법은 구체적으로 1) 조례의 제정 및 개폐, 2) 예산의 심의·확정, 3) 결산의 승인, 4) 법령에 규정된 것을 제외한 사용료·수수료·분담금·지방세 또는 가입금의 부과와 징수, 5) 기금의 설치·운용, 6) 대통령령으로 정하는 중요재산의 취득·처분, 7) 대통령령으로 정하는 공공시설의 설치·처분, 8) 법령과 조례에 규정된 것을 제외한 예산외 의무부담이나 권리의 포기, 9) 청원의 수리와 처리, 10) 외국 지방자치단체와의 교류협력에 관한 사항, 11) 기타 법령에 의하여 그 권한에 속하는 사항(지방자치법 제39조 제1항) 등을 열거하고 있다.

3. 自治行政權

(1) 자치사무와 위임사무

1) 자치사무·단체사무

지방자치는 자치행정의 집행을 그 내용으로 한다. 지방자치는 일정한 지역을 단위로 일정한 지역의 주민이 그 지방주민의 복리에 관한 사무·재산관리에 관한 사무·기타 법령이 정하는 사무(제117조 제1항)를 그들 자신들이 선출한 기관을 통하여 직접 처리하게 하는 제도이다. 따라서 지방자치단체는 그 '관할구역의 자치사무'와 '법령에 의하여 지방자치단체에 속하는 사무'를 처리하는(법 제9조 제1항) 자치행정집행의 권한과 의무를 진다.

[공유수면의 관할권] 공유수면에 대한 지방자치단체의 자치권한이 존재하기 때문에, 해역에 관한 관할구역과 그 해역 위에 매립된 토지에 관한 관할구역이 일치하여야 하므로, 지방자치단체가 관할하는 공유수면에 매립된 토지에 대한 관할권한은 당연히 당해 공유수면을 관할하는 지방자치단체에 귀속된다. 위에서 본 바와 같이, 이 사건 해역에 대한 관할권한은 청구인에게 귀속되기 때문에, 이 사건 해역에 건설된 이 사건 제방에 대한 관할권한도 청구인에게 귀속된다(헌법재판소 2004.9.23. 2000헌라2).

2) 固有事務와 委任事務

지방자치단체는 고유사무와 위임사무를 처리한다. 고유사무(固有事務)란 지방자치단체에 고유한 사무로서 지방자치단체가 자신의 의사와 책임하에 수행하는 사무로 자치사무(自治事務)라고 한다. 주민의 복리에 관한 사무가 이 사무의 주 내용이다. 단체위임사무(團體委任事務)란 법령에 의하여 국가 또는 상급지방자치단체가 지방자치의회에 위임한 사무를 말한다. 기관위임사무(機關委任事務)란 국가 또는 상급지방자치단체가 지방자치단체의 장(집행기관)에 위임한 사무이다.

(2) 補充性의 原理

지방분권특별법에 의하면, 국가가 지방분권정책을 추진하는 때에는 지방자치단체의 자율성을 존중하여야 하고 주민의 참여를 최대한 보장하여야 한다(법 제7조). 이러한 기본원칙에 따라 "국가는 지방자치단체가 행정을 종합적·자율적으로 수행할 수 있도록 국가와 지방자치단체간 또는 지방자치단체 상호간의 사무를 주민의 편익증진, 집행의 효과 등을 고려하여 서로 중복되지 아니하도록 배분하여야 한다."(법 제6조 제1항)고 하여 국가와 지방자치단체 사이의 사무분배의 원칙을 정하고 있다.

지방분권특별법은 "국가가 사무를 배분하는 경우 지역주민생활과 밀접한 관련이 있는 사무는 원칙적으로 시·군 및 자치구의 사무로, 시·군 및 자치구가 처리하기 어려운 사무는 특별시와 광역시 및 도의 사무로, 특별시와 광역시 및 도가 처리하기 어려운 사무는 국가의 사무로 각각 배분하여야 한다."고 하여 기초지방자치단체의 사무로 처리하기 어려운 경우 광역자치단체의 사무로, 광역자치단체의 사무로도 처리하기 어려운 경우 국가사무로 배분하도록 하는 국사사무배분에 있어 '보충성의 원칙'을 규정하고 있다. 이러한 보충성의 원칙은 주민과 사무와의 근접성을 평가하여 주민과 가까운 행정(근거리행정)일수록 하급지방자치단체의 사무로 배분하려는 것으로 지방지치의 근본취지에도 부합하는 것이다.

(3) 지방자치단체 소속공무원의 인사

1) 지방공무원인사권

헌법은 지방자치단체의 자치권을 규정하고 있는데, 이러한 자치권 가운데에는 지방자치단체의 사무를 수행하는데 필요한 인력의 충원과 배치 및 업무의 분장 등 인사행정을 스스로 결정할 수 있는 인사고권(人事高權)[25]이 포함된다. 따라서 지방자치단체는 소속 공무원에 대한 인사와 처우를 스스로 결정하고 이에 관련된 예산을 스스로 편성하여 집행하는 권한을 가진다.

[소속공무원의 인사와 복지] 지방자치법 제9조는 그 제2항 마목에서 소속공무원의 인사와 후생복지에 관한 사무를 자치사무의 하나로 예시하고 있고 그 사목은 예산의 편성과 집행에 관한 사무를 역시 자치사무의 하나로 예시하고 있다. …지방자치단체의 장은 소속공무원에게 지급할 시간외근무수당을 자신의 규칙으로 정하여 지급하고 이를 위하여 스스로 예산을 편성·집행할 권한을 갖는다(헌법재판소 2002.10.31. 2002헌라2).

2) 지방공무원의 전출입과 본인의 동의

지방공무원법은 "지방자치단체의 장은 다른 지방자치단체의 장의 동의를 얻어 그 소속 공무원을 전입할 수 있다."(제29조의3)고 규정하고 있다. 지방공무원의 전출입에 있어 본인의 동의가 필요한지에 관하여는 명백하게 규정하고 있지 않다. 그런데 이 법률조항의 의미를, 당사자인 지방공무원의 동의 없이도 지방자치단체의 장 사이의 동의만으로 지방공무원에 대한 전출 및 전입명령이 가능하다고 할 수는 없고 해당 지방공무원의 동의를 당연한 전제로 하여 그 공무원이 소속된 지방자치단체의 장의 동의를 얻어서만 그 공무원을 전출입할 수 있다고 해석하여야 한다.[26] 그렇게 해석하여야만 하는 근거는 다음과 같다. 첫째로, 당사자의 의사를 무시한 인사는 엽관제를 지양하고 직업공무원 제도를 마련하여야 한다는 헌법 제7조의 공무원의 신분보장 원칙에 부합하지 않는다. 둘째로, 당사자의 의사를 고려하는 것이 지방공무원의 직을 선택한 본인의 의사를 존중하는 것이 되어 헌법 제15조에서 보장하는 직업선택의 자유의 의미와 효력에 적합하다. 셋째로, 본인의 의사를 존중함으로써 인사행정의 민주화를 기할 수 있고 나아가 인사교류를 통한 행정의 능률성이라는 입법목적도 적절히 달성할 수 있다. 넷째로, 지방공무원의 신분

25) 홍정선, 앞의 책, 47면.
26) 헌법재판소 2002.11.28. 98헌바101, 99헌바8(병합).

보장을 통하여 지역주민에 대한 봉사자라는 지방자치의 헌법적 요청도 충족할 수 있다.

[지방공무원의 전출입과 본인의 동의] 지방자치단체의 장이 소속 공무원을 전출하는 것은 임명권자를 달리하는 지방자치단체로의 이동인 점에 비추어 반드시 당해 공무원 본인의 동의를 전제로 하는 것이다(대법원 2001.12.11. 99두1823; 대법원 2001.12.28. 98두19704).

제 6 절 地方自治의 統制와 그 限界

Ⅰ. 지방자치와 국가의 지도 · 감독

1. 국가의 지도 · 감독의 필요성

지방자치의 본질상 자치행정에 대한 국가의 관여는 가능한 한 배제하는 것이 바람직하지만, 지방자치도 국가적 법질서의 테두리 안에서만 인정되는 것이고, 지방행정도 중앙행정과 마찬가지로 국가행정의 일부이므로 지방자치단체가 어느 정도 국가적 감독 · 통제를 받는 것은 불가피하다. 국가의 지도 · 감독이 지방자치단체의 존재 자체를 부인하거나, 지방자치단체의 고유사무(자치사무)를 부인하거나 각종 권한을 말살하는 것과 같이 그 본질적 내용을 침해하여서는 안되고, 그렇지 않는 한 법률에 의한 자치행정의 통제는 가능하다.

2. 지도 · 지원 및 감독

(1) 地方自治團體事務의 指導 및 支援

중앙행정기관의 장 또는 시 · 도지사는 지방자치단체의 사무에 관하여 조언 또는 권고하거나 지도할 수 있으며, 이를 위하여 필요한 때에는 지방자치단체에 대하여 자료의 제출을 요구할 수 있다(지방자치법 제166조 제1항). 또한 국가 또는 시 · 도는 지방자치단체가 당해 지방자치단체의 사무를 처리함에 있어서 필요하다고 인정할 경우 재정지원 또는 기술지원을 할 수 있다(제2항).

⑵ 國家事務處理의 指導·監督

지방자치단체 또는 그 장이 위임받아 처리하는 국가사무에 관하여는 시·도에 있어서는 주무부장관의, 시·군 및 자치구에 있어서는 1차로 시·도지사의, 2차로 주무부장관의 지도·감독을 받는다(법 제167조 제1항). 시·군 및 자치구 또는 그 장이 위임받아 처리하는 시·도의 사무에 관하여는 시·도지사의 지도·감독을 받는다(제2항). 또한 중앙행정기관의 장과 지방자치단체의 장이 사무를 처리함에 있어서 의견을 달리하는 경우 이를 협의·조정하기 위하여 국무총리소속하에 협의조정기구를 둘 수 있다(법 제168조의2 제1항).

⑶ 違法·不當한 命令·處分의 是正과 自治事務監査

지방자치단체의 사무에 관한 그 장의 명령이나 처분이 법령에 위반되거나 현저히 부당하여 공익을 해한다고 인정될 때에는 시·도에 대하여는 주무부장관이, 시·군 및 자치구에 대하여는 시·도지사가 기간을 정하여 서면으로 시정을 명하고 그 기간 내에 이행하지 아니할 때에는 이를 취소하거나 정지할 수 있다(법 제169조 제1항). 행정자치부장관 또는 시·도지사는 지방자치단체의 자치사무에 관하여 보고를 받거나 서류·장부 또는 회계를 감사할 수 있다(법 제171조). 이 경우 감사는 법령위반사항에 한하여 실시한다. 지방의회의 의결이 법령에 위반되거나 공익을 현저히 해한다고 판단될 때에는 시·도에 대하여는 행정자치부장관이, 시·군 및 자치구에 대하여는 시·도지사가 재의를 요구하게 할 수 있고, 재의의 요구를 받은 지방자치단체의 장은 지방의회에 이유를 붙여 재의를 요구하여야 한다(법 제172조 제1항).

Ⅱ. 地方自治에 대한 統制의 限界

1. 지도·감독의 불가피성

(1) 중앙정부의 지도·감독

중앙정부의 감독으로부터 완전히 독립된 지방자치단체란 있을 수 없고, 마찬가지로 지방자치단체사무를 모두 국가의 사무로 하여 국가의 감독권을 강화하는 것도 헌법이 예정한 바가 아니다. 현대국가가 복지국가의 이념을 실현하기 위하여 국민생활의 안정이나 실질적 평등, 자원의 능률적·종합적인 확보와 이용, 도로·항만시설 등 사회간접자본의 확충, 대외적 관계로부터 오는 경제질서의 유지라는 중앙정부로서 행하여야 할 광역행정정책의 필요성으로 말미암아 지방자치 또는 행정의 독자성은 어느 정도 제약을 받을 수밖에 없다. 그렇기 때문에 지방자치의 기본법으로서의 지방자치법이 "국가와 지방자치단체와의 기본적 관계를 정함으로써 지방자치행정의 민주성과 능률성을 도모하며 지방의 균형적 발전과 대한민국의 민주적 발전을 기함을 그 목적"(제1조)으로 하고 있는 것이다. 따라서 지방자치도 국가행정의 일부로 국가적 법질서의 테두리 안에서만 인정되는 것이므로 지방자치단체가 어느 정도 국가의 지도와 감독을 받는 것은 불가피하다. 국가행정과 지방자치 사이의 통일성·조화성·균형성을 고려하여 지방자치사무의 합법성통제와 더불어 합목적성통제도 가능하다.

[**공장총량제와 지방자치**] 이 사건 법률조항이 건설교통부장관으로 하여금 수도권지역에서의 공장의 신설 등에 관하여 총량을 정하도록 하고 지방자치단체의 장 등 관계 행정기관으로 하여금 이를 초과하는 허가 등을 하지 못하도록 하였다 하더라도, 지방자치단체는 총량을 초과하는 경우의 허가권 행사만이 제한될 뿐 그밖에는 여전히 주민의 복리에 관한 사무를 처리할 수 있는 것이므로, 이 사건 법률조항이 지방자치의 본질적 내용을 침해한다고 볼 수 없다(헌법재판소 2001.11.29. 2000헌바78).

(2) 국가의 지도 · 감독의 내용

지방자치법은 제9장에 '국가의 지도 · 감독'의 章을 두어 그 내용을 정하고 있다. 중앙행정기관의 장의 지방자치단체의 사무에 대한 지도 및 지원(법 제166조), 국가사무의 지도 · 감독(법 제167조), 중앙행정기관과 지방자치단체간 협의조정(법 제168조), 주무부장관의 위법 · 부당한 명령 · 처분에 대한 시정명령권 및 취소권(법 제169조), 국가위임사무에 대한 직무이행명령(법 제170조), 행정자치부장관의 자치사무에 대한 감사(법 제171조), 지방의회 의결의 재의요구권(법 제172조) 등의 규정을 두어 행정자치부장관과 주무부장관의 지도 · 감독에 관한 권한을 부여하고 있다.

2. 지도 · 감독의 한계

(1) 한계에 관한 원칙

1) 核心領域不可侵의 原則

지방자치제도는 지방자치단체의 자치권을 제도적으로 보장하는 것이다. 지방자치제도의 헌법적 보장은 한마디로 국민주권의 기본원리에서 출발하여 주권의 지역적 주체로서의 주민에 의한 자기통치의 실현으로 요약할 수 있고, 이러한 지방자치의 본질적 내용인 핵심영역은 어떠한 경우라도 입법 기타 중앙정부의 침해로부터 보호되어야 한다는 것을 의미한다.[27] 지방자치제도의 원칙상 지방자치권도 제한될 수 있지만, 어떠한 경우에도 지방자치제도 자체를 부인하거나 지방자치제도의 핵심영역 또는 본질적 내용을 침해해서는 안 된다는 것은 우리 헌법재판소와 독일연방헌법재판소의 공통된 견해이다.[28] 이를 지방자치의 '핵심영역불가침원칙' 또는 '본질적내용불가침의 원칙'이라 한다.

2) 過剩禁止의 原則과 比例의 原則

지방자치의 핵심영역의 구체적 내용과 제한범위에 관한 일반적 · 획일적인 기준을 설정할 수는 없다. 그러나 정부의 입법적 · 행정적 · 사법적인

---

27) 헌법재판소 1998.4.30. 96헌바62.

28) 독일연방헌법재판소도 지방자치의 제도적 보장에 따라 그 "핵심영역(Kernbereich) 또는 본질적 내용(Wesensgehalt)"을 침해해서는 안 된다고 하고 있다(BVerfGE 56, 298(312); BVerwGE 6, 19(24ff.).

통제와 규율은 필요한 최소한에 그쳐야 하고, 불가피하게 지방자치권을 제한하는 경우에도 헌법상 지방자치의 이념과 지역주민의 기본권제한의 일반원리인 비례의 원칙과 과잉금지의 원칙에 따르지 않으면 안 된다. 즉, 통제·감독권행사로 인하여 얻는 이익과 지방자치단체나 지역주민의 자치권의 손상으로 인한 손해를 비교 형량하여 통제·감독권의 발동여부와 발동범위·발동정도를 판단하여야할 것이다.

[정부의 지도·감독과 비례의 원칙·과잉금지의 원칙] 중앙행정기관의 장의 지방자치단체에 대한 지도·감독이 가능하다고 할지라도 그 근거가 되고 감독의 내용을 규정하고 있는 법률은 당연히 합헌이어야 하고, 그 법률의 합헌성 여부는 결국 헌법상의 지방자치의 이념과 지역주민의 기본권제한원리인 비례의 원칙 내지 과잉금지원칙이 아울러 적용되어야 할 것이다(헌법재판소 1998.4.30. 96헌바62).

(2) 지방자치사무의 내용과 통제

지방자치단체의 사무에는 고유사무(자치사무)와 위임사무가 있는데, 위임사무는 다시 기관위임사무와 단체위임사무로 나누어진다. 자치사무는 지방자치단체의 고유사무로서 지방자치단체에 전권한성과 자기책임성이 주어지므로 국가의 간섭과 통제는 원칙적으로 배제된다. 국가의 통제가 허용되는 경우에도 소극적 통제에 머물게 된다. 단체위임사무의 경우 소요경비는 국가와 지방자치단체가 분담하게 되고(지방자치법 제141조), 이에 따라 국가의 감독이 따르게 된다. 기관위임사무는 원칙적으로 국가사무이기 때문에 소요경비는 전액 국고에서 부담한다(법 제141조 단서). 따라서 국가의 감독과 통제는 가장 적극적이고 광범하게 된다. 따라서 합법성감독은 물론 합목적성감독까지도 가능하게 된다.

(3) 입법적 통제·행정적 통제 및 사법적 통제와 그 한계

지방자치단체에 대한 중앙정부차원의 지도·감독 및 통제는 입법적 통제, 행정적 통제 및 사법적 통제로 구분할 수 있다.

1) 입법적 통제

입법적 통제는 국회의 입법에 의한 법률의 통제와 정부의 행정입법(대통령령·부령)에 의한 통제가 있다. 헌법은 자치입법권의 한계로 '법령의 범위 안에서'란 제한을 설정하고(헌법 제117조 제1항), 지방자치단체의 종류(제2항)와 지방의회의 조직·권한·의원선거와 지방자치단체의 장의 선임방법 기타 지방자치단체의 조직과 운영에 관한 사항(헌법 제118조 제2항)을 입법사항으로 하고 있다. 이에 따라 국회는 지방자치단체와 지방자치 전반에 걸쳐 그 핵심영역 내지 본질을 침해하지 않는 한도내에서 입법재량을 가진다. 정부도 대통령령과 행정자치부령 등을 통해 지방자치를 지도·감독·통제할 수 있다.

2) 행정적 지도·감독 및 통제

가. 행정부의 지도·감독

대통령은 행정부의 수반으로 국정을 책임지기 때문에 그 일부를 수행하는 지방자치단체는 대통령의 포괄적인 통제하에 놓이게 된다. 지방자치단체도 국가시책의 구현을 위해 노력하여야 하는데(법 제123조 제1항) 이를 위하여 국고보조를 받게 되고(제2항), 국가사무시행과 국고지원금에 대한 행정적 통제를 받게 된다. 그리고 광역지방자치단체는 행정자치부장관과 주무부장관의 행정적 통제를 받는다. 지방자치단체는 조례·규칙의 제정·개폐에 관한 '보고의무'(법 제28조)를 지며, 행정자치부장관은 지방자치단체조합규약의 '변경명령권'(법 제163조 제2항), 지방채무 및 채권관리(법 제124조)와 지방자치단체조합의 설립(법 제159조)의 '승인권', 지방자치단체조합의 '지도감독권'(법 제163조 제1항), 지방자치단체 상호간의 '분쟁조정권'(법 제148조) 및 지방자치단체조합의 '설립·해산명령권'(법 제164조 제1항)을 가지고 지방자치단체를 지도·감독하게 된다.

나. 교육·학예자치사무의 지도·감독

국가위임사무 중 교육·학예에 관한 사무는 교육감이 행하는데(지방교육자치에관한법률 제21조), 이에 대하여 교육인적자원부장관은 지도·감독권을 가진다. 즉 교육인적자원부장관은 국가위임사무에 대한 지휘·감독권 및 시정명령권·취소권·집행정지권(법 제47조), 교육·학예에 관한 조언·권고·지도권 및 자료제출요구권(법 제46조), 교육감에 대한 직무이행명령권(법 제48조) 및 교육·학예에 관한 자치사무에 대한 감사권(법 제49조)을 가지고 교육감을 지도·감독하게 된다.

다. 감사원의 검사와 감찰

감사원은 지방자치단체의 회계를 검사하고(감사원법 제22조), 그 사무 및 소속공무원의 직무에 대한 감찰을 행한다(법 제24조).

라. 행정심판

지방자치사무는 행정심판에 의한 통제를 받게 된다. 지방자치단체의 처분 또는 부작위에 대하여는 당해 지방자치단체의 직근상급행정기관이 재결청이 되어 재결(裁決)을 행한다(행정심판법 제3조). 특별시장·광역시장 및 도지사·교육감의 처분 또는 부작위에 대하여는 각 소관 감독행정기관이 재결청이 되고(제5조 제4항), 특별시장·광역시장 및 도지사·교육감에 소속된 각급 국가행정기관 또는 그 관할구역 안에 있는 자치행정기관의 처분 또는 부작위에 대하여는 각각 특별시장·광역시장 또는 도지사가 재결청이 된다(제5항).

> [**재결**] 재결(裁決)이라 함은 행정심판의 청구에 대하여 재결청(처분청의 직근상급기관)이 행정심판위원회의 심리·의결 내용에 따라 행하는 판단을 말한다(행정심판법 제2조).

3) 사법적 통제

가. 행정법원의 행정재판

지방자치단체가 행한 위법한 처분 그밖에 공권력의 행사·불행사 등으로 인한 주민의 권리 또는 이익의 침해를 다투거나, 공법상의 권리관계 또는 법적용에 관한 다툼이 있는 경우 행정법원이 제1심으로 심판하게 되는데(법원조직법 제40조의4) 이로써 법원도 지방자치단체의 처분과 공권력의 행사·불행사에 대한 합법성·정당성판단을 통하여 지방자치단체를 통제하게 된다.

나. 대법원의 통제

지방자치법은 i) 법령 등에 위반하거나 공익을 해치는 지방의회의 의결과 ii) 지방자치단체의 장의 위법·부당한 명령·처분에 대하여 대법원에 제소할 수 있도록 규정하고 있다.

지방의회의결의 월권·법령위반·공익저해 등의 판단은 지방자치단체의 장(법 제107조) 또는 직근상급기관(법 제172조)에서 판단한다. 즉 지방자치단체의 장은 지방의회의 의결이 월권 또는 법령에 위반되거나 공익을 현저히 해한다고 인정되는 때에는 재의를 요구할 수 있는데, 이에 대하여 지방의회가 재의결하면 의결사항은 확정되게 된다. 이 경우 지방자치단체의 장은 재의결된 사항이 법령에 위반된다고 인정되는 때에는 대법원에 소를 제기할 수 있다(법 제107조). 또한 지방의회의 의결이 법령에 위반되거나 공익을 현저히 해한다고 판단될 때에는 시·도에 대하여는 행정자치부장관이, 시·군 및 자치구에 대하여는 시·도지사가 재의를 요구하게 할 수 있고, 재의의 요구를 받은 지방자치단체의 장은 지방의회에 이유를 붙여 재의를 요구하여야 한다. 그런데 이 요구에 대하여 재의의 결과 재적의원 과반수의 출석과 출석의원 3분의 2 이상의 찬성으로 전과 같은 의결을 하면 그 의결사항은 확정된다. 지방자치단체의 장은 재의결된 사항이 법령에 위반된다고 판단되는 때에는 대법원에 소를 제기할 수 있다(법 제172조).

지방자치단체의 사무에 관한 그 장의 명령이나 처분이 법령에 위반되거나 현저히 부당하여 공익을 해한다고 인정될 때에는 직근상급기관(시·도에 대하여는 주무부장관, 시·군 및 자치구에 대하여는 시·도지사)은 기간을 정하여 서면으로 시정을 명하고 그 기간내에 이행하지 아니할 때에는 이를 취소하거나 정지할 수 있는데, 이 경우 지방자치단체의 장은 자치사무에 관한 명령이나 처분의 취소 또는 정지에 대하여 이의가 있는 때에는 그 취소 또는 정지처분에 대하여 대법원에 소를 제기할 수 있다(법 제169조).

이들 경우에 대법원은 지방의회의 의결사항과 지방자치사무에 관한 명령·처분에 대한 대법원의 판단에 따라야 한다.

附 錄

대한민국헌법
국회법
정부조직법
법원조직법
헌법재판소법

大韓民國憲法

(제9차 개정(전문): 1987.10.29)

前 文

悠久한 歷史와 傳統에 빛나는 우리 大韓國民은 3·1運動으로 建立된 大韓民國 臨時政府의 法統과 不義에 抗拒한 4·19民主理念을 계승하고, 祖國의 民主改革과 平和的 統一의 使命에 입각하여 正義·人道와 同胞愛로써 民族의 團結을 공고히 하고, 모든 社會的 弊習과 不義를 타파하며, 自律과 調和를 바탕으로 自由民主的 基本秩序를 더욱 확고히 하여 政治·經濟·社會·文化의 모든 領域에 있어서 各人의 機會를 균등히 하고, 能力을 最高度로 발휘하게 하며, 自由와 權利에 따르는 責任과 義務를 완수하게 하여, 안으로는 國民生活의 균등한 향상을 기하고 밖으로는 항구적인 世界平和와 人類共榮에 이바지함으로써 우리들과 우리들의 子孫의 安全과 自由와 幸福을 영원히 확보할 것을 다짐하면서 1948年 7月 12日에 制定되고 8次에 걸쳐 改正된 憲法을 이제 國會의 議決을 거쳐 國民投票에 의하여 改正한다.

1987年 10月 29日

第1章 總 綱

第1條 ① 大韓民國은 民主共和國이다.
② 大韓民國의 主權은 國民에게 있고, 모든 權力은 國民으로부터 나온다.

第2條 ① 大韓民國의 國民이 되는 요건은 法律로 정한다.
② 國家는 法律이 정하는 바에 의하여 在外國民을 보호할 義務를 진다.

第3條 大韓民國의 領土는 韓半島와 그 附屬島嶼로 한다.

第4條 大韓民國은 統一을 指向하며, 自由民主的 基本秩序에 입각한 平和的 統一政策을 수립하고 이를 추진한다.

第5條 ① 大韓民國은 國際平和의 유지에 노력하고 侵略的 戰爭을 否認한다.
② 國軍은 國家의 安全保障과 國土防衛의 神聖한 義務를 수행함을 使命으로 하며, 그 政治的 中立性은 준수된다.

第6條 ① 憲法에 의하여 체결·公布된 條約과 一般的으로 승인된 國際法規는 國內法과 같은 效力을 가진다.
② 外國人은 國際法과 條約이 정하는 바에 의하여 그 地位가 보장된다.

第7條 ① 公務員은 國民全體에 대한 奉仕者이며, 國民에 대하여 責任을 진다.
② 公務員의 身分과 政治的 中立性은 法律이 정하는 바에 의하여 보장된다.

第8條 ① 政黨의 設立은 自由이며, 複數政黨制는 보장된다.
② 政黨은 그 目的·組織과 活動이 民主的이어야 하며, 國民의 政治的 意思形成에 참여하는데 필요한 組織을 가져야 한다.
③ 政黨은 法律이 정하는 바에 의하여 國家의 보호를 받으며, 國家는 法律이 정하는 바에 의하여 政黨運營에 필요한 資金을 補助할 수 있다.
④ 政黨의 目的이나 活動이 民主的 基本秩序에 違背될 때에는 政府는 憲法裁判所에 그 解散을 提訴할 수 있고, 政黨은 憲法裁判所의 審判에 의하여 解散된다.

第9條 國家는 傳統文化의 계승·발전과 民族文化의 暢達에 노력하여야 한다.

第2章 國民의 權利와 義務

第10條 모든 國民은 人間으로서의 尊嚴과 價値를 가지며, 幸福을 追求할 權利를 가진다. 國家는 개인이 가지는 不可侵의 基本的 人權을 확인하고 이를 보장할 義務를 진다.

第11條 ① 모든 國民은 法 앞에 平等하다. 누구든지 性別·宗教 또는 社會的 身分에 의하여 政治的·經濟的·社會的·文化的 生活의 모든 領域에 있어서 차별을 받지아니한다.

② 社會的 特殊階級의 制度는 인정되지 아니하며, 어떠한 形態로도 이를 創設할 수 없다.

③ 動章등의 榮典은 이를 받은 者에게만 效力이 있고, 어떠한 特權도 이에 따르지 아니한다.

第12條 ① 모든 國民은 身體의 自由를 가진다. 누구든지 法律에 의하지 아니하고는 逮捕·拘束·押收·搜索 또는 審問을 받지 아니하며, 法律과 適法한 節次에 의하지 아니하고는 處罰·保安處分 또는 强制勞役을 받지 아니한다.

② 모든 國民은 拷問을 받지 아니하며, 刑事上 자기에게 不利한 陳述을 强要당하지 아니한다.

③ 逮捕·拘束·押收 또는 搜索을 할 때에는 適法한 節次에 따라 檢事의 申請에 의하여 法官이 발부한 令狀을 제시하여야 한다. 다만, 現行犯人인 경우와 長期 3年이상의 刑에 해당하는 罪를 범하고 逃避 또는 證據湮滅의 염려가 있을 때에는 事後에 令狀을 請求할 수 있다.

④ 누구든지 逮捕 또는 拘束을 당한 때에는 즉시 辯護人의 助力을 받을 權利를 가진다. 다만, 刑事被告人이 스스로 辯護人을 구할 수 없을 때에는 法律이 정하는 바에 의하여 國家가 辯護人을 붙인다.

⑤ 누구든지 逮捕 또는 拘束의 이유와 辯護人의 助力을 받을 權利가 있음을 告知받지 아니하고는 逮捕 또는 拘束을 당하지 아니한다. 逮捕 또는 拘束을 당한 者의 家族등 法律이 정하는 者에게는 그 이유와 日時·場所가 지체없이 통지되어야 한다.

⑥ 누구든지 逮捕 또는 拘束을 당한 때에는 適否의 審査를 法院에 請求할 權利를 가진다.

⑦ 被告人의 自白이 拷問·暴行·脅迫·拘束의 부당한 長期化 또는 欺罔 기타의 방법에 의하여 自意로 陳述된 것이 아니라고 인정될 때 또는 正式裁判에 있어서 被告人의 自白이 그에게 不利한 유일한 증거일 때에는 이를 有罪의 증거로 삼거나 이를 이유로 處罰할 수 없다.

第13條 ① 모든 國民은 行爲時의 法律에 의하여 犯罪를 구성하지 아니하는 행위로 訴追되지 아니하며, 동일한 犯罪에 대하여 거듭 處罰받지 아니한다.

② 모든 國民은 遡及立法에 의하여 參政權의 제한을 받거나 財産權을 剝奪당하지 아니한다.

③ 모든 國民은 자기의 행위가 아닌 親族의 행위로 인하여 불이익한 處遇를 받지 아니한다.

第14條 모든 國民은 居住·移轉의 自由를 가진다.

第15條 모든 國民은 職業選擇의 自由를 가진다.

第16條 모든 國民은 住居의 自由를 침해받지 아니한다. 住居에 대한 押收나 搜索을 할 때에는 檢事의 申請에 의하여 法官이 발부한 令狀을 제시하여야 한다.

第17條 모든 國民은 私生活의 秘密과 自由를 침해받지 아니한다.

第18條 모든 國民은 通信의 秘密을 침해받지 아니한다.

第19條 모든 國民은 良心의 自由를 가진다.

第20條 ① 모든 國民은 宗教의 自由를

가진다.

② 國教는 인정되지 아니하며, 宗教와 政治는 分離된다.

第21條 ① 모든 國民은 言論·出版의 自由와 集會·結社의 自由를 가진다.

② 言論·出版에 대한 許可나 檢閱과 集會·結社에 대한 許可는 인정되지 아니한다.

③ 通信·放送의 施設基準과 新聞의 機能을 보장하기 위하여 필요한 사항은 法律로 정한다.

④ 言論·出版은 他人의 名譽나 權利 또는 公衆道德이나 社會倫理를 침해하여서는 아니된다. 言論·出版이 他人의 名譽나 權利를 침해한 때에는 被害者는 이에 대한 被害의 賠償을 請求할 수 있다.

第22條 ① 모든 國民은 學問과 藝術의 自由를 가진다.

② 著作者·發明家·科學技術者와 藝術家의 權利는 法律로써 보호한다.

第23條 ① 모든 國民의 財産權은 보장된다. 그 내용과 限界는 法律로 정한다.

② 財産權의 행사는 公共福利에 적합하도록 하여야 한다.

③ 公共必要에 의한 財産權의 收用·사용 또는 제한 및 그에 대한 補償은 法律로써 하되, 정당한 補償을 支給하여야 한다.

第24條 모든 國民은 法律이 정하는 바에 의하여 選擧權을 가진다.

第25條 모든 國民은 法律이 정하는 바에 의하여 公務擔任權을 가진다.

第26條 ① 모든 國民은 法律이 정하는 바에 의하여 國家機關에 文書로 請願할 權利를 가진다.

② 國家는 請願에 대하여 審査할 義務를 진다.

第27條 ① 모든 國民은 憲法과 法律이 정한 法官에 의하여 法律에 의한 裁判을 받을 權利를 가진다.

② 軍人 또는 軍務員이 아닌 國民은 大韓民國의 領域 안에서는 중대한 軍事上 機密·哨兵·哨所·有毒飮食物供給·捕虜·軍用物에 관한 罪중 法律이 정한 경우와 非常戒嚴이 宣布된 경우를 제외하고는 軍事法院의 裁判을 받지 아니한다.

③ 모든 國民은 신속한 裁判을 받을 權利를 가진다. 刑事被告人은 상당한 이유가 없는 한 지체없이 公開裁判을 받을 權利를 가진다.

④ 刑事被告人은 有罪의 判決이 확정될 때까지는 無罪로 推定된다.

⑤ 刑事被害者는 法律이 정하는 바에 의하여 당해 事件의 裁判節次에서 陳述할 수 있다.

第28條 刑事被疑者 또는 刑事被告人으로서 拘禁되었던 者가 法律이 정하는 不起訴處分을 받거나 無罪判決을 받은 때에는 法律이 정하는 바에 의하여 國家에 정당한 補償을 請求할 수 있다.

第29條 ① 公務員의 職務上 不法行爲로 損害를 받은 國民은 法律이 정하는 바에 의하여 國家 또는 公共團體에 정당한 賠償을 請求할 수 있다. 이 경우 公務員 자신의 責任은 免除되지 아니한다.

② 軍人·軍務員·警察公務員 기타 法律이 정하는 者가 戰鬪·訓練 등 職務執行과 관련하여 받은 損害에 대하여는 法律이 정하는 報償 외에 國家 또는 公共團體에 公務員의 職務上 不法行爲로 인한 賠償은 請求할 수 없다.

第30條 他人의 犯罪行爲로 인하여 生命·身體에 대한 被害를 받은 國民은 法律이 정하는 바에 의하여 國家로부터 救助를 받을 수 있다.

第31條 ① 모든 國民은 能力에 따라 균등하게 教育을 받을 權利를 가진다.

② 모든 國民은 그 보호하는 子女에게 적어도 初等教育과 法律이 정하는 教育을 받게 할 義務를 진다.

③ 義務教育은 無償으로 한다.

④ 教育의 自主性·專門性·政治的 中

立性 및 大學의 自律性은 法律이 정하는 바에 의하여 보장된다.
⑤ 國家는 平生敎育을 振興하여야 한다.
⑥ 學校敎育 및 平生敎育을 포함한 敎育制度와 그 운영, 敎育財政 및 敎員의 地位에 관한 基本的인 사항은 法律로 정한다.

第32條 ① 모든 國民은 勤勞의 權利를 가진다. 國家는 社會的·經濟的 방법으로 勤勞者의 雇傭의 增進과 適正賃金의 보장에 노력하여야 하며, 法律이 정하는 바에 의하여 最低賃金制를 施行하여야 한다.
② 모든 國民은 勤勞의 義務를 진다. 國家는 勤勞의 義務의 내용과 조건을 民主主義原則에 따라 法律로 정한다.
③ 勤勞條件의 基準은 人間의 尊嚴性을 보장하도록 法律로 정한다.
④ 女子의 勤勞는 특별한 보호를 받으며, 雇傭·賃金 및 勤勞條件에 있어서 부당한 차별을 받지 아니한다.
⑤ 年少者의 勤勞는 특별한 보호를 받는다.
⑥ 國家有功者·傷痍軍警 및 戰歿軍警의 遺家族은 法律이 정하는 바에 의하여 優先的으로 勤勞의 機會를 부여받는다.

第33條 ① 勤勞者는 勤勞條件의 향상을 위하여 自主的인 團結權·團體交涉權 및 團體行動權을 가진다.
② 公務員인 勤勞者는 法律이 정하는 者에 한하여 團結權·團體交涉權 및 團體行動權을 가진다.
③ 法律이 정하는 主要防衛産業體에 종사하는 勤勞者의 團體行動權은 法律이 정하는 바에 의하여 이를 제한하거나 인정하지 아니할 수 있다.

第34條 ① 모든 國民은 人間다운 生活을 할 權利를 가진다.
② 國家는 社會保障·社會福祉의 增進에 노력할 義務를 진다.
③ 國家는 女子의 福祉와 權益의 향상을 위하여 노력하여야 한다.
④ 國家는 老人과 靑少年의 福祉向上을 위한 政策을 실시할 義務를 진다.
⑤ 身體障碍者 및 疾病·老齡 기타의 사유로 生活能力이 없는 國民은 法律이 정하는 바에 의하여 國家의 보호를 받는다.
⑥ 國家는 災害를 豫防하고 그 위험으로부터 國民을 보호하기 위하여 노력하여야 한다.

第35條 ① 모든 國民은 건강하고 快適한 環境에서 生活할 權利를 가지며, 國家와 國民은 環境保全을 위하여 노력하여야 한다.
② 環境權의 내용과 행사에 관하여는 法律로 정한다.
③ 國家는 住宅開發政策등을 통하여 모든 國民이 快適한 住居生活을 할 수 있도록 노력하여야 한다.

第36條 ① 婚姻과 家族生活은 개인의 尊嚴과 兩性의 平等을 기초로 成立되고 유지되어야 하며, 國家는 이를 보장한다.
② 國家는 母性의 보호를 위하여 노력하여야 한다.
③ 모든 國民은 保健에 관하여 國家의 보호를 받는다.

第37條 ① 國民의 自由와 權利는 憲法에 열거되지 아니한 이유로 輕視되지 아니한다.
② 國民의 모든 自由와 權利는 國家安全保障·秩序維持 또는 公共福利를 위하여 필요한 경우에 한하여 法律로써 제한할 수 있으며, 제한하는 경우에도 自由와 權利의 本質的인 내용을 침해할 수 없다.

第38條 모든 國民은 法律이 정하는 바에 의하여 納稅의 義務를 진다.

第39條 ① 모든 國民은 法律이 정하는 바에 의하여 國防의 義務를 진다.
② 누구든지 兵役義務의 이행으로 인하여 불이익한 處遇를 받지 아니한다.

第3章 國　會

第40條 立法權은 國會에 속한다.

第41條 ① 國會는 國民의 普通·平等·直接·秘密選擧에 의하여 選出된 國會議員으로 구성한다.
② 國會議員의 數는 法律로 정하되, 200人이상으로 한다.
③ 國會議員의 選擧區와 比例代表制 기타 選擧에 관한 사항은 法律로 정한다.

第42條 國會議員의 任期는 4年으로 한다.

第43條 國會議員은 法律이 정하는 職을 겸할 수 없다.

第44條 ① 國會議員은 現行犯人인 경우를 제외하고는 會期중 國會의 同意없이 逮捕 또는 拘禁되지 아니한다.
② 國會議員이 會期전에 逮捕 또는 拘禁된 때에는 現行犯人이 아닌 한 國會의 요구가 있으면 會期중 釋放된다.

第45條 國會議員은 國會에서 職務上 행한 發言과 表決에 관하여 國會외에서 責任을 지지 아니한다.

第46條 ① 國會議員은 清廉의 義務가 있다.
② 國會議員은 國家利益을 우선하여 良心에 따라 職務를 행한다.
③ 國會議員은 그 地位를 濫用하여 國家·公共團體 또는 企業體와의 契約이나 그 處分에 의하여 財産上의 權利·이익 또는 職位를 취득하거나 他人을 위하여 그 취득을 알선할 수 없다.

第47條 ① 國會의 定期會는 法律이 정하는 바에 의하여 매년 1회 集會되며, 國會의 臨時會는 大統領 또는 國會在籍議員 4分의 1이상의 요구에 의하여 集會된다.
② 定期會의 會期는 100日을, 臨時會의 會期는 30日을 초과할 수 없다
③ 大統領이 臨時會의 集會를 요구할 때에는 期間과 集會要求의 이유를 명시하여야 한다.

第48條 國會는 議長 1人과 副議長 2人을 選出한다.

第49條 國會는 憲法 또는 法律에 특별한 規定이 없는 한 在籍議員 過半數의 출석과 出席議員 過半數의 贊成으로 議決한다. 可否同數인 때에는 否決된 것으로 본다.

第50條 ① 國會의 會議는 公開한다. 다만, 出席議員 過半數의 贊成이 있거나 議長이 國家의 安全保障을 위하여 필요하다고 인정할 때에는 公開하지 아니할 수 있다.
② 公開하지 아니한 會議內容의 公表에 관하여는 法律이 정하는 바에 의한다.

第51條 國會에 제출된 法律案 기타의 議案은 會期중에 議決되지 못한 이유로 폐기되지 아니한다. 다만, 國會議員의 任期가 만료된 때에는 그러하지 아니하다.

第52條 國會議員과 政府는 法律案을 제출할 수 있다.

第53條 ① 國會에서 議決된 法律案은 政府에 移送되어 15日이내에 大統領이 公布한다.
② 法律案에 異議가 있을 때에는 大統領은 第1項의 期間내에 異議書를 붙여 國會로 還付하고, 그 再議를 요구할 수 있다. 國會의 閉會중에도 또한 같다.
③ 大統領은 法律案의 일부에 대하여 또는 法律案을 修正하여 再議를 요구할 수 없다.
④ 再議의 요구가 있을 때에는 國會는 再議에 붙이고, 在籍議員過半數의 출석과 出席議員 3分의 2이상의 贊成으로 前과 같은 議決을 하면 그 法律案은 法律로서 확정된다.
⑤ 大統領이 第1項의 期間내에 公布나 再議의 요구를 하지 아니한 때에도 그 法律案은 法律로서 확정된다.
⑥ 大統領은 第4項과 第5項의 規定에 의하여 확정된 法律을 지체없이 公布

하여야 한다. 第5項에 의하여 法律이 확정된 후 또는 第4項에 의한 確定法律이 政府에 移送된 후 5日이내에 大統領이 公布하지 아니할 때에는 國會議長이 이를 公布한다.

⑦ 法律은 특별한 規定이 없는 한 公布한 날로부터 20日을 경과함으로써 效力을 발생한다.

第54條 ① 國會는 國家의 豫算案을 審議·확정한다.

② 政府는 會計年度마다 豫算案을 編成하여 會計年度 開始 90日전까지 國會에 제출하고, 國會는 會計年度 開始 30日전까지 이를 議決하여야 한다.

③ 새로운 會計年度가 開始될 때까지 豫算案이 議決되지 못한 때에는 政府는 國會에서 豫算案이 議決될 때까지 다음의 目的을 위한 經費는 前年度 豫算에 準하여 執行할 수 있다.

1. 憲法이나 法律에 의하여 設置된 機關 또는 施設의 유지·운영
2. 法律上 支出義務의 이행
3. 이미 豫算으로 승인된 事業의 계속

第55條 ① 한 會計年度를 넘어 계속하여 支出할 필요가 있을 때에는 政府는 年限을 정하여 繼續費로서 國會의 議決을 얻어야 한다.

② 豫備費는 總額으로 國會의 議決을 얻어야 한다. 豫備費의 支出은 次期國會의 승인을 얻어야 한다.

第56條 政府는 豫算에 變更을 加할 필요가 있을 때에는 追加更正豫算案을 編成하여 國會에 제출할 수 있다.

第57條 國會는 政府의 同意없이 政府가 제출한 支出豫算 各項의 金額을 增加하거나 새 費目을 設置할 수 없다.

第58條 國債를 모집하거나 豫算외에 國家의 부담이 될 契約을 체결하려할 때에는 政府는 미리 國會의 議決을 얻어야 한다.

第59條 租稅의 種目과 稅率은 法律로 정한다.

第60條 ① 國會는 相互援助 또는 安全保障에 관한條約, 중요한 國際組織에 관한條約, 友好通商航海條約, 主權의 制約에 관한條約, 講和條約, 國家나 國民에게 중대한 財政的 부담을 지우는條約 또는 立法事項에 관한條約의 체결·批准에 대한 同意權을 가진다.

② 國會는 宣戰布告, 國軍의 外國에의 派遣 또는 外國軍隊의 大韓民國領域 안에서의 駐留에 대한 同意權을 가진다.

第61條 ① 國會는 國政을 監査하거나 특정한 國政事案에 대하여 調査할 수 있으며, 이에 필요한 書類의 提出 또는 證人의 출석과 證言이나 의견의 陳述을 요구할 수 있다.

② 國政監査 및 調査에 관한 節次 기타 필요한 사항은 法律로 정한다.

第62條 ① 國務總理·國務委員 또는 政府委員은 國會나 그 委員會에 출석하여 國政處理狀況을 보고하거나 의견을 陳述하고 質問에 응답할 수 있다.

② 國會나 그 委員會의 요구가 있을 때에는 國務總理·國務委員 또는 政府委員은 출석·답변하여야 하며, 國務總理 또는 國務委員이 出席要求를 받은 때에는 國務委員 또는 政府委員으로 하여금 출석·답변하게 할 수 있다.

第63條 ① 國會는 國務總理 또는 國務委員의 解任을 大統領에게 建議할 수 있다.

② 第1項의 解任建議는 國會在籍議員 3分의 1이상의 發議에 의하여 國會在籍議員過半數의 贊成이 있어야 한다.

第64條 ① 國會는 法律에 저촉되지 아니하는 범위안에서 議事와 內部規律에 관한 規則을 制定할 수 있다.

② 國會는 議員의 資格을 審査하며, 議員을 懲戒할 수 있다.

③ 議員을 除名하려면 國會在籍議員 3分의 2이상의 贊成이 있어야 한다.

④ 第2項과 第3項의 處分에 대하여는 法院에 提訴할 수 없다.

第65條 ① 大統領·國務總理·國務委員·行政各部의 長·憲法裁判所 裁判官·法官·中央選擧 管理委員會 委員·監査院長·監査委員 기타 法律이 정한 公務員이 그 職務執行에 있어서 憲法이나 法律을 違背한 때에는 國會는 彈劾의 訴追를 議決할 수 있다.
② 第1項의 彈劾訴追는 國會在籍議員 3分의 1이상의 發議가 있어야 하며, 그 議決은 國會在籍議員 過半數의 贊成이 있어야 한다. 다만, 大統領에 대한 彈劾訴追는 國會在籍議員 過半數의 發議와 國會在籍 議員 3分의 2이상의 贊成이 있어야 한다.
③ 彈劾訴追의 議決을 받은 者는 彈劾審判이 있을 때까지 그 權限行使가 정지된다.
④ 彈劾決定은 公職으로부터 罷免함에 그친다. 그러나, 이에 의하여 民事上이나 刑事上의 責任이 免除되지는 아니한다.

第4章 政 府

第1節 大統領

第66條 ① 大統領은 國家의 元首이며, 外國에 대하여 國家를 代表한다.
② 大統領은 國家의 獨立·領土의 保全·國家의 繼續性과 憲法을 守護할 責務를 진다.
③ 大統領은 祖國의 平和的 統一을 위한 성실한 義務를 진다.
④ 行政權은 大統領을 首班으로 하는 政府에 속한다.

第67條 ① 大統領은 國民의 普通·平等·直接·秘密選擧에 의하여 選出한다.
② 第1項의 選擧에 있어서 最高得票者가 2人이상인 때에는 國會의 在籍議員 過半數가 출석한 公開會議에서 多數票를 얻은 者를 當選者로 한다.
③ 大統領候補者가 1人일 때에는 그 得票數가 選擧權者 總數의 3分의 1이상이 아니면 大統領으로 當選될 수 없다.
④ 大統領으로 選擧될 수 있는 者는 國會議員의 被選擧權이 있고 選擧日 현재 40歲에 達하여야 한다.
⑤ 大統領의 選擧에 관한 사항은 法律로 정한다.

第68條 ① 大統領의 任期가 만료되는 때에는 任期滿了 70日 내지 40日전에 後任者를 選擧한다.
② 大統領이 闕位된 때 또는 大統領當選者가 死亡하거나 判決 기타의 사유로 그 資格을 喪失한 때에는 60日 이내에 後任者를 選擧한다.

第69條 大統領은 就任에 즈음하여 다음의 宣誓를 한다.
"나는 憲法을 준수하고 國家를 保衛하며 祖國의 平和的 統一과 國民의 自由와 福利의 增進 및 民族文化의 暢達에 노력하여 大統領으로 서의 職責을 성실히 수행할 것을 國民 앞에 엄숙히 宣誓합니다."

第70條 大統領의 任期는 5年으로 하며, 重任할 수 없다.

第71條 大統領이 闕位되거나 事故로 인하여 職務를 수행할 수 없을 때에는 國務總理, 法律이 정한 國務委員의 順序로 그 權限을 代行한다.

第72條 大統領은 필요하다고 인정할 때에는 外交·國防·統一 기타 國家安危에 관한 重要政策을 國民投票에 붙일 수 있다.

第73條 大統領은條約을 체결·批准하고, 外交使節을 信任·접수 또는 派遣하며, 宣戰布告와 講和를 한다.

第74條 ① 大統領은 憲法과 法律이 정하는 바에 의하여 國軍을 統帥한다.
② 國軍의 組織과 編成은 法律로 정한다.

第75條 大統領은 法律에서 구체적으로 범위를 정하여 委任받은 사항과 法律을 執行하기 위하여 필요한 사항에 관하여 大統領令을 발할 수 있다.

第76條 ① 大統領은 內憂·外患·天災·地變 또는 중대한 財政·經濟上의 危機에 있어서 國家의 安全保障 또는 公共의 安寧秩序를 유지하기 위하여 긴급한 措置가 필요하고 國會의 集會를 기다릴 여유가 없을 때에 한하여 최소한으로 필요한 財政·經濟上의 處分을 하거나 이에 관하여 法律의 效力을 가지는 命令을 발할 수 있다.
② 大統領은 國家의 安危에 관계되는 중대한 交戰狀態에 있어서 國家를 保衛하기 위하여 긴급한 措置가 필요하고 國會의 集會가 불가능 한 때에 한하여 法律의 效力을 가지는 命令을 발할 수 있다.
③ 大統領은 第1項과 第2項의 處分 또는 命令을 한 때에는 지체없이 國會에 보고하여 그 승인을 얻어야 한다.
④ 第3項의 승인을 얻지 못한 때에는 그 處分 또는 命令은 그때부터 效力을 喪失한다. 이 경우 그 命令에 의하여 改正 또는 廢止되었던 法律은 그 命令이 승인을 얻지 못한 때부터 당연히 效力을 회복한다.
⑤ 大統領은 第3項과 第4項의 사유를 지체없이 公布하여야 한다.

第77條 ① 大統領은 戰時·事變 또는 이에 準하는 國家非常事態에 있어서 兵力으로써 軍事上의 필요에 응하거나 公共의 安寧秩序를 유지할 필요가 있을 때에는 法律이 정하는 바에 의하여 戒嚴을 宣布할 수 있다.
② 戒嚴은 非常戒嚴과 警備戒嚴으로 한다.
③ 非常戒嚴이 宣布된 때에는 法律이 정하는 바에 의하여 令狀制度, 言論·出版·集會·結社의 自由, 政府나 法院의 權限에 관하여 특별한 措置를 할 수 있다.
④ 戒嚴을 宣布한 때에는 大統領은 지체없이 國會에 통고하여야 한다.
⑤ 國會가 在籍議員 過半數의 贊成으로 戒嚴의 解除를 요구한 때에는 大統領은 이를 解除 하여야 한다

第78條 大統領은 憲法과 法律이 정하는 바에 의하여 公務員을 任免한다.

第79條 ① 大統領은 法律이 정하는 바에 의하여 赦免·減刑 또는 復權을 命할 수 있다.
② 一般赦免을 命하려면 國會의 同意를 얻어야 한다.
③ 赦免·減刑 및 復權에 관한 사항은 法律로 정한다.

第80條 大統領은 法律이 정하는 바에 의하여 勳章 기타의 榮典을 수여한다.

第81條 大統領은 國會에 출석하여 發言하거나 書翰으로 의견을 표시할 수 있다.

第82條 大統領의 國法上 행위는 文書로써 하며, 이 文書에는 國務總理와 관계 國務委員이 副署한다. 軍事에 관한 것도 또한 같다.

第83條 大統領은 國務總理·國務委員·行政各部의 長 기타 法律이 정하는 公私의 職을 겸할 수 없다.

第84條 大統領은 內亂 또는 外患의 罪를 범한 경우를 제외하고는 在職중 刑事上의 訴追를 받지 아니한다.

第85條 前職大統領의 身分과 禮遇에 관하여는 法律로 정한다.

第2節 行政府

第1款 國務總理와 國務委員

第86條 ① 國務總理는 國會의 同意를 얻어 大統領이 任命한다.
② 國務總理는 大統領을 補佐하며, 行政에 관하여 大統領의 命을 받아 行政各部를 統轄한다.
③ 軍人은 現役을 免한 후가 아니면 國務總理로 任命될 수 없다.

第87條 ① 國務委員은 國務總理의 提請으로 大統領이 任命한다.
② 國務委員은 國政에 관하여 大統領을 補佐하며, 國務會議의 構成員으로서 國政을 審議한다.

③ 國務總理는 國務委員의 解任을 大統領에게 建議할 수 있다.

④ 軍人은 現役을 免한 후가 아니면 國務委員으로 任命될 수 없다.

第2款 國務會議

第88條 ① 國務會議는 政府의 權限에 속하는 중요한 政策을 審議한다.

② 國務會議는 大統領·國務總理와 15人이상 30人이하의 國務委員으로 구성한다.

③ 大統領은 國務會議의 議長이 되고, 國務總理는 副議長이 된다.

第89條 다음 사항은 國務會議의 審議를 거쳐야 한다.

1. 國政의 基本計劃과 政府의 一般政策
2. 宣戰·講和 기타 중요한 對外政策
3. 憲法改正案·國民投票案·條約案·法律案 및 大統領令案
4. 豫算案·決算·國有財產處分의 基本計劃·國家의 부담이 될 契約 기타 財政에 관한 중요사항
5. 大統領의 緊急命令·緊急財政經濟處分 및 命令 또는 戒嚴과 그 解除
6. 軍事에 관한 중요사항
7. 國會의 臨時會 集會의 요구
8. 榮典授與
9. 赦免·減刑과 復權
10. 行政各部間의 權限의 劃定
11. 政府안의 權限의 委任 또는 配定에 관한 基本計劃
12. 國政處理狀況의 評價·分析
13. 行政各部의 중요한 政策의 수립과 調整
14. 政黨解散의 提訴
15. 政府에 제출 또는 회부된 政府의 政策에 관계되는 請願의 審查
16. 檢察總長·合同參謀議長·各軍參謀總長·國立大學校總長·大使 기타 法律이 정한 公務員과 國營企業體管理者의 任命
17. 기타 大統領·國務總理 또는 國務委員이 제출한 사항

第90條 ① 國政의 중요한 사항에 관한 大統領의 諮問에 응하기 위하여 國家元老로 구성되는 國家元老諮問會議를 둘 수 있다.

② 國家元老諮問會議의 議長은 直前大統領이 된다. 다만, 直前大統領이 없을 때에는 大統領이 指名한다.

③ 國家元老諮問會議의 組織·職務範圍 기타 필요한 사항은 法律로 정한다.

第91條 ① 國家安全保障에 관련되는 對外政策·軍事政策과 國內政策의 수립에 관하여 國務會議의 審議에 앞서 大統領의 諮問에 응하기 위하여 國家安全保障會議를 둔다.

② 國家安全保障會議는 大統領이 主宰한다.

③ 國家安全保障會議의 組織·職務範圍 기타 필요한 사항은 法律로 정한다.

第92條 ① 平和統一政策의 수립에 관한 大統領의 諮問에 응하기 위하여 民主平和統一諮問會議를 둘 수 있다.

② 民主平和統一諮問會議의 組織·職務範圍 기타 필요한 사항은 法律로 정한다.

第93條 ① 國民經濟의 발전을 위한 重要政策의 수립에 관하여 大統領의 諮問에 응하기 위하여 國民經濟諮問會議를 둘 수 있다.

② 國民經濟諮問會議의 組織·職務範圍 기타 필요한 사항은 法律로 정한다.

第3款 行政各部

第94條 行政各部의 長은 國務委員 중에서 國務總理의 提請으로 大統領이 任命한다.

第95條 國務總理 또는 行政各部의 長은 所管事務에 관하여 法律이나 大統領令의 委任 또는 職權으로 總理令 또는 部令을 발할 수 있다.

第96條 行政各部의 設置·組織과 職務範圍는 法律로 정한다.

第4款 監査院

第97條 國家의 歲入·歲出의 決算, 國家 및 法律이 정한 團體의 會計檢査와 行政機關 및 公務員의 職務에 관한 監察을 하기 위하여 大統領 所屬下에 監査院을 둔다.

第98條 ① 監査院은 院長을 포함한 5人이상 11人이하의 監査委員으로 구성한다.

② 院長은 國會의 同意를 얻어 大統領이 任命하고, 그 任期는 4年으로 하며, 1次에 한하여 重任할 수 있다.

③ 監査委員은 院長의 提請으로 大統領이 任命하고, 그 任期는 4年으로 하며, 1次에 한하여 重任할 수 있다.

第99條 監査院은 歲入·歲出의 決算을 매년 檢査하여 大統領과 次年度國會에 그 결과를 보고하여야 한다.

第100條 監査院의 組織·職務範圍·監査委員의 資格·監査對象公務員의 범위 기타 필요한 사항은 法律로 정한다.

第5章 法 院

第101條 ① 司法權은 法官으로 구성된 法院에 속한다.

② 法院은 最高法院인 大法院과 各級法院으로 組織된다.

③ 法官의 資格은 法律로 정한다.

第102條 ① 大法院에 部를 둘 수 있다.

② 大法院에 大法官을 둔다. 다만, 法律이 정하는 바에 의하여 大法官이 아닌 法官을 둘 수 있다.

③ 大法院과 各級法院의 組織은 法律로 정한다.

第103條 法官은 憲法과 法律에 의하여 그 良心에 따라 獨立하여 審判한다.

第104條 ① 大法院長은 國會의 同意를 얻어 大統領이 任命한다.

② 大法官은 大法院長의 提請으로 國會의 同意를 얻어 大統領이 任命한다.

③ 大法院長과 大法官이 아닌 法官은 大法官會議의 同意를 얻어 大法院長이 任命한다.

第105條 ① 大法院長의 任期는 6年으로 하며, 重任할 수 없다.

② 大法官의 任期는 6年으로 하며, 法律이 정하는 바에 의하여 連任할 수 있다.

③ 大法院長과 大法官이 아닌 法官의 任期는 10年으로 하며, 法律이 정하는 바에 의하여 連任할 수 있다.

④ 法官의 停年은 法律로 정한다.

第106條 ① 法官은 彈劾 또는 禁錮이상의 刑의 宣告에 의하지 아니하고는 罷免되지 아니하며, 懲戒處分에 의하지 아니하고는 停職·減俸 기타 不利한 處分을 받지 아니한다.

② 法官이 중대한 心身上의 障害로 職務를 수행할 수 없을 때에는 法律이 정하는 바에 의하여 退職하게 할 수 있다.

第107條 ① 法律이 憲法에 위반되는 여부가 裁判의 前提가 된 경우에는 法院은 憲法裁判所에 提請하여 그 審判에 의하여 裁判한다.

② 命令·規則 또는 處分이 憲法이나 法律에 위반되는 여부가 裁判의 前提가 된 경우에는 大法院은 이를 最終的으로 審査할 權限을 가진다.

③ 裁判의 前審節次로서 行政審判을 할 수 있다. 行政審判의 節次는 法律로 정하되, 司法節次가 準用되어야 한다.

第108條 大法院은 法律에서 저촉되지 아니하는 범위안에서 訴訟에 관한 節次, 法院의 內部規律과 事務處理에 관한 規則을 制定할 수 있다.

第109條 裁判의 審理와 判決은 公開한다. 다만, 審理는 國家의 安全保障 또는 安寧秩序를 방해하거나 善良한 風俗을 해할 염려가 있을 때에는 法院의 決定으로 公開하지 아니할 수 있다.

第110條 ① 軍事裁判을 관할하기 위하여 特別法院으로서 軍事法院을 둘 수

있다.

② 軍事法院의 上告審은 大法院에서 관할한다.

③ 軍事法院의 組織·權限 및 裁判官의 資格은 法律로 정한다.

④ 非常戒嚴下의 軍事裁判은 軍人·軍務員의 犯罪나 軍事에 관한 間諜罪의 경우와 哨兵· 哨所·有毒飮食物供給·捕虜에 관한 罪중 法律이 정한 경우에 한하여 單審으로 할 수 있다. 다만, 死刑을 宣告한 경우에는 그러하지 아니하다.

第6章 憲法裁判所

第111條 ① 憲法裁判所는 다음 사항을 管掌한다.

1. 法院의 提請에 의한 法律의 違憲與否 審判
2. 彈劾의 審判
3. 政黨의 解散 審判
4. 國家機關 相互間, 國家機關과 地方自治團體間 및 地方自治團體 相互間의 權限爭議에 관한 審判
5. 法律이 정하는 憲法訴願에 관한 審判

② 憲法裁判所는 法官의 資格을 가진 9人의 裁判官으로 구성하며, 裁判官은 大統領이 任命한다.

③ 第2項의 裁判官중 3人은 國會에서 選出하는 者를, 3人은 大法院長이 指名하는 者를 任命한다.

④ 憲法裁判所의 長은 國會의 同意를 얻어 裁判官중에서 大統領이 任命한다.

第112條 ① 憲法裁判所 裁判官의 任期는 6年으로 하며, 法律이 정하는 바에 의하여 連任할 수 있다.

② 憲法裁判所 裁判官은 政黨에 加入하거나 政治에 관여할 수 없다.

③ 憲法裁判所 裁判官은 彈劾 또는 禁錮이상의 刑의 宣告에 의하지 아니하고는 罷免되지 아니한다.

第113條 ① 憲法裁判所에서 法律의 違憲決定, 彈劾의 決定, 政黨解散의 決定 또는 憲法訴願에 관한 認容決定을 할 때에는 裁判官 6人이상의 贊成이 있어야 한다.

② 憲法裁判所는 法律에 저촉되지 아니하는 범위안에서 審判에 관한 節次, 內部規律과 事務處理에 관한 規則을 制定할 수 있다.

③ 憲法裁判所의 組織과 운영 기타 필요한 사항은 法律로 정한다.

第7章 選擧管理

第114條 ① 選擧와 國民投票의 공정한 管理 및 政黨에 관한 事務를 처리하기 위하여 選擧管 理委員會를 둔다.

② 中央選擧管理委員會는 大統領이 任命하는 3人, 國會에서 選出하는 3人과 大法院長이 指名하는 3人의 委員으로 구성한다. 委員長은 委員중에서 互選한다.

③ 委員의 任期는 6年으로 한다.

④ 委員은 政黨에 加入하거나 政治에 관여할 수 없다.

⑤ 委員은 彈劾 또는 禁錮이상의 刑의 宣告에 의하지 아니하고는 罷免되지 아니한다.

⑥ 中央選擧管理委員會는 法令의 범위안에서 選擧管理·國民投票管理 또는 政黨事務에 관한 規則을 制定할 수 있으며, 法律에 저촉되지 아니하는 범위안에서 內部規律에 관한 規則을 制定할 수 있다.

⑦ 各級 選擧管理委員會의 組織·職務範圍 기타 필요한 사항은 法律로 정한다.

第115條 ① 各級 選擧管理委員會는 選擧人名簿의 작성등 選擧事務와 國民投票事務에 관하여 관계 行政機關에 필요한 指示를 할 수 있다.

② 第1項의 指示를 받은 당해 行政機關은 이에 응하여야 한다.

第116條 ① 選擧運動은 各級 選擧管理

委員會의 管理下에 法律이 정하는 범위안에서 하되, 균등한 機會가 보장되어야 한다.
② 選擧에 관한 經費는 法律이 정하는 경우를 제외하고는 政黨 또는 候補者에게 부담시킬 수 없다.

第8章 地方自治

第117條 ① 地方自治團體는 住民의 福利에 관한 事務를 처리하고 財産을 관리하며, 法令의 범위안에서 自治에 관한 規定을 制定할 수 있다.
② 地方自治團體의 종류는 法律로 정한다.

第118條 ① 地方自治團體에 議會를 둔다.
② 地方議會의 組織·權限·議員選擧와 地方自治團體의 長의 選任方法 기타 地方自治團體의 組織과 운영에 관한 사항은 法律로 정한다.

第9章 經 濟

第119條 ① 大韓民國의 經濟秩序는 개인과 企業의 經濟上의 自由와 創意를 존중함을 基本으로 한다.
② 國家는 균형있는 國民經濟의 成長및 安定과 적정한 所得의 分配를 유지하고, 市場의 支配와 經濟力의 濫用을 방지하며, 經濟主體間의 調和를 통한 經濟의 民主化를 위하여 經濟에 관한 規制와 調整을 할 수 있다.

第120條 ① 鑛物 기타 중요한 地下資源·水産資源·水力과 經濟上 이용할 수 있는 自然力은 法律이 정하는 바에 의하여 일정한 期間 그 採取·開發 또는 이용을 特許할 수 있다.
② 國土와 資源은 國家의 보호를 받으며, 國家는 그 균형있는 開發과 이용을 위하여 필요한 計劃을 수립한다.

第121條 ① 國家는 農地에 관하여 耕者有田의 원칙이 達成될 수 있도록 노력하여야 하며, 農地의 小作制度는 금지된다.
② 農業生産性의 提高와 農地의 합리적인 이용을 위하거나 불가피한 事情으로 발생하는 農地의 賃貸借와 委託經營은 法律이 정하는 바에 의하여 인정된다.

第122條 國家는 國民 모두의 生産 및 生活의 基盤이 되는 國土의 효율적이고 균형있는 이용·開發과 보전을 위하여 法律이 정하는 바에 의하여 그에 관한 필요한 제한과 義務를 課할 수 있다.

第123條 ① 國家는 農業 및 漁業을 보호·육성하기 위하여 農·漁村綜合開發과 그 지원등 필요한 計劃을 수립·施行하여야 한다.
② 國家는 地域間의 균형있는 발전을 위하여 地域經濟를 육성할 義務를 진다.
③ 國家는 中小企業을 보호·육성하여야 한다.
④ 國家는 農水産物의 需給均衡과 流通構造의 개선에 노력하여 價格安定을 도모함으로써 農·漁民의 이익을 보호한다.
⑤ 國家는 農·漁民과 中小企業의 自助組織을 육성하여야 하며, 그 自律的 活動과 발전을 보장한다.

第124條 國家는 건전한 消費行爲를 啓導하고 生産品의 品質向上을 촉구하기 위한 消費者保護運動을 法律이 정하는 바에 의하여 보장한다.

第125條 國家는 對外貿易을 육성하며, 이를 規制·調整할 수 있다.

第126條 國防上 또는 國民經濟上 緊切한 필요로 인하여 法律이 정하는 경우를 제외하고는, 私營企業을 國有 또는 公有로 移轉하거나 그 경영을 統制 또는 관리할 수 없다.

第127條 ① 國家는 科學技術의 革新과 情報 및 人力의 開發을 통하여 國民經濟의 발전에 노력하여야 한다.
② 國家는 國家標準制度를 확립한다.
③ 大統領은 第1項의 目的을 達成하

기 위하여 필요한 諮問機構를 둘 수 있다.

第10章 憲法改正

第128條 ① 憲法改正은 國會在籍議員 過半數 또는 大統領의 發議로 提案된다.
② 大統領의 任期延長 또는 重任變更을 위한 憲法改正은 그 憲法改正 提案 당시의 大統領에 대하여는 效力이 없다.

第129條 提案된 憲法改正案은 大統領이 20日이상의 期間 이를 公告하여야 한다.

第130條 ① 國會는 憲法改正案이 公告된 날로부터 60日이내에 議決하여야 하며, 國會의 議決은 在籍議員 3分의 2이상의 贊成을 얻어야 한다.
② 憲法改正案은 國會가 議決한 후 30日이내에 國民投票에 붙여 國會議員選擧權者 過半數의 投票와 投票者 過半數의 贊成을 얻어야 한다.
③ 憲法改正案이 第2項의 贊成을 얻은 때에는 憲法改正은 확정되며, 大統領은 즉시 이를 公布하여야 한다.

附　　則

第1條 이 憲法은 1988年 2月 25日부터 施行한다. 다만, 이 憲法을 施行하기 위하여 필요한 法律의 制定·改正과 이 憲法에 의한 大統領 및 國會議員의 選擧 기타 이 憲法施行에 관한 準備는 이 憲法施行전에 할 수 있다.

第2條 ① 이 憲法에 의한 최초의 大統領選擧는 이 憲法施行日 40日전까지 실시한다.
② 이 憲法에 의한 최초의 大統領의 任期는 이 憲法施行日로부터 開始한다.

第3條 ① 이 憲法에 의한 최초의 國會議員選擧는 이 憲法公布日로부터 6月이내에 실시하며, 이 憲法에 의하여 選出된 최초의 國會議員의 任期는 國會議員選擧후 이 憲法에 의한 國會의 최초의 集會日로부터 開始한다.
② 이 憲法公布 당시의 國會議員의 任期는 第1項에 의한 國會의 최초의 集會日 前日까지로 한다.

第4條 ① 이 憲法施行 당시의 公務員과 政府가 任命한 企業體의 任員은 이 憲法에 의하여 任命된 것으로 본다. 다만, 이 憲法에 의하여 選任方法이나 任命權者가 변경된 公務員과 大法院長 및 監査院長은 이 憲法에 의하여 後任者가 選任될 때까지 그 職務를 행하며, 이 경우 前任者인 公務員의 任期는 後任者가 選任되는 前日까지로 한다.
② 이 憲法施行 당시의 大法院長과 大法院判事가 아닌 法官은 第1項 但書의 規定에 불구하고 이 憲法에 의하여 任命된 것으로 본다.
③ 이 憲法중 公務員의 任期 또는 重任制限에 관한 規定은 이 憲法에 의하여 그 公務員이 최초로 選出 또는 任命된 때로부터 適用한다.

第5條 이 憲法施行 당시의 法令과條約은 이 憲法에 違背되지 아니하는 한 그 效力을 지속한다.

第6條 이 憲法施行 당시에 이 憲法에 의하여 새로 設置될 機關의 權限에 속하는 職務를 행하고 있는 機關은 이 憲法에 의하여 새로운 機關이 設置될 때까지 存續하며 그 職務를 행한다.

국 회 법

법률 제5호 신규제정 1948. 10. 02.
법률 제8867호(방송통신위원회의 설치 및 운영에 관한 법률) 일부개정 2008. 02. 29.

제1장 총 칙

제1조(목적) 이 법은 국회의 조직·의사 기타 필요한 사항을 규정함으로써 국민의 대의기관인 국회의 민주적이고 효율적인 운영에 기여함을 목적으로 한다.

제2조(당선통지 및 등록) ①중앙선거관리위원회위원장은 국회의원당선인이 결정된 때에는 그 명단을 즉시 국회에 통지하여야 한다.

②국회의원당선인은 당선인으로 결정된 후 당선증서를 국회사무처에 제시하고 등록하여야 한다.[전문개정 94·6·28]

제3조(의석배정) 국회의원(이하 "의원"이라 한다)의 의석은 의장이 각 교섭단체대표의원과 협의하여 이를 정한다. 다만, 협의가 이루어지지 아니할 때에는 의장이 잠정적으로 이를 정한다. [개정 94·6·28]

제4조(정기회) 정기회는 매년 9월 1일에 집회한다. 그러나 그 날이 공휴일인 때에는 그 다음날에 집회한다. [개정 2000·2·16]

제5조(임시회) ①임시회의 집회요구가 있을 때에는 의장은 집회기일 3일전에 공고한다. 이 경우 2 이상의 집회요구가 있을 때에는 집회일이 빠른 것을 공고하되, 집회일이 같은 때에는 그 요구서가 먼저 제출된 것을 공고한다. [개정 2000·2·16]

②의장은 제1항의 규정에 불구하고 내우·외환·천재·지변 또는 중대한 재정·경제상의 위기, 국가의 안위에 관계되는 중대한 교전상태나 전시·사변 또는 이에 준하는 국가비상사태에 있어서는 집회기일 1일 전에 공고할 수 있다. [신설 2000·2·16]

③국회의원총선거후 최초의 임시회는 의원의 임기개시후 7일에 집회하며, 처음 선출된 의장의 임기가 만료되는 때가 폐회중인 경우에는 늦어도 임기만료일전 5일까지 집회한다. 그러나, 그 날이 공휴일인 때에는 그 다음 날에 집회한다. [개정 94·6·28. 2003.02.04.]

제5조의2(연간 국회운영기본일정등) ①의장은 국회의 연중 상시운영을 위하여 각 교섭단체대표의원과의 협의를 거쳐 매년 12월 31일까지 다음 연도의 국회운영기본일정을 정하여야 한다. 다만, 국회의원총선거후 처음 구성되는 국회의 당해연도의 국회운영기본일정은 6월 30일까지 정하여야 한다.

②제1항의 연간 국회운영기본일정은 다음 각호의 기준에 따라 작성한다. [개정 2005.7.28]

1. 매 짝수월(8월·10월 및 12월을 제외한다) 1일(그 날이 공휴일인 때에는 그 다음날)에 임시회를 집회한다. 다만, 국회의원총선거가 있는 월의 경우에는 그러하지 아니하다.
2. 정기회의 회기는 100일로, 제1호의 규정에 의한 임시회의 회기는 30일로 한다.
3. 제1호의 규정에 의한 임시회의 회기 중 1주(週)는 제122조의2의 규정에 따라 정부에 대하여 질문을

행한다.[전문개정 2000·2·16]

제5조의3(법률안제출계획의 통지) 정부는 부득이한 경우를 제외하고는 매년 3월 31일까지 당해연도에 제출할 법률안에 관한 계획을 국회에 통지하여야 한다. 그 계획을 변경한 때에는 분기별로 주요사항을 국회에 통지하여야 한다.[본조신설 2000·2·16]

제6조(개회식) 국회는 집회일에 개회식을 행한다. 다만, 임시회의 경우에는 개회식을 생략할 수 있다. [개정 2000·2·16]

제 2 장 국회의 회기와 휴회

제7조(회기) ①국회의 회기는 의결로 이를 정하되, 의결로 연장할 수 있다.
②국회의 회기는 집회후 즉시 이를 정하여야 한다.

제8조(휴회) ①국회는 의결로 기간을 정하여 휴회할 수 있다.
②국회는 휴회중이라도 대통령의 요구가 있을 때, 의장이 긴급한 필요가 있다고 인정할 때 또는 재적의원 4분의 1 이상의 요구가 있을 때에는 회의를 재개한다. [개정 2003.02.04.]

제3장 국회의 기관과 경비

제9조(의장·부의장의 임기) ①의장과 부의장의 임기는 2년으로 한다. 다만, 국회의원총선거후 처음 선출된 의장과 부의장의 임기는 그 선출된 날부터 개시하여 의원의 임기개시후 2년이 되는 날까지로 한다.
②보궐선거에 의하여 당선된 의장 또는 부의장의 임기는 전임자의 잔임기간으로 한다.[전문개정 94·6·28]

제10조(의장의 직무) 의장은 국회를 대표하고 의사를 정리하며, 질서를 유지하고 사무를 감독한다.

제11조(의장의 위원회출석과 발언) 의장은 위원회에 출석하여 발언할 수 있다. 그러나 표결에는 참가할 수 없다.

제12조(부의장의 의장직무대리) ①의장이 사고가 있을 때에는 의장이 지정하는 부의장이 그 직무를 대리한다.
②의장이 심신상실 등 부득이한 사유로 의사표시를 할 수 없게되어 직무대리자를 지정할 수 없는 때에는 소속의원수가 많은 교섭단체소속인 부의장의 순으로 의장의 직무를 대행한다. [신설 2002.3.7.]

제13조(임시의장) 의장과 부의장이 모두 사고가 있을 때에는 임시의장을 선출하여 의장의 직무를 대행하게 한다.

제14조(사무총장의 의장직무대행) 국회의원총선거후 의장이나 부의장이 선출될 때까지의 임시회의 집회공고에 관하여는 사무총장이 의장의 직무를 대행한다. 최초로 선출된 의장과 부의장의 임기만료일까지 부득이한 사유로 의장이나 부의장을 선출하지 못한 때에도 또한 같다. [개정 2000·2·16]

제15조(의장·부의장의 선거) ①의장과 부의장은 국회에서 무기명투표로 선거하되 재적의원 과반수의 득표로 당선된다.
②제1항의 선거는 국회의원총선거후 최초집회일에 실시하며, 처음 선출된 의장 또는 부의장의 임기가 만료되는 때에는 그 임기만료일전 5일에 실시한다. 그러나, 그 날이 공휴일인 때에는 그 다음 날에 실시한다. [개정 94·6·28]
③제1항의 득표자가 없을 때에는 2차투표를 하고, 2차투표에도 제1항의 득표자가 없을 때에는 최고득표자가 1인이면 최고득표자와 차점자에 대하여, 최고득표자가 2인 이상이면 최고득표자에 대하여 결선투표를 하되, 재적의원과반수의 출석과 출석의원 다수득표자를 당선자로 한다. [개정 2000·2·16]

제16조(보궐선거) 의장 또는 부의장이

궐위된 때나 의장과 부의장이 모두 궐위된 때에는 지체없이 보궐선거를 실시한다.

제17조(임시의장의 선거) 임시의장은 무기명투표로 선거하되 재적의원 과반수의 출석과 출석의원 다수득표자를 당선자로 한다. [개정 2003.02.04.]

제18조(의장등 선거시의 의장직무대행) 의장등 선거에 있어서 다음 각호의 1에 해당될 때에는 출석의원중 최다선의원이, 최다선의원이 2인 이상인 경우에는 그중 연장자가 의장의 직무를 대행한다. [개정 97・1・13, 2000・2・16]

1. 국회의원총선거후 최초의 집회에서 의장과 부의장을 선거할 때
2. 제15조제2항의 규정에 의하여 처음 선출된 의장 또는 부의장의 임기가 만료되는 때 그 임기만료일전 5일에 의장과 부의장의 선거가 실시되지 못하여 그 임기만료후 의장과 부의장을 선거할 때
3. 의장과 부의장이 모두 궐위되어 그 보궐선거를 할 때
4. 의장 또는 부의장의 보궐선거에 있어서 의장과 부의장이 모두 사고가 있을 때
5. 의장과 부의장이 모두 사고가 있어 임시의장을 선거할 때

제19조(의장・부의장의 사임) 의장과 부의장은 국회의 동의를 얻어 그 직을 사임할 수 있다.

제20조(의장・부의장의 겸직제한) ①의장과 부의장은 특히 법률로 정한 경우를 제외하고는 의원외의 직을 겸할 수 없다.

②다른 직을 겸한 의원이 의장 또는 부의장으로 당선된 때에는 당선된 날에 그 직에서 해직된 것으로 본다.

제20조의2(의장의 당적보유금지) ①의원이 의장으로 당선된 때에는 당선된 다음 날부터 그 직에 있는 동안은 당적을 가질 수 없다. 다만, 국회의원총선거에 있어서 「공직선거법」 제47조의 규정에 의한 정당추천후보자로 추천을 받고자 하는 경우에는 의원 임기만료일전 90일부터 당적을 가질 수 있다. [개정 2007.12.14]

②제1항 본문의 규정에 의하여 당적을 이탈한 의장이 그 임기를 만료한 때에는 당적을 이탈할 당시의 소속정당으로 복귀한다.

[본조신설 2002.3.7.]

제21조(국회사무처) ①국회의 입법・예산결산심사등의 활동을 지원하고 행정사무를 처리하기 위하여 국회에 사무처를 둔다. [개정 94・6・28]

②국회사무처에 사무총장 1인과 기타 필요한 공무원을 둔다.

③사무총장은 의장이 각 교섭단체대표의원과의 협의를 거쳐 본회의의 승인을 얻어 임면한다.

④사무총장은 의장의 감독을 받아 국회의 사무를 통할하고 소속공무원을 지휘・감독한다.

⑤국회사무처는 국회의 입법 및 예산결산심사등의 활동을 지원함에 있어 의원 또는 위원회의 요구가 있는 경우 필요한 자료등을 제공하여야 한다. [신설 94・6・28, 2005.7.28]

⑥제5항에서 규정한 사항과 관련하여 사무총장 또는 사무총장이 지정하는 소속공무원은 위원회의 요구에 응하여 해당 위원회에서 보고・설명할 수 있으며, 사무총장은 의장의 허가를 얻어 필요한 자료의 제공을 정부・행정기관 기타에 대하여 요청할 수 있다. [신설 94・6・28]

⑦이 법에 정한 외에 국회사무처에 관하여 필요한 사항은 따로 법률로 정한다.

제22조(국회도서관) ①국회의 도서 및 입법자료에 관한 업무를 처리하기 위하여 국회도서관을 둔다.

②국회도서관에 도서관장 1인과 기타 필요한 공무원을 둔다.

③도서관장은 의장이 국회운영위원회의 동의를 얻어 임면한다.
④도서관장은 국회입법활동을 지원하기 위하여 도서 기타 도서관자료의 수집·정리·보존 및 도서관봉사를 행한다.
⑤이 법에 정한 외에 국회도서관에 관하여 필요한 사항은 따로 법률로 정한다.

제22조의2(국회예산정책처) ①국가의 예산결산·기금 및 재정운용과 관련된 사항에 관하여 연구분석·평가하고 의정활동을 지원하기 위하여 국회예산정책처를 둔다.
②국회예산정책처에 처장 1인과 필요한 공무원을 둔다.
③처장은 의장이 국회운영위원회의 동의를 얻어 임면한다.
④이 법에서 정한 사항외에 국회예산정책처에 관하여 필요한 사항은 따로 법률로 정한다. [본조신설 2003.07.18.]

제22조의3(국회입법조사처) ①입법 및 정책과 관련된 사항을 조사·연구하고 관련 정보 및 자료를 제공하는 등 입법정보서비스와 관련된 의정활동을 지원하는 국회입법조사처를 둔다.
②국회입법조사처에 처장 1인과 필요한 공무원을 둔다.
③처장은 의장이 국회운영위원회의 동의를 얻어 임면한다.
④이 법에서 정한 사항 외에 국회입법조사처에 관하여 필요한 사항은 따로 법률로 정한다.[본조신설 2007.1.24]

제23조(국회의 경비) ①국회의 경비는 독립하여 국가예산에 이를 계상한다.
②의장은 국회소관예산요구서를 작성하여 국회운영위원회의 심사를 거쳐 정부에 제출한다. 다만, 「국가재정법」에서 정한 예산요구서 제출기일 전일까지 국회운영위원회가 국회소관예산요구서의 심사를 마치지 못한 경우에는 의장은 직접 국회소관예산 요구서를 정부에 제출할 수 있다. [개정 2000·2·16. 2003.02.04. 2006.10.4 제8050호(「국가재정법」)]
③제1항의 예산중에는 예비금을 둔다.
④국회의 예비금은 사무총장이 관리하되, 국회운영위원회의 동의와 의장의 승인을 얻어 지출한다. 다만, 폐회중일 때에는 의장의 승인으로 지출하고 다음 회기초에 국회운영위원회에 보고한다.
⑤정부가 「국가재정법」 제40조제2항의 규정에 의한 국회소관세출예산요구액의 삭감에 대하여 의견을 구하고자 할 때에는 그 삭감내용 및 사유를 기재하여 국무회의 7일전까지 이를 의장에게 송부하여야 한다.[신설 2000·2·16, 2006.10.4 제8050호(「국가재정법」)]
⑥의장은 제5항의 규정에 의한 송부가 있은 때에는 그 삭감내용에 대한 의견서를 당해국무회의 1일전까지 정부에 송부한다. [신설 2000·2·16]

제4장 의 원

제24조(선서) 의원은 임기초에 국회에서 다음의 선서를 한다. "나는 헌법을 준수하고 국민의 자유와 복리의 증진 및 조국의 평화적 통일을 위하여 노력하며, 국가이익을 우선으로 하여 국회의원의 직무를 양심에 따라 성실히 수행할 것을 국민앞에 엄숙히 선서합니다."

제25조(품위유지의 의무) 의원은 의원으로서의 품위를 유지하여야 한다.

제26조(체포동의요청의 절차) ①의원을 체포 또는 구금하기 위하여 국회의 동의를 얻으려고 할 때에는 관할법원의 판사는 영장을 발부하기 전에 체포동의요구서를 정부에 제출하여야 하며, 정부는 이를 수리한 후 지체없이 그 사본을 첨부하여 국회에 체포동의를 요청하여야 한다.
②의장은 제1항의 규정에 따른 체포

동의를 요청받은 후 처음 개의하는 본회의에 이를 보고하고, 본회의에 보고된 때부터 24시간 이후 72시간 이내에 표결한다. [신설 2005.7.28]

제27조(의원체포의 통지) 정부는 체포 또는 구금된 의원이 있을 때에는 지체없이 의장에게 영장의 사본을 첨부하여 이를 통지하여야 한다. 구속기간의 연장이 있을 때에도 또한 같다.

제28조(석방요구의 절차) 의원이 체포 또는 구금된 의원의 석방요구를 발의할 때에는 재적의원 4분의 1 이상의 연서로 그 이유를 첨부한 요구서를 의장에게 제출하여야 한다. [개정 2005.7.28]

제29조(겸직) ①의원은 정치활동 또는 겸직을 금지하는 다른 법령의 규정에 불구하고 다음 각호의 1에 해당하는 직을 제외한 다른 직을 겸할 수 있다. [개정 94·6·28. 2003.02.04, 2004.12.31 제7311호(「수산업 협동조합법」), 2005.7.28, 2007.12.14]

1. 「국가공무원법」 제2조에 규정된 국가공무원과 「지방공무원법」 제2조에 규정된 지방공무원. 다만, 「국가공무원법」 제3조제3항의 규정에 의하여 정치운동이 허용되는 공무원은 제외한다.
2. 대통령·헌법재판소재판관·각급선거관리위원회위원·지방의회의원
3. 다른 법령의 규정에 의하여 공무원의 신분을 가지는 직
4. 정부투자기관관리기본법 제2조에 규정된 정부투자기관(한국은행을 포함한다)의 임·직원
5. 「농업협동조합법」·「수산업 협동조합법」에 의한 조합과 중앙회의 임·직원
6. 「정당법」 제22조제1항 단서의 규정에 의하여 정당의 당원이 될 수 없는 교원

②의원이 당선전부터 제1항의 겸직이 금지된 직을 가진 경우에는 임기개시일에 그 직에서 해직된다.

③ 「정당법」 제22조제1항의 규정에 의하여 정당의 당원이 될 수 있는 교원이 의원으로 당선된 때에는 임기중 그 교원의 직은 휴직된다. [개정 94·6·28, 2007.12.14]

④의원이 당선전부터 다른 직을 가진 경우에는 임기개시후 1월이내에, 임기중에 다른 직에 취임한 경우에는 취임후 15일이내에 의장에게 서면으로 신고하여야 한다.

⑤의장은 의원이 다른 직을 겸하는 것이 제25조의 규정에 위반된다고 인정될 때에는 그 겸한 직을 사임할 것을 권고할 수 있다.

제30조(수당·여비) 의원은 따로 법률이 정하는 바에 의하여 수당과 여비를 받는다.

제31조(교통기관이용) 의원은 국유의 철도·선박과 항공기에 무료로 승용할 수 있다. 다만, 폐회중에는 공무의 경우에 한한다.

제32조(청가 및 결석) ①의원이 사고로 인하여 국회에 출석하지 못하게 되거나 못한 때에는 청가서 또는 결석계를 의장에게 제출하여야 한다.

②의원이 청가서를 제출하여 의장의 허가를 받거나 정당한 사유로 결석하여 결석계를 제출한 경우외에는 국회의원수당등에관한법률의 규정에 의한 특별활동비에서 그 결석한 회의일수에 상당하는 금액을 감액한다. [신설 94·6·28]

③제1항의 청가 및 결석에 관하여 필요한 사항은 국회규칙으로 정한다.

제5장 교섭단체·위원회와 위원

제33조(교섭단체) ①국회에 20인 이상의 소속의원을 가진 정당은 하나의 교섭단체가 된다. 그러나 다른 교섭단체에 속하지 아니하는 20인 이상의 의원으로 따로 교섭단체를 구성할 수

있다.

②교섭단체의 대표의원은 그 단체의 소속의원이 연서·날인한 명부를 의장에게 제출하여야하며, 그 소속의원에 이동이 있거나 소속정당의 변경이 있을 때에는 그 사실을 지체없이 의장에게 보고하여야 한다. 다만, 특별한 사유가 있을 때에는 당해 의원이 관계서류를 첨부하여 이를 보고할 수 있다. [개정 94·6·28]

③어느 교섭단체에도 속하지 아니하는 의원이 당적을 취득하거나 소속정당을 변경한 때에는 그 사실을 즉시 의장에게 보고하여야 한다.

제34조(교섭단체정책연구위원) ①교섭단체소속의원의 입법활동을 보좌하기 위하여 교섭단체에 정책연구위원을 둔다.

②정책연구위원은 당해 교섭단체대표의원의 제청에 따라 의장이 임면한다.

③정책연구위원은 별정직공무원으로 하고, 그 인원·자격·임면절차·직급등에 관하여 필요한 사항은 국회규칙으로 정한다.

제35조(위원회의 종류) 국회의 위원회는 상임위원회와 특별위원회의 2종으로 한다.

제36조(상임위원회의 직무) 상임위원회는 그 소관에 속하는 의안과 청원등의 심사 기타 법률에서 정하는 직무를 행한다.

제37조(상임위원회와 그 소관) ①상임위원회와 그 소관은 다음과 같다. [개정 1998.3.18, 2000.2.16, 2002.3.7, 2003.2.4, 2003.7.18, 2005.7.28, 2007.1.24, 2008.2.29 제8857호(국가공무원법)]

1. 국회운영위원회
 가. 국회운영에 관한 사항
 나. 국회법 기타 국회규칙에 관한 사항
 다. 국회사무처소관에 속하는 사항
 라. 국회도서관소관에 속하는 사항
 마. 국회예산정책처소관에 속하는 사항
 바. 국회입법조사처소관에 속하는 사항
 사. 대통령비서실소관에 속하는 사항
 아. 대통령경호실소관에 속하는 사항
2. 법제사법위원회
 가. 법무부소관에 속하는 사항
 나. 법제처소관에 속하는 사항
 다. 감사원소관에 속하는 사항
 라. 헌법재판소사무에 관한 사항
 마. 법원·군사법원의 사법행정에 관한 사항
 바. 국가인권위원회소관에 속하는 사항
 사. 국가청렴위원회소관에 속하는 사항
 아. 탄핵소추에 관한 사항
 자. 법률안·국회규칙안의 체계·형식과 자구의 심사에 관한 사항
3. 정무위원회
 가. 국무총리실소관에 속하는 사항
 나. 국가보훈처소관에 속하는 사항
 다. 공정거래위원회소관에 속하는 사항
 라. 금융감독위원회소관에 속하는 사항
4. 재정경제위원회
 가. 재정경제부소관에 속하는 사항
 나. 국민경제자문회의사무에 관한 사항
 다. 한국은행소관에 속하는 사항
5. 통일외교통상위원회
 가. 통일부소관에 속하는 사항
 나. 외교통상부소관에 속하는 사항
 다. 민주평화통일자문회의사무에 관한 사항
6. 국방위원회
 가. 국방부소관에 속하는 사항
 나. 국가안전보장회의사무에 관한 사항
7. 행정자치위원회
 가. 행정자치부소관에 속하는 사항
 나. 삭제 [2008.2.29 제8857호(국가공무원법)]
 다. 중앙선거관리위원회사무에 관한 사항
 라. 지방자치단체에 관한 사항
8. 교육위원회
 교육인적자원부소관에 속하는 사항
9. 과학기술정보통신위원회
 가. 과학기술부소관에 속하는 사항

나. 정보통신부소관에 속하는 사항
10. 문화관광위원회
가. 문화관광부소관에 속하는 사항
나. 국정홍보처소관에 속하는 사항
다. 방송위원회소관에 속하는 사항
11. 농림해양수산위원회
가. 농림부소관에 속하는 사항
나. 해양수산부소관에 속하는 사항
12. 산업자원위원회
가. 산업자원부소관에 속하는 사항
나. 중소기업특별위원회소관에 속하는 사항
13. 보건복지위원회
보건복지부소관에 속하는 사항
14. 환경노동위원회
가. 환경부소관에 속하는 사항
나. 노동부소관에 속하는 사항
15. 건설교통위원회
건설교통부소관에 속하는 사항
16. 정보위원회
가. 국가정보원소관에 속하는 사항
나. 국가정보원법 제3조제1항제5호에 규정된 정보 및 보안업무의 기획·조정 대상부처소관의 정보예산안과 결산심사에 관한 사항
17. 여성가족위원회
여성가족부소관에 속하는 사항

②의장은 어느 상임위원회에도 속하지 아니하는 사항은 국회운영위원회와 협의하여 소관상임위원회를 정한다.

第38조(상임위원회의 위원정수) 상임위원회의 위원정수는 국회규칙으로 정한다. 다만, 정보위원회의 위원정수는 12인으로 한다. [개정 94·6·28]

第39조(상임위원회의 위원) ①의원은 2 이상의 상임위원회의 위원(이하 "상임위원"이라 한다)이 될 수 있다. [개정 97·1·13, 2005.7.28]

②각 교섭단체의 대표의원은 국회운영위원회의 위원이 된다.

③의장은 상임위원이 될 수 없다.

④국무총리·국무위원·국무조정실장·처의 장, 행정각부의 차관 기타 국가공무원의 직을 겸한 의원은 상임위원을 사임할 수 있다. [개정 98·3·18]

第40조(상임위원의 임기) ①상임위원의 임기는 2년으로 한다. 다만, 국회의원총선거후 처음 선임된 위원의 임기는 그 선임된 날부터 개시하여 의원의 임기개시후 2년이 되는 날까지로 한다. [개정 94·6·28]

②정보위원회의 위원은 제1항의 규정에 불구하고 의원의 임기동안 재임한다. [신설 94·6·28]

③보임 또는 개선된 상임위원의 임기는 전임자의 잔임기간으로 한다. [개정 90·6·29]

第40조의2(상임위원의 직무 관련 영리행위 금지) 상임위원은 소관 상임위원회의 직무와 관련한 영리행위를 하지 못한다.[본조신설 2005.7.28]

第41조(상임위원장) ①상임위원회에 위원장(이하 "상임위원장"이라 한다) 1인을 둔다.

②상임위원장은 제48조제1항 내지 제3항의 규정에 의하여 선임된 당해 상임위원중에서 임시의장선거의 예에 준하여 국회의 회의(이하 "본회의"라 한다)에서 선거한다. [개정 94·6·28]

③제2항의 선거는 국회의원총선거후 최초집회일부터 3일 이내에 실시하며, 처음 선출된 상임위원장의 임기가 만료되는 때에는 그 임기만료일까지 실시한다. [신설 94·6·28]

④상임위원장의 임기는 상임위원으로서의 임기와 같다.

⑤상임위원장은 본회의의 동의를 얻어 그 직을 사임할 수 있다. 다만, 폐회중에는 의장의 허가를 받아 사임할 수 있다.

第42조(전문위원과 공무원) ①위원회에 위원장 및 위원의 입법활동등을 지원하기 위하여 의원 아닌 전문지식을 가진 위원(이하 "전문위원"이라

한다)과 필요한 공무원을 둔다. 위원회에 두는 전문위원과 공무원은 국회사무처법에서 정하는 바에 의한다. [개정 94·6·28]

②위원회에 두는 전문위원과 공무원은 그 직무를 수행함에 있어서 정치적 중립성을 유지하여야 한다. [신설 2005.7.28]

③전문위원은 사무총장의 제청으로 의장이 임명한다.

④전문위원은 위원회에서 의안과 청원등의 심사, 국정감사, 국정조사 기타 소관사항과 관련하여 검토보고 및 관련자료의 수집·조사·연구를 행한다. [신설 94·6·28]

⑤전문위원은 제4항의 직무를 수행함에 있어 필요한 자료의 제공을 정부·행정기관 기타에 대하여 요청할 수 있다. 이 경우 그 요청은 위원장의 허가를 얻어 위원장명의로 하여야 한다. [신설 94·6·28, 2005.7.28]

⑥전문위원은 위원회에서 발언할 수 있으며 본회의에서는 본회의의결 또는 의장의 허가를 받아 발언할 수 있다.

제43조(전문가의 활용) ①위원회는 그 의결로 중요한 안건 또는 전문지식을 요하는 안건의 심사와 관련하여 필요한 경우 당해 안건에 관하여 학식과 경험이 있는 3인 이내의 전문가를 심사보조자로 위촉할 수 있다. [개정 2000·2·16]

②위원회가 제1항의 규정에 의하여 전문가를 심사보조자로 위촉하고자 할 때에는 위원장이 의장에게 이를 요청한다. 이 경우 의장은 예산사정등을 감안하여 그 인원 또는 위촉기간등을 조정할 수 있다.

③제1항의 규정에 의하여 위촉된 심사보조자는 국가공무원법 제33조의 결격사유에 해당하지 아니하는 자이어야 하며, 위촉된 업무의 성질에 반하지 아니하는 한 국가공무원법 제7장 복무에 관한 규정이 준용된다.

④위촉된 심사보조자에 대한 수당의 지급기준 기타 필요한 사항은 의장이 정한다. [본조신설 91·5·31]

제44조(특별위원회) ①국회는 수개의 상임위원회소관과 관련되거나 특히 필요하다고 인정한 안건을 효율적으로 심사하기 위하여 본회의의 의결로 특별위원회를 둘 수 있다.

②제1항의 규정에 의한 특별위원회를 구성할 때에는 그 활동기한을 정하여야 한다. 다만, 본회의의 의결로 그 기간을 연장할 수 있다.

③특별위원회는 활동기한의 종료시까지 존속한다. 다만, 활동기한의 종료시까지 제86조의 규정에 따라 법제사법위원회에 체계·자구심사를 의뢰하였거나 제66조의 규정에 따라 심사보고서를 제출한 경우에는 해당 안건이 본회의에서 의결될 때까지 존속하는 것으로 본다. [개정 2005.7.28][전문개정 94·6·28]

제45조(예산결산특별위원회) ①예산안·결산·기금운용계획안 및 기금결산을 심사하기 위하여 예산결산특별위원회를 둔다. [개정 2003.02.04.]

②예산결산특별위원회의 위원수는 50인으로 한다. 이 경우 그 선임은 교섭단체소속의원수의 비율과 상임위원회의 위원수의 비율에 의하여 각 교섭단체대표의원의 요청으로 의장이 행한다.

③예산결산특별위원회의 위원의 임기는 1년으로 한다. 다만, 국회의원총선거후 처음 선임된 위원의 임기는 그 선임된 날부터 개시하여 의원의 임기개시후 1년이 되는 날까지로 하며, 보임 또는 개선된 위원의 임기는 전임자의 잔임기간으로 한다.

④예산결산특별위원회의 위원장은 예산결산특별위원회의 위원중에서 임시의장선거의 예에 준하여 본회의에서 선거한다.

⑤제44조제2항 및 제3항의 규정은 예

산결산특별위원회에 적용되지 아니한다.
⑥제41조제3항 내지 제5항, 제48조제1항 후단 및 제2항의 규정은 예산결산특별위원회의 위원장의 선거 및 임기등과 위원의 선임에 관하여 이를 준용한다.[전문개정 2000·2·16]

제46조(윤리특별위원회) ①의원의 자격심사·윤리심사 및 징계에 관한 사항을 심사하기 위하여 윤리특별위원회를 둔다.
②제44조제2항 및 제3항의 규정은 윤리특별위원회에 적용되지 아니한다. [개정 94·6·28]
③윤리특별위원회의 위원의 임기와 위원장의 임기 및 선거등에 관하여는 제40조제1항 및 제3항, 제41조제2항 내지 제5항의 규정을 준용한다. [신설 94·6·28]
④윤리특별위원회의 구성과 이 법에 정한 이외의 위원회운영에 관하여 필요한 사항은 국회규칙으로 정한다. [본조신설 91·5·31]

제46조의2 삭제 [2002.3.7]

제46조의3(인사청문특별위원회) ①국회는 헌법에 의하여 그 임명에 국회의 동의를 요하는 대법원장·헌법재판소장·국무총리·감사원장 및 대법관과 국회에서 선출하는 헌법재판소재판관 및 중앙선거관리위원회 위원에 대한 임명동의안 또는 의장이 각 교섭단체대표의원과 협의하여 제출한 선출안등을 심사하기 위하여 인사청문특별위원회를 둔다. 다만, 대통령직인수에관한법률 제5조제2항의 규정에 의하여 대통령당선인이 국무총리후보자에 대한 인사청문의 실시를 요청하는 경우에 의장은 각 교섭단체대표의원과 협의하여 그 인사청문을 실시하기 위한 인사청문특별위원회를 둔다. [개정 2003.02.04.]
②인사청문특별위원회의 구성과 운영에 관하여 필요한 사항은 따로 법률로 정한다.
[본조신설 2000·2·16]

제47조(특별위원회의 위원장) ①특별위원회에 위원장 1인을 두되 위원회에서 호선하고 본회의에 보고한다.
②특별위원회의 위원장이 선임될 때까지는 위원중 연장자가 위원장의 직무를 대행한다.
③특별위원회의 위원장은 그 위원회의 동의를 얻어 그 직을 사임할 수 있다. 다만, 폐회중에는 의장의 허가를 받아 사임할 수 있다.

제48조(위원의 선임 및 개선) ①상임위원은 교섭단체소속의원수의 비율에 의하여 각 교섭단체대표의원의 요청으로 의장이 선임 및 개선한다. 이 경우 각 교섭단체대표의원은 국회의원총선거후 최초의 임시회의 집회일부터 2일 이내에 그리고 국회의원총선거후 처음 선임된 상임위원의 임기가 만료되는 때에는 그 임기만료일 3일 전까지 의장에게 위원의 선임을 요청하여야 하며, 이 기한내에 요청이 없는 때에는 의장이 위원을 선임할 수 있다. [개정 2005.7.28]
②어느 교섭단체에도 속하지 아니하는 의원의 상임위원선임은 의장이 이를 행한다.
③정보위원회의 위원은 의장이 각 교섭단체대표의원으로부터 당해교섭단체소속의원중에서 후보를 추천받아 부의장 및 각 교섭단체대표의원과 협의하여 선임 또는 개선한다. 다만, 각 교섭단체대표의원은 정보위원회의 위원이 된다. [개정 95·3·3, 98·3·18, 2000·2·16]
④특별위원회의 위원은 제1항 및 제2항의 규정에 따라 의장이 상임위원중에서 선임한다. 이 경우 그 선임은 특별위원회구성결의안이 본회의에서 의결된 날부터 5일 이내에 하여야 한다.
⑤위원의 선임이 있은 후 교섭단체소속의원수의 이동이 있을 때에는 의장은 위원회의 교섭단체별 할당수를 변

경하여 위원을 개선할 수 있다.

⑥제1항 내지 제4항의 규정에 의하여 위원을 개선할 때 임시회의 경우에는 회기중 개선될 수 없고, 정기회의 경우에는 선임 또는 개선후 30일 이내에는 개선될 수 없다. 다만, 위원이 질병 등 부득이한 사유로 의장의 허가를 받은 경우에는 그러하지 아니하다. [개정 2003.02.04.]

⑦의장 및 교섭단체대표의원은 의원이 기업체 또는 단체의 임·직원등 다른 직을 겸하고 있는 경우 그 직과 직접적인 이해관계를 가지는 상임위원회의 위원으로 선임하는 것이 공정을 기할 수 없는 현저한 사유가 있다고 인정하는 때에는 해당 상임위원회의 위원으로 선임하거나 선임을 요청하여서는 아니된다. [전문개정 94·6·28]

제49조(위원장의 직무) ①위원장은 위원회를 대표하고 의사를 정리하며, 질서를 유지하고 사무를 감독한다.

②위원장은 위원회의 의사일정과 개회일시를 간사와 협의하여 정한다.

제50조(간사) ①위원회에 각 교섭단체별로 간사 1인을 둔다.

②간사는 위원회에서 호선하고 이를 본회의에 보고한다.

③위원장이 사고가 있을 때에는 위원장이 지정하는 간사가 위원장의 직무를 대리한다.

④위원장이 궐위된 때에는 소속의원수가 많은 교섭단체소속인 간사의 순으로 위원장의 직무를 대리한다.

⑤위원장이 위원회의 개회 또는 의사진행을 거부·기피하거나 제3항의 규정에 의한 직무대리자를 지정하지 아니하여 위원회가 활동하기 어려운 때에는 위원장이 소속하지 아니하는 교섭단체소속의 간사중에서 소속의원수가 많은 교섭단체소속인 간사의 순으로 위원장의 직무를 대행한다. [신설 90·6·29]

제51조(위원회의 제안) ①위원회는 그 소관에 속하는 사항에 관하여 법률안 기타 의안을제출할 수 있다.

②제1항의 의안은 위원장이 제출자가 된다.

제52조(위원회의 개회) 위원회는 본회의의 의결이 있거나 의장 또는 위원장이 필요하다고 인정할 때, 재적위원 4분의 1 이상의 요구가 있을 때에 개회한다. [전문개정 94·6·28]

제53조(폐회중 상임위원회의 정례회의) ①상임위원회(국회운영위원회를 제외한다. 이하 이 조에서 같다)는 폐회중 최소한 월 2회 정례적으로 개회(이하 "정례회의"라 한다)한다. 다만, 정보위원회는 최소한 월 1회로 한다.

②상임위원회는 정례회의의 개회일을 위원회의 의결로 정하되, 1회는 미리 그 개회 주·요일을 지정하여 자동개회한다. [개정 97·1·13]

③정례회의는 당해 상임위원회에 계류중인 법률안 및 청원 기타 안건과 주요현안등을 심사한다.

④상임위원회가 정례회의 당일의 의사일정을 마치지 못한 경우에는 위원장이 간사와 협의하거나 위원회의 의결로 회의를 연장할 수 있다. [전문개정 94·6·28]

제54조(위원회의 의사·의결정족수) 위원회는 재적위원 5분의 1 이상의 출석으로 개회하고, 재적위원 과반수의 출석과 출석위원 과반수의 찬성으로 의결한다. [개정 97·1·13]

제54조의2(정보위원회에 대한 특례) ①정보위원회의 회의는 공개하지 아니한다. 다만, 공청회 또는 제65조의2의 규정에 의한 인사청문회를 실시하는 경우에는 위원회의 의결로 이를 공개할 수 있다. [개정 2005.7.28]

②정보위원회의 위원 및 소속공무원(의원보조직원을 포함한다. 이하 이 조에서 같다)은 직무수행상 알게 된

국가기밀에 속하는 사항을 공개하거나 타인에게 누설하여서는 아니된다.
③정보위원회의 활동을 보좌하는 소속공무원에 대하여는 국가정보원장에게 신원조사를 의뢰하여야 한다. [개정 2000·2·16]
④이 법에 정한 외에 정보위원회의 구성과 운영등에 관하여 필요한 사항은 국회규칙으로 정한다. [본조신설 94·6·28]

제55조(위원회에서의 방청등) ①위원회에서는 의원이 아닌 자는 위원장의 허가를 받아 방청할 수 있다.
②위원장은 질서를 유지하기 위하여 필요한 때에는 방청인의 퇴장을 명할 수 있다.

제56조(본회의중 위원회의 개회) 위원회는 본회의의 의결이 있거나 의장이 필요하다고 인정하여 각 교섭단체대표의원과 협의한 경우를 제외하고는 본회의중에는 개회할 수 없다. 다만, 국회운영위원회는 그러하지 아니하다.

제57조(소위원회) ①위원회는 특정한 안건의 심사를 위하여 소위원회를 둘 수 있다.
②상임위원회(정보위원회를 제외한다)는 그 소관사항을 분담·심사하기 위하여 상설소위원회를 둘 수 있다. [개정 2000·2·16, 2005.7.28]
③상설소위원회의 위원장은 위원회에서 소위원회의 위원중에서 선출하고 이를 본회의에 보고하며, 소위원회의 위원장이 사고가 있을 때에는 소위원회의 위원장이 소위원회의 위원중에서 지정하는 위원이 그 직무를 대리한다.
④소위원회의 활동은 위원회가 의결로 정하는 범위에 한한다.
⑤소위원회의 회의는 공개한다. 다만, 소위원회의 의결로 공개하지 아니할 수 있다. [신설 2000·2·16]
⑥소위원회는 폐회중에도 활동할 수 있으며 그 의결로 의안의 심사와 직접 관련된 보고 또는 서류의 제출을 정부·행정기관 기타에 대하여 요구할 수 있고, 증인·감정인·참고인의 출석을 요구할 수 있다. 이 경우 그 요구는 위원장의 명의로 한다.
⑦소위원회에 관하여는 이 법에서 다르게 정하거나 성질에 반하지 아니하는 한 위원회에 관한 규정이 적용된다. 다만, 소위원회는 축조심사를 생략하여서는 아니된다. [개정 2000·2·16]
⑧예산결산특별위원회는 제1항의 소위원회외에 그 심사의 필요에 의하여 이를 수개의 분과위원회로 나눌 수 있다.[전문개정 91·5·31]

제58조(위원회의 심사) ①위원회는 안건을 심사함에 있어서 먼저 그 취지의 설명과 전문위원의 검토보고를 듣고 대체토론(안건 전체에 대한 문제점과 당부에 관한 일반적 토론을 말하며 제안자와의 질의·답변을 포함한다)과 축조심사 및 찬반토론을 거쳐 표결한다. [개정 2000·2·16]
②상임위원회는 안건을 심사함에 있어서 제57조제2항의 규정에 의한 상설소위원회에 회부하여 이를 심사·보고하도록 한다. 다만, 필요한 경우 제57조제1항의 규정에 의한 소위원회에 이를 회부할 수 있다. [신설 2000·2·16]
③위원회가 안건을 소위원회에 회부하고자 하는 때에는 제1항의 규정에 의한 대체토론이 끝난 후가 아니면 회부할 수 없다.
④제1항 및 제3항의 규정에 불구하고 소위원회에 회부되어 심사 중인 안건과 직접 관련된 안건이 위원회에 새로이 회부된 경우 위원장이 간사와 협의를 거쳐 필요하다고 인정하는 때에는 이를 바로 해당 소위원회에 회부하여 함께 심사하게 할 수 있다. [신설 2005.7.28]
⑤제1항의 규정에 의한 축조심사는

위원회의 의결로 이를 생략할 수 있다. 다만, 제정법률안 및 전부개정법률안에 대하여는 그러하지 아니하다. [신설 2000·2·16, 2005.7.28]

⑥위원회는 제정법률안 및 전부개정법률안에 대하여는 공청회 또는 청문회를 개최하여야 한다. 다만, 위원회의 의결로 이를 생략할 수 있다. [신설 2000·2·16, 2005.7.28]

⑦위원회는 안건이 예산상의 조치를 수반하는 경우에는 정부의 의견을 들어야 한다.

⑧제1항의 규정에 의한 전문위원의 검토보고서는 특별한 사정이 없는 한 당해 안건의 위원회상정일 48시간전까지 소속위원에게 배부되어야 한다.

⑨제5항 단서 및 제6항의 규정은 법제사법위원회의 체계·자구심사에 있어서는 이를 적용하지 아니한다. [신설 2000·2·16, 2005.7.28] [전문개정 94·6·28]

第59條(법률안의 상정시기) 위원회는 발의 또는 제출된 법률안이 그 위원회에 회부된 후 일부개정법률안의 경우에는 15일, 제정법률안 및 전부개정법률안의 경우에는 20일(법제사법위원회의 체계·자구심사의 경우에는 5일)을 경과하지 아니한 때에는 이를 의사일정으로 상정할 수 없다. 다만, 긴급하고 불가피한 사유로 위원회의 의결이 있는 경우에는 그러하지 아니하다. [개정 94·6·28, 2000·2·16, 2003.02.04, 2005.7.28]

第60條(위원의 발언) ①위원은 위원회에서 동일의제에 대하여 회수 및 시간등에 제한없이 발언할 수 있다. 다만, 위원장은 발언을 원하는 위원이 2인 이상일 경우에는 간사와 협의하여 15분의 범위안에서 각 위원의 첫번째 발언시간을 균등하게 정하여야 한다. [개정 94·6·28]

②위원회에서의 질의는 일문일답의 방식으로 한다. 다만, 위원회의 의결이 있는 경우 일괄질의의 방식으로 할 수 있다. [개정 97·1·13]

第61條(위원 아닌 의원의 발언청취) 위원회는 안건에 관하여 위원 아닌 의원의 발언을 들을 수 있다.

第62條(비공개회의록등의 열람과 대출금지) 위원장은 의원으로부터 비공개회의록 기타 비밀참고자료의 열람의 요구가 있을 때에는 심사·감사 또는 조사에 지장이 없는 한 이를 허용하여야 한다. 그러나 국회밖으로는 대출하지 못한다.

第63條(연석회의) ①소관위원회는 다른 위원회와 협의하여 연석회의를 열고 의견을 교환할 수 있다. 그러나 표결은 할 수 없다.

②연석회의를 열고자 하는 위원회는 위원장이 부의할 안건명과 이유를 서면으로 제시하여 다른 위원회의 위원장에게 요구하여야 한다.

③연석회의는 안건의 소관위원회의 회의로 한다.

④세입예산안과 관련있는 법안을 회부받은 위원회는 예산결산특별위원회 위원장의 요청이 있을 때에는 연석회의를 열어야 한다.

第63條의2(전원위원회) ①국회는 위원회의 심사를 거치거나 위원회가 제안한 의안중 정부조직에 관한 법률안, 조세 또는 국민에게 부담을 주는 법률안등 주요의안의 본회의상정전이나 본회의상정후에 재적의원 4분의 1 이상의 요구가 있는 때에는 그 심사를 위하여 의원전원으로 구성되는 전원위원회를 개회할 수 있다. 다만, 의장은 주요의안의 심의등 필요하다고 인정하는 경우 각 교섭단체대표의원의 동의를 얻어 전원위원회를 개회하지 아니할 수 있다.

②전원위원회는 제1항의 규정에 의한 의안에 대한 수정안을 제출할 수 있다. 이 경우 당해수정안은 전원위원장이 제출자가 된다.

③전원위원회에 위원장 1인을 두되 의장이 지명하는 부의장으로 한다.

④전원위원회는 제54조의 규정에 불구하고 재적위원 5분의 1 이상의 출석으로 개회하고, 재적위원 4분의 1 이상의 출석과 출석위원 과반수의 찬성으로 의결한다.

⑤삭제 [2005.7.28]

⑥기타 전원위원회운영에 관하여 필요한 사항은 국회규칙으로 정한다. [본조신설 2000·2·16]

第64조(공청회) ①위원회(소위원회를 포함한다. 이하 이 조에서 같다)는 중요한 안건 또는 전문지식을 요하는 안건을 심사하기 위하여 그 의결 또는 재적위원 3분의 1 이상의 요구로 공청회를 열고 이해관계자 또는 학식·경험이 있는 자등(이하 "진술인"이라 한다)으로부터 의견을 들을 수 있다. 다만, 제정법률안 및 전부개정법률안의 경우에는 제58조제6항의 규정에 의한다. [개정 2000·2·16, 2005.7.28]

②위원회에서 공청회를 열 때에는 안건·일시·장소·진술인·경비 기타 참고사항을 기재한 문서로 의장에게 보고하여야 한다.

③진술인의 선정과 진술인 및 위원의 발언시간은 위원회에서 정하며, 진술인의 발언은 그 의견을 듣고자 하는 안건의 범위를 넘어서는 아니된다. [개정 94·6·28]

④위원회가 주관하는 공청회는 그 위원회의 회의로 한다.

⑤기타 공청회운영에 필요한 사항은 국회규칙으로 정한다.

第65조(청문회) ①위원회는 중요한 안건(국정감사 및 조사를 포함한다)의 심사에 필요한 경우 증인·감정인·참고인으로부터 증언·진술의 청취와 증거의 채택을 위하여 그 의결로 청문회를 열 수 있다. [개정 2000.2.16]

②제1항의 규정에 불구하고 법률안의 심사를 위한 청문회의 경우에는 재적위원 3분의 1 이상의 요구로 개회할 수 있다. 다만, 제정법률안 및 전부개정법률안의 경우에는 제58조제6항의 규정에 의한다. [개정 2000.2.16, 2005.7.28]

③위원회는 청문회개회 5일전에 안건·일시·장소·증인등 필요한 사항을 공고하여야 한다. [개정 2000.2.16]

④청문회는 공개한다. 다만, 위원회의 의결로 청문회의 전부 또는 일부를 공개하지 아니할 수 있다.

⑤위원회는 필요한 경우 전문가를 위촉하여 청문회에 필요한 사전조사를 실시하게 할 수 있다. [신설 2000.2.16]

⑥청문회에서의 발언·감정 등에 대하여 이 법에서 정한 것을 제외하고는 국회에서의 증언·감정등에관한법률에 따른다.

⑦제64조제2항 내지 제4항의 규정은 청문회에 준용한다.[개정 1991.5.31]

⑧기타 청문회운영에 필요한 사항은 국회규칙으로 정한다.

第65조의2(인사청문회) ①제46조의3의 규정에 의한 심사 또는 인사청문을 위하여 인사에 관한 청문회(이하 "인사청문회"라 한다)를 연다. [개정 2003.02.04.]

② 상임위원회는 다른 법률에 따라 다음 각 호의 어느 하나에 해당하는 공직후보자에 대한 인사청문 요청이 있는 경우 인사청문을 실시하기 위하여 각각 인사청문회를 연다. [개정 2007.12.14, 2008.2.29 제8867호(방송통신위원회의 설치 및 운영에 관한 법률)]

1. 대통령이 각각 임명하는 헌법재판소 재판관·중앙선거관리위원회 위원·국무위원·방송통신위원회 위원장·국가정보원장·국세청장·검찰총장·경찰청장 또는 합동참모의

장의 후보자

2. 대통령당선인이 「대통령직인수에 관한 법률」 제5조제1항에 따라 지명하는 국무위원후보자

3. 대법원장이 각각 지명하는 헌법재판소 재판관 또는 중앙선거관리위원회 위원의 후보자

③헌법재판소 재판관 후보자가 헌법재판소장 후보자를 겸하는 경우 제2항제1호의 규정에 불구하고 제1항의 규정에 따른 인사청문특별위원회를 연다. 이 경우 제2항 규정에 따른 소관상임위원회의 인사청문회를 겸하는 것으로 본다.[개정 2007.12.14]

④인사청문회의 절차 및 운영등에 관하여 필요한 사항은 따로 법률로 정한다. [개정 2006. 12.30][본조신설 2000·2·16]

第66條(심사보고서의 제출) ①위원회는 안건의 심사를 마친 때에는 심사경과와 결과 기타 필요한 사항을 서면으로 의장에게 보고하여야 한다.

②제1항의 보고서에는 소수의견의 요지 및 관련위원회의 의견요지를 기재하여야 한다. [개정 91·5·31]

③의장은 보고서가 제출된 때에는 본회의에서 의제가 되기 전에 인쇄하여 의원에게 배부한다. 다만, 긴급을 요할 때에는 이를 생략할 수 있다.

第67條(위원장의 보고) ①위원장은 소관위원회에서 심사를 마친 안건이 본회의에서 의제가 된 때에는 위원회의 심사경과 및 결과와 소수의견 및 관련위원회의 의견등 필요한 사항을 본회의에 보고한다. [개정 91·5·31]

②위원장은 다른 위원으로 하여금 제1항의 보고를 하게 할 수 있다.

③위원장은 소위원회의 위원장 또는 간사로 하여금 보충보고를 하게 할 수 있다.

④위원장이 제1항의 보고를 할 때에는 자기의 의견을 가할 수 없다.

第68條(소위원회위원장의 보고) 소위원회에서 심사를 마친 때에는 소위원회의 위원장은 그 심사경과와 결과를 위원회에 보고한다. 이 경우 소위원회의 위원장은 심사보고서에 소위원회의 회의록 또는 그 요지를 첨부하여야 한다. [개정 94·6·28]

第69條(위원회회의록) ①위원회는 위원회회의록을 작성하고 다음 사항을 기재한다. [개정 2005.7.28]

1. 개의·회의중지와 산회의 일시
2. 의사일정
3. 출석위원의 수 및 성명
4. 출석한 위원 아닌 의원의 성명
5. 출석한 국무위원·정부위원 또는 증인·감정인·참고인·진술인의 성명
6. 심사안건명
7. 의사
8. 표결수
9. 위원장의 보고
10. 위원회에서 종결되거나 본회의에 부의할 필요가 없다고 결정된 안건명과 그 내용
11. 기타 위원회 또는 위원장이 필요하다고 인정하는 사항

②위원회의 의사는 속기방법으로 이를 기록한다. [개정 2000·2·16]

③위원회회의록에는 위원장 또는 위원장을 대리한 간사가 서명·날인한다.

④소위원회의 회의록에 관하여는 제1항 내지 제3항의 규정을 준용한다. [개정 91·5·31, 2000·2·16, 2005.7.28]

第70條(위원회의 문서관리와 발간) ①위원회에 제출된 보고서 또는 서류등은 당해 위원회의 문서로 한다.

②위원장은 문서의 종류 기타 성질등을 고려하여 다른 서류와 분리하여 이를 보관하여야 한다.

③위원은 당해 위원회의 문서를 열람하거나 비밀이 아닌 문서를 복사할 수 있다. 다만, 위원장의 허가가 있는

경우에는 위원 아닌 의원도 또한 같다.
④위원장이 필요하다고 인정하거나 위원회의 의결이 있는 경우에는 당해 위원회의 공청회 또는 청문회등의 경과 및 결과나 보관중인 문서를 발간하여 의원에게 배부하고 일반에게 반포할 수 있다.
⑤위원회에서 생산되거나 위원회에 제출된 비밀문건의 보안관리에 관하여 이 법에서 정한 사항외에는 국회운영위원회의 동의를 얻어 의장이 이를 정한다. [신설 94·6·28]
⑥기타 위원회의 문서보관에 필요한 사항은 위원장이 정한다. [본조신설 91·5·31]

第71조(준용규정) 위원회에 관하여는 이 장에 규정한 외에 제6장 및 제7장의 규정을 준용한다. 그러나 위원회에서의 동의는 특별히 다수의 찬성자를 요하는 규정에 불구하고 동의자외 1인이상의 찬성으로 의제가 될 수 있으며 표결에 있어서는 거수로 표결할 수 있다.

제6장 회 의

제1절 개의·산회와 의사일정

第72조(개의) 본회의는 오후 2시(토요일은 오전 10시)에 개의한다. 다만, 의장은 각 교섭단체대표의원과 협의하여 그 개의시를 변경할 수 있다. [전문개정 94·6·28]

第73조(의사정족수) ①본회의는 재적의원 5분의 1 이상의 출석으로 개의한다. [개정 97·1·13]
②의장은 제72조의 규정에 의한 개의시로부터 1시간이 경과할 때까지 제1항의 정족수에 달하지 못할 때에는 유회를 선포할 수 있다. [개정 91·5·31]
③회의중 제1항의 정족수에 달하지 못할 때에는 의장은 회의의 중지 또는 산회를 선포한다. 다만, 의장은 교섭단체대표의원이 의사정족수의 충족을 요청하는 경우외에는 효율적인 의사진행을 위하여 회의를 계속할 수 있다. [개정 2000·2·16]

第74조(산회) 의사일정에 올린 안건의 의사가 끝났을 때에는 의장은 산회를 선포한다.

第75조(회의의 공개) ①본회의는 공개한다. 다만, 의장의 제의 또는 의원 10인 이상의 연서에 의한 동의로 본회의의 의결이 있거나 의장이 각 교섭단체대표의원과 협의하여 국가의 안전보장을 위하여 필요하다고 인정할 때에는 공개하지 아니할 수 있다.
②제1항 단서에 의한 제의나 동의에 대하여는 토론을 하지 아니하고 표결한다.

第76조(의사일정의 작성) ①의장은 본회의에 부의요청된 안건의 목록을 그 순서에 따라 작성하고 이를 매주 공표하여야 한다. [신설 2000·2·16]
②의장은 회기 중 본회의 개의일시 및 심의대상 안건의 대강을 기재한 회기 전체 의사일정과 본회의 개의시간 및 심의대상 안건의 순서를 기재한 당일 의사일정을 작성한다. [개정 2005.7.28]
③제2항의 규정에 따른 의사일정 중 회기 전체 의사일정의 작성에 있어서는 국회운영위원회와 협의하되, 협의가 이루어지지 아니할 때에는 의장이 이를 결정한다. [개정 2005.7.28]
④의장은 제2항 및 제3항의 규정에 의하여 작성한 의사일정을 지체 없이 의원에게 통지하고 전산망 등을 통하여 공표한다. [신설 2005.7.28]
⑤의장은 특히 긴급을 요한다고 인정할 때에는 회의의 일시만을 의원에게 통지하고 개의할 수 있다.

第77조(의사일정의 변경) 의원 20인 이상의 연서에 의한 동의로 본회의의 의결이 있거나 의장이 각 교섭단체대표의원과 협의하여 필요하다고 인정할 때에는 의장은 회기 전체 의사일정의 일부를 변경하거나 당일 의사일정의 안건 추가 및 순서 변경을 할 수 있다. 이 경우 의원의 동의에는 이유서를 첨부하여야 하며, 그 동의에 대하여는 토론을 하지 아니하고 표결한다. [개정 2005.7.28]

第78조(의사일정의 미료안건) 의장은 의사일정에 올린 안건에 대하여 회의를 열지 못하였거나 회의를 마치지 못한 때에는 다시 그 일정을 정한다.

제2절 발의 · 위원회회부 · 철회와 번안

第79조(의안의 발의 또는 제출) ①의원은 10인 이상의 찬성으로 의안을 발의할 수 있다. [개정 2003.02.04.]

②의안을 발의하는 의원은 그 안을 갖추고 이유를 붙여 소정의 찬성자와 연서하여 이를 의장에게 제출하여야 한다. [개정 2005.7.28]

③의원이 법률안을 발의하는 때에는 발의의원과 찬성의원을 구분하되, 당해 법률안에 대하여 그 제명의 부제로 발의의원의 성명을 기재한다. 다만, 발의의원이 2인 이상인 경우에는 대표발의의원 1인을 명시하여야 한다. [신설 2000 · 2 · 16]

④의원이 발의한 법률안중 국회에서 의결된 제정법률안 또는 전부개정법률안을 공표 또는 홍보하는 경우에는 당해 법률안의 부제를 함께 표기할 수 있다. [신설 2000 · 2 · 16, 2005.7.28]

第79조의2(의안에 대한 비용추계 자료 등의 제출) ①의원 또는 위원회가 예산 또는 기금상의 조치를 수반하는 의안을 발의 또는 제안하는 경우에는 그 의안의 시행에 수반될 것으로 예상되는 비용에 대한 추계서를 아울러 제출하여야 한다.

②정부가 예산 또는 기금상의 조치를 수반하는 의안을 제출하는 경우에는 그 의안의 시행에 수반될 것으로 예상되는 비용에 대한 추계서와 이에 상응하는 재원조달방안에 관한 자료를 의안에 첨부하여야 한다.

③제1항 또는 제2항의 규정에 의한 비용추계 및 재원조달방안에 대한 자료의 작성 및 제출절차 등에 관하여 필요한 사항은 국회규칙으로 정한다.[본조신설 2005.7.28]

第80조(국회공보의 발간) ①의장은 본회의 또는 위원회의 운영 및 의사일정, 발의 또는 제출되거나 심사예정인 의안목록, 국회의 주요행사 기타 필요한 사항을 기재한 국회공보를 발간하여 의원에게 배부한다.

②제1항의 국회공보는 특별한 사정이 없는 한 회기중 매일 발간한다.

③삭제 [2005.7.28]

④국회공보의 발간 및 배부 기타 필요한 사항은 의장이 정한다. [개정 2005.7.28][본조신설 91 · 5 · 31][본조제목개정 2005.7.28]

第81조(상임위원회 회부) ①의장은 의안이 발의 또는 제출된 때에는 이를 인쇄하여 의원에게 배부하고 본회의에 보고하며, 소관상임위원회에 회부하여 그 심사가 끝난 후 본회의에 부의한다. 다만, 폐회 또는 휴회등으로 본회의에 보고할 수 없을 때에는 이를 생략하고 회부할 수 있다. [개정 2000 · 2 · 16]

②의장은 안건이 어느 상임위원회의 소관에 속하는지 명백하지 아니할 때에는 국회운영위원회와 협의하여 상임위원회에 회부하되 협의가 이루어지지 아니할 때에는 의장이 소관상임위원회를 결정한다.

③의장은 발의 또는 제출된 의안과 직접적인 이해관계를 가지는 위원이 소관상임위원회 재적위원 과반수로 해당 의안의 심사에 공정을 기할 수 없다고 인정하는 경우에는 제1항의 규정에 불구하고 그 의안을 국회운영

위원회와 협의하여 다른 위원회에 회부하여 심사하게 할 수 있다. [신설 2005.7.28]
④의장은 제1항의 규정에 의하여 의안을 의원에게 배부할 때에는 이를 전산망에 입력하여 의원이 이용할 수 있도록 하여야 한다. [신설 94·6·28]

第82조(특별위원회 회부) ①의장은 특히 필요하다고 인정하는 안건에 대하여는 본회의의 의결을 얻어 이를 특별위원회에 회부한다.
②의장은 특별위원회에 회부된 안건에 관련이 있는 다른 안건을 그 특별위원회에 회부할 수 있다.

第82조의2(입법예고) ①위원회는 심사대상인 법률안에 대하여 그 입법취지·주요내용등을 국회공보등에 게재하여 입법예고 할 수 있다. 다만, 폐회중에는 위원장이 간사와 협의하여 예고할 수 있다.
②위원장은 제1항의 규정에 의하여 입법예고를 할 때에는 의장에게 미리 보고하여야 한다.
③입법예고의 방법·절차 기타 필요한 사항은 국회규칙으로 정한다. [본조신설 94·6·28]

第83조(관련위원회회부) ①의장은 소관위원회에 안건을 회부하는 경우에 그 안건이 다른 위원회의 소관사항과 관련이 있다고 인정할 때에는 관련위원회에 이를 회부하되, 소관위원회와 관련위원회를 명시하여야 한다. 안건이 소관위원회에 회부된 후 다른 위원회로부터 회부요청이 있는 경우 필요하다고 인정한 때에도 또한 같다.
②의장이 제1항의 규정에 의하여 관련위원회에 안건을 회부할 때에는 관련위원회가 소관위원회에 그 의견을 제시할 기간을 정하여야 하며, 필요한 경우 그 기간을 연장할 수 있다.
③소관위원회는 관련위원회로부터 특별한 이유없이 제2항의 기간내에 의견의 제시가 없는 경우 바로 심사보고를 할 수 있다.[본조신설 91·5·31]

第83조의2(예산 관련 법률안에 대한 예산결산특별위원회와의 협의) ①기획예산처소관에 속하는 법률안과 상당한 규모의 예산 또는 기금상의 조치를 수반하는 법률안을 심사하는 소관위원회는 미리 예산결산특별위원회와의 협의를 거쳐야 한다.
②소관위원회의 위원장은 제1항의 규정에 따른 법률안을 심사함에 있어 20일의 범위 이내에서 협의기간을 정하여 예산결산특별위원회에 협의를 요청하여야 한다. 다만, 예산결산특별위원장의 요청에 따라 그 기간을 연장할 수 있다.
③소관위원회는 기획예산처소관에 속하는 법률안을 예산결산특별위원회와 협의하여 심사함에 있어서 예산결산특별위원장의 요청이 있는 때에는 연석회의를 열어야 한다.
④소관위원회는 제1항 내지 제3항의 규정에 따른 협의가 이루어지지 아니하는 경우에는 바로 심사보고를 할 수 있다.
⑤제1항의 규정에 따른 상당한 규모의 예산 또는 기금상의 조치를 수반하는 법률안의 범위 등에 관하여 필요한 사항은 국회규칙으로 정한다. [본조신설 2005.7.28]

第84조(예산안·결산의 회부 및 심사) ①예산안과 결산은 소관상임위원회에 회부하고, 소관상임위원회는 예비심사를 하여 그 결과를 의장에게 보고한다. 이 경우 예산안에 대하여는 본회의에서 정부의 시정연설을 듣는다. [개정 94·6·28]
②의장은 예산안과 결산에 제1항의 보고서를 첨부하여 이를 예산결산특별위원회에 회부하고 그 심사가 끝난 후 본회의에 부의한다. 결산의 심사결과 위법 또는 부당한 사항이 있는

때에 국회는 본회의 의결후 정부 또는 해당기관에 변상 및 징계조치 등 그 시정을 요구하고, 정부 또는 해당기관은 시정요구를 받은 사항을 지체없이 처리하여 그 결과를 국회에 보고하여야 한다. [개정 2003.02.04.]

③예산결산특별위원회의 예산안 및 결산의 심사는 제안설명과 전문위원의 검토보고를 듣고 종합정책질의, 부별심사 또는 분과위원회심사 및 찬반토론을 거쳐 표결한다. 이 경우 위원장은 종합정책질의를 함에 있어서 간사와 협의하여 각 교섭단체별 대표질의 또는 교섭단체별 질의시간할당 등의 방법으로 그 기간을 정한다. [신설 94·6·28]

④정보위원회는 제1항 및 제2항의 규정에 불구하고 국가정보원소관예산안과 결산, 국가정보원법 제3조제1항제5호에 규정된 정보 및 보안업무의 기획·조정 대상부처소관의 정보예산안과 결산에 대한 심사를 하여 그 결과를 해당 부처별 총액으로 하여 의장에게 보고하고, 의장은 정보위원회에서 심사한 예산안과 결산에 대하여 총액으로 예산결산특별위원회에 통보한다. 이 경우 정보위원회의 심사는 예산결산특별위원회의 심사로 본다. [신설 94·6·28, 2000·2·16]

⑤예산결산특별위원회는 소관상임위원회의 예비심사내용을 존중하여야 하며, 소관상임위원회에서 삭감한 세출예산 각항의 금액을 증가하게 하거나 새 비목을 설치할 경우에는 소관상임위원회의 동의를 얻어야 한다. 다만, 새 비목의 설치에 대한 동의요청이 소관상임위원회에 회부되어 그 회부된 때부터 72시간 이내에 동의여부가 예산결산특별위원회에 통지되지 아니한 경우에는 소관상임위원회의 동의가 있는 것으로 본다.[개정 2002.3.7. 2003.02.04.] [신설 91·5·31]

⑥의장은 예산안과 결산을 소관상임위원회에 회부할 때에는 심사기간을 정할 수 있으며, 상임위원회가 이유없이 그 기간내에 심사를 마치지 아니한 때에는 이를 바로 예산결산특별위원회에 회부할 수 있다.

⑦삭제 [2003.02.04.]

⑧위원회는 세목 또는 세율과 관계있는 법률의 제정 또는 개정을 전제로 하여 미리 제출된 세입예산안은 이를 심사할 수 없다.

제84조의2(기금운용계획안·기금결산의 회부 등) ①국회는 「국가재정법」 제68조제1항의 규정에 의하여 제출된 기금운용계획안을 회계연도개시 30일 전까지 심의·확정한다. [개정 2006.10.4 제8050호(「국가재정법」)]

②제1항의 기금운용계획안, 「국가재정법」 제70조제2항의 규정에 의한 기금운용계획의 변경 및 동법 제73조의 규정에 의한 기금의 결산에 관하여는 예산안 및 결산에 관한 제84조의 규정을 준용한다. [개정 2006.10.4 제8050호(「국가재정법」)][본조신설 2001.12.31.법률제6590호.]

제84조의3(예산안 및 기금운용계획안에 대한 공청회) 예산결산특별위원회는 예산안 및 기금운용계획안에 대하여 공청회를 개최하여야 한다. 다만, 추가경정예산안 또는 기금운용계획변경안의 경우에는 위원회의 의결로 이를 생략할 수 있다.[본조신설 2005.7.28]

제85조(심사기간) ①의장은 위원회에 회부하는 안건 또는 회부된 안건에 대하여 심사기간을 지정할 수 있다. 이 경우 의장은 각 교섭단체대표의원과 협의하여야 한다. [개정 2005.7.28]

②제1항의 경우 위원회가 이유없이 그 기간내에 심사를 마치지 아니한 때에는 의장은 중간보고를 들은 후 다른 위원회에 회부하거나 바로 본회의에 부의할 수 있다.

제86조(체계·자구의 심사) ①위원회에서 법률안의 심사를 마치거나 입안

한 때에는 법제사법위원회에 회부하여 체계와 자구에 대한 심사를 거쳐야 한다. 이 경우 법제사법위원장은 간사와 협의하여 그 심사에 있어서 제안자의 취지설명과 토론을 생략할 수 있다.

②제1항의 심사에 대하여 의장은 각 교섭단체대표의원과의 협의를 거쳐 심사기간을 정할 수 있으며 이유없이 그 기간내에 심사를 마치지 아니한 때에는 바로 본회의에 부의할 수 있다. [개정 2000·2·16]

제87조(위원회에서 폐기된 의안) ①위원회에서 본회의에 부의할 필요가 없다고 결정된 의안은 본회의에 부의하지 아니한다. 그러나 위원회의 결정이 본회의에 보고된 날로부터 폐회 또는 휴회중의 기간을 제외한 7일 이내에 의원 30인 이상의 요구가 있을 때에는 그 의안을 본회의에 부의하여야 한다.

②제1항 단서의 요구가 없을 때에는 그 의안은 폐기된다.

제88조(위원회의 제출의안) 위원회에서 제출한 의안은 그 위원회에 회부하지 아니한다. 다만, 의장은 국회운영위원회의 의결에 따라 이를 다른 위원회에 회부할 수 있다.

제89조(동의) 이 법에 다른 규정이 있는 경우를 제외하고 동의는 동의자외 1인 이상의 찬성으로 의제가 된다.

제90조(의안·동의의 철회) ①의원은 그가 발의한 의안 또는 동의를 철회할 수 있다. 그러나 본회의에서 의제가 된 후에는 본회의의, 위원회에서 의제가 된 후에는 위원회의 동의를 얻어야 한다.

②정부가 본회의 또는 위원회에서 의제가 된 정부제출의 의안을 수정 또는 철회할 때에는 본회의 또는 위원회의 동의를 얻어야 한다.

제91조(번안) ①본회의에 있어서의 번안동의는 의안을 발의한 의원이 그 의안을 발의할 때의 발의의원 및 찬성의원 3분의 2 이상의 동의로, 정부 또는 위원회가 제출한 의안은 소관위원회의 의결로, 각각 그 안을 갖춘 서면으로 제출하되 재적의원 과반수의 출석과 출석의원 3분의 2 이상의 찬성으로 의결한다. 그러나 의안이 정부에 이송된 후에는 번안할 수 없다.

②위원회에 있어서의 번안동의는 위원의 동의로 그 안을 갖춘 서면으로 제출하되, 재적위원 과반수의 출석과 출석위원 3분의 2 이상의 찬성으로 의결한다. 그러나, 본회의에 의제가 된 후에는 번안할 수 없다.[전문개정 2000·2·16]

제92조(일사부재의) 부결된 안건은 같은 회기중에 다시 발의 또는 제출하지 못한다.

제3절 의사와 수정

제93조(안건심의) 본회의는 안건을 심의함에 있어서 그 안건을 심사한 위원장의 심사보고를 듣고 질의·토론을 거쳐 표결한다. 다만, 위원회의 심사를 거치지 아니한 안건에 대하여는 제안자가 그 취지를 설명하여야 하고, 위원회의 심사를 거친 안건에 대하여는 의결로 질의와 토론 또는 그 중의 하나를 생략할 수 있다.

제93조의2(법률안의 본회의 상정시기) ①본회의는 위원회가 법률안에 대한 심사를 마치고 의장에게 그 보고서를 제출한 후 1일을 경과하지 아니한 때에는 이를 의사일정으로 상정할 수없다. 다만, 의장이 특별한 사유로 각 교섭단체대표의원과의 협의를 거쳐 이를 정한 경우에는 그러하지 아니하다.

②정기회 기간중에 위원회 또는 본회의에 상정하는 법률안은 다음 연도의 예산안처리에 부수하는 법률안에 한한다. 다만, 긴급하고 불가피한 사유로 위원회 또는 본회의 의결이 있는

경우에는 그러하지 아니하다. [신설 2003.02.04.][본조신설 2002.3.7.]

제94조(재회부) 본회의는 위원장의 보고를 받은 후 필요하다고 인정할 때에는 그 의결로 다시 그 안건을 같은 위원회 또는 다른 위원회에 회부할 수 있다.

제95조(수정동의) ①의안에 대한 수정동의는 그 안을 갖추고 이유를 붙여 의원 30인이상의 찬성자와 연서하여 미리 의장에게 제출하여야 한다. 그러나 예산안에 대한 수정동의는 의원 50인이상의 찬성이 있어야 한다.

②위원회에서 심사보고한 수정안은 찬성없이 의제가 된다.

③위원회는 소관사항외의 안건에 대하여는 수정안을 제출할 수 없다.

④의안에 대한 대안은 위원회에서 그 원안을 심사하는 동안에 제출하여야 하며, 의장은 이를 그 위원회에 회부한다.

제96조(수정안의 표결순서) ①동일의제에 대하여 수개의 수정안이 제출된 때에는 의장은 다음 각호에 의하여 표결의 순서를 정한다.

1. 최후로 제출된 수정안부터 먼저 표결한다.
2. 의원의 수정안은 위원회의 수정안보다 먼저 표결한다.
3. 의원의 수정안이 수개 있을 때에는 원안과 차이가 많은 것부터 먼저 표결한다.

②수정안이 전부 부결된 때에는 원안을 표결한다.

제97조(의안의 정리) 본회의는 의안의 의결이 있은 후 서로 저촉되는 조항·자구·수자 기타의 정리를 필요로 할 때에는 이를 의장 또는 위원회에 위임할 수 있다.

제98조(의안의 이송) ①국회에서 의결된 의안은 의장이 이를 정부에 이송한다.

②정부는 대통령이 법률안을 공포한 경우에는 이를 지체없이 국회에 통지하여야 한다. [신설 2002.3.2.]

③헌법 제53조제6항의 규정에 의하여 대통령이 공포를 하지 아니한 때에는 그 공포기일이 경과한 날로부터 5일 이내에 의장이 이를 공포한다. 이 경우에는 대통령에게 통지하여야 한다.

제98조의2(대통령령등의 제출등) ①중앙행정기관의 장은 법률에서 위임한 사항이나 법률을 집행하기 위하여 필요한 사항을 규정한 대통령령·총리령·부령·훈령·예규·고시 등이 제정·개정 또는 폐지된 때에는 10일 이내에 이를 국회 소관상임위원회에 제출하여야 한다. 다만, 대통령령의 경우에는 입법예고를 하는 때(입법예고를 생략하는 경우에는 법제처장에게 심사를 요청하는 때를 말한다)에도 그 입법예고안을 10일 이내에 제출하여야 한다. [개정 2002.3.7, 2005.7.28]

②제1항의 기간 이내에 이를 제출하지 못한 경우에는 그 이유를 소관상임위원회에 통지하여야 한다. [신설 2005.7.28]

③상임위원회는 위원회 또는 상설소위원회를 정기적으로 개회하여 그 소관중앙행정기관이 제출한 대통령령·총리령 및 부령(이하 이 조에서 "대통령령등"이라 한다)에 대하여 법률에의 위반여부등을 검토하여 당해대통령령등이 법률의 취지 또는 내용에 합치되지 아니하다고 판단되는 경우에는 소관중앙행정기관의 장에게 그 내용을 통보할 수 있다. 이 경우 중앙행정기관의 장은 통보받은 내용에 대한 처리 계획과 그 결과를 지체 없이 소관상임위원회에 보고하여야 한다. [개정 2005.7.28]

④전문위원은 제3항의 규정에 의한 대통령령등을 검토하여 그 결과를 당해위원회 위원에게 제공한다. [개정 2005.7.28][전문개정 2000·2·16]

제4절 발 언

제99조(발언의 허가) ①의원이 발언하려고 할 때에는 미리 의장에게 통지하여 허가를 받아야 한다.

②발언통지를 하지 아니한 의원은 통지를 한 의원의 발언이 끝난 다음 의장의 허가를 받아 발언할 수 있다.

③의사진행에 관한 발언은 발언요지를 의장에게 미리 통지하여야 하며, 의장은 의제에 직접 관계가 있거나 긴급히 처리할 필요가 있다고 인정되는 것은 즉시 허가하고, 그외의 것은 의장이 그 허가의 시기를 정한다.

제100조(발언의 계속) 발언은 그 도중에 다른 의원의 발언에 의하여 정지되지 아니하며, 산회 또는 회의의 중지로 발언을 마치지 못한 때에는 다시 그 의사가 개시되면 의장은 먼저 발언을 계속하게 한다.

제101조(보충보고) 의장은 위원장 또는 위원장이 지명한 소수의견자가 위원회의 보고를 보충하기 위하여 발언하려고 할 때에는 다른 발언에 우선하여 발언하게 할 수 있다.

제102조(의제외 발언의 금지) 모든 발언은 의제외에 미치거나 허가받은 발언의 성질에 반하여서는 아니된다.

제103조(발언회수의 제한) 의원은 동일의제에 대하여 2회에 한하여 발언할 수 있다. 그러나 질의에 대하여 답변할 때와 위원장·발의자 또는 동의자가 그 취지를 설명할 때에는 그러하지 아니하다.

제104조(발언원칙) ①정부에 대한 질문외의 의원의 발언시간은 15분을 초과하지 아니하는 범위안에서 의장이 정한다. 다만, 의사진행발언·신상발언 및 보충발언은 5분을, 다른 의원의 발언에 대한 반론발언은 3분을 초과할 수 없다. [개정 2000·2·16]

②교섭단체를 가진 정당을 대표하는 의원이나 교섭단체의 대표의원이 정당 또는 교섭단체를 대표하여 연설(이하 "교섭단체대표연설"이라 한다) 기타 발언을 할 때에는 40분까지 발언할 수 있다. 이 경우 교섭단체대표연설은 매년 첫번째 임시회와 정기회에서 각 1회 실시하되, 전·후반기 원구성을 위한 임시회의 경우와 의장이 각 교섭단체대표의원과 합의를 하는 경우에는 추가로 각 1회 실시할 수 있다. [개정 2003.02.04.]

③의장은 각 교섭단체대표의원과 협의하여 동일의제에 대한 총발언시간을 정하여 이를 교섭단체별로 그 소속의원수의 비율에 따라 할당한다. 이 경우 각 교섭단체대표의원은 할당된 시간내에서 발언자수 및 발언자별 발언시간을 정하여 미리 의장에게 통보하여야 한다.

④의장은 필요한 경우 제3항의 규정에 불구하고 각 교섭단체대표의원과 협의하여 동일의제에 대하여 교섭단체별로 그 소속의원수의 비율에 따라 발언자수를 정할 수 있다.

⑤교섭단체에 속하지 아니하는 의원의 발언시간 및 발언자수는 의장이 각 교섭단체대표의원과 협의하여 정한다.

⑥의원이 시간제한으로 발언을 마치지 못한 부분에 대하여는 의장이 인정하는 범위안에서 이를 회의록에 게재할 수 있다.[전문개정 94·6·28]

제105조(5분자유발언) ①의장은 본회의가 개의되는 경우 그 개의시부터 1시간을 초과하지 아니하는 범위내에서 의원에게 국회가 심의중인 의안과 청원 기타 중요한 관심사안에 대한 의견을 발표할 수 있도록 하기 위하여 5분 이내의 발언(이하 "5분자유발언"이라 한다)을 허가할 수 있다. 다만, 의장은 당일 본회의에서 심의할

의안이 다수 있는 등 효율적인 의사진행을 위하여 필요하다고 인정하는 경우에는 각 교섭단체대표의원과 협의하여 개의중에 이를 허가할 수 있다. [개정 97·1·13, 2000·2·16]

②5분자유발언을 하고자 하는 의원은 늦어도 본회의개의 4시간전까지 그 발언취지를 간략히 기재하여 의장에게 신청하여야 한다. [개정 97·1·13, 2000·2·16]

③5분자유발언의 발언자수와 발언순서는 교섭단체별 소속의원수의 비율을 고려하여 의장이 각 교섭단체대표의원과 협의하여 정한다. [개정 97·1·13] [전문개정 94·6·28]

第106조(토론의 통지) ①의사일정에 올린 안건에 대하여 토론하고자 하는 의원은 미리 반대 또는 찬성의 뜻을 의장에게 통지하여야 한다.

②의장은 제1항의 통지를 받은 순서와 그 소속교섭단체를 고려하여 반대자와 찬성자를 교대로 발언하게 하되 반대자에게 먼저 발언하게 한다.

第107조(의장의 토론참가) 의장이 토론에 참가할 때에는 의장석에서 물러나야 하며, 그 안건에 대한 표결이 끝날 때까지 의장석에 돌아갈 수 없다.

第108조(질의 또는 토론의 종결) ①질의 또는 토론이 끝났을 때에는 의장은 그 종결을 선포한다.

②각 교섭단체에서 1인 이상의 발언이 있은 후에는 본회의의 의결로 의장은 질의나 토론의 종결을 선포한다. 그러나 질의 또는 토론에 참가한 의원은 질의나 토론의 종결을 동의할 수 없다.

③제2항의 동의는 토론을 하지 아니하고 표결한다.

제5절 표 결

第109조(의결정족수) 의사는 헌법 또는 이 법에 특별한 규정이 없는 한 재적의원 과반수의 출석과 출석의원 과반수의 찬성으로 의결한다.

第110조(표결의 선포) ①표결할 때에는 의장이 표결할 안건의 제목을 의장석에서 선포하여야 한다. [개정 2002.3.7.]

②의장이 표결을 선포한 때에는 누구든지 그 안건에 관하여 발언할 수 없다.

第111조(표결의 참가와 의사변경의 금지) ①표결을 할 때에는 회의장에 있지 아니한 의원은 표결에 참가할 수 없다. 그러나 기명·무기명투표에 의하여 표결할 때에는 투표함이 폐쇄될 때까지 표결에 참가할 수 있다. [개정 2000·2·16]

②의원은 표결에 있어서 표시한 의사를 변경할 수 없다.

第112조(표결방법) ①표결할 때에는 전자투표에 의한 기록표결로 가부를 결정한다. 다만, 투표기기의 고장등 특별한 사정이 있을 때에는 기립표결로 가부를 결정할 수 있다. [개정 2000·2·16]

②중요한 안건으로서 의장의 제의 또는 의원의 동의로 본회의의 의결이 있거나 재적의원 5분의 1 이상의 요구가 있을 때에는 기명·호명 또는 무기명투표로 표결한다. [개정 94·6·28, 2000·2·16]

③의장은 안건에 대한 이의의 유무를 물어서 이의가 없다고 인정한 때에는 가결되었음을 선포할 수 있다. 그러나 이의가 있을 때에는 제1항 또는 제2항의 방법으로 표결하여야 한다.

④헌법개정안은 기명투표로 표결한다.

⑤대통령으로부터 환부된 법률안과 기타 인사에 관한 안건은 무기명투표로 표결한다. 다만, 겸직으로 인한 의원사직과 위원장사임에 대하여 의장이 각 교섭단체대표의원과 협의한 경우에는 그러하지 아니하다. [개정 94·6·28]

⑥국회에서 실시하는 각종 선거는 법

률에 특별한 규정이 없는 한 무기명투표로 한다. 투표의 결과 당선자가 없을 때에는 최고득표자와 차점자에 대하여 결선투표를 함으로써 다수득표자를 당선자로 한다. 다만, 득표수가 같을 때에는 연장자를 당선자로 한다.

⑦국무총리 또는 국무위원의 해임건의안이 발의된 때에는 의장은 그 해임건의안이 발의된 후 처음 개의하는 본회의에 이를 보고하고, 본회의에 보고된 때로부터 24시간이후 72시간이내에 무기명투표로 표결한다. 이 기간내에 표결하지 아니한 때에는 그 해임건의안은 폐기된 것으로 본다. [개정 2003.02.04.]

제113조(표결결과선포) 표결이 끝났을 때에는 의장은 그 결과를 의장석에서 선포한다.

제114조(기명·무기명투표절차) ①기명·무기명투표할 때에는 각 의원은 먼저 명패를 명패함에, 다음에 투표용지를 투표함에 투입한다. [개정 2000·2·16]

②기명·무기명투표할 때에는 의장은 의원중에서 약간인의 감표위원을 지명하고 그 위원의 참여하에 직원으로 하여금 명패와 기명·무기명투표의 수를 점검·계산하게 한다. 이 경우 감표위원으로 지명된 의원이 이에 응하지 아니하는 때에는 당해 의원을 제외하거나 다른 의원을 감표위원으로 지명할 수 있다. [개정 2000·2·16, 2002.3.7.]

③투표의 수가 명패의 수보다 많을 때에는 재투표를 한다. 다만, 투표의 결과에 영향을 미치지 아니할 때에는 그러하지 아니하다.

제114조의2(자유투표) 의원은 국민의 대표자로서 소속정당의 의사에 기속되지 아니하고 양심에 따라 투표한다.

제7장 회의록

제115조(회의록) ①국회는 회의록을 작성하고 다음 사항을 기재한다. [개정 94·6·28, 2005.7.28]

1. 개의·회의중지와 산회의 일시
2. 의사일정
3. 출석의원의 수 및 성명
4. 개회식에 관한 사항
5. 의원의 이동
6. 의석의 배정과 변동
7. 의안의 발의·제출·회부·환부·이송과 철회에 관한 사항
8. 출석한 국무위원과 정부위원의 성명
9. 부의안건과 그 내용
10. 의장의 보고
11. 위원회의 보고서
12. 의사
13. 표결수
14. 기명·전자·호명투표의 투표자 및 찬반의원 성명
15. 의원의 발언보충서
16. 서면질문과 답변서
17. 정부의 청원처리결과보고서
18. 정부의 국정감사 또는 조사결과처리보고서
19. 기타 본회의 또는 의장이 필요하다고 인정하는 사항

②본회의의 의사는 속기방법으로 이를 기록한다.

③회의록에는 의장, 의장을 대리한 부의장, 임시의장과 사무총장 또는 그 대리자가 서명·날인하여 국회에 보존한다.

제116조(참고문서의 게재) 의원이 그 발언에 참고되는 간단한 문서를 회의록에 게재하려고 할 때에는 의장의 허가를 받아야 한다.

제117조(자구의 정정과 이의의 결정) ①발언한 의원은 회의록이 배부된 날의 다음날 오후 5시까지 그 자구의 정정을 의장에게 요구할 수 있다. 그러나 발언의 취지를 변경할 수 없다.

②회의에서 발언한 국무총리·국무위원 및 정부위원 기타 발언자에 있어서도 제1항과 같다.

③속기방법에 의하여 작성한 회의록의 내용은 삭제할 수 없으며, 발언을 통하여 자구정정 또는 취소의 발언을 한 경우에는 그 발언을 회의록에 기재한다. [개정 2003.02.04.]

④의원이 회의록에 기재한 사항과 회의록의 정정에 관하여 이의를 신청한 때에는 토론을 하지 아니하고 본회의의 의결로 이를 결정한다.

제118조(회의록의 배부·반포) ①회의록은 의원에게 배부하고 일반에게 반포한다. 그러나 의장이 비밀을 요하거나 국가안전보장을 위하여 필요하다고 인정한 부분에 관하여는 발언자 또는 그 소속교섭단체대표의원과 협의하여 이를 게재하지 아니할 수 있다.

②의원이 제1항의 규정에 의하여 게재되지 아니한 회의록부분에 관하여 열람·복사등을 신청한 때에는 정당한 사유가 없는 한 의장은 이를 거절하여서는 아니된다.

③제2항에 의하여 허가받은 의원은 타인에게 이를 열람하게 하거나 전재·복사하게 하여서는 아니된다.

④공개하지 아니한 회의의 내용은 공표되어서는 아니된다. 다만, 본회의의 의결 또는 의장의 결정으로 제1항 단서의 사유가 소멸되었다고 판단되는 경우에는 이를 공표할 수 있다.

⑤공표할 수 있는 회의록은 일반에게 유상으로 반포할 수 있다.

⑥회의록의 공표에 관한 기간·절차 기타 필요한 사항은 국회규칙으로 정한다.

제8장 국무총리·국무위원·정부위원과 질문

제119조(국무총리·국무위원 및 정부위원의 임면통지) 정부는 국무총리와 국무위원 및 정부위원인 공무원을 임면한 때에는 이를 국회에 통지한다.

제120조(국무위원등의 발언) ①국무총리·국무위원 또는 정부위원은 본회의나 위원회에서 발언하려고 할 때에는 미리 의장 또는 위원장의 허가를 받아야 한다.

②법원행정처장·헌법재판소사무처장·중앙선거관리위원회사무총장은 의장 또는 위원장의 허가를 받아 본회의나 위원회에서 그 소관사무에 관하여 발언할 수 있다. [신설 91·5·31, 98·3·18]

제121조(국무위원등의 출석요구) ①본회의는 그 의결로 국무총리·국무위원 또는 정부위원의 출석을 요구할 수 있다. 이 경우 그 발의는 의원 20인 이상이 이유를 명시한 서면으로 하여야 한다.

②위원회는 그 의결로 국무총리·국무위원 또는 정부위원의 출석을 요구할 수 있다. 이 경우 위원장은 의장에게 이를 보고하여야 한다. [개정 94·6·28]

③제1항 또는 제2항의 요구가 있을 때에는 국무총리·국무위원 또는 정부위원은 출석·답변하여야 하며, 국무총리 또는 국무위원이 출석요구를 받은 때에는 의장 또는 위원장의 승인을 얻어 국무총리는 국무위원으로 하여금, 국무위원은 정부위원으로 하여금 대리하여 출석·답변하게 할 수 있다. 이 경우 의장은 각 교섭단체대표의원과, 위원장은 간사와 협의하여야 한다.

④본회의 또는 위원회는 특정한 사안에 대하여 질문하기 위하여 대법원장·헌법재판소장·중앙선거관리위원회위원장·감사원장 또는 그 대리인의 출석을 요구할 수 있다. 이 경우 위원장은 의장에게 이를 보고하여야 한다. [개정 94·6·28]

제122조(정부에 대한 서면질문) ①의

원이 정부에 서면으로 질문하려고 할 때에는 질문서를 의장에게 제출하여야 한다.

②의장은 제1항의 질문서가 제출된 때에는 지체없이 이를 정부에 이송한다.

③정부는 질문서를 받은 날로부터 10일 이내에 서면으로 답변하여야 한다. 그 기간내에 답변하지 못할 때에는 그 이유와 답변할 수 있는 기한을 국회에 통지하여야 한다.

④정부는 서면질문에 대하여 답변할 때 회의록에 게재할 답변서와 기타 답변관계자료를 구분하여 국회에 제출하여야 한다. [신설 94·6·28]

⑤제3항의 답변에 대하여 보충하여 질문하고자 하는 의원은 서면으로 다시 질문할 수 있다.

제122조의2(정부에 대한 질문) ①본회의는 회기중 기간을 정하여 국정전반 또는 국정의 특정분야를 대상으로 정부에 대하여 질문(이하 "대정부질문"이라 한다)을 할 수 있다.

②대정부질문은 일문일답의 방식으로 하되, 의원의 질문시간은 20분을 초과할 수 없다. 이 경우 질문시간에는 답변시간이 포함되지 아니한다. [개정 2000·2·16, 2003.02.04.]

③제2항의 규정에 불구하고 시각장애 등 신체장애를 가진 의원이 대정부질문을 하는 경우, 의장은 각 교섭단체 대표의원과 협의하여 별도의 추가 질문시간을 허가할 수 있다. [신설 2005.7.28]

④의제별 질문의원수는 의장이 각 교섭단체대표의원과 협의하여 정한다. [개정 2000·2·16, 2003.02.04.]

⑤의장은 제4항에서 규정한 의제별 질문의원수를 교섭단체별로 그 소속의원수의 비율에 따라 배정한다. 이 경우 교섭단체에 속하지 아니하는 의원의 질문자수는 의장이 각 교섭단체대표의원과 협의하여 정한다. [개정 2003.02.04, 2005.7.28]

⑥의장은 의원의 질문과 정부의 답변이 교대로 균형있게 유지되도록 하여야 한다.

⑦질문을 하고자 하는 의원은 미리 질문의 요지를 기재한 질문요지서를 구체적으로 작성하여 의장에게 제출하여야 하며, 의장은 늦어도 질문시간 48시간전까지 질문요지서가 정부에 도달되도록 송부하여야 한다. [개정 2000·2·16, 2003.02.04.]

⑧각 교섭단체대표의원은 질문의원과 질문순서를 질문일전일까지 의장에게 통지하여야 한다. 이 경우 의장은 각 교섭단체대표의원의 통지내용에 따라 질문순서를 정한 후 이를 본회의개의전에 각 교섭단체대표의원과 정부에 통지하여야 한다. [개정 2003.02.04.] [본조신설 94·6·28]

제122조의3(긴급현안질문) ①의원은 20인이상의 찬성으로 회기중 현안이 되고 있는 중요한 사항을 대상으로 정부에 대하여 질문(이하 이 조에서 "긴급현안질문"이라 한다)을 할 것을 의장에게 요구할 수 있다. [개정 2000·2·16]

②제1항의 규정에 의한 긴급현안질문을 요구하는 의원은 그 이유와 질문요지 및 출석을 요구하는 국무총리 또는 국무위원을 기재한 질문요구서를 본회의개의 24시간전까지 의장에게 제출하여야 한다. [개정 2000·2·16]

③의장은 질문요구서가 접수된 때에는 그 실시여부와 의사일정을 국회운영위원회와 협의하여 정한다. 다만, 의장은 필요한 경우 본회의에서 그 실시여부를 표결에 부쳐 정할 수 있다.

④제3항의 규정에 의한 의장의 결정 또는 본회의의 의결이 있은 때에는 해당 국무총리 또는 국무위원에 대한 출석요구의 의결이 있은 것으로 본다. [개정 2000·2·16]

⑤긴급현안질문시간은 총 120분으로

한다. 다만, 의장은 각 교섭단체대표의원과 협의하여 이를 연장할 수 있다. [개정 2000·2·16]
⑥긴급현안질문을 할 때의 의원의 질문은 10분을 초과할 수 없다. 다만, 보충질문은 5분을 초과할 수 없다.
⑦긴급현안질문의 절차등에 관하여 이 조에서 정한 것을 제외하고는 제122조의2의 규정을 준용한다.[본조신설 94·6·28]

제9장 청 원

제123조(청원서의 제출) ①국회에 청원하려고 하는 자는 의원의 소개를 얻어 청원서를 제출하여야 한다.
②청원서에는 청원자의 주소·성명(법인의 경우에는 그 명칭과 대표자의 성명)을 기재하고 서명·날인하여야 한다.
③재판에 간섭하거나 국가기관을 모독하는 내용의 청원은 이를 접수하지 아니한다.

제124조(청원요지서의 작성과 회부) ①의장은 청원을 접수한 때에는 청원요지서를 작성하여 각 의원에게 인쇄·배부하는 동시에 그 청원서를 소관위원회에 회부하여 심사를 하게 한다.
②청원요지서에는 청원자의 주소·성명·청원의 요지·소개의원의 성명과 접수연월일을 기재한다.

제125조(청원심사·보고등) ①위원회는 청원심사를 위하여 청원심사소위원회를 둔다.
②위원장은 폐회중이거나 기타 필요한 경우 청원을 바로 청원심사소위원회에 회부하여 심사보고하게 할 수 있다.
③청원을 소개한 의원은 소관위원회 또는 청원심사소위원회의 요구가 있을 때에는 청원의 취지를 설명하여야 한다.
④위원회는 그 의결로 위원 또는 전문위원을 현장이나 관계기관등에 파견하여 필요한 사항을 파악하여 보고하게 할 수 있다. [신설 91·5·31]
⑤위원회에서 본회의에 부의하기로 결정한 청원은 의견서를 첨부하여 의장에게 보고한다.
⑥위원회에서 본회의에 부의할 필요가 없다고 결정한 청원은 그 처리결과를 의장에게 보고하고, 의장은 청원인에게 통지하여야 한다. 다만, 폐회 또는 휴회기간을 제외한 7일 이내에 의원 30인 이상의 요구가 있을 때에는 이를 본회의에 부의한다.
⑦청원심사에 관하여 기타 필요한 사항은 국회규칙으로 정한다.

제126조(정부이송과 처리보고) ①국회가 채택한 청원으로서 정부에서 처리함이 타당하다고 인정되는 청원은 의견서를 첨부하여 정부에 이송한다.
②정부는 제1항의 청원을 처리하고 그 처리결과를 지체없이 국회에 보고하여야 한다.

제10장 국회와 국민 또는 행정기관과의 관계

제127조(국정감사와 국정조사) 국회의 국정감사와 국정조사에 관하여 이 법이 정한 것을 제외하고는 국정감사및조사에관한법률이 정하는 바에 따른다.

제127조의2(감사원에 대한 감사청구등) ①국회는 그 의결로 감사원에 대하여 감사원법에 의한 감사원의 직무범위에 속하는 사항중 사안을 특정하여 감사를 청구할 수 있다. 이 경우 감사원은 감사청구를 받은 날부터 3월 이내에 감사결과를 국회에 보고하여야 한다.
②감사원은 특별한 사유로 제1항에 규정된 기간 이내에 감사를 마치지 못하였을 때에는 중간보고를 하고 감사기간의 연장을 요청할 수 있다. 이 경우 의장은 2월의 범위 이내에서 감

사기간을 연장할 수 있다.[본조신설 2003.02.04.]

제128조(보고·서류제출요구) ①본회의·위원회 또는 소위원회는 그 의결로 안건의 심의 또는 국정감사나 국정조사와 직접 관련된 보고 또는 서류의 제출을 정부·행정기관 기타에 대하여 요구할 수 있다. 다만, 위원회가 국정감사나 국정조사와 관련된 서류제출요구를 하는 경우에는 그 의결 또는 재적위원 3분의 1 이상의 요구로 할 수 있다. [개정 2000·2·16]

②제1항의 규정에 의한 서류제출은 서면, 전자문서 또는 컴퓨터의 자기테이프·자기디스크 그밖에 이와 유사한 매체에 기록된 상태나 전산망에 입력된 상태로 제출할 것을 요구할 수 있다. [신설 2002.3.7.]

③제1항의 규정에 불구하고 폐회중에 의원으로부터 서류제출요구가 있는 때에는 의장 또는 위원장은 교섭단체 대표의원 또는 간사와 협의하여 이를 요구할 수 있다. [신설 2000·2·16]

④위원회(소위원회를 포함한다. 이하 이 장에서 같다)가 제1항의 요구를 할 때에는 의장에게 이를 보고하여야 한다. [개정 2000·2·16]

⑤제1항의 요구를 받은 때에는 기간을 따로 정하는 경우를 제외하고는 요구를 받은 날부터 10일 이내에 보고 또는 서류를 제출하여야 한다. 다만, 특별한 사유가 있을 때에는 의장 또는 위원장에게 그 사유를 보고하고 그 기간을 연장할수 있다. 이 경우 의장 또는 위원장은 제1항의 요구를 한 의원에게 그 사실을 통보한다. [신설 97·1·13]

⑥제1항의 보고·서류제출요구등에 관하여 기타 필요한 절차는 다른 법률이 정하는 바에 따른다. [개정 97·1·13][전문개정 94·6·28]

제128조의2(결산의 제출요구 등) ①국회는 감사원의 검사를 거친 결산(기금결산을 포함한다. 이하 이 조에서 같다)을 회계연도마다 다음 회계연도 5월 31일까지 제출하도록 정부에 대하여 요구한다.

②국회는 결산에 대한 심의·의결을 정기회 개회전까지 완료하여야 한다.[본조신설 2003.02.04.]

제129조(증인·감정인 또는 참고인의 출석요구) ①본회의 또는 위원회는 그 의결로 안건의 심의 또는 국정감사나 국정조사를 위하여 증인·감정인 또는 참고인의 출석을 요구할 수 있다.

②위원회가 제1항의 요구를 할 때에는 의장에게 이를 보고하여야 한다. [개정 94·6·28]

③제1항의 증언·감정등에 관한 절차는 다른 법률이 정하는 바에 따른다.

제11장 탄핵소추

제130조(탄핵소추의 발의) ①탄핵소추의 발의가 있은 때에는 의장은 발의된 후 처음 개의하는 본회의에 보고하고, 본회의는 의결로 법제사법위원회에 회부하여 조사하게 할 수 있다. [개정 2003.02.04.]

②본회의가 제1항에 의하여 법제사법위원회에 회부하기로 의결하지 아니한 때에는 본회의에 보고된 때로부터 24시간이후 72시간 이내에 탄핵소추의 여부를 무기명투표로 표결한다. 이 기간내에 표결하지 아니한 때에는 그 탄핵소추안은 폐기된 것으로 본다. [개정 2000·2·16]

③탄핵소추의 발의에는 피소추자의 성명·직위와 탄핵소추의 사유·증거 기타 조사상 참고가 될만한 자료를 제시하여야 한다.

제131조(회부된 탄핵소추사건의 조사) ①법제사법위원회가 제130조의 발의를 회부받았을 때에는 지체없이 조사·보고하여야 한다. [개정 91·5·

31]

②제1항의 조사에 있어서는 국정감사및조사에관한법률이 규정하는 조사의 방법 및 조사상의 주의의무규정을 준용한다.

제132조(조사의 협조) 조사를 받는 국가기관은 그 조사를 신속히 완료시키기 위하여 충분한 협조를 하여야 한다.

제133조(탄핵소추의 의결) 본회의의 탄핵소추의 의결은 피소추자의 성명·직위 및 탄핵소추의 사유를 표시한 문서(이하 "소추의결서"라 한다)로 하여야 한다.

제134조(소추의결서의 송달과 효과) ①탄핵소추의 의결이 있은 때에는 의장은 지체없이 소추의결서의 정본을 법제사법위원장인 소추위원에게, 그 등본을 헌법재판소·피소추자와 그 소속기관의 장에게 송달한다.

②소추의결서가 송달된 때에는 피소추자의 권한행사는 정지되며, 임명권자는 피소추자의 사직원을 접수하거나 해임할 수 없다.

제12장 사직·퇴직·궐원과 자격심사

제135조(사직) ①국회는 그 의결로 의원의 사직을 허가할 수 있다. 다만, 폐회중에는 의장이 이를 허가할 수 있다.

②의원이 사직하고자 할 때에는 본인이 서명·날인한 사직서를 의장에게 제출하여야 한다.

③사직의 허가여부는 토론을 하지 아니하고 표결한다.

제136조(퇴직) ①의원이 겸할 수 없는 직에 취임하거나 제29조제2항의 규정에 의하여 임기개시일 이후에 해직된 직의 권한을 행사하거나 공직선거및선거부정방지법 제53조의 규정에 의하여 사직원을 제출하여 공직선거후보자로 등록된 때에는 의원의 직에서 퇴직된다.[개정 2003.02.04.]

②의원이 법률에 규정된 피선거권이 없게 된 때에는 퇴직된다.

③의원에 대하여 제2항의 피선거권이 없게 되는 사유에 해당하는 형을 선고한 법원은 그 판결이 확정된 때에 이를 지체없이 국회에 통지하여야 한다. [신설 94·6·28]

제137조(궐원통지) 의원이 궐원된 때에는 의장은 15일이내에 대통령과 중앙선거관리위원회에 이를 통지하여야 한다.

제138조(자격심사의 청구) 의원이 다른 의원의 자격에 대하여 이의가 있을 때에는 30인이상의 연서로 자격심사를 의장에게 청구할 수 있다.

제139조(청구서의 위원회회부와 답변서의 제출) ①의장은 제138조의 청구서를 윤리특별위원회에 회부하고 그 부본을 피심의원에게 송달하여 기일을 정하여 답변서를 제출하게 한다. [개정 91·5·31]

②피심의원이 천재·지변 또는 질병 기타 사고에 의하여 기일내에 답변서를 제출하지 못함을 증명한 때에는 의장은 다시 기일을 정하여 답변서를 제출하게 할 수 있다.

제140조(답변서의 위원회심사) ①의장이 답변서를 접수한 때에는 이를 윤리특별위원회에 회부한다. [개정 91·5·31]

②윤리특별위원회는 청구서와 답변서에 의하여 심사한다. [개정 91·5·31]

③기일내에 답변서를 제출하지 아니한 때에는 윤리특별위원회는 청구서만으로 심사를 할 수 있다. [개정 91·5·31]

제141조(당사자의 심문과 발언) ①윤리특별위원회는 필요한 때에는 청구의원과 피심의원을 출석하게 하여 심문할 수 있다. [개정 91·5·31]

②청구의원과 피심의원은 위원회의 허가를 받아 출석하여 발언할 수 있

다. 이 경우 피심의원은 다른 의원으로 하여금 출석하여 발언하게 할 수 있다.

제142조(의결) ①윤리특별위원회에서 심사보고서를 의장에게 제출한 때에는 의장은 본회의에 부의하여야 한다. [개정 91·5·31]

②피심의원은 본회의에서 스스로 변명하거나 다른 의원으로 하여금 변명하게 할 수 있다.

③본회의는 피심의원의 자격의 유무를 의결로 결정하되 그 자격이 없는 것을 의결함에는 재적의원 3분의 2이상의 찬성이 있어야 한다.

④제3항의 결정이 있을 때에는 의장은 그 결과를 서면으로 청구의원과 피심의원에게 송부한다.

제13장 질서와 경호

제143조(의장의 경호권) 회기중 국회의 질서를 유지하기 위하여 의장은 국회안에서 경호권을 행한다.

제144조(경위와 경찰관) ①국회의 경호를 위하여 국회에 경위를 둔다.

②의장은 국회의 경호를 위하여 필요한 때에는 국회운영위원회의 동의를 얻어 일정한 기간을 정하여 정부에 대하여 필요한 국가경찰공무원의 파견을 요구할 수 있다. [개정 2006.2.21]

③경위와 파견된 국가경찰공무원은 의장의 지휘를 받아 경위는 회의장건물안에서, 국가경찰공무원은 회의장건물밖에서 경호한다. [개정 2006.2.21]

제145조(회의의 질서유지) ①의원이 본회의 또는 위원회의 회의장에서 이법 또는 국회규칙에 위배하여 회의장의 질서를 문란하게 한 때에는 의장 또는 위원장은 이를 경고 또는 제지할 수 있다.

②제1항의 조치에 응하지 아니한 의원이 있을 때에는 의장 또는 위원장은 당일의 회의에서 발언함을 금지하거나 퇴장시킬 수 있다.

③의장 또는 위원장은 회의장이 소란하여 질서를 유지하기 곤란하다고 인정할 때에는 회의를 중지하거나 산회를 선포할 수 있다.

제146조(모욕등 발언의 금지) 의원은 본회의 또는 위원회에서 다른 사람을 모욕하거나 다른 사람의 사생활에 대한 발언을 할 수 없다.

제147조(발언방해등의 금지) 의원은 폭력을 행사하거나 회의중 함부로 발언 또는 소란한행위를 하여 다른 사람의 발언을 방해할 수 없다.

제148조(회의진행 방해 물건 등의 반입 금지) 의원은 본회의 또는 위원회의 회의장 안에 회의진행에 방해가 되는 물건 또는 음식물을 반입하여서는 아니 된다.[전문개정 2005.7.28]

제149조(국회에 의한 방송) ①국회는 방송채널을 확보하여 본회의 또는 위원회의 회의 그 밖의 국회 및 의원의 입법활동 등을 음성 또는 영상으로 방송하는 제도를 마련하여 운용하여야 한다.

②제1항의 방송은 공정하고 객관적이어야 하며, 정치적·상업적 목적으로 사용되어서는 아니 된다.

③국회운영위원회는 제1항의 방송에 대한 기본원칙의 수립 및 관리 등 필요한 사항을 심의하며, 이를 위하여 국회방송심의소위원회를 둔다.

④제1항의 방송에 관한 절차, 대상 그 밖에 필요한 사항은 국회규칙으로 정한다.[전문개정 2005.7.28]

제149조의2(중계방송의 허용 등) ①본회의 또는 위원회의 의결로 공개하지 아니하기로 한 경우를 제외하고는 의장 또는 위원장은 회의장안(본회의장은 방청석에 한한다)에서의 녹음·녹화·촬영 및 중계방송을 국회규칙이 정하는 바에 따라 허용할 수 있다.

②제1항의 녹음·녹화·촬영 및 중계방송을 하는 자는 회의장의 질서를

문란하게 하여서는 아니 된다.[본조신설 2005.7.28]

제150조(현행범인의 체포) 국회안에 현행범인이 있을 때에는 경위 또는 국가경찰공무원은 이를 체포한 후 의장의 지시를 받아야 한다. 다만, 의원은 회의장안에 있어서는 의장의 명령없이 이를 체포할 수 없다. [개정 2006.2.21]

제151조(회의장출입의 제한) 회의장안에는 의원·국무총리·국무위원 또는 정부위원 기타 의안심의에 필요한 자와 의장이 허가한 자 외에는 출입할 수 없다.

제152조(방청의 허가) ①의장은 방청권을 발행하여 방청을 허가한다.

②의장은 질서를 유지하기 위하여 필요한 때에는 방청인수를 제한할 수 있다.

제153조(방청의 금지와 신체검사) ①흉기를 휴대한 자, 주기가 있는 자, 정신에 이상이 있는 자 기타 행동이 수상하다고 인정되는 자는 방청을 허가하지 아니한다.

②의장은 필요한 때에는 경위 또는 국가경찰공무원으로 하여금 방청인의 신체를 검사하게 할 수 있다. [개정 2006.2.21]

제154조(방청인에 대한 퇴장명령) ①의장은 회의장안의 질서를 방해하는 방청인의 퇴장을 명할 수 있으며 필요한 때에는 국가경찰관서에 인도할 수 있다. [개정 2006.2.21]

②방청석이 소란할 때에는 의장은 모든 방청인을 퇴장시킬 수 있다.

제14장 윤리심사와 징계

제155조(윤리심사 및 징계) ①윤리특별위원회는 의원이 국회의원윤리강령 및 국회의원윤리실천규범을 위반하는 행위를 한 때에는 이를 심사하여 그 의결로써 해당 의원에게 위반사실을 통고할 수 있다.

②국회는 의원이 다음 각호의 1에 해당하는 행위를 한 때에는 그 의결로써 이를 징계할 수 있다. [개정 94·6·28]

1. 헌법 제46조제1항(청렴의 의무) 및 제3항(이권운동의 금지), 이 법 제146조(모욕등 발언의 금지)의 규정에 위반되는 행위를 한 때
2. 제54조의2(정보위원회에 대한 특례)제2항에 위반하여 국회에서 직무상 발언한 때
3. 제102조(의제외 발언의 금지) 및 이 법에서 정한 발언시간의 제한규정에 위반하여 의사진행을 현저히 방해한 때
4. 제118조제3항의 규정에 위반하여 불게재부분을 다른 사람에게 열람하게 하거나 이를 전재 또는 복사하게 한 때
5. 제118조제4항의 규정에 위반하여 비공개회의 내용을 공표한 때
6. 탄핵소추사건의 조사를 함에 있어서 국정감사및조사에관한법률이 규정하는 조사상의 주의의무에 위반되는 행위를 한 때
7. 제145조제1항의 규정에 해당되는 회의장의 질서문란행위를 하거나 이에 대한 의장 또는 위원장의 조치에 불응한 때
8. 정당한 이유없이 국회집회일로부터 7일 이내에 본회의 또는 위원회에 출석하지 아니하거나 의장 또는 위원장의 출석요구서를 받은 후 5일 이내에 출석하지 아니한 때
9. 제1항의 규정에 의한 통고를 2회 받았을 때
10. 국정감사및조사에관한법률에서 정한 징계사유에 해당한 때
11. 공직자윤리법에서 정한 징계사유에 해당한 때 [전문개정 91·5·31]

제156조(윤리심사 및 징계의 요구와 회부) ①의장은 제155조의 규정에 해당하는 윤리심사대상의원(이하 "윤리

심사대상자"라 한다) 또는 징계대상 의원(이하 "징계대상자"라 한다)이 있을 때에는 이를 윤리특별위원회에 회부하고 본회의에 보고한다.

②위원장은 소속위원중에서 윤리심사대상자 또는 징계대상자가 있을 때에는 의장에게 이를 보고한다. 이 경우 의장은 이를 윤리특별위원회에 회부하고 본회의에 보고한다.

③의원이 윤리심사대상자 또는 징계대상자에 대한 윤리심사 또는 징계를 요구하고자 할 때에는 의원 20인 이상의 찬성으로 그 사유를 기재한 요구서를 의장에게 제출하여야 한다.

④윤리심사대상자 또는 징계대상자에 대하여 모욕을 당한 의원이 윤리심사 또는 징계를 요구할 때에는 찬성의원을 요하지 아니하며, 그 사유를 기재한 요구서를 의장에게 제출한다.

⑤제3항과 제4항의 윤리심사요구 또는 징계요구가 있을 때에는 의장은 이를 윤리특별위원회에 회부하고 본회의에 보고한다.

⑥윤리특별위원회의 위원장 또는 위원 5인 이상이 윤리심사대상자 또는 징계대상자에 대한 윤리심사 또는 징계의 요구를 한 때에는 윤리특별위원회는 이를 의장에게 보고하고 심사할 수 있다. [신설 94·6·28]

⑦제1항 내지 제6항의 규정에 불구하고 동일한 사유로 해당 의원에 대한 윤리심사와 징계를 중복하여 요구할 수 없다. [개정 94·6·28] [전문개정 91·5·31]

第157조(윤리심사 및 징계의 요구 또는 회부의 시한등) ①제156조제1항·제2항 및 제5항의 규정에 의한 윤리심사회부 또는 징계회부는 의장이 그 사유가 발생한 날, 그 대상자가 있는 것을 알게 된 날, 위원장의 보고를 받은 날 또는 윤리심사요구서나 징계요구서를 제출받은 날부터 폐회 또는 휴회기간을 제외한 3일 이내에 윤리특별위원회에 회부하여야 한다.

②제156조제2항의 규정에 의한 위원장의 윤리심사대상자 또는 징계대상자 보고와 동조 제3항·제4항 및 제6항의 규정에 의한 윤리심사요구 또는 징계요구는 그 사유가 발생한 날, 그 대상자가 있는 것을 알게 된 날부터 10일 이내에 하여야 한다. 다만, 폐회기간중에 그 대상자가 있을 경우에는 차회국회의 집회일부터 3일 이내에 하여야 한다. [개정 94·6·28, 2005. 7.28]

③윤리특별위원회는 제156조제1항 내지 제5항의 규정에 따른 윤리심사회부가 있거나 같은 조 제6항의 규정에 따른 윤리심사요구에 대한 보고가 있은 날부터 3월 이내에 그 심사를 종료하여야 한다. 다만, 부득이한 사유로 이 기간 이내에 그 심사를 종료하지 아니한 경우에 윤리특별위원회는 그 의결로 3월의 범위 이내에서 심사기간을 연장할 수 있다. [개정 2005. 7.28][전문개정 91·5·31]

第158조(윤리심사 및 징계의 의사) 윤리심사 및 징계에 관한 회의는 공개하지 아니한다. 다만, 본회의 또는 위원회의 의결이 있을 때에는 그러하지 아니하다. [개정 94·6·28][전문개정 91·5·31]

第159조(심문) 윤리특별위원회는 윤리심사대상자 또는 징계대상자와 관계의원을 출석하게 하여 심문할 수 있다.[전문개정 91·5·31]

第160조(변명) 의원은 자기의 윤리심사안 또는 징계안에 관한 본회의 또는 위원회에 출석하여 변명하거나 다른 의원으로 하여금 변명하게 할 수 있다. 이 경우 의원은 변명이 끝난 후 회의장에서 퇴장하여야 한다.[전문개정 2005.7.28]

第161조(윤리특별위원회의 심사에 대한 특례) 윤리특별위원회는 징계대상자의 행위가 국회의원윤리강령 및 국회의원윤리실천규범의 규정에 위반된다고 인정할 때에는 징계를 하지 아니하고 제155조제1항의 규정에 의한 통고를 할 수 있다. [본조신설 91·5·31]

제162조(윤리심사의 보고 및 징계의 의결) ①의장은 윤리특별위원회로부터 윤리심사에 대한 심사보고서를 접수한 때에는 그 심사결과를 지체없이 본회의에 보고하여야 한다.

②의장은 윤리특별위원회로부터 징계에 대한 심사보고서를 접수한 때에는 지체없이 본회의에 부의하여 이를 의결하여야 한다. 다만, 의장은 윤리특별위원회로부터 징계를 하지 아니하기로 의결(제161조의 경우를 포함한다)하였다는 심사보고서를 접수한 때에는 이를 지체없이 본회의에 보고하여야 한다. [전문개정 91·5·31]

제163조(징계의 종류와 그 선포) ①제155조제2항의 규정에 의한 징계의 종류는 다음과 같다. [개정 91·5·31]

1. 공개회의에서의 경고
2. 공개회의에서의 사과
3. 30일이내의 출석정지. 이 경우 출석정지기간에 해당하는 국회의원수당등에관한법률의 규정에 의한 수당 및 입법활동비·특별활동비는 그 2분의 1을 감액한다.
4. 제명

②제1항제1호와 제2호의 경우에는 윤리특별위원회에서 그 문안을 작성하여 보고서와 함께 이를 의장에게 제출하여야 한다. [개정 91·5·31]

③제명이 의결되지 아니한 때에는 본회의는 다른 징계의 종류를 의결할 수 있다.

④징계를 의결한 때에는 의장은 공개회의에서 이를 선포한다.

제164조(제명된 자의 입후보제한) 제163조의 규정에 의한 징계로 제명된 자는 그로 인하여 궐원된 의원의 보궐선거에 있어서는 후보자가 될 수 없다. [개정 91·5·31]

제15장 보 칙

제165조(기간의 기산일) 이 법에 의한 기간의 계산에는 초일을 산입한다.

제166조(규칙제정) ①국회는 헌법 및 법률에 저촉되지 아니하는 범위안에서 의사와 내부규율에 관한 규칙을 제정할 수 있다.

②위원회는 이 법 및 제1항의 규칙에 저촉되지 아니하는 범위 안에서 국회운영위원회와 협의하여 회의 및 안건심사 등에 관한 위원회의 운영규칙을 정할 수 있다. [신설 2005.7.28]

부 칙
부 칙 [1988.6.15 제4010호] (생략)
부 칙 [1991.5.31 제4385호] (생략)
부 칙 [1993.3.6 제4542호] (생략)
부 칙 [1995.3.3 제4943호] (생략)
부 칙 [1997.1.13 제5293호] (생략)
부 칙 [1998.3.18 제5530호] (생략)
부 칙 [2000.2.16 제6266호] (생략)
부 칙 [2001.12.31 제6590호 (기금관리기본법)] (생략)
부 칙 [2002.3.7 제6657호] (생략)
부 칙 [2003.2.4 제6855호] (생략)
부 칙 [2003.7.18 제6930호] (생략)
부 칙 [2004.12.31 제7311호 (수산업협동조합법)] (생략)
부 칙 [2005.7.28 제7614호] (생략)
부 칙 [2006.2.21 제7849호(제주특별자치도 설치 및 국제자유도시 조성을 위한 특별법)] (생략)
부 칙 [2006.10.4 제8050호 (국가재정법)] (생략)
부 칙 [2006.12.30 제8134호] (생략)
부 칙 [2007.1.24 제8261호] (생략)
부 칙 [2007.12.14 제8685호] (생략)
부 칙 [2008.2.29 제8857호 (국가공무원법)] (생략)
부 칙 [2008.2.29 제8867호(방송통신위원회의 설치 및 운영에 관한 법률)] (생략)

정부조직법

법률 제8852호 전부개정 2008. 02. 29.
법률 제8867호(방송통신위원회의 설치 및 운영에 관한 법률) 일부개정 2008. 02. 29.

제1장 총　　칙

제1조(목적) 이 법은 국가행정사무의 체계적이고 능률적인 수행을 위하여 국가행정기관의 설치·조직과 직무범위의 대강을 정함을 목적으로 한다.

제2조(중앙행정기관의 설치와 조직 등) ① 중앙행정기관의 설치와 직무범위는 법률로 정한다.

② 중앙행정기관은 이 법과 다른 법률에 특별한 규정이 있는 경우를 제외하고는 부·처 및 청으로 한다.

③ 중앙행정기관의 보조기관은 이 법과 다른 법률에 특별한 규정이 있는 경우를 제외하고는 차관·차장·실장·국장으로 하며, 필요한 경우에는 그 밑에 대통령령으로 정하는 보조기관을 둘 수 있다. 다만, 실장·국장의 명칭은 대통령령으로 정하는 바에 따라 본부장·단장·부장·팀장 등으로 달리 정할 수 있으며, 실장·국장의 명칭을 달리 정한 보조기관은 이 법을 적용할 때 실장·국장으로 본다.

④ 제3항에 따른 보조기관의 설치와 사무분장은 법률로 정한 것을 제외하고는 대통령령으로 정한다. 다만, 제3항에 따라 대통령령으로 정하는 보조기관의 설치와 사무분장은 총리령 또는 부령으로 정할 수 있다.

⑤ 행정각부에는 장관이 특히 지시하는 사항에 관하여 장관과 차관을 직접 보좌하기 위하여 차관보를 둘 수 있으며, 중앙행정기관에는 그 기관의 장, 차관·차장·실장·국장 밑에 정책의 기획, 계획의 입안, 연구·조사, 심사·평가 및 홍보 등을 통하여 그를 보좌하는 보좌기관을 대통령령으로 정하는 바에 따라 둘 수 있다. 다만, 제3항에 따라 대통령령으로 정하는 보조기관에 상당하는 보좌기관은 총리령 또는 부령으로 둘 수 있다.

⑥ 중앙행정기관의 차관보·실장·국장 및 이에 상당하는 보좌기관은 고위공무원단에 속하는 일반직공무원·별정직공무원 및 계약직공무원으로 보하되, 특정직공무원으로만 보할 수 있는 직위의 경우에는 당해 법률에서 고위공무원단에 속하는 공무원으로 보할 수 있도록 규정하고 있는 경우로 한정하며, 별정직국가공무원으로 보하는 국장은 각 중앙행정기관마다 1명을 초과할 수 없다.

⑦ 제6항에도 불구하고 대통령령으로 정하는 바에 따라 외교통상부의 보조기관 및 차관보·보좌기관은 외무공무원으로, 법무부의 보조기관 및 보좌기관은 검사로, 국방부의 보조기관 및 차관보·보좌기관과 병무청 및 방위사업청의 보조기관 및 보좌기관은 현역군인으로, 교육과학기술부의 보조기관 및 차관보·보좌기관은 교육공무원으로, 경찰청 및 해양경찰청의 보조기관 및 보좌기관은 경찰공무원으로, 소방방재청의 보조기관 및 보좌기관은 소방공무원으로 보할 수 있다.

⑧ 제6항 및 제7항에도 불구하고 그 소관업무의 성질상 전문성이 특히 필요하다고 인정되는 경우 중앙행정기관별로 100분의 20의 범위에서 대통령령으로 정하는 직위에 대하여는 계약직공무원으로도 보할 수 있다.

⑨ 중앙행정기관이 아닌 행정기관의 보조기관 및 보좌기관과 행정기관의 파견직위(파견된 공무원으로 보하는 직위를 말한다) 중 제6항에 규정된 직위에 상당하는 직위는 이를 고위공무원단에 속하는 공무원으로 보한다.
⑩ 이 법에 따른 중앙행정기관과 중앙행정기관이 아닌 행정기관의 차관보·보조기관 및 보좌기관에 대하여는 각각 적정한 직급 또는 직무등급을 배정하여야 한다.

제3조(특별지방행정기관의 설치) ① 중앙행정기관에는 소관사무를 수행하기 위하여 필요한 때에는 특히 법률로 정한 경우를 제외하고는 대통령령으로 정하는 바에 따라 지방행정기관을 둘 수 있다.
② 제1항의 지방행정기관은 업무의 관련성이나 지역적인 특수성에 따라 통합하여 수행함이 효율적이라고 인정되는 경우에는 대통령령으로 정하는 바에 따라 관련되는 다른 중앙행정기관의 소관사무를 통합하여 수행할 수 있다.

제4조(부속기관의 설치) 행정기관에는 그 소관사무의 범위에서 필요한 때에는 대통령령으로 정하는 바에 따라 시험연구기관·교육훈련기관·문화기관·의료기관·제조기관 및 자문기관 등을 둘 수 있다.

제5조(합의제행정기관의 설치) 행정기관에는 그 소관사무의 일부를 독립하여 수행할 필요가 있는 때에는 법률로 정하는 바에 따라 행정위원회 등 합의제행정기관을 둘 수 있다.

제6조(권한의 위임 또는 위탁) ① 행정기관은 법령으로 정하는 바에 따라 그 소관사무의 일부를 보조기관 또는 하급행정기관에 위임하거나 다른 행정기관·지방자치단체 또는 그 기관에 위탁 또는 위임할 수 있다. 이 경우 위임 또는 위탁을 받은 기관은 특히 필요한 경우에는 법령으로 정하는 바에 따라 위임 또는 위탁을 받은 사무의 일부를 보조기관 또는 하급행정기관에 재위임할 수 있다.
② 보조기관은 제1항에 따라 위임받은 사항에 대하여는 그 범위에서 행정기관으로서 그 사무를 수행한다.
③ 행정기관은 법령으로 정하는 바에 따라 그 소관사무 중 조사·검사·검정·관리 업무 등 국민의 권리·의무와 직접 관계되지 아니하는 사무를 지방자치단체가 아닌 법인·단체 또는 그 기관이나 개인에게 위탁할 수 있다.

제7조(행정기관의 장의 직무권한) ① 각 행정기관의 장은 소관사무를 통할하고 소속공무원을 지휘·감독한다.
② 차관(제25조제2항에 따라 정무직으로 보하는 본부장을 포함한다) 또는 차장(국무총리실의 차장을 포함한다)은 그 기관의 장을 보좌하여 소관사무를 처리하고 소속공무원을 지휘·감독하며, 그 기관의 장이 사고로 직무를 수행할 수 없으면 그 직무를 대행한다. 다만, 차관 또는 차장이 2명인 기관의 장이 사고로 직무를 수행할 수 없으면 대통령령으로 정하는 순서에 따라 그 직무를 대행한다.
③ 각 행정기관의 보조기관은 그 기관의 장, 차관 또는 차장을 보좌하여 소관사무를 처리하고 소속공무원을 지휘·감독한다.
④ 제1항과 제2항의 경우에 소속청에 대하여는 중요정책수립에 관하여 그 청의 장을 직접 지휘할 수 있다.
⑤ 부·처의 장은 그 소관사무의 효율적 추진을 위하여 필요한 경우에는 국무총리에게 소관사무와 관련되는 다른 행정기관의 사무에 대한 조정을 요청할 수 있다.

제8조(공무원의 정원 등) ① 각 행정기관에 배치할 공무원의 종류와 정원, 고위공무원단에 속하는 공무원으로 보하는 직위와 고위공무원단에 속

하는 공무원의 정원, 공무원배치의 기준 및 절차 그 밖에 필요한 사항은 대통령령으로 정한다. 다만, 각 행정기관에 배치하는 정무직공무원(대통령실에 배치하는 정무직공무원은 제외한다)의 경우에는 법률로 정한다.

② 제1항의 경우에, 직무의 성질상 2개 이상의 행정기관의 정원을 통합하여 관리하는 것이 효율적이라고 인정되는 경우에는 그 정원을 통합하여 정할 수 있다.

제9조(예산조치와의 병행) 행정기관 또는 소속기관을 설치하거나 공무원의 정원을 증원할 때에는 반드시 예산상의 조치가 병행되어야 한다.

제10조(정부위원) 국무총리실의 실장 및 차장, 특임장관 밑의 차관, 부·처·청의 처장·차관·청장·차장·실장·국장 및 차관보와 외교통상부의 본부장은 정부위원이 된다.

제 2 장 대통령

제11조(대통령의 행정감독권) ① 대통령은 정부의 수반으로서 법령에 따라 모든 중앙행정기관의 장을 지휘·감독한다.

② 대통령은 국무총리와 중앙행정기관의 장의 명령이나 처분이 위법 또는 부당하다고 인정하면 이를 중지 또는 취소할 수 있다.

제12조(국무회의) ① 대통령은 국무회의 의장으로서 회의를 소집하고 이를 주재한다.

② 의장이 사고로 직무를 수행할 수 없는 경우에는 부의장인 국무총리가 그 직무를 대행하고, 의장과 부의장이 모두 사고로 직무를 수행할 수 없으면 제22조제1항에 규정된 순서에 따라 국무위원이 그 직무를 대행한다.

③ 국무위원은 정무직으로 하며 의장에게 의안을 제출하고 국무회의의 소집을 요구할 수 있다.

④ 국무회의의 운영에 관하여 필요한 사항은 대통령령으로 정한다.

제13조(국무회의의 출석권 및 의안제출) ① 국무총리실장·법제처장·국가보훈처장 그 밖에 법률로 정하는 공무원은 필요한 경우 국무회의에 출석하여 발언할 수 있다.

② 제1항에 규정된 공무원은 소관사무에 관하여 국무총리에게 의안의 제출을 건의할 수 있다.

제14조(대통령실) ① 대통령의 직무를 보좌하기 위하여 대통령실을 둔다.

② 대통령실에 실장 1명을 두되, 실장은 정무직으로 한다.

③ 대통령 등의 경호를 담당하기 위하여 대통령실에 전담기구를 둔다.

④ 제3항에 따른 전담기구의 조직·직무범위 그 밖에 필요한 사항은 따로 법률로 정한다.

제15조(국가정보원) ① 국가안전보장에 관련되는 정보·보안 및 범죄수사에 관한 사무를 담당하기 위하여 대통령소속으로 국가정보원을 둔다.

② 국가정보원의 조직·직무범위 그 밖에 필요한 사항은 따로 법률로 정한다.

제 3 장 국무총리

제16조(국무총리의 행정감독권) ① 국무총리는 대통령의 명을 받아 각 중앙행정기관의 장을 지휘·감독한다.

② 국무총리는 중앙행정기관의 장의 명령이나 처분이 위법 또는 부당하다고 인정될 경우에는 대통령의 승인을 받아 이를 중지 또는 취소할 수 있다.

제17조(특임장관) ① 대통령이 특별히 지정하는 사무 또는 대통령의 명을 받아 국무총리가 특히 지정하는 사무를 수행하기 위하여 1명의 국무위원(이하 "특임장관"이라 한다)을 둘 수 있다.

② 특임장관 밑에 차관 1명을 두되, 차관은 정무직으로 한다.

③ 특임장관을 보좌하기 위하여 필요한 공무원을 둔다.

제18조(국무총리실) ① 국무총리의 직무를 보좌하고 각 중앙행정기관의 행정의 지휘·감독, 사회위험·갈등의 관리, 심사평가 및 규제개혁에 관하여 국무총리를 보좌하기 위하여 국무총리 밑에 국무총리실을 둔다.

② 국무총리실에 실장 1명을 두되, 실장은 정무직으로 한다.

③ 국무총리실에 국무차장 1명과 사무차장 1명을 두되, 각 차장은 정무직으로 한다.

제19조(국무총리의 직무대행) 국무총리가 사고로 직무를 수행할 수 없는 경우에는 대통령의 지명이 있으면 그 지명을 받은 국무위원이, 지명이 없는 경우에는 제22조제1항에 규정된 순서에 따라 국무위원이 그 직무를 대행한다.

제20조(법제처) ① 국무회의에 상정될 법령안·조약안과 총리령안 및 부령안의 심사와 그 밖에 법제에 관한 사무를 전문적으로 관장하기 위하여 국무총리소속으로 법제처를 둔다.

② 법제처에 처장 1명과 차장 1명을 두되, 처장은 정무직으로 하고, 차장은 고위공무원단에 속하는 별정직국가공무원으로 보한다.

제21조(국가보훈처) ① 국가유공자 및 그 유족에 대한 보훈, 제대군인의 보상·보호 및 보훈선양에 관한 사무를 관장하기 위하여 국무총리소속으로 국가보훈처를 둔다.

② 국가보훈처에 처장 1명과 차장 1명을 두되, 처장은 정무직으로 하고, 차장은 고위공무원단에 속하는 별정직국가공무원으로 보한다.

제 4 장 행정각부

제22조(행정각부) ① 대통령의 통할하에 다음의 행정각부를 둔다.

1. 기획재정부
2. 교육과학기술부
3. 외교통상부
4. 통일부
5. 법무부
6. 국방부
7. 행정안전부
8. 문화체육관광부
9. 농림수산식품부
10. 지식경제부
11. 보건복지가족부
12. 환경부
13. 노동부
14. 여성부
15. 국토해양부

② 행정각부에 장관 1명과 차관 1명을 두되, 장관은 국무위원으로 보하고, 차관은 정무직으로 한다. 다만, 기획재정부·교육과학기술부·외교통상부·행정안전부·문화체육관광부·농림수산식품부·지식경제부·국토해양부에는 차관 2명을 둔다.

③ 장관은 소관사무에 관하여 지방행정의 장을 지휘·감독한다.

제23조(기획재정부) ① 기획재정부장관은 중장기 국가발전전략수립, 경제·재정정책의 수립·총괄·조정, 예산·기금의 편성·집행·성과관리, 화폐·외환·국고·정부회계·내국세제·관세·국제금융, 공공기관 관리, 경제협력·국유재산·민간투자 및 국가채무에 관한 사무를 관장한다.

② 기획재정부에 차관보 1명을 둘 수 있다.

③ 내국세의 부과·감면 및 징수에 관한 사무를 관장하기 위하여 기획재정부장관소속으로 국세청을 둔다.

④ 국세청에 청장 1명과 차장 1명을 두되, 청장은 정무직으로 하고, 차장은 고위공무원단에 속하는 별정직국가공무원으로 보한다.

⑤ 관세의 부과·감면 및 징수와 수출입물품의 통관 및 밀수출입단속에

관한 사무를 관장하기 위하여 기획재정부장관소속으로 관세청을 둔다.

⑥ 관세청에 청장 1명과 차장 1명을 두되, 청장은 정무직으로 하고, 차장은 고위공무원단에 속하는 별정직국가공무원으로 보한다.

⑦ 정부가 행하는 물자(군수품을 제외한다)의 구매·공급 및 관리에 관한 사무와 정부의 주요시설공사계약에 관한 사무를 관장하기 위하여 기획재정부장관소속으로 조달청을 둔다.

⑧ 조달청에 청장 1명과 차장 1명을 두되, 청장은 정무직으로 하고, 차장은 고위공무원단에 속하는 별정직국가공무원으로 보한다.

⑨ 통계의 기준설정과 인구조사 및 각종 통계에 관한 사무를 관장하기 위하여 기획재정부장관소속으로 통계청을 둔다.

⑩ 통계청에 청장 1명과 차장 1명을 두되, 청장은 정무직으로 하고, 차장은 고위공무원단에 속하는 별정직국가공무원으로 보한다.

제24조(교육과학기술부) ① 교육과학기술부장관은 인적자원개발정책, 학교교육·평생교육, 학술에 관한 사무와 기초과학 정책·연구개발, 원자력, 과학기술인력양성 그 밖에 과학기술진흥에 관한 사무를 관장한다.

② 교육과학기술부에 차관보 1명을 둘 수 있다.

제25조(외교통상부) ① 외교통상부장관은 외교, 외국과의 통상교섭 및 통상교섭에 관한 총괄·조정, 국제관계 업무에 관한 조정, 조약 기타 국제협정, 재외국민의 보호·지원, 재외동포정책의 수립, 국제정세의 조사·분석에 관한 사무를 관장한다.

② 외교통상부에 통상교섭사무를 담당하는 본부장 1명을 두되, 정무직으로 한다.

③ 외교통상부에 차관보 1명을 둘 수 있다.

제26조(통일부) 통일부장관은 통일 및 남북대화·교류·협력에 관한 정책의 수립, 통일교육 기타 통일에 관한 사무를 관장한다.

제27조(법무부) ① 법무부장관은 검찰·행형·인권옹호·출입국관리 그 밖에 법무에 관한 사무를 관장한다.

② 검사에 관한 사무를 관장하기 위하여 법무부장관소속으로 검찰청을 둔다.

③ 검찰청의 조직·직무범위 그 밖에 필요한 사항은 따로 법률로 정한다.

제28조(국방부) ① 국방부장관은 국방에 관련된 군정 및 군령과 그 밖에 군사에 관한 사무를 관장한다.

② 국방부에 차관보 1명을 둘 수 있다.

③ 징집·소집 그 밖에 병무행정에 관한 사무를 관장하기 위하여 국방부장관소속으로 병무청을 둔다.

④ 병무청에 청장 1명과 차장 1명을 두되, 청장은 정무직으로 하고, 차장은 고위공무원단에 속하는 별정직국가공무원으로 보한다.

⑤ 방위력 개선사업, 군수물자 조달 및 방위산업 육성에 관한 사무를 관장하기 위하여 국방부장관 소속으로 방위사업청을 둔다.

⑥ 방위사업청에 청장 1명과 차장 1명을 두되, 청장은 정무직으로 하고, 차장은 고위공무원단에 속하는 별정직국가공무원으로 보한다.

제29조(행정안전부) ① 행정안전부장관은 국무회의의 서무, 법령 및 조약의 공포, 정부조직과 정원, 공무원의 인사·윤리·복무·연금, 상훈, 정부혁신, 행정능률, 전자정부 및 정보보호, 정부청사의 관리, 지방자치제도, 지방자치단체의 사무지원·재정·세제, 낙후지역 등 지원, 지방자치단체간 분쟁조정, 선거, 국민투표, 안전관리정책 및 비상대비·민방위·재난관리 제도에 관한 사무를 관장한다.

② 국가의 행정사무로서 다른 중앙행정기관의 소관에 속하지 아니하는 사무는 행정안전부장관이 이를 처리한다.

③ 행정안전부에 차관보 1명을 둘 수 있다.

④ 치안에 관한 사무를 관장하기 위하여 행정안전부장관소속으로 경찰청을 둔다.

⑤ 경찰청의 조직·직무범위 그 밖에 필요한 사항은 따로 법률로 정한다.

⑥ 소방, 방재, 민방위 운영 및 안전관리에 관한 사무를 관장하기 위하여 행정안전부장관소속으로 소방방재청을 둔다.

⑦ 소방방재청에 청장 1명과 차장 1명을 두되, 청장은 정무직 또는 소방공무원으로 하고, 차장은 소방공무원 또는 고위공무원단에 속하는 별정직국가공무원으로 보한다. 이 경우 청장과 차장 중 1명은 소방공무원으로 보하여야 한다.

제30조(문화체육관광부) ① 문화체육관광부장관은 문화·예술·영상·광고·출판·간행물·체육·관광에 관한 사무와 국정에 대한 홍보 및 정부발표에 관한 사무를 관장한다.

② 문화체육관광부에 차관보 1명을 둘 수 있다.

③ 문화재에 관한 사무를 관장하기 위하여 문화체육관광부장관소속으로 문화재청을 둔다.

④ 문화재청에 청장 1명과 차장 1명을 두되, 청장은 정무직으로 하고, 차장은 고위공무원단에 속하는 별정직국가공무원으로 보한다.

제31조(농림수산식품부) ① 농림수산식품부장관은 농산·수산·축산, 식량·농지·수리, 식품산업진흥, 농어촌개발 및 농수산물 유통에 관한 사무를 관장한다.

② 농림수산식품부에 차관보 1명을 둘 수 있다.

③ 농촌진흥에 관한 사무를 관장하기 위하여 농림수산식품부장관소속으로 농촌진흥청을 둔다.

④ 농촌진흥청에 청장 1명과 차장 1명을 두되, 청장은 정무직으로 하고, 차장은 고위공무원단에 속하는 별정직국가공무원으로 보한다.

⑤ 산림에 관한 사무를 관장하기 위하여 농림수산식품부장관소속으로 산림청을 둔다.

⑥ 산림청에 청장 1명과 차장 1명을 두되, 청장은 정무직으로 하고, 차장은 고위공무원단에 속하는 별정직국가공무원으로 보한다.

제32조(지식경제부) ① 지식경제부장관은 상업·무역·공업, 외국인 투자, 정보통신산업, 산업기술 연구개발정책, 에너지·지하자원, 우편·우편환 및 우편대체에 관한 사무를 관장한다. [개정 2008.2.29 제8867호(「방송통신위원회의 설치 및 운영에 관한 법률」)]

② 지식경제부에 차관보 1명을 둘 수 있다.

③ 중소기업에 관한 사무를 관장하기 위하여 지식경제부장관소속으로 중소기업청을 둔다.

④ 중소기업청에 청장 1명과 차장 1명을 두되, 청장은 정무직으로 하고, 차장은 고위공무원단에 속하는 별정직국가공무원으로 보한다.

⑤ 특허·실용신안·디자인 및 상표에 관한 사무와 이에 대한 심사·심판사무를 관장하기 위하여 지식경제부장관소속으로 특허청을 둔다.

⑥ 특허청에 청장 1명과 차장 1명을 두되, 청장은 정무직으로 하고, 차장은 고위공무원단에 속하는 별정직국가공무원으로 보한다.

제33조(보건복지가족부) ① 보건복지가족부장관은 보건위생·방역·의정(醫政)·약정(藥政)·생활보호·자활지원 및 사회보장, 아동(영·유아 보

육을 포함한다)·청소년·노인·장애인 및 가족에 관한 사무를 관장한다.

② 식품 및 의약품의 안전에 관한 사무를 관장하기 위하여 보건복지가족부장관소속으로 식품의약품안전청을 둔다.

③ 식품의약품안전청에 청장 1명과 차장 1명을 두되, 청장은 정무직으로 하고, 차장은 고위공무원단에 속하는 별정직국가공무원으로 보한다.

제34조(환경부) ① 환경부장관은 자연환경, 생활환경의 보전 및 환경오염방지에 관한 사무를 관장한다.

② 기상에 관한 사무를 관장하기 위하여 환경부장관소속으로 기상청을 둔다.

③ 기상청에 청장 1명과 차장 1명을 두되, 청장은 정무직으로 하고, 차장은 고위공무원단에 속하는 별정직국가공무원으로 보한다.

제35조(노동부) 노동부장관은 근로조건의 기준, 직업안정, 직업훈련, 실업대책, 고용보험, 산업재해보상보험, 근로자의 복지후생, 노사관계의 조정 그 밖에 노동에 관한 사무를 관장한다.

제36조(여성부) 여성부장관은 여성정책의 기획·종합, 여성의 권익증진 등 지위향상에 관한 사무를 관장한다.

제37조(국토해양부) ① 국토해양부장관은 국토종합계획의 수립·조정, 국토 및 수자원의 보전·이용 및 개발, 도시·도로 및 주택의 건설, 해안·하천·항만 및 간척, 육운·해운·철도 및 항공, 해양환경, 해양조사, 해양자원개발, 해양과학기술연구·개발 및 해양안전심판에 관한 사무를 관장한다.

② 국토해양부에 차관보 1명을 둘 수 있다.

③ 해양에서의 경찰 및 오염방제에 관한 사무를 관장하기 위하여 국토해양부장관소속으로 해양경찰청을 둔다.

④ 해양경찰청에 청장 1명과 차장 1명을 두되, 청장 및 차장은 경찰공무원으로 보한다.

부 칙

(생략)

법원조직법

법률 제8794호 일부개정 2007. 12. 27.

제1편 총 칙

제1조(목적) 이 법은 헌법에 의하여 사법권을 행하는 법원의 조직을 정함을 목적으로 한다.

제2조(법원의 권한) ①법원은 헌법에 특별한 규정이 있는 경우를 제외한 일체의 법률상의 쟁송을 심판하고, 이 법과 다른 법률에 의하여 법원에 속하는 권한을 가진다.

②제1항의 규정은 행정기관에 의한 전심으로서의 심판을 금하지 아니한다.

③법원은 등기·가족관계등록·공탁·집행관·법무사에 관한 사무를 관장 또는 감독한다. [개정 94·7·27, 95·12·6, 2007.5.17 제8435호(가족관계의 등록 등에 관한 법률)]

제3조(법원의 종류) ①법원은 다음의 6종으로 한다.

1. 대법원
2. 고등법원
3. 특허법원
4. 지방법원
5. 가정법원
6. 행정법원

②지방법원 및 가정법원의 사무의 일부를 처리하게 하기 위하여 그 관할구역안에 지원과 가정지원, 시법원 또는 군법원(이하 "시·군법원"이라 한다) 및 등기소를 둘 수 있다. 다만, 지방법원 및 가정법원의 지원은 2개를 합하여 1개의 지원으로 할 수 있다. [개정 2001·1·29]

③고등법원·특허법원·지방법원·가정법원·행정법원과 지방법원 및 가정법원의 지원, 가정지원, 시·군법원의 설치·폐지 및 관할구역은 따로 법률로 정하고, 등기소의 설치·폐지 및 관할구역은 대법원규칙으로 정한다. [개정 2001·1·29][전문개정 94·7·27]

제4조(대법관) ①대법원에 대법관을 둔다.

②대법관의 수는 대법원장을 포함하여 14인으로 한다. [개정 2005.12.14, 2007.12.27]

제5조(판사) ①대법원장과 대법관이 아닌 법관을 판사로 한다.

②고등법원·특허법원·지방법원·가정법원 및 행정법원에 판사를 둔다. [개정 94·7·27]

③판사의 수는 따로 법률로 정한다. 다만, 제2항의 각급법원에 배치할 판사의 수는 대법원규칙으로 정한다. [개정 94·7·27]

제6조(직무대리) ①대법원장은 판사로 하여금 다른 고등법원·특허법원·지방법원·가정법원 또는 행정법원의 판사의 직무를 대리하게 할 수 있다.

②고등법원장 또는 지방법원장은 그 관할구역안에 한하여 제1항의 규정에 의한 직무대리를 하게 할 수 있다. 다만, 대리기간이 6월을 초과하는 경우에는 대법원장의 허가를 받아야 한다.[전문개정 94·7·27]

제7조(심판권의 행사) ①대법원의 심판권은 대법관전원의 3분의 2이상의 합의체에서 이를 행하며 대법원장이 재판장이 된다. 다만, 대법관 3인이상으로 구성된 부에서 먼저 사건을 심리하여 의견이 일치한 때에 한하여 다음의 경우를 제외하고 그 부에서 재판할 수 있다.

1. 명령 또는 규칙이 헌법에 위반함

을 인정하는 경우
2. 명령 또는 규칙이 법률에 위반함을 인정하는 경우
3. 종전에 대법원에서 판시한 헌법·법률·명령 또는 규칙의 해석적용에 관한 의견을 변경할 필요가 있음을 인정하는 경우
4. 삭제 [88·8·5]
5. 부에서 재판함이 적당하지 아니함을 인정하는 경우

②대법원장은 필요하다고 인정하는 경우에 특정한 부로 하여금 행정·조세·노동·군사·특허등 사건을 전담하여 심판하게 할 수 있다.

③고등법원·특허법원 및 행정법원의 심판권은 판사 3인으로 구성된 합의부에서 이를 행한다. 다만, 행정법원에 있어서 단독판사가 심판할 것으로 행정법원 합의부가 결정한 사건의 심판권은 단독판사가 이를 행한다. [개정 94·7·27, 99·12·31]

④지방법원 및 가정법원과 그 지원, 가정지원 및 시·군법원의 심판권은 단독판사가 이를 행한다. [개정 94·7·27, 2001.1.29.]

⑤지방법원 및 가정법원과 그 지원 및 가정지원에서 합의심판을 하여야 하는 경우에는 판사 3인으로 구성된 합의부에서 이를 행한다. [개정 2001.1.29.]

제8조(상급심재판의 기속력) 상급법원의 재판에 있어서의 판단은 당해 사건에 관하여 하급심을 기속한다.

제9조(사법행정사무) ①대법원장은 사법행정사무를 총괄하며, 사법행정사무에 관하여 관계공무원을 지휘·감독한다. [개정 94·7·27]

②대법원장은 사법행정사무의 지휘·감독권의 일부를 법률 또는 대법원규칙이 정하는 바에 의하여 또는 대법원장의 명으로 법원행정처장이나 각급법원의 장, 사법연수원장, 법원공무원교육원장 또는 법원도서관장에게 위임할 수 있다.

③대법원장은 법원의 조직, 인사, 운영, 재판절차, 등기, 가족관계등록 기타 법원업무에 관련된 법률의 제정 또는 개정이 필요하다고 인정하는 경우에는 국회에 서면으로 그 의견을 제출할 수 있다. [신설 94·7·27, 2007.5.17 제8435호(가족관계의 등록 등에 관한 법률)]

제9조의2(판사회의) ①고등법원·특허법원·지방법원·가정법원 및 행정법원과 대법원규칙이 정하는 지원에 사법행정에 관한 자문기관으로 판사회의를 둔다.

②판사회의는 판사로 구성하되, 그 조직과 운영에 관하여 필요한 사항은 대법원규칙으로 정한다.[본조신설 94·7·27]

제10조(각급법원등의 사무국) ①고등법원·특허법원·지방법원·가정법원 및 행정법원과 대법원규칙이 정하는 지원에 사무국을 두며, 대법원규칙이 정하는 고등법원 및 지방법원에 사무국외의 국을 둘 수 있다. [개정 94·7·27]

②제1항의 사무국 및 국, 사무국을 두지 아니하는 지원 및 가정지원에 과를 두되, 그 설치 및 분장사무는 대법원규칙으로 정한다. [개정 94·7·27, 2001.1.29.]

③고등법원과 특허법원의 사무국장 및 제1항 후단에 규정된 지방법원의 사무국장은 법원이사관 또는 법원부이사관으로, 고등법원 국장, 지방법원 사무국장 및 국장, 가정법원 사무국장과 행정법원 사무국장 및 대법원규칙이 정하는 지원의 사무국장은 법원부이사관 또는 법원서기관으로, 과장은 법원부이사관·법원서기관·법원사무관 또는 등기사무관으로 보한다. [개정 94·7·27, 96·12·12, 2001·1·29]

④사무국장 및 국장과 과장은 상사의

명을 받아 국 또는 과의 사무를 관장하고, 소속직원을 지휘·감독한다. [개정 94·7·27]

제2편 대법원

제11조(최고법원) 대법원은 최고법원이다.

제12조(소재지) 대법원은 서울특별시에 둔다.

제13조(대법원장) ①대법원에 대법원장을 둔다.

②대법원장은 대법원의 일반사무를 관장하며, 대법원의 직원과 각급법원 및 그 소속기관의 사법행정사무에 관하여 직원을 지휘·감독한다.

③대법원장이 궐위되거나 사고로 인하여 직무를 수행할 수 없을 때에는 선임대법관이 그 권한을 대행한다.

제14조(심판권) 대법원은 다음의 사건을 종심으로 심판한다. [개정 94·7·27]

1. 고등법원 또는 항소법원·특허법원의 판결에 대한 상고사건
2. 항고법원·고등법원 또는 항소법원·특허법원의 결정·명령에 대한 재항고사건
3. 다른 법률에 의하여 대법원의 권한에 속하는 사건

제15조(대법관의 의사표시) 대법원재판서에는 합의에 관여한 모든 대법관의 의견을 표시하여야 한다.

제16조(대법관회의의 구성과 의결방법) ①대법관회의는 대법관으로 구성되며, 대법원장이 그 의장이 된다.

②대법관회의는 대법관전원의 3분의 2이상의 출석과 출석인원 과반수의 찬성으로 의결한다.

③의장은 의결에 있어서 표결권을 가지며, 가부동수인 때에는 결정권을 가진다.

제17조(대법관회의의 의결사항) 다음 각호의 사항은 대법관회의의 의결을 거친다. [개정 2005.3.24]

1. 판사의 임명 및 연임에 대한 동의
2. 대법원규칙의 제정과 개정등에 관한 사항
3. 판례의 수집·간행에 관한 사항
4. 예산요구, 예비금지출과 결산에 관한 사항
5. 다른 법령에 의하여 대법관회의의 권한에 속하는 사항
6. 특히 중요하다고 인정되는 사항으로서 대법원장이 부의한 사항

제18조(위임사항) 대법관회의의 운영에 관하여 필요한 사항은 대법원규칙으로 정한다.

제19조(법원행정처) ①사법행정사무를 관장하기 위하여 대법원에 법원행정처를 둔다.

②법원행정처는 법원의 인사·예산·회계·시설·통계·송무·등기·가족관계등록·공탁·집행관·법무사·법령조사 및 사법제도연구에 관한 사무를 관장한다. [개정 96·12·12, 2007.5.17 제8435호(가족관계의 등록 등에 관한 법률)]

제20조(사법연수원) 판사의 연수와 사법연수생의 수습에 관한 사무를 관장하기 위하여 대법원에 사법연수원을 둔다. [개정 94·7·27, 2007.5.1]

제21조(법원공무원교육원) 법원직원·집행관등의 연수 및 양성에 관한 사무를 관장하기 위하여 대법원에 법원공무원교육원을 둔다. [개정 94·7·27, 95·12·6]

제22조(법원도서관) 재판사무의 지원 및 법률문화의 창달을 위한 판례·법령·문헌·사료등 정보를 조사·수집·편찬하고 이를 관리·제공하기 위하여 대법원에 법원도서관을 둔다.[전문개정 96·12·12]

제23조(대법원장비서실등) ①대법원에 대법원장비서실을 둔다.

②대법원장비서실에 실장을 두되, 실장은 판사로 보하거나 정무직으로 하

고, 대법원장의 명을 받아 비서실의 사무를 관장하며, 소속공무원을 지휘·감독한다. [개정 94·7·27]
③대법원장비서실의 조직과 운영에 관하여 필요한 사항은 대법원규칙으로 정한다.
④대법원에 대법관비서관을 둔다.
⑤대법관비서관은 법원서기관 또는 4급 상당의 별정직공무원으로 보한다. [개정 94·7·27, 2005.12.14]

第24조(재판연구관) ①대법원에 재판연구관을 둔다.
②재판연구관은 대법원장의 명을 받아 대법원에서 사건의 심리 및 재판에 관한 조사·연구업무를 담당한다.
③재판연구관은 판사로 보하거나 3년의 기간 내에 범위를 정하여 판사가 아닌 자를 임명할 수 있다. [개정 2005.12.14]
④판사가 아닌 재판연구관은 2급 또는 3급 상당의 별정직공무원이나 계약직공무원으로 하고, 그 직제 및 자격 등에 관하여는 대법원규칙으로 정한다. [신설 2005.12.14]
⑤대법원장은 다른 국가기관·공공단체·교육기관·연구기관 기타 필요한 기관에 대하여 소속 공무원 및 직원을 재판연구관으로 근무하게 하기 위하여 파견근무를 요청할 수 있다. [신설 2005.12.14]
⑥제5항의 규정에 의하여 파견된 재판연구관에 대하여는 대법원규칙이 정하는 수당을 지급할 수 있다. [신설 2005.12.14][전문개정 94·7·27]

第25조(사법정책자문위원회) ①대법원장은 필요하다고 인정할 경우에는 대법원장의 자문기관으로 사법정책자문위원회를 둘 수 있다.
②사법정책자문위원회는 사법정책에 관하여 학식과 덕망이 높은 자중에서 대법원장이 위촉하는 7인이내의 위원으로 구성하며, 그 조직·운영에 관하여 필요한 사항은 대법원규칙으로 정한다.

第25조의2(법관인사위원회) ①법관의 인사에 관한 기본계획의 수립 및 인사운영을 위하여 대법원장의 자문기관으로 법관인사위원회를 둔다.
②법관인사위원회는 대법원장이 지명하거나 위촉하는 위원으로 구성하며, 그 조직과 운영에 관하여 필요한 사항은 대법원규칙으로 정한다. [개정 2005.3.24][본조신설 94·7·27]

제 3 편 각급법원

제 1 장 고등법원

第26조(고등법원장) ①고등법원에 고등법원장을 둔다.
②고등법원장은 판사로 보한다.
③고등법원장은 그 법원의 사법행정사무를 관장하며, 소속공무원을 지휘·감독한다.
④고등법원장이 궐위되거나 사고로 인하여 직무를 수행할 수 없을 때에는 수석부장판사·선임부장판사의 순서로 그 권한을 대행한다.
⑤고등법원에 고등법원장비서관을 둔다.
⑥고등법원장비서관은 법원사무관 또는 5급상당의 별정직공무원으로 보한다. [개정 94·7·27]

第27조(부) ①고등법원에 부를 둔다. [개정 94·7·27]
②부에 부장판사를 둔다.
③부장판사는 그 부의 재판에 있어서 재판장이 되며, 고등법원장의 지휘에 의하여 그 부의 사무를 감독한다.
④대법원장은 재판업무 수행상의 필요에 따라 고등법원의 부로 하여금 그 관할구역안의 지방법원 소재지에서 사무를 처리하게 할 수 있다. [신설 94·7·27]

第28조(심판권) 고등법원은 다음의 사건을 심판한다. [개정 90·12·31, 9

4·7·27, 2001.1.29.]

1. 지방법원합의부·가정법원합의부 또는 행정법원의 제1심 판결·심판·결정·명령에 대한 항소 또는 항고사건
2. 지방법원단독판사·가정법원단독판사의 제1심 판결·심판·결정·명령에 대한 항소 또는 항고사건으로서 형사사건을 제외한 사건중 대법원규칙으로 정하는 사건
3. 다른 법률에 의하여 고등법원의 권한에 속하는 사건

제 2 장 특허법원

제28조의2(특허법원장) ①특허법원에 특허법원장을 둔다.

②특허법원장은 판사로 보한다.

③특허법원장은 그 법원의 사법행정사무를 관장하며, 소속공무원을 지휘·감독한다.

④제26조제4항 내지 제6항의 규정은 특허법원에 이를 준용한다.[본조신설 1994.7.27]

제28조의3(부) ①특허법원에 부를 둔다.

②제27조제2항 및 제3항의 규정은 특허법원에 이를 준용한다.[본조신설 94·7·27]

제28조의4(심판권) 특허법원은 다음의 사건을 심판한다. [개정 1998.9.23, 2004.12.31 제7289호(디자인보호법), 2006.3.3(실용신안법)]

1. 특허법 제186조제1항,「실용신안법」제33조, 디자인보호법 제75조 및 상표법 제86조제2항이 정하는 제1심사건
2. 다른 법률에 의하여 특허법원의 권한에 속하는 사건[본조신설 1994.7.27]

제 3 장 지방법원

제29조(지방법원장) ①지방법원에 지방법원장을 둔다.

②지방법원장은 판사로 보한다.

③지방법원장은 그 법원과 소속지원, 시·군법원 및 등기소의 사법행정사무를 관장하며, 소속공무원을 지휘·감독한다. [개정 94·7·27]

④제26조제4항 내지 제6항의 규정은 지방법원에 이를 준용한다. [개정 94·7·27]

제30조(부) ①지방법원에 부를 둔다. [개정 94·7·27]

②제27조제2항 및 제3항의 규정은 지방법원에 이를 준용한다.

제31조(지원) ①지방법원의 지원과 가정지원에 지원장을 둔다. [개정 2001.1.29.]

②지원장은 판사로 보한다.

③지원장은 소속지방법원장의 지휘를 받아 그 지원과 관할구역안에 위치한 시·군법원의 사법행정사무를 관장하며, 소속공무원을 지휘·감독한다. [개정 94·7·27]

④사무국을 둔 지원의 지원장은 소속지방법원장의 지휘를 받아 관할구역안에 위치한 등기소의 사무를 관장하며, 소속공무원을 지휘·감독한다. [신설 94·7·27]

⑤지방법원의 지원과 가정지원에 부를 둘 수 있다. [개정 2001.1.29.]

⑥제27조제2항 및 제3항의 규정은 제5항의 규정에 의하여 부를 두는 지방법원의 지원과 가정지원에 이를 준용한다. [개정 94·7·27, 2001.1.29.]

제31조의2(가정지원의 관할) 가정지원은 가정법원이 설치되지 아니한 지역에서 가정법원의 권한에 속하는 사항을 관할한다. 다만, 가정법원단독판사의 판결·심판·결정·명령에 대한 항소 또는 항고사건에 관한 심판에 해당하는 사항을 제외한다.

[본조신설 2001·1·29]

제32조(합의부의 심판권) ①지방법원과 그 지원의 합의부는 다음의 사건을 제1심으로 심판한다. [개정 1994.7.27, 1999.12.31]

1. 합의부에서 심판할 것으로 합의부가 결정한 사건
2. 민사사건에 관하여는 대법원규칙으로 정하는 사건
3. 사형·무기 또는 단기 1년이상의 징역 또는 금고에 해당하는 사건. 다만, 아래에 열거하는 사건을 제외한다.
   가. 삭제 [1999.12.31]
   나. 형법 제331조, 제332조(제331조의 상습범에 한한다)와 그 각 미수죄에 해당하는 사건
   다. 폭력행위등처벌에관한법률 제2조제1항·제3항, 제3조제1항·제2항, 제6조(제2조제1항·제3항, 제3조제1항·제2항의 미수죄에 한한다), 제9조에 해당하는 사건
   라. 병역법 위반사건
   마. 특정범죄가중처벌등에관한법률 제5조의3제1항, 제5조의4제1항·제4항·제5항(제1항·제4항에 해당하는 죄에 한한다)에 해당하는 사건
   바. 보건범죄단속에관한특별조치법 제5조에 해당하는 사건
   사. 부정수표단속법 제5조에 해당하는 사건
4. 제3호의 사건과 동시에 심판할 공범사건
5. 지방법원판사에 대한 제척·기피사건
6. 다른 법률에 의하여 지방법원합의부의 권한에 속하는 사건

②지방법원본원합의부 및 다음 각호의 지방법원지원합의부는 지방법원단독판사의 판결·결정·명령에 대한 항소 또는 항고사건중 제28조제2호에 해당하지 아니하는 사건을 제2심으로 심판한다. [개정 2001.1.29, 2005.3.24]
1. 삭제 [2005.3.24]
2. 춘천지방법원 강릉지원

제33조(시·군법원) ①대법원장은 지방법원 또는 그 지원 소속판사중에서 그 관할구역안에 위치한 시·군법원의 판사를 지명하여 시·군법원의 관할사건을 심판하게 한다. 이 경우 1인의 판사를 2이상의 시·군법원의 판사로 지명할 수 있다.
②시·군법원의 판사는 소속 지방법원장 또는 지원장의 지휘를 받아 시·군법원의 사법행정사무를 관장하며, 그 소속직원을 지휘·감독한다. 다만, 가사사건에 관하여는 그 지역을 관할하는 가정법원장 또는 그 지원장의 지휘를 받는다.[전문개정 94·7·27]

제34조(시·군법원의 관할) ①시·군법원은 다음의 사건을 관할한다. [개정 94·7·27, 2007.5.17 제8435호(가족관계의 등록 등에 관한 법률)]
1. 소액사건심판법의 적용을 받는 민사사건
2. 화해·독촉 및 조정에 관한 사건
3. 20만원이하의 벌금 또는 구류나 과료에 처할 범죄사건
4. 「가족관계의 등록 등에 관한 법률」 제75조에 의한 협의상 이혼의 확인

②제1항제2호 및 제3호의 사건이 불복신청으로 제1심법원에 계속하게 된 경우에는 그 지역을 관할하는 지방법원 또는 그 지원이 관할한다. 다만, 소액사건심판법의 적용을 받는 사건은 그 시·군법원에서 관할한다. [개정 94·7·27]
③제1항제3호에 해당하는 범죄사건에 대하여는 이를 즉결심판한다.

제35조(즉결심판에 대한 정식재판의 청구) 제34조의 즉결심판에 대하여 피고인은 고지를 받은 날로부터 7일이내에 정식재판을 청구할 수 있다.

제36조(등기소) ①등기소에 소장을 둔다.
②소장은 법원서기관·법원사무관 또는 등기사무관으로 보한다. [개정 2001·1·29]
③소장은 소속 지방법원장 또는 사무국을 둔 지원의 지원장의 지휘를 받아 등기소의 사무를 관장하고, 그 소

속직원을 지휘·감독한다. [개정 94·7·27]

제4장 가정법원

제37조(가정법원장) ①가정법원에 가정법원장을 둔다.

②가정법원장은 판사로 보한다.

③가정법원장은 그 법원과 소속지원의 사법행정사무를 관장하며, 소속공무원을 지휘·감독한다. 다만, 제3조제2항 단서의 규정에 의하여 1개의 지원을 두는 경우에는 가정법원장은 그 지원의 가사사건, 소년보호 및 가족관계등록에 관한 사무를 지휘·감독한다. [개정 94·7·27, 2007.5.17 제8435호(가족관계의 등록 등에 관한 법률)]

④제26조제4항 내지 제6항의 규정은 가정법원에 이를 준용한다. [개정 94·7·27]

제38조(부) ①가정법원에 부를 둔다.

②제27조제2항 및 제3항의 규정은 가정법원에 이를 준용한다.

제39조(지원) ①가정법원지원에 지원장을 둔다.

②지원장은 소속가정법원장의 지휘를 받아 지원의 사법행정사무를 관장하며, 소속공무원을 지휘·감독한다. [신설 94·7·27]

③제31조제2항·제5항 및 제27조제2항·제3항의 규정은 가정법원의 지원에 이를 준용한다. [개정 94·7·27]

제40조(합의부의 심판권) ①가정법원 및 가정법원지원의 합의부는 다음의 사건을 제1심으로 심판한다. [개정 90·12·31]

1. 가사소송법에서 정한 가사소송과 마류 가사비송사건중 대법원규칙으로 정하는 사건
2. 가정법원판사에 대한 제척·기피사건
3. 다른 법률에 의하여 가정법원합의부의 권한에 속하는 사건

②가정법원본원합의부 및 다음 각호의 가정법원지원합의부는 가정법원단독판사의 판결·심판·결정·명령에 대한 항소 또는 항고사건중 제28조제2호에 해당하지 아니하는 사건을 제2심으로 심판한다. [개정 90·12·31, 94·7·27, 2001·1·29, 2005.3.24]

1. 삭제 [2005.3.24]
2. 춘천가정법원 강릉지원

제5장 행정법원

제40조의2(행정법원장) ①행정법원에 행정법원장을 둔다.

②행정법원장은 판사로 보한다.

③행정법원장은 그 법원의 사법행정사무를 관장하며, 소속공무원을 지휘·감독한다.

④제26조제4항 내지 제6항의 규정은 행정법원에 이를 준용한다.[본조신설 94·7·27]

제40조의3(부) ①행정법원에 부를 둔다.

②제27조제2항 및 제3항의 규정은 행정법원에 이를 준용한다.[본조신설 94·7·27]

제40조의4(심판권) 행정법원은 행정소송법에서 정한 행정사건과 다른 법률에 의하여 행정법원의 권한에 속하는 사건을 제1심으로 심판한다.[본조신설 94·7·27]

제4편 법 관

제41조(법관의 임명) ①대법원장은 국회의 동의를 얻어 대통령이 임명한다.

②대법관은 대법원장의 제청으로 국회의 동의를 얻어 대통령이 임명한다.

③판사는 대법관회의의 동의를 얻어 대법원장이 임명한다.

제42조(임용자격) ①대법원장과 대법관은 15년이상 다음 각호의 직에 있던 40세이상의 자중에서 임용한다.

1. 판사·검사·변호사
2. 변호사의 자격이 있는 자로서 국가기관, 지방자치단체, 국·공영기업체, 정부투자기관 기타 법인에서 법률에 관한 사무에 종사한 자
3. 변호사의 자격이 있는 자로서 공인된 대학의 법률학 조교수이상의 직에 있던 자

②판사는 다음 각호의 1에 해당하는 자중에서 임용한다.
1. 사법시험에 합격하여 사법연수원의 소정 과정을 마친 자
2. 변호사의 자격이 있는 자

③제1항 각호에 규정한 2이상의 직에 재직한 자에 대하여는 그 연수를 통산한다.[전문개정 94·7·27]

제42조의2 삭제 [2007.5.1]

제42조의3(직무권한의 제한) ①제42조제1항 각 호의 재직기간을 통산하여 5년 미만인 판사는 변론을 열어서 판결하는 사건에 관하여는 단독으로 재판할 수 없다. [개정 2007.5.1]
②제1항의 판사는 합의부의 재판장이 될 수 없다.
③삭제 [2007.5.1][본조신설 94·7·27]

제42조의4 삭제 [99·12·31]

제43조(결격사유) 다음 각호의 1에 해당하는 자는 법관으로 임용할 수 없다.
1. 다른 법령에 의하여 공무원으로 임용하지 못하는 자
2. 금고이상의 형을 선고받은 자
3. 탄핵에 의하여 파면된 후 5년이 경과되지 아니한 자

제44조(보직) ①판사의 보직은 대법원장이 행한다. [개정 2007.5.1]
②사법연수원장, 고등법원장, 특허법원장, 법원행정처차장, 지방법원장, 가정법원장, 행정법원장과 고등법원 및 특허법원의 부장판사는 10년이상 제42조제1항각호의 직에 있던 자중에서 보한다.
③삭제 [2007.5.1][전문개정 94·7·27]

제44조의2(근무성적의 평정) ①대법원장은 판사에 대한 근무성적을 평정하여 그 결과를 인사관리에 반영시킬 수 있다. [개정 2007.5.1]
②제1항의 근무성적평정에 관한 사항은 대법원규칙으로 정한다.[본조신설 94·7·27]

제45조(임기·연임·정년) ①대법원장의 임기는 6년으로 하며, 중임할 수 없다.
②대법관의 임기는 6년으로 하며, 연임할 수 있다.
③판사의 임기는 10년으로 하며, 연임할 수 있다.
④대법원장의 정년은 70세, 대법관의 정년은 65세, 판사의 정년은 63세로 한다. [개정 94·7·27]

제45조의2(판사의 연임) ①임기가 만료된 판사는 대법관회의의 동의를 얻어 대법원장의 연임발령으로 연임한다.
②대법원장은 다음 각호의 어느 하나에 해당한다고 인정되는 판사에 대하여는 연임발령을 하지 아니한다.
1. 신체 또는 정신상의 장해로 인하여 판사로서 정상적인 직무를 수행할 수 없는 경우
2. 근무성적이 현저히 불량하여 판사로서 정상적인 직무를 수행할 수 없는 경우
3. 판사로서의 품위를 유지하는 것이 현저히 곤란한 경우

③판사의 연임절차에 관하여 필요한 사항은 대법원규칙으로 정한다.[본조신설 2005.3.24]

제46조(법관의 신분보장) ①법관은 탄핵결정·금고이상의 형의 선고에 의하지 아니하고는 파면되지 아니하며, 징계처분에 의하지 아니하고는 정직·감봉 또는 불리한 처분을 받지 아니한다. [개정 99·1·21]
②법관의 보수는 직무와 품위에 상응하도록 따로 법률로 정한다. [개정

94·7·27]

제47조(심신상의 장해로 인한 퇴직) 법관이 중대한 심신상의 장해로 직무를 수행할 수 없을 때에는, 대법관인 경우에는 대법원장의 제청으로 대통령이, 판사인 경우에는 대법원장이 퇴직을 명할 수 있다.

제48조(징계) ①대법원에 법관징계위원회를 둔다.

②법관징계에 관한 사항은 따로 법률로 정한다. [개정 94·7·27]

제49조(금지사항) 법관은 재직중 다음의 행위를 할 수 없다.

1. 국회 또는 지방의회의 의원이 되는 일
2. 행정부서의 공무원이 되는 일
3. 정치운동에 관여하는 일
4. 대법원장의 허가없이 보수있는 직무에 종사하는 일
5. 금전상의 이익을 목적으로 하는 업무에 종사하는 일
6. 대법원장의 허가없이 보수의 유무를 불문하고 국가기관외의 법인·단체등의 고문·임원·직원등의 직위에 취임하는 일
7. 기타 대법원규칙으로 정하는 일

제50조(파견근무) 대법원장은 다른 국가기관으로부터 법관의 파견근무요청이 있을 경우에 업무의 성질상 법관을 파견하는 것이 타당하다고 인정되고 당해 법관이 이에 동의하는 경우에는 그 기간을 정하여 이를 허가할 수 있다. [개정 94·7·27]

제51조(휴직) ①대법원장은 법관이 병역법에 의한 병역복무를 위하여 징집·소집되었을 때 또는 국내외 법률연구기관·대학등에서의 법률연수 또는 본인의 질병요양등을 위하여 휴직을 청원하는 경우에 그 청원내용이 충분한 이유가 있다고 인정될 때에는 2년이내의 범위안에서 기간을 정하여(병역법에 의한 징집이나 소집의 경우는 그 복무기간의 만료시까지) 이를 허가할 수 있다.

②제1항의 경우에 휴직기간중의 보수지급에 관한 사항은 대법원규칙으로 정한다.

제52조(겸임등) ①대법원장은 법관을 사건의 심판외의 직(재판연구관을 포함한다)에 보하거나 그 직을 겸임하게 할 수 있다. [개정 94·7·27]

②제1항의 법관은 사건의 심판에 참여하지 못하며, 제5조제3항의 규정에 의한 판사의 수에 산입하지 아니한다.

③제1항의 법관의 수는 대법원규칙으로 정하며, 보수는 그중 고액의 것을 지급한다.

제 5 편 법원직원

제53조(법원직원) 법관 이외의 법원공무원은 대법원장이 임명하며, 그 수는 대법원규칙으로 정한다.

제54조(사법보좌관) ①대법원과 각급법원에 사법보좌관을 둘 수 있다.

②사법보좌관은 다음 각호의 업무 중 대법원규칙이 정하는 업무를 할 수 있다.

1. 「민사소송법」(동법이 준용되는 경우를 포함한다)상의 소송비용액·집행비용액 확정결정절차, 독촉절차, 공시최고절차에서의 법원의 사무
2. 「민사집행법」 (동법이 준용되는 경우를 포함한다)상의 집행문 부여명령절차, 채무불이행자명부 등재절차, 재산조회절차, 부동산에 대한 강제경매절차, 자동차·건설기계에 대한 강제경매절차, 동산에 대한 강제경매절차, 담보권실행 등을 위한 경매절차, 제소명령절차, 가압류·가처분의 집행취소신청절차에서의 법원의 사무
3. 「주택임대차보호법」 및 「상가건물임대차보호법」 상의 임차권등기명령절차에서의 법원의 사무

③사법보좌관은 법관의 감독을 받아

업무를 수행하며, 사법보좌관의 처분에 대하여는 대법원규칙이 정하는 바에 따라 법관에 대하여 이의신청을 할 수 있다.

④사법보좌관은 법원사무관 또는 등기사무관 이상 직급으로 5년 이상 근무한 자, 법원주사보 또는 등기주사보 이상 직급으로 10년 이상 근무한 자 중 대법원규칙이 정하는 자로 한다.

⑤사법보좌관의 직제 및 인원 그 밖에 필요한 사항은 대법원규칙으로 정한다.[전문개정 2005.3.24]

제54조의2(기술심리관) ①특허법원에 기술심리관을 둔다.

②법원은 필요하다고 인정하는 경우 결정으로 기술심리관을 특허법 제186조제1항, 「실용신안법」 제33조 및 디자인보호법 제75조의 규정에 의한 소송의 심리에 참여하게 할 수 있다. [개정 98·9·23, 2004.12.31 제7289호(디자인보호법), 2006.3.3(실용신안법)]

③제2항의 규정에 의하여 소송의 심리에 참여하는 기술심리관은 재판장의 허가를 얻어 기술적인 사항에 관하여 소송관계인에게 질문을 할 수 있고, 재판의 합의에서 의견을 진술할 수 있다.

④대법원장은 특허청 등 관련국가기관에 대하여 그 소속공무원을 기술심리관으로 근무하게 하기 위하여 파견근무를 요청할 수 있다. [개정 2005.3.24]

⑤기술심리관의 자격, 직제 및 그 수 기타 필요한 사항은 대법원규칙으로 정한다.[본조신설 94·7·27]

제54조의3(조사관) ①대법원과 각급 법원에 조사관을 둘 수 있다.

②조사관은 법관의 명을 받아 법률 또는 대법원규칙이 정하는 사건에 관한 심판에 필요한 자료의 수집·조사 그 밖에 필요한 업무를 담당한다.

③대법원장은 다른 국가기관에 대하여 그 소속 공무원을 조사관으로 근무하게 하기 위하여 법원에의 파견근무를 요청할 수 있다.

④조사관의 자격, 직제 및 인원, 그 밖에 필요한 사항은 대법원규칙으로 정한다.[본조신설 2005.3.24]

제55조(집행관) ①지방법원 및 그 지원에 집행관을 두며, 집행관은 법률이 정하는 바에 따라 소속지방법원장이 임면한다. [개정 94·7·27, 95·12·6]

②집행관은 법령이 정하는 바에 따라 재판의 집행, 서류의 송달 기타의 사무에 종사한다.[개정 95·12·6]

③집행관은 그 직무를 성실히 수행함을 보증하기 위하여 소속지방법원에 보증금을 납부하여야 한다.[개정 95·12·6]

④제3항의 보증금 및 집행관의 수수료에 관한 사항은 대법원규칙으로 정한다.[개정 95·12·6]

제55조의2(법원경비관리대) ①법정의 존엄과 질서유지 및 법원청사의 방호를 위하여 대법원과 각급 법원에 법원경비관리대를 두며, 그 설치와 조직 및 분장사무에 관한 사항은 대법원규칙으로 정한다.

②법원경비관리대의 대원은 법원청사 내에 있는 사람이 다음 각 호의 어느 하나에 해당하는 때에는 이를 제지하기 위하여 신체적인 유형력을 행사하거나 경비봉·가스분사기 등 보안장비를 사용할 수 있다. 이 경우 유형력의 행사 등은 필요한 최소한도에 그쳐야 한다.

1. 다른 사람의 생명·신체·재산 등에 위해를 가하거나 가하려고 하는 때
2. 법정의 존엄과 질서를 해치는 행위를 하거나 하려고 하는 때
3. 법관 또는 법원직원의 정당한 업무를 방해하거나 방해하려고 하는 때
4. 그 밖에 법원청사 내에서 질서를

문란하게 하는 행위를 하거나 하려고 하는 때

③법원경비대의 대원은 흉기 그 밖의 위험한 물건 또는 법원청사 내의 질서유지에 방해되는 물건의 소지여부를 확인하기 위하여 법원청사 출입자를 검색할 수 있다.

④제2항의 규정에 따른 조치를 취함에 있어서는 사전에 그 행위자에게 이를 경고하여야 한다. 다만, 긴급한 상황으로 경고를 할 만한 시간적인 여유가 없는 경우에는 그러하지 아니하다.

제6편 재 판

제1장 법 정

제56조(개정의 장소) ①공판은 법정에서 이를 행한다.

②법원장은 필요에 따라 법원외의 장소에서 개정하게 할 수 있다.

제57조(재판의 공개) ①재판의 심리와 판결은 공개한다. 다만, 심리는 국가의 안전보장·안녕질서 또는 선량한 풍속을 해할 우려가 있는 때에는 결정으로 이를 공개하지 아니할 수 있다.

②제1조 단서의 결정은 이유를 개시하여 선고한다.

③제1항 단서의 결정을 한 경우에도 재판장은 적당하다고 인정되는 자의 재정을 허가할 수 있다.

제58조(법정의 질서유지) ①법정의 질서유지는 재판장이 이를 행한다.

②재판장은 법정의 존엄과 질서를 해할 우려가 있는 자의 입정금지 또는 퇴정을 명하거나 기타 법정의 질서유지에 필요한 명령을 발할 수 있다.

제59조(녹화등의 금지) 누구든지 법정안에서는 재판장의 허가없이 녹화·촬영·중계방송등의 행위를 하지 못한다.

제60조(국가경찰공무원의 파견요구) ①재판장은 법정에 있어서의 질서유지를 위하여 필요하다고 인정할 때에는 개정전후를 불문하고 관할경찰서장에게 국가경찰공무원의 파견을 요구할 수 있다. [개정 2006.2.21 제7849호(제주특별자치도 설치 및 국제자유도시 조성을 위한 특별법)]

②제1항의 요구에 의하여 파견된 국가경찰공무원은 법정내외의 질서유지에 관하여 재판장의 지휘를 받는다. [개정 2006.2.21 제7849호(제주특별자치도 설치 및 국제자유도시 조성을 위한 특별법)]

[본조제목개정 2006.2.21 제7849호(제주특별자치도 설치 및 국제자유도시 조성을 위한 특별법)]

제61조(감치등) ①법원은 직권으로 법정내외에서 제58조제2항의 명령 또는 제59조에 위배하는 행위를 하거나 폭언·소란등의 행위로 법원의 심리를 방해하거나 재판의 위신을 현저하게 훼손한 자에 대하여 결정으로 20일이내의 감치 또는 100만원이하의 과태료에 처하거나 이를 병과할 수 있다.

②법원은 제1항의 감치를 위하여 법원직원·교도관 또는 국가경찰공무원으로 하여금 즉시 행위자를 구속하게 할 수 있으며, 구속한 때로부터 24시간이내에 감치에 처하는 재판을 하여야 하고 이를 하지 아니하면 즉시 석방을 명하여야 한다. [개정 2006.2.21 제7849호(제주특별자치도 설치 및 국제자유도시 조성을 위한 특별법)]

③감치는 경찰서유치장·교도소 또는 구치소에 유치함으로써 집행한다.

④감치는 피감치인에 대한 다른 사건으로 인한 구속 및 형에 우선하여 집행하며, 감치의 집행중에는 피감치인에 대한 다른 사건으로 인한 구속 및 형의 집행이 정지되고, 피감치인이 당사자로 되어 있는 본래의 심판사건의 소송절차는 정지된다. 다만, 법원은 상당한 이유가 있는 때에는 소송

절차의 속행을 명할 수 있다.

⑤제1항의 재판에 대하여는 항고 또는 특별항고를 할 수 있다. [개정 94.7.27]

⑥제1항의 재판에 관한 절차 기타 필요한 사항은 대법원규칙으로 정한다.

제62조(법정의 용어) ①법정에서는 국어를 사용한다.

②소송관계인이 국어에 통하지 못하는 경우에는 통역에 의한다.

제63조(준용규정) 제57조 내지 제62조의 규정은 법관이 법정외의 장소에서 직무를 행하는 경우에 이를 준용한다.

제64조(법원경위) ①대법원 및 각급법원에 법원경위를 둔다. [개정 94·7·27, 2005.12.14]

②법원경위는 법정에 있어서 법관이 명하는 사무 기타 대법원장이 정하는 사무를 집행한다. [개정 94·7·27, 2005.12.14]

③법원은 집행관을 사용하기 어려운 사정이 있다고 인정되는 때에는 법원경위로 하여금 소송서류를 송달하게 할 수 있다. [개정 94·7·27, 95·12·6, 2005.12.14][본조제목개정 2005.12.14]

제2장 합 의

제65조(합의의 비공개) 심판의 합의는 공개하지 아니한다.

제66조(합의의 방법) ①합의심판은 헌법 및 법률에 다른 규정이 없으면 과반수로 결정한다.

②합의에 관한 의견이 3설이상 분립하여 각각 과반수에 달하지 못하는 때에는 다음의 의견에 의한다.

1. 수액에 있어서는 과반수에 달하기까지 최다액의 의견의 수에 순차 소액의 의견의 수를 더하여 그중 최소액의 의견
2. 형사에 있어서는 과반수에 달하기까지 피고인에게 가장 불리한 의견의 수에 순차 유리한 의견의 수를 더하여 그중 가장 유리한 의견

③제7조제1항의 규정에 의한 과반수 결정사항에 관하여 2설이 분립되어 각설이 과반수에 이르지 못하는 때에는 원심재판을 변경할 수 없다.

제7편 대법원의 기관

제1장 법원행정처

제67조(법원행정처장등) ①법원행정처에 처장과 차장을 둔다.

②처장은 대법원장의 지휘를 받아 법원행정처의 사무를 관장하고, 소속직원을 지휘·감독하며, 법원의 사법행정사무 및 그 직원을 감독한다.

③차장은 처장을 보좌하여 법원행정처의 사무를 처리하고, 처장이 궐위되거나 사고로 인하여 직무를 수행할 수 없을 때에는 그 권한을 대행한다.

④처장은 대법원규칙이 정하는 바에 의하여 또는 대법원장의 명으로 그 소관사무의 일부를 차장·실장 또는 국장에게 위임할 수 있다.

⑤법원행정처에 법원행정처장비서관과 법원행정처차장비서관을 둔다. [개정 94·7·27]

⑥법원행정처장비서관은 법원서기관 또는 4급상당의 별정직공무원으로, 법원행정처차장비서관은 법원사무관 또는 5급상당의 별정직공무원으로 보한다. [개정 94·7·27]

제68조(임명) ①법원행정처장은 대법관 중에서 대법원장이 보한다. [개정 2007.12.27]

②법원행정처차장은 판사 중에서 대법원장이 보한다.[전문개정 2005.12.14]

제69조(국회출석권등) 법원행정처장 및 차장은 사법행정에 관하여 국회 또는 국무회의에 출석하여 발언할 수 있다.

제70조(행정소송의 피고) 대법원장이 행한 처분에 대한 행정소송의 피고는

법원행정처장으로 한다.

제71조(조직) ①법원행정처에 실·국 및 과를 두며, 그 설치 및 분장사무는 대법원규칙으로 정한다.

②실에는 실장, 국에는 국장, 과에는 과장을 둔다.

③법원행정처장·차장·실장 또는 국장밑에 정책의 기획, 계획의 입안, 연구·조사, 심사·평가 및 홍보업무등을 보좌하는 심의관 또는 담당관을 둘 수 있으며, 그 직명과 사무분장은 대법원규칙으로 정한다. [개정 95·3·30]

④실장은 판사 또는 법원관리관으로, 국장은 판사·법원이사관·시설이사관 또는 공업이사관으로, 심의관 및 담당관은 판사·법원이사관·법원부이사관·법원서기관·시설이사관·시설부이사관·시설서기관·공업이사관·공업부이사관 또는 공업서기관으로, 과장은 법원부이사관·법원서기관·시설부이사관·시설서기관·공업부이사관 또는 공업서기관으로 보한다. [개정 94·7·27, 95·3·30]

⑤실장·국장 및 과장은 상사의 명을 받아 실·국 또는 과의 사무를 처리하고, 소속직원을 지휘·감독한다.

제 2 장 사법연수원

제72조(사법연수생) ①사법연수생은 사법시험에 합격한 자중에서 대법원장이 임명하며, 별정직공무원으로 한다. [개정 96·12·12]

②사법연수생의 수습기간은 2년으로 한다. 다만, 필요한 때에는 대법원규칙이 정하는 바에 따라 수습기간을 변경할 수 있다.

③사법연수생이 다음 각호의 1에 해당하는 경우에는 면직할 수 있다.

1. 국가공무원법 제33조 각호의 1에 해당하는 경우
2. 품위를 손상시키는 행위를 한 경우
3. 수습의 태도가 심히 불성실하여 수습성적이 불량한 경우
4. 질병으로 인하여 수습이 불가능한 경우

④법원은 직권으로 사법연수생을 변호인으로 선정할 수 있다.

제72조의2(사법연수생 수습의 목적) 사법연수생의 수습은 법률전문가로서의 이론과 실무를 연구·습득하고 높은 윤리의식과 국민에 대한 봉사정신을 함양함으로써 법치주의의 확립과 민주주의의 발전에 이바지할 수 있는 법조인을 양성함을 목적으로 한다. [본조신설 96·12·12]

제73조(조직) ①사법연수원에 원장 1인, 부원장 1인, 교수 및 강사를 둔다.

②원장은 대법원장의 지휘를 받아 사법연수원의 사무를 관장하며, 소속직원을 지휘·감독한다.

③부원장은 원장을 보좌하여 사법연수원의 사무를 처리하며, 원장이 궐위되거나 사고로 인하여 직무를 수행할 수 없을 때에는 부원장이 그 권한을 대행한다.

④사법연수원에 사법연수원장비서관과 사법연수원부원장비서관을 둔다. [개정 94·7·27]

⑤사법연수원장비서관과 사법연수원부원장비서관은 법원사무관 또는 5급 상당의 별정직공무원으로 보한다. [개정 94·7·27]

제74조(사법연수원장등) ①사법연수원장은 판사중에서, 부원장은 검사중에서 대법원장이 보한다. [개정 96·12·12]

②사법연수원 교수는 다음 각호의 1에 해당하는 자중에서 대법원장이 보하거나 사법연수원장의 제청을 받아 대법원장이 임명한다. [신설 96·12·12]

1. 판사
2. 검사
3. 변호사

4. 학사 또는 석사학위를 취득한 자로서 대법원규칙이 정하는 실적 또는 경력이 있는 자
5. 박사학위를 취득한 자

③강사는 상당한 학식과 경험이 있는 자중에서 사법연수원장이 위촉한다.[개정 96·12·12]

④사법연수원에서 전임으로 근무하는 판사 및 검사는 제5조제3항의 규정에 의한 판사의 수 또는 검사정원법에 의한 검사의 수에 산입하지 아니한다.

제74조의2(교수의 지위등) ①판사나 검사가 아닌 사법연수원 교수(이하 "전임교수"라 한다)는 특정직공무원으로 한다.

②전임교수의 임기는 10년으로 하되, 연임할 수 있다. 다만, 신규채용되는 교수는 3년의 범위내에서 1차에 한하여 대법원규칙이 정하는 바에 의하여 기간을 정하여 임용할 수 있다.

③전임교수의 정년은 판사에 준하고, 징계에 관하여는 법관징계법을 준용한다. 이 경우 동법(제5조를 제외한다)중 "법관"은 "전임교수"로 본다.

④전임교수의 직명과 임용등에 관하여 필요한 사항은 대법원규칙으로 정한다.[본조신설 96·12·12]

제74조의3(초빙교수) ①변호사자격(외국의 변호사자격을 포함한다)이 있는 자 또는 특수한 분야에 관하여 전문지식과 경험이 있다고 인정되는 자는 초빙교수로 임용할 수 있다.

②제1항의 규정에 의한 초빙교수의 임용절차와 임용조건 및 복무에 관하여 필요한 사항은 대법원규칙으로 정한다.[본조신설 96·12·12]

제74조의4(교수요원의 파견) ①법원행정처장은 사법연수원장이 요청하는 경우에는 다른 국가기관·공공단체·교육기관·연구기관 기타 필요한 기관에 대하여 교수요원의 파견을 요청할 수 있다.

②제1항의 규정에 의하여 사법연수원에 파견된 교수요원에 대하여는 대법원규칙이 정하는 수당을 지급할 수 있다.[본조신설 96·12·12]

제74조의5(사법연수원운영위원회) ①사법연수원에 교육의 기본방향, 교과과정 기타 대법원규칙이 정하는 사법연수원의 운영과 교육에 관한 중요사항을 심의하기 위하여 운영위원회를 둔다.

②운영위원회는 대법원장이 위촉하는 10인이상 15인이하의 위원으로 구성하되, 그 임기는 2년으로 하며 연임할 수 있다.

③운영위원회의 조직과 운영에 관하여 필요한 사항은 대법원규칙으로 정한다.[본조신설 96·12·12]

제75조(사무국) ①사법연수원에 사무국을 두고, 사무국에는 과를 두며, 그 설치 및 분장사무는 대법원규칙으로 정한다.

②국에는 국장, 과에는 과장을 둔다.

③국장은 법원이사관 또는 법원부이사관으로, 과장은 법원부이사관·법원서기관 또는 법원사무관으로 보한다. [개정 96·12·12]

④국장과 과장은 상사의 명을 받아 국 또는 과의 사무를 관장하고, 소속직원을 지휘·감독한다.

제76조(위임사항) 사법연수생의 임명·수습 및 보수 기타 사법연수원의 운영에 관하여 필요한 사항은 대법원규칙으로 정하되, 사법연수원 교육의 자율성과 운영의 중립성을 최대한 보장하여야 한다.[전문개정 96·12·12]

제 3 장 법원공무원교육원

제77조(조직) ①법원공무원교육원에 원장 1인, 교수 및 강사를 둔다.

②원장은 대법원장의 지휘를 받아 법원공무원교육원의 사무를 관장하며, 소속 직원을 지휘·감독한다.

제78조(원장등) ①법원공무원교육원장은 판사로 보하거나 정무직으로 한다. [개정 99·12·31, 2005.3.24]
②법관이 아닌 자가 법원공무원교육원장이 된 경우 그 보수는 차관의 보수와 동액으로 한다. [신설 2005.3.24]
③교수는 법원부이사관·법원서기관·3급상당 또는 4급상당의 별정직공무원으로 보한다.
④강사는 상당한 학식과 경험이 있는 자중에서 법원공무원교육원장이 위촉한다.

제79조(준용규정) 제75조의 규정은 법원공무원교육원에 이를 준용한다.

제80조(위임사항) 법원공무원교육원의 운영등에 관하여 필요한 사항은 대법원규칙으로 정한다.

제 4 장 법원도서관

제81조(조직) ①법원도서관에 관장을 둔다.
②관장은 판사·법원이사관 또는 법원부이사관으로 보한다.
③관장은 대법원장의 지휘를 받아 법원도서관의 사무를 관장하며, 소속직원을 지휘·감독한다.
④법원도서관의 조직·운영등에 관하여 필요한 사항은 대법원규칙으로 정한다.

제 8 편 양형위원회

제81조의2(양형위원회의 설치) ①형을 정함에 있어 국민의 건전한 상식을 반영하고 국민이 신뢰할 수 있는 공정하고 객관적인 양형을 실현하기 위하여 대법원에 양형위원회(이하 "위원회"라 한다)를 둔다.
②위원회는 양형기준을 설정·변경하고, 이와 관련된 양형정책을 연구·심의할 수 있다.
③위원회는 그 권한에 속하는 업무를 독립하여 수행한다.[본조신설 2007.1.26]

제81조의3(위원회의 구성) ①위원회는 위원장 1인을 포함한 13인의 위원으로 구성하되, 위원장이 아닌 위원 중 1인은 상임위원으로 한다.
②위원장은 15년 이상 다음 각 호의 직에 있던 자 중에서 대법원장이 임명 또는 위촉한다.
1. 판사·검사·변호사
2. 국가, 지방자치단체, 국·공영 기업체, 「정부투자기관 관리기본법」 제2조제1항의 규정에 따른 정부투자기관 그 밖의 법인에서 법률에 관한 사무에 종사한 자
3. 공인된 대학의 법학 조교수 이상의 교수

③위원회의 위원은 다음 각 호의 자를 대법원장이 임명 또는 위촉한다.
1. 법관 4인
2. 법무부장관이 추천하는 검사 2인
3. 대한변호사협회장이 추천하는 변호사 2인
4. 법학 교수 2인
5. 학식과 경험이 있는 자 2인

④위원장과 위원의 임기는 2년으로 하고, 연임할 수 있다.
⑤위원이 부득이한 사유로 직무를 수행할 수 없다고 인정되는 때 또는 위원이 직무상 의무를 위반하는 등 위원으로서의 자격유지가 부적합하다고 인정되는 때에는 대법원장은 그 위원을 해임 또는 해촉할 수 있으며, 법관·검사의 직에 있는 자로서 위원으로 임명된 자가 그 직을 퇴직하는 경우에는 해임된 것으로 본다.[본조신설 2007.1.26]

제81조의4(위원장의 직무) ①위원장은 위원회를 대표하고, 위원회의 직무를 통할한다.
②위원장이 부득이한 사유로 그 직무를 수행할 수 없는 경우에는 상임위원, 위원장이 미리 지명한 위원의 순으로 그 직무를 대행한다.[본조신설

2007.1.26]

제81조의5(위원회의 회의) ①위원장은 위원회의 회의를 소집하며, 그 의장이 된다.

②위원회는 재적위원 과반수의 찬성으로 의결한다.[본조신설 2007.1.26]

제81조의6(양형기준의 설정 등) ①위원회는 법관이 합리적인 양형을 도출하는 데 참고할 수 있는 구체적이고 객관적인 양형기준을 설정하거나 변경한다.

②위원회는 양형기준을 설정·변경함에 있어 다음 각 호의 원칙을 준수하여야 한다.

1. 범죄의 죄질 및 범정(犯情)과 피고인의 책임의 정도를 반영할 것
2. 범죄의 일반예방 및 피고인의 재범 방지와 사회복귀를 고려할 것
3. 동종 또는 유사한 범죄에 대하여는 고려하여야 할 양형요소에 차이가 없는 한 양형에 있어 상이하게 취급하지 아니할 것
4. 피고인의 국적·종교 및 양심·사회적 신분 등을 이유로 양형상 차별을 하지 아니할 것

③위원회는 양형기준을 설정·변경함에 있어서 다음 각 호의 사항을 고려하여야 한다.

1. 범죄의 유형 및 법정형
2. 범죄의 중대성을 가중하거나 감경할 수 있는 사정
3. 피고인의 연령, 성행, 지능과 환경
4. 피해자에 대한 관계
5. 범행의 동기·수단 및 결과
6. 범행 후의 정황
7. 범죄전력
8. 그 밖에 합리적인 양형을 도출하는 데 필요한 사항

④위원회는 양형기준을 공개하여야 한다.[본조신설 2007.1.26]

제81조의7(양형기준의 효력 등) ①법관은 형의 종류를 선택하고 형량을 정함에 있어서 양형기준을 존중하여야 한다. 다만, 양형기준은 법적 구속력을 갖지 아니한다.

②법원이 양형기준을 벗어난 판결을 하는 경우에는 판결서에 양형의 이유를 기재하여야 한다. 다만, 약식절차 또는 즉결심판절차에 의하여 심판하는 경우에는 그러하지 아니하다.[본조신설 2007.1.26]

제81조의8(관계 기관의 협조 등) ①위원회는 필요한 경우 관계 공무원 또는 전문가를 회의에 출석하게 하여 의견을 들을 수 있고, 관계 국가기관·연구기관·단체 또는 전문가 등에 대하여 자료 및 의견의 제출 그 밖의 협력을 요청할 수 있다.

②위원회는 업무수행을 위하여 필요하다고 인정하는 경우 관계 국가기관·연구기관·단체 등의 장에게 그 소속 공무원 또는 직원의 파견을 요청할 수 있다.[본조신설 2007.1.26]

제81조의9(사무기구) 위원회의 업무보좌와 실무지원을 위하여 사무기구를 둔다.[본조신설 2007.1.26]

제81조의10(보고서 발간) 위원회는 매년 그 연도의 실적과 그 다음 연도의 추진계획을 담은 연간 보고서를 발간하고, 이를 국회에 보고하여야 한다.[본조신설 2007.1.26]

제81조의11(비밀준수 의무 등) ①위원회의 위원장, 위원, 사무기구의 임원 및 직원은 직무상 알게 된 비밀을 누설하여서는 아니 된다. 그 직에서 퇴직한 후에도 같다.

②공무원이 아닌 위원장 및 위원은 「형법」 그 밖의 법률에 따른 벌칙의 적용에 있어서는 이를 공무원으로 본다.[본조신설 2007.1.26]

제81조의12(위임규정) ①이 법에 규정된 것 이외에 위원회의 조직에 관하여 필요한 사항은 대법원규칙으로 정한다.

②이 법에 규정된 것 이외에 위원회의 운영에 관하여 필요한 사항은 위

원회의 의결로 정한다.[본조신설 2007. 1.26]

제 9 편 법원의 경비

第82조(법원의 경비) ①법원의 경비는 독립하여 국가의 예산에 계상하여야 한다.

②법원의 예산을 편성함에 있어서는 사법부의 독립성과 자율성을 존중하여야 한다. [신설 94·7·27]

③제1항의 경비중에는 예비금을 둔다.

부 칙

부 칙 [1987.12.4 제3992호] (생략)

부 칙 [1988.8.5 제4017호 (헌법재판소법)] (생략)

부 칙 [1990.12.31 제4300호(가사소송법)] (생략)

부 칙 [1994.7.27 제4765호] (생략)

부 칙 [1995.3.30 제4945호] (생략)

부 칙 [1995.12.6 제5002호(집행관법)] (생략)

부 칙 [1996.12.12 제5181호] (생략)

부 칙 [1998.9.23 제5577호(실용신안법)] (생략)

부 칙 [1999.12.31 제6084호] (생략)

부 칙 [2004.12.31 제7289호(디자인보호법)] (생략)

부 칙 [2005.3.24 제7402호] (생략)

부 칙 [2005.12.14 제7725호] (생략)

부 칙 [2005.12.23 제7730호] (생략)

부 칙 [2006.2.21 제7849호(제주특별자치도 설치 및 국제자유도시 조성을 위한 특별법)] (생략)

부 칙 [2006.3.3 제7872호(실용신안법)] (생략)

부 칙 [2007.5.1 제8411호] (생략)

부 칙 [2007.5.17 제8435호(가족관계의 등록 등에 관한 법률)] (생략)

부 칙 [2007.12.27 제8794호]

이 법은 공포한 날부터 시행한다.

헌법재판소법

법률 제8893호 일부개정 2008. 03. 14.

제1장 총 칙

제1조(목적) 이 법은 헌법재판소의 조직 및 운영과 그 심판절차에 관하여 필요한 사항을 정함을 목적으로 한다.

제2조(관장사항) 헌법재판소는 다음 사항을 관장한다.

1. 법원의 제청에 의한 법률의 위헌여부 심판
2. 탄핵의 심판
3. 정당의 해산심판
4. 국가기관상호간, 국가기관과 지방자치단체간 및 지방자치단체상호간의 권한쟁의에 관한 심판
5. 헌법소원에 관한 심판

제3조(구성) 헌법재판소는 9인의 재판관으로 구성한다.

제4조(재판관의 독립) 재판관은 헌법과 법률에 의하여 그 양심에 따라 독립하여 심판한다.

제5조(재판관의 자격) ①재판관은 15년이상 다음 각호의 1에 해당하는 직에 있던 40세이상의 자중에서 임명한다. 다만, 다음 각호중 2이상의 직에 있던 자의 재직기간은 이를 통산한다.

1. 판사·검사·변호사
2. 변호사의 자격이 있는 자로서 국가기관, 국·공영기업체, 정부투자기관 기타 법인에서 법률에 관한 사무에 종사한 자
3. 변호사의 자격이 있는 자로서 공인된 대학의 법률학조교수이상의 직에 있던 자

②다음 각호의 1에 해당하는 자는 재판관으로 임명할 수 없다.

1. 다른 법령에 의하여 공무원으로 임용하지 못하는 자
2. 금고이상의 형을 선고받은 자
3. 탄핵에 의하여 파면된 후 5년을 경과하지 아니한 자

제6조(재판관의 임명) ①재판관은 대통령이 임명한다. 이 경우 재판관 중 3인은 국회에서 선출하는 자를, 3인은 대법원장이 지명하는 자를 임명한다. [개정 2005.7.29]

②재판관은 국회의 인사청문을 거쳐 임명·선출 또는 지명하여야 한다. 이 경우 대통령은 재판관(국회에서 선출하거나 대법원장이 지명하는 자를 제외한다)을 임명하기 전에, 대법원장은 재판관을 지명하기 전에 인사청문을 요청한다. [개정 2005.7.29]

③재판관의 임기가 만료되거나 임기중 재판관이 결원된 때에는 임기만료 또는 결원된 날로부터 30일이내에 후임자를 임명하여야 한다. 다만, 국회에서 선출한 재판관이 국회의 폐회 또는 휴회중에 그 임기가 만료되거나 결원이 된 때에는 국회는 다음 집회가 개시된 후 30일이내에 후임자를 선출하여야 한다.

제7조(재판관의 임기) ①재판관의 임기는 6년으로 하며, 연임할 수 있다.

②재판관의 정년은 65세로 한다. 다만, 헌법재판소장인 재판관의 정년은 70세로 한다.

제8조(재판관의 신분보장) 재판관은 다음 각호의 1에 해당하는 경우가 아니면 그 의사에 반하여 해임되지 아니한다.

1. 탄핵결정이 된 경우
2. 금고이상의 형의 선고를 받은 경우

제9조(재판관의 정치관여 금지) 재판

관은 정당에 가입하거나 정치에 관여할 수 없다.

제10조(규칙제정권) ①헌법재판소는 이 법과 다른 법률에 저촉되지 아니하는 범위안에서 심판에 관한 절차, 내부규률과 사무처리에 관한 규칙을 제정할 수 있다.

②헌법재판소규칙은 관보에 게재하여 이를 공포한다.

제10조의2(입법의견의 제출) 헌법재판소장은 헌법재판소의 조직·인사·운영·심판절차 그 밖에 헌법재판소의 업무에 관련된 법률의 제정 또는 개정이 필요하다고 인정하는 경우에는 국회에 서면으로 그 의견을 제출할 수 있다.[본조신설 2003.03.12.]

제11조(경비) ①헌법재판소의 경비는 독립하여 국가의 예산에 계상하여야 한다.

②제1항의 경비중에는 예비금을 둔다.

제2장 조 직

제12조(헌법재판소장) ①헌법재판소에 헌법재판소장을 둔다.

②헌법재판소장은 국회의 동의를 얻어 재판관중에서 대통령이 임명한다.

③헌법재판소장은 헌법재판소를 대표하고, 헌법재판소의 사무를 통리하며, 소속공무원을 지휘·감독한다.

④헌법재판소장이 궐위되거나 사고로 인하여 직무를 수행할 수 없을 때에는 다른 재판관이 헌법재판소규칙이 정하는 순서에 의하여 그 권한을 대행한다. [개정 91·11·30]

제13조 삭제 [개정 91·11·30]

제14조(재판관의 겸직금지) 재판관은 다음 각호의 1에 해당하는 직을 겸하거나 영리를 목적으로 하는 사업을 영위할 수 없다. [개정 91·11·30]

1. 국회 또는 지방의회의 의원의 직
2. 국회·정부 또는 법원의 공무원의 직
3. 법인·단체등의 고문·임원 또는 직원의 직

제15조(헌법재판소장등의 대우) ①헌법재판소장의 대우와 보수는 대법원장의 예에 의하며, 재판관은 정무직으로 하고 그 대우와 보수는 대법관의 례에 의한다. [개정 91·11·30, 2002.1.19.법제6622호]

②삭제 [91·11·30]

제16조(재판관회의) ①재판관회의는 재판관 전원으로 구성하며, 헌법재판소장이 의장이 된다.

②재판관회의는 재판관 7인 이상의 출석과 출석인원과반수의 찬성으로 의결한다.

③의장은 의결에 있어 표결권을 가진다.

④다음 각호의 사항은 재판관회의의 의결을 거쳐야 한다. [개정 2003.03.12.]

1. 헌법재판소규칙의 제정과 개정, 제10조의2의 규정에 따른 입법의견의 제출에 관한 사항
2. 예산요구, 예비금지출과 결산에 관한 사항
3. 사무처장·사무차장·헌법연구관 및 3급이상 공무원의 임면에 관한 사항
4. 특히 중요하다고 인정되는 사항으로서 헌법재판소장이 부의하는 사항

⑤재판관회의의 운영에 관하여 필요한 사항은 헌법재판소규칙으로 정한다.

제17조(사무처) ①헌법재판소의 행정사무를 처리하기 위하여 헌법재판소에 사무처를 둔다.

②사무처에 사무처장과 사무차장을 둔다.

③사무처장은 헌법재판소장의 지휘를 받아 사무처의 사무를 관장하며, 소속공무원을 지휘·감독한다.

④사무처장은 국회 또는 국무회의에 출석하여 헌법재판소의 행정에 관하여 발언할 수 있다.[개정 2003.03.12.]

⑤헌법재판소장이 행한 처분에 대한 행정소송의 피고는 헌법재판소사무처장으로 한다. [신설 91·11·30]

⑥사무차장은 사무처장을 보좌하며, 사무처장이 사고로 인하여 직무를 수행할 수 없을 때에는 그 직무를 대행한다.

⑦사무처에 실·국·과를 둔다.

⑧실에는 실장, 국에는 국장, 과에는 과장을 두되 사무처장·차장·실장 또는 국장밑에 정책의 기획, 계획의 입안, 연구·조사, 심사·평가 및 홍보업무를 보좌하는 심의관 또는 담당관을 둘 수 있다. [개정 95·8·4]

⑨이 법에 규정하지 아니한 사항으로서 사무처의 조직·직무범위, 사무처에 두는 공무원의 정원 기타 필요한 사항은 헌법재판소규칙으로 정한다.

第18条(사무처공무원) ①사무처장은 정무직으로 하고, 보수는 국무위원의 보수와 동액으로 한다. [개정 94·12·22]

②사무차장은 정무직으로 하고, 보수는 차관의 보수와 동액으로 한다. [신설 94·12·22]

③실장은 1급 또는 2급, 국장은 2급 또는 3급, 심의관 및 담당관은 2급 내지 4급, 과장은 3급 또는 4급의 일반직국가공무원으로 보한다. 다만, 담당관중 1인은 3급상당 또는 4급상당의 별정직국가공무원으로 보할 수 있다.[개정 94·12·22, 95·8·4. 2003.03.12.]

④사무처공무원은 헌법재판소장이 임면한다. 다만, 3급이상의 공무원의 경우에는 재판관회의의 의결을 거쳐야 한다.

⑤헌법재판소장은 다른 국가기관에 대하여 그 소속공무원을 사무처공무원으로 근무하게 하기 위하여 헌법재판소에의 파견근무를 요청할 수 있다.

⑥삭제 [2003.03.12.]

第19条(헌법연구관) ①헌법재판소에 헌법재판소규칙으로 정하는 수의 헌법연구관을 둔다[개정 91·11·30. 2003.03.12.]

②헌법연구관은 특정직국가공무원으로 한다.[개정 91·11·30. 2003.03.12.]

③헌법연구관은 헌법재판소장의 명을 받아 사건의 심리 및 심판에 관한 조사·연구에 종사한다. [개정 91·11·30. 2003.03.12.]

④헌법연구관은 다음 각호의 1에 해당하는 자중에서 헌법재판소장이 재판관회의의 의결을 거쳐 임용한다. [개정 91·11·30. 2003.03.12.]

1. 판사·검사 또는 변호사의 자격이 있는 자
2. 공인된 대학의 법률학조교수이상의 직에 있던 자
3. 국회·정부 또는 법원등 국가기관에서 4급이상의 공무원으로서 5년이상 법률에 관한 사무에 종사한 자
4. 법률학에 관한 박사학위 소지자로서 국회·정부·법원 또는 헌법재판소 등 국가기관에서 5년 이상 법률에 관한 사무에 종사한 자
5. 법률학에 관한 박사학위 소지자로서 헌법재판소규칙이 정하는 대학 등 공인된 연구기관에서 5년 이상 법률에 관한 사무에 종사한 자 [신설 2003.03.12.]

⑤삭제 [2003.03.12.]

⑥다음 각호의 1에 해당하는 자는 헌법연구관으로 임용될 수 없다. [신설 2003.03.12.]

1. 「국가공무원법」 제33조 각호의 1에 해당하는 자
2. 금고 이상의 형의 선고를 받은 자
3. 탄핵결정에 의하여 파면된 후 5년이 경과되지 아니한 자

⑦헌법연구관의 임기는 10년으로 하되, 연임할 수 있고, 정년은 60세로 한다. [신설 2003.03.12.]

⑧헌법연구관이 제6항 각호의 1에 해당할 때에는 당연히 퇴직한다. 다만, 「국가공무원법」 제33조제5호에 해당할 때에는 그러하지 아니하다. [개정 2007.12.21]

⑨헌법재판소장은 다른 국가기관에 대하여 그 소속공무원을 헌법연구관으로 근무하게 하기 위하여 헌법재판소에의 파견근무를 요청할 수 있다. [개정 91·11·30. 2003.03.12.]
⑩사무차장은 헌법연구관의 직을 겸할 수 있다. [신설 2003.03.12.] [본조제목개정 2003.03.12.]
⑪헌법재판소장은 헌법연구관으로 하여금 사건의 심리 및 심판에 관한 조사·연구업무 외의 직을 겸임하게 할 수 있다. 이 경우 헌법연구관의 수는 헌법재판소규칙으로 정하며, 보수는 그중 고액의 것을 지급한다. [신설 2007.12.21]

제19조의2(헌법연구관보) ①헌법연구관을 신규임용하는 경우에는 3년의 기간 헌법연구관보로 임용하여 근무하게 한 후 그 근무성적을 참작하여 헌법연구관으로 임용한다. 다만, 경력 및 업무능력 등을 참작하여 헌법재판소규칙이 정하는 바에 따라 헌법연구관보 임용을 면제하거나 그 기간을 단축할 수 있다.
②헌법연구관보는 헌법재판소장이 재판관회의의 의결을 거쳐 임용한다.
③헌법연구관보는 별정직국가공무원으로 하고, 그 보수와 승급기준은 헌법연구기관의 예에 의한다.
④헌법연구관보가 근무성적이 불량한 경우에는 재판관회의의 의결을 거쳐 면직시킬 수 있다.
⑤헌법연구관보의 근무기간은 이 법 및 다른 법령에 규정된 헌법연구관의 재직기간에 산입한다.[본조신설 2003.03.12.]

제19조의3(헌법연구위원) ①헌법재판소에 헌법연구위원을 둘 수 있다. 헌법연구위원은 사건의 심리 및 심판에 관한 전문적인 조사·연구에 종사한다.
②헌법연구위원은 3년 이내의 범위에서 기간을 정하여 임명한다.
③헌법연구위원은 2급 또는 3급 상당의 별정직공무원이나 계약직공무원으로 하고, 그 직제 및 자격 등에 관하여는 헌법재판소규칙으로 정한다.[본조신설 2007.12.21]

제20조(헌법재판소장 비서실등) ①헌법재판소에 헌법재판소장 비서실을 둔다.
②헌법재판소장 비서실에 비서실장 1인을 두되, 비서실장은 1급상당의 별정직국가공무원으로 보하고, 헌법재판소장의 명을 받아 기밀에 관한 사무를 관장한다.
③제2항에 규정하지 아니한 사항으로서 헌법재판소장 비서실의 조직과 운영에 관하여 필요한 사항은 헌법재판소규칙으로 정한다.
④헌법재판소에 재판관 비서관을 둔다. [개정 91·11·30]
⑤재판관 비서관은 4급의 일반직국가공무원 또는 4급상당의 별정직국가공무원으로 보하고, 재판관의 명을 받아 기밀에 관한 사무를 관장한다. [개정 91·11·30]

제21조(서기 및 정리) ①헌법재판소에 서기 및 정리를 둔다.
②헌법재판소장은 사무처직원중에서 서기 및 정리를 지명한다.
③서기는 재판장의 명을 받아 사건에 관한 서류의 작성·보관 또는 송달에 관한 사무를 담당한다.
④정리는 심판정에 있어서의 질서유지와 기타 재판장이 명하는 사무를 집행한다.

제 3 장 일반심판절차

제22조(재판부) ①이 법에 특별한 규정이 있는 경우를 제외하고는 헌법재판소의 심판은 재판관 전원으로 구성되는 재판부에서 관장한다.
②재판부의 재판장은 헌법재판소장이 된다.

제23조(심판정족수) ①재판부는 재판관 7인 이상의 출석으로 사건을 심리

한다.

②재판부는 종국심리에 관여한 재판관의 과반수의 찬성으로 사건에 관한 결정을 한다. 다만, 다음 각호의 1에 해당하는 경우에는 재판관 6인이상의 찬성이 있어야 한다.

1. 법률의 위헌결정, 탄핵의 결정, 정당해산의 결정 또는 헌법소원에 관한 인용결정을 하는 경우
2. 종전에 헌법재판소가 판시한 헌법 또는 법률의 해석적용에 관한 의견을 변경하는 경우

제24조(제척·기피 및 회피) ①재판관이 다음 각호의 1에 해당하는 경우에는 그 직무집행에서 제척된다. [개정 2005.3.31 제7427호(민법)]

1. 재판관이 당사자이거나 당사자의 배우자 또는 배우자이었던 경우
2. 재판관과 당사자간에 친족의 관계가 있거나 이러한 관계가 있었던 경우
3. 재판관이 사건에 관하여 증언이나 감정을 할 경우
4. 재판관이 사건에 관하여 당사자의 대리인이 되거나 되었던 경우
5. 기타 재판관이 헌법재판소외에서 직무상 또는 직업상의 이유로 사건에 관여하였던 경우

②재판부는 직권 또는 당사자의 신청에 의하여 제척의 결정을 한다.

③재판관에게 심판의 공정을 기대하기 어려운 사정이 있는 경우에는 당사자는 기피신청을 할 수 있다. 다만, 변론기일에 출석하여 본안에 관한 진술을 한 때에는 그러하지 아니하다.

④당사자는 동일한 사건에 대하여 2인이상의 재판관을 기피할 수 없다.

⑤재판관은 제1항 또는 제3항의 사유가 있는 때에는 재판장의 허가를 얻어 회피할 수 있다.

⑥당사자의 제척 및 기피신청에 관한 심판에는 민사소송법 제44조, 제45조, 제46조제1항·제2항 및 제48조의 규정을 준용한다.[개정 2002.1.26. 법률 제6626호]

제25조(대표자·대리인) ①각종 심판절차에 있어서 정부가 당사자(참가인을 포함한다. 이하 같다)인 때에는 법무부장관이 이를 대표한다.

②각종 심판절차에 있어서 당사자인 국가기관 또는 지방자치단체는 변호사 또는 변호사의 자격이 있는 소속직원을 대리인으로 선임하여 심판을 수행하게 할 수 있다.

③각종 심판절차에 있어서 당사자인 사인은 변호사를 대리인으로 선임하지 아니하면 심판청구를 하거나 심판수행을 하지 못한다. 다만, 그가 변호사의 자격이 있는 때에는 그러하지 아니하다.

제26조(심판청구의 방식) ①헌법재판소에의 심판청구는 심판사항별로 정하여진 청구서를 헌법재판소에 제출함으로써 한다. 다만, 위헌법률심판에 있어서는 법원의 제청서, 탄핵심판에 있어서는 국회의 소추의결서의 정본으로 이에 갈음한다.

②청구서에는 필요한 증거서류 또는 참고자료를 첨부할 수 있다.

제27조(청구서의 송달) ①헌법재판소가 청구서를 접수한 때에는 지체없이 그 등본을 피청구기관 또는 피청구인(이하 "피청구인"이라 한다)에게 송달하여야 한다.

②위헌법률심판의 제청이 있은 때에는 법무부장관 및 당해 소송사건의 당사자에게 그 제청서의 등본을 송달한다.

제28조(심판청구의 보정) ①재판장은 심판청구가 부적법하나 보정할 수 있다고 인정하는 경우에는 상당한 기간을 정하여 보정을 요구하여야 한다. [개정 91·11·30]

②제27조제1항의 규정은 제1항의 규정에 의한 보정서면에 준용한다.

③제1항의 규정에 의한 보정이 있는

때에는 처음부터 적법한 심판청구가 있은 것으로 본다.

④제1항의 규정에 의한 보정기간은 제38조의 규정에 의한 심판기간에 이를 산입하지 아니한다.

第29조(답변서의 제출) ①청구서 또는 보정서면의 송달을 받은 피청구인은 헌법재판소에 답변서를 제출할 수 있다.

②답변서에는 심판청구의 취지와 이유에 대응하는 답변을 기재한다.

第30조(심리의 방식) ①탄핵의 심판·정당해산의 심판 및 권한쟁의의 심판은 구두변론에 의한다.

②위헌법률의 심판과 헌법소원에 관한 심판은 서면심리에 의한다. 다만, 재판부는 필요하다고 인정하는 경우에는 변론을 열어 당사자·이해관계인 기타 참고인의 진술을 들을 수 있다.

③재판부가 변론을 열 때에는 기일을 정하고 당사자와 관계인을 소환하여야 한다.

第31조(증거조사) ①재판부는 사건의 심리를 위하여 필요하다고 인정하는 경우에는 당사자의 신청 또는 직권에 의하여 다음의 증거조사를 할 수 있다.

1. 당사자 본인 또는 증인을 신문하는 일
2. 당사자 또는 관계인이 소지하는 문서·장부·물건 기타 증거자료의 제출을 요구하고 이를 령치하는 일
3. 특별한 학식과 경험을 가진 자에게 감정을 명하는 일
4. 필요한 물건·사람·장소 기타 사물의 성장 또는 상황을 검증하는 일

②재판장은 필요하다고 인정할 경우에는 재판관중 1인을 지정하여 제1항의 증거조사를 하게 할 수 있다.

第32조(자료제출요구등) 재판부는 결정으로 다른 국가기관 또는 공공단체의 기관에 대하여 심판에 필요한 사실을 조회하거나, 기록의 송부나 자료의 제출을 요구할 수 있다. 다만, 재판·소추 또는 범죄수사가 진행중인 사건의 기록에 대하여는 송부를 요구할 수 없다.

第33조(심판의 장소) 심판의 변론과 종국결정의 선고는 심판정에서 행한다. 다만, 헌법재판소장이 필요하다고 인정하는 경우에는 심판정외의 장소에서 이를 할 수 있다.

第34조(심판의 공개) ①심판의 변론과 결정의 선고는 공개한다. 다만, 서면심리와 평의는 공개하지 아니한다.

②법원조직법 제57조제1항 단서·제2항 및 제3항의 규정은 헌법재판소의 심판에 관하여 이를 준용한다.

第35조(심판의 지휘와 법정경찰권) ①재판장은 심판정의 질서와 변론의 지휘 및 평의의 정리를 담당한다.

②헌법재판소 심판정의 질서유지와 용어의 사용에 관하여는 법원조직법 제58조 내지 제63조의 규정을 준용한다.

第36조(종국결정) ①재판부가 심리를 마친 때에는 종국결정을 한다.

②종국결정을 할 때에는 다음의 사항을 기재한 결정서를 작성하고 심판에 관여한 재판관 전원이 이에 서명·날인하여야 한다.

1. 사건번호와 사건명
2. 당사자와 심판수행자 또는 대리인의 표시
3. 주문
4. 이유
5. 결정일자

③심판에 관여한 재판관은 결정서에 의견을 표시하여야 한다.[개정 2005.7.29]

④종국결정이 선고되면 서기는 지체없이 결정서 정본을 작성하여 이를 당사자에게 송달하여야 한다.

⑤종국결정은 관보에 게재함으로써 이를 공시한다.

第37조(심판비용등) ①헌법재판소의 심판비용은 국가부담으로 한다. 다만, 당사자의 신청에 의한 증거조사의 비용은 헌법재판소규칙이 정하는 바에

따라 그 신청인에게 부담시킬 수 있다.
②헌법재판소는 헌법소원심판의 청구인에 대하여 헌법재판소규칙으로 정하는 공탁금의 납부를 명할 수 있다.
③헌법재판소는 다음 각호의 1에 해당하는 경우에는 헌법재판소규칙이 정하는 바에 따라 공탁금의 전부 또는 일부의 국고귀속을 명할 수 있다.
1. 헌법소원의 심판청구를 각하할 경우
2. 헌법소원의 심판청구를 기각하는 경우에 그 심판청구가 권리의 남용이라고 인정되는 경우

제38조(심판기간) 헌법재판소는 심판사건을 접수한 날로부터 180일이내에 종국결정의 선고를 하여야 한다. 다만, 재판관의 궐위로 7인의 출석이 불가능한 때에는 그 궐위된 기간은 심판기간에 이를 산입하지 아니한다.

제39조(일사불재리) 헌법재판소는 이미 심판을 거친 동일한 사건에 대하여는 다시 심판할 수 없다.

제39조의2(심판확정기록의 열람·복사) ①누구든지 권리구제, 학술연구 또는 공익 목적으로 심판이 확정된 사건기록의 열람 또는 복사를 신청할 수 있다. 다만, 헌법재판소장은 다음 각 호의 어느 하나에 해당하는 경우에는 사건기록을 열람하거나 복사하는 것을 제한할 수 있다.
1. 변론이 비공개로 진행된 경우
2. 사건기록의 공개로 인하여 국가의 안전보장, 선량한 풍속, 공공의 질서유지나 공공 복리를 현저히 침해할 우려가 있는 경우
3. 사건기록의 공개로 인하여 관계인의 명예, 사생활의 비밀, 영업비밀(「부정경쟁방지 및 영업비밀보호에 관한 법률」 제2조제2호에 규정된 영업비밀을 말한다) 또는 생명·신체의 안전이나 생활의 평온을 현저히 침해할 우려가 있는 경우

②헌법재판소장은 제1항 단서에 따라 사건기록의 열람 또는 복사를 제한하는 경우에는 신청인에게 그 사유를 명시하여 통지하여야 한다.
③제1항에 따른 사건기록의 열람 또는 복사 등에 관하여 필요한 사항은 헌법재판소규칙으로 정한다.
④사건기록을 열람하거나 복사한 자는 열람 또는 복사에 의하여 알게 된 사항을 이용하여 공공의 질서 또는 선량한 풍속을 침해하거나 관계인의 명예 또는 생활의 평온을 훼손하는 행위를 하여서는 아니 된다.[본조신설 2008.3.14]

제40조(준용규정) ①헌법재판소의 심판절차에 관하여는 이 법에 특별한 규정이 있는 경우를 제외하고는 헌법재판의 성질에 반하지 아니하는 한도내에서 민사소송에 관한 법령의 규정을 준용한다. 이 경우 탄핵심판의 경우에는 형사소송에 관한 법령을, 권한쟁의심판 및 헌법소원심판의 경우에는 행정소송법을 함께 준용한다.[개정 2003.03.12.]
②제1항 후단의 경우에 형사소송에 관한 법령 또는 행정소송법이 민사소송에 관한 법령과 저촉될 때에는 민사소송에 관한 법령은 준용하지 아니한다.

제 4 장 특별심판절차

제1절 위헌법률심판

제41조(위헌여부 심판의 제청) ①법률이 헌법에 위반되는 여부가 재판의 전제가 된 때에는 당해 사건을 담당하는 법원(군사법원을 포함한다. 이하 같다)은 직권 또는 당사자의 신청에 의한 결정으로 헌법재판소에 위헌여부의 심판을 제청한다.
②제1항의 당사자의 신청은 제43조제2호 내지 제4호의 사항을 기재한 서면에 의하여야 한다.
③제2항의 신청서면의 심사에 관하여

는 민사소송법 제254조의 규정을 준용한다.[개정 2002.1.26. 법률 제6626호]

④위헌여부심판의 제청에 관한 결정에 대하여는 항고할 수 없다.

⑤대법원외의 법원이 제1항의 제청을 할 때에는 대법원을 거쳐야 한다.

제42조(재판의 정지등) ①법원이 법률의 위헌여부의 심판을 헌법재판소에 제청한 때에는 당해 소송사건의 재판은 헌법재판소의 위헌여부의 결정이 있을 때까지 정지된다. 다만, 법원이 긴급하다고 인정하는 경우에는 종국재판외의 소송절차를 진행할 수 있다.

②제1항 본문의 규정에 의한 재판정지기간은 형사소송법 제92조제1항·제2항 및 군사법원법 제132조제1항·제2항의 구속기간과 민사소송법 제199조의 판결선고기간에 이를 산입하지 아니한다.[개정 2002.1.26. 법률 제6626호]

제43조(제청서의 기재사항) 법원이 법률의 위헌여부를 헌법재판소에 제청할 때에는 제청서에 다음 사항을 기재하여야 한다.

1. 제청법원의 표시
2. 사건 및 당사자의 표시
3. 위헌이라고 해석되는 법률 또는 법률의 조항
4. 위헌이라고 해석되는 이유
5. 기타 필요한 사항

제44조(소송사건당사자등의 의견) 당해 소송사건의 당사자 및 법무부장관은 헌법재판소에 법률의 위헌여부에 대한 의견서를 제출할 수 있다.

제45조(위헌결정) 헌법재판소는 제청된 법률 또는 법률조항의 위헌여부만을 결정한다. 다만, 법률조항의 위헌결정으로 인하여 당해 법률 전부를 시행할 수 없다고 인정될 때에는 그 전부에 대하여 위헌의 결정을 할 수 있다.

제46조(결정서의 송달) 헌법재판소는 결정일로부터 14일이내에 결정서 정본을 제청한 법원에 송달한다. 이 경우 제청한 법원이 대법원이 아닌 경우에는 대법원을 거쳐야 한다.

제47조(위헌결정의 효력) ①법률의 위헌결정은 법원 기타 국가기관 및 지방자치단체를 기속한다.

②위헌으로 결정된 법률 또는 법률의 조항은 그 결정이 있는 날로부터 효력을 상실한다. 다만, 형벌에 관한 법률 또는 법률의 조항은 소급하여 그 효력을 상실한다.

③제2항 단서의 경우에 위헌으로 결정된 법률 또는 법률의 조항에 근거한 유죄의 확정판결에 대하여는 재심을 청구할 수 있다.

④제3항의 재심에 대하여는 형사소송법의 규정을 준용한다.

제2절 탄핵심판

제48조(탄핵소추) 다음 각호의 1에 해당하는 공무원이 그 직무집행에 있어서 헌법이나 법률을 위배한 때에는 국회는 헌법 및 국회법의 규정에 따라 탄핵의 소추를 의결할 수 있다.

1. 대통령, 국무총리, 국무위원 및 행정각부의 장
2. 헌법재판소재판관, 법관 및 중앙선거관리위원회위원
3. 감사원장 및 감사위원
4. 기타 법률이 정한 공무원

제49조(소추위원) ①탄핵심판에 있어서는 국회법제사법위원회의 위원장이 소추위원이 된다.

②소추위원은 헌법재판소에 소추의결서의 정본을 제출하여 그 심판을 청구하며, 심판의 변론에 있어 피청구인을 신문할 수 있다.

제50조(권한행사의 정지) 탄핵소추의 의결을 받은 자는 헌법재판소의 심판이 있을 때까지 그 권한행사가 정지된다.

제51조(심판절차의 정지) 피청구인에 대한 탄핵심판청구와 동일한 사유로 형사소송이 진행되고 있는 때에는 재판부는 심판절차를 정지할 수 있다.

제52조(당사자의 불출석) ①당사자가 변론기일에 출석하지 아니한 때에는 다시 기일을 정하여야 한다.

②다시 정한 기일에도 당사자가 출석하지 아니한 때에는 그 출석없이 심리할 수 있다.

제53조(결정의 내용) ①탄핵심판청구가 이유있는 때에는 헌법재판소는 피청구인을 당해 공직에서 파면하는 결정을 선고한다.

②피청구인이 결정선고전에 당해 공직에서 파면된 때에는 헌법재판소는 심판청구를 기각하여야 한다.

제54조(결정의 효력) ①탄핵결정은 피청구인의 민사상 또는 형사상의 책임을 면제하지 아니한다.

②탄핵결정에 의하여 파면된 자는 결정선고가 있은 날로부터 5년을 경과하지 아니하면 공무원이 될 수 없다.

제 3 절 정당해산심판

제55조(정당해산심판의 청구) 정당의 목적이나 활동이 민주적 기본질서에 위배될 때에는 정부는 국무회의의 심의를 거쳐 헌법재판소에 정당해산심판을 청구할 수 있다.

제56조(청구서의 기재사항) 정당해산심판의 청구서에는 다음 사항을 기재하여야 한다.

1. 해산을 요구하는 정당의 표시
2. 청구의 이유

제57조(가처분) 헌법재판소는 정당해산심판의 청구를 받은 때에는 청구인의 신청 또는 직권으로 종국결정의 선고시까지 피청구인의 활동을 정지하는 결정을 할 수 있다.

제58조(청구등의 통지) ①정당해산심판의 청구가 있는 때, 가처분결정을 한 때 및 그 심판이 종료한 때에는 헌법재판소장은 그 사실을 국회와 중앙선거관리위원회에 통지하여야 한다.

②정당해산을 명하는 결정서는 피청구인외에 국회·정부 및 중앙선거관리위원회에도 이를 송달하여야 한다.

제59조(결정의 효력) 정당의 해산을 명하는 결정이 선고된 때에는 그 정당은 해산된다.

제60조(결정의 집행) 정당의 해산을 명하는 헌법재판소의 결정은 중앙선거관리위원회가 정당법의 규정에 의하여 이를 집행한다.

제 4 절 권한쟁의심판

제61조(청구사유) ①국가기관 상호간, 국가기관과 지방자치단체간 및 지방자치단체 상호간에 권한의 존부 또는 범위에 관하여 다툼이 있을 때에는 당해 국가기관 또는 지방자치단체는 헌법재판소에 권한쟁의심판을 청구할 수 있다.

②제1항의 심판청구는 피청구인의 처분 또는 부작위가 헌법 또는 법률에 의하여 부여받은 청구인의 권한을 침해하였거나 침해할 현저한 위험이 있는 때에 한하여 이를 할 수 있다.

제62조(권한쟁의 심판의 종류) ①권한쟁의심판의 종류는 다음과 같다. [개정 95·8·4]

1. 국가기관 상호간의 권한쟁의심판
   국회, 정부, 법원 및 중앙선거관리위원회 상호간의 권한쟁의심판
2. 국가기관과 지방자치단체간의 권한쟁의심판
   가. 정부와 특별시·광역시 또는 도간의 권한쟁의심판
   나. 정부와 시·군 또는 지방자치단체인 구(이하 "자치구"라 한다)간의 권한쟁의심판
3. 지방자치단체 상호간의 권한쟁의심판

가. 특별시·광역시 또는 도 상호간의 권한쟁의심판
나. 시·군 또는 자치구 상호간의 권한쟁의심판
다. 특별시·광역시 또는 도와 시·군 또는 자치구간의 권한쟁의심판
②권한쟁의가 지방교육자치에관한법률 제2조의 규정에 의한 교육·학예에 관한 지방자치단체의 사무에 관한 것인 때에는 교육감이 제1항제2호 및 제3호의 당사자가 된다. [개정 95·8·4]

제63조(청구기간) ①권한쟁의의 심판은 그 사유가 있음을 안 날로부터 60일이내에, 그 사유가 있은 날로부터 180일이내에 청구하여야 한다.
②제1항의 기간은 불변기간으로 한다.

제64조(청구서의 기재사항) 권한쟁의 심판의 청구서에는 다음 사항을 기재하여야 한다. [개정 2003.03.12.]
1. 청구인 또는 청구인이 속한 기관 및 심판수행자 또는 대리인의 표시
2. 피청구인의 표시
3. 심판대상이 되는 피청구인의 처분 또는 부작위
4. 청구의 이유
5. 기타 필요한 사항

제65조(가처분) 헌법재판소가 권한쟁의심판의 청구를 받은 때에는 직권 또는 청구인의 신청에 의하여 종국결정의 선고시까지 심판대상이 된 피청구인의 처분의 효력을 정지하는 결정을 할 수 있다. [개정 2003.03.12.]

제66조(결정의 내용) ①헌법재판소는 심판의 대상이 된 국가기관 또는 지방자치단체의 권한의 존부 또는 범위에 관하여 판단한다.
②제1항의 경우에 헌법재판소는 권한침해의 원인이 된 피청구인의 처분을 취소하거나 그 무효를 확인할 수 있고, 헌법재판소가 부작위에 대한 심판청구를 인용하는 결정을 한 때에는 피청구인은 결정취지에 따른 처분을 하여야 한다. [개정 2003.03.12.]

제67조(결정의 효력) ①헌법재판소의 권한쟁의심판의 결정은 모든 국가기관과 지방자치단체를 기속한다.
②국가기관 또는 지방자치단체의 처분을 취소하는 결정은 그 처분의 상대방에 대하여 이미 생긴 효력에 영향을 미치지 아니한다.

제5절 헌법소원심판

제68조(청구사유) ①공권력의 행사 또는 불행사로 인하여 헌법상 보장된 기본권을 침해받은 자는 법원의 재판을 제외하고는 헌법재판소에 헌법소원심판을 청구할 수 있다. 다만, 다른 법률에 구제절차가 있는 경우에는 그 절차를 모두 거친 후가 아니면 청구할 수 없다.
②제41조제1항의 규정에 의한 법률의 위헌여부심판의 제청신청이 기각된 때에는 그 신청을 한 당사자는 헌법재판소에 헌법소원심판을 청구할 수 있다. 이 경우 그 당사자는 당해 사건의 소송절차에서 동일한 사유를 이유로 다시 위헌여부심판의 제청을 신청할 수 없다.

제69조(청구기간) ①제68조제1항의 규정에 의한 헌법소원의 심판은 그 사유가 있음을 안 날부터 90일이내에, 그 사유가 있은 날부터 1년이내에 청구하여야 한다. 다만, 다른 법률에 의한 구제절차를 거친 헌법소원의 심판은 그 최종결정을 통지받은 날로부터 30일이내에 청구하여야 한다. [개정 2003.03.12.]
②제68조제2항의 규정에 의한 헌법소원심판은 위헌여부심판의 제청신청을 기각하는 결정을 통지받은 날부터 30일이내에 청구하여야 한다. [개정 2003.03.12.]

제70조(국선대리인) ①헌법소원심판을 청구하고자 하는 자가 변호사를 대리

인으로 선임할 자력이 없는 경우에는 헌법재판소에 국선대리인을 선임하여 줄 것을 신청할 수 있다. 이 경우 제69조의 규정에 의한 청구기간은 국선대리인의 선임신청이 있는 날을 기준으로 정한다.

②제1항의 규정에 불구하고 헌법재판소가 공익상 필요하다고 인정할 때에는 국선대리인을 선임할 수 있다. [신설 2003.03.12.]

③헌법재판소는 제1항의 신청이 있거나 제2항의 경우에는 헌법재판소규칙이 정하는 바에 따라 변호사중에서 국선대리인을 선정한다. 다만, 그 심판청구가 명백히 부적법하거나 이유없는 경우 또는 권리의 남용이라고 인정되는 경우에는 국선대리인을 선정하지 아니할 수 있다. [개정 2003.03.12.]

④헌법재판소가 국선대리인을 선정하지 아니한다는 결정을 한 때에는 지체없이 그 사실을 신청인에게 통지하여야 한다. 이 경우 신청인이 선임신청을 한 날로부터 그 통지를 받은 날까지의 기간은 제69조의 규정에 의한 청구기간에 이를 산입하지 아니한다.

⑤제3항의 규정에 의하여 선정된 국선대리인은 선정된 날부터 60일이내에 제71조에 규정된 사항을 기재한 심판청구서를 헌법재판소에 제출하여야 한다. [신설 2003.03.12.]

⑥제3항의 규정에 의하여 선정한 국선대리인에 대하여는 헌법재판소규칙이 정하는 바에 따라 국고에서 그 보수를 지급한다. [개정 2003.03.12.]

제71조(청구서의 기재사항) ①제68조제1항의 규정에 의한 헌법소원의 심판청구서에는 다음 사항을 기재하여야 한다.

1. 청구인 및 대리인의 표시
2. 침해된 권리
3. 침해의 원인이 되는 공권력의 행사 또는 불행사
4. 청구이유
5. 기타 필요한 사항

②제68조제2항의 규정에 의한 헌법소원의 심판청구서의 기재사항에 관하여는 제43조의 규정을 준용한다. 이 경우 제43조제1호중 "제청법원의 표시"는 "청구인 및 대리인의 표시"로 본다.

③헌법소원의 심판청구서에는 대리인의 선임을 증명하는 서류 또는 국선대리인 선임통지서를 첨부하여야 한다.

제72조(사전심사) ①헌법재판소장은 헌법재판소에 재판관 3인으로 구성되는 지정재판부를 두어 헌법소원심판의 사전심사를 담당하게 할 수 있다.

②삭제 [91・11・30]

③지정재판부는 다음 각호의 1에 해당되는 경우에는 지정재판부 재판관 전원의 일치된 의견에 의한 결정으로 헌법소원의 심판청구를 각하한다.

1. 다른 법률에 의한 구제절차가 있는 경우 그 절차를 모두 거치지 않거나 또는 법원의 재판에 대하여 헌법소원의 심판이 청구된 경우
2. 제69조의 규정에 의한 청구기간이 경과된 후 헌법소원심판이 청구된 경우
3. 제25조의 규정에 의한 대리인의 선임없이 청구된 경우
4. 기타 헌법소원심판의 청구가 부적법하고 그 흠결을 보정할 수 없는 경우

④지정재판부는 전원의 일치된 의견으로 제3항의 각하결정을 하지 아니하는 경우에는 결정으로 헌법소원을 재판부의 심판에 회부하여야 한다. 헌법소원심판의 청구후 30일이 경과할 때까지 각하결정이 없는 때에는 심판에 회부하는 결정(이하 "심판회부결정"이라 한다)이 있는 것으로 본다.

⑤제28조・제31조・제32조 및 제35조의 규정은 지정재판부의 심리에 이를 준용한다.

⑥지정재판부의 구성과 운영에 관하여 필요한 사항은 헌법재판소규칙으로 정한다.

제73조(각하 및 심판회부결정의 통지) ①지정재판부는 헌법소원을 각하하거나 심판회부결정을 한 때에는 그 결정일로부터 14일이내에 청구인 또는 그 대리인 및 피청구인에게 그 사실을 통지하여야 한다. 제72조제4항 후단의 경우에도 또한 같다.

②헌법재판소장은 헌법소원이 제72조제4항의 규정에 의하여 재판부의 심판에 회부된 때에는 다음 각호에 열거된 자에 대하여 지체없이 그 사실을 통지하여야 한다.

1. 법무부장관
2. 제68조제2항의 규정에 의한 헌법소원심판에 있어서는 청구인이 아닌 당해 사건의 당사자

제74조(이해관계기관 등의 의견제출) ①헌법소원의 심판에 이해관계가 있는 국가기관 또는 공공단체와 법무부장관은 헌법재판소에 그 심판에 관한 의견서를 제출할 수 있다.

②제68조제2항의 규정에 의한 헌법소원이 재판부에 심판회부된 때에는 제27조제2항 및 제44조의 규정을 준용한다.

제75조(인용결정) ①헌법소원의 인용결정은 모든 국가기관과 지방자치단체를 기속한다.

②제68조제1항의 규정에 의한 헌법소원을 인용할 때에는 인용결정서의 주문에서 침해된 기본권과 침해의 원인이 된 공권력의 행사 또는 불행사를 특정하여야 한다.

③제2항의 경우에 헌법재판소는 기본권침해의 원인이 된 공권력의 행사를 취소하거나 그 불행사가 위헌임을 확인할 수 있다.

④헌법재판소가 공권력의 불행사에 대한 헌법소원을 인용하는 결정을 한 때에는 피청구인은 결정취지에 따라 새로운 처분을 하여야 한다.

⑤제2항의 경우에 헌법재판소는 공권력의 행사 또는 불행사가 위헌인 법률 또는 법률의 조항에 기인한 것이라고 인정될 때에는 인용결정에서 당해 법률 또는 법률의 조항이 위헌임을 선고할 수 있다.

⑥제5항의 경우 및 제68조제2항의 규정에 의한 헌법소원을 인용하는 경우에는 제45조 및 제47조의 규정을 준용한다.

⑦제68조제2항의 규정에 의한 헌법소원이 인용된 경우에 당해 헌법소원과 관련된 소송사건이 이미 확정된 때에는 당사자는 재심을 청구할 수 있다.

⑧제7항의 규정에 의한 재심에 있어 형사사건에 대하여는 형사소송법의 규정을, 그외의 사건에 대하여는 민사소송법의 규정을 준용한다.

제5장 벌 칙

제76조(벌칙) 다음 각호의 1에 해당하는 자는 1년이하의 징역 또는 100만원이하의 벌금에 처한다.

1. 헌법재판소로부터 증인·감정인·통역인 또는 번역인으로서 소환 또는 위촉을 받고 정당한 사유없이 출석하지 아니한 자
2. 헌법재판소로부터 증거물의 제출요구 또는 제출명령을 받고 정당한 사유없이 이를 제출하지 아니한 자
3. 헌법재판소의 조사 또는 검사를 정당한 사유없이 거부·방해 또는 기피한 자

부 칙

부 칙 [1988.9.1.] (생략)
부 칙 [91·11·30] (생략)
부 칙 [94·12·22] (생략)
부 칙 [95·8·4] (생략)
부 칙 [97·12·13] (생략)
부 칙 [2002.1.19 법제6622호] (생략)

부 칙 [2002.1.26. 법률 제6626호] (생략)
부 칙 [2003.03.12] (생략)
부 칙 [2005.3.31 제7427호(민법)] (생략)
부 칙 [2005.7.29 제7622호] (생략)
부 칙 [2007.12.21 제8729호] (생략)
부 칙 [2008.3.14 제8893호]

이 법은 공포 후 3개월이 경과한 날부터 시행한다.

판 례 색 인

헌법재판소

대법원

하급법원

한 글 색 인

ㄱ

ㄹ

ㅁ

ㅅ

ㅇ

ㅈ

ㅊ

외국어색인

E

F

G

H

I

J

K

P

Q

R

S

T

U

V

W

Z

□ 저자약력 □

문 광삼

▌학력
서울대학교 법과대학 졸업
서울대학교 법학박사

▌경력
행정고등고시 합격
부산대학교 법과대학 학장 역임
한국헌법학회 부회장, 한국공법학회 부회장 역임

▌해외연구경력
파리 1대학(France) 연구교수
에모리 대학교(USA) Law School 연구교수
동경대학교 법학부(Japan) 객원교수

▌주요 논문
國務總理의 지위와 권한, 國政調査權과 司法權의 獨立, 權力分立原理로서의 大統領制와 大統領의 지위, 權力分立의 類型, 기본권으로서의 環境權과 국가목표로서의 自然環境, 代議制民主主義의 재검토, 大統領信任投票의 합헌성 여부, 미국대통령의 拒否權과 거부권의 새로운 경향, 민주국가에서의 政黨, 變形決定, 選擧區再區劃과 게리맨더링, 우리의 정당과 민주주의: 관련 판례를 중심으로, 유럽공동체의 법적 성격과 회원국의 주권, 유럽연합과 프랑스의 주권, 일본의 議院內閣制 연구, 自由民主的基本秩序에 관한 연구, 障碍人과 인권, 政府形態와 대통령의 지위 등

▌역서 및 저서
Maurice Duverger, Les constitutions de la France
번역 "프랑스 憲法과 政治思想"

韓國憲法學 : 국가조직론

2008년 8월 20일 1판 1쇄 인쇄
2008년 8월 30일 1판 1쇄 발행

저 자 文 光 三
발행인 조 양 희
조 판 해 인 기 획

110-102
발행처 서울특별시 종로구 평동 19번지의 1
도서출판 **三 英 社**
등록 1972년 4월 27일 제1-202호(윤)
전화 737-1052, 734-8979 FAX 739-2386

定價 30,000원

ISBN 978-89-445-0114-2-93360